SND 2016
苏州高新区虎丘区年鉴

《苏州高新区虎丘区年鉴》编纂委员会　编

古吴轩出版社
中国 · 苏州

图书在版编目（CIP）数据

苏州高新区虎丘区年鉴. 2016 / 《苏州高新区虎丘区年鉴》编纂委员会编. — 苏州 ：古吴轩出版社，2016. 9

ISBN 978-7-5546-0748-0

Ⅰ. ①苏… Ⅱ. ①苏… Ⅲ. ①区（城市）— 苏州 — 2016 — 年鉴 Ⅳ. ①Z525.33

中国版本图书馆CIP数据核字（2016）第209161号

封面摄影：郭　铮
责任编辑：徐小良
见习编辑：李爱华
装帧设计：杨　洁
责任校对：赵亚婷
责任照排：刘　浩

书　　名：苏州高新区虎丘区年鉴2016
编　　者：《苏州高新区虎丘区年鉴》编纂委员会
出版发行：古吴轩出版社
地址：苏州市十梓街458号　邮编：215006
Http://www.guwuxuancbs.com　E-mail:gwxcbs@126.com
电话：0512-65233679　传真：0512-65220750
出 版 人：钱经纬
印　　刷：无锡市证券印刷有限公司
开　　本：889 × 1194　1 / 16
印　　张：30.25
版　　次：2016年9月第1版　第1次印刷
书　　号：ISBN 978-7-5546-0748-0
定　　价：188.00元

苏州高新区(虎丘区)年鉴编纂委员会

《苏州高新区（虎丘区）年鉴》（2016）编辑部

主　编：黄　锋

副主编：洪绍平　陈永生　杨泉兴

编　辑：陈　英　张　萍　耿佃利

张　勇　罗芸婷　张肖千

编辑部地址：苏州高新区科普路50号405室

联系电话：0512-68753122

邮　　编：215163

网　　址：http://www.snd.gov.cn/daj/

编辑说明

一、《苏州高新区（虎丘区）年鉴》是由高新区管委会（虎丘区政府）主办，区年鉴编纂委员会编纂，高新区档案局（高新区地方志办公室）组织编辑的综合性地方资料工具书，旨在全面、系统、翔实地记载高新区（虎丘区）自然、政治、经济、文化、社会等方面的基本面貌和发展情况，为各机关、团体、企事业单位和社会各界提供信息资料。

二、《苏州高新区（虎丘区）年鉴（2016）》采用分类编辑法，分为部类、分目、条目3个层次，以条目为基本组成单位，标题用【】引出，以便查阅。《高新区（虎丘区）年鉴（2016）》分为21个部类：（1）特载，（2）概况，（3）中共苏州高新区党工委（虎丘区委），（4）虎丘区人民代表大会，（5）高新区管委会（虎丘区政府），（6）政协虎丘区委员会，（7）民主党派、工商联，（8）群众组织，（9）政法·军事，（10）开放型经济，（11）产业经济，（12）经济监督管理，（13）城市建设与管理，（14）科学技术，（15）教育·文化·体育，（16）社会事业，（17）镇、街道概况，（18）国有企业，（19）大事记，（20）附录，（21）索引。全书设分目155条，条目755条及高新区地图1幅，照片153幅，表格100张。

三、《苏州高新区（虎丘区）年鉴（2016）》力求反映高新区经济建设和社会发展的主要成就、地方特色和时代特征，年鉴内容主要选自各单位的档案材料，并经过单位领导和年鉴编纂委员会的审核，以保证其准确性。

四、本期年鉴主要资料收录时间为2015年1月1日至12月31日（特载中大会报告时间为2016年初）。机构设置和领导名单以2015年底组织部门年报为准。主要统计数据及附表以区统计部门提供为准。

五、本期年鉴在编纂过程中得到了党工委、管委会领导的关心和指导，各部门和有关人员的支持和协助，在此谨表诚挚谢意。年鉴在编印过程中错漏之处，敬请批评指正。

《苏州高新区（虎丘区）年鉴》编辑部

2016年7月

2015年5月21日，第四次中美欧日韩世界五大知识产权局局长与产业界会议在苏州高新区召开（沈一鸣摄）

of Office and IP5 Industry
tel, Suzhou, China
Quality and efficiency strategy

2015年9月7日，省委书记罗志军（左二）在苏州高新有轨电车有限公司调研（沈一鸣摄）

2015年7月25日，中国工程院院长周济（右一）率调研组考察中科院苏州医工所（沈一鸣摄）

2015年8月14日，省委副书记、市委书记石泰峰（左三），市委副书记、市长周乃翔（左四）一行在苏州松下半导体有限公司调研（沈一鸣摄）

2015年12月19日，副市长徐美健主持苏州高新区与阿里云签署战略合作框架协议仪式（沈一鸣摄）

2015年6月25日，江苏省医疗器械产业技术创新中心在高新区揭牌（强晓佟摄）

2015年11月3日，苏州高新区、科技部火炬中心、深交所举行战略合作签约仪式（沈一鸣摄）

2015年8月18日，江苏省科技厅副厅长蒋跃建（右二），市委常委、高新区党工委书记浦荣皋（左二）等出席“苏州创客峰汇”启动仪式（强晓佟摄）

2015年11月3日，英国埃塞克斯郡常务副郡长凯文·本特雷在“英国江苏中心”筹办启动仪式上致辞（沈一鸣摄）

2015年3月4日，高新区召开科技创新暨建设苏南国家自主创新示范区推进会（强晓佟摄）

2015年2月26日，苏州柯利达装饰股份有限公司A股上交所上市仪式，市委常委、高新区党工委书记浦荣皋（中）与柯利达公司高管合影（沈一鸣摄）

2015年5月13日，莱克电气股份有限公司A股上交所上市仪式，市委常委、高新区党工委书记浦荣皋（右四）与莱克电气股份有限公司董事长倪祖根（中）等参加（沈一鸣摄）

2015年7月6日，苏钢集团与印尼苏门答腊钢铁集团合作建设的“世界耐磨钢球制造基地”项目在高新区签约启动（沈一鸣摄）

2015年11月12日，苏高新（张家港）节能环保产业园项目签约仪式在张家港市举行（沈一鸣摄）

2015年9月8日，我国首个国家级现代有轨电车协会——中国城市轨道交通协会现代有轨电车分会在高新区电车基地成立（有轨电车公司供图）

2015年10月29日，高新区管委会与安弗施公司举行签约仪式（强晓佟摄）

2015年12月19日，苏州高新区与阿里云战略合作签约及启动仪式举行（沈一鸣摄）

苏州科技城医院（华晓忠摄）

2015年10月21日，高新区举行重点项目集中开工开业仪式（沈一鸣摄）

2015年10月28日，省级清洁能源项目——华能苏州燃机热电联产项目在高新区开工建设（强晓佟摄）

2015年12月30日，安邦金条工程开工奠基仪式在高新区举行（沈一鸣摄）

2015年4月22日，国家知识产权局专利复审委员会第十巡回审理庭揭牌仪式在审协江苏中心举行（沈一鸣摄）

2015年9月25日，高新区举行有轨电车1号线延伸线工程开工仪式（沈一鸣摄）

2015年7月16日，苏州中环快速路主线高新区段正式通车（沈一鸣摄）

中环夜景（曹荣摄）

宜家苏州商场（强晓佟摄）

2015年1月15日，永旺新区店正式开业（苏高新集团供图）

房车基地全景图（西部生态城供图）

大阳山植物园温室全景（大阳山生态旅游开发有限公司供图）

客运西站（有轨电车公司供图）

2015年12月27日，苏州地区首个全程马拉松赛——2015苏州太湖（苏高新）国际马拉松赛开跑（强晓佟摄）

015苏州太湖国际马拉松
ZHOU TAIHU INTERNATIONAL MARATHON
汇运动
WE Sports
东吴人寿
SOOCHOW LIFE
LET'S RUN

2015年8月29日，高新区举行纪念中国人民抗日战争暨世界反法西斯战争胜利70周年大型歌咏比赛（强晓佟摄）

2015年3月7日，高新区举办“最美家庭”表彰活动（朱钦摄）

2015年7月17日，高新区首届文化艺术节之“企业文化季”暨“高新青年汇”夏日欢乐趴系列活动启幕（强晓佟摄）

2015年9月16日，由苏州欧洲商会（DUSA）举办的德国啤酒节首次在大阳山国家森林公园植物园景区拉开帷幕（浒关开发区供图）

2015年9月30日，第五届中国（苏州）房车露营大会暨“漫行西部”启动仪式（沈一鸣摄）

2015年8月23日，市委常委、高新区党工委书记浦荣皋（右一）陪同阿里巴巴集团董事局主席马云（中）在杵山生态公园考察（强晓佟摄）

2015年4月11日，2014—2015全国垂钓俱乐部挑战赛总决赛比赛现场（沈一鸣摄）

2015年11月28日，外国友人参观第八届中国刺绣文化艺术节开幕式（强晓佟摄）

高新区文体中心（区文体公司供图）

2015年8月7日，感恩太湖——2015苏州高新区第四届地产优质果品节在苏州市体育中心开幕（强晓佟摄）

2015年10月31日，苏州大阳山跑山赛（强晓佟摄）

医疗创新惠及百姓（吴国雄摄）

2015年8月20日，居民喜拿浒墅人家北区新房钥匙（浒墅关开发区供图）

2015年9月12日（农历七月三十），一年一度的“轧莲花”庙会在通安镇莲华寺举行（强晓佟摄）

桃花水母（钱强摄）

2015年9月30日，苏州乐园又一力作——泰迪农场开园（强晓佟摄）

太湖夕照（徐敬文摄）

传承关席（许祖德摄）

新区火烧云（赵永清摄）

刺绣之刺绣（王晓东摄）

电车基地（杨晟坤摄）

2015年10月1日，大阳山植物园内的“巨蛋”开门迎客（强晓佟摄）

城市新动脉（何江摄）

年度重要荣誉

◇ 中国创新力开发区（园区）

◇ 首批全国社会治理创新优秀地区

◇ 国家知识产权投融资试点单位

◇ 全国医疗器械创新型产业集群试点区域

◇ 全国首批、全省首家科技服务业试点区域

◇ 江苏省大数据特色产业园

◇ 江苏省轨道交通特色产业基地

◇ 江苏省新型工业化产业示范基地（医疗器械）

◇ 江苏省国土资源节约集约利用模范区

总　目

Catalogue

目录

特载

概况

中共苏州高新区工委（虎丘区委）

虎丘区人民代表大会

高新区管委会（虎丘区政府）

政协虎丘区委员会

民主党派、工商联

群众组织

政法・军事

开放型经济

产业经济

经济监督管理

城市建设与管理

科学技术

教育·文化·体育

社会事业

镇、街道概况

国有企业

大事记

附　录

索　引

特载

SND

工作报告

媒体聚焦

回眸“十二五”　展望“十三五”

工作报告

在全区总结表彰大会上的讲话

苏州市委常委、高新区党工委书记　浦荣皋

2016年2月17日

各位领导，同志们：

新春刚过，我们隆重召开全区总结表彰大会，主要是回顾过去一年的工作，总结成绩，表彰先进，同时，进一步动员全区上下提振精气神、当好排头兵，以更加振奋的精神迈向全国高新区“第一方阵”。一直以来，市四套班子领导对高新区的发展高度重视、寄予厚望。今天，他们又在百忙之中前来参加会议，全区上下受到巨大鼓舞和激励。在此，我谨代表高新区党工委、管委会，对他们的到来表示热烈欢迎和衷心感谢！下面，我先报告两个方面情况，等会儿周书记还将作重要讲话，会后我们将认真贯彻落实。

一、在适应新常态中因势而进，谱写再创辉煌新篇章

刚刚过去的2015年，在市委、市政府坚强领导下，高新区党工委、管委会紧紧围绕“科字当头、生态优先、民生为本、法治保障”方针，牢牢把握发展大势，主动适应新常态，坚持稳中求进，全面深化改革，创新发展思路，圆满完成全年及“十二五”目标任务。

一是经济质量效益稳步提高。全年地区生产总值达到1026亿元，增长8%；地方公共财政预算收入110亿元，增长9.8%；全社会固定资产投资568亿元，增长8%。主要指标增幅走在全市前列。战略性新兴产业产值、高新技术产业产值占规模以上工业总产值比重均超过52%，服务业增加值占地区生产总值比重提高2.9个百分点。全区累计上市企业12家，“新三板”挂牌企业26家。我区获批全国医疗器械创新型产业集群试点。

二是科技创新能力快速增强。研究制定苏南国家自主创新示范区建设“十大行动计划”“十大工程”和“十大项目”。中科院苏州医工所成立先进医疗器械产业孵化联盟，国知局专利审查协作江苏中心审结专利案件占全国总数20%以上，新增科技型企业超过1000家，累计拥有高新技术企业358家，全社会研究与试验发展经费支出占地区生产总值比重达3.5%，全区财政科技投入占财政支出比重超过11%。全区累计集聚各级各类领军人才612人次，其中国家“千人计划”38人。我区成为全国首批、全省唯一的科技服务业试点单位。

三是生态环境面貌焕然一新。围绕25公里太湖岸线、49座山体、5万多亩基本农田拉开生态文明建设框架，加快推进上方山石湖生态园、西京湾生态农场等52个总投资157亿元的生态建设重点项目，形成环太湖生态长廊、大阳山城市绿心、白马涧生态景区等三大生态核心组团。新增改建绿化面积300万平方米，建成区绿化覆盖率达46%，区域环境面貌发生巨大变化，成为省级绿色生态示范区。

四是改革与开放互动并进。我区首创的“涉刑党员停权机制”被编录进新修订的《中国共产党纪律处分条例》。枫桥街道“政经分开”经验被编入中共中央办公厅、国务院办公厅印发的《深化农村改革综合性实施方案》。区非公党建“三项工程”和“周新民党建工作室”创新实践受到中组部充分肯定，并被作为基层党建典型经验在全国推广。认真开展全区党政群机关“三定”工作，“三证合一”制度不断深化，行政审批事项进驻授权到位。“苏满

欧”出口班列发车频次提高至每月8列，成为效率最高的中欧货运班列之一。

五是城乡一体发展加快推进。持续优化城乡发展布局，科技城配套设施不断完善，人气、商气日益旺盛，成为创新驱动主战场。西部生态城基础设施建设加快，生态休闲旅游形成特色，成为全市首家国家级生态旅游示范区。中心城区城市高端功能定位日益显现，成为苏州主城区的重要商务商贸板块。浒通片区转型升级加快，发展层次和水平不断提升。重大基础设施建设加快推进，中环快速路高新区段建成通车，现代有轨电车1号线延伸工程、2号线加快建设，苏州汽车西站综合客运枢纽工程主体完工。集体经济不断壮大，村均集体经营性收入增长10.8%。

六是社会建设治理全面加强。扎实做好各项惠民实事工程，城乡公共服务支出占公共财政支出比重达到70%，城乡居民人均可支配收入分别增长8.3%和9.6%。新建、改扩建学校18所，科技城医院主体完工，市妇女儿童活动中心投入使用，区文体中心封顶，我区成为省公共体育示范区。创新社会治理能力，不断深化“政社互动”，深入开展“打非治违”和专项整治工作，完成安全生产挂牌整改项目50项。

“十二五”期间，特别是最近三年多来，全区综合实力明显增强，地区生产总值突破千亿元大关，地方公共预算收入迈上百亿元台阶，科技和生态成为高新区最为亮丽的品牌，区域环境面貌发生翻天覆地的变化。五年来的发展变化，不仅表现为综合实力、发展水平、人民生活的大提升，而且记录了发展理念的转变、发展动力的转换、发展路径的创新；不仅拓展了区域发展空间，推动经济社会步入加快发展的上升通道，而且在“三严三实”专题教育中凝聚起全区干群的精气神，夯实了加快发展的坚实基础，提升了未来发展的想象空间，标志着我区全面迈进全国高新区“第一方阵”实践达到了一个新阶段。

2016年2月17日，高新区举行2015年度总结表彰大会（沈一鸣摄）

成绩来之不易，这得益于市四套班子领导和有关部门无微不至、尽心尽力的关心和支持，倾注了全区广大干部群众开拓进取、奋勇争先的心血和汗水，展现出全区上下同心同德、群策群力的强大力量。在此，我代表高新区党工委、管委会，向一直以来给予我区关心和支持的各级领导和社会各界人士，表示衷心的感谢！向为高新区发展做出巨大贡献的区内企业、驻区单位和全体建设者，表示亲切的问候并致以崇高的敬意！

二、在落实新理念中主动作为，推动继往开来新实践

今年是实施“十三五”规划、全面建成小康社会决胜阶段的开局之年，也是推动结构性改革的攻坚之年。我们将按照市委、市政府的决策部署，积极落实“五大发展理念”，坚持“科学当头、生态优先、民生为本、法治保障”方针，坚持稳中求进工作总基调，着力加强供给侧结构性改革，突出抓好稳定增长、科技创新、生态优化、改革开放、城乡建设、民生改善、从严治党等重点工作，加快建设苏南国家自主创新示范区核心区，努力以迈进全国高新区“第一方阵”的崭新业绩，为“十三五”发展开好局、起好步。

新的一年里，我们将进一步转变经济发展方式，以“供给侧结构性改革”的磅礴力量统领经济发展大局，增强区域综合竞争力。以智能制造为主攻方向，大力发展先进制造业，推进企业装备智能改造，培育发展一批智能车间、智能工厂。以生产性服务业为重点，加快发展现代服务业，重点抓好20项总投资684亿元的重点服务业项目，培育壮大平台经济、工业设计等新兴业态。以跨界融合为着力点，全面提升互联网经济水平，实施企业互联网化提升计划，深化与阿里巴巴在“创客+”“工业云”“云基地”等领域的合作。持续扩大有效投入，突出抓好80个总投资1186亿元的重大项目，年内完成投资272亿元。积极稳定外贸增长，推动外贸进出口从“大进大出”向“优进优出”转变。

新的一年里，我们将进一步突出创新驱动主题，加快建设苏南国家自主创新示范区核心区，推动新旧发展动力转换。围绕5大千亿级产业部署创新链，用好用足中科院苏州医工所、浙大苏州工研院、中传媒苏州研究院、中国移动研发中心和国知局专利审查协作江苏中心等大院大所品牌效应，引进一批具有全球影响力的研发中心和机构，推动跨领域、跨行业协同创新。实施科技小巨人培育工程，全年引进和培育科技型企业1200家，新增研发机构130家，全社会研究与试验发展经费支出占地区生产总值比重达3.55%。加强知识产权服务业集聚区建设，新增专利申请13000件。完善创新服务体系，新增各级领军人才100人，集聚新型孵化器25家。

新的一年里，我们将进一步丰富生态文明内涵，系统推进“真山真水园中城”建设，塑造独具特色的生态竞争优势。深入实施高新区生态总体规划和生态文明建设三年行动计划，推进西京湾生态农场、太湖湿地公园二期等生态重点项目建设，不断提升环太湖生态长廊、大阳山城市绿心、白马涧生态景区的品质和内涵。坚持生态开发和旅游发展两相促进，重点抓好大小贡山、苏州乐园探险世界、阳山生态旅游集聚区等生态旅游重点项目，打响苏州西部生态旅游品牌。推动生产方式的绿色化转型，确保单位地区生产总值能耗下降、主要污染物排放量削减完成市下达任务。

新的一年里，我们将进一步深化重点领域改革，加快营造与国际接轨的政务商务环境，形成有利于区域发展的“小气候”。进一步完善以“5张清单、1个平台、7项相关改革”为主要内容的简政放权体系，深入推进行政审批、财税金融、“区镇合一”、商事制度等领域的改革，激发市场活力。加快建设以“太湖金谷”、“金融小镇”、苏南科技金融路演中心为核心的科技金融集聚区，加快建设综保区跨境电子商务平台，加强主板、创业板和“新三板”上市挂牌企业梯队建设。积极融入“一带一路”、长江经济带等国家战略，扩大“苏满欧”“苏新亚”等国际物流通道辐射半径，进一步提升对外开放的影响力和竞争力。

新的一年里，我们将进一步强化协调发展理念，加快推动以人为核心的城乡一体化，探索具有高新区特色的城乡发展路径。进一步优化城市功能和生产力布局，强化各板块功能互补、交通对接、设施共享，构建科技城创新发展之核、东部现代商务商贸区、北部先进制造业基地、西部生态旅游休闲度假区的“一核三片”发展格局。加快推进南环快速路西延高新区段、太湖大道三期等重大基础设施建设，确保现代有轨电车1号线延伸线、2号线完成土建工程。进一步强化和创新富民强村机制，继续深化农村“三大合作”改革，确保村级集体收入增长10%左右。

新的一年里，我们将进一步加大民生领域投入，不断提升人民收入水平，努力让群众享有更加美好的生活。坚持补短板、保基本、兜底线，扎实推进8大类20项总投资142亿元的民生实事项目。深入实施城乡居民收入倍增计划，稳步提高各类社会保障待遇，确保城乡居民收入增长高于地区生产总值增幅。大力发展社会事业，建设14所学校（幼儿园），推进苏大附二院北区、通安卫生服务中心等项目建设，确保科技城医院、高新区人民医院二期、区文体中心投入使用。创新社会综合治理，完善党委、政府主导的维护群众权益机制，进一步加强公共安全工作，维护和谐安定的社会局面。

各位领导，同志们，发展实践证明：越是困难增多，就越要坚定信心、迎难而上；越是环境复杂，就越要主动应对、抢占先机；越是形势紧迫，就越要转型升级、创新发展。我们要始终保持奋发有为的精神状态，进一步激发敢闯敢试、勇争第一的精气神，全力推动经济社会平稳健康发展。要始终保持适应新常态、引领新常态的学习意识，提高把握运用市场经济规律、自然规律、社会规律的能力，努力成为新常态下引领经济发展、城市建设、社会治理、依法行政、从严治党的行家里手。要始终保持敢于担当、廉洁自律的干部形象，进一步推动全面从严治党迈上新台阶，形成励精图治、迎难而上的生动局面。让我们在市委、市政府的正确领导下，团结一心，鼓足干劲，开拓进取，加快建设苏南国家自主创新示范区核心区，全面挺进全国高新区“第一方阵”，为苏州争当建设“强富美高”新江苏先行军、排头兵做出新的更大贡献！

在区党工委（区委）扩大会议上的讲话

苏州市委常委、高新区党工委书记　浦荣皋

2016年1月5日

同志们：

这次区党工委（区委）扩大会议的主要任务是，全面贯彻落实党的十八届五中全会，中央和省经济工作会议，省委十二届十一次全会和市委十一届十次全会精神，总结去年工作，展望未来发展，部署今年任务，审议《中共苏州高新区工委（虎丘区委）关于制定国民经济和社会发展第十三个五年规划的建议》，团结带领全区上下再接再厉、齐心奋斗，全面开启“十三五”发展新征程，加快迈向全国高新区“第一方阵”。下面，根据区党政联席会讨论的精神，我讲四点意见。

一、在适应新常态下保持昂扬向上的发展态势

刚刚过去的2015年，我们坚持以习近平总书记系列重要讲话，特别是视察江苏重要讲话精神为根本遵循，按照“科字当头、生态优先、民生为本、法治保障”工作方针，积极适应经济发展新常态，努力破解改革发展难题，协调推进稳增长、调结构、抓创新、惠民生等各方面工作，经济社会发展保持昂扬向上的势头，实现了新时期“再创辉煌”的良好

开端。预计全年地区生产总值突破1000亿元大关，达1026亿元，增长8%；地方公共财政预算收入110亿元，增长9.8%；全社会固定资产投资568亿元，增长8%。一年来，重点抓了以下七个方面工作：

一是在转型升级中提升经济质量和效益。加强经济形势研判和运行调节，着力发展实体经济，扩大有效投入，促进外贸增长，努力保持经济增长的稳定性。牢牢抓住工业经济这个牛鼻子。修订支持工业经济升级发展、鼓励企业上市（挂牌）等政策，安排6800万元资金支持企业技术改造，促进实体经济健康发展，预计全年实现工业总产值2960亿元，增长2.7%。持续扩大有效投入，充分发挥好80项重大项目的引领带动效应，完成工业投资176亿元、服务业投资392亿元。房地产业持续健康发展，商品房成交总面积增长98.6%，增幅列市区第一。加快优化经济结构。大力发展新一代信息技术、轨道交通、医疗器械、新能源、地理信息产业，战略性新兴产业产值、高新技术产业产值占规模以上工业总产值比重分别达55%、52%。克诺尔国际维修业务获得海关总署批准，我区获批全国医疗器械创新型产业集群试点、省大数据特色产业园、省轨道交通特色产业基地、省新型工业化产业示范基地。大力发展现代服务业，筹集4700万元服务业引导资金，加快七大服务业集聚区建设，宜家家居、褉心泊酒店完成主体工程，永旺梦乐城、锦峰商务大厦春节前投运，源宿酒店、日航酒店正式营业，明基医院形成3个外资总部或功能性机构，全区服务业增加值占地区生产总值比重提高2.5个百分点。推进企业对接多层次资本市场，新增上市企业3家，累计达12家；新增“新三板”挂牌企业13家，累计达25家。双轮驱动拓展内外开放空间。积极落实稳定外贸增长各项政策，进出口总额实现正增长。进一步提高外资利用水平，实际利用外资7.49亿美元，其中新兴产业利用外资占比达40%。“走出去”步伐不断加快，区内企业新设境外投资项目17个、并购项目7个、增资项目7个。苏盐合作园区基础设施建设加快推进，招引亿元以上项目19个，总投资超40亿元。

苏州市委常委、高新区党工委书记浦荣皋

二是在创新驱动中着力建设自主创新示范区。深入实施创新驱动发展战略，研究制定示范区建设“十大行动计划”“十大工程”和“十大项目”，全力推进苏南国家自主创新核心示范区建设。加强创新载体建设。加快30项重大科技创新项目建设，中科院苏州医工所成立先进医疗器械产业孵化联盟，中科院苏州地理信息产业基地产业集聚效应逐步显现，浙大苏州工研院获批国家级博士后工作站，中国移动研发中心实现销售收入4.5亿元，省平板显示器检测设备计量中心运行。知识产权服务业集聚区通过国家验收，进驻服务机构68家，国知局江苏中心审结发明专利案件占全国比重20%以上，全区发明专利申请占专利申请总量达55%，列全市第一。我区获批国家知识产权投融资试点单位。中美欧日韩知识产权五局局长会议和中科院地学部常委会等重大活动在我区举办。加快创新资源集聚。新增科技型企业超过1000家、高新技术产品410项，累计拥有高新技术企业358家，规模以上工业企业研发机构建有率达68%，列全市第一。苏州创业园获批省级众创空间集聚区试点，17家新型孵化器被评为省市两级众创空间。加快科技成果转化和高新技术产业化步伐，新增产学研合作项目243项，共获批国家、省、市科技项目近500项。全区累计集聚各级各类领军人才612人次，其中国家“千人计划”38人，省“双创”人才49人，省创新团队8家，列全市前茅。优化创新创业环境。持续增加科技投入，安排2.9亿元用于创新平台建设、高层次创新人才集聚、知识产权保护，全区财政科技投入占财政支出比重超过11%，全社会研究与试验发展经费支出占地区生产总值比重达3.5%。先后推出落实中关村自主创新示范区建设试点政策以及集聚科技领军人才、发展新型孵化器、鼓励创新创业等系列政策，切实加强各类科技创业服务机构建设，成立区科技创新服务中心、科技创新服务联盟，我区成为全国首批、全省唯一的科技服务业试点单位。

三是在优化环境中丰富生态文明建设内涵。把生态文明建设贯穿于经济社会发展的各个领域、各个环节，用大生态理念成就大美高新区，推动经济社会整体性、系统性、协同性发展。着力构建大生态格局。制定实施高新区生态建设总体规划，围绕25公里太湖岸线、49座山体、5万多亩基本农田拉开生态建设框架，加快推进52个总投资157亿元的重点项目，以生态文明建设大格局丰富区域发展新内涵。着力打造生态建设亮点。上方山石湖生态园、大小贡山、西京湾生态农场等重点项目加快推进，环太湖生态长廊、大阳山城市绿心、白马涧生态景区的形象和品位进一步提升。西部生态城获批全市首家国家级生态旅游示范区。着力抓好环境综合治理。实施大气污染防治和水环境治理，建设60台（套）工况在线监控，淘汰黄标车5611辆，完成22条河道清淤工程，集中式饮用水源地水质达标率保持100%。持续实施宕口覆绿整治、重点城市建设项目及沿线绿化美化工程，新增改建绿化面积300万平方米，建成区绿化覆盖率达46%，“美丽田园”“美丽村庄”“美丽城镇”建设成效显现，我区成为省级绿色生态示范区。

四是在深化改革中增强经济社会发展活力。自觉运用改革思维谋划和推动工作，不断提高领导、谋划、推动、落实改革的能力和水平。打造改革亮点品牌。我区首创的“涉刑党员停权机制”被编录进新修订的《中国共产党纪律处分条例》。枫桥街道“政经分开”经验被编入中共中央办公厅、国务院办公厅印发的《深化农村改革综合性实施方案》。区非公党建“三项工程”和“周新民党建工作室”创新实践受到中组部充分肯定，并被作为基层党建典型经验在全国推广。这既是上级对我们的高度肯定，更是我区基层创造对全国改革发展大局做出的有益探索和突出贡献。推进政府职能转变。认真开展全区党政群机关“三定”工作，切实加快政府机构改革，新组建市场监督管理局、行政审批局、卫生和计划生育局等机构。以“5张清单、1个平台、7项相关改革”为基本架构，推动简政放权、转变政府职能取得重要进展，“三证合一”制度不断深化，行政审批事项取消17项，79个行政许可事项全部进驻并授权到位。全区机关公务用车制度改革启动实施。深化重点领域改革。“苏满欧”出口班列发车频次提高至每月8列，出口班列、发运标箱分别增长274%、279%，货值、货量分别增长251%、401%。开通铁路运邮新业务，“苏满欧”“苏满俄”和“苏新亚”双线同步运营。对接深交所合作取得新进展，“苏南科技金融路演中心”落户。太湖金谷“新三板”中小企业培训基地投入使用。国企改革成效明显，苏高新集团、苏高新创投营业收入分别增长21%、85.1%，苏高新股份资产重组进展顺利，有轨电车、文体中心等国有公司运行良好。

五是在统筹协调中加快城乡一体化发展。坚持以人为本，统筹城乡发展，在协调发展中拓宽发展空间。以规划为引领优化城乡布局。“区镇合一”持续推进，科技城地区配套设施不断完善，人气、商气日益趋旺；沿太湖地区基础设施建设加快，生态休闲旅游形成特色。中心城区狮山街道和横塘街道“两块牌子、一套班子”运作良好，完成9家企业“退二进三”签约，城市高端功能定位日益凸显。北部浒通片区转型升级加快，发展层次和水平不断提升。以项目为支撑完善城市功能。中环快速路高新区段、马涧路西延建成通车；现代有轨电车1号线延伸工程启动建设，2号线土建完成50%；轨道交通3号线高新区段全面开工；太湖大道三期、环阳山西线一期工程有序推进；苏州汽车西站综合客运枢纽工程主体完工。以富民为导向壮大集体经济。深化农村“三大合作”改革，组织运营好社区股份合作联社、劳务合作社、富民合作社，累计组建各类合作经济组织185家，农民参与合作经济组织实现全覆盖。高标准推进“一村二楼宇”建设，累计建成镇村两级富民载体231万平方米。探索推进股份合作社股权固化改革，加快集体经济薄弱村脱贫，村均集体经营性收入达702万元，增长10.8%。

六是在创新治理中保障和改善民生。始终把让全区群众过上更美好的生活作为一切工作的出发点和落脚点，进一步提升社会治理水平，真心实意为群众多办实事好事。办好惠民实事工程。扎实推进5大类20项实事工程，城乡公共服务支出占公共财政支出70%。全面落实促进就业创业的政策措施，完成本地人员就业10467人，实现失地人员就业4417名，区内“零就业家庭”动态清零。继续抓好居民增收工作，城乡居民人均可支配收入分别增长8.3%和9.6%，均列全市第一。完善城乡一体、多层次社会保障体系，企业退休人员和退休居民待遇享受率达100%。增强公共服务能力。提高教育均衡化水平，新建、改扩建学校18所，区内所有学校实现市级以上骨干教师全覆盖。深化医药卫生体制改革试点工作，医疗卫生服务体系逐步完善，科技城医院主体完工，高新区人民医院二期、苏大附二院北区改扩建工程顺利推进，镇湖社区卫生服务中心竣工投用。丰富居民文体生活，2015苏州太湖国际马拉松赛成功举办，区文体中心封顶，我区成为省公共体育示范区。推进社会治理创新。深入开展“政社互动”，不断规范基层综合服务管理平台，探索建立流动人口积分管理制度，推进动迁小区“社会共治”。全面开展社会稳定风险评估，深入开展领导干部接访下访活动，动态排查化解社会矛盾，全区各类民间纠纷调解率达100%。培育和践行社会主义核心价值观，以道德模范选树为抓手，广泛开展宣传教育和实践活动，扎实做好群众性思想政治工作。深入开展全国文明城市创建活动，我区在全市文明城市指数测评中继续保持前列。强化公共安全监管。切实开展“六打六治”打非治违行动，狠抓重大隐患挂牌整改和安全生产网格化监管，完成挂牌整改项目50项，最大程度消除不稳定因素和安全隐患。严格交通、消防和危化品安全管理，强化食品药品卫生安全监管，保护人民群众的生命财产安全。

七是在严守纪律中提高党的建设科学化水平。认真贯彻落实全面从严治党要求，推动党的建设迈上新台阶。突出两个责任，推进党风廉政建设。严格执行党风廉政建设主体责任双报告制度，认真落实党风廉政建设责任制年度考评制度，创新推行“廉情五分钟”宣讲制度，以制度的刚性确保“两个责任”落到实处。始终保持惩治腐败的高压态势，切实加大对违纪违法案件的查处力度，规范权力运行和防范廉政风险，制定出台关于房屋征收拆迁、工程建设项目招投标等一系列办法措施，从规范、监督、问责三个层面立体构筑党风廉政建设制度网。突出知行结合，开展“三严三实”专题教育。坚持两手抓、两不误，把学习教育和解决实际问题结合起来，查摆“不严不实”问题826个，完成整改785个。认真做好中央和省委巡视组反馈意见，市委党风廉政建设责任制考核反馈意见，市纪委委员提出质询意见和建议的整改落实工作，全区党风、政风、民风明显好转。认真学习新修订的《中国共产党纪律处分条例》《中国共产党巡视工作条例》，以高度的政治责任感，全力支持、主动配合省委巡视组在我区开展工作。突出德才兼备，打造过硬干部队伍。坚持用中国特色社会主义理论体系武装党员干部，拧紧思想“总开关”，铸牢理想信念的铜墙铁壁。认真学习贯彻《干部任用条例》，结合机构改革和任职时间较长干部的交流，加强以“一把手”为重点的选拔和调整工作，选优配强区机关部门、基层板块和国有企业领导班子。加强领导干部个人事项报告查核，切实防止干部“带病提拔”。统筹推进基层党建工作，深化村级“四有一责”建设，选派优秀机关干部任村第一书记，不断夯实基层基础。一年来，区人大、区政协积极探索开发区体制下工作新路子，工会、共青团、妇联和其他群团组织充分发挥桥梁纽带作用，宣传、统战、民族、宗教、侨务、外事、对台、人民武装、机关事务、老干部、残疾人工作都取得新成绩。

在做好以上工作的同时，我们还聚焦“十三五”，科学谋划下一步发展新思路。年初，成立“十三五”规划编制工作领导小组，切实加强对规划编制工作的组织领导和统筹协调。围绕“十三五”发展重大问题，深入开展调查研究，广泛听取各方面意见和建议。党的十八届五中全会以后，我们强调，谋划“十三五”要以“创新、协调、绿色、开放、共享”五大发展理念为引领，紧密联系区域实际，努力把总书记勾画的“强富美高”新江苏美好蓝图在高新区变为现实。起草组历经多轮修改，充分考虑、集中各方面智慧，形成了这次提请会议讨论的“十三五”规划建议。

回顾“十二五”以来，特别是近三年来的历程，我们在实践中形成了符合高新区实际的工作特色，在发展中积累了宝贵经验。始终把创新思路作为谋划发展的首要前提，与时俱进解放思想、创新理念，确立了“创新驱动、再创辉煌”发展主题，形成了“科字当头、生态优先、民生为本、法治保障”十六字方针，在迈向全国高新区“第一方阵”中取得新业绩。始终把彰显特色作为转型发展的直接抓手，以行政中心西移为契机，进一步优化生产力布局和城市空间布局，着力打造科技、生态两大品牌，区域整体环境面貌发生翻天覆地的变化，科技、生态成为高新区特征最鲜明、影响力最大的“双面绣”。始终把惠民富民作为加快发展的根本任务，持续不断地制定实施实事工程和富民强村政策措施，加快完善公共服务和城市功能，群众收入水平和生活质量得到明显提高。始终把优化作风作为促进发展的重要保障，进一步弘扬正气、匡正风气，充分调动广大干部、群众和企业家干事创业的积极性，形成了心齐气顺、风清气正的良好氛围，全区步入欣欣向荣、加快发展的上升通道。这些工作的开展和各项成绩的取得，是市委、市政府正确领导的结果，是全区各级党政组织、广大干部群众同心同德、艰苦奋斗的结果。在此，我代表区党工委、管委会，向所有为高新区改革发展稳定做出贡献的同志们，表示衷心的感谢并致以崇高的敬意！

在总结成绩的同时，我们也清醒地看到发展中存在的问题和不足，主要是：经济下行的压力较大，破解发展中的难题仍然需要不断创新思路、做出艰苦努力；自主创新能力有待进一步增强，资源、环境、人口等要素制约加剧，转变发展方式的任务艰巨繁重；城乡居民收入持续提高难度加大，加强社会治理、维护和谐安定的社会环境面临新情况、新挑战；党的建设面临新的形势和任务，干部队伍建设、作风建设还需进一步强化，等等。对这些问题，我们要时刻保持冷静头脑，采取有效措施切实加以解决。

二、以五大发展理念引领高新区未来发展

“十三五”时期，是我区全面建成小康社会决胜阶段、积极探索开启基本实现现代化建设新征程的重要阶段，也是推进苏南国家自主创新核心示范区建设、奋力挺进全国高新区“第一方阵”的关键时期。党的十八届五中全会全面总结了我国“十二五”时期发展的巨大成就，深刻分析了国内外形势和面临的机遇、挑战，为“十三五”时期我国经济社会发展确定了新坐标、指引了新航向。全区各级党政组织要把学习贯彻五中全会精神，特别是学习贯彻习近平总书记的重要讲话和中央《建议》精神，作为当前和今后一个时期重要的政治任务，把握核心要义，领会精神实质，统一思想行动，凝聚智慧力量。要深刻理解把握“十二五”发展取得的重大成就，特别是党的十八大以来，以习近平同志为总书记的党中央形成的一系列治国理政新理念、新思想、新战略；深刻理解把握“十三五”时期面临的形势，“十三五”发展的指导思想、目标要求、重点任务和重要举措，夺取全面建成小康社会决胜阶段的新胜利；深刻理解把握创新、协调、绿色、开放、共享发展理念的内涵要义，充分认识五大发展理念是“十三五”乃至更长时期我国发展思路、发展方向、发展着力点的集中体现；深刻理解把握加强和改进党对经济社会发展领导的新要求，创新在新常态下领导经济社会发展的体制机制、方式方法，不断提高把握方向、谋划全局、提出战略、制定政策、推进改革、抓好落实的能力；深刻理解把握加强干部队伍建设的要求，坚持全面从严治党、依规治党，积极营造风清气正的政治生态，为“十三五”发展提供坚强政治保证。

要以创新、协调、绿色、开放、共享五大发展理念为重要遵循和基本方向，以供给侧结构性改革五大重点任务为主要抓手，进一步突出创新驱动主

线，突出区域发展特色，突出城市功能提升，突出生态宜居优势，确保“十三五”发展开好局、起好步。要充分发挥高新区作为苏州创新创业高地的作用，推动理念创新、科技创新、管理创新、产业创新，为中长期发展提供动力源泉。充分发挥高新区作为苏州商业商贸中心的作用，推进科技与产业融合、产业与城市融合、城市与生态融合、人与自然融合，全面提升区域协同能力、竞争能力。充分发挥高新区作为苏州城市生态绿肺的作用，为生态环境和空间布局提供更好的平衡和保护功能。充分发挥高新区作为苏州对外区域合作与竞争前沿阵地的作用，加强区域开放合作，增强城市的集聚辐射能力，使五大发展理念真正成为引领发展实践、提升区域竞争力的一面旗帜。

1. 践行创新发展理念，着力提升科技竞争力。聚焦产业科技创新，以科技城为主战场，广泛集聚各种创新要素，优化创新政策激励导向，强化创新人才支撑，着力推进理论创新、制度创新、科技创新、文化创新，努力形成以创新为主要引领和支撑的经济体系和发展模式，加快建设成为苏南国家自主创新核心示范区。

2. 践行协调发展理念，着力提升城市竞争力。紧紧抓住国家城乡发展一体化综合配套改革试点机遇，更加注重处理好发展中的重大关系，主动找差距、查不足，推动城乡、区域、经济和社会等各个方面协调发展，加快塑造要素有序自由流动、产业分工布局合理、基本公共服务均等的区域协调发展新格局，提升苏州国际化都市新城区品味。

3. 践行绿色发展理念，着力提升生态竞争力。充分发挥“真山真水、青山绿水”的生态优势，紧紧围绕“透山露水，依山傍水”的设计思路，着力推进生态文明与城市建设，产业发展和居民生活方式相结合，加快形成节约资源和保护环境的空间格局、产业结构、生产方式、生活方式，努力打造长三角生态文明示范区。

4. 践行开放发展理念，着力提升经济竞争力。注重发挥高新区对外开放优势，提高对外开放的质量和发展的内外联动性，更加主动融入国家对外开放大局，积极对接国家“一带一路”和长江经济带建设战略，拓展开放载体功能，加强开放通道建设，进一步拓展开放新空间，构建开放新体制，打造开放型经济新优势。

5. 践行共享发展理念，着力提升社会竞争力。按照“人人参与、人人尽力、人人享有”要求，把握“坚守底线、突出重点、完善制度、引导预期”思路，坚持鲜明的问题导向，完善细致的制度安排，加大民生领域投入力度，补足民生事业发展短板，织牢民生安全网，让高新区的发展更有“温度”，让老百姓的幸福更有“质感”。

需要把握的是，五大发展理念相互贯通、相互促进，是内在联系的集合体，在贯彻落实过程中，不能顾此失彼，也不能相互替代，要统一贯彻、统一落实，一体发力、一体推进，不断提高贯彻五大发展理念成效，真正以五大竞争力形成综合竞争力。

三、以更加坚实的步伐迈向全国高新区“第一方阵”

2016年是全面建成小康社会决胜阶段的开局之年，也是推进结构性改革的攻坚之年。按照省、市部署，结合高新区实际，今年工作的总体要求是：全面贯彻落实党的十八大和十八届三中、四中、五中全会精神；深入学习贯彻习近平总书记系列重要讲话，特别是视察江苏重要讲话精神；牢固树立和贯彻落实创新、协调、绿色、开放、共享的发展理念；坚持“科字当头、生态优先、民生为本、法治保障”工作方针；主动适应经济发展新常态，把握稳中求进工作总基调；突出抓好稳定增长、科技创新、生态优化、改革开放、城乡建设、民生改善、从严治党等重点工作，保持经济平稳健康发展；着力加强供给侧结构性改革，提高全要素生产率，加快培育新的发展动能；围绕建设苏南国家自主创新核心示范区，加快向全国高新区“第一方阵”迈进，努力实现“十三五”时期经济社会发展良好开局。

主要预期目标是：地区生产总值增长8%，公共财政预算收入增长8.5%左右，服务业增加值占地区生产总值的比重提高2个百分点，规模以上工业总产值实现增长，全社会固定资产投资、实际利用外资、进出口总额持平，城乡居民收入增长高于地区生产总值增幅，单位地区生产总值能耗下降、主要污染物排放量削减完成市下达任务。

今年经济社会发展，特别是结构性改革任务十分繁重，要按照中央和省委、市委统一部署，坚持中国特色社会主义政治经济学的重大原则，突出认识新常态、适应新常态、引领新常态这个大逻辑，彻底抛弃用旧的思维逻辑和方式方法再现高增长的想法，把全部精力集中到加快转变经济发展方式、加快调整经济结构、加快培育新的增长动力上来，落实宏观政策要稳、产业政策要准、微观政策要活、改革政策要实、社会政策要托底的要求，按照“十个更加注重”要求，着力抓好去产能、去库存、去杠杆、降成本、补短板这五大任务。去产能就是要运用市场机制、经济手段、法治办法化解产能过剩，加大政策引导力度，完善企业退出机制。去库存就是要扩大有效需求，打通供需通道，深化住房制度改革，稳定发展房地产市场。去杠杆就是要提高企业权益资本比重、降低负债率，加强金融风险防控，有效化解地方政府债务风险。降成本就是要开展“降低实体经济企业成本行动”，千方百计帮助企业降低成本，使优质企业增强竞争力。补短板就是要实施创新驱动发展战略，加快产业结构调整步伐，补齐城乡基础设施、民生保障和公共服务短板，增强发展的均衡性。全区上下要按照省市统一部署，准确落实、细化落实《关于建设具有国际竞争力的先进制造业基地的意见》《关于加快建设具有全球影响力的产业科技创新中心的意见》等5个文件精神，重点抓好六项工作：

一是优化供需结构，增强经济发展新动能。在适度扩大总需求和调整需求结构的同时，着力加强供给侧结构性改革，着力稳定经济增长，推进转型升级。

突出供给侧改革，促进产业优化提升。把产业结构调整作为改革的重要内容，从供给生产端入手，把更多精力放在供给侧，使供给体系更好适应需求结构变化。以智能制造为主攻方向，大力发展先进制造业，按照《中国制造2025苏州实施纲要》要求，积极开展智能装备、智能制造专项行动，加快企业装备数字化普及应用推广，推进企业装备智能改造，扩大关键岗位机器人应用，培育发展一批智能车间、智能工厂。以生产性服务业为重点，加快发展现代服务业，实施服务型制造重点项目，培育一批制造业服务化示范企业，促进现代金融、信息技术、现代物流等重点产业加快发展，培育壮大平台经济、工业设计等新兴业态。以跨界融合为着力点，全面提升互联网经济水平，大力实施“互联网+”行动计划，推进“智慧高新区”建设，加快培养新产业、新业态、新模式；深化与阿里巴巴合作，在“创客+”“工业云”“云基地”等领域打造特色品牌；落实企业互联网化提升计划，着力在研发设计、生产管控、购销经营和制造服务等环节提高信息技术应用水平。坚决淘汰落后产能，推进“僵尸企业”兼并重组，实现市场出清。加强南北合作，推进苏盐合作园区加快建设。

持续扩大有效需求，保持经济稳定增长。围绕有效需求加大有效投入，重点投向产业发展、基础设施、民生改善、生态环境、区域协调等领域，加快实施80个总投资1186亿元的重大项目建设，积极推进政府和社会资本合作模式，充分释放投资增长潜力，年内完成投资272亿元。引导企业抓住要素价格相对较低的窗口期，加大投入力度，加快技术改造，盘活存量资产。突出抓好20项总投资684亿元的重点服务业项目，加快推动创意设计、动漫游戏、网络文化、数字内容等新兴文化和传统文化消费升级。落实好以满足新市民需求为出发点的住房制度改革，有效释放刚性需求和改善性需求，促进房地产平稳健康发展。积极创新招商模式，瞄准全球产业链、价值链的高端，围绕5大战略性新兴产业，大力推行产业招商、科技招商、以商引商，着力引进培育一批重大产业项目、地区性总部和功能性机构。落实稳定外贸增长政策措施，强化对外贸30强企业的跟踪服务，实施展会拓展、总部争取等市场开拓计划，全力以赴争份额、稳规模。深入推进出口基地和出口品牌建设，促进加工贸易升级，提高一般贸易、服务贸易、高附加值产品和服务占比，推动外贸从数量上的“大进大出”向质量上的“优进优出”转变。

帮助企业降低成本，夯实实体经济根基。中央和省经济工作会议提出了降低制度性交易成本、降低人工成本、降低企业税费负担、降低社会保险费、降低企业财务成本、降低电力价格、降低物流成本等7个方面的重点举措，相关具体的实施办法将陆续出台，要不折不扣抓好落实，在职权范围内把能降的先降下来、该降的全降到位。对企业而言，时间就是金钱，效率就是生命，降低制度性交易成本尤为重要。要进一步推进简政放权、优化服务，推行并联审批，加快“多评合一”“多图联审”，提高审批效率，强化监管服务，努力营造服务的优势、政策的优势和制度环境的优势。深化银企合作机制，创新中小微企业融资模式，有效引导资金、劳动力、土地、技术等要素流向实体经济。统筹处理好稳增长、调结构、防风险的关系，加强金融、企业联保、非法集资等重点领域风险防控，坚决守住不发生系统性和区域性风险的底线。

二是聚焦产业创新，建设自主创新示范区。按照建设苏南国家自主创新核心示范区目标，围绕产业链培育创新链，围绕创新链提升价值链，围绕价值链布局资金链，扎实推进示范区十大工程和十大项目建设，努力在建设产业科技创新中心方面取得突破。

加快推进产业科技创新。以产业科技创新为突破口，培育壮大新一代信息技术、轨道交通、医疗器械、新能源、地理信息等五大千亿级新兴产业。适应世界科技创新和产业变革大势，整合提升中科院苏州医工所、江苏医疗器械产业园、省医疗器械检验所苏州分所等创新资源，加快江苏省医疗器械产业技术创新中心建设，实现医疗器械产业技术开发、企业孵化、产业衍生有效衔接。全面实施新型产业技术创新组织示范工程，发挥浙大苏州工研院、中传媒苏州研究院、中科院地理信息和文化科技产业基地、中国移动研发中心等大院大所的龙头带动效应，鼓励各种类型研发机构建立技术创新联盟，推动跨行政隶属关系、跨领域、跨行业协同创新，尽快攻克一批影响产业发展的技术瓶颈，形成一批重大产业技术创新成果。发挥省军民结合产业示范基地平台优势，落实军民融合项目，建设全国军民融合产业集群示范区。

强化企业创新主体地位。推进供给侧结构性改革，核心是强化企业创新主体地位，提高企业的生产效率和经济效益。要完善创新企业培育机制，建立覆盖企业成长、发展不同阶段的政策扶持体系，实施科技小巨人培育工程，壮大以高新技术为主体的创新型企业集群，全年引进和培育科技型企业1200家、营业收入超5000万元的科技小巨人企业20家、超亿元企业5家。大力构筑技术、品牌、质量、服务等竞争优势，推动规模以上企业提升研发机构内涵建设，重点支持国家、省级工程研究中心等高水平研发机构建设，全年新增研发机构130家，全社会研究与试验发展经费支出占地区生产总值比重达3.55%。加强知识产权服务业集聚区建设，鼓励企业强化知识产权创造，全年新增专利申请13000件，其中发明专利申请占专利申请总量比重保持在50%以上。

积极完善创新服务体系。深化科技管理体制改革，发挥“创客峰汇”载体优势，大力推进大众创业、万众创新。着力打造众创、众包、众扶、众筹支撑平台，完善科技创业孵化链，全年新增领军人才超过100人，集聚新型孵化器25家、孵化科技创业企业300家，引进创新项目500个。加强科技公共服务平台建设，依托区科技创新服务中心，集聚科技中介服务机构，鼓励服务模式创新，打造集项目申报、辅导、培训于一体的科技服务创新载体。深化科技金融创新，抓住股票发行注册制改革、战略性新兴产业板设立、创业板改革等重大机遇，深入推进与上交所、深交所和全国股转系统合作，支持科技企业利用多层次资本市场做大做强。探索建立基于诚信基础的科技企业服务制度，引导金融机构为信用等级良好的企业提供优质金融服务。

三是做好生态文章，营建优美宜居新家园。把生态文明建设摆在更加突出的位置，强化系统性、综合性思维，多管齐下、多方参与，更加自觉地保护环境、修复生态，推动绿色发展、循环发展、低碳发展。

推进生态建设与产业发展融合，打造绿色发展之美。巩固提升国家生态工业示范园区和循环经济试点建设成果，认真实施节能减排低碳发展行动方案，加快推进节能减排工程，促进重点耗能企业提升能效。大力推进绿色清洁生产，加快传统制造业绿色改造。落实循环发展引领计划，推行企业循环式生产、产业循环式组合、园区循环式改造，减少单位产出物质消耗。倡导生活方式绿色化，鼓励绿色出行，推动全社会形成绿色消费自觉。

推进生态建设与休闲旅游融合，打造景观特色之美。高新区因山而名、因水而灵，山水是生态高新区最美的风景，也是高新区人民最美的乡愁。要牢固树立“大生态、大旅游”理念，把整个高新区作为一个大景区来打造，按照建设“真山真水园中城”标准，抓好大小贡山、苏州乐园探险世界等生态旅游重点项目建设，确保上方山石湖生态园、西京湾生态农场首期、“裸心泊”一期顺利开园，千方百计把景区连成片区、连成线路，把“珍珠”串成“项链”，打响苏州西部生态旅游品牌。

推进生态建设与文化发展融合，打造文旅交融之美。文化是城市的生命和灵魂，一个有文化的城市才能展现自身独特的魅力。高新区文化底蕴丰厚，不仅有万佛石塔、摩崖石刻等历史文化遗迹，还有“镇湖刺绣”“东渚玉雕”等传统工艺。要深度挖掘区内丰富、独特的文化内涵，在生态旅游中注入文化因子，进一步提升京杭大运河文化休闲旅游带、大阳山都市生态休闲目的地、沿太湖“绣美生态城”文化内涵，发展有历史记忆、文化脉络的生态景区，把高新区打造成为真山真水与繁华都市相互映衬，现代城市与田园乡村联动发展，文化底蕴与优美生态相得益彰的生态文化旅游融合发展之地。

推进生态建设与环境治理融合，打造自然环境之美。让老百姓喝上干净的水，呼吸上清新的空气，是关乎社会发展和人民福祉的大事。要加强西部水系景观建设，打响水岸空间生态品牌，建设功能性与特色性并存的滨水游线，使之成为符合当代特质和未来发展的地域景观。强化饮用水源地监测和蓝藻预警防控，加强城乡河道生态治理，实施建成区引水畅流工程，加大城乡生活污水治理力度，进一步彰显青山绿水的优美宜居环境。深入开展城乡环境综合整治，提标改造重污染行业，加强工业废气治理，严控建筑扬尘污染，加大环保执法力度，抓好专项检查、挂牌督办、重点区域和突出问题整治，彰显“绿色高新区”建设成就。

四是增强发展活力，勇当改革法治先行军。坚持全面深化改革和全面推进法治“双轮驱动”，认真落实中央、省、市改革和法治建设的各项部署，为迈进全国高新区“第一方阵”提供动力和保障。

着眼落地见效，深化重点领域改革。突出问题导向，着力深化行政审批、财税金融、国有企业、商事制度等领域的改革，进一步推进政府职能转变，持续释放改革红利，激发市场活力。培育改革亮点，落实好保险与科技结合改革试点，加快安邦保险项目建设，组建科技保险地方法人机构。做优金融服务平台，拓展互联网金融业务，丰富“太湖金谷”功能内涵，建设独具特色的金融小镇。加快建设省知识产权交易中心，打造知识产权公共服务平台。抢抓人民币国际化和中韩、内地与澳门自贸协定落地生效等重大机遇，按自贸区标准完善综保区功能配套，充分利用国际国内资本，探索创新运行模式，推动综保区繁荣发展。拓展“苏满欧”班列功能，打造全国进出口多式联运示范工程。加强研发、维修、租赁、结算和融资等功能的开发，加速跨境电商公共服务平台建设。加强对改革任务的督查，建立完善项目化跟踪督查机制，确保各项改革保质保量实施到位。

推进依法治区，提升法治建设水平。以建设法治型党组织为引领，加快法治政府建设，依法设定权力、行使权力、制约权力、监督权力，依法治理经济和社会事务，打造公平、公正、公开的法治化营商环境，把“法治保障”方针落到实处。坚持把全面普法和守法作为依法治区的长期基础工作，精心谋划制定“七五”普法规划，增强全社会尊法、学法、守法、用法观念。强化法治在维护群众利益中的权威地位，引导群众增强法治意识，依法合理表达利益诉求，在法治的框架下维护自身权益。

五是加强城乡统筹，打造协调发展新样本。认真落实中央城市工作会议精神，深化城乡发展一体化综合改革试点，加快推动以人为核心的城乡一体化改革，积极探索具有高新区特色的城乡一体化发展新路径。

优化城乡空间布局。以“科技、生态”为主题，以山水人文为特色，强化与苏州主城各板块的功能互补、交通对接、设施共享，构建“一核三片”整体布局。科技城作为高新区的创新发展之核，要依托科研院所和各类创新载体平台，重点发展科技创新、创业孵化和科技服务，积极发展电子商务，打造科技中心、行政中心、现代化新城。东部城区片区，要依托以狮山路、长江路为主线的城市现代化商圈，大力培育金融保险、人力资源、创业孵化、商业商贸等业态，加快发展总部经济和楼宇经济，打造商务商贸中心和现代化城区。北部浒通片区，要依托交通物流大通道，进一步完善配套设施，加快传统制造产业的改造提升，打造先进制造业和现代物流基地。西部湖滨片区，要依托太湖岸线和生态资源，突出旅游度假、健康养生、文化创意、民间工艺和现代农业，打造生态旅游休闲度假之地。

提升城市功能内涵。认识、尊重、顺应城市发展规律，统筹规划、建设、管理三大环节，科学系统谋划推进城市建设。突出规划引领，加强对城市的空间立体性、平面协调性、风貌整体性、文脉延续性等方面的规划和管控，推进“多规融合、两规合一”，统筹生产、生活、生态空间布局。完善高新区路网体系，抓好南环快速路西延高新区段，轨道交通3号、5号线高新区段，环阳山西路，太湖大道三期等重大基础设施建设，确保现代有轨电车1号线延伸线、2号线完成土建工程，苏州汽车西站综合客运枢纽工程建成投用。加快推进“老镇改造”，有序推进“三个集中”，力争全年农民集中居住率达85%。按照国际化都市新城区定位，推进智慧城市建设，加强城市管理数字化平台建设和功能整合，建设综合性城市管理数据库，逐步形成全面感知、广泛互联的城市管理服务体系。着力提升市民素质，鼓励企业和市民通过各种方式参与城市规划、建设、管理，真正实现城市共治共管、共建共享。

创新富民强村机制。城乡发展一体化说到底是要让农民富起来，让村级经济强起来。要继续深化农村“三大合作”改革，大力发展劳务合作社，积极组织农民参与旅游服务，努力在组织农民、教育农民、致富农民上取得更大成效。切实抓好农民素质培训，加快进城农民市民化步伐，真正做到让农民既“富口袋”又“富脑袋”。进一步完善并落实好政经分开、土地流转、“一村二楼宇”等政策措施，不断壮大农村新型合作经济组织，深入开展薄弱村脱贫转化帮扶，加大转移支付力度，确保全年村（社区）集体经济收入增长10%左右。

六是坚持以人为本，建设民生幸福首善区。进一步保障和改善民生，坚持尽力而为、量力而行，坚决兑现各项民生承诺，切实做到补短板、保基本、兜底线。

提高居民生活水平。加大民生投入力度，扎实推进8大类20项总投资142亿元的民生实事项目，当年完成投资51亿元。坚持富民优先，认真落实促进居民增收的政策措施，深入实施城乡居民收入倍增计划，综合运用就业、创业、投资、社保和帮扶等渠道，促进城乡居民收入平稳较快增长。加强以就业困难人员、高校毕业生为重点的各类就业群体帮扶，探索公益性岗位、职介补贴等政策扩延，实现本地人员就业10000人，扶持失地人员自主创业500名。以增强公平性、适应流动性、保证可持续性为重点，稳步提高各类社会保障待遇，做好被征地农民和动迁人员的社会保障工作，全面完成市下达的保障性安居工程建设任务。完善居家养老服务体系，建设区社会福利中心。

增加公共服务供给。推动教育优质均衡发展，加强学校领导班子建设，推进教师校际交流，完善评估考核机制。加快区四中、枫桥中心小学东校区等学校建设，有序推进集团化办学试点，精心打造特色教育链。深化医药卫生体制改革，做好医疗机构一体化管理工作，大力开展对外合作，加快苏大附二院北区等重点项目建设，确保苏州科技城医院、高新区人民医院二期投入使用，争创国家慢性病综合防控示范区。加快实施基层公共文化设施升级工程，完善“城乡10分钟文化圈”布局，建成并开放区文体中心。精心组织开展系列文化惠民活动，巩固提升国家公共文化服务体系示范区创建成果，把社会主义核心价值体系融入精神文明建设全过程，着力营造见贤思齐、崇德向善的社会氛围。

加强社会治理创新。建立完善党委、政府主导的维护群众权益机制，推动应急处置、源头治理、动态管理有机结合。高度重视推进结构性改革，特别是企业兼并重组、破产清算等带来的不确定因素，防止引发社会风险。落实信访工作“党政同责、一岗双责、失职追责”要求，继续强化属地管理，扎实做好劳资纠纷、征地拆迁、环境保护等领域的矛盾纠纷排查化解工作，健全及时就地解决群众合理诉求机制。认真推进“政社互动”三年行动计划，加快建设集社区治理服务、民意沟通、信息公开于一体的综合信息平台，开展城乡社区网格化服务管理试点，不断探索社区治理新路子。

健全公共安全体系。牢记公共安全是最基本的民生，把维护公共安全这根弦绷得紧而又紧，把安全工作做得细之又细。要全面推进平安高新区建设，完善社会治安综合治理体制，建设立体化、现代化社会治安防控体系，推动解决影响社会稳定的深层次问题。严格落实安全生产责任和管理制度，针对重点领域和重点行业，以最严的标准查找问题、堵塞漏洞，以最严的要求加强执法、落实责任，以最严的措施落实整改、加强管理。健全完善预警应急机制，加强安全生产监管能力建设，强化食品药品安全专项整治，确保社会大局和谐稳定。

四、以敢于担当的精神推进全面从严治党迈上新台阶

全区各级党组织要适应新的形势和任务，切实推进全面从严治党，为改革发展提供坚强组织保障和政治保证。

一是把创新观念和方式方法作为根本，进一步提高党领导经济社会发展能力。能否实现今年各项目标任务和“十三五”发展良好开局，从根本上讲取决于党的核心领导作用发挥得好不好。高新区未来发展的高度取决于改革创新的力度和深度。今年改革发展面临的形势很复杂，面临的矛盾很多，任务十分艰巨。对这些“成长的烦恼”，我们既要客观看待、坦然面对，更要以改革创新的精神去破解。要按照新的形势和任务需要，创新党领导经济社会发展的观念、体制和方式方法，提高各级党委领导经济社会发展的能力。要在把控方向、谋划思路上下功夫，做到悟得透上级精神、看得清发展大势、抓得住主要矛盾、解决好突出问题、聚得起前进力量。各地各部门要围绕全区发展大局来深化各自工作部署，做到目标再明晰、思路再创新、重点再聚焦、工作再务实。要在加强培训、提升能力上下功夫，围绕新形势、新任务和发展要求变化，有针对性地对党员干部开展轮训，提高把握运用市场经济规律、自然规律、社会规律的能力，努力成为新常态下引领经济发展、城市建设、社会治理、依法行政、从严治党的行家里手。要在严格责任、强化落实上下功夫，按照“项目化、载体化、数字化”要求，健全抓落实的责任制，把目标任务分解到部门、具体到项目、落实到岗位、量化到个人，以责任促落实，以责任保成效，形成一级抓一级、层层抓落实的工作局面，确保区党工委、管委会决策部署不折不扣得到落实。

二是把从严选好管好干部作为重点，进一步加强干部队伍建设。从严治党，重在从严管理干部。近年来，高新区改革发展之所以取得巨大成就，与一支有理念、敢创新、守纪律的高素质干部队伍密切相关。站在新的起点上，要按照习近平总书记提出的“信念坚定、为民服务、勤政务实、敢于担当、清正廉洁”好干部标准，努力打造创新型、实干型干部队伍。要认真落实《干部任用条例》，既把牢把严用人导向、任用标准、选拔条件等政治方向，又把牢把严动议提名、组织考察、讨论决定等具体环节。今年区、镇两级党委将进行换届，要严格执

行换届纪律，精心组织，统筹安排，确保换届工作有序、健康、平稳开展。要抓住换届契机，加强以党政领导干部为重点的各级干部交流调整，深化年轻干部“一线工程”，精心培养和选拔一批懂经济、善管理的优秀年轻干部、女干部和党外干部，切实让那些想干事、肯干事、干成事的干部有更好用武之地。严格执行省委《关于落实从严管理干部“五个要”的若干规定》，重点加强干部日常管理监督，实行考察对象报告个人有关事项制度，认真做好超职数配备干部整改落实、干部人事档案专项审核等工作，进一步匡正选人用人风气。加大治庸治懒力度，严肃查处为官不为的典型人和事。

三是把基层党组织建设作为关键，进一步夯实党的执政根基。基础不牢，地动山摇。基层党建工作与全区改革发展稳定紧密相连，必须与时俱进抓好抓实。要把握新时期思想政治工作的规律，深入分析党员干部的思想动态、行为动机，从激发和约束两个方面入手，把大家的积极性充分调动起来。要健全完善基层党建工作的长效机制，贯彻落实好加强农村、社区基层党建工作的《实施意见》，研究制定基层党委和党委书记抓党建工作考核指标体系。紧扣基层服务型、法治型党组织建设，着力推进基层党建工作创新，继续实施基层党建“红色引擎”计划，推动形成具有高新区特色的“先进典型示范群”和“党建工作品牌群”。抓好基层党组织带头人建设，推动实施“百名精英书记培育计划”，探索优秀村（社区）书记进入镇（街道）班子的途径和方法，真正让基层干部想有盼头、干有奔头。要注重调动企业家和创新人才的积极性、主动性、创造性，努力培育一支具有国际视野、创新能力、创业精神、社会责任的企业家和创新人才队伍。深化村级“四有一责”建设、社区党建“四规范”建设和非公党建“三项工程”建设，推动人往基层走、钱往基层投、政策往基层倾斜，使党的各项方针政策在基层落到实处、见到实效。

四是把落实“两个责任”作为抓手，进一步加强党风廉政建设。全面从严治党，一个重要目的就是要恢复和发扬党的优良传统作风，营造良好政治生态。严管是对干部最大的爱护，抓党建要不怕得罪人、不当老好人。全区各级党委和纪检监察机关要真正把责任扛起来、把担子挑起来，确保党委主体责任、纪委监督责任落实到位。坚持有腐必反、有贪必肃，坚持无禁区、全覆盖、零容忍，对腐败现象持续保持高压态势。认真落实好新修订的《中国共产党巡视工作条例》和《中国共产党纪律处分条例》，对省委巡视组巡视反馈中指出的问题要切实整改到位。坚持以法治思维和法治方式推进党风廉政建设和反腐败工作，用法规、制度制约监督权力，加快形成不敢腐的惩戒机制、不能腐的防范机制、不易腐的保障机制。要毫不放松抓好中央和省、市作风建设规定的落实，坚持不懈纠正“四风”，紧盯“四风”新形式、新动向，严查严管、寸土不让，加快形成作风建设新常态，推动全社会风气好转。

最后，我再强调一点，引领“十三五”经济社会新发展，适应全面从严治党新常态，是对各级干部领导能力的重要检验，也是对党性的重要检验。全区各级领导干部要强化绝对忠诚的政治品格，牢固树立政治意识，严守党的纪律，特别是政治纪律、政治规矩，坚定不移地同习近平同志为总书记的党中央保持高度一致，决不能在贯彻执行中央和省委、市委、区党工委决策部署上打折扣、搞变通，决不能拉帮结派、搞团体小圈子；要强化勤政为民的真实举措，始终不移公仆之心、坚守公仆本分、恪守公仆职责，以为民造福为己任、群众满意为标准，夙夜在公、勤勉敬业，多为群众办好事实事，做到爱民有真感情、为民有实招数、富民有新成果。要强化主动作为的担当精神，始终保持一股奋勇争先的干劲、拼劲和韧劲，坚定敢想敢闯的决心，拿出敢破敢立的勇气，不能怕出错不愿干事、怕麻烦不愿抓事、怕吃亏不愿揽事，努力形成崇尚实干、敬业肯干、埋头苦干的良好风气。要强化廉洁干净的政治本色，把廉洁从政、干净干事作为底线，正确用权、谨慎用权、干净用权，带头树立忠诚、干净、有担当的良好形象。

同志们，做好今年工作、推动“十三五”发展，使命光荣，责任重大。让我们在市委、市政府的正确领导下，团结一心、振奋精神，开拓创新、扎实工作，为再创科学发展新辉煌、加快迈进全国高新区“第一方阵”而努力奋斗！

政府工作报告

——2016年1月7日在区十届人大五次会议上

苏州市虎丘区人民政府区长　周旭东

各位代表：

现在，我代表虎丘区人民政府、高新区管委会，向大会报告工作，请予审议，并请区政协各位委员和其他列席人员提出意见。

一、2015年工作回顾

过去的一年，区政府、管委会在市委、市政府和区委（党工委）的正确领导下，全面贯彻落实党的十八大和十八届三中、四中、五中全会精神，以习近平总书记系列重要讲话，特别是视察江苏重要讲话精神为根本遵循，紧紧围绕“四个全面”战略布局，深入实施创新驱动发展战略，按照“科学当头、生态优先、民生为本、法治保障”方针，全面展开迈进全国高新区“第一方阵”各项实践，积极适应经济发展新常态，努力破解经济社会发展难题，持之以恒做好稳增长、调结构、抓创新、惠民生等各项工作，较好完成了区十届人大四次会议确定的目标任务。

1. 经济运行稳中提质。预计地区生产总值突破1000亿元、达到1026亿元，增长8%；地方公共财政预算收入110亿元，增长9.8%；全社会固定资产投资568亿元，增长8%。加大对实体经济支持力度，促进实体经济健康发展，预计实现工业总产值2960亿元，增长2.7%。推动产业向中高端迈进，战略性新兴产业产值、高新技术产业产值占规模以上工业总产值比重均超过52%。促进信息化和工业化深度融合，加快传统产业提档升级，大力推进智能制造。莱克电气获批国家级企业技术中心，我区获批省轨道交通特色产业基地、省新型工业化产业示范基地（医疗器械）。加快现代服务业发展，重点抓好七大服务业集聚区建设，日航酒店、源宿酒店、金科酒店开业，永旺梦乐城、锦峰商务大厦、汇融广场等竣工。完成服务外包接包合同额27亿美元，离岸接包执行额13.5亿美元，增幅均列全市第二，服务业增加值占地区生产总值比重提高2.5个百分点。发挥特色资源优势，加强旅游与文化、科技融合，实现旅游总收入110亿元，增长13%。房地产业平稳较快发展，商品房成交总面积增长98.6%。加快农业现代化步伐，大力发展休闲农业和生态农业，建设高标准基本农田7873亩。镇、街道经济实力不断提升，狮山街道、枫桥街道公共财政预算收入均超过27亿元。

2. 科技创新能力增强。全力推进苏南国家自主创新核心示范区建设，研究制定示范区建设方案，编制空间布局规划，不断完善区域创新体系。加快30项重大科技创新项目建设，促进科技创新要素有效互动。中科院苏州医工所成立先进医疗器械产业孵化联盟，中科院苏州地理信息产业基地产业集聚效应逐步显现，浙大苏州工研院获批国家级博士后工作站，中国移动研发中心边基建边研发，实现销售收入4.5亿元。国家知识产权局专利局专利审查协作江苏中心审结发明专利12.5万件，占全国总量20%以上，审查业务收入3.6亿元；知识产权服务业集聚区通过国家验收，进驻服务机构68家；全区发明专利申请占专利申请总量比重达55%，万人有效发明专利拥有量超过50件；成功举办中美欧日韩知识产权五局局长会议；我区获批国家知识产权投融资试点。围绕创新创业生态建设，打造苏州创客峰汇品牌，创业园获批省级众创空间集聚区试点，17家新型孵化器被评为省市两级众创空间。强化企业在创新中的主体地位，新增科技型企业超过1000家、高新技术产品410项，累计拥有高新技术企业358家，规模以上工业企业研发机构建有率达到68%，列全市第一。加快科技成果转化和高新技术产业化步伐，新增产学研合作项目243项。突出创新人才的支撑作用，大力培养科技领军人才、高技能人才、复合型人才和创新创业团队。全区累计集聚各级各类领军人才612人次，其中国家“千人计划”38人，省“双创”人才49人，省创新团队8家。积极开展科技金融结合试点，完善金融机构和资本市场支持创新的体制机制，新增省、市科技金融项目137项，市级“科贷通”企业科技贷款超过3.5亿元，增长20%。推进企业对接多层次资本市场，新增上市企业3家，累计达到12家；新增“新三板”挂牌企业13家，累计达到25家。我区成为全国首批、全省唯一的科技服务业试点单位。不断增加科技投入，建立以政府投入为引导、社会投入为支撑的多渠道投入体系，全区财政科技投入占财政支出比重超过11%，全社会研究与试验发展经费支出占地区生产总值比重预计达到3.5%。不断完善创新政策体系，推出落实中关村自主创新示范区建设试点政策以及集聚科技领军人才、发展新型孵化器、鼓励创新创业等系列政策，营造良好的创新创业环境。

苏州市虎丘区人民政府区长周旭东

3. 生态建设扎实推进。制定实施高新区生态建设总体规划，围绕25公里太湖岸线、49座山体、5万多亩基本农田拉开生态文明建设框架，加快推进上方山石湖生态园、太湖湿地公园二期、西京湾生态农场等52个总投资157亿元的重点项目，完成索山公园景观提升工程。聚焦环太湖生态长廊、大阳山城市绿心、白马涧生态景区、沿运河风光带，着力打造具有科技、生态、低碳、人本等鲜明特色的生态功能和生态品质，西部生态城成为苏州市首家国家级生态旅游示范区。持之以恒实施大气污染防治和水环境综合治理，开展万家企业节能低碳行动和“能效之星”创建活动，抓好工业废水、农业面源污染和机动车尾气排放治理，淘汰黄标车5611辆，关闭燃煤小锅炉13台。完善数字环保信息化平台，建设60台（套）工况在线监控系统，实现点线面立体废气在线监控体系。实行严格的环境准入标准、污染物排放标准和产品能耗限额标准，单位地区生产总值能源消耗预计下降4%左右，主要污染物排放总量削减完成市下达任务。扎实推进水环境提升工程，完成5座防洪闸站、10公里生态挡墙、30公里58万方河道清淤工程，集中式饮用水源地水质达标率保持100%。持续实施宕口覆绿整治、重点市政建设项目及沿线绿化美化工程，新增、改建绿化面积300万平方米，“美丽城镇”“美丽村庄”“美丽田园”建设成效显现。严格执行基本农田保护制度和耕地占补平衡制度，土地节约集约利用水平进一步提高，单位工业用地产出率列全市第二。贯彻《苏州市生态补偿条例》，补偿机制不断完善。大力开展绿色社区、绿色学校、循环经济示范区等创建工作，建成绿色建筑示范项目11个73万平方米，累计完成绿色建筑示范项目148万平方米。

4. 改革开放持续深化。积极稳妥推进政府机构改革，认真开展区级机关部门职责、内设机构、人员编制“三定”工作，新组建市场监督管理局、行政审批局、卫生和计划生育局等机构。深化行政审批制度改革，共取消17项行政审批事项。积极推进行政审批“三集中、三到位”工作，79个行政许可事项全部进驻并授权到位，行政服务大厅受理各类办件共计14.5万余件，办结率100%。积极做好“三证合一”推进工作，为2185家企业办理“三证合一、一照一码”企业登记。推动“区镇合一”改革，科技城与东渚镇、西部生态城与镇湖街道融合发展步伐加快，狮山街道和横塘街道“两块牌子、一套班子”起步良好。深入推进重点领域改革，综保区创新发展步伐加快，主动对接国家“一带一路”战略，“苏满欧”五定班列常态化运营，国际邮包班列首次运作，进口肉类口岸获批建设，成为全省首家内陆地区进口肉类指定口岸。太湖金谷“新三板”中小企业培训基地投用，与全国股转系统实现线上线下无缝对接，与科技部火炬中心、深圳证券交易所三方合作，共同建设苏南科技金融路演中心。国企改革成效明显，苏高新集团、苏高新创投营业收入分别增长21%、85%，苏高新股份资产重组进展顺利。坚持以改革促开放，进一步提升对外开放的层次和水平。深入实施市场多元化战略，加快加工贸易转型升级，进出口总额保持正增长。提高外资利用水平，实际利用外资7.49亿美元，其中新兴产业利用外资占比达到40%。不断加快“走出去”步伐，区内企业新设、并购、增资境外投资项目31个。苏盐合作园区建设取得新进展，累计完成基础设施投入10亿元，落户亿元以上项目19个，计划投资超过40亿元。

5. 城乡发展更趋协调。始终坚持规划引领，科学完善城乡功能布局和产业布局。继续实施中心城区“退二进三”工作，完成9家企业签约。加快推进“老镇改造”“城中村”改造，不断提升城乡发展品质。科技城地区配套设施不断完善，人气、商气日趋旺盛；沿太湖地区基础设施建设加快，生态休闲旅游形成特色。扎实推进重大市政工程建设，现代有轨电车1号线运营良好，1号线延伸工程和2号线启动建设，完成中环快速路高新区段、马涧路西延工程，太湖大道三期、环阳山西线一期工程有序推进，苏州汽车西站综合客运枢纽工程主体竣工。集商业、停车、交通换乘三位一体的索山公园地下空间开发项目正式运行。“三线入地”工程持续推进，累计完成16条、总长93公里道路。开工建设苏州乐园、东渚等2个220千伏变电站。大力发展新能源公交，新增新能源公交车78辆、纯电动公交充电桩7座；优化调整公交线网，新辟3条公交区间线路，建成40座新型公交候车亭和电子站牌，新增、调整公交站点33对，公交出行分担率达到31.1%，列全市第二。实施城乡发展一体化综合改革试点，深化农村“三大合作”改革和农村集体产权制度改革，推进“一村二楼宇”建设，累计建成镇村两级富民载体231万平方米，加快集体经济薄弱村脱贫，村均收入达到702万元，增长10.8%。

6. 人民生活不断改善。扎实推进5大类20项实事工程，城乡公共服务支出占公共财政支出比重达到70%。全面落实促进就业创业政策措施，完成本地人员就业10467人，开发公益性岗位1045个，援助困难人员就业1329人，扶持创业512人，区内“零就业家庭”动态清零。继续抓好居民持续增收工作，城镇居民、农村居民可支配收入分别增长8.3%和9.6%。深入开展“政经分开”，组织运营好社区股份合作联社、劳务合作社、富民合作社，累计组建各类合作经济组织185家，村、社区股份分红达1.6亿元。完善城乡一体、多层次社会保障体系，城镇职工社会保险、城乡居民养老保险和医疗保险覆盖率均保持在99%以上，城乡低保标准由每月700元提高到750元。加强社会救助体系建设，累计发放各类救助金4690万元。完成锦华苑等10个小区二次供水改造任务。扎实推进保障性安居工程，开工建设动迁安置房285万平方米，建成公共租赁住房1471套、危旧房改造安置住房1313套。

7. 社会建设成效明显。着力提高教育均衡化水平，全区新建、改扩建学校（幼儿园）18所，加强学校师资交流力度，区内所有学校实现市级以上骨干教师全覆盖。深化医药卫生体制改革试点工作，创新医保、人事、薪酬等政策制度，现代医疗卫生服务体系逐步完善，科技城医院主体完工，镇湖社区卫生服务中心竣工投运。建立居家养老制度，每千人拥有养老机构床位数达到40张。不断丰富居民文体生活，建设市妇女儿童活动中心、区文体中心等一批公共文体设施项目，圆满完成苏州太湖国际马拉松赛，我区创建为省公共体育示范区。深入推进文化体制改革，繁荣发展文化事业。大力构建现代公共文化服务体系，新建公共图书馆11个，精心组织“高新区首届艺术文化节”等系列文化主题活动，成功举办第八届中国刺绣文化艺术节。切实加强和创新社会治理，大力开展“政社互动”，全面推进“三社联动”，社会组织登记备案数达400个。不断探索创新社区管理，规范基层综合服务管理平台，积极开展涉法涉诉信访改革试点。深入开展领导干部接访下访活动，动态排查化解社会矛盾，共受理各类民间纠纷7628件，调解率达100%，调解成功率近100%。健全完善社会治安防控体系，加强社会治安重点地区和突出问题排查整治，严密防范、严厉打击各类违法犯罪活动，完成重要节点、重要活动的安保维稳任务，全省综治办主任现场会在高新区召开。强化安全生产责任落实及安全生产监管监察能力建设，扎实开展安全生产大检查，深化“打非治违”和专项整治工作，完成三级政府挂牌隐患整改项目50个，区域安全生产形势保持平稳。严格交通、消防和危化品安全管理，强化食品药品卫生安全监管，确保人民群众生命财产安全。积极培育和践行社会主义核心价值观，深入开展群众性精神文明创建工作。加强和改进民族、宗教、侨务、对台、外事、工会、共青团、妇联、残联工作。扎实推进南北挂钩、对口支持、国家安全等事业。推动国防动员和后备力量建设，深入开展全民国防教育，积极做好“双拥”共建工作。

8．政府建设切实加强。不断增强服务意识，提高行政效能和服务水平，努力为人民群众提供优质、便捷、高效的服务。坚决执行中央、省委、市委关于改进工作作风、密切联系群众的各项规定，扎实开展“三严三实”专题教育，把机关作风建设不断引向深入。坚持依法行政，加快建立权责统一、权威高效的依法行政体制，提高运用法治思维和法治方式解决问题的能力，自觉在法治的轨道上推动各项工作。始终保持惩治腐败的高压态势，切实加大对违纪违法案件的查处力度，制定出台关于房屋征收拆迁、工程建设项目招投标等一系列办法措施，从规范、监督、问责三个层面立体构筑党风廉政建设制度网。自觉接受人民代表大会及其常委会的法律监督、工作监督和政协的民主监督，坚持重大事项向区人大及其常委会报告，向区政协通报政府工作制度，注重发挥各民主党派、工商联、无党派人士和人民团体的参政议政作用。重视建议、提案办理工作，办复人大代表建议88件，办成率89.8%；办复政协提案145件，办成率93.1%。全面深化政务公开，财政预决算、公共资源配置、重大建设项目批准和实施、社会公益事业建设等领域的信息公开工作扎实推进。加强审计监督，重大政策措施落实情况跟踪审计、重大项目审计、国有企业审计和领导干部经济责任审计成效明显。

各位代表，过去一年的成绩来之不易，这是全区人民团结奋斗、攻坚克难、艰辛努力的结果。在此，我代表区政府、管委会，向全区广大干部群众，向人大代表、政协委员，向离退休老同志，向各民主党派、工商联、无党派人士和人民团体，向驻区部队、武警和消防官兵，向税务、海关、国检、国土、金融、供电、公安等驻区单位，向在区内创业的投资者、建设者，向所有参与、支持、关心我区发展的各界朋友，表示衷心的感谢和崇高的敬意！

在总结工作中，我们也清醒地看到，经济社会发展和政府工作仍然存在不少矛盾和问题，主要是：经济下行压力较大，对破解经济社会发展中的难题仍然需要不断创新思路、做出艰苦努力；自主创新能力有待进一步增强，资源环境人口等要素制约加剧，转变发展方式的任务艰巨繁重；城乡居民收入持续提高难度加大，加强社会治理、维护和谐安定的社会环境面临新情况、新挑战；政府职能转变和管理服务水平有待进一步提升，改进工作作风、密切联系群众还需进一步加强。对这些问题，我们要时刻保持清醒，采取切实有效措施加以解决。

二、“十三五”规划纲要（草案）的简要说明

根据经济社会发展需要，我们组织编制了《苏州高新区（虎丘区）国民经济和社会发展第十三个五年规划纲要（草案）》。人大代表、政协委员和各

界人士积极建言献策，提出了许多重要的意见和建议。《纲要（草案）》已提请大会审议，现将有关情况作如下说明。

1. “十三五”发展的基础和条件。过去的五年，面对复杂多变的宏观环境，我们认真实施“十二五”规划纲要，坚持创新驱动，全面深化改革，加快转型升级，加强统筹协调，经济社会发展保持了良好态势，各项规划目标基本完成，科技创新和产业提升取得显著成效。经济发展迈上新台阶。“十二五”期间预计地区生产总值年均增长10.1%，公共财政预算收入年均增长13.8%，全社会固定资产投资年均增长16.9%，形成了新一代信息技术、医疗器械、轨道交通、新能源、地理信息文化等五大特色新兴产业。创新能力实现新提升。区域创新能力持续增强，人才队伍持续优化，初步形成以企业为主体、市场为导向、产学研相结合的创新体系。全社会研究与试验发展经费支出占地区生产总值的比重提高了0.33个百分点，连续五年列全市第一。民生福祉得到新改善。教育、医疗、卫生、文化、体育等基本公共资源配置进一步优化，发展水平稳步提升。城镇居民和农村居民人均可支配收入年均分别增长10.6%和12.6%。城乡建设展现新面貌。大力推进城乡一体化发展，中心城区、浒通片区、科技生态城各展所长、特色发展，公共基础设施建设成效显著。改革开放取得新进展。知识产权服务业、科技与金融结合综合创新、人力资源、生态文明建设等重点领域和关键环节改革取得阶段性成果。过去五年我区经济社会发展取得很大进步，综合实力显著增强，为“十三五”发展奠定了基础，提供了条件。

2. “十三五”发展的指导思想和目标定位。根据省市和区委（党工委）部署，《纲要（草案）》提出了今后五年全区经济社会发展的指导思想：深入贯彻落实习近平总书记系列重要讲话精神，以“四个全面”战略布局为统领，牢记“两个率先”光荣使命，抓住“一带一路”、长江经济带、苏南国家自主创新示范区等国家战略机遇，按照建设“经济强、百姓富、环境美、社会文明程度高”的新江苏的时代要求，坚持“科字当头、生态优先、民生为本、法治保障”方针，全力打造“科技”“生态”两大品牌，以进一步全面深化改革、全方位扩大开放为动力，以大力推动转型升级、创新创业、提质增效为导向，以强化提升企业创新力、产业竞争力、社会凝聚力、区域协同力、环境可持续力为重点，加快苏南国家自主创新核心示范区建设，努力推进经济、政治、文化、社会、生态文明五大建设同步发展，全面建成更高水平的小康社会，率先开启实现基本现代化的新征程，奋力迈入全国高新区“第一方阵”，再创高新区发展新辉煌。

今后五年，高新区的发展定位是：建设苏南国家自主创新核心示范区、江苏智能制造产业集聚区、长三角生态文明示范区、苏州国际化都市新城区，迈入全国高新区“第一方阵”。

在综合研判现实条件、宏观形势和发展趋势的基础上，《纲要（草案）》提出了6个方面的具体指标。

经济发展方面：地区生产总值年均增长7.5%左右，到2020年末，地区生产总值超过1430亿元，比2010年翻一番；公共财政预算收入达到160亿元，服务业增加值占地区生产总值比重达到42%，高新技术产业、战略性新兴产业产值占规模以上工业总产值比重均达到60%。

科技创新方面：到2020年末，主要创新指标达到国内先进水平，全社会研究与试验发展经费支出占地区生产总值比重达到5%，万人发明专利拥有量达到100件，有效高新技术企业累计达到650家，科技进步贡献率达到65%。

城乡统筹方面：“一核三片”空间格局基本形成，布局更加合理、功能更加完善、特色更加鲜明、环境更加优美、生活更加便利。到2020年末，城镇化率达到90%。

社会建设方面：到2020年末，高等教育毛入学率达到72%，常住人口每千人医疗机构床位数达到6.5张，人均拥有公共文化体育设施面积达到3.7平方米。

民生幸福方面：城镇居民和农村居民人均可支配收入年均增速分别达到8%和9%，到2020年末，居民收入比2010年翻一番。

生态文明方面：到2020年末，单位地区生产总值建设用地占用下降率达到27%，森林覆盖率达到21.3%，万元地区生产总值能耗下降及主要污染物排放减少提前完成市“十三五”下达任务。这些指标以导向性为主，具有必要性和可行性相结合、预期性和约束性相结合、连续性和前瞻性相结合的特点。

3.“十三五”发展的主要任务。《纲要（草案）》对“十三五”时期经济社会发展作了全面规划，明确了具体任务和举措。概括地讲，有6个方面：

创新——引领发展新阶段。《纲要（草案）》提出，树立“创新是引领发展的第一动力”理念，把创新摆在发展全局的核心位置，让创新贯穿高新区的一切工作，加快形成促进创新的体制架构，加快形成以创新为主要引领和支撑的发展方式、经济体系，加快形成创新理念和创新思维，打造具有全国影响力的产业科技创新体系，以科技创新推动产业创新，以产业创新带动区域发展。

转型——推动经济稳增长。《纲要（草案）》强调，主动适应新常态，把握发展新特征，以创新驱动为导向，以提高发展质量和效益为中心，加快转变经济发展方式，推动产业结构战略性调整，形成以战略性新兴产业为先导、先进制造业和现代服务业为主体的现代产业体系，增强动力、激发活力、提升实力，保持经济中高速增长，推动产业向中高端攀升。

融合——构建城乡新格局。《纲要（草案）》提出，以建设城乡一体、产城融合、生态宜居的新型现代科技城区为目标，科学规划、合理配置、优化布局、提升功能，形成产业发展、城镇建设、人口集聚、和谐共进的发展态势，探索符合高新技术产业开发区要求、体现江南水乡特色的新型城镇化之路。

共享——更好为民谋福祉。《纲要（草案）》强调，把增进人民福祉、促进人的全面提升作为发展的出发点和落脚点，努力在促进就业创业上见到新成效，在持续增加居民收入上实现新突破，在提升社会保障水平上取得新进展，增进人民团结，朝着共同富裕方向稳步前进，实现全体人民共同迈入全面小康社会。

统筹——促进社会更和谐。《纲要（草案）》强调，坚持公平正义，完善和创新社会治理，努力构建现代新型社会治理体系；加强精神文明建设，大力提升市民文明素质和全区文明程度；进一步加强法治建设，打造平安高新区，为经济社会发展创造安定和谐的环境。

绿色——确保发展可持续。《纲要（草案）》指出，制定和实施正确的产业政策，通过调整产业结构，减少环境污染和破坏；加快生产方式的绿色化，通过生态文明建设，构建起科技含量高、资源消耗低、环境污染少的产业结构，大力发展绿色产业，培育新的经济增长点。

三、2016年主要任务

根据区委（党工委）扩大会议的部署，今年政府工作的总体要求是：全面贯彻落实党的十八大和十八届三中、四中、五中全会精神，深入学习贯彻习近平总书记系列重要讲话，特别是视察江苏重要讲话精神，牢固树立和贯彻落实创新、协调、绿色、开放、共享的发展理念，坚持“科字当头、生态优先、民生为本、法治保障”工作方针，主动适应经济发展新常态，把握稳中求进工作总基调，突出抓好稳定增长、科技创新、生态优化、改革开放、城乡建设、民生改善、社会治理等重点工作，保持经济平稳健康发展，着力加强供给侧结构性改革，提高全要素生产率，加快培育新的发展动能，围绕建设苏南国家自主创新核心示范区，加快向全国高新区“第一方阵”迈进，努力实现“十三五”经济社会发展良好开局。

全区经济社会发展的主要预期目标：地区生产总值增长8%，公共财政预算收入增长8.5%左右，服务业增加值占地区生产总值比重提高2个百分点，规模以上工业总产值实现增长，全社会固定资产投资、实际利用外资、进出口总额持平，城乡居民收入增长高于地区生产总值增幅，单位地区生产总值能耗下降、主要污染物排放量削减完成市下达任务。

在新的一年里，我们重点要做好以下八个方面工作：

1. 坚持提质增效，促进经济稳增快转。坚持发展第一要务，紧扣产业转型升级，确保全区经济在合理区间运行。扩大有效供给。优化投资结构，提高投资有效性和精准性，推动形成市场化、可持续的投入机制和运营机制，以投资促转型。突出抓好前途汽车、力神华东基地、安邦保险等80项总投资1186亿元的重点项目，年内完成投资272亿元。加快龙康路综合交通枢纽、宜家家居、正大会员店等特色商业体以及金鹰狮山购物中心、喜年生活广场、中润丽丰时代商业广场等城市综合体建设。有针对性地开展"产业链招商"，引进一批科技含量高、产业关联度高、成长性好的企业，以项目稳增长。大力推进信息消费、绿色消费、旅游休闲消费、教育文体消费、健康养老消费等，扩大消费需求。稳定外贸增长，增创竞争优势，引导加工贸易向价值链中高端攀升，促进一般贸易向自主品牌、自主创新产品转变。优化产业结构。落实好供给侧结构性改革，提高企业的生产效率和经济效益，加快产业结构迈向中高端。发展新兴经济业态，鼓励企业创新发展，实施"互联网+"行动，重点建设阿里云区域性基地，促进中小企业信息化发展。全面提升传统产业，围绕"中国制造2025"，积极开展智能装备、智能制造专项行动，推动利用物联网、云计算、大数据等技术改造提升传统生产性服务业，加快向智能制造转变和产业链高端环节跃升。推动现代服务业跨越发展，以金融、科技、人力资源服务为先导，着力发展商贸、信息、现代物流和国际贸易等服务，打造区域高端服务品牌。积极整合和培育文化创意与生态旅游产业，发展服务贸易，服务外包接包合同额、离岸执行额均增长10%。优化营商环境。加强对宏观经济形势的研判和经济运行的监测预警，合理配置市场资源，土地、用工、用电等生产要素向实体经济倾斜。落实省委、省政府《关于开展降低实体经济企业成本行动的方案》，打出"组合拳"，不折不扣抓好各项政策落地，同时结合区域实际推出一批有针对性的措施，清理和规范涉企行政性收费，提高金融服务实体经济的效率，着力降低企业特别是中小企业的经营成本，帮助企业"轻装上阵"。

2. 坚持创新驱动，增加创新资源供给。深入实施创新驱动发展战略，加快建设苏南国家自主创新核心示范区，加快推进示范区建设"十大行动计划""十大工程"和"十大项目"，全面提升区域产业发展层次和水平。围绕产业链培育创新链。加快建设省医疗器械产业技术创新中心、阳山秀谷创新基地等创新载体，逐步形成以创新载体为核心的创新型产业集群。大力发展众创空间，集聚新型孵化器25家，孵化科技创业企业300家。加快创新资源集聚，借助中科院苏州地理信息产业基地、中国传媒大学苏州研究院、中国移动研发中心等大院大所技术溢出，推动创新型载体研发、产业化同步发展。加强产学研合作和人才引进，全年新增重点产学研合作院校2家，新增产业技术创新联盟1~2个，新增合作项目200项以上，新增各级各类领军人才100人以上。围绕创新链提升价值链。实施科技小巨人培育工程，全年引进和培育科技型企业1200家，培育新增年营业收入超5000万元企业20家、超亿元企业5家。推动规模以上企业提升研发机构内涵，重点支持国家、省级工程研究中心等高水平研发机构建设，全年新增研发机构130家，全社会研究与试验发展经费支出占地区生产总值比重达到3.55%。鼓励企业强化知识产权创造，提升专利应用水平，全年新增专利申请13000件，其中发明专利申请占比保持50%以上；新增PCT专利申请100项。深化质量强区建设，实施技术标准化，增强产品的市场竞争力。围绕价值链优化资金链。进一步发挥财政资金引导放大作用，扩大天使母基金规模，鼓励社会资本共同加大支持种子期、初创期科技创新型企业的覆盖面。推进金融创新，鼓励企业通过科技信贷、科技保险、设备租赁、知识产权质押等多种形式拓展融资渠道，提高企业直接融资比重。全区创投资金规模超过140亿元，当年实现科技贷款超过4亿元。

3. 坚持生态优先，营造优美宜居环境。聚焦生态文明建设和环境保护，走"工业文明"和"生态文明"相辅相成的高新区发展之路。提升生态建设品质。坚持规划引领，严格落实高新区生态总体规划，修编生态文明建设规划，扎实推进《生态文明建设三年行动计划》。持续推进生态建设重点项目，加快推进西京湾生态农场、阳山生态旅游集聚区等重点项目建设，加强贡山岛、树山等特色旅游项目的招商和建设，精心打造湿地公园至科技城水系水岸、有轨电车2号线沿线绿化和狮山公园西侧绿化等景观工程，不断提升环太湖生态长廊、白马涧生态景区、大阳山城市绿心的品质和内涵。严守耕地保护、开发强度和生态保护红线，优化提升“四个百万亩”工程，加快推进宕口整治和山体覆绿，高标准改造山体林相，新增、改建绿化面积100万平方米。推动绿色低碳发展。加快推进生产方式的绿色化转型，更大力度推进绿色清洁生产，推动建立绿色低碳循环产业发展体系，严把环评准入标准，加快推进园区循环化改造，着力培育一批工业循环经济重点园区和示范企业。促进生产系统和生活系统循环链接，推进建筑节能工作，加快绿色建筑示范区建设。加大环境综合治理。大力实施水环境治理工程，完成51公里河道清淤和15公里河道护岸整治。启动实施“引水畅流”工程，切实改善城区河道水质。启动区第一、第二污水厂除臭改造工程。系统实施“蓝天工程”，加强企业实时在线监控，狠抓工业废气、建筑扬尘、汽车尾气等源头治理，确保PM2.5浓度持续下降。

4. 坚持改革开放，增强持续发展动力。通过深化改革开放，破除束缚区域发展的体制机制障碍，营造有利于发展的“小气候”。推进改革举措落实落地。按照简政放权、放管结合、优化服务要求，进一步完善以“5张清单、1个平台、7项相关改革”为主要内容的简政放权体系。深化行政审批制度改革，动态调整行政审批事项目录清单，深化“三证合一”，加强事中、事后监管。开展相对集中行政许可权改革试点工作，优化审批流程，提高办事效率。不断深化行政体制改革，加快推进事业单位改革，进一步理清和优化部门职能权责。深入推进“区镇合一”改革，不断完善狮山街道和横塘街道“两块牌子、一套班子”运行体制机制。打造改革创新特色亮点。着力打造对接多层次资本市场的金融服务高地，深化保险与科技综合创新试点，推进以“太湖金谷”为核心的科技金融集聚区建设，加快“金融小镇”建设，加强企业挂牌上市梯队建设。深化苏高新集团等国有企业改革重组，优化资源配置，建立健全现代企业制度，实现国有资产保值增值。积极承接自贸区改革创新制度推广复制，推进综保区优化发展，加快国际物流通路建设和国际贸易服务集聚，大力发展跨境电子商务、融资租赁等业务，进一步提高特殊功能区的发展质量和效益。促进内外开放互动并进。积极参与“一带一路”、长江经济带建设，用好“苏满欧”“苏新欧”等国际物流通道，扩大辐射溢出效应。鼓励区内企业“走出去”，开展境外加工贸易、资源开发、跨国收购并购等业务，支持苏盐合作园区加快发展，支持跨国企业在我区设立研发中心和机构，提升区域综合竞争力。

5. 坚持统筹发展，提升城乡一体化水平。以落实国家新型城镇化综合试点为抓手，加大城乡“六个一体化”统筹推进力度，在更高起点上推动城乡一体化迈上新台阶。持续优化城乡布局。加快“多规融合、两规合一”步伐，推进全区各板块特色化发展，打造“一核三片”发展新格局。科技城重点发展科技创新、创业孵化和科技服务，充分发挥科研院所和各类创新载体功能，全力打造高新区创新发展之核。东部城区片区重点培育金融保险、商业商贸等业态，加快“退二进三”“老镇改造”和“城中村”改造，全力打造商务商贸中心和现代化城区。北部浒通片区重点加快传统制造业改造提升，加快“退二优二”及浒关大运河两岸老镇复兴，全力打造先进制造业和现代物流基地。西部湖滨片区重点发展旅游度假、文化创意、民间工艺和现代农业，进一步完善基础设施建设，全力打造生态旅游休闲度假之地。全面提升城市建设水平。完善城市功能配套，优化交通网络布局，大力推进现代有轨电车2号线、1号线延伸工程，南环快速路西延高新区段，312国道高新区段改造等基础设施建设，加快实施道路监控、智能交通改造、狮山路综合改造提升等工程，继续推进苏南运河高新区段航道“四改三”整治工程，苏州汽车西站综合客运枢纽工程建成投用。推动重要公共服务区域Wi-Fi热点覆盖。加强城市综合环境整治，改造美化城区沿街沿河沿山环境景观，推进市政道路美化亮化工程。扎实推进富民强村工程。深入实施“政经分开”，加快推进“一村二楼宇”建设，继续深化农村“三大合作”改革，做大做强农村集体经济，进一步拓宽农民增收渠道，村级集体收入增长10%左右。加快发展园区化、合作化、农场化的现代农业，加快推进“美丽田园”创建和高标准农田建设，加大培育本地职业农民力度。有序推进“三集中”，力争农民集中居住率达到85%。

6. 坚持惠民利民，增进人民群众福祉。加大民生投入、提高民生水平，将改革开放成果更好更广泛地惠及人民群众。全力做好富民惠民实事。扎实推进8大类20项总投资142亿元的民生实事项目，当年投资51亿元，不断提高人民生活水平。继续实施居民收入倍增计划，完善就业服务体系，组织失地失业人员进行职业技能（创业）培训2000人，扶持本地人员自主创业500名，本地户籍高校毕业生就业率达到95%，确保区内“零就业家庭”动态清除。不断完善社会保障体系。稳步提高各类社会保障待遇，继续实施城乡居民大病医疗保险、意外伤害及身故保险，巩固城乡居民养老保险、医疗保险城乡一体化成果。加强社会救助工作，进一步完善临时救助制度和重特大疾病医疗救助政策。加快养老服务设施建设，启动建设区社会福利中心，提速居家养老服务社会化，加强对特定人群特殊困难的精准帮扶。持续改善居民生活环境。实施小区基础设施提升工程，对10个小区实施门岗综合改造，对青山绿庭等11个高层住宅小区4022户实施二次供水设施改造。实施公交优先战略，调整优化公交线路和公共自行车站点布设。加强食品药品安全监管，强化物价监测监管。加大公租房、动迁房等保障性住房建设力度，重点做好新鹿花苑、华山花园、东渚新苑等保障性安居工程建设，全面完成市下达的保障性安居工程建设各项目标任务。

7. 坚持协调并进，推动社会和谐进步。坚持以人为本，推进我区各项社会事业发展，满足和解决人民群众最关心、最直接的需求问题。优化教育资源布局。加快推进新区一中、新区四中、文昌实验中学、培智学校、狮山实小等14所中小学（幼儿园）新建、改扩建项目，深入实施集团化办学和教师交流改革，推动智慧教育平台建设，持续放大高新区“实验教育链”品牌效应，推动全区教育优质均衡发展。完善医疗卫生服务体系。加快推进苏大附二院北区、通安卫生服务中心等项目建设，科技城医院、高新区人民医院二期投入使用。落实深化医药卫生体制改革试点，建立健全分级诊疗制度，开展慢病示范区创建工作，加强康复医疗体系建设，持续推进妇幼健康工程，做好全面“二孩”政策实施。加大公共文化服务力度。全面落实现代公共文化服务体系建设重点任务，区文体中心建成投用，深入实施文化惠民工程，满足群众对优质公共文化服务的需求。广泛开展社会主义核心价值观教育实践活动，推进思想道德建设和精神文明创建。加强和创新社会治理。深化“政社互动”，加强文明和谐幸福社区建设，探索动迁小区新型管理模式，做实社会组织培育工作，提高社会工作专业化水平。加强社会稳定风险评估，完善社会矛盾纠纷排查机制和公共法律服务体系，依法规范信访秩序，提高来信来访事项办理效能。完善应急管理体系、社会治安防控体系和国家安全人民防线建设，提高快速处置突发事件的能力，打击刑事犯罪活动和暴恐活动，切实维护社会和谐稳定和群众生命财产安全。坚持安全发展，严格落实生产经营单位安全生产的主体责任，健全“党政同责、一岗双责、失职追责”责任体系，着力推进安全生产网格化、标准化、信息化、专业化和社会化建设，全面提升安全生产监管监察的能力和水平。推进民族团结进步事业发展，提高依法管理宗教事务的水平。支持和拥护军队改革，加强和改进国防动员工作，积极推动军民融合深度发展。

8. 坚持依法行政，建设高效廉洁政府。加快政府职能转变，深化行政体制改革，在创新、服务、效能、作风、务实、廉洁等方面不断探索，努力提升政府工作水平和服务能力。改进作风效能，建设服务型政府。深入开展领导干部下基层“三访三促”活动，重点围绕基层、企业和群众生产生活中面临的突出问题，广泛听取民意，切实改进工作方式方法，主动为基层、为企业、为群众排忧解难。围绕迈进全国高新区“第一方阵”目标，牢固树立并不断强化清醒、理性、务实的工作导向，狠抓工作落实，对确定的目标、制定的政策、部署的任务，一抓到底，务求实效。推行企业投资项目并联审批和“多评合一”“多图联审”，开辟重点项目和民生工程审批“绿色通道”。抓好政务信息化工程，推动政府信息开放共享。构建以信用为核心的新型市场监管机制，实现社会信用信息的综合联动利用。加强机关部门绩效管理，提高履职能力和服务水平。依法履职用权，建设法治型政府。依法履行政府职能，按照法定权限和法定程序行使权力、履行职责，全面保障各项工作依法依规开展。加强政府法制工作，高质量制定规范性文件。提高行政执法水平，组织开展政府学法活动，强化行政执法日常监管，落实行政执法责任制度，坚持严格规范公正文明执法。推进行政执法体制改革，探索跨部门、跨行业综合执法和区域综合执法。严格接受人大及其常委会的法律监督、工作监督，接受政协的民主监督，接受司法机关的监督，更加注重接受社会舆论监督和人民群众监督。认真实施通过的人大议案，接受专题询问，办理代表建议和政协提案，着力提高办成率和满意度。坚持反腐倡廉，建设廉洁型政府。严守政治纪律和政治规矩，自觉维护党中央权威，确保中央政令畅通。巩固和扩大党的群众路线教育实践活动成果，着力践行“三严三实”要求，不折不扣贯彻落实改进工作作风、密切联系群众的各项规定，坚持不懈反对“四风”。厉行勤俭节约，反对奢侈浪费，减少“三公”经费支出。大力压减各类会议，从严控制会议规格，精简文件简报资料，切实改进文风会风。认真贯彻《中国共产党廉洁自律准则》和《中国共产党纪律处分条例》，严格落实党风廉政建设责任制，切实履行“一岗双责”，领导干部率先垂范，带头做到廉洁自律。深入推进惩治和预防腐败体系，始终保持惩治腐败的高压态势，努力实现干部清正、政府清廉、政治清明。强化公共资金、国有资产、国有资源审计，更加注重对民生资金、实事项目的跟踪监督，深化经济责任审计，加大审计结果公开力度。

各位代表，站在历史的新起点，面对人民的新期待，我们肩负的使命光荣而艰巨。让我们在市委、市政府和区委（党工委）的坚强领导下，团结拼搏、务实奋进，真抓实干、锐意创新，全力推动经济社会持续健康发展，为全面完成今年目标任务，为“十三五”发展开好局、起好步而努力奋斗！

媒体聚焦

苏州科技城：知识产权铸造创新发展新引擎

苏雁　许学建

举办中美欧日韩知识产权五局局长会议，签署《五局合作共识》（又称《苏州共识》）；国家知识产权局专利复审委员会第十巡回审理庭在审协江苏中心揭牌，成为北京之外首个设在专利审查协作中心的巡回审理庭。最近，在苏州科技城，有关知识产权产业的喜讯不断传来。

经过短短两三年时间，如今的苏州科技城，知识产权服务机构从原来的不足5家增加至50多家，知识产权服务业从业人员，从之前的数百人迅速增加到3000余人，已崛起为国内知识产权服务业发展的新高地。

“区域的创新能力，不仅体现在知识创造上，也体现在知识流动和技术流转上。”在苏州高新区党工委委员、苏州科技城管委会主任陈明看来，城市、企业的创新发展不再是“关起门来埋头干”，而是要随时随地能够与国际潮流进行零距离的对话。

2011年9月，审协江苏中心在苏州科技城获批成立，成为除北京之外首个投入运营的分中心。2014年，审协江苏中心完成发明专利审结8.7万件，约占全国总量的20%，相比前一年的3.6万件，足足翻了一倍多，营业额达3.1亿元。目前，审协江苏中心拥有1600多名员工，其中硕士以上学历的占92%。

在国家专利审查江苏中心落户后不久，苏州科技城便着力打造知识产权服务业集聚区，在“智慧谷”规划250亩土地，用于发展知识产权高端服务、知识产权成果孵化以及对高层次人才的培养。2012年，集聚区获批全国首家国家知识产权服务业集聚发展试验区。

“知识产权可成为创造财富的源头活水。”集聚区里的中都国脉资产评估江苏分公司总经理张海霞举例说：“我们接受了苏州一家客户的委托，对20多项技术进行一揽子评估，让知识产权以一定比例入股，‘撬动’了一个一期投入将达10亿元的高端产业跨国合作项目。我们还与苏州银行等金融机构达成战略合作伙伴关系，在专利质押、无形资产评估等方面，激活整个区域的创新因子。”

无论是发明授权、发明申请，还是授权总数、申请总数，苏州科技城的数字都在飞速增加。截至2014年末，苏州科技城累计获批科技项目1000多项，获批金额近20亿元，申报高新技术企业60家，认定软件企业、集成电路设计企业64家，获得专利授权量达2000件，其中发明专利350件。与此同时，包括25名“千人计划”专家、54名江苏“双创”领军人才在内的近300名各级创新创业人才，聚集于此。

在苏州科技城党工委副书记、管委会副主任顾彩亚看来，知识产权服务业的逐渐完善，不仅成为企业创新的支撑点和经济发展的推进剂，也成了苏州科技城乃至苏州高新区创新发展的新引擎。

此外，苏州还建起了全国首家也是唯一的专门介绍知识产权的展厅——苏州国家知识产权服务业集聚区展示厅。陈明表示，“重视知识产权、推动创新发展，我们期望把这股‘春风’吹进每个人的心中”。

（摘自2015年10月26日《光明日报》）

苏州高新区：金融阳光照进科技企业

苏雁　许学建

近日，江苏苏州高新区狮山街道首个“科技金融特派服务员”进驻。这是高新区“分布式服务”的试点举措之一。“以企业实际科技金融需求为中心，以科技金融服务流程为主线，以提高资源配置力度和业务效率为目的，将区科技金融服务中心的终端延伸到区内各镇、街道及重点产业园。”苏州高新区金融部门负责人这样介绍“分布式服务”的意义。

将科技金融政策像阳光一样照进区内众多科技企业，是苏州高新区助力企业转型升级的一个缩影。此前由于对科技金融多元化、个性化、弹性化的需求，科技型企业普遍面临融资难、发展慢的困境。

在苏州市委常委、高新区党工委书记浦荣皋看来，想从困境中突围，必须让政府“看得见的手”与资本市场“看不见的手”紧紧“互握”。在新一轮发展中，苏州高新区的设想是：紧抓科技资源与金融资源两个活力因子，探索科技与金融深度融合、多点对接。

针对科技创新型中小企业信贷和创业投资业

务，苏州高新区专门开设了苏州市聚创科技小额贷款有限公司，根据企业自身成长规律制定个性化融资方案，利用创业投资、小额贷款、融资担保等多种业务手段，改善区域科技型中小企业发展融资环境。

在创新债权融资上，高新区推出了“区域集优”直接债务融资项目，发行了全国首支冠名“科技型”中小企业集合票据，推动了“统借统还”平台建设，使40多家次科技型中小企业受益。

但如何进一步完善科技金融政策体系？作为全国首家国家知识产权服务业集聚发展试验区，苏州高新区在知识产权质押融资上动起了脑筋。东菱振动是省内一家高新技术企业，拥有专利77项。2011年3月，东菱振动在有关部门引导和帮助下，以58项专利质押的方式获得光大银行3000万元融资的支持，促进了企业进一步发展。

“2014年4月，苏州高新区整合现有资源优势，制定了《苏州高新区关于加快推进金融高地建设的工作方案（试行）》，明确以‘保险与科技结合’综合创新试点和全国股转系统路演分中心为主要抓手。”苏州高新区管委会主任周旭东表示。

随之带来的效应是，累计有92家次企业享受区科技保险政策补贴，可转移的风险金额累计近650亿元；知识产权保险、环境污染责任险等新险种不断涌现。

2014年10月，国内首家中小企业股份转让系统委托服务机构“太湖金谷”正式揭牌。通过这一公益性与市场化运作有效结合的新型金融服务平台，苏州高新区为长三角乃至全国的挂牌优质中小企业提供路演、培训及多方案金融创新服务。

（摘自2015年12月10日《光明日报》）

太湖边上的一盘“生态”大棋

郑利文

“没有文化的生态，是没有灵魂的；没有生态的文化，是缺乏生命力的。”宋长宝说，“来到生态城，不仅洗肺，身心愉悦，还能了解中国千年刺绣文化。”

太湖鱼美醉钓客

国家一类赛事“全国垂钓俱乐部挑战赛总决赛”刚在苏州西部生态城（下称“生态城”）落下帷幕。“满目青山碧水绿意浓”，是生态城的真实写照。它还有另外一个名字——苏州的“绿肺”。

作为苏州生态城市建设和创新的“样板区”，生态城从2009年启动建设，五年时间，一座宜居、宜业、宜游的低碳环保山水新城已跃然矗立在苏州城西的太湖之畔。

“生态城就好比一幅‘刺绣’作品。我们一直在想，怎样在这有限的范围内精巧构思，才能游刃有余地穿针引线，让这幅作品更加精美别致。”苏州西部生态城管委会党工委书记宋长宝说。

生态是最大的优势和后劲

生态城紧临太湖，最大的财富是生态，最大的优势是生态，最大的后劲还是生态。宋长宝向《中国新闻周刊》介绍，生态城45平方公里土地上最精美的产出只能是紧紧围绕“生态”这个关键词展开系列文章，在突出“自然、生态、野趣”的基础上发展旅游文化产业。

这里有25公里的太湖岸线，几年前还多是淤土沉积，生态城投资10亿元实施太湖清淤取土工程。如今，太湖岸线仿佛一条逶迤在生态城里的“绿色项链”，还有枕在太湖臂弯中那一方小岛——太湖国家湿地公园，水壤交错，竹木建屋，鸟儿们时不时掠过水面，打破迷人的寂静。

“变废为宝”，在一开始就写入了生态城的发展共识。不管是占地170余亩的现代化房车营地，还是钓鱼高手齐聚的杵山生态公园，皆是生态修复的精品工程。

这个夏天，正在建设中的西京湾农场，已开启一段花海之旅，吸引了众多游客前来合影留念。五年时间内，生态城累计斥资80多亿元，建成一批融生态保护、修复功能与特色人文景观于一体的太湖湿地生态群落，给这片土地注入了新的生机与活力。

没有文化的生态，是没有灵魂的

说起苏州，一定会想到刺绣。6月，国务院总理李克强赠送给智利友人的“国礼”中，就有高级工艺美术师卢梅红的苏绣作品。据不完全统计，自2014年7月份以来，出自生态城镇湖小镇的苏绣艺术品已经六次被作为“国礼”赠送给外国友人。

苏绣，一直是生态城的传统产业、核心产业，并被很好地继承了下来。在仅有2万人口的镇湖，就有8000名绣娘，共12000名刺绣从业人员，卢梅红是其中之一。

“没有文化的生态，是没有灵魂的；没有生态的文化，是缺乏生命力的。”宋长宝说，“来到生态城，不仅洗肺，身心愉悦，还能了解中国千年刺绣文化。”

“刺绣旅游”也是生态城“双面绣”的另一面。近年来，生态城把环太湖生态旅游景区的开发建设和刺绣产业进行深度整合，积极推进文化旅游融合。2014年，镇湖刺绣及旅游品销售额达13.8亿元。

生态经济要引“风”来

要始终坚持“生态经济化，经济生态化”并不是件容易的事，它是一个长线的投资，前期投入大，回报则较为缓慢。宋长宝直言，生态城在紧扣生态和文化主题发展经济的过程中，在思想观念、体制机制等方面，仍存在若干负面制约。

将良好的生态环境转变为发达的生态经济，愿望良好而任重道远。生态城也是如此，从现实情况来看，生态城生态经济尚欠发达。在加强生态环境保护的同时，挖掘出其间的巨大商机和新增长点无疑是新的课题。

要“引风来”，不要“等风来”。目前，生态城正积极应对存在的问题，着力破解发展瓶颈。相信随着生态环境持续完善以及周边旅游载体的建设，一座生态城唤醒一个地区的故事会更精彩地上演。

（摘自2015年8月10日《中国新闻周刊》）

苏州高新区为全国提供基层创新实践“案例”

周建琳　黄自刚

东起精致繁华的苏州古城区，西至风光秀丽的太湖畔，这便是苏州高新区的范围。

从成立至今的20多年间，创新是引领苏州高新区经济社会发展的第一动力。

翻开苏州高新区产业地图，一场由创新引领的变革正徐徐展开。生物医药、医疗器械、地理信息等高端新兴产业，你追我赶，趁势发展；高技能人才、创新创业精英纷至沓来，汇智汇力。

“但苏州高新区的创新不仅仅是经济。”苏州市委常委、高新区党工委书记浦荣皋在接受《中国新闻周刊》采访时表示，苏州高新区发展到今天，需要创新的不仅仅是经济，而是经济社会的各个方面，包括政府管理、居民自治、社会服务等。

在浦荣皋看来，政府要创新，企业要创新，社会组织要创新，个人也要创新，只有各方力量的创新热情都激发出来了，创新才能成为推动社会进步、经济繁荣、人民富裕的真正力量。

“建起全国首个以个人名字命名的党建工作室，服务非公党员；在全国率先实践‘涉刑党员停权机制’，被编入《中国共产党纪律处分条例》；

在全国率先探索‘政经分开’，让村民钱袋子鼓起来……”苏州高新区，正用一个个基层创新实践的“案例”，为全国提供经验。

“周新民工作室”：抓党建就是生产力

作为首批由国务院批准设立的国家高新技术产业开发区之一，苏州高新区经过20多年的发展，已成为一个高新技术产业的集聚地和非公企业投资的密集区。

目前，苏州高新区建有非公企业党组织1100多个，非公企业党员近万名，分别占该区党组织和党员总量的60%和40%。

在非公企业开展党建工作，历来是公认的难题。然而，在苏州高新区，这个难点如今却成了亮点。

聊起这个亮点，周新民是绕不开的话题。在苏州高新区，周新民就是众多非公企业党组织的“主心骨”。从苏州西门子电器有限公司党委书记任上退休后，60多岁的周新民干起了“新事业”。2013年7月，“周新民党建工作室”揭牌成立，这是全国首家以个人名字命名的区域化非公经济党建工作室。

见到周新民的时候，他正在埋头编发微信。“现在应用最多的就是微信群，不管是发布信息，还是讨论问题，更加便捷高效，群里每天都很活跃。”周新民笑说自己现在的主要工作是学习，“你看微博、微信、微视频都是新事物，我都得学。”

站在工作室的中间，周新民说工作室不只是一个“就党建谈党建”的平台，更是一个统筹各类资源、面向基层、内容多元的服务平台。工作室整合30多个区级机关部门的资源，推出4大类41项“服务菜单”，帮助企业解决发展难题。

打开这份“服务菜单”，里面按“经济、科技服务”“法律服务”“党群服务”“民生、社会事业”分为4大类41项，有发改局党总支的“上市企业服务行”，有检察院党总支的“蔚然工作室”，有机关党工委的“阳光讲师团”……涉及企业生产经营的方方面面。

两年来，在工作室的协调联系下，苏州高新区各机关部门党组织已为辖区企业协调解决了安全生产、环保检测、劳动保障等方面的问题30多个。

“其实，我也并不是一个人在战斗，工作室还集聚了一批优秀党务人才，成为我们开展工作的‘人才库’‘智囊团’。”周新民介绍说，除了周新民自己，工作室还有8名核心成员，同时工作室还联合区域内40多名非公企业党组织书记，成立苏州高新区非公企业党建示范点书记联谊会。

今年，中组部相关负责人来苏州高新区调研周新民党建工作室后反馈，“这是全国首个以个人名字命名的区域化非公党建工作室”，是“打通党建‘最后一公里’”的做法。

“未来两年，将规划新建10个分站点，把党建工作室开成‘连锁店’。同时，将推出专业化的‘一站式套餐化党日服务’，真正将非公党员组织起来，提高他们的凝聚力与战斗力。”苏州高新区非公经济党工委负责人李伟表示。

“涉刑党员停权”举措被中纪委采纳

在苏州高新区“再创辉煌”中，党员始终是桥头堡、排头兵。如何从严管党治党，为创新发展提供不竭驱动力？实践中，高新区创新试行的“涉刑党员停权机制”，为今年新修订的《中国共产党纪律处分条例》注入了基层创新的智慧。

“若在司法判决前对其进行党纪处分，即纪委定性在司法定性之前，则客观存在对同一行为定性不一的风险；若对其不闻不问，又与保持党员队伍纯洁性和先进性的要求不符。”苏州高新区纪工委常委龚浩坦言，对涉刑受到羁押的党员，一直以来是党员监督管理的薄弱点甚至是盲区。

“事实上，在基层，一些违法受贿案值，有的不是很高，从几万到十几万的都有。当涉刑但没有判时，该党员的身份，在实践中，很不好操作。”龚浩承认这些都是工作中碰到的实际困难。

为解决这一矛盾，苏州高新区纪工委从2009年起大胆创新、积极履职，对涉刑受到羁押的党员果断采取“停权”措施。即区纪委常委会根据检察机关发出的《逮捕决定书》，直接对涉刑受到羁押的党员采取暂停党员权利、保留党员身份的措施，等待司法最终结论。截至目前，该区已有30人因违规等被“停权”。

“涉刑党员停权机制”的诞生和基层党建管理不断创新实践密切相关。2009年10月，高新区纪工委提出“停权”可行性报告；2009年11月，高新区正式出台“停权”实施办法；2010年1月，苏州市纪委、高新区纪工委、苏州基层党建研究所、苏州廉政建设和行政效能研究所、苏州大学成立联合调研组对“停权”事宜进行论证；2010年2月，理论文章《对涉嫌犯罪党员采取“停权留名”措施的理论研究与实践思考》完成版权登记；2010年4月，“停权”被中央纪委审理室确定为重点调研课题。

龚浩表示：“从此次颁布的《中国共产党纪律处分条例》第四章三十一条‘中止三大政治权利’来看，主要还是吸收了我们高新区‘停权’的做法及其基层实践。”

苏州高新区“停权”机制出台后，以其“简单、管用、零成本、可复制”的特点，先后被20多个地区和央企的纪委主动联系与引入。

“政经分开”示范全国新农村

不管是抓党建促生产力，还是从严管党治党，于苏州高新区而言，最终目的都是一个，就是让广大居民充分享受发展的成果。要让广大居民过上有尊严的生活、有自信的生活、有回味的生活、有成就的生活。

1200年前，张继的一首《枫桥夜泊》让千年古镇枫桥闻名四方，来苏州的游客，都要到此领略一下枫桥的诗情画意。1200年后的今天，在城市化的发展进程中，枫桥在全国率先探索出了行政管理职能与经济发展职能相分离的“政经分开”管理模式，形成了闻名全国的“枫桥经验”。

所谓“政经分开”，即对动迁安置农民按照“村各项社会职能划归社区管理，经济职能留在新组建村股份合作社”的原则，通过解决“人往哪里去、事由谁来管、钱从哪里来”三大问题，实现基层组织与集体经济组织职能分开的改革目标。

早在2006年，枫桥街道就在全国率先探索“政经分开”管理模式。一方面，枫桥街道通过以村股份合作社、联枫公司、民发富民合作社为代表的三种富民模式，让老百姓真正成为生活在城里的“股东”；另一方面，建成一支业务能力强、服务水平高的社区队伍，推进“三位一体、四级网络”的社区建设工程，让每位居民都能“乐居、乐业、乐活”。

枫桥“政经分开”的实践对构建新型农村治理结构发挥了哪些作用？对当地百姓生活的实际影响如何？村民们的家庭账最能说明问题。

原东浜村村民陈巧男透露，他们一家自2006年开始享受农龄折股，一家三口按农龄折算共享有56.5股。“整个东浜村共26293股，2014年全村分红170多万，平均每股64元多。我们分到了3700多元，分红多的人家可以拿到将近1万元呢。”陈巧男说。

数据显示，去年高新区枫桥街道1万户股民领到股红1.06亿元，户均分红达到1万元。枫桥街道引导农民自愿入股成立的富民合作社，连续7年每年实现9%分红。今年8月，富民合作社投资的“木桥公寓”集宿区交付使用，预计又可为合作社股民每年增收2200万元。

“‘政经分开’的意图很明显，就是专门的人去负责经营，而我们社区的人就是一门心思为民众搞好服务。”枫桥街道社会事业办主任唐国华说，自此，社区的角色定位只剩下一个：全方位为居民做好服务。而其工作范围，就是除经济之外所有百姓的生老病死。

“政经分开”，也助推了社会管理的创新，居民幸福感与满意度的不断提升。枫桥街道探索实施的“三位一体”动迁社区管理模式，被评为“中国幸福城市社会管理创新最佳实践案例”。

2014年5月，中国著名“三农问题”专家、国务院发展研究中心副主任韩俊专程调研苏州高新区枫桥街道的“政经分开”模式，认为枫桥的经验对全国各地深入开展农村集体产权制度改革具有借鉴意义。

如今，枫桥“政经分开”已成为示范全国新农村建设、建成区街道社区建设的典型经验，并在全国推广。

（摘自2015年12月14日《中国新闻周刊》）

苏州高新区：打造多层次众创空间

这几天，一场“世界互联网大会”引起了全球范围的热议，“创造更多利益契合点、合作增长点、共赢新亮点，推动彼此在网络空间优势互补、共同发展”这样的“中国态度”更是展现出勇攀时代高峰的大国气派。

那边洪钟大吕，锣鼓喧天；这边顺势而为，趁热打铁。12月19日，苏州高新区与阿里云计算有限公司（简称为阿里云）签署战略合作框架协议，阿里云计算（苏州）有限公司正式落户高新区，双方将在推动工业云、众创空间、“互联网+”教育、云计算大数据技术四大领域开展一系列合作。

此次合作中，尤其引人注目的是，双方将“互联网+”与众创空间这两大创新发展最新潮流合拢为一股新势力，合力打造阿里云“创客+”的旗舰项目，引进龙头型、旗舰型孵化器入驻，为创新创业企业提供“云端”上的专业工具，以进一步激活“大众创业、万众创新”。

阿里云“创客+”项目的强势起航，是苏州高新区众创空间跨越发展态势的一个缩影。

近年来，苏州高新区重点依托苏州高新技术创业服务中心、江苏医疗器械产业园等孵化器，中科院苏州医工所、中科院苏州地理基地、浙大苏州工研院等院所平台，积极引进各类风险投资机构，打造以孵化器、新型技术研究院、院校科教园和创业投资为主体的多层次众创空间。

“创客+”等多领域齐发力，打造经济发展新的“发动机”

阿里云“创客+”基地是12月19日苏州高新区与阿里云签约合作领域的重中之重。阿里云“创客+”是指由阿里云建立、向创业者提供一定免费云资源扶持、技术指导、导师引荐、创业活动、投融资对接帮助等创业相关的综合服务平台。

阿里云“创客+”将全面助力苏州高新区创新创业生态建设，推进移动互联网产业在高新区聚集发展，推动本地云计算及大数据能力的提升。通过推动高新区科技类中小企业上云，有效降低创业期企业的IT成本；联合“创客+”资源、会计师事务所等中介服务和其他资源等，形成中小企业的创新平台；将阿里巴巴等大企业的技术、融资等能力包装成产品整体输出，打通制造、消费、电商的种种环节，缩短产品流转渠道，降低创新创业成本，提升企业核心竞争力。

实际上，苏州高新区与阿里云的此次战略合作将众创空间的“创”字延伸到工业云、“互联网+”教育、云计算大数据技术等方面。

——工业云领域。双方将通过依托云计算、大数据、物联网等应用，推动工业化和信息化深度融合，促进制造业延伸价值链和服务，助推苏州及苏州高新区生产性制造向服务性制造、高端化智造的转型，推动以制造业为代表的供给侧转型，向价值链高端攀升。

——“互联网+”教育领域。双方将通过提供阿里巴巴集团前沿的云计算和大数据技术，以及真实的云计算环境和资源，帮助在校大学生接触到业内顶尖的云计算环境，提高技术能力。通过天池大数据竞赛等方式，学生有机会使用当前最强劲的大数据技术ODPS，获得一线开发经验，为创业创新赋能。

——云计算大数据领域。双方将基于云计算大数据技术，探索“智慧苏高新”的大数据应用场景，为政府部门及其相关机构进行决策分析提供技术助力。未来双方还将探索试点“苏州高新区经济云图”项目，帮助高新区进行更便捷、更有效、更全面的经济运行监测分析。

数万企业用户百万粉丝，构建国际领先“创意云平台”

在苏州高新区，起步较早的众创空间就要数“蓝海创意云”平台了。

2012年初，中国传媒大学旗下集软件研发销售、系统集成及平台运行为一体的高科技公司蓝海彤翔集团正式落户苏高新软件园，该集团经过两年研发，于2014年1月成功推出云端虚拟文化创意产业园“蓝海创意云”平台。

“蓝海创意云”通过整合中国传媒大学的行业优势及“天河”超级计算机的资源优势，由蓝海彤翔自主开发建设具有国际领先水平的“创意云平台”，可为从事文化创意产业的企业与个人提供全方位服务；通过“互联网+”文化创意的新型服务平台，将互联网的技术和众智众创的模式融合到文创行业的生产与管理中，已成功打造成一个线上的“众创空间”，可促进文化创意产业上下游之间、本地企业与其他地区企业之间的合作。

1年孵出20多只“金凤凰”，立足全要素整合的孵化空间

相比于“蓝海创意云”，由苏州科技城管委会、苏高新创投集团共同打造的“e帮创”则更偏向线下孵化。

目前，“e帮创”拥有2000余平方米的创客活动场地以及完善的创业辅导与孵化体系，主要针对地理信息、医疗器械、生态科技、智能装备/家居领域的创新创业者，通过全方位的支持服务，协助创业者最大化实现创业梦。现主要提供创业培训、投融资对接、商业模式构建、团队融合、政策申请、工商注册、法律、财务等服务。

今年2月运营以来，“e帮创”已成功举办5场项目推介、创业对接和科技人才路演活动，已辅导企业50多场次，并在10月份举办地理信息和智慧城市专场路演；已服务创业企业及团队35个；当前又有5个团队通过入伙辅导、毕业，注册成为苏州高新区新增科技中小微企业。目前，富有特色的投资服务已经取得了良好的开端，累计毕业企业21家，新增投资落地毕业企业5家。另外，“e帮创”协助取得天使投资的10家企业的负责人已被评为2015年高新区各级人才。

入选省级众创集聚区试点名单，打开从创意到产品的通路

如果说，“蓝海云平台”“e帮创”都是新生力量闯出新路径，那么苏州创业园主导的“创客峰汇”则是“老树新花”越开越盛。

苏州创业园是苏州第一家科技企业孵化器，同时也是全国首批3家“国际企业孵化器”、首批10家“国家高新技术创业服务中心”、首批“国家留学人员创业园”之一，经过20多年的发展，依托高质量的创业平台，完善的科技企业孵化体系和全方位的政策支持，累计吸引了1600多家科技企业在此集聚，培育出纽威、阿特斯等多家上市公司。

响应国家“大众创业，万众创新”的号召，2015年苏州创业园全力打造4万平方米具有全要素、低成本、敏捷智造、强力支撑、高频互动等特点的众创空间集聚区。在这里，创客有了自己的创意想法后，可以直接到“开放创造实验室——苏州”使用3D打印设备打出样品，还可以到“敏捷智造中心”的小试与中试生产线上生产小批量的产品。在同一幢楼宇中，一个从创意到产品的全过程就这样便捷地完成了。依托苏州创业园20年成熟的科技企业孵化服务经验，叠加区域各类科技创新创业政策，苏州“创客峰汇”已经形成了一个较为完整的创业生态系统。

随着区域内各大众创空间的快速发展，苏州高新区创新创业生态之船正驶向价值“蓝海”的深处。

目前，苏州高新区新型孵化载体建设已取得一定的进展。在创业中心，已经集聚了包括“众创营”“FabLab”等创客空间在内的20家创新创业新概念载体；在科技城，依托蓝海彤翔创意云平台的文化创意空间，依托中科院地理所等大院大所的科研众创空间或产学研平台，依托微义咖啡和茅山创客会等构建的创客平台日益壮大；依托科技学院等区内院校资源的学生创业孵化基地和创客社团也都在积极推进建设中……

未来，苏州高新区还将进一步完善政策内容，争取在探索工业用地支持研发创新型企业注册落地等方面实现政策创新与突破。力争到2020年，全

区累计建设新型孵化器50家，聚集各类创新创业人员20000人，孵化科技创业企业2000家，建成一支500人的创业导师队伍。

（摘自2015年12月24日《新华每日电讯》）

集聚创新资源服务新兴产业
——苏州高新区冲刺国家级第一方阵

高坡　李仲勋　盛峥

不断推进产业链、创新链、价值链、资金链的“四链结合”，迈向全国高新区第一方阵，作为苏南国家自主创新示范区的主阵地之一，必须有这种使命感。苏州市委常委、高新区党工委书记浦荣皋这样说。

江苏省医疗器械产业技术创新中心近日在苏州高新区揭牌。作为全省首批三家产业技术创新中心之一，该中心规划建设成为医疗器械资源最集聚、人才最集中、研发能力尤其是新技术工程化能力全国一流的创新平台。省级产业技术创新中心的落户，为苏州高新区医疗器械产业的发展安上了强劲引擎。

广泛集聚创新资源，服务于新兴产业发展，成为苏州高新区新一轮发展的鲜明路径。“要实现苏州高新区突破发展，必须努力打造以战略性新兴产业为主导、创新引领、人才集聚、生态优良的国际级创新型科技园区。”苏州市委常委、高新区党工委书记浦荣皋认为，作为苏州建设苏南国家自主创新示范区的主阵地之一，苏州高新区必须以强烈的使命感抢抓机遇，不断推进产业链、创新链、价值链、资金链的“四链结合”，释放创新驱动潜能，迈向全国高新区“第一方阵”。

进军“第一方阵”，首要问题是解决创新动能。近年来，苏州高新区把科技引领、创新驱动作为加快转变经济发展方式的核心环节，相继引进中科院苏州医工所、浙大苏州工研院、中国兵器集团214所等70余家大院大所，逐步在新一代信息技术、医疗器械、新能源、轨道交通等新兴产业领域确立了先发优势。

“这些年，我们引来不少‘金凤凰’，如何继续保持‘梧桐树’的生机活力至关重要。”在苏州高新区管委会主任周旭东看来，高新区要在技术优势转化为产业发展优势环节上继续深化，必须依靠发展科技服务业这一路径。

苏州城西，群山环绕，清幽寂静。苏州高新区在此布局科技城，通过引进各类创新资源，为人才创业、企业创新服务，最终打造产业发展高地。去年以来，借助国家知识产权局专利局专利审查协作江苏中心落户的机遇，高新区打造知识产权服务业集聚区，用于发展知识产权高端服务、知识产权成果孵化应用、高层次人才培养。

“企业采用我们的服务，可以让创新更精准、更直接。”江苏天弓信息技术有限公司董事长程军峰说，公司以“云计算”为技术支撑，通过“嫁接”国家知识产权局权威全球专利数据资源，为用户持续跟踪5000多个技术专题和7000多个机构的全球专利布局，从而为企业运作知识产权找准方向。截至目前，集聚区内已有包括“天弓”在内的50多家知名知识产权服务机构相继落户，形成了完整的知识产权服务产业链。

知识产权服务业的迅猛发展，是苏州高新区构筑全方位科技服务体系的缩影。目前，苏州高新区已形成技术研发和设计、投融资、创业孵化等较为完善的科技创新服务体系。不久前，国家科技部公布了首批科技服务业区域试点名单，苏州高新区成功入选，成为全省唯一获批该试点的区域。

随着越来越多科技服务机构与有创新需求的企业构建起“朋友圈”，一大批拥有核心竞争力的知识产权密集型企业“冒”了出来，成为牵引产业转型升级的“火车头”。“以前我们公司的业务主要依靠给世界知名品牌吸尘器进行贴牌生产，后来看到政府出政策、出资金，还有专业机构引导如何维护知识产权，我们下定决心进行自主研发，做自己的品牌。”莱克电气股份有限公司董事长倪祖根说，目前公司已获批复的专利达1500余件，正以每年平均200多项的速度申请专利，成了苏州高新区专利申请第一大户。

“科技服务的落脚点是企业，创新的最前沿也是企业。”苏州高新区科技局副局长李艰介绍，企业是市场主体，只有企业通过创新驱动实现了转型，高新区的发展方式才能真正转变过来。因此，高新区必须不断健全技术创新市场导向机制，让企业真正成为创新驱动发展的主导者。根据相关规划，高新区今年还将力争新引进科技型企业1000家，新增高新技术企业85家，加快形成以高新技术企业为主力军的创新型企业集群，构筑新兴产业发展基石。

（摘自2015年8月5日《新华日报》头版头条）

苏州高新区以生态文化融合发展成就吸引力

——生态+文化，“绣”出新版太湖美

高坡　盛峥

9月，太湖进入收获季，位于太湖东北岸的苏州西部生态城，也迎来一年中最忙碌的时节。日前，来自上海的程先生和几位专业“钓友”相约，来到位于苏州高新区西部生态城的杵山生态公园，体验太湖垂钓，感受不一样的风景。

这个占地近40公顷的垂钓主题公园，原是苏州高新区镇湖街道杵山村的废旧鱼塘，两年前开始建设集生态环保湿地、休闲娱乐旅游、国际专业垂钓等功能于一体、可办国家一类赛事的生态型公园。今年4月，公园开门迎客，季季有大赛、月月有赛事、周周有竞赛，吸引大批长三角地区像程先生这样的垂钓爱好者纷纷前来赏景、竞技、品湖鲜。

这是苏州高新区大力发展生态事业的一个缩影。像苏州高新区这样对生态建设下如此“狠手”，极为罕见：全区面积258平方公里，却划出70多平方公里用来发展生态和休闲旅游业，其中就包括45平方公里的西部生态城。

“着眼长远，生态竞争力才是转型升级最大底气。”苏州高新区党工委委员、苏州西部生态城党工委书记宋长宝说，西部生态城是苏州唯一以“生态”为名并全面致力于生态文化产业融合发展的区域，明确的发展定位让这片土地上的人们深知：绿水青山胜过金山银山，良好的生态环境才是持续发展的最大“靠山”。

发展生态产业，苏州西部生态城底气十足。这里拥有70%以上的绿化覆盖率、100%的污水处理率、PM2.5浓度全年不超过50微克/立方米……有人说，这是“苏州最后一片净土”。今年初，西部生态城获批国家生态旅游示范区，成为苏州首家国家级生态旅游示范区，也是全省仅有的四家国家级生态旅游示范区之一。

“能够成为国家级生态旅游示范区，太湖湿地公园功不可没。”苏州太湖国家湿地公园总经理祝钧说，规划面积4.6平方公里的太湖湿地公园被称为西部生态城的“绿芯”，水域面积占71%，上百个大大小小的池塘星罗棋布“镶嵌”其中，经过“退渔还湖”、生态修复、整理造景，这里形成以水为灵魂、以植物为生命的独特湿地景观，园内水质常年保持二类饮用水标准，用“水交换”的形式为太湖涵养水源。

乘船进入湿地公园深处，河道中成群野鸭游嬉着，芦荡里不时飞出白鹭和灰鹭，令人流连忘返。如今，已建成的杵山生态公园、太湖湿地公园、太湖房车露营基地，正在建设的大小贡山岛、西京湾农场

等，就像是太湖沿岸的一颗颗珍珠，散发着“太湖美”的独特魅力。

有生态，还要有文化

“没有文化的生态就没有灵魂，没有生态的文化就缺乏生命力！”宋长宝把这句话挂在嘴边，诠释了苏州西部生态城最核心的发展理念——生态文化融合发展。“太湖水文化、江南农耕文化、刺绣文化等都是苏州西部生态城的灵魂所在，和真山真水融合得好，才能保持区域发展长久的活力和吸引力。”宋长宝说，这里不仅要发展休闲旅游产业、生态环保产业和现代农业，更要大力发展文创产业，要让生态和文化齐头并进。

沿着太湖湿地公园往北走十分钟，便来到了颇负盛名的镇湖“绣品街”，八千绣娘穿针走线，将这里“绣”成西部生态城发展文创产业的主阵地。

“我们不能再局限于以往那种镶在木框里的刺绣工艺品，随着市场的发展和行业的转型升级，必须在产品质量分级上下功夫。”镇湖街道纪工委书记、分管刺绣产业的张伟介绍，正逐步引导苏绣产品在奢侈品、收藏品、旅游纪念品和日用品等产品类别上拓展市场空间，这是苏绣能否继续引领中国刺绣行业发展的关键。为此，镇湖将着力推动以质量认证中心、价格发布中心、技术创新和研发中心、人才培训中心、对外交流中心构成的“五大中心”建设，和国内外知名专家、院校和行业精英一道，共同参与行业标准制定，以此拔高刺绣产业的层次。

去年，镇湖刺绣产业突破13亿元产值，以中国刺绣艺术馆和绣品街为主的“刺绣文化景区”再次迸发出巨大的发展活力。而西部生态也在将这些精彩的生态、文化资源“打包”，不仅牵出了一条完美的“太湖大湿地生态休闲旅游带”，更打造了一颗闪亮的太湖“新明珠”。

（摘自2015年9月30日《新华E报》）

“大辫子”，牵着城市开启精彩

孟旭

头顶蓝天白云，脚踩芬芳草地，载着可爱孩子……11月1日，苏州有轨电车1号线正式提速运行，18公里单程运行时间将从41分钟缩短至38分钟。

此前一天，首列主题电车“梦幻王国”上线，车厢内俨然是个童话世界。有轨电车又是提速，又是“换新装”，是为庆祝自己一周岁生日。去年10月26日，苏州有轨电车1号线开通试运营，万人试乘轰动一时。一年过去了，如今是何光景？

一步又一步，电车快了

苏州高新有轨电车有限公司副总经理韩建良介绍，为“庆生”而做的改变还不止于此。1号线高峰期行车间隔从8分钟缩短至7分30秒。这已是有轨电车第4次调整行车时刻表，刚运营时，发车间隔长达15分钟。未来运营车辆将从11辆增至14辆，行车间隔缩短至6分30秒。同时，微信支付功能已正式上线，乘客动动手指就能购买新版电车卡，120元可乘100次，比现买便宜约一半。线路运营结束时间从21点延长至22点。

一步又一步，一直往前走。苏州有轨电车1号线开通至今，安全运送乘客近185万人次，平均每天约5000人次。对这份成绩单，韩建良认为“还可以”。

与单趟电车约300人的最大运载量相比，客流量还有很大提升空间。速度不够快仍在制约客流增长，多位受访乘客吐槽：坐电车，旅游观光不错，但作为日常出行工具，电车还是比地铁慢。

即使按18公里38分钟计算，电车速度仅为约28.4公里/小时。但据了解，苏州有轨电车1号线设计最高时速为70公里，为何实际速度远慢于此呢？韩建良解释，18公里38分钟算上中途停靠站、等待信号灯的时间，28.4公里/小时是电车的旅行速度，若单纯论行驶速度，部分路段已达60公里/小时。而苏州轨交1号线全程25.739公里，共需46分钟，平均时速约33.5公里，两者相差并没有想象中那么大。

更舒适更环保，跟着眼睛去旅行

班次少、造价高、速度慢……苏州有轨电车自开跑之日起，质疑声就不绝于耳。在苏州高新区科技城上班的李尧是有轨电车的常客。“在主城区，早晚高峰时坐地铁比开车快得多；但有轨电车所在路段属苏州市郊，路宽车少人口密度低，相比较开车，电车在速度上没啥优势。”她有些替电车鸣不平，“在这里，公交车乘客也远少于主城区。不能因为客流少就忽视这里的公共交通，对不开车的人来说，坐电车还是挺方便的。”

有轨电车准点率高达99%，乘坐更舒适、更环保。在没有地铁的高新区，与公交车争夺客流还是有优势。目前，苏州有轨电车1号线客流呈现明显的“潮汐现象”：工作日客流不多，但周末能吸引不少来自市区的观光客，最高单日纪录高达1.3万人次。

“这与我们的初衷一致。1号线在建设之初，线路设计就有意与高新区发展规划相结合。”苏州高新区有轨电车有限公司总经理沈明生说，高新区西部生态城着眼宜居宜游，因此1号线的定位就是“景观线”，途经苏州乐园、白马涧龙池景区等景区。今年9月，10.2公里长的1号线延伸线开工，2017年竣工后，将承担起太湖景观带—太湖湿地公园—生态城板块—生态城枢纽的快速公交联系功能。届时，苏州市民乘有轨电车，只需1小时，就能从苏州市区直达太湖边。在建的有轨电车2号线将连接苏州新区宜家、永旺梦乐城等大型商业项目，不愁客流。

“发展有轨电车不能算小账，而是要算大账。”沈明生说。这一年来，有轨电车沿线环境有了提升，乘客可“跟着眼睛去旅行”。记者乘坐电车体验，透过车窗，近看路边繁花似锦，远看青山连绵，令人心旷神怡。11月初，从有轨电车1号线马涧路站到阳山南站，一场“5.5公里迷你马拉松”即将进行，跑步爱好者们将在最美慢行道上与有轨电车赛跑。

一根大辫子，牵出一个新产业

“有轨电车在国内仍属新兴事物，目前还没有系统的行业规范，各地是‘八仙过海各显神通’。”中国城市轨道交通协会现代有轨电车分会秘书长徐连军说，以供电方式选型为例，淮安选用超级电容供电，南京选择蓄电池供电，珠海采用地面轨道供电，它们都属于无接触网供电；而苏州选用接触网供电，轨道沿线立起电线杆架设线缆，远看电车像拖着一根“大辫子”。

“有轨电车产业方兴未艾，无限可能意味着无限机遇。”徐连军感慨。尽管此前屡次不被看好，但据有轨电车协会统计，全国已有超过100个城市规划建设有轨电车，到2020年前，全国计划建设的有轨电车线路总里程达2000公里。

今年9月，首个国家级有轨电车行业协会落户高新区，首批会员单位53家，其中绝大部分在苏州。

“国内有轨电车项目有苏州新区、南京河西，以及南京麒麟、珠海、北京西郊线、上海松江等，国外项目有埃塞俄比亚、伊朗马萨德、土耳其萨姆松等。”克诺尔车辆设备（苏州）有限公司有轨电车商务经理刘建伟如数家珍。“越来越多的城市兴建有轨电车，这将成为我们新的销售增长点。”他介绍，2012年起，克诺尔着手建立本地有轨电车制动系统团队，包括机械设计、电气设计、软件设计、调试等多个流程，部分项目已实现苏州本地生产，预计到今年底制动系统国产化率将达70%。

在苏州新区，想从有轨电车产业分羹的企业还有不少，“苏州经验”越来越被认可。在车辆总装环节，去年，苏州中车轨道交通车辆有限公司厂房开建，建成后将形成年装配100辆有轨电车的能力；在信息系统集成环节，苏州华启智能科技股份有限公司已成国内最大的高铁物联技术软件研发与高端装备制造基地；在咨询服务环节，苏州高新区有轨电车咨询有限公司中标国内多个有轨电车项目，对建设全过程提供咨询服务……一大批轨道交通企业聚集苏州新区，形成完善的产业链，去年这里的有轨电车产业总产值达250亿元。

（摘自2015年11月2日《新华日报》）

“苏满欧”驰骋万里新丝路

高坡　孟旭　王晨明

“再往前一些，可以了！”起重工季红明做出一个向下的手势，一声轻响，又一节集装箱在龙门吊的牵引下稳稳落下，四个角刚好卡在平板车体四个凸起的钢柱上。这是记者日前在苏州铁路货运西站见到的一幕。

“你看到的这些，全都是‘苏满欧’的货！”季红明感慨，这趟中欧班列发车愈发密集，发货量不断增加，他的工作量几乎翻了一番。“今年‘苏满欧’的发货量几乎占到我们总发货量的一半。”上海货运中心苏州经营部集装箱班组组长范月民介绍，“苏满欧”起初每月3列，开通不久就不断加密车次，到今年一季度已增至每周1列，目前已增至每周2—3列。

“‘苏满欧’的起点位于苏州高新区，对我们是荣誉，是责任，更是抓住国家战略机遇、写好‘一带一路’苏州篇章的契机。”苏州市委常委、苏州高新区党工委书记浦荣皋说，高新区一直全力支持这项工作，未来还将与俄铁等各方加强合作，在国内外打响这一货运品牌。

“苏满欧”是国内首条以小时为计时单位的中欧国际班列运输线，这条铁轨上的新“丝绸之路”如今发展越来越快。“整条线路仿佛一根长长的飘带，在地球北部东西蜿蜒1万多公里。”负责“苏满欧”运营的苏州高新区综合保税区管理办公室主任吴立华介绍，“苏满欧”从苏州铁路货运西站始发，纵贯华东、华北、东北，经内蒙古满洲里出境，横跨俄罗斯、白俄罗斯全境，最终到达波兰华沙，全程11200公里。

目前，“苏满欧”出口班列全程最短12天，进口班列全程最短14天。这趟行程中，俄铁管辖段（俄罗斯及白俄罗斯）有7800公里，占全程近七成。这为“苏满欧”带来极为明显的成本优势——途经国家少，换轨次数就少，大大节约时间；关务过境环节更便捷，单据要求简单，出境环境稳定。

“这正是我们最看重的一点。”苏州佳世达科技股份有限公司物流经理徐海明分析，综合考虑运输时间和成本，铁路是不二选择；与其他地区的中欧班列相比，“苏满欧”货运单价虽高，但综合性价比也最高。

“苏满欧”班列于2012年开通，2014年3月实现常态化运行。截至今年11月15日，累计开行出口班列116列，发运出口货物5.47万吨，发运标准集装箱10718箱，货值10.28亿美元。开行进口班列11列，进口货物6149.75吨，标准集装箱628箱，货值5124.26万美元。

我国通往欧洲的火车班列有3条通道，即西部通道由我国中西部经阿拉山口（霍尔果斯）出境，中部通道由我国华北地区经二连浩特出境，东部通道由我国东南部沿海地区经满洲里（绥芬河）出境。国内已开通运营苏满欧、渝新欧、郑新欧、蓉新欧等多条中欧班列线路，它们纷纷出台极为诱人的优惠政策，吸引企业对接，有的甚至专门派车到厂拉货。

面对日益激烈的竞争，苏州推进中欧国际班列发展新动作不断。7月，“苏满欧”进口班列实现常态化开行；7月10日，“苏新亚”（苏州—新疆—中亚各国）首列国际货运班列开行，全程运行时间10天；8月16日，“苏满俄”（苏州—满洲里—俄罗斯）首列国际货运班列开行，全程运行时间12天。

“以后老外从中国海淘商品，也可以搭载这些班列！”苏州邮政局包件业务局局长张杰介绍，20世纪50年代，中国曾与部分中东欧国家签订“26国货运协议”，规定私人包裹不能通过货运班列运输，但从今年7月起，这项条款被废除。苏州高新区综合保税区与苏州邮政签约合作开展国际邮包运输业务。

11月8日，首个装有2000余件私人包裹的集装箱搭载“苏满欧”出国。“虽然国际邮包运输业务还在试运行，但未来潜力无限。”张杰说，“‘尝鲜’这一业务的是苏州几位电商，这趟货物以服装为主，听说很受老外欢迎。苏南服装加工业发达，不愁货源。”

“私人包裹通过铁路运至欧洲，价格比空运低得多，速度又很稳定。这将为苏州及周边地区跨境电商出口业务带来更多发展空间，期待着中欧班列成为跨境物流的新宠。”苏州高新区综保区管理办副主任钦纳新表示。

（摘自2015年12月10日《新华日报》头版）

“阿里云”飘落苏州

高坡　陈雨薇　盛峥

19日上午，苏州高新区与阿里云计算有限公司（简称“阿里云”）签署战略合作框架协议，阿里云计算（苏州）有限公司正式落户苏州高新区，双方将在推动传统制造业转型、双创孵化基地、“互联网+”教育、云计算大数据技术等四大领域展开深度合作。这一项目的落地，标志苏州市与阿里巴巴集团战略合作迈出实质性一步。

今年年初，时任苏州市委书记石泰峰提出苏州与阿里巴巴集团合作的构想。他指出，阿里巴巴集团是国际知名的互联网龙头企业，在云计算、大数据、电子商务、互联网金融等方面具备国际领先的行业优势，与苏州经济转型升级的发展方向高度契合，双方在制造业高端化、科技自主创新、智慧城市建设、社会信用体系建设等方面合作前景广阔。经过近半年的推进与落实，今年7月，苏州市政府与阿里巴巴集团正式签署战略合作框架协议。随后，阿里巴巴集团董事局主席马云到访苏州实地考察，并同苏州市主要领导深度探讨项目布局。此次“阿里云”落户，正是双方战略合作具体化、项目化的重要成果。

“苏州高新区是苏州经济社会发展的重要板块，也是创新创业的前沿阵地。”阿里巴巴合伙人、阿里云总裁胡晓明说，苏州及苏州高新区在制造业、科技创新等方面有着良好基础，是全国制造业发展样板，这里有广大的社会信息化、企业信息化需求，同时还有得天独厚的地理位置和生态环境。苏州市委常委、高新区党工委书记浦荣皋介绍，近年来，随着中科院医工所、中国移动苏州研究院、国家知识产权局专利局专利审查协作江苏中心等一大批大院大所的进驻，苏州高新区不仅在高端制造业、“云产业”等领域积累一定基础，也构筑起了全方位的科技服务体系。

“今年‘双十一’，苏州销售最多的就是本地一家企业生产的扫地机器人，这代表了传统制造业‘触云’升级的一个趋势。”胡晓明说，未来，双方将通过依托云计算、大数据、物联网等应用，打造“工业云”，推动工业化和信息化深度融合，促进制造业延伸价值链和服务，让工业企业和消费者进行“一键对接”。

作为本次合作的重中之重，“阿里云创客+”将立足苏州高新区，推动阿里巴巴在互联网领域的创新能力、云计算和大数据处理能力更快在苏州落地，帮助和辐射长三角更多的年轻人、创客，分享阿里目前已有的技术能力和资源优势，降低创新成本，提高创新效率。同时，还将聚焦“云”人才培养，共建“互联网+”教育新生态，以及为政府部门及其相关机构进行决策分析提供技术支持，构建“智慧城市”。

（摘自2015年12月20日《新华日报》）

"十二五"发展新突破

"十二五"期间，面对复杂多变的宏观环境，苏州高新区在市委、市政府正确领导下，坚持改革创新，加快转型升级，加强统筹协调，顽强拼搏、开拓创新，经济社会发展保持良好态势，各项规划目标圆满完成，科技创新和产业转型取得显著突破。

1. 经济发展平稳健康，综合实力不断提升。尽管国内外宏观形势相对严峻，经济下行压力很大，但全区上下主动适应经济新常态，加快转变发展方式，培育新经济增长点，保持经济中高速增长。"十二五"期间，累计完成地区生产总值4437亿元，年均增长10.1%。2015年，地区生产总值突破千亿大关，达到1006亿元；工业总产值2881亿元；公共财政预算收入110亿元；全社会固定资产投资568亿元；社会消费品零售总额221亿元；进出口额380亿美元。与"十一五"末年相比，主要经济指标均实现较大幅度增长，经济结构更加优化。按常住人口计算，2015年人均GDP突破2.6万美元，接近高收入国家水平。

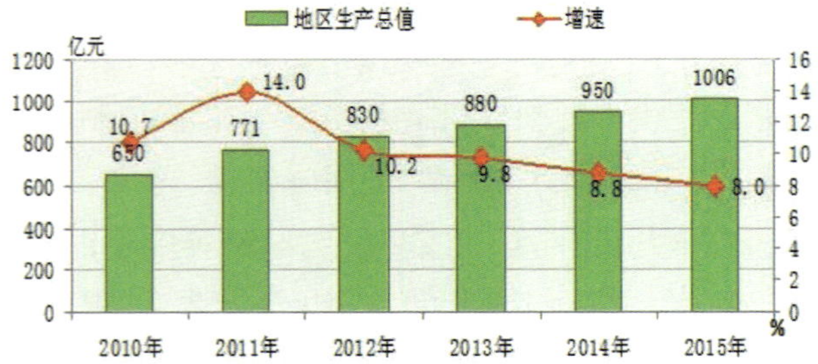

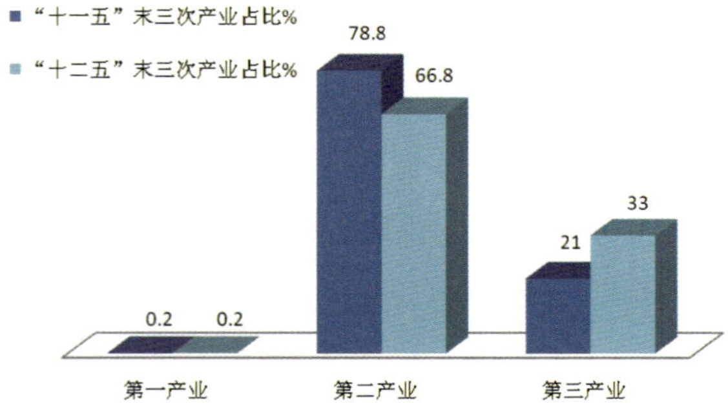

2. 科技创新不断推进，转型升级凸显成效。坚持实施创新驱动战略，集聚创新发展要素。"十二五"期间，先后引进中国科学院地理所苏州研究院、国家知识产权局专利局专利审查协作江苏中心、中国传媒大学苏州研究院、浙江大学苏州工业技术研究院、华东理工大学苏州工业技术研究院等多家科研院所，形成新一代信息技术、轨道交通、新能源、医疗器械、地理信息等五大特色新兴产业。电子信息产业获批国家新型工业化产业示范基地，医疗器械产业获批全国医疗器械创新型产业集群试点。"十二五"期间，全区累计获得发明专利3038项，每万人拥有发明专利53.5件；新增市级以上领军人才121人，其中国家"千人计划"8人；预计全社会研发投入占地区生产总值比重达到3.5%，连续6年居苏州市第一；获批全国首批科技服务业试点单位、全国科技创新服务体系建设试点单位，科技创新正在成为经济增长的主动力。现代服务业快速发展，形成狮山商务商贸、金融保险、知识产权、西部生态休闲旅游度假、文化创意产业、现代物流及国际贸易、人力资源等七大服务业集聚区，获批全国首家知识产权服务业集聚发展试验区，镇湖绣品街获批国家级特色商业街。"十二五"期间，服务业增加值占地区生产总值比重年均提高2.4个百分点，2015年占比达到33%。

表1-1　“十二五”科技创新情况

	2010年	2011年	2012年	2013年	2014年	2015年
发明专利授权量（件）	146	269	375	446	558	1390
R&D占GDP比重（%）	3.17	3.27	3.33	3.39	3.4	3.5（预计）
新兴产业产值（亿元）	740	1227.9	1257.6	1368.4	1425.9	1461.6

表1-2　“十二五”社会事业发展情况

	“十一五”末期	“十二五”末期
高等教育毛入学率（%）	65	73.3
每千人拥有养老机构床位数（张）	20	40
每千人拥有医疗机构床位数（张）	3.4	5.3

3. 社会事业不断发展，居民生活显著改善。坚持以人为本，民生优先，按照基本公共服务均等化的要求，加快健全教育、医疗、卫生等基本公共服务体系。“十二五”期间，新建、改扩建25所中小学校、幼儿园，中小学全部建成苏州市教育现代化学校，公办高中建成省四星级高中，学前教育、9年义务教育入学率和残障儿童入学率均保持100%，高等教育毛入学率达73.3%。建成省、市级示范社区卫生服务中心7家，医疗设施和每千人拥有医护人员数位居全市前列。在全省率先实现城乡老年居民社会化管理全覆盖，每千人拥有养老机构床位数达40张。在全市率先建立城乡一体的居民养老保险、医疗保险和最低生活保障制度。2015年，城镇居民和农村居民人均可支配收入分别达到48204元、25496元，基本完成居民收入倍增计划。社会建设和管理不断创新，“政经分开”经验模式、社区片区综治网格化管理模式、道路交通事故“四方联动”模式等在全国推广。狮山街道获评全国和谐社区建设示范街道，镇湖街道获批国家级非物质文化遗产生产性保护示范基地。

4. 城市功能不断完善，生态环境更加优美。按照“一核三片”的整体规划，推进城乡一体化发展。完成行政中心西移，西部生态城、科技城加快建设步伐，现代化新城区初具规模。狮山片区“退二进三”，提升服务功能。浒墅关、横塘、东渚老镇改造有序推进，新农村建设、城中村改造成效显著。交通、供水、电力、通讯等公共基础设施建设成绩斐然，新建、改扩建城市道路95.7公里，先后建成中环快速路高新区段、马涧路西延等重点项目，有轨电车1号线正式建成运营，形成以有轨电车、公交车为骨架，以公共自行车为补充的“绿色交通网络”。实施《生态文明建设三年行动计划》，单位地区生产总值能源消耗和主要污染物排放总量削减均完成市下达任务。宕口整治和生态复绿加快推进，25公里沿太湖岸线生态长廊、大阳山城市绿心、白马涧生态景区成为全市生态亮点。新增绿化面积1180万平方米，建成区绿化覆盖率达46%。镇湖生态旅游示范区晋升国家级生态旅游示范区，太湖湿地公园获批国家级湿地公园，大阳山森林公园获批国家级森林公园，树山村获批国家生态村。

5. 改革开放不断深化，机制体制更趋完善。贯彻“十八大”“十八届三中全会”精神，建立全区改革领导小组及八个专项小组，落实省市各项改革措施。实施行政审批制度改革，非行政许可审批事项全部取消。推进行政审批“三集中、三到位”工作，全区79个行政许可事项全部进驻并授权到位。科技城与东渚镇、西部生态城与镇湖街道等“区镇合一”改革扎实推进。苏高新三大国有企业改革成效显著。全国中小企业股转系统首家委托服务机构“太湖金谷”投入运营，全国首家“保险与科技”综合创新试点不断深化。上市公司数量达12家，“新三板”挂牌企业达26家，多层次资本市场中的“苏州高新区板块”初步形成。构建对外开放新格局，“十二五”期间，完成实际利用外资43亿美元，合同外资63亿美元，引进三菱树脂、宜家家居、永旺梦乐城等重大外资项目470个。纽威阀门、胜利精密等企业加大“走出去”步伐，开展境外投资项目，完成中方投资协议额近3亿美元。综保区转型升级不断推进，获批全省首家进口食品检验检疫监管样板区、省进口商品交易中心试点。主动对接“一带一路”战略，“苏满欧”五定班列实现常态化运营，跨境电子商务项目加快启动。党的建设全面加强，深入开展党的群众路线教育实践活动和“三严三实”专题教育，加强党风廉政建设，开展“清风行动”，坚决严惩腐败行为。

经过“十二五”时期的努力奋斗，高新区经济社会发展整体迈上新台阶，综合发展水平处于全省国家级开发区前列，为“十三五”发展奠定坚实基础。

“十三五”规划解读

“十三五”时期，是苏州高新区的转型关键期和重要机遇期，是苏州高新区率先全面建成小康社会决胜阶段和率先开启基本实现现代化建设新征程的重要阶段，是加快推进苏南国家自主创新示范区核心区建设、奋力迈进全国高新区“第一方阵”的关键时期。

战略定位

——**全国高新区“第一方阵”**。探索具有时代特征、苏州元素、自身特色的创新驱动发展道路，迎难而上，奋力赶超，努力建设成为现代产业体系高效融合、创新要素高效配置、科技成果高效转化、创新价值高效体现的国际级创新型科技园区，成为有全球影响力的产业技术创新中心。

——**苏南国家自主创新示范区核心区**。加快集聚有全球视野与战略思维的创新创业领军人才，加速发展拥有知名品牌和较强市场竞争力的创新型企业，努力掌握有自主知识产权的关键核心技术，大力培育高附加值的战略性新兴产业，成为具有国际竞争力的创新型经济发展高地。

——**江苏智能制造产业集聚区**。抢抓《中国制造2025》和“互联网+”机遇，积极借鉴工业4.0理念，以智能制造为战略方向，加快推进化工业和信息化深度融合，大力培育和引进智能制造龙头企业，鼓励企业进行智能化改造，推动“高新区制造”向“高新区智造”升级，成为江苏工业4.0的先行示范区。

——**长三角生态文明示范区**。树立尊重自然、顺应自然、保护自然的生态文明理念，发挥依山滨湖、山水相融的生态优势，把生态文明建设放在突出地位，贯穿于经济社会发展各个方面，着力推进绿色发展、循环发展、低碳发展，成为自然环境美丽、生产生活绿色的生态文明示范区。

——**苏州国际化都市新城区**。构建更加便捷的交通系统、多样化的城市景观、完善的配套设施、良好的文化环境，努力打造具有国际气息、现代气质和充满都市活力的新城区，人口素质高、经济效益高、生活质量高，与其他城区优势互补、分工协作、相互支撑，成为苏州未来城市的新名片。

总体要求

突出“创新、协调、绿色、开放、共享”发展理念，突出创新驱动主题，突出区域发展特色，突出城市功能分工，突出生态宜居优势。充分发挥高新区作为苏州创新发展主战场、新兴产业主要集聚区的作用，推动理念创新、科技创新、管理创新、产业创新，为苏州的中长期发展提供动力和源泉。充分发挥高新区作为苏州国际化都市新城区的作用，推进科技与产业融合、产业与城市融合、城市与生态融合、人与自然融合，全面提升区域协同能力、竞争能力。充分发挥高新区作为苏州主城的生态绿肺作用，为苏州城市的生态环境和空间布局提供更好的平衡和保护功能。充分发挥高新区作为苏州主城对外区域合作与竞争前沿阵地的作用，加强区域开放合作，增强城市的集聚辐射能力。

奋斗目标

经济发展再上台阶。转型升级取得显著成效，以先进制造业、现代服务业为主干的现代产业体系基本形成，努力培育和发掘经济发展新动力，保持中高速平稳增长，推动经济结构向中高端迈进。预期“十三五”期间地区生产总值年均增长7.5%左右，到2020年末，地区生产总值超过1430亿元，按常住人口计算，人均GDP超过3.5万美元，均比2010年翻一番。公共财政预算收入达到160亿元，服务业增加值占地区生产总值比重达到42%，高新技术产业、战略性新兴产业产值占规模以上工业产值比重均达到60%。

创新驱动基本实现。创新环境不断优化，具有较强竞争优势的区域创新体系基本形成，创新成为经济发展的主要驱动力。到2020年末，主要创新指标达到国内一流水平，全社会研发经费支出占地区生产总值比重达到5%，万人发明专利拥有量达到100件，有效高新技术企业数累计达到650家，科技进步贡献率达到65%。

城乡面貌更加优美。进一步推动城乡一体化发展，“一核三片”空间格局基本形成，布局更加合理、功能更加完善、特色更加鲜明、环境更加优美、生活更加便利；大力推进新型社区与美丽乡村建设，完善农村基础设施与公共服务设施覆盖。到2020年末，城镇化率达到90%。

社会服务显著提升。坚持经济、社会同步发展，与基本现代化相适应的公共服务保障体系基本形成，教育、医疗、卫生、文化等各项社会事业全面提升。到2020年末，高等教育毛入学率达到72%，常住人口每千人医疗机构床位数达到6.5张，人均拥有公共文化体育设施面积达到3.7平方米。

人民生活全面小康。实现更加稳定、更高质量就业，创业致富蔚为风气，城乡居民收入和生活水平持续稳定提高，收入差距缩小，中等收入人口比重上升，居民素质和社会文明程度显著提高。“十三五”期间，城镇居民、农村居民人均可支配收入年均增速分别达到8%、9%，期末人均收入比2010年超额翻番。

生态环境更具优势。与生态文明相适应的产业结构和生活方式基本形成，可持续发展能力显著提升，保护环境成为人们自觉行动。到2020年末，单位GDP建设用地占用下降率达到27%，林木覆盖率达到26.2%，万元GDP能耗下降、主要污染物排放减少提前完成市“十三五”下达任务，让高新区的天更蓝、地更绿、水更清。

基本原则

科字当头。把科技作为创新之要，人才作为创新之本，创新驱动作为最根本的发展动力，紧扣科学发展主题和转变发展方式主线，促进经济发展量质齐升，促进科技与经济紧密结合，大力提升人才、科技、产业等核心竞争力，加快建设国家科技创新型示范园区。

生态优先。把生态文明作为最重要的发展要求，推进绿色发展、循环发展、节约发展、低碳发展，强化生态环境综合提升，走生产发展、生活富裕、生态优美的可持续发展之路，提升具有科技、生态、低碳、人本等鲜明特色的城市功能和城市品质，全力打造国家生态文明示范区和城乡一体先行区，使生态文明成为最靓丽的城市名片。

民生为本。把造福百姓作为最鲜明的发展导向，更加注重富民惠民利民，更加注重百姓对发展的认同度，着力解决好人民群众最关心、最直接、最现实的利益问题，在学有优教、劳有多得、病有良医、老有颐养、住有宜居上取得新进展，提高发展成果共享水平，努力让人民群众过上更加美好的幸福生活。

法治保障。把法治建设作为最坚实的发展保障，弘扬法治精神，尊重人民主体地位，发挥群众首创精神，保障群众合法权益。推进依法行政，在法治的轨道上加强和创新社会管理，确保人民群众安居乐业、社会安定有序，努力为转型升级营造良好的社会环境。

发展思路

坚持改革创新。全面深化改革，围绕转型升级和科技创新，抓住重点、突破关键，坚决清除影响发展的体制机制弊端，充分调动各方面的积极性，激发新常态下社会经济发展活力。加快转变发展理念，突破路径依赖，进一步营造有利于创新的体制机制和环境氛围，全力以赴推动“大众创业、万众创新”，推动技术创新、产品创新、管理创新、商业模式创新、产业组织创新，让创新成为高新区发展的强大动力。

坚持产业立区。产业是支撑区域发展的根本，必须坚持产业立区的理念，依托科技创新，全力推动产业转型升级，加快新产业、新业态、新技术和新模式的培育，打造以智能制造为重点的先进制造业，加快形成以战略性新兴产业为先导，先进制造业和现代服务业为主体的现代产业体系，不断优化要素禀赋结构和产业结构，不断提高产业的科技含量和在全球价值链中的地位，实现经济持续稳定健康增长。

坚持协同发展。树立区域整体发展理念，充分挖掘和整合内部资源，促进内部各方面的协调与合作，推动产业整合、空间整合、管理整合，深化区镇合一和片区整合，促进教育、医疗等公共事业均衡化发展，实现资源最佳配置。与此同时，主动对接国家、省、市战略，在对接中寻找新机遇；主动与国内外发展合作关系，构建联盟，扬长避短、错位发展，在合作中迈上新台阶。

坚持集约优化。坚定走生产发展、生活富裕、生态良好的文明发展道路，着力推进生产方式、生活方式、消费方式绿色化，突出土地节约集约利用，优化空间布局，大力发展总部经济和现代服务业，提高单位用地产出，提高经济质量效益，加快建设资源节约型、环境友好型社会，形成人与自然和谐发展的现代化建设新格局。

概 况

SND

地情概要

【地理位置】 苏州高新区（虎丘区）（简称高新区，下同）位于苏州城区西部，东傍京杭大运河，南邻吴中区，西濒太湖，北毗相城区。地理坐标为北纬31° 18′ ~31° 28′，东经120° 10′ ~120° 52′，全区总面积223.36平方公里。距上海虹桥国际机场90公里、浦东国际机场130公里，距上海港100公里、张家港港口90公里、太仓港70公里、常熟港60公里。沪宁高速公路、312国道、京沪铁路、京杭大运河和绕城高速公路从区内穿过，高水准建设的太湖大道横贯东西。区域公共交通线路四通八达，水、陆、空交通十分便捷。高新区地处长江三角洲平原地区，地势西高东低，平均坡度1.5度。区内有阳山、凤凰山、鹿山、真山、支硎山、狮子山、上方山等山丘，其中阳山最高，海拔338.2米（黄海标高，下同）。其他均属平原，地面高程4.88~5.38米。南有石湖，西有太湖，主要河道有京杭大运河、浒光运河、马运河、枫津河、金墅运河等，水系十分发达。

【自然资源】 高新区自然资源丰富，矿产资源有高岭土、磁铁、铌钽、明矾石、萤石、花岗石等。动物以鸟类、鱼类、贝类、兽类为主，白马涧、树山村有亿年历史的“水生物的活化石”——桃花水母等古生物。太湖有鱼虫类、禽鸟类、兽畜类等各种动物，除芦苇、水莲、蒲草外，还有鸢尾、池杉、落羽杉等古陆地水生植物。阳山有珍稀的野生植物上百种。寒山岭有箬竹、蕨菜等稀有植物数种。著名的土特产有白杨梅、云泉茶、贡山茶、白龙茶、翠冠梨、黄桃、白脚苗猪等。民间手工艺品有苏绣、缂丝、草席、澄泥砚、仿古青铜器等。还有白鱼、白虾、银鱼、梅鲚鱼等太湖水产。

【气候】 高新区属亚热带季风海洋性气候，四季分明，气候温和，雨量充沛。气候呈春夏之交多梅雨、夏末秋初多台风的特点。

表2-1　2015年气象资料

	单位	2015年
一、温度		
年平均气温	摄氏度	17.1
年极端最高气温	摄氏度	38.3
出现日期	月日	8月5日
年极端最低气温	摄氏度	-3.1
出现日期	月日	2月9日
二、降水		
年降水总量	毫米	1601.1
年降水日数	天	168
一日最大降水量	毫米	102.9
出现日期	月日	6月17日
三、日照		
年日照时数	时	1436
年日照百分率	%	32
四、湿度		
年平均相对湿度	%	74
五、风速		
年平均风速	米/秒	2.6
六、气压		
年平均气压	百帕	1026.7
七、霜期		

续表

	单位	2015年
终霜日期	月日	3月12日
初霜日期	月日	11月14日

（纪嫣）

表2-2 2015年各月气象要素

月份	平均气温（℃）	降水量（毫米）	降水日数（天）	日照时数（小时）
1	5.8	61.3	10	106.6
2	6.7	86.3	13	100.2
3	10.8	107.4	14	112.3
4	16.5	127.3	13	170.5
5	21.5	126.3	13	155.8
6	24.5	409.5	21	87.9
7	27.0	166.0	17	120.3
8	27.9	174.6	15	142.5
9	24.4	94.4	9	159.1
10	19.5	54.4	11	128.6
11	13.4	120.2	21	66.7
12	7.5	73.3	11	85.5

（纪嫣）

建置人口

【建制沿革】 2015年，高新区下辖浒墅关、通安、东渚3个镇，狮山、枫桥、横塘、镇湖（镇湖街道与西部生态城实施“区政合一”管理体制）4个街道，下设浒墅关经济技术开发区、苏州科技城、苏州高新区综合保税区、苏州西部生态城。

【行政区划】 2015年，高新区有56个社区居委会，34个村民委员会。

【人口】 2015年末，全区户籍登记110587户，总人口363713人。总人口中，男性180606人，女性183108人，男女性别比为0.9863。0至17周岁63118人，占总人口的17.35%；18至60周岁228751人，占总人口的62.89%；60周岁以上71844人，占总人口的19.75%。全区出生人口4001人，出生率11.08‰；死亡人口1863人，死亡率5.16‰；人口自然增长率5.92‰。全年迁入人口5414人，迁出人口2388人，机械增长3026人。平均家庭规模3.289人。年末暂住人口380218万人，比2014年增长4629人。

（区公安分局）

表2-3 2015年高新区各镇（街道）简况

镇（街道）	村民委员会（个）	社区居委会（个）	入库税收（亿元）	公共财政预算收入（亿元）	书记	镇长（主任）
浒墅关镇	5	8	12.78	8.40	王永刚	王晓东
通安镇	8	9	5.2	3.56	卢　潮	曹萍
东渚镇	9	5	1.13	1.13	陈　明	马雪刚
狮山街道	—	8	53.6	27.9	顾　寅	王华清
枫桥街道	—	7	60.6	28.04	周晓春	李志军
镇湖街道	10	1	1.33	1.23	宋长宝	徐建龙
横塘街道	2	3	3.91	3.01	顾　寅	王华清

（陈英）

表2-4　2015年高新区社区、村分布情况一览表

镇（街道）	社区	村
狮山街道	馨泰、狮山、新升、何山、万枫、新狮、金色、横山	
横塘街道	石湖、青春、学府	石湖村、新丰村（待拆迁）
枫桥街道	白马涧一社区、白马涧二社区、西津桥、康佳、东浜、马浜、枫津	
浒墅关镇	龙华、惠丰、永新、永莲、和祥、金庭、华盛、苏钢	保卫村、下山村（待拆迁）、青灯村、九图村、吴公村
阳山街道	阳山一社区、阳山二社区、阳山三社区、阳山四社区、新鹿、理想城、长江、文昌、浒墅人家、南津、北津、南庄	
东渚镇	龙景一社区、龙景二社区、龙景三社区、龙惠花园、西渚	大寺村、姚江村、姚市村、新苏村、淹马村、中村村、长港村、黄区村、下许村
通安镇	华通一社区、华通二社区、华通三社区、华通四社区、华通五社区、华通六社区、新街、箭庄、西巷	树山村、北窑村、青峰村、同心村、航船浜村、东泾村、金市村、街西村
镇湖街道	西华	西京村、西村村、新桥村、太湖村、秀岸村、市桥村、石帆村、上山村、山旺村、马山村
科技城	青山绿庭、彭山、龙山	

（曹劲安）

表2-5　高新区区域人口构成表

	单位	2015年	2014年	2013年
1. 年末户籍户数	户	110587	107870	105762
2. 年末总人口	人	363713	358529	351932
男	人	180605	178006	175201
女	人	183108	179950	176731
（1）18岁以下	人	63118	59755	56185
（2）18～35岁	人	91523	94835	98119
（3）35～60岁	人	137228	135194	133123
（4）60岁以上	人	71844	68154	64505
3. 年末每户平均人口	人	3.289	3.318	3.328
4. 年内出生人口	人	4001	4666	4457
出生率	‰	11.04	13.15	12.78
年内死亡人口	人	1863	1663	1798
死亡率	‰	5.12	4.69	5.15
年内自然增长人口	人	2138	3003	2659
自然增长率	‰	5.92	8.46	7.62
5. 年内迁入人口	人	5414	5679	6625
年内迁出人口	人	2388	2725	3492
6. 年末暂住人口数	人	380218	375589	346136
男	人	228694	227769	204746
女	人	151524	147820	141390
7. 年末常住人口数	万人	36.3713	35.7956	35.1932

（区公安分局）

风俗物产

浒墅关庙会 浒墅关庙会盛于明清及民国年间，以陈相公庙会为首会，杨安庙会为末会。每年农历三月十八日为首会，四月二十八日为“关门会”（末会）。同外乡邻镇不同的是，浒墅关庙会自古就“约定俗成”，即首、末会固定日期，其间的如文昌会、猛将会、龙华庙会等诸会，并不固定日期，而是每年会前以“抓阄子”定出会期。至庙会前夕三天，各路香客均要到庙会敬香祈祷、念佛通宵。各路“行家”如镗锣香臂队伍、挑花担女队、台阁、音乐锣鼓、彩旗队伍都要按部就班，整装待发。庙宇通宵香烟缭绕，磬乐声鼓不绝，场地又都搭建“木椽堂”形成庙会集市，煞是闹猛非凡。规模最为浩大的当数“压轴”的杨安庙会。庙会前夕的这番闹猛，当地俗唤“坐堂”“堂会”。

观音山进香 观音山即支硎山，自南朝梁时，这里的中峰寺院已经非常繁盛。明代时期，观音山香市已经是苏州有名的香市，每年农历二月十九日观音诞辰，吴中的香客、信徒都会焚香顶礼，来观音山朝拜。

“四上”赶集 东渚每逢阴历初四、十四、廿四都有赶集的习俗，称为“四上”（“上”方言读音lang）。贩卖的产品主要有生产工具、传统手工艺品、生活用品、农副食品、日用小百货、零食小吃等。

“轧莲花” 通安镇延续千年的民俗。每年农历七月三十日，在莲华寺举办“轧莲花”庙会，通安镇及周边乡镇的上万群众热情参与。四方香客云集莲华寺，进香祈福，热闹非凡。从金市街上一直到莲华寺正门，道路两旁摆满各种摊位。寺庙内设立天香炉和三个烛台供香客们进香祈福。人们在赏莲进香之余，听戏曲、赏舞龙、逛集市、品小吃、跳民俗舞，沉浸在一派热闹祥和的氛围中。“轧莲花”庙会的主要活动均由老百姓自发组织。

2015年9月12日（农历七月三十），一年一度的“轧莲花”庙会在通安镇莲华寺举行（强晓佟摄）

“抬猛将” 太湖流域的百姓信奉猛将神，逐渐形成在农历正月十三日猛将诞辰当天“抬猛将”的习俗，以此祈求平安和丰收。如今，百姓们在祈福的基础上增添了民众狂欢娱乐、尽享幸福生活的喜庆。

浒墅关席 为供人们日常生活享用的草编眠卧用品，名闻遐迩，是浒墅关的一项传统工艺产品，人唤“浒墅席”，或叫“浒关名席”。浒墅关镇正在落实恢复种植30亩良种淡水草，并鼓励农户编制草席，走产业化、品牌化、集约化道路。

镇湖刺绣 代表“苏绣”的镇湖刺绣与湘绣、蜀绣和粤绣相比，具有“精、细、雅、洁”的特点，以精美的绣工、多变的针法和丰富的形象著称。镇湖刺绣不仅从创意、种类、针法等方面不断推陈出新，而且从原来的飞禽走兽、百花异草到现在的山水风景、人物肖像等，产品的技术和艺术表现形式都有重大突破。作品在国际和国内的大型展示展览评比中，屡获殊荣，镇湖刺绣已经成为苏州递给世界的一张中国文化名片。

金山石雕 枫桥西部山地生产金山石，金山石是花岗岩的代表。金山石雕，是有悠久历史的吴中地方特色的汉族传统雕刻工艺。

竹编 枫桥山里遍生篁竹，篁竹纤维细腻，非常有韧性，常被用来制作各种用具及工艺品。这些用具大致分为两类，一类是大型的竹榻、竹椅、竹靠背、竹厨、小儿坐车、摇床、熏笼等，一类是比较小巧的竹篮、竹筐、竹枕、笔筒、酒箩、鸟笼、箩筐、笠帽、筛匾、蒸笼等。较有特色的是“竹夫人”，类似竹编笼子，在酷热的夏季，人们搂着“竹夫人”，依托竹子的清凉来取凉。

乌米饭 枫桥（尤其是白马涧地区）保留着农历四月吃乌米饭的习俗。白马涧的山谷里长满乌饭树，“乌米饭”是由糯米泡入乌树叶中煮成，油亮清香，可以除风解毒，防蚊叮虫咬。立夏吃乌米饭的习俗，来自于春秋时期的孙膑，孙膑的先人孙武又曾在白马涧隐居，民间怀念这两位兵家，于是形成了立夏吃乌米饭的习俗。

白水粽 枫桥白马涧一带，用篁竹叶子裹成白水粽，还特意添放一颗小红枣，编唱一首《粽子歌》“有菱有角，有心有肝，一身洁白，半世煎熬”，纪念楚大夫屈原。

撑腰糕 即油炸年糕，东渚镇每年在农历二月初二（龙抬头）的那天，家家户户都有吃撑腰糕的习俗。那时候甘霖将临，即将开始春耕备种，农家要是吃了撑腰糕，腰板硬实，腿脚轻健。

慧面 相传大阳山文殊寺开山鼻祖是东晋年间的支遁和尚，他是文殊菩萨大智慧的象征。支遁和尚与著名书法家王羲之交往甚密，王羲之为支遁和尚在吴地阳山开辟文殊寺所感动，特地书写一个“慧”字给支遁和尚。后来支遁和尚就把自己吃的面也称为“慧面”，为智慧之面。

阳山白龙茶 大阳山自古以来生态条件优越，产茶历史悠久，自东晋时就开始种茶。白龙茶是阳山一大特色，因古时茶树生长在东晋名寺白龙庙龙湫上，故称白龙茶。白龙茶滋味独特，口感鲜美，产量极少。该茶茶色碧绿，香气清幽，味觉清甜，被古人誉为“入汤三绝”，是茶中珍品。

贡山茶 因产于贡山而得名。该茶茶芽粗壮，叶厚，经精心加工后，品味独特，香浓、味醇，茶质经久耐泡。品饮后，舒心明目，清腻利尿，解毒降压，是绿色食品中的上乘佳品，可与洞庭碧螺春媲美。

云泉茶 早在东晋时就已负盛名，距今已有一千多年的悠久历史。因色泽嫩绿，芽肥匀整，醇爽可口而闻名，曾长期为宫廷贡品。云泉茶有洞庭碧螺春一样的形状、味道、香气和汤色，“沏五壶味不淡茗”，经泡。树山茶也采用碧螺春和炒青的炒制方法，清明前后采制。

翠冠梨 通安镇树山村的特色果品，每年7月下旬8月初成熟，是国内最早成熟的蜜梨新品种。果皮细薄，肉脆汁多，口感鲜嫩，香气诱人，核小无渣，被誉为“六月雪”，是盛夏解渴的时令佳品。

黄桃 肉色金黄，果型圆整匀称，糖分高于南汇水蜜桃、无锡蟠桃，平均糖分13～15度，核小。成熟后肉质较软，食时软中带硬，香甜扑鼻，水分中等，风味诱人。黄桃营养十分丰富，堪称保健水果、养生之桃。

树山翠冠梨（通安镇供图）

金丝雪菜 俗称腌菜。雪里蕻鲜菜经过腌制和加工而成为金丝雪菜。

太湖三宝 太湖银鱼、太湖梅鲚鱼和太湖白虾合称“太湖三宝”。太湖银鱼形如玉簪，细嫩透明，柔弱无骨，色泽似银。肉质肥嫩鲜美，含有丰富的营养成分，每年5月上市。太湖梅鲚鱼，又称“贡鱼”，小部分供应市场，大部分晒干，旺汛为8至10月。太湖白虾，俗称“水晶虾”，虾壳极薄，通体透明，晶莹如玉，柔嫩味鲜，可烹制百十道菜肴。

开发建设

【经济运行】 2015年，高新区完成地区生产总值1006.19亿元，增长8.0%；公共财政预算收入110.00亿元，增长9.8%；完成全社会固定资产投资总额568.02亿元，增长8.0%；完成社会消费品零售总额220.68亿元，增长8.5%；工业总产值2881.22亿元，增长2.2%；新兴产业产值1461.58亿元，增长2.0%；占规模以上工业总产值2657.14亿元，增长1.7%；进出口总值379.6亿美元，同比增长0.7%（其中出口总额249.4亿美元，同比下降2.3%；进口总额130.2亿美元，同比增长6.9%）；新增外资企业数69个，新增注册外资10.71亿美元，实际利用外资9.12亿美元；新增内资企业数3810个，内资企业新增注册资金194.52亿元；城镇居民人均可支配收入42265元，增长8.4%。

【城乡统筹】 2015年，高新区以规划为引领，优化城乡布局，持续推进“区镇合一”，不断完善科技城地区配套设施，加快沿太湖地区基础设施建设，生态休闲旅游形成特色。推动“区镇合一”改革，科技城与东渚镇、西部生态城与镇湖街道融合发展步伐加快，狮山街道和横塘街道“两块牌子、一套班子”起步良好。完成9家企业“退二进三”签约，城市高端功能定位日益凸显。北部浒通片区转型升级加快，发展层次和水平不断提升。大力发展现代服务业，筹集4700万元服务业引导资金，加快七大服务业集聚区建设。宜家家居、裸心泊酒店完成主体工程，永旺梦乐城、锦峰商务大厦即将投运，源宿酒店、日航酒店正式营业，全省首批使用人防专项资金建设的集商业、停车、交通换乘三位一体的索山公园地下空间开发项目正式运行。明基医院形成3个外资总部或功能性机构，苏盐合作园区基础设施建设加快推进，招引亿元以上项目19个，总投资超40亿元。推进重大基础设施建设，中环快速路高新区段、马涧路西延建成通车，现代有轨电车1号线延伸工程启动建设，2号线土建完成50%，轨道交通3号线高新区段全面开工，太湖大道三期、环阳山西线一期工程有序推进，苏州汽车西站综合客运枢纽工程主体完工。以富民为导向壮大集体经济，深化农村“三大合作”改革，累计组建各类合作经济组织185家，实现农民参与合作经济组织全覆盖，累计建设“一村二楼宇”等富民载体231万平方米。

【科技创新】 2015年，高新区全力推进苏南国家自主创新核心示范区建设，研究制定核心示范区建设“十大行动计划”“十大工程”和“十大项目”。加快30项重大科技创新载体建设，中科院苏州医工所成立先进医疗器械产业孵化联盟，中科院苏州地理信息产业基地产业集聚效应逐步显现，浙大苏州工研院获批国家级博士后工作站，中国移动研发中心实现销售收入4.5亿元，省平板显示器检测设备计量中心运行。医疗器械产业创建首批省产业技术创新中心，知识产权服务业集聚区通过国家验收。进驻服务机构68家，国家知识产权局专利局专利审查协作江苏中心审结发明专利案件占全国比重20%以上，全区发明专利申请占专利申请总量比重达55%，列全市第一。中美欧日韩知识产权五局局长会议和中科院地学部常委会等重大活动在高新区举办。加快创新资源集聚，强化企业创新主体地位，新增科技型企业超过1000家、高新技术产品410项，累计拥有高新技术企业358家，规模以上工业企业研发机构建有率达68%，列全市第一。苏州创业园获批省级众创空间集聚区试点，17家新型孵化器被评为省市两级众创空间。加快科技成果转化和高新技术产业化步伐，新增产学研合作项目243项，获批国家、省、市科技项目近500项。全区累计集聚各级各类领军人才612人次，其中国家“千人计划”38人，省“双创”人才49人，省创新团队8家。优化创新创业环境，持续增加科技投入，2.9亿元用于创新平台建设、高层次创新人才集聚、知识产权保护，全区财政科技投入占财政支出比重超过11%，全社会研究与试验发展经费支出占地区生产总值比重达3.5%。先后推出落实中关村自主创新示范区建设试点政策以及集聚科技领军人才、发展新型孵化器、鼓励创新创业等系列政策，成立区科技创新服务中心、科技创新服务联盟。深化重点领域改革。“苏满欧”出口班列发车频次提高至每月8列，出口班列、发运标箱分别增长274%、279%，货值、货量分别增长251%、401%。开通铁路运邮新业务，“苏满欧”“苏满俄”和“苏新亚”双线同步运营。对接深交所合作取得新进展，“苏南科技金融路演中心”落户。太湖金谷“新三板”中小企业培训基地投入使用。做大综保区国际贸易平台，获批进口肉类指定口岸，开展跨境贸易电子商务试点，综保区初步成为各类口岸功能叠加的综合性国际贸易发展平台。年内，高新区成为全国首批、全省唯一的科技服务业试点单位及全国医疗器械创新型产业集群试点，获批国家知识产权投融资试点单位。

【政治建设】 2015年，高新区稳妥推进政府机构改革，开展区级机关部门职责、内设机构、人员编制“三定”工作，新组建市场监督管理局、行政审批局、卫生和计划生育局等机构。深化行政审批制度改革，取消17项行政审批事项。推进行政审批“三集中、三到位”工作，79个行政许可事项全部进驻并授权到位，行政服务大厅受理各类办件14.5万余件，办结率100%。做好“三证合一”推进工作，为2185家企业办理“三证合一、一照一码”企业登记。不断增强服务意识，提高行政效能和服务水平，为人民群众提供优质、便捷、高效的服务。坚决执行中央、省委、市委关于改进工作作风、密切联系群众的各项规定，开展“三严三实”专题教育，把机关作风建设不断引向深入。坚持依法行政，加快建立权责统一、权威高效的依法行政体制，提高运用法治思维和法治方式解决问题的能力，自觉在法治的轨道上推动各项工作。始终保持惩治腐败的高压态势，加大对违纪违法案件的查处力度，制定出台关于房屋征收拆迁、工程建设项目招投标等一系列办法措施，从规范、监督、问责三个层面立体构筑党风廉政建设制度网。自觉接受人民代表大会及其常委会的法律监督、工作监督和政协的民主监督，坚持重大事项向区人大及其常委会报告、向区政协通报政府工作制度，注重发挥各民主党派、工商联、无党派人士和人民团体的参政议政作用。重视建议、提案办理工作，办复人大代表建议88件，办成率89.8%；办复政协提案145件，办成率93.1%。全面深化政务公开，财政预决算、公共资源配置、重大建设项目批准和实施、社会公益事业建设等领域的信息公开工作扎实推进。加强审计监督，重大政策措施落实情况跟踪审计、重大项目审计、国有企业审计和领导干部经济责任审计成效明显。

【社会民生】 2015年，高新区在创新治理中保障和改善民生，提升实事惠民水平，推进5大类20项实事工程，城乡公共服务支出占公共财政支出的70%。全面落实促进就业创业的政策措施，完成本地人员就业10467人，实现失地人员就业4417名，开发公益性岗位1045个，扶持创业512人，区内“零就业家庭”动态清零。继续抓好居民增收工作，城乡居民人均可支配收入分别增长8.3%和9.6%，均列全市第一。完善城乡一体、多层次社会保障体系，企业退休人员和退休居民待遇享受率达100%。提高教育均衡化水平，新建、改扩建学校18所，科技城实验小学、幼儿园，以及龙惠幼儿园3所新学校同步投用，苏州科技城外国语学校筹办启动，区内所有学校实现市级以上骨干教师全覆盖。全区高考本一上线率39%，比2014年增长9%，超大市平均16.5个百分点；本二上线率81%，比2014年增长7%，超大市平均23个百分点。连续2年夺取市区中考第一名，连续3年夺得全市高考文科第一名。全区12所学校创建为全国首批青少年校园足球特色学校，4所学校被命名为苏州市传统体育特色项目学校。深化医药卫生体制改革试点工作，医疗卫生服务体系逐步完善，科技城医院主体完工并与哈佛医学院合作成立妇幼生殖和自闭症中心，高新区人民医院二期、苏大附二院北区改扩建工程顺利推进，镇湖社区卫生服务中心竣工投用，东渚镇卫生院获国家级"最受群众满意的乡镇卫生院"荣誉。丰富居民文体生活，举办2015苏州太湖国际马拉松赛，区文体中心封顶，高新区成为省公共体育示范区。年内，高新区获评全国社会治理创新优秀地区。

【生态建设】 2015年，高新区着力构建大生态格局，制定实施高新区生态建设总体规划，围绕25公里太湖岸线、49座山体、5万多亩基本农田拉开生态建设框架，加快推进52个总投资157亿元的重点项目。打造生态建设亮点，上方山石湖生态园、大小贡山、西京湾生态农场等重点项目加快推进，并通过推出"漫行西部"观光小火车，有机串联太湖沿线景点，打造多样化、复合型、高品质的太湖生态旅游产业链。环太湖生态长廊、大阳山城市绿心、白马涧生态景区的形象和品位进一步提升；杵山生态公园全面建成开放，承办全国垂钓俱乐部挑战赛总决赛，泰迪农场、石帆生态菜园投入运营，西部生态城获批全市首家国家级生态旅游示范区。统一为生态红线区域颁发标示牌，加强对194.66平方公里区域环境的保护与监管。抓好环境综合治理，实施大气污染防治和水环境治理，建设60台（套）工况在线监控，淘汰黄标车5611辆，完成22条河道清淤工程，集中式饮用水源地水质达标率保持100%。持续实施宕口覆绿整治、重点城市建设项目及沿线绿化美化工程，新增改建绿化面积300万平方米，建成区绿化覆盖率达46%，"美丽田园""美丽村庄""美丽城镇"建设成效显现，规范完善生态补偿机制，全区林木覆盖率达26.26%。（陈英）

主要统计数据

表2-6 主要经济指标

	单位	至本年止累计数或期末数	增长（%）
地区生产总值（GDP）	亿元	1006.19	8.0
#：第一产业	亿元	2.18	0.5
第二产业	亿元	671.92	6.0
第三产业	亿元	332.09	13.5
公共财政预算收入	亿元	110.00	9.8
工业总产值	亿元	2881.22	2.2
全社会固定资产投资	亿元	568.02	8.0
进出口总额（人民币计价）	亿元	2359.22	1.9
#：出口额	亿元	1549.34	-1.2
进口额	亿元	809.88	8.2

续表

	单位	至本年止累计数或期末数	增长（%）
进出口总额（美元计价）	亿美元	379.57	0.7
#：出口额	亿美元	249.35	-2.3
进口额	亿美元	130.22	6.9
社会消费品零售总额	亿元	220.68	8.5
用电量	亿千瓦时	70.45	2.9
#：工业用电量	亿千瓦时	55.46	1.7
全体居民人均可支配收入	元/人	42265	8.4
期末户籍户数	万户	11.06	2.4
期末户籍人口	万人	36.37	1.4
期末暂住人口	万人	37.23	1.3
期末外籍人口	人	7812	11.4
注册资金			
外商投资企业数	个	2326	3.1
#：当年新增	个	69	-4.2
#：注册千万美元以上	个	728	4.1
#：当年新增	个	29	-14.7
注册外资（历年累计）	亿美元	244.80	4.6
#：当年新增	亿美元	10.71	0.1
实际利用外资（历年累计）	亿美元	136.21	7.2
#：当年新增	亿美元	9.12	29.7
内资企业数	个	20871	21.0
#：当年新增	个	3810	35.8
#：私营企业	个	19017	20.7
#：当年新增	个	3380	32.0
内资企业注册资金	亿元	1950.42	20.6
#：当年新增	亿元	194.52	38.6
#：私营企业	亿元	654.57	28.4
#：当年新增	亿元	117.02	89.4
个体工商户数	个	25855	15.2
#：当年新增	个	4786	28.1
个体工商户注册资金	亿元	19.00	25.4
#：当年新增	亿元	4.41	58.0

表2-7　固定资产投资

	单位	至本年止累计数或期末数	增长（%）
全社会固定资产投资	亿元	568.02	8.0
#：新兴产业	亿元	134.13	13.8
#：基础设施投资	亿元	99.69	13.1
基础设施投资（历年累计）	亿元	681.78	17.1
1. 按产业分：第二产业	亿元	175.77	2.0
#：工业	亿元	175.77	2.0
第三产业	亿元	392.18	10.9
2. 按经济类型分：内资	亿元	443.06	7.0
#：国有	亿元	142.39	40.6
港澳台资	亿元	41.42	23.9

续表

	单位	至本年止累计数或期末数	增长(%)
外资	亿元	83.54	6.6
3. 房地产投资	亿元	188.77	29.6
#：住宅	亿元	152.22	37.0
房屋施工面积	万平方米	917.68	41.1
#：住宅	万平方米	718.67	44.7
房屋竣工面积	万平方米	152.51	239.2
#：住宅	万平方米	130.15	214.0
商品房销售面积	万平方米	179.24	73.0
#：住宅	万平方米	174.54	88.8

表2-8 工业

	单位	至本年止累计数或期末数	增长(%)
一、工业总产值	亿元	2881.22	2.2
#：规模以上	亿元	2657.14	1.7
#：新兴产业	亿元	1461.58	2.0
#：外资企业	亿元	2291.17	2.2
私营企业	亿元	135.12	-0.9
计算机、通信和其他电子设备制造业	亿元	1407.70	5.4
通用、专用、交通运输设备制造业	亿元	482.91	-2.3
电气机械和器材制造业	亿元	283.61	3.3
仪器仪表制造业	亿元	31.56	3.2
化学原料和化学制品制造业	亿元	119.33	-4.7
化纤、橡胶、塑料工业	亿元	73.83	3.6
黑色金属冶炼和压延加工业	亿元	29.07	-31.3
造纸和纸制品业	亿元	18.47	-12.1
非金属矿物制品业	亿元	43.72	-10.0
金属制品业	亿元	61.25	-2.3
电、气、水生产和供应业	亿元	12.28	-8.9
有色金属冶炼和压延加工业	亿元	17.73	-15.9
医药制造业	亿元	18.07	10.0
纺织业	亿元	7.42	-15.6
纺织服装、服饰业	亿元	7.47	6.4
印刷和记录媒介复制业	亿元	11.69	-1.3
文教、工美、体育和娱乐用品制造业	亿元	9.34	8.8
二、工业经济综合指数	%	246.27	4.5
产品销售率	%	90.14	-7.0
总资产贡献率	%	7.48	-1.1
成本费用利润率	%	6.26	-0.2
劳动生产率	万元/人	25.21	7.5
流动资产周转次数	次	1.75	-0.2
资本保值增值率	%	107.91	-4.0
资产负债率	%	51.06	-3.4
三、规模以上企业综合能源消费量	万吨标准煤	160.70	-7.1

表2–9　2015年高新区规模以上工业分行业产值情况

行　业	产值(亿元)	比上年增长(%)
总　计	2657.14	1.7
采矿业	2.11	-5.8
有色金属矿采选业	0.38	-20.3
非金属矿采选业	1.73	-1.9
制造业	2642.76	1.8
农副食品加工业	0.50	-1.3
食品制造业	4.74	3.4
酒、饮料和精制茶制造业	1.82	334.5
纺织业	7.42	-15.6
纺织服装、服饰业	7.47	6.4
皮革、毛皮、羽毛及其制品和制鞋业	0.83	21.9
木材加工和木、竹、藤、棕、草制品业	4.38	1.5
家具制造业	2.23	36.3
造纸和纸制品业	18.47	-12.1
印刷和记录媒介复制业	11.69	-1.3
文教、工美、体育和娱乐用品制造业	9.34	8.8
石油加工、炼焦和核燃料加工业	3.10	69.0
化学原料和化学制品制造业	119.33	-4.7
医药制造业	18.07	10.0
化学纤维制造业	0.68	-62.4
橡胶和塑料制品业	73.15	5.3
非金属矿物制品业	43.72	-10.0
黑色金属冶炼和压延加工业	29.07	-31.3
有色金属冶炼和压延加工业	17.73	-15.9
金属制品业	61.25	-2.3
通用设备制造业	241.15	-5.6
专用设备制造业	71.56	2.8
汽车制造业	114.06	3.4
铁路、船舶、航空航天和其他运输设备制造业	56.14	-4.6
电气机械和器材制造业	283.61	3.3
计算机、通信和其他电子设备制造业	1407.70	5.4
仪器仪表制造业	31.56	3.2
废弃资源综合利用业	2.00	-12.8
电力、热力、燃气及水生产和供应业	12.28	-8.9
电力、热力生产和供应业	4.68	-5.0
燃气生产和供应业	6.26	3.9
水的生产和供应业	1.34	-46.8

表2–10　2015年高新区制造业新兴产业产值情况

产业类别	产值(亿元)	比上年增长(%)	产业类别	产值(亿元)	比上年增长(%)
总　计	1461.58	2.0	节能环保	60.73	3.3
新型平板显示	579.27	1.1	生物技术和新医药	74.83	22.9
高端装备制造	281.00	-4.3	新能源	130.79	19.5
新材料	217.06	-2.4	集成电路	23.45	11.1
智能电网和物联网	94.46	0.3			

表2-11　2015年高新区固定资产投资分行业情况

行　业	投资额（亿元）	行　业	投资额（亿元）
总　计	568.02	房地产业	202.56
农、林、牧、渔业	0.07	#：房地产开发	188.77
采矿业	0.75	租赁和商务服务业	10.43
制造业	170.68	科学研究和技术服务业	5.56
电力、热力、燃气及水的生产和供应业	4.75	水利、环境和公共设施管理业	83.51
批发和零售业	10.24	居民服务和其他服务业	0.80
交通运输、仓储和邮政业	13.34	教育	18.07
住宿和餐饮业	2.97	卫生和社会工作	12.62
信息传输、软件和信息技术服务业	13.85	文化、体育和娱乐业	13.85
金融业	0.96	公共管理和社会组织	3.01

表2-12　2015年高新区居民人均消费支出构成

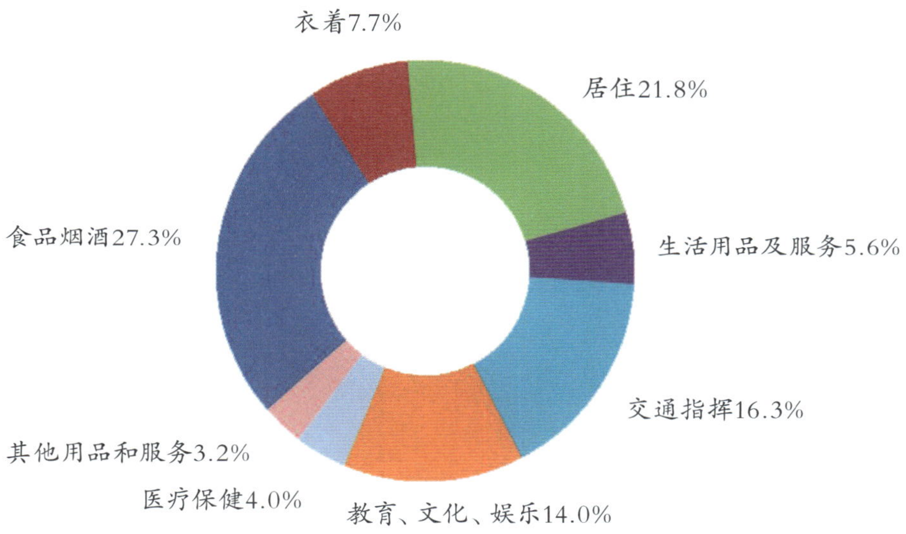

中共苏州高新区工委（虎丘区委）

SND

重要会议

【党工委扩大会议】 2015年1月5日，高新区召开党工委扩大会议，学习贯彻习近平总书记在江苏考察时的重要讲话精神，贯彻省委十二届九次全会和市委十一届八次全会精神，总结2014年工作，分析当前形势，部署2015年目标任务，动员全区上下主动适应新常态，奋力向全国高新区“第一方阵”迈进。市委常委、高新区党工委书记浦荣皋在会上作工作报告，区党工委副书记、管委会主任周旭东主持会议并作会议总结，区四套班子领导，各部门，各镇、街道、国有公司负责人，驻区条线部门、金融单位负责人，各村、社区书记以及企业代表等出席会议。会议期间，与会人员对全区各板块开展视察活动，并进行分组讨论。

【高新区总结表彰大会】 2015年2月28日，高新区召开总结表彰大会，回顾总结2014年工作，提出2015年工作思路与目标任务，表彰一批优秀和先进个人。省委副书记、市委书记石泰峰强调，高新区必须始终将“高”“新”二字注入改革发展的方方面面，在产业结构上发展高技术、新产业，在城市形态上展现高品位、新形象，在保障和改善民生上突出高水平、新内涵，在工作作风上呈现高效率、新政风，加快迈进全国高新区“第一方阵”。市政协主席高雪坤，市委常委、秘书长王少东出席大会。市委常委、高新区党工委书记浦荣皋作工作报告，高新区党工委副书记、管委会主任周旭东主持大会，区四套班子领导、全区各地各部门及有关单位负责人等出席会议。

【全区机关作风效能建设大会】 2015年2月28日，高新区召开全区机关作风效能建设大会，传达贯彻全省机关作风建设大会和全市作风效能建设暨绩效管理工作会议精神，进一步统一思想、振奋精神，以优良的作风狠抓工作落实。市委常委、高新区党工委书记浦荣皋要求，真正少一些空洞的言语、多一些实干的行动，从心开始、从真入手、从实做起，为建设苏南国家自主创新示范区、加快迈进全国高新区“第一方阵”提供坚强的保障。区党工委副书记、管委会主任周旭东主持会议，区党工委委员、纪工委书记袁永生通报全区机关（事业）单位作风效能考评情况，区四套班子领导、各部门、各板块

2015年1月5日，高新区召开党工委扩大会议（沈一鸣摄）

2015年2月28日，高新区召开2014年度全区总结表彰大会（沈一鸣摄）

及有关单位负责人出席会议。

【庆“五一”表彰暨基层工会组织建设推进大会】 2015年4月28日，高新区召开庆“五一”表彰暨基层工会组织建设推进大会。市委常委、高新区党工委书记浦荣皋出席大会并作重要讲话，市总工会主席温祥华，区领导周旭东、王蔼先、宋长宝、戴军、徐江枫、俞愉出席大会。大会上，荣获全国劳动模范、省“五一”劳动奖章、省“五一”劳动荣誉奖章、省“五一”劳动奖状、省“工人先锋号”、市劳动模范称号的个人或集体受到表彰；同时，区“三创”劳动竞赛优秀组织奖单位、优胜班组、优胜个人获奖，并为“模范职工之家”“模范职工小家”“优秀工会工作者”“工会积极分子”“优秀工会之友”颁发荣誉奖章或授牌。

【纪念中国共产党成立94周年座谈会】 2015年6月27日，高新区召开纪念中国共产党成立94周年座谈会，市委常委、高新区党工委书记浦荣皋要求，全区各级党组织和广大党员要以先进为榜样，以典型为标杆，以更加饱满的热情、更加创新的思维、更加务实的作风，推进基层组织建设和党员队伍建设，为建设苏南国家自主创新示范区、核心区提供更强有力的保障。会上还表彰了一批基层党建工作示范点和优秀基层党组织带头人，先进基层党组织高新区行政服务中心党支部、新狮社区党委和优秀共产党员代表周新民、陈屏华在会上作交流发言。区四套班子党员领导及各部门、各板块主要负责人出席座谈会。

【党工委扩大会议】 2015年7月25日，高新区召开党工委扩大会议，学习贯彻习近平总书记系列重要讲话和省委十二届十次全会、市委十一届九次全会精神，总结2015年上半年工作，落实下半年任务，对推动全面从严治党迈上新台阶作出部署。市委常委、高新区党工委书记浦荣皋强调，全区上下要再接再厉、奋发作为，全面完成2015年和“十二五”规划各项目标任务，在奋力挺进全国高新区“第一方阵”进程中迈出坚实步伐。区四套班子领导，各部门、各板块负责人等出席会议。

【庆祝第31个教师节暨表彰大会】 2015年9月10日，高新区召开庆祝第31个教师节暨表彰大会，大会表彰高新区实验初中等43个优秀集体、康剑嵘等416名先进个人。市委常委、高新区党工委书记浦荣皋作重要讲话，高新区党工委副书记、管委会主任周旭东主持会议，区领导王蔼先、宋长宝、戴军、徐江枫、徐萍出席大会。

【前三季度总结及四季度工作部署发动大会】 2015年10月8日，高新区召开大会，分析总结前三季度经济社会发展情况，对四季度工作进行再部署再发动。市委常委、高新区党工委书记浦荣皋在会上作重要讲话，动员全区上下进一步振奋精神，瞄准目标，狠抓落实，确保全面完成和超额完成2015年各项目标任务，收好“十二五”尾、开好“十三五”局，为加快迈进全国高新区“第一方阵”打下坚实基础。区党工委副书记、管委会主任周旭东主持会议。区四套班子领导、各部门各板块主要负责人及企业代

2015年9月10日，高新区召开庆祝第31个教师节暨表彰大会（强晓佟摄）

表等出席会议。7家中外企业在会上作表态发言。

【党政联席会议】 2015年年内，召开党政联席会议30次。

1月17日，市委常委、区党工委书记浦荣皋主持召开党政联席会议，研究2015年财政和经济指标任务分解工作，传达贯彻省委罗志军书记苏南调研座谈会精神，布置当前工作。

1月24日，市委常委、区党工委书记浦荣皋主持召开党政联席会议，听取区行政审批事项目录清单建设和深化行政体制改革工作任务分解汇报，听取全区行政权力（除行政许可及非行政许可审批）清单清理工作汇报，听取区政府部门专项资金梳理工作汇报，听取公布区行政事业性收费项目目录情况汇报，审议《苏州高新区关于加快培育和发展高新技术企业的实施办法》，审议《苏州高新区科技型中小企业短期贷款信贷风险补偿专项资金管理办法（试行）》，听取2014年度各镇（街道）、浒关开发区、科技城目标管理责任制考核和分配方案汇报。

2月7日，市委常委、区党工委书记浦荣皋主持召开党政联席会议，听取苏州科技城医院运行管理设想汇报。市卫生局局长张月林，市立医院院长洪志成，市立医院副院长、科技城医院执行院长卢建林参加会议。

2月16日，市委常委、区党工委书记浦荣皋主持召开党政联席会议，听取建成区引水畅流工程情况汇报，开展“廉情五分钟”宣讲，布置节日前后有关工作。

3月7日，市委常委、区党工委书记浦荣皋主持召开党政联席会议，听取关工委2014年工作总结及2015年工作安排汇报，听取贯彻执行《苏州市市区征地补偿和被征地农民社会保障办法》有关情况汇报，听取2015年实事工程、重点项目进展情况汇报，布置当前工作。

3月21日，市委常委、区党工委书记浦荣皋主持召开党政联席会议，传达市纪委委员评议质询情况反馈暨落实党风廉政建设党委主体责任工作会议精神，听取全区绿化工作汇报，听取打造工业经济升级版工作情况汇报。

4月2日，市委常委、区党工委书记浦荣皋主持召开党政联席会议，听取推进苏南国家自主创新示范区建设情况汇报，布置当前有关工作。

4月11日，市委常委、区党工委书记浦荣皋主持召开党政联席会议，审议《高新区深化社会管理体制改革和民主法治领域改革行动计划》，审议《高新区安全生产“党政同责、一岗双责”实施细则》，听取全区一季度经济、财税运行情况汇报。

4月18日，市委常委、区党工委书记浦荣皋主持召开党政联席会议，传达石泰峰书记在高新区转型升级调研座谈会上的讲话精神，听取今年经营性用地上市计划汇报。

5月9日，市委常委、区党工委书记浦荣皋主持召开党政联席会议，听取深化医药卫生体制改革试点工作实施方案、党内规范性文件清理情况等汇报。

5月16日，市委常委、区党工委书记浦荣皋主持召开党政联席会议，听取当前全区安全生产工作情况汇报，审议《2015年各镇（街道）、浒关开发区、科技城、生态城目标管理责任制考核意见》。

5月23日，市委常委、区党工委书记浦荣皋主持召开党政联席会议，听取中美欧日韩知识产权五局局长会议情况汇报，听取当前经济运行情况汇报，听取关于召开全区人大工作会议有关情况汇报。

6月6日，市委常委、区党工委书记浦荣皋主持召开党政联席会议，听取关于高新区养老机构规划建设情况汇报，听取区房地产工作情况汇报，布置当前有关工作。

6月13日，市委常委、区党工委书记浦荣皋主持召开党政联席会议，布置当前有关工作，听取苏南自主创新示范区建设推进情况及上半年科技创新工作汇报，听取1~5月区实事工程、重点项目进展情况汇报。

7月4日，市委常委、区党工委书记浦荣皋主持召开党政联席会议，听取全区经济、财税“双过半”运行情况汇报，听取苏高新集团、苏高新股份、苏高新创投、有轨电车、文体中心半年度工作情况汇报。

7月18日，市委常委、区党工委书记浦荣皋主持召开党政联席会议，传达省委十二届十次全会精神，审议《关于落实中关村“6+4”推广政策　进一步激发企业创新发展活力的若干政策意见》《关于发展新型孵化器支持大众创新创业的实施办法》《关于加快科技领军人才创新创业工程的实施意见》，审议《关于支持工业经济升级发展的若干意见》，听取关于《整改落实省委第一巡视组对苏州市巡视情况反馈意见的分工方案》的汇报。

8月1日，市委常委、区党工委书记浦荣皋主持召开党政联席会议，听取2015年以来全区安全生产工作、信访工作、政府职能转变和机构改革实施意见等情况汇报。

8月8日，市委常委、区党工委书记浦荣皋主持召开党政联席会议，听取区重点项目建设进展情况汇报。

8月15日，市委常委、区党工委书记浦荣皋主持召开党政联席会议，传达全市开放型经济工作座谈会精神，传达全省安全生产电视电话会议精神，听取2015年以来全区旅游工作情况及下一步打算汇报。

8月29日，市委常委、区党工委书记浦荣皋主持召开党政联席会议，听取今年以来落实党风廉政建设主体责任情况汇报，传达中央、省、市信访稳定工作会议精神。

9月12日，市委常委、区党工委书记浦荣皋主持召开党政联席会议，布置当前有关工作，听取医疗卫生项目及今年以来医疗卫生工作情况汇报，听取今年以来招商引资工作情况及下一步打算汇报，听取今年以来科技招商工作情况及下一步打算汇报。

10月10日，市委常委、区党工委书记浦荣皋主持召开党政联席会议，听取苏州乐园狮山欢乐世界、大阳山探险世界规划建设方案汇报，审议《苏州高新区关于鼓励企业上市（挂牌）的若干意见》。

10月15日，市委常委、区党工委书记浦荣皋主持召开党政联席会议，听取“彰显高新特色　迈向第一方阵”系列活动方案汇报，听取有轨电车公司等国企负责人薪酬方案汇报。

10月24日，市委常委、区党工委书记浦荣皋主持召开党政联席会议，听取苏南国家自主创新示范区建设推进情况及前三季度科技创新工作情况汇报，审议《苏州高新区区级国有资本经营预算管理办法》。

11月7日，市委常委、区党工委书记浦荣皋主持召开党政联席会议，学习贯彻十八届五中全会精神，传达全国社会治安防控体系建设电视电话会议精神，听取2015年以来富民强村工作情况汇报。

11月28日，市委常委、区党工委书记浦荣皋主持召开党政联席会议，学习传达省委十二届十一次全会精神，听取推进全区教育优质均衡化发展工作情况汇报，听取区级机关机构改革“三定”工作情况汇报。

12月12日，市委常委、区党工委书记浦荣皋主持召开党政联席会议，听取2016年区实事工程、重点项目安排情况汇报，听取“十三五”规划纲要汇报。

12月19日，市委常委、区党工委书记浦荣皋主持召开党政联席会议，听取区公务用车制度改革方案汇报，听取2015苏州太湖国际马拉松赛事筹备情况汇报，听取2016年区财政综合预算编制情况汇报。

12月30日，市委常委、区党工委书记浦荣皋主持召开党政联席会议，听取相对集中行政许可权改革试点方案汇报，听取2016年全区主要经济指标初步安排情况汇报，讨论区党工委扩大会议报告、区党工委关于“十三五”规划的建议，讨论“两会”政府工作报告、人大常委会工作报告、政协常委会工作报告、法院工作报告、检察院工作报告。

重要决策

2015年1月21日，管委会出台《苏州高新区关于加快电子商务发展的意见》。

2月27日，管委会、区政府出台《关于取消和调整72项行政审批项目的通知》。

3月13日，区党工委、管委会出台《关于进一步推进城乡发展一体化改革试点工作的实施意见》。

4月17日，管委会、区政府出台《关于继续做好培养和引进高技能人才工作的若干实施意见》。

6月2日，管委会、区政府出台《镇湖刺绣地理标志产品保护管理办法》。区党政办出台《苏州高新区实施商标战略的意见》。

8月5日，管委会、区政府出台《苏州高新区关于发展新型孵化器 支持大众创新创业的办法（试行）》和《苏州高新区关于支持科技领军人才创新创业的办法》。

8月6日，管委会、区政府出台《苏州高新区居家养老服务工作实施办法》。

8月13日，区党工委、管委会出台《关于落实中关村“6+4”推广政策 进一步激发企业创新发展活力的若干意见》。

8月26日，管委会、区政府出台《关于支持工业经济升级发展的若干意见》。

10月15日，区党工委、管委会出台《关于扶持苏州高新区人力资源服务产业园发展的若干意见》。

10月19日，管委会、区政府出台《苏州高新区关于鼓励企业上市（挂牌）的若干意见》。

10月27日，管委会出台《苏州高新区失地（动迁）补偿和失地（动迁）人员社会保障实施意见》。

11月25日，区党政办出台《关于进一步加快淘汰黄标车的实施意见》。

重要活动

【高新区医疗器械创新型产业集群列入国家科技部第二批创新型产业集群试点】 2015年2月4日，科技部火炬中心在福建泉州召开第二批创新型产业集群试点单位工作座谈会，会上为第二批创新型产业集群试点单位授牌。苏州高新区医疗器械创新型产业集群自2011年被列入首批试点（培育）后，经过近三年的建设，此次被列入第二批创新型产业集群试点。

【高新区入选全国首批、全省首家科技服务业试点区域】 2015年4月15日，国家科技部公布首批科技服务业区域试点名单，高新区入选，成为全省唯一获批该试点的区域。高新区科技服务业已初具规模，形成门类比较齐全，公共机构与民间机构互补的发展格局，拥有一批科技服务骨干行业。区内有创业孵化与成果转化服务机构23家，特色产业基地和技术转移机构20家，知识产权服务及相关咨询类机构50余家，科技金融及技术投融资类机构近100家，以及科技咨询、检验检测认证、科学技术普及、综合科技服务等机构30余家，并重点打造科技金融、知识产权、产业技术服务3个科技服务业集聚区。

【举办中美欧日韩知识产权五局局长系列会议】 2015年5月20日至22日，中国国家知识产权局、美国专利商标局、欧洲专利局、日本特许厅、韩国知识产权局五局局长系列会议在高新区举办。五局局长系列会议是五局合作中国际影响力最大的活动，此次系列会议先后包括第十四次五局副局长会议，第四次五局局长与产业界会议，以及第八次五局局长会议。会议期间，五局局长率团出席会议，世界知识产权组织（WIPO）副总干事作为观察员列席会议。此外，五国/地区数十位产业界代表同期召开五局合作产业界会议，并参加五局局长与产业界会议。会议闭幕前，中美欧日韩知识产权五局局长共同签署《五局合作共识》。

【我国首个《劳务派遣行业企业社会责任标准》发布】 2015年5月28日，高新区人力资源服务行业协会与苏州科技学院、联合国妇女署联合发布了中国首个《劳务派遣行业企业社会责任标准》，内容聚焦男女两性派遣工合法权益保护，以期在促进劳务派遣单位更加积极地履行社会责任，帮助劳务派遣单位形成核心竞争力，维护和促进和谐劳动关系,以及推动两性被派遣劳动者平等就业等方面发挥重要作用。

【江苏省巾帼手工产业(苏南)展洽中心落户镇湖】 2015年6月27日,江苏省巾帼手工产业(苏南)展洽中心在镇湖揭牌成立。该中心坐落于国家4A级刺绣艺术馆景区的核心位置,是江苏省手工艺行业首个由妇联主导的公共服务平台,将依托“一街(绣品街)、一馆(刺绣艺术馆)、一中心(刺绣艺术展示中心)”的产业集聚、人才集中优势,打造成为集聚苏南地区妇女特色手工产品的展示基地、助推苏绣原创作品创作的创意基地、加强手工行业人才梯队建设的人才基地、涌现手工艺新人新作的竞赛基地和拓展苏绣网络销售渠道的电商基地。

【我国首个国家级现代有轨电车协会成立】 2015年9月8日,我国首个国家级现代有轨电车协会——中国城市轨道交通协会现代有轨电车分会在苏州电车基地成立,来自全国的53家有轨电车行业企业成为首届会员单位。同日,我国首个有轨电车产业技术创新战略联盟也在苏州电车基地挂牌,来自各地的20家联盟企业将抱团开展现代有轨电车产业战略研究、高端技术研究。现代有轨电车分会是中国城市轨道交通协会首次在北京以外的地方设立分会,由苏州高新有轨电车有限公司作为牵头单位,联合广州、南京、武汉等城市有轨电车建设运营单位,以及中国中车、铁科院等单位共同发起成立。第一届现代有轨电车分会涵盖有轨电车建设、运营、设计、咨询、科研、装备制造、培训教育等领域,具有较强的技术专业性和广泛的行业代表性。有轨电车产业技术创新战略联盟首批会员20家,由苏州高新有轨电车有限公司担任会长单位。会员单位既有中国中车浦镇、克诺尔、鞍钢这样的装备制造企业,中铁四院集团、上海城建院这样的设计单位,也有中国铁道科学研究院、公安部交通管理科学研究所、中国交通科学研究院等大院大所。

【举行重点项目集中开工开业仪式】 2015年10月21日,高新区举行重点项目集中开工开业仪式,有30个项目开工开业,投资总额达120亿元,涉及新一代信息技术,高端装备制造,金融集聚与创新,节能环保,以及总部经济项目等多个领域,呈现出资源集约、科技含量高、发展潜力大、产出效益高等显著特点。这些重点项目重点聚焦新产业、新技术、新业态。开工开业项目包括:雅马哈电子(苏州)有限公司开工,亿和精密工业(苏州)有限公司研发中心开工,中国电信苏州科技城太湖国际信息中心开工,路之遥电子商务大厦开工,金融小镇开工等,以及苏州优科豪马轮胎有限公司轿车轮胎三期工厂竣工,爱尔铃克铃尔汽车部件(中国)有限公司竣工,捷恩智液晶材料(苏州)有限公司开业等。

【第八届中国刺绣文化艺术节开幕】 2015年11月28日,以“创新创意、互联新生”为主题的第八届中国刺绣文化艺术节开幕,本届刺绣艺术节结合互联网时代特点,推出官方电商平台“苏绣名品网”。开幕式上,苏州市刺绣产业创新研究院揭牌,升级版的苏绣作品版权服务云平台正式面世,还举行了南京航空航天大学国家文化产业研究中心分部揭牌仪式、《传承与发展中的苏绣》首发仪式、“巾帼礼予”刺绣文化创新设计邀请展启动仪式,以及第九届江苏省“艺博奖—银针杯”刺绣作品大赛颁奖仪式。

【高新区与阿里云签署战略合作框架协议】 2015年12月19日,高新区与阿里云计算有限公司签署战略合作框架协议,阿里云计算(苏州)有限公司正式落户高新区,双方将在推动传统制造业转型、双创孵化基地、“互联网+”教育、云计算大数据技术等四大领域开展一系列合作。根据合作框架协议,双方将建设阿里云区域性基地,依托苏州及高新区在制造业、科技创新等方面的良好基础以及广大的社会信息化、企业信息化需求,整合发挥阿里在云计算、金融、电子商务等多方面的资源，共同促进企业和社会转型发展，实现双方优势互补、共同发展。

【2015苏州太湖（苏高新）国际马拉松赛】 2015年12月27日上午9点，2015苏州（苏高新）太湖国际马拉松在高新区展示馆开赛。本次比赛由中国田径协会、苏州国家高新技术产业开发区管理委员会、苏州市体育局共同主办，是苏州地区首个全程马拉松赛事，按照中国田协A类标准运营。赛事设全程马拉松、半程马拉松和迷你马拉松三个项目，参赛人数为15000人，其中全程（42.195km）约3000人，半程马拉松（21.0975km）约6000人，迷你马拉松（约5km）约6000人。赛事的起点全部设在高新区展示馆，全程马拉松和迷你马拉松的终点设在高新区展示馆，半程马拉松终点设在杵山生态园。比赛途经诺贝尔湖畔、翼龙生态园泰迪农场，沿太湖大道，经杵山生态公园、西京湾生态农场，穿过太湖国家湿地公园，再回到起点。最终，男子全程的冠军被肯尼亚选手Peter Naibei Kwalia以2小时23分46秒的成绩夺得，肯尼亚选手Muriuki Shelmith以2小时45分16秒的成绩夺得女子全程冠军。（陈英）

纪检监察

【概况】 2015年，高新区纪工委、监察局坚持“把纪律和规矩挺在前面”，积极履行监督、执纪、问责主业，推进“两个责任”落到实处，狠抓作风建设，提升履职能力，推动全区党风廉政建设和反腐败工作取得新成效。2015年，由高新区纪工委首创的“涉刑党员停权机制”被市纪委授予苏州市纪检监察工作特别贡献奖，并被编录进中共中央2015年新修订的《中国共产党纪律处分条例》第四章三十一条。

【执法监察工作】 坚持从严治党，坚决惩治腐败，严肃查办违纪违法案件。2015年立案审查党员干部违纪案件44件44人，其中经济类案件14件14人，失渎职类案件9件9人，妨害社会管理秩序类案件22件22人；乡科级以上干部6件6人，移送司法机关处理案件9件9人。为国家挽回经济损失1300多万元。

【执行“八项规定”】 按照中央“八项规定”精神要求，坚决反对“四风”。开展“清风行动”，排查公款大吃大喝、公款旅游、违规配备使用公务用车、大操大办婚丧嫁娶事宜和违反工作纪律等群众反映强烈的突出问题，全年开展各类明察暗访40余次，专项检查4次。加大提醒教育力度，开展诫勉和提醒谈话15人次，有力做到抓早抓小。通过“每日一问”廉政教育宣传平台，发布廉政提醒90多次、警示案例50余例、手机廉政短信8000条次，让廉政声音始终占领各级党组织思想作风教育的制高点，并被《中国纪检监察报》《中国日报》等主流媒体报道。

【推进“两个责任”】 建立健全主体责任清单，制定《中共苏州高新区党工委、虎丘区委党风廉政建设主体责任清单》，将党委主体责任按照“符合实际、措施具体、操作性强”的要求，分解为领导班子责任清单、班子主要领导责任清单和班子其他成员责任清单3个方面各20条。全年累计开展“廉情五分钟”专题宣讲92场次，推动“两个责任”落地生根取得良好效果。

【落实巡视整改意见】 2015年11月16日，省委第一巡视组进驻虎丘区，开展为期一个半月的常规巡视并提出反馈意见。针对反馈意见，我区成立了4个专项小组，把巡视组反馈的4个方面主要问题分解为14项任务65条整改措施。对反馈指出的问题和意见、建议，区纪工委逐条对照，制定相关制度，推动整改工作落到实处。

【纪检监察队伍建设】 组织纪委书记集体约谈，由区纪工委书记对全区各板块、各部门（单位）、各条线纪委书记、纪检组长、分管负责人进行集体约谈。完成区纪委监察局内设机构第二轮调整，调整后职能处室有5个，分别是办公室、党风政风监督室、信访室（案件监督管理室）、案件审理室、纪检监察室（乡镇/街道纪检监察工作室），直接履行纪检监察主业职能的处室达100%。委局机关行政编制20个，实际在编人员20人，履行纪检监察业务的人员比例达100%。开展“三严三实”主题教育，区纪工委监察局主要领导为全体机关工作人员上党课，要求全区各级纪检监察干部严格监督执纪问责，把“三严三实”要求作为推进党风廉政建设和反腐败斗争的重要内容，融入严明党的纪律、驰而不息纠正“四风”、查办案件等各项工作之中，坚决查处存在的各种“不严不实”问题，为“三严三实”专题教育提供有力保障。（沈昕）

党建工作

【概况】 2015年，高新区（虎丘区）组织部门贯彻落实党的十八大和十八届三中、四中、五中全会以及习近平总书记系列重要讲话精神，围绕高新区加快迈进全国高新区“第一方阵”的目标任务，推进党的群众路线教育实践活动后期整改工作以及“三严三实”专题教育，加强基层服务型党组织建设和法治型党组织建设，全区基层党建工作迈上新台阶。截至2015年底，全区有直属党委（工委、总支）25个，另下设党委36个，总支79个，支部1768个；有党员25736名，其中女性党员8058名，35岁以下的党员10960名，高中及以上文化程度的党员20898名，分别占党员总数的31.3%、42.6%和81.2%。

【党的群众路线教育实践活动后续整改】 推进党的群众路线教育实践活动后续整改工作，把学习教育贯穿后续整改工作全过程，突出“四大”专题学习，打造“五大”信息化学习平台，促进党员干部思想认识再提升。强化工作保障，把后续整改工作纳入《2015年度基层党建工作目标责任书》，制定出台《关于深化“四风”整治、巩固和拓展党的群众路线教育实践活动成果的实施办法》、专项整治情况月报制度、公开公示制度等制度、文件，促进后续整改工作有力有序推进。贯彻落实中央和省委、市委、区党工委的专项整治任务，全面抓好333条意见、建议的销号整改，针对每项工作，逐一列出问题清单，逐项制定整改措施，明确责任主体和完成时限，一个一个查纠，一项一项交账，确保后续整改工作赢得群众充分认可。

【“三严三实”专题教育】 发挥组织部门“组织者”和“参与者”的双重责任，精心调研谋划，围绕“四专题一强化”，制定高新区《“三严三实”专题教育实施方案》《“三严三实”专题教育日程安排表》和党政班子《“三严三实”专题教育实施方案》等一系列工作方案，确保活动扎实有序开展。市委常委、区党工委书记浦荣皋带头讲授专题党课，各地各部门的一把手按照“深入开展一次学习调研、亲自撰写一份党课讲稿、普遍上好一堂专题党课”的“三个一”要求，高标准上一次专题党课，参与的各级党员干部有4000多人次。强化理论学习，通过下发学习资料、开设学习专栏、利用高新区综合信息网“每日一问”

2015年5月16日，高新区举行“三严三实”专题党课暨专题教育部署会议（区组织部供图）

平台定期推送专题教育知识要点等方式，打牢思想根基。强化互动交流，制定《区党政班子专题学习研讨工作方案》，明确3个专题学习内容，每个专题安排2次互动式交流研讨，每次由1/2以上班子成员作重点交流发言，排定近20项学习活动，力争做到学习人员、学习时间、学习内容、学习效果“四落实”。各级领导干部结合“三访三促”“四联三进三送”“百人访千企”等活动，赴重大项目、重点工程进行现场办公，定期深入教育、卫生、交通、信访等民生一线开展调研，走村入户、访贫问苦，面对面听取基层干部群众的意见、建议，列出“不严不实”问题清单，撰写践行“三严三实”心得体会。各级党员干部以践行“三严三实”为主题普遍召开专题民主生活会和组织生活会，强化问题整改，累计整改“不严不实”问题821个，整改完成率达99%，全区上下形成良好的从严律己用权、务实创业谋事的良好氛围。

【学习贯彻党的十八大，十八届三中、四中、五中全会和习近平总书记系列重要讲话精神】 围绕学习贯彻党的十八大，十八届三中、四中、五中全会和习近平总书记系列重要讲话精神，特别是视察江苏时的重要讲话精神，发挥党校干部教育培训主阵地作用，结合“三严三实”专题教育，举办中心组学习、“双月论坛”等各类培训活动，累计培训党员干部3500多人次。

【党员发展和管理】 按照《党章》和《中国共产党发展党员工作细则》规定的发展党员条件和党的十八大提出的新要求，坚持控制总量、提高质量、优化结构、发挥作用的原则，科学制订2015年发展党员计划，全年发展党员195名，比上年减少5.3%。举办全区基层党务工作者发展党员业务专题培训班，提升基层党务工作者的专业素质和业务能力。健全完善发展党员预审制度，把好发展党员“入口关”，重点在全区非公有制经济组织中发展党员，在生产工作一线发展党员，在35岁以下的青年和妇女中发展党员。规范党员“出口关”，对全区近1700个基层党组织、2万多名党员开展摸底排查，初步梳理问题党员200多名。继续组织开展党员关爱帮扶生活困难群众行动，集中开展党员关爱基金发放工作，累计走访慰问低保户584户、低保边缘户1888户，发放关爱基金276万多元。

表3-1 党员发展情况表

年份	总人数	35岁以下		大专以上文化程度		女性		生产工作一线	
		人数	比例（%）	人数	比例（%）	人数	比例（%）	人数	比例（%）
2015	195	147	75.4	165	84.6	74	37.9	175	89.7

表3-2 民主评议党员情况表

年份	参评支部（个）	参评党员（人）	党员参评率（%）	优秀党员（人）
2015	1768	25464	98.9	305

【民主评议】 根据市委组织部统一部署，高新区（虎丘区）开展民主评议党员活动。通过评议，进一步提高党员的党性观念和综合素质，激励先进，纯洁队伍，提高基层党组织的凝聚力和战斗力。

【党代表任期制】 加强党代表工作室建设，组织开展“区级先锋工作室”争创、“党代表工作室标准化建设互看互查互评互学”等活动。强化党代表履职培训，创新设立高新区“党代表读书节”活动项目。培育先进典型，组织开展优秀党代表评比及典型事迹主题展板巡展活动。结合“三访三促”“四联三进三送”等活动，组织“党代表接待日”“驻室接待”等代表履职活动，发挥党代表在联系服务基层党员群众中的作用。

【基层党组织建设】 2015年，全区各级党组织以加强基层服务型党组织建设和法治型党组织建设为主线，以深化先锋工程为抓手，统筹推进各领域基层党建工作，为高新区加快迈进全国高新区“第一方阵”提供坚强的组织保证。强化基层党建工作责任制，年初，与浒墅关经济技术开发区、苏州科技城、各镇（街道）党（工）委签订基层党建工作年度目标任务书，明确目标任务，量化考核要求。形成年中和年末“双督查”的考核机制，年底开展党组织书记抓基层党建工作专项述职，传导工作压力，增强基层对党建工作的责任意识。推进服务型党组织建设，健全完善长效机制。推行基层党组织服务党员“党日活动菜单”和基层党员服务群众“志愿服务菜单”制度，加强对党员和群众的联系服务。推行“三联三助”党建模式，全年累计开展“三联三助”共建活动80多次，参与的社区党员和非公经济党员近2500人次。指导培育服务型社会组织，注重分类指导、统筹提升、典型示范，精心培育紫苏叶育儿社、镇湖刺绣协会等10余个组织健全、自律规范、作用突出的服务型社会组织，推动现代社会组织体系健康有序发展。推进法治型党组织建设，结合高新区实际，制定出台《关于建设法治型党组织的实施意见》（苏高新委〔2015〕43号），围绕“五个进一步”目标，推进5个方面15项主要任务，主抓30项重点措施落地生效，明确牵头部门和有关部门的职责分工，打造引领和保障法治政府、法治市场、法治社会“三位一体”建设的法治型党组织。强化教育培训，对全区90多名村、社区书记开展基层治理法治化轮训，提升基层党组织书记依法履职能力。抓好试点工作，在区级机关部门、镇、街道、村、社区、国有企业、非公企业和社会组织中选取13个不同层级、不同类型的党组织作为试点单位，坚持先试先行，研究操作办法，细化试点举措，总结推广经验，为全区法治型党组织建设的深入推进提供有效借鉴。推进党建工作创新工程，继续放大“周新民党建工作室”辐射效应，完成工作室阵地搬迁、扩容升级等工作，新建苏州科技城、人力资源服务中心2个分站，启动创业园、综保区2个分站的建设，初步形成“一室四站”总体布局。强化工作室“四大职能”，推行“三访三问三讲”“周新民党建课堂”“三微党建”和“阳光能量站”等创新服务项目，打造“周新民党建工作室”微信公共平台。工作室有关经验做法得到中组部领导和省委副书记、市委书记石泰峰的充分肯定，并在中组部《全国基层组织建设工作情况通报》（第27期）头条刊发，在全国进行宣传推广。创新推行以先锋模范引领工程、人才互融互通工程以及和谐企业共建工程为核心内容的非公党建“三项工程”，中组部《组工信息》刊发高新区实施非公企业党建“三项工程”的经验做法，省委副书记、市委书记石泰峰对“三项工程”做出重要批示，要求“要认真总结，在面上推广”。市委《调研与参考》印发《实施三项工程 实现“比翼齐飞”——苏州高新区创新开展非公企业党建的实践与思考》一文，供全市各级各部门参阅。在全省开发园区党建工作会议上，高新区作题为《强化“三大保障”

2015年3月11日，省委副书记、市委书记石泰峰（左二）在周新民党建工作室调研（沈一鸣摄）

筑牢开发园区非公企业党建工作之基》的大会交流发言，扩大高新区非公党建的影响力。打造推广“一网（苏州高新区非公经济党建网）、一台（苏高新党建手机应用平台）、一室（苏州高新区“非公党建移动办公室”）”三大党建信息化平台，启动苏州高新区基层党建“云平台”建设，全面构建“互联网+”基层党建的信息化建设新格局。做好基层党建工作其他各项重点工作任务，完善薄弱党组织帮扶长效机制，在全区村、社区中倒排5%的薄弱党组织进行重点帮扶。选派10名机关、企事业单位优秀干部到薄弱村担任“第一书记”，引导他们在“指导建强组织、发展村级经济、兴办惠民实事、加强基层治理”等方面发挥作用。加强典型培育工作，继续推进实施“红色引擎”计划，在首批典型培育工作的基础上，按照“四有五好”标准，推进第二批55家农村、社区、非公企业和社会组织党组织示范典型的培育工作，帮助培育单位在阵地建设、制度建设、活动建设、品牌建设等方面实现全面提升，形成示范带动效应。推进区域化党建工作，在建成完善首批15个区域党建工作站基础上，全面推进第二批16个区域党建工作站的建设，完成市委组织部区域党建工作站互访互学、专项督查等工作。

【庆祝建党94周年】 围绕庆祝中国共产党成立94周年，结合“三严三实”专题教育，紧扣全区基层党建重点工作，开展庆祝建党94周年“六个一”专题系列活动，在全区范围内表彰30个基层党建工作示范点和30名优秀基层党组织带头人。组织召开全区纪念中国共产党成立94周年座谈会，在全区党组织和党员中着力营造创先争优、爱党为党、比做贡献的良好氛围。

（赵孝屹）

干部工作

【领导班子和干部队伍建设】 2015年，高新区坚持以党的十八大，十八届三中、四中、五中全会及习近平总书记系列讲话精神为指导，以新修订的《干部任用条例》为准绳，着眼选优配强，结合任职时间较长干部的交流，组织开展区党政办、财政局、工会、审计局等部门以及浒墅关开发区、狮山街道、枫桥街道、横塘街道等单位领导班子充实调整工作。结合区机构改革调整，稳妥做好区机关相关部门班子的配备以及苏盐合作园区选派干部调整补充工作。结合学校领导班子年度民主测评和实际运转情况，重点对部分区直属中学领导班子进行调整充实；结合国有企业改革发展要求，选优配强苏高新有轨电车、苏高新文体公司等国企领导班子。加大年轻干部培养选拔工作，选派45名年轻干部到国有企业、信访部门、村（社区）等单位挂职锻炼，探索开展选拔优秀大学生村官进镇（街道）领导班子工作。

【干部人事制度改革】 根据中央及省、市有关政策文件出台情况，结合高新区实际，修订出台《区科级干部民主推荐办法》和《区党政机关中层正职竞聘上岗办法》，完善高新区科级干部民主推荐工作，规范竞争性选拔年轻干部工作。结合苏盐合作园区干部选派调整，按照“提出动议充分酝酿、差额考察综合比选、差额票决确定人选”的程序，探索实施“动议比选任用”选人用人新机制。做好区国有企业领导人员兼任下属企业领导职务以及中层正职干部调整的相关审核工作，指导帮助区国有企业进一步健全干部人事管理制度。

【干部监督管理】 坚持把民主测评和定期考核结果分析运用作为加强领导班子和干部队伍管理的重要手段，结合2014年度39个单位领导班子和308名领导干部年度考核民主测评情况，对领导班子测评情况较差的单位，进一步了解情况并督促做好整改工作；对镇（街道）干部民主测评成绩列班子末位的同志进行提醒谈话。结合试用期满科级干部民主测评和考核情况，及时办理相关聘用手续。部署和组织开展干部人事档案专项审核工作，配合市委组织部开展高新区市管县处级后备干部调整相关工作，做好西藏、贵州和江门市干部到高新区挂职学习的安排工作。做好老干部服务管理和军转干部安置工作。

（杨吉）

人才工作

【概况】 2015年，高新区实施人才优先发展战略，以人才结构优化引领和助推产业转型升级，推出一系列人才工作的创新举措，各项工作扎实推进。突出绩效导向，完善人才工作体制。制定出台《2015年苏州高新区人才工作要点》和《2015年苏州高新区人才科技工作目标责任制考核指标任务》等人才工作文件。设立区人才开发资金1.6亿元，为区域人才计划的实施、优化高层次人才创新创业环境提供资金保障。开展人才开发资金使用流程管理和绩效评估，严格重点项目和人才计划资金审批程序，提高人才开发资金使用效益。召开全区各板块人才科技工作座谈会，推进基层人才和科技工作。提升竞争优势，深化人才科技政策。修订出台《苏州高新区关于支持科技领军人才创新创业的办法》，新增创新类及孵化类项目，加大创业类扶持力度，整合创新创业资源，全面助推人才项目发展。修订完善《苏州高新区鼓励社会人才机构引才的激励办法》，重点突出对人才机构引才的资助，扩大资助范围，强化资助力度，借助社会专业人才机构为高新区引进人才。修订《苏州高新区高层次人才培育资助办法》《关于继续做好培养和引进高技能人才工作的若干实施意见》等政策文件，不断提升人才科技政策竞争力，加快优势人才科技资源集聚。搭建引才平台，拓宽项目引进渠道。牵头开展“苏州国际精英创业周”高新区各项活动，定期召开工作例会，推进各项活动进程，创业周签约项目106个。举办“千人计划”专家联谊会医疗器械组研讨会，吸引近百名“千人专家”参会，充分对接区内创新载体。深度开展与海创智库（千人计划）科技服务中心及欧美精英创业家协会合作的高层次人才赴高新区对接活动，突出医疗器械、新能源、新一代信息技术等专业领域。举办首届科技创新创业大赛，拓宽领军人才项目遴选渠道。创新工作制度，加强人才环境建设。组织申报各级各类人才项目330多项，截至2015年底，获批“科技部创新人才推进计划”3人、省“外专百人计划”1人、省“双创计划”5人、省“双创团队”1个、省“双创博士计划”4人、“姑苏领军人才计划”14人、市“海鸥计划”32人。建立人才办双月例会和高层次人才单月座谈会等工作制度，集中商议人才工作各类问题，直接聆听高层次人才建议与需求。出台区人才办成员单位挂钩联系高层次人才工作制度及区党工委组织部领导班子成员挂钩联系高层次人才工作制度，在政策宣传、意见征求、环境优化、服务提升等方面，进一步加强领导干部与高层次人才的思想联系和感情交流。紧贴实际需求，做好科技镇长团选派工作。完成省第八批科技镇长团选派工作，完成团员报道、新老交接以及调研培训等相关工作。此批科技镇长团成员人选严格按照省、市相关文件要求执行，11位成员人选年龄都在45周岁以下，其中博士6人、硕士5人。11人中8人来自高校，3人来自政府机关，3人来自省外“985工程”和“211工程”高校。

（杨雄华　徐强）

【人才获奖情况】 2015年年内，2人获批国务院特殊津贴专家，1人入选省“外专百人计划”，2人获批省有突出贡献中青年专家，4人入选省双创博士计划，2人入选省六大人才高峰计划，32人入选2014年度市海鸥计划，126人获评姑苏重点产业紧缺人才，6人获评第五届“苏州民间工艺家”，11人获批国家、省博士后科研资助；3家单位入选2015年度国家级引进国外技术、管理人才项目，1家单位获评苏州国际精英创业周“2015年度十大最具发展潜力创业企业”，3家单位升格成为国家级博士后科研工作站。全年新引进博士后22人，获评市级大师（名师）技能工作室各1家，22人获评姑苏高技能重点（突出）人才。

表3-3 2015年高新区人才结构一览表

人才结构		合计（万人）	占人才总数的百分比（%）
总量结构	专业技术人员	11.72	59.93
	高技能英才	2.01	32
性别结构	男	13.48	68.90
	女	6.08	31.10
职称结构	初级	3.36	17.16
	中级	2.30	11.78
	高级	0.69	3.55
学历结构	博士	0.079	0.40
	硕士	1.31	6.69
	本科	9.16	46.82
	大专	8.89	45.46
	中专及以下	0.122	0.62

（祝祯伟）

【引才区位优势持续增强】 制定出台《苏州高新区鼓励社会人才机构引才的激励办法》和《苏州高新区加快推进“海鸥计划”的激励办法》，引才资助范围不断扩大。27个人才项目获批立项，获区人才开发资金3387.5万元，区域引才育才环境更趋良好。举办第七届苏州国际精英创业周高新区分会场活动，85个项目正式落户。组织系列人才项目对接活动，20个优质项目在区科技创新创业大赛中脱颖而出，150余名知名专家出席地理信息高峰论坛。承办或参加各类人才创业大赛暨项目对接会，30余个人才项目与区内相关载体达成初步意向。

【人才服务内涵丰富拓展】 建立区内各相关载体横向、纵向沟通常态机制，拓展人才服务覆盖面。召开全区博士后工作推进大会，辅导企业引进博士后。开展省双创博士计划申报与面试辅导，提升获批率。举办2015海鸥计划申报动员辅导会，解读新政要点和申报重点。全方位服务创业周落户企业，为14家单位54个工种277个岗位提供专场招聘、校园招聘、网络招聘、猎头招聘等多种方案，解决人才招聘难题。组织75家次落户企业参加“创新创业微讲堂”等系列活动，为精英周落户企业发展保驾护航。开展“人力资源产业园服务科技企业月”活动，架设起人力资源机构和科技企业长期合作服务的桥梁。（高定华）

机构编制管理

【概况】 2015年，高新区以转变政府职能、推进简政放权为主线，加大行政体制改革力度，加强和改进机构编制管理，为加快挺进全国高新区“第一方阵”和建设苏南国家自主创新示范区提供强有力的体制机制保障。全年新设立事业单位9家，事业单位变更登记122家。2月27日，高新区发文公布行政审批事项目录清单，取消行政审批事项17项，保留行政审批（行政许可）事项71项（其中承接省、市下放事项7项）。贯彻落实《省政府办公厅印发关于调整完善市县工商质监食品药品管理体制加强市场监管意见的通知》（苏政办发〔2014〕93号）文件精神，调整工商质监食品药品管理体制，整合工商质监食品药品等部门，于3月11日组建苏州高新区（虎丘区）市场监督管理局。

【行政审批制度改革】 适时做好行政审批事项目录清单的动态调整，实行严格的行政审批“准入制”。对区市场监督管理局的行政审批事项进行清理和规范，保留行政审批事项（行政许可）8项；根据《市政府关于新设和调整部分行政审批项目的通知》（苏府〔2015〕106号），对相关部门的行政审批事项进行新设和整合；根据政府机构改革的情况，对行政审批事项的实施主体进行相应的变更和调整。经区行政体制改革领导小组2015年第二次会议审议通过，新一轮《苏州高新区（虎丘区）行政审批事项目录清单》（苏高新管〔2015〕193号）于11月24日向社会公布。起草《苏州高新区（虎丘区）行政审批事项目录管理暂行办法》（苏高新管〔2015〕191号），经区行政体制改革领导小组2015年第二次会议审议通过并发布实施，做到“目录之外无审批”；加强和改进事中事后监管工作，印发《关于深化行政审批制度改革加强事中事后监管的通知》（苏高新行改办〔2015〕3号），对事中事后监管的主体、内容和时间均提出明确的要求。

【政府机构改革】 推动建立集中统一的知识产权管理体制，加快形成分工合理、决策科学、执行顺畅、监督有力的知识产权行政管理体制，区编委办联合相关职能部门起草《关于建立知识产权（专利权、商标权、版权）集中统一管理体制的实施意见》，建立统一的知识产权行政管理体制、高效的知识产权执法体制和完善的知识产权行政保护协调机制。8月至11月，根据《苏州高新区（虎丘区）政府职能转变和机构改革实施意见》（苏高新委〔2015〕81号），区编委办组织全区党政群机关开展“三定”工作。8月14日，组织召开“三定”工作培训会，对各部门上报的“三定”草案严格把关，以法律法规、市对口部门“三定”规定、本部门原“三定”规定和近期机构编制文件为主要依据，确保主要职责明确，不缺位，不越位，划出与划入相对应。采取部门初审、磋商修改、区分管领导签字、职责交叉互审等方式，确保“三定”方案科学规范。10月29日，编委会主任会议第二次会议审议并原则通过区各部门“三定”方案。该方案已获党工委（区委）、管委会（区政府）批准。方案中有新增职责31项，取消职责18项，强化职责24项，划转职责8项。

【编制区级部门责任清单】 2015年9月21日，根据《中共中央国务院关于地方政府职能转变和机构改革的意见》（中发〔2013〕9号）和《江苏省委省政府关于进一步简政放权加快转变政府职能的实施意见》（苏发〔2014〕14号）精神，区行政体制改革领导小组办公室下发《关于开展区级部门责任清单编制工作的通知》（苏高新行改办〔2015〕1号），并于9月23日组织召开区级部门责任清单编制工作布置会议，正式启动责任清单编制工作。区编委办梳理出部门主要职责、职责边界、公共服务事项、对应行政权力事项和涉审中介事项计5张小清单，解决政府管理越位、缺位、错位问题，把“该管的管住、该扶的扶好”，构建与权力清单相配套的权界清晰、分工合理、权责一致、运转高效、法制保障的部门职责体系。年内，高新区责任清单已完成4张，职责边界清单正与各部门进行第二轮反馈确认。区编委办牵头推进相对集中行政许可权改革试点工作，起草《苏州高新区（虎丘区）相对集中行政许可权改革试点方案》；做好不动产统一登记改革中的“三定”工作，区住房和建设局的房屋权属登记职责、区城乡发展局的林权登记职责已在新的“三定”中划出，苏州市不动产登记中心虎丘分中心的设置正在办理。

【机构编制监督管理】 区编委办在不断强化编制前置管理的前提下，完善与财政、组织、人社等部门的协调配合机制，控制财政人员增长，降低行政成本。严格控制机构编制总量，盘活存量，现有编制潜能大幅度提升。按照十八大提出的严格控制机构编制和省市关于机构改革期间不新增机构编制的要求，高新区全年机构编制基本实现内部调剂。贯彻落实中央、省、市编委关于控编减编的要求，结合高新区实际，区编委办制定《苏州高新区控编减编工作方案》。通过深化改革创新、加强监督管理、强化地方责任、加强部门协作等办法，综合施策，盘活用好现有机构编制资源，建立控编减编长效机制，破解控制机构编制增长与适应事业发展需要的矛盾，降低行政成本，把更多财力用于改善民生，实现全区财政供养人员只减不增的目标。加强机构编制实名制基础建设，按照上级编办要求，从2015年1月起，每月向中编办在线报送机构编制实名制月报信息，更新数据库。

【行政事业机构科级领导职数审核】 按照市编委办《关于开展市、区行政事业机构科级领导职数审核工作的通知》（苏编办通〔2015〕72号）精神，区编委办推行领导职数动态管理，对高新区副科级及以上行政事业机构（含内设机构）的名称、规格、领导职数、职务名称等信息一一对照相应文件进行全面整理，并汇总上报，完成市编委办对高新区行政事业机构科级领导职数现场审核。为配合做好苏州市即将实行的市、区科级领导职数预审制度，区编委办严格执行科级机构设置编制管理领导职数核定的相关规定，防止擅自违规设立机构、擅自增加科级领导职数、超职数配备干部的情况出现。

【事业单位登记管理】 做好事业单位法人登记工作，根据《事业单位登记管理暂行条例》和《实施细则》，在事业单位登记管理实际操作中严格按照程序，把好申请关、受理关、核准关、发证关、公告关，确保登记管理行为的严肃和规范。认真梳理全区事业单位登记项目，对于名称、住所和法定代表人等登记事项与实际不符的事业单位提出整改要求，使登记材料与实际使用规范一致。完成事业单位年度报告公示工作，2015年是苏州市实行事业单位法人年度报告公示的第一年。年内，高新区全面完成事业单位法人年度报告公示工作，全区208家事业单位进行法人年度报告公示，年度报告公示率达100%。 （刘隽）

党校教育

【概况】 2015年，高新区党工委（虎丘区委）党校贯彻落实《中国共产党党校工作条例》，整合利用市委党校优质的教学、办公资源，推进党员干部教育培训、学历教育提升以及社会民生类培训等各项工作。全年举办各类培训班76期，参训学员5227人次，其中党员干部培训12期，参训学员1064人次；产业人才培训44期，参训学员1078人次；民生类培训18期，参训学员3085人次。

【教育培训】 围绕区党工委、管委会工作部署，通过科学设置培训课程、创新教学方法，借鉴利用市委党校优质的教学资源，以高新区党员干部发展的实际需求为导向，推进各级各类干部教育培训。将理想信念教育作为党校教学的重要内容，举办高新区新党员培训班3期、高新区党员发展对象培训班2期，参训639人次。将党性锻炼贯彻党校培训全过程，举办高新区村、社区党组织书记培训班1期，参训91人；举办高新区非公经济党组织书记培训班1期，参训63人；举办高新区选派机关优秀干部到村任“第一书记”岗前培训班1期，7名“第一书记”及相关单位负责人参加培训；举办高新区团务干部培训班1期，参训63人。承办区各部委办局委托的专题培训班，配合区司法局举办高新区人民调解员培训班，培训学员120人；配合农发局举办高新区农机化培训班，培训学员40人；配合区人力资源和社会保障局举办劳务合作社负责人培训班，参训45人。

【学历教育】 做好党员干部教育培训的同时，推进学历教育以及民生类培训工作。以服务高新区为宗旨，提升学历教育水平。根据南京大学网络教育学院、重庆大学网络教育学院及南京大学继续教育学院等三所合作院校的招生计划及学籍管理要求，开展学历教育培训工作。2015年，区党校与南大网院合作开设18个专业，注册人数81人，其中高升专20人，专升本61人。重大网院招收30个专业，全年招生90人。以民生需求为导向，开展免费技能培训。在苏州市人力资源培训指导中心的管理下，继续开展维修电工（初级）的免费技能培训。全年共开班9期，招生450人。此外，我校也积极与园区、相城区的相关企业联系免费电工培训事宜，并在园区、相城区开设免费电工培训班4期，招生130余人。全年开设免费技能培训班13期，培训学员580余人。

【人才培养】 在发挥高新区党员干部教育主阵地作用、服务民生工作的同时，利用自身的区位优势和现代化教育设施，落实区产业人才提升政府补贴培训项目，力求培养区内重点行业领域各级各类专业化人才，将党校打造成高新区产业人才的最佳培养基地。健全完善产业人才培训制度体系，修订完善《苏州高新区产业人才培训项目专家评审工作办法（试行）》，根据区域发展需求明确界定培训对象和补贴比例，规范培训项目操作流程，不断提升培训实效。推进区产业人才培训体系建设，借助社会培训机构的专业知识和优质资源，建设“新产品研发、生产管理、质量管理”等专业领域培训体系，较好地满足区域产业转型升级和企业发展的需求。全年培训领军人才、企业家层次人才117人次，经营管理层次人才132人次，紧缺层次人才94人次，专业技术层次人才117人次，高技能层次人才47人次，为高新区加快迈进全国高新区“第一方阵”提供有力的人才支撑。

（王一飞）

宣传工作

【概况】 2015年，高新区党工委宣传部坚持围绕中心、服务大局，做好理论武装、舆论引导、文明创建等各方面工作，为加快迈进全国高新区“第一方阵”，率先基本实现现代化提供思想保证、精神动力和舆论支持。各方面工作创新开展，有力推进，部分工作走在全市、全省前列。推进习近平总书记系列重要讲话精神和十八届五中全会精神的学习教育，开展中国特色社会主义和中国梦宣传教育，弘扬社会主义核心价值观。全区上下思想统一坚定，社会各界凝心聚力，营造浓厚的发展氛围。开展文明城市创建，城市环境面貌有力提升。先后组织驻苏媒体赴高新区采风、全国媒体赴高新区调研等大型活动，区域创新特色进一步彰显。组织首届苏州太湖（苏高新）国际马拉松赛事，区域良好形象得到广泛传播。坚持争创一流，多项工作名列全市前列，受到省、市相关表彰。全方位开展对外宣传，“‘互联网+’助推苏绣产业发展提档升级”项目获全省对外宣传工作创新奖、全市宣传思想文化工作创新奖。《新华日报》《苏州日报》头版刊发高新区重点报道数量列全市各市、区首位。完善新闻发布、舆情应对和突发事件报道等工作机制，提升应对能力，拓展媒体平台，强化舆论引导和网络舆情管理，加强社会热点难点问题舆论引导，稳妥做好各类突发事件的舆情应对，全力维护改革发展稳定大局。

【理论武装】 深化党委中心组理论学习，组织区、镇（街道）两级中心组理论学习，持续推进学

党员扫描苏高新微理论二维码（强晓佟摄）

习型党组织建设。结合经济社会发展形势，邀请中央部委和知名高校的专家学者，向全区党员干部讲授新理论、新思想。发挥基层理论宣传阵地作用，多渠道多形式深入基层开展理论宣讲。创新开展微课堂活动，开通全省首家理论学习微信公众号“苏高新微理论”，理论宣传大众化、分众化经验获全省推广。创新开展冬训工作，党员冬训实现全覆盖，获评全省冬训示范区、全市冬训工作创新奖；推进基层党校创先争优，浒墅关开发区党校、枫桥街道党校获评全市创先争优先进集体。

【媒体发稿】 围绕全区各项重点、亮点、热点工作，着重联络沟通各级主流媒体，全年在各级各类媒体刊发稿件6000多篇次。中央电视台持续聚焦苏州高新区发展情况，央视九套播出镇湖刺绣专题片《指尖上的传承——苏绣》，央视五套报道苏州太湖（苏高新）国际马拉松活动，《大国文明》专题片赴高新区拍摄，将在央视纪录片频道播出。《光明日报》《新华每日电讯》《新闻周刊》等重点媒体也刊发重点稿件。其中，《新华日报》头版刊发有关高新区重点稿件5篇，《苏州日报》头版刊发重点报道51篇，发稿数量都列全市首位。

【网络舆情引导】 完善网络监控中心运行，对网上舆情进行24小时全天候监控。网络评论员每天值守，实时监控与本区有关的舆情信息。在重点时段，安排工作人员做好24小时值守工作，每天编辑一份《网络舆情参考》，供主要领导参考。做好“苏州高新区发布”政务微博发布工作，每日发布信息保持20条以上，全年在新浪、腾讯微博上发布微博超过14000条，粉丝、听众数量净增13400多人。新开通官方微信平台“苏州高新区发布”，在2015年“苏州市微信影响力排行榜”（周榜、月榜）政务榜单上，排名始终保持在前三名，多次在国内、省内榜单中名列前茅，为苏州市最具品牌价值的政务微信平台之一。

【社会主义核心价值观建设】 推进社会主义核心价值观落细落小落实，内化于心，外化于形，引领社会文明风尚。加大公益广告宣传张贴力度，形成浓厚氛围。以“24字”核心价值观为主要内容，在全区重点区域布置大型户外公益广告牌62个，LED显示屏80余幅，建筑工地围挡450幅，并利用路灯杆、灯箱、橱窗等各类宣传载体悬挂和张贴宣传海报13000多张。加强理想信念和爱国主义教育，举办“纪念抗日战争胜利70周年大型歌咏比赛”，在《苏州高新》开辟抗战纪念专栏，激发全区干部群众爱国热情。挖掘拓展爱国主义教育基地，苏州高新区镇湖烈士陵园获批苏州市爱国主义教育基地。

【先进典型推选】 开展“我推荐、我评议”道德模范、身边好人活动。全年基层群众推荐身边好人、道德模范近40名，从中推选出“孝老爱亲”中国好人郭月华、“苏州最美人物”张文生，以及陆晓春等5名“苏州好人”。推荐中科院苏州医工所所长唐玉国入选苏州市重大先进典型“时代先锋”。组织高新区道德模范志愿巡讲团深入全区各地巡讲，弘扬先进典型的精神内涵。运用“善行义举榜”、“道德讲堂”、报纸网络等各类宣传载体，多形式展示和宣传身边好人、善行义举，营造学习身边好人、提升道德情操、争当道德模范的社会氛围。（杜衡）

精神文明建设

【概况】 2015年，高新区按照中央和省、市文明办工作要求，以培育和践行社会主义核心价值观为根本，在全区广泛开展精神文明创建活动，精神文明建设取得新进展，城乡社会文明程度和市民文明素质不断提高，在促进社会和经济全面发展进步中发挥重要作用。

【文明城市创建】 以“城市环境大家管　市容秩序大提升‘5+1’专项治理”为抓手，加大文明城市创建力度。在全区重点区域张贴公益广告，发挥公益广告的宣传效果，形成文明创建工作全民参与、人人动手的氛围。加强文明城市创建工作部署推进，紧扣测评体系标准，细化各部门、板块分工，完善协同配合、层层落实的创建工作体系。组织自查自纠和第三方测评，以问题为导向，查漏补缺，督查整改，保持文明城市常态化管理，创建成绩名列全市前茅。

【文明单位创建】 开展新一轮文明单位、文明村镇、文明社区评选工作。通过自查申报、初评推荐、组织考评、征询意见和社会公示等程序，全区有93个单位、2个镇、7个村、33个社区获市级和区级各类文明荣誉称号，城乡社会文明程度和市民文明素质进一步提高。

【未成年人教育】 在全区中小学开展孝敬、友善、节俭、诚信等中华传统美德教育，开展爱学习、爱劳动、爱祖国活动。依托移动互联网等新媒体渠道，创新“美德少年”推荐和宣传学习方式。以“我的中国梦”为主题，结合“我们的节日”系列活动，组织开展“凭吊革命先烈”“童心向党”等思想教育活动。以“八礼四仪”为基本要求，深化“小举动·大文明”主题实践活动。推进“文化修养进校园”系列活动，开展精粹文化、非遗技艺、书法艺术、时代精神、经典诵读进校园等系列活动。建立“敬恩学堂”和“秦馀学堂”，形成国粹文化教育特色。开展未成年人心理健康教育指导。高新区文明办和高新区教育局联合成立区级未成年人心理健康教育指导中心，开展青少年心理健康知识宣传和辅导，引导和促进未成年人健康成长。加大社会优质教育资源整合力度，推进“家在苏州·e路成长”未成年人社会综合实践活动。加强乡村学校少年宫建设和管理，发挥少年宫以乐促智、以技促能、以读养德的功能。开展净化社会文化环境专项治理和平安校园创建活动，加大对网吧网络、荧屏声频、校园周边等重点领域的整治力度，净化未成年人成长环境。

【志愿服务】 从建立健全各项机制入手，结合全区各类大型活动，推进一系列志愿活动创新开展。全年开展学雷锋志愿服务活动、“三社联动”、“好乡邻”便民服务坊、便民服务e站等各类志愿服务活动。结合春节、国庆、元旦等传统节庆日，为群众提供拍摄全家福、书写春联、文艺演出以及医疗、环保、维权、法律、交通、通讯等各类咨询服务。在“2015苏州太湖国际马拉松”活动和文明城市测评迎检工作期间，组织大批志愿者提供形式多样的志愿服务，为全区重大活动和重点工作提供有力保障。一批优秀服务团队和服务品牌在活动中涌现，“幸福快车”“枫树林俱乐部”“玲玲姐姐法律屋”等志愿服务品牌项目扎根社会，产生影响。其中，“阳光之家”孤残儿童关爱、“传播科学、促进成长”中科院苏州医工所科学传播等4个志愿服务项目获得苏州市2015年度社会志愿服务引导扶持项目。“轻轻语”企业员工心理志愿服务加油站入围苏州市2015年度精神文明十大新事，横塘街道石湖社区志愿者宁花获评“省优秀青年志愿者”，金星等10名志愿者获评苏州市优秀星级志愿者。

（钱强）

统战工作

【概况】 2015年，高新区统战工作突出学习宣传贯彻中央、省、市委统战工作会议精神和《中国共产党统一战线工作条例（试行）》及省、市委系列配套文件这条主线，紧扣高新区“科字当头、生态优先、民生为本、法治保障”的发展方针，做好三项“提升”工作，为服务高新区奋力迈进全国高新区“第一方阵”聚合力、促和谐、谋发展。

【民主党派建设】 加大推进各民主党派自身建设工作力度，区党工委首次在春节前夕召开党外人士迎春座谈会，党政一把手参加，就经济建设、工作作风、党派发展等方面听取党派意见和建议，解决党派活动场地及经费安排等实际问题。相关部门选派优秀党外干部参加苏州市党外领导干部培训班、苏州市党外年轻干部培训班，组织各民主党派代表参加培训、座谈会、协商会，组织参加各种考察和调研活动，营造有利于党外代表人士队伍健康成长和干事创业的氛围。结合区域特点和发展大局，协助农工、民进、民盟等党派换届，注重吸收有代表性、政治素质高的新成员，充实民主党派队伍。

【党派活动品牌】 支持各民主党派开展各有特色的党派活动，提高党派活力。农工总支发起成立苏州市首个区级公益基金会——同心公益基金会；民盟支部与东泰精密模具（苏州）有限公司联合成立“民盟—东泰爱心助学专项基金”；民进支部促成法国教师走进新浒学校，开阔孩子视野；民建总支荣获“全国参政议政先进集体”称号；九三基层委员会主委桑前获全国“优秀组织工作者”称号，副主委龚震荣获全国“九三楷模”称号并荣获九三学社中央2015年度唯一一个信息工作贡献奖。

【无党派知识分子工作】 2015年4月28日，高新区召开无党派知识分子联谊会第一次会员大会暨成立大会。会议通过《苏州高新区无党派知识分子联谊会章程（草案）》《苏州高新区无党派知识分子联谊会第一次会员大会选举办法（草案）》，选举苏州高新区无党派知识分子联谊会一届理事会理事。召开联谊会一届一次理事会，选举会长、副会长，任命秘书长、副秘书长，通过组长建议名单。联谊会第一届会员57名，平均年龄41岁，本科以上学历占78%。其中，博士4人，硕士10人，分为经济、企业、科技和政教卫4个活动小组。

【民族工作】 高新区常住人口以汉族为主，少量少数民族。截至2015年底，常住少数民族人口2758人，族别数38个。建立完善少数民族人口管理信息数据库，夯实民族工作基础。开展少数民族服务工作，做好少数民族贫困家庭帮扶工作，帮助解决少数民族家庭子女入学问题，全面服务新区一中内地新疆班办学。以法治思维和法治方式，妥善处理“东方宫”拉面涉及少数民族间的同业竞争纠纷，依法打击违法行为，保障少数民族合法权益，为全市处理此类纠纷积累经验。

【宗教工作】 2015年，高新区继续强化宗教事务管理责任，与各板块签订《民族宗教目标管理责任书》。加强对宗教场所建设管理，提升场所形象，组织宗教界人士参加相关法规培训，加强宗教教职人员队伍建设，支持教职人员参加国内外进修和培训。加强宗教场所的安全稳定工作，推进小茅山道院移建工作。加大投入，开展星级宗教活动场所创建工作，重点落实宗教场所财务委托审计、消防安全第三方评估和档案规范管理等工作，全方位提升宗教场所管理水平。截至2015年底，高新区的宗教团体有高新区佛教协会，位于兰风寺内。全区合法宗教活动场所15处，其中，寺观教堂4处（佛教寺院3处、基督教堂1处），固定处所11处（佛教寺院8处、道教宫观2处、基督教堂1处）。全区有宗教教职人员70余人，四星级宗教场所数量在全市排名第一。

【侨务工作】 主动对接“2015海外华侨华人高层次人才江苏行”活动，组织参加2015海外人才网优秀人才项目对接会，配合举办苏州国际精英创业周海外优秀人才项目专场对接会。定期

表3-4 2013—2015年末区域少数民族人口构成表

年份	少数民族数目（个）	少数民族人口（万人）	较上年增长（%）	占总人口比重（%）
2013	39	0.2533	7.66	0.73
2014	39	0.2661	5.05	0.75
2015	38	0.2758	3.65	0.76

（区公安分局）

上门走访侨资企业，帮助企业协调解决发展中遇到的各种困难。指导基层单位加大对侨服务力度，各社区举办各类服务侨眷活动。其中，枫津社区获评“全省侨务工作示范社区”。

【工商联工作】 加强商会组织建设，指导各行业商会实行民政注册，参评等级商会。引导各商会和骨干企业踊跃参与各类“光彩事业”，枫桥商会成立爱心基金，狮山、浒墅关镇、浒墅关分区等基层商会参与当地的助学帮困、社会公益等各项活动。在苏州市首届“公益五百行”活动中，高新区商会结对5个项目，涉及社区养老、外来务工人员子女教育、企业青年员工心理辅导等内容。 （杜衡）

机关党建

【概况】 2015年，高新区区级机关党工委贯彻落实区党工委（区委）各项精神，把握“服务中心、建设队伍”两大基本任务，以全面落实从严治党为主线，以建设学习型、创新型、服务型、法治型党组织为目标，全面加强机关党的建设，提升党员干部能力和素质，增强机关党组织的凝聚力、战斗力和创造力，为高新区迈进全国高新区“第一方阵”增添动力。截至2015年底，区级机关党工委直属25家机关党组织，其中党总支14家，党支部11家。有基层党组织85个，党员1154人，其中在职党员903名，占78.2%；离退休党员251名，占21.8%。党员中男性835人，占72.4%；女性319人，占27.6 %。实行双重管理的8个系统党委25个机关党支部，有机关党员538名。

【机关基层组织建设】 强化机关党建工作目标责任，与机关直属总支、支部签订机关党建工作责任书，明确党建工作目标管理细则，实行党建工作述职评议制度，年度进行全面评估考核。抓好机关党（总）支部规范化建设，督促指导基层党组织及时换届，选强配齐党组织班子。截至2015年底，改选、调整、增补党组织成员132人次。结合机构改革及时做好机关党组织机构设置、调整和党组织班子配备相关工作，在编办、民政局、行政审批局、工青妇等新设机关党组织，完成卫计局、市场监管局党委党员组织关系整体接转等工作。落实“三会一课”、组织生活会、党员领导干部参加双重组织生活等党内生活制度，完善理论中心组、组织生活会、党组织换届的旁听观摩制度。推行党员菜单式学习制度，试行积分制管理，做好民主评议党员工作。建立党务干部QQ群，下发业务工作手册，线上线下指导党组织开展工作。严把党员入口关，建立党员出口机制，根据新出台的《发展党员工作细则》，加强入党积极分子、发展对象培训和发展审批工作，推行发展材料“三级联审”和发展动态“定期分析”，对存在问题的党组织进行专项约谈，严格实施全程把关。

【服务型党组织建设】 强化典型引领，在全区区级机关中开展服务型机关党组织和机关服务品牌“双十佳”评选、表彰活动，培育提升优秀服务品牌。推进“阳光能量站”新平台建设，在原有基础上全面优化提升，创新采用“联盟+”方式，汇聚机关党建资源、行政资源和部分社会资源，凝聚多方服务能量，设立“一站三核”，以“服务品牌、服务菜单、服务联盟”为抓手，直接回应基层需求，组建包括40支机关党员志愿服务队、6大社团近千名成员组成的服务联盟，形成50多个服务品牌、近百个服务项目、4大类45个服务菜单，在苏高新党建APP上设置专栏，实现在线预约服务，以“连锁店”方式在科技城建立实体站点，进一步拓展覆盖面，增强专业性，该项目获得苏州市2015年度机关党建工作创新创优项目一等奖。结合“三严三实”专题教育，推进机关党组织和党员领导干部“三访三促”等活动，机关各级党组织结对村（社区）91个，参与各类服务活动约2500人次。

【机关思想作风建设】 深化机关政治理论学习，制定学习指导意见，开展读书节活动3次，举行专题党课近百次，落实每月一次菜单式学习制度。结合元旦、春节等重大节假日，会同区纪工委开展“清风行动”专项督查工作，对机关作风效能建设和重点部门行风进行集中考核评议，对机关部门党风廉政建设“两个责任”落实情况进行专项督查。利用机关党建网站、高新区综合信息网“每日一问”等载体平台，开展网络反腐倡廉宣传工作，加强机关廉政文化建设。

【机关文化建设】 建设启用机关阅览中心，开设自助图书借阅区、主题书吧、阳光贴吧、阳光论坛、文化展示区等五大服务阵地，举办主题沙龙10多次、主题阅读3次、阳光论坛4次，受到机关党员干部欢迎，机关党工委获评“苏州2015年度全民阅读先进单位”荣誉称号。举办特色机关文化活动，先后组织开展“羊年喜洋洋 政企心连心”“书香机关 吉祥迎春”机关企业书展、健康知识讲座等活动，创新开展“机关风采我拍我晒我评”系列摄影培训和比赛活动，开设现场实景教学十多次，比赛作品在“高新机关书友会”微信公众号展出，关注及参与投票人数达5万人次，评出各类奖项65个。组建区直属机关百人合唱队，参加全区纪念抗日战争胜利暨世界反法西斯战争胜利70周年大型歌咏比赛，获铜奖。（徐翔）

高新区机关阅览中心（区组织部供图）

老干部工作

【概况】 2015年，高新区按照上级部署要求，结合高新区实际，紧扣“纪念抗日战争胜利70周年”主题，抓好“两项建设”，落实“两项待遇”，推进老干部服务管理工作，为高新区加快迈进全国高新区“第一方阵”增添正能量。截至2015年底，全区有离休干部43人，离休干部遗属33人，离休干部平均年龄87岁。退休四套班子老领导29人，平均年龄71岁。区老干部局申报苏州市“敬老文明号”，区经济发展和改革局退休机关党支部书记杨文杰、枫桥街道机关四支部书记苏献良同志荣获“2014年度苏州市离退休干部先进个人”称号。

【离退休干部政治待遇】 利用每月15日老干部理论学习日，就老干部关心的十八届三中、四中、五中全会，纪念抗战胜利70周年等时事热点内容进行学习。定期对年老体弱、行动不便的老干部送学上门，为离休干部和四套班子老领导征订“四报五刊”，寄送《高新区老干部工作情况通报》，全年组织政治学习10次，送学上门280多人次。组织离退休党支部书记参加苏州市老干部局举办的培训活动及知识讲座，参观“伟大贡献——中国与世界反法西斯战争专题展览”。召开全区老干部情况通报会，向老干部通报全区发展情况。组织引导区内有热情、有意愿的老同志，在经济社会发展和党的建设方面建言献策、帮智出力。组织参与“十三五规划征求意见座谈会”“区领导班子民主生活会会前征求意见座谈会”“走进太湖金谷 喜看新区变化”“走基层——看老镇改造换新颜”“迎重阳——离休干部座谈会”等座谈及外出参观活动，让老干部们切实感受高新区的巨大变化，听取老干部的意见和建议，共话高新区发展。组织部分退休四套班子老领导为区内新录用工作人员进行专题培训，在全区离退休干部中开展“我看十八大以来的变化”调研活动。

【离退休干部生活待遇】 春节、高温及重阳节期间走访慰问离休干部、四套班子老领导和遗属348人次，发放各类慰问金542200元；赴医院探望住院离休干部和老领导50余次；为两位老领导及4位离休干部办理去世相关事宜。做好区退休干部及遗属帮困工作，帮助生活困难的退休干部和离休干部遗属61人，发放特困慰问金126000元。组织离休干部进行健康体检，组织处级退休干部赴浙江富阳进行保健疗养，邀请附二院医生对体检报告进行分析解读。走访慰问抗战期间参加革命工作的离休干部代表，为他们送上纪念章和慰问金。

【离退休干部活动】 结合抗战胜利70周年主题，开展“红色热点看今朝、红色座谈忆往昔、红色展演颂党恩、红色之路忆峥嵘、红色关怀送爱心、红色传承育新人”系列活动，包括举办“一带一路”“纪念中国人民抗日战争暨世界反法西斯战争胜利70周年”等专题知识讲座，开展“晚霞生辉关心下一代——老干部校园行”活动。开展“庆三八 参观斜塘老街”，组织乒乓球兴趣小组观摩世乒赛、“迎世乒 退休干部乒乓球友谊赛”、“迎国庆 老干部书画摄影作品展”、“写春联 送祝福”等活动。对区老干部活动中心硬件设施进行完善升级，增铺乒乓室塑胶地毯，对健身器械重新进行合理摆放，防止老同志在运动中发生事故和伤害。全年区老干部活动中心接待6000人次。

【离退休干部综合管理】 做好离退休干部城区服务点的协调保障工作，全年为区内25个离退休党支部提供学习场所，为区内20多家机关事业单位提供服务场地，为区内1000多名老干部提供服务。完成全区副处级以上退休干部基本信息采集汇总及全区离休干部工资信息维护工作。完善狮山社区“枫树林俱乐部”品牌建设，推荐狮山社区作为离退休干部“一方隶属，多重管理”党建工作试点社区。

（陈丽　张蕾）

档案与地方志

【概况】 截至2015年底，高新区档案局馆藏档案204917卷、48572件，资料1308册；全年新增档案76616卷、3107件；接待查档服务5552人次，查阅档案9834卷次，出具证明5000余份，免费打印、复印档案13200页。2015年，全区有12个单位档案工作经测、复评通过省星级规范标准评审，其中省五星级2个、省三星级9个、省二星级2个。苏州协鑫光伏科技有限公司成为高新区首家荣获“江苏省五星档案室”称号的外资企业。苏州协鑫光伏档案主管秦擎荣获“2015年度苏州市档案工作先进个人”称号。全区有副研究馆员1人、馆员4人。完成《苏州高新区虎丘区年鉴（2015）》的组稿、编辑、出版等工作；配合区政协文史委做好《苏州西部风情》系列丛书的组稿工作；完成《苏州年鉴（2015）》《江苏年鉴（2015）》《江苏开发区年鉴（2015）》《全国开发区年鉴（2015）》《苏州纪事2015》《苏州档案志》《江苏改革开放实录》《江苏抗战人物传略》中高新区相关内容的编写工作。高新区档案局荣获“2012—2015年度苏州市档案工作先进集体”“江苏省档案局‘十二五’期间科技工作创新表扬单位”称号。

【档案法制建设】 通过专题培训和现场指导相结合的方式对区内机关企事业单位进行法制培训，将《中华人民共和国档案法》以及实施办法、《江苏省档案管理条例》、《苏州市档案条例》作为开展档案工作的法律武器。年内，对档案局行政权力进行梳理调整，将1项非行政许可调整为其他类行政权力，3项非行政许可调整为管理与服务事项，保留1项行政许可，并及时对行政权力库进行更新维护，在网上重新公布，实现“法定职责必须为，法无授权不可为”。

【档案宣传教育】 依托高新区官方微信平台——“苏州高新区发布”，自2015年3月26日起发布“老街记忆”“老桥影像”等系列地情宣传专题，每日一篇，展示高新区深厚的文化底蕴和丰富的旅游资源；利用档案局网站开展档案宣传，设置图片中心和视频中心两个板块，增强宣传的直观性和趣味性。在《中国档案报》、《档案与建设》、江苏省档案信息网、《苏州档案信息》、苏州《城市商报》等刊物和平台上发表档案文章和信息18条。与苏州大学文正学院合作开展“档案宣传教育进学校”系列活动，在“苏州档案日”之际与文正学院档案信管党支部在成大实验小学校合作举办小学生档案知识普及活动。12月7日，由高新区档案局选送的摄影组图《事于兰台》在区级党工委举办的“机关风采我拍我晒我评”活动中荣获“优秀摄影作品奖”。

2015年3月26日，国家档案局局长杨冬权（中）视察馆藏“寒山摩崖石刻”拓片（张勇摄）

【档案保管利用】 接收高新区婚姻登记处2010年至2014年的婚姻档案28089件。2015年年末，高新区档案局馆藏婚姻档案3453卷120555件，涵盖1958年至2014年高新区的婚姻档案；与高新区房产交易管理中心达成协议，对全区近23万卷的房产交易档案实现实体和信息的双套制进馆；整合全区计生档案，将2010年至2014年的873卷计划生育档案接收进馆，进行全文数字化；扩大民生档案范围，将苏州市公证处的2006年至2013年的60089卷公证档案接收进馆；与高新区征收办联合发文，要求各街道（镇）、开发区将全区近5万户的房屋征收安置档案移交进馆。年末，已接收狮山、枫桥、通安、浒墅关、东渚、镇湖和浒关开发区等镇、街道、开发区的3.5万余户档案动迁档案资料，并按档案要求全部进行整理、数字化；全年新增城建档案12606卷，光盘149张。通过现场查阅、电话等服务方式，为社会各界提供档案利用，为市民在工作查考、个人取证（婚姻、计生等）、房屋装修等过程中出具各类档案证明。

“档案宣传教育进学校”系列活动之小伙伴为自己做份“小档案”
（区科技局供图）

【档案征集编研】 全年征集寒山摩崖石刻拓片档案38幅，名人档案309卷194件，书画档案232幅，晚清及民国古籍图书1451

2015年9月2日，江苏省档案局局长谢波（中）视察馆藏珍档（张勇摄）

册。编写《苏州高新区大事记》12期。按照《苏州高新区政府信息公开工作考核暂行办法》规定，将向档案局现行文件中心报送现行文件情况纳入考核体系。2015年年末，累计收到各部门报送公开文件2350份。

【档案监督指导】 2015年，组织高新区房屋征收安置档案管理工作会议、科技城档案实务培训、城建档案培训、外企档案专题培训、苏州高新区有轨电车档案培训交流会、苏州高新区数字档案系统技能操作培训等6批300余人次。对高新区有轨电车有限公司、新区自来水有限公司、苏州国家环保高新技术产业园等企业进行业务指导，采取实地查看、现场教学和组织培训的方式，规范其档案工作，促进企业档案工作的提档升级。在苏州协鑫光伏科技有限公司对区内外企进行档案专题培训，近百名专、兼职档案人员参加。根据科技城的发展特点，配合创客中心和创意产业园的开展，在产业园和中心创建公共档案室，免费为入驻的小微企业提供档案管理服务。年初，成立苏州市档案学会高新区分会，组织会员参加档案学会的学术交流、书画摄影作品展等，体现高新区档案人的新风貌。

【档案信息化建设】 完成档案馆管理系统、档案室管理系统和档案馆外网服务系统的开发和调试，形成三网并进的档案管理和服务平台，并利用这一平台为全区百姓服务。推广机关档案室管理系统。对接入政务网的52家单位，通过单点登录的方式实现电子文件的在线归档、在线鉴定、在线移交。对未接入政务网的基层档案室安装网络版的管理系统，为其搭建数字档案室平台。全年新安装档案室管理系统10余家。馆藏档案数字化二期项目结项，全年完成馆藏档案数字化扫描1108722页、照片17479张。2015年上半年，苏州高新区档案局网站正式上线运行。

【协鑫光伏通过“省五星级档案室”测评】 2015年11月26日，由江苏省档案局巡视员项瑞荃、业务指导处调研员谢微、主任科员韩浩明，苏州市档案局局长肖芃等有关人员组成的测评小组对苏州协鑫光伏科技有限公司进行五星级规范测评，苏州协鑫光伏总经理郑雄久、财务总监陈志杰及高新区档案局相关人员参加测评。经过严格测评，苏州协鑫光伏档案室成功申创“江苏省五星级档案室”，成为高新区首家荣获“江苏省五星档案室”称号的外资企业。苏州协鑫光伏档案室已率先启用苏州市文档管理一体化数字平台，现有馆藏档案15296件，全部实现数字化。其中，照片档案6册，光盘档案30盒，实物档案223件，会计档案2100册，基建档案400册，人事档案1884卷，科研档案13册，产品档案6册。

【地方志工作】 2015年，在《苏州高新区虎丘区年鉴（2014）》的基础上认真总结，借鉴其他地方综合年鉴的成功经验，努力向精品方面下功夫。9月中旬，《苏州高新区虎丘区年鉴（2015）》正式出版发行，设19个部类，总字数71万，含分目139个、条目801个，文内图片119幅，表格94张。该年鉴荣获江苏省综合年鉴特色（创新、规范）栏目三等奖、综述性条目三等奖。推进“中国名镇志文化工程”，为高新区留下历史记忆，为市民留住乡情乡愁。12月，中国名镇志《镇湖街道志》纲目通过评审。与政协苏州市虎丘区委员会合作编撰《苏州西部风情丛书》，此次合作旨在通过收集整理诠释高新区范围内的苏州西部山水风光、人文景观、民俗民风等，将历史的、自然的、文化的、发展的风土人情展现在世人面前，对特色文化进行深度挖掘，凸显高新区山山水水各自鲜明的特征和魅力，增强高新区文化“软实力”。响应苏州市地方志学会组织的各项活动，申报苏州市地方志学会2015年重点研究课题《镇湖刺绣的文化传承与发展》，上报论文《地方综合年鉴资料征集机制存在的问题及对策——以〈苏州高新区虎丘区年鉴〉为例》。

【不动产档案研究】 与苏州大学档案数字化研究所合作，开展不动产档案管理架构及运行机制研究。立足苏州市“大档案”思路，对高新区部门与部门之间、系统与系统之间不动产档案资源的整合与利用展开研究，申报国家课题《不动产档案的集约化管理与利用》，建设不动产档案的集成管理模式，完成资源整合共享平台的设计，先行试点，以期为《不动产登记暂行条例》实施后的不动产档案管理和利用提供区域化集成管理的模板，并形成论文《不动产档案的形成环境与社会功能》，发表于2015年第8期《档案与建设》。

【《档案馆实务》实践教学】 与苏州大学文正学院合作，建立实践教学基地和研究生实习基地，探索档案专业的教学研与实践相结合的新途径，为培养档案专业人才提供保障。2015年7月13日，文正学院2012级、2013级档案学专业15名学生到高新区档案局开展为期3周的暑期实践。档案局相关人员对他们进行分组培训，内容包括档案用户接待和档案咨询、文书档案整理与著录、工程档案分卷与整理、档案扫描与图像处理、档案检索与库房管理、档案编研以及档案软件系统的应用等。此次实践活动属于文正学院暑期开设的《档案馆实务》课程的实践教学环节，为在校学生搭建一个理论与实践相结合的学习平台，体现高校、学生、行业共同成长和发展的多赢目标。（张勇）

保密工作

【概况】 2015年，高新区严格遵循“积极防范、突出重点、夯实基础、提升能力、创新突破”要求，加大宣传教育培训力度，增强技术防范能力，召开全区保密普查工作会议，提升保密工作标准化管理水平。做好政府信息公开的保驾护航工作，为高新区“两会”建议提案及答复、29家政府机关预算公开材料进行保密审查，确保全区政务信息公开工作推进。做好4月份学业水平测试，6月份高考、中考考场的保密检查与指导工作，确保万无一失。配合国家保密科技测评中心（苏州市）分中心，对区内重点涉密单位开展检查指导工作，虎丘区检察院涉密信息系统于5月通过国家保密科技测评中心审核。配合市局对区内军工单位开展保密资质复查。配合市局承办国家保密局在高新区清山会议中心举办的“12·15”会议。

【保密教育培训】 选派有关同志参加全市涉密信息系统“三员”培训班，严格要求区内建有涉密网络的机关、单位的“三员”通过考试，确保持证上岗；坚持依法行政，组织高新区保密主官学习《苏州市保密执法检查大队规则》；组织全区处级以上党政领导干部参加《党政领导干部保密工作责任制规定》的考试，提升党政领导干部的保密素养。2015年6月，全市保密专职干部和保密主官赴南京大学参加脱产培训专题研修班；9月，全省保密专职干部赴西安西北大学参加脱产培训专题研修班。坚持做好每月的涉密载体销毁工作，严格按照《关于进一步规范涉密载体分类销毁工作的通知》精神，指导各地、各部门，确保销毁工作的安全、保密和可控。（刘泽辉）

虎丘区人民代表大会

SND

人大会议

依法监督

审议与任免

代表工作

执法检查

调查视察

议案建议办理

人大会议

【区十届人大第四次会议】 2015年1月15日至17日召开。会议应到代表244名，实到代表235名。大会设浒墅关镇、通安镇、东渚镇、狮山街道、枫桥街道、横塘街道、镇湖街道和浒墅关经济技术开发区8个代表团19个代表小组。大会邀请区政协全体委员和部分进区机构、企事业单位负责人以及离退休老同志代表等59人列席开幕式，还邀请来自本区的16名公民旁听区政府工作报告。会议听取和审议区长周旭东所作的《政府工作报告》、区人大常委会主任陈启元所作的《虎丘区人民代表大会常务委员会工作报告》、区人民法院院长王燕仓所作的《虎丘区人民法院工作报告》、区人民检察院检察长顾雪荣所作的《虎丘区人民检察院工作报告》，审查虎丘区《2014年国民经济和社会发展计划执行情况与2015年国民经济和社会发展计划（草案）的报告》《2014年财政预算执行情况及2015年本级财政总预算（草案）的报告》，并通过了关于以上各项报告的决议。会议选举沈宁为区人大常委会副主任。会议期间，收到代表建议、批评和意见96件。其中，农业、农村方面5件，经济发展方面7件，城市建设方面35件，教科文卫方面15件，环境保护和管理方面8件，劳动和社会保障方面8件，社会建设和管理方面12件，其他方面6件。

【区十届人大常委会会议】 2015年年内，区十届人大常委会召开常委会会议11次。

第二十七次会议 1月8日召开。会议审议通过区十届人大四次会议主席团成员、秘书长，主席团常务主席，各代表团及代表小组召集人，秘书处副秘书长，各组负责人，邀请列席人员的建议名单，以及邀请旁听区政府工作报告公民名单。会议还补选

2015年1月15日至17日，苏州市虎丘区第十届人民代表大会第四次会议召开（沈一鸣摄）

卢国柱同志为苏州市第十五届人民代表大会代表。

第二十八次会议 1月17日召开。会议审议并通过虎丘区人大常委会2015年工作要点，接受王坚、王云健、黄永安、许敏、游鹤鸣、张菊明、王一敏、刘辉8名同志辞去虎丘区十届人大常委会委员职务的请求，并报虎丘区十届人大五次会议备案。会议还表决通过有关人事任免事项。

第二十九次会议 3月27日召开。会议组织视察枫桥街道富康商业街、木桥公寓以及东渚卫生院（科技城社区卫生服务中心）等城乡一体化工程项目，听取和审议副区长邢文龙代表区政府所作的《关于推进城乡一体化改革发展工作情况的报告》，听取和审议区人民法院院长王燕仓代表区人民法院所作的关于商事审判工作情况的报告，表决通过有关人事任免事项。

第三十次会议 5月25日召开。会议听取和审议副区长薛伟良代表区政府所作的关于贯彻执行《建设工程质量管理条例》情况的报告，并听取区人大常委会执法检查组执法检查报告，听取和审议区人民检察院检察长顾雪荣代表区人民检察院所作的关于规范司法行为工作情况的报告，并表决通过有关人事任免事项。

第三十一次会议 6月26日召开。会议听取和审议区审计局局长陶荣庆受区政府、管委会委托所作的《2014年度本级财政预算执行情况及其他财政收支的审议工作报告》，以及区财政局局长潘宜顺受区政府委托所作的《2014年本级财政决算（草案）报告》，审查并批准区2014年本级财政决算。

第三十二次会议 7月28日召开。会议听取和审议区经济发展和改革局局长郑一敏受区政府委托所作的关于2015年上半年国民经济和社会发展计划执行情况的报告以及区财政局局长潘宜顺受区政府委托所作的关于2015年上半年本级财政总预算执行情况的报告，听取和审议区党政办负责人黄锋受区政府委托所作的关于区十届人大四次会议代表建议办理情况的报告，表决通过有关人事任免事项。

第三十三次会议 9月23日召开。会议听取区住房和建设局、审计局、安全生产监督管理局接受人大评议的工作报告，听取区人大评议组的评议发言，并进行评议测评。会议还组织视察高新区人民医院、科技城医院、镇湖社区卫生服务中心等医疗卫生机构。听取和审议副区长徐萍代表区政府所作的关于全区卫生事业发展情况的报告，表决通过有关人事任免事项。

第三十四次会议 9月23日召开。会议听取和审议区政府关于将苏州浒墅关南庄北区保障性住房项目和苏州浒墅关南庄新苑南区保障性住房项目补贴资金纳入财政预算的请示及副区长俞愉所作的情况说明，并作出相应的决定。

第三十五次会议 11月27日召开。会议组织视察索山公园景观提升工程、实验中学重建工程和区文体中心等3个实事工程项目，并听取和审议副区长薛伟良代表区政府所作的关于2015年实事工程完成情况的报告，关于“十二五”规划完成情况及“十三五”规划编制情况的报告，审议通过《虎丘区人大常委会关于开展专题询问实施办法》《虎丘区第十届优秀人大代表、优秀代表小组及优秀人大代表建议的决定》，表决通过有关人事任免事项。

第三十六次会议 12月21日召开。会议听取和审议区财政局局长潘宜顺受区政府委托所作的关于2015年度本级财政预算调整的报告和关于2016年本级财政总预算（草案）的报告，审议并决定区十届人大五次会议的召开日期，审议区十届人大五次会议建议议程、日程（草案），并作出关于补选区十届人大代表的决定。

第三十七次会议 12月30日召开。会议审议了补选区十届人大代表的代表资格审查报告，审议区十届人大五次会议各项建议名单，听取和审议区十届人大五次会议筹备工作情况的报告，审议《区人大常委会工作报告（草案）》，补选管爱琴同志为苏州市第十五届人民代表大会代表。

【区十届人大常委会主任会议】 2015年年内，区十届人大常委会召开6次听取“一府两院”专题报告的主任会议。

第一次会议 2月12日召开。听取区政府关于规范性文件报备工作情况的汇报，以及区人大常委会工作机构关于规范性文件备案审查工作情况的报告。

第二次会议 4月24日召开。组织视察裸心泊项目工地、枠山生态公园和房车露营基地等旅游发展项目，听取区政府关于全区旅游事业发展情况的汇报。

第三次会议 6月19日召开。听取区政府关于高新区清理整治居民住宅区违章搭建工作情况的汇报。

第四次会议 8月27日召开。听取区政府关于贯彻执行《食品安全法》情况的汇报，并听取常委会执法检查组的执法检查报告。

第五次会议 10月28日召开。听取区政府关于贯彻执行《江苏省少数民族权益保障条例》的汇报，并听取常委会执法检查组的执法检查报告。

第六次会议 12月18日召开。视察浒墅关开发区阳山敬老院（护理院）、枫桥街道杨木桥日间照料中心、区虚拟养老院、苏州市红十字会老年病康复医院，听取区政府关于高新区养老事业发展工作情况的汇报。

依法监督

【监督改革发展】 抓住全区改革发展的目标任务，认真审议、审查各项计划、预决算报告，依法作出决议、决定。根据新预算法规定，按照上级统一部署，探索实施对财政预决算全口径审查监督的工作机制。根据区政府提请，审查并批准浒墅关南庄北区和南庄新苑南区保障性住房项目补贴资金纳入财政预算的决定。围绕全国高新区“第一方阵”目标的推进工作，听取政府职能部门的汇报，要求进一步理清目标体系，加大推进力度。

【监督民生】 紧扣实事工程、卫生事业、养老事业、生态旅游、城乡一体化发展、清理整治住宅区违章搭建等群众关注的热点、难点问题，听取政府专项报告，推动社会事业全面发展。持续关注食品安全，在前几年开展的对餐饮环节和生产环节食品安全检查的基础上，重点对食品流通领域进行安全检查，听取政府相关部门汇报，开展对食品运输、存储、批发和零售企业的专项督查，要求政府部门切实加强监管，规范从业行为，保障人民群众舌尖上的安全。

【监督生态环境】 围绕发展生态产业，听取全区旅游事业发展情况汇报，要求进一步发挥高新区生态优势，整合资源，打造生态旅游新格局。针对高新区房地产业快速发展的新情况，开展生态宜居环境的专题调研，提出要以绿色低碳理念引领发展，发挥有山有水的优势，打造绿色宜居环境。开展对宕口整治的跟踪督查，督促实施单位加快宕口整治“扫尾”，要求政府加强宕口资源的保护和利用，充分发挥其生态功能和社会效益。配合市人大开展“绿色城镇化”调研，以及《城市边界线、水乡传统风貌保护》议案实施必要性和可行性的调研，推动生态空间保护和生态功能发展。

【监督法制建设】 以“履行职责、依法行政、务实为民”为重点，开展对区住房和建设局、审计局、安全生产监督管理局的工作评议，促进政府部门依法行政、务实为民。围绕简政放权的改革目标，开展对全区行政审批事项和行政权力清单清理工作的专项督查，推动政府加快职能转变，科学配置行政权力，提高行政效能。定期走访“两院”，加强对“两院”的监督与支持，先后听取和审议区法院商事审判工作、区检察院规范司法行为的报告，促进公正司法、司法为民。加大规范性文件备案审查力度，建立健全办公室统一扎口、内务司法工委程序性审查、相关专委会合法性审查的工作机制，全年对区政府、管委会报送的11件规范性文件进行备案审查，切实履行法律监督职责。

审议与任免

【审议工作】 审议“一府两院”工作，提出审议意见，加强跟踪督查，推动“一府两院”依法行政、公正司法。常委会和主任会议先后听取和审议区政府、管委会“十二五”规划完成情况及“十三五”规划编制情况，2015年上半年国民经济和社会发展计划执行情况，2015年上半年本级财政总预算执行情况，2014年本级财政预算执行及其他财政收支情况的审计工作，推进城乡一体化改革发展工作情况，全区卫生事业发展情况，区十届人大四次会议代表建议办理情况，2015年实事工程完成情况，全区旅游事业发展情况，清理整治居民住宅区违章搭建工作情况，全区养老事业发展情况等多项报告。审查和批准区政府、管委会《2014年本级财政决算（草案）》、2015年度本级财政预算调整、《2016年本级财政总预算（草案）》等报告。听取和审议区法院关于商事审判工作情况、区检察院关于规范司法行为工作情况的报告。

【人事任免】 坚持党管干部原则和人大依法任免相统一原则，依法行使人事任免权。严格执行任前法律考试制度，规范拟任职人员发言、无记名投票、颁发任命书等程序，并对被任命干部明确提出任职要求，增强被任命干部的法治意识、公仆意识和责任意识。全年任免国家工作人员52人次。

表4-1 2015年虎丘区十届人大常委会任免国家机关工作人员名单

姓名	任命职务	免去职务	日期	届次
王　坚		接受辞去虎丘区十届人大常委会委员职务；虎丘区人大常委会办公室主任	1月17日	十届二十八次
王云健		接受辞去虎丘区十届人大常委会委员职务；虎丘区人大常委会教科文卫工委主任	1月17日	十届二十八次
黄永安		接受辞去虎丘区十届人大常委会委员职务；虎丘区人大常委会民宗侨台工委主任	1月17日	十届二十八次
许　敏		接受辞去虎丘区十届人大常委会委员职务；虎丘区人大常委会民宗侨台工委副主任	1月17日	十届二十八次
游鹤鸣		接受辞去虎丘区十届人大常委会委员职务；虎丘区人大常委会城建环保工委主任	1月17日	十届二十八次
张菊明		接受辞去虎丘区十届人大常委会委员职务；虎丘区人大常委会城建环保工委副主任	1月17日	十届二十八次
王一敏		接受辞去虎丘区十届人大常委会委员职务；虎丘区人大常委会内务司法工委主任	1月17日	十届二十八次
刘　辉		接受辞去虎丘区十届人大常委会委员职务	1月17日	十届二十八次
顾云华	虎丘区人大常委会办公室主任	虎丘区社会事业局局长	1月17日	十届二十八次
袁志琴		虎丘区审计局局长	1月17日	十届二十八次
张文华	虎丘区人大常委会教科文卫工委主任		1月17日	十届二十八次
潘雪荣	虎丘区人大常委会城建环保工委主任（副处级）		1月17日	十届二十八次
瞿　耘	虎丘区人大常委会内务司法工委主任		1月17日	十届二十八次
潘宜顺	虎丘区财政局局长	枫桥街道人大工委主任	3月27日	十届二十九次
陶荣庆	虎丘区审计局局长		3月27日	十届二十九次
范钦伟		虎丘区财政局局长	3月27日	十届二十九次
周晓春	枫桥街道人大工委主任	虎丘区建设局局长	3月27日	十届二十九次
贾晓明		虎丘区人民检察院检察员	3月27日	十届二十九次

续表

姓名	任命职务	免去职务	日期	届次
万玉明	虎丘区人民法院审判员		5月25日	十届三十次
王信玲	虎丘区人民法院审判员		5月25日	十届三十次
龚春华	虎丘区人民法院审判员		5月25日	十届三十次
许修尧	虎丘区人民法院审判员		5月25日	十届三十次
游进国	虎丘区人民法院审判员		5月25日	十届三十次
程英卫	虎丘区人民法院审判员		5月25日	十届三十次
潘绵苏		虎丘区人民法院审判员	5月25日	十届三十次
殷晓萍		虎丘区人民检察院检察员	5月25日	十届三十次
江　强		接受辞去虎丘区十届人大常委会委员职务；虎丘区人大常委会办公室副主任、研究室主任	7月28日	十届三十二次
张明伟	虎丘区人大常委会城建环保工委副主任（正科级）		7月28日	十届三十二次
施　虹		枫桥街道人大工委副主任	9月23日	十届三十三次
许　峰	虎丘区人民检察院副检察长、检察委员会委员		9月23日	十届三十三次
徐立飞		虎丘区人民检察院副检察长、检察委员会委员、检察员	9月23日	十届三十三次
孟晓瑜	虎丘区人大常委会代表议案建议工委主任		9月23日	十届三十三次
尚文涛	虎丘区监察局局长		9月23日	十届三十三次
陆文耀	虎丘区教育局局长	虎丘区教育文体局局长	9月23日	十届三十三次
杨志平	虎丘区民政局局长		9月23日	十届三十三次
毛　伟	虎丘区住房和建设局局长		9月23日	十届三十三次
虞美华	虎丘区城乡发展局局长	虎丘区农村发展局局长	9月23日	十届三十三次
刘寿林	虎丘区卫生和计划生育局局长		9月23日	十届三十三次
周建华	虎丘区市场监督管理局局长		9月23日	十届三十三次
王　卫	虎丘区行政审批局局长		9月23日	十届三十三次
徐江枫		虎丘区十届人大常委会代表资格审查委员会主任委员	9月23日	十届三十三次
沈　宁	虎丘区十届人大常委会代表资格审查委员会主任委员		9月23日	十届三十三次
施国华		接受辞去虎丘区十届人大常委会委员职务	11月27日	十届三十五次
陆学明	枫桥街道人大工委副主任		11月27日	十届三十五次
薛剑萍	横塘街道人大工委副主任		11月27日	十届三十五次
汪小峰	虎丘区人民法院审判员、审判委员会委员、副院长		11月27日	十届三十五次
王耀华	虎丘区人民法院民事审判第一庭庭长、审判委员会委员		11月27日	十届三十五次
顾文娟	虎丘区人民法院民事审判第一庭副庭长	虎丘区人民法院立案庭副庭长	11月27日	十届三十五次
揭志刚		虎丘区人民法院民事审判第二庭庭长	11月27日	十届三十五次
胡宇	虎丘区人民检察院检察员		11月27日	十届三十五次
刘小军	虎丘区人民检察院检察员		11月27日	十届三十五次
王雨晴	虎丘区人民检察院检察员		11月27日	十届三十五次

代表工作

【概况】 2015年年初，全区有十届人大代表244人。年内，代表调离本区域5人，接受代表辞去职务11人，补选区人大代表15人。至年末，有区十届人大代表243人。常委会以加强代表工作制度建设为抓手，做好联系代表、服务代表的各项工作，保障和激励代表依法履职。组织本区的各级人大代表，进行党的十八届五中全会精神的集中培训。全年组织190多人次的基层区人大代表参加常委会组织的执法检查、工作评议、视察调研、政府部门行风测评、法院庭审旁听、检察院开放日等活动以及列席常委会会议和全区性重要会议。在全体区人大代表中开展“评选优秀代表建议、争创优秀代表小组、争当优秀人大代表”活动，经过各代表团（组）推荐、有关方面审核和公示，常委会做出表彰决定，进一步树立先进典型，激发代表履职热情。按照履职需要，在出现空缺的选区依法补选15名区人大代表。

【“人大代表之家”建设】 按照完善提高、注重实效的原则，推动“人大代表之家”向社区延伸，完善“人大代表之家”的活动制度和活动内容。省人大领导蒋定之、蒋宏坤分别到枫桥街道东浜社区和马涧市民活动中心的“人大代表之家”进行检查指导，对高新区以“人大代表之家”建设为抓手，畅通接待选民渠道、反映社情民意、督促办理选民意见、发挥代表作用的做法给予肯定。利用“人大代表之家”平台，推进代表接待联系选民、向选民述职活动，全年有69名代表向选民述职，本届任期述职率累计达到80%。

2015年4月15日，省人大常委会党组书记、常务副主任蒋定之（中）走访枫桥街道东浜社区“兼用型代表之家”（沈一鸣摄）

执法检查

按照《监督法》等法律法规及区人大常委会关于执法检查的规定，开展对《食品安全法》《建筑工程质量管理条例》《江苏省少数民族权益保障条例》的执法检查。分别成立由常委会领导任组长，常委会组成人员、机关干部和部分区人大代表为成员的3个执法检查组，认真制定执法检查方案，深入企业和基层一线，开展视察调研，并听取政府相关职能部门贯彻落实法律法规情况的报告，形成执法检查报告，促进相关法律法规进一步实施。根据苏州市人大常委会安排，配合参与市《轨道交通条例》《居家养老服务条例》《献血条例》等立法调研，为科学立法、民主立法发挥作用。

调查视察

紧扣经济社会发展重点和人民群众关注的问题，由常委会领导带队，开展对发挥高科技人才引领作用、狮山商贸区大型综合体二次招商、合理规划人居环境、未成年人保护等课题的调研，并形成调研报告，为党委、政府决策建言献策。对2014年常委会7个调研报告建议的落实情况展开专项督查，推动调研成果的转化落实。围绕“十三五”规划编制情况开展调研，提出规划编制的建议、意见。围绕“三农”问题，社区建设与管理，区域公共交通，企业转型升级政策落实，苏南国家自主创新核心示范区建设等5个专题开展“主任接待日”活动，由常委会领导带队，接待基层区人大代表，并将听取和反映的建议、意见分专题上报党委、政府和有关部门，推动有关问题解决。对区政府、管委会确定的5大类20项实事工程项目，建立常委会工作机构对口督查的工作机制，并按建设进展情况展开两轮全面督查，组织进行专项视察，督促实施单位对照年初目标，加快项目推进，保障项目质量，切实将好事办好、实事办实。结合审议议题，开展对全区卫生事业、养老事业、旅游事业、城乡一体化发展改革、清理整治居民住宅区违章搭建等方面的专项视察，提高审议质量，助推有关问题的解决落实。

议案建议办理

区十届人大四次会议期间收到代表建议96件，收到闭会期间代表建议1件，常委会及时做好交办工作，其中88件转区政府、管委会和有关部门办理，4件交区“两院”办理，对5件不属于本区职权范围的建议，经梳理后，委托高新区的市人大代表在市人代会上提出，转市有关部门办理。常委会以提高代表建议办成率为目标加强督办，建立健全常委会领导重点督办、各工委对口督办、专门工作机构协调督办机制。为适应加强代表建议工作的需要，经人事编制部门批准，常委会新设立代表议案建议工委，强化职能配置。经“一府两院”和各方面的努力，所有建议都在规定时间内进行办理并答复代表，代表满意率和基本满意率实现100%，建议办成率达90.2%。对转市办理的建议，常委会工作机构加强有关市代表与提出建议的区代表的沟通联系，代表对这些建议的办理结果总体满意。（徐春）

高新区管委会(虎丘区政府)

SND

概　况

高新区管委会（虎丘区政府）在市委、市政府和区委（党工委）的正确领导下，全面贯彻落实党的十八大和十八届三中、四中、五中全会精神，以习近平总书记系列重要讲话，特别是视察江苏重要讲话精神为根本遵循，围绕“四个全面”战略布局，深入实施创新驱动发展战略，按照“科字当头、生态优先、民生为本、法治保障”方针，全面展开迈进全国高新区“第一方阵”各项实践，适应经济发展新常态，努力破解经济社会发展难题，持之以恒做好稳增长、调结构、抓创新、惠民生等各项工作，较好完成区十届人大四次会议确定的目标任务。

人事工作

【概况】　2015年全年办理机关、事业单位工作人员报到422人，机关、事业单位工作人员内部调配130人，机关、事业单位工作人员调出55人。审批机关、事业单位股级干部91人，审批事业单位工作人员岗位变动和晋升19人，审批事业单位岗位设置调整6家。完成试用期、见习期人员考核转正245人。组织全区企事业单位公开招聘和高层次人才引进各1次，审批教育和卫生系统公开招聘5次，录用一般事业单位工作人员51名，录用教育和卫生系统单位工作人员329名。妥善安置接收军转干部16名。批准增加机关事业单位公益性岗位数85个。

【人事规范管理】　充分发挥人事管理在线平台自动化、信息化处理能力，全区事业单位岗位设置和聘用情况实现在线操作“一体化”。建立完善高新区机关事业单位高层次人才目录，区内紧缺人才的需求状况和管理现状基本掌握。注重加强工作人员能力素质提升，组织200余名新录用人员开展初任培训。指导配合区卫生医疗体制改革及工商、食药、质监三部门合并等人事工作。

【工资福利待遇调整】　以“科学规范、符合要求、兼顾公平、稳定有序”为原则，对全区机关、事业单位薪资结构进行调整。将原有的各类津补贴合并，参照市级机关、事业单位津补贴标准执行，并与苏州市同步调整，取消半年度和年终奖金的发放。　　　　（高定华）

法制工作

【概况】　高新区法制办主要负责参与起草、审核各部门报送的规范性文件草案；承办上级相关部门交办的法律、法规和规章草案的征求意见工作；负责行政执法检查工作，组织和参与法律、法规、规章和其他规范性文件实施情况的检查；负责行政执法监督工作，发放和管理行政执法证件和行政执法监督证件；承办行政复议、应诉工作，受理、审查行政赔偿请求，承办行政赔偿的有关工作；指导各部门的法制工作及承办其他相关事项。2015年，区法制办以率先全面建成法治政府为目标，按照《2015年苏州市依法行政工作要点》《2011—2015年法治高新区（虎丘区）建设规划》和《2015年苏州高新区、虎丘区依法行政工作要点》要求，推进依法行政各项工作，为再创高新区科学发展新辉煌提供坚实的法治保障。法治素养进一步提升。全区600余名行政执法人员及依法行政联络员参加了执法证注册培训。基层基础进一步加强。全区所有镇、街道都建立了法制办公室，配备了专、兼职法制工作人员，工作经费、办公场所和设施得到保障。重大决策进一步规范。去年，全区认定了包括索山公园景观提升工程在内的6个项目为区级重大行政决策事项，纳入目录管理，严格按照公众参与、专家论证、风险评估、合法性审查、廉洁性审查、集体讨论决定等程序规定进行管理。政府职能进一步转变。经清理和削减，全区行政许可事项减少为79项，行政许可事项进驻率和授权率均达100%，并全面推进了“三证合一”工作。制度体系进一步完善。围绕科技、人才等重点领域，制定了区级规范性文件11件。行政执法进一步规范。规范行政执法自由裁量行为，推广“宣传、服务、教育、管理、处罚”五步工作法等好的做法，行政执法向人性化、服务化、规范化转变。复议应诉进一步强化。区政府受理的行政复议案件达到58件，为2014年的1.5倍，以区政府为被告的行政诉讼案件达到46件，为2014年的7.5倍，两项数据均创高新区历史记录。

【强化工作部署】 2015年年初，制定《2015年苏州高新区、虎丘区依法行政工作要点》，逐项分解目标，全面部署加快法治政府建设各项任务措施，为推进全年依法行政工作开好头。1月，开展依法行政工作调研，通过调研梳理部门意见和建议，为进一步做好全区依法行政工作打好基础。2月，召开镇政府、街道办事处法治建设座谈会，贯彻落实市级《关于进一步加强乡镇政府、街道办事处依法行政工作的意见》精神，加强基层法治化建设，强化基层法治组织保障。3月，召开区依法行政暨“两法衔接”工作会议，传达省委、省政府，市委、市政府贯彻落实四中全会精神，全面推进法治政府建设的意见，部署推进“两法衔接”工作，通报高新区年度依法行政考核情况、区行政审批制度改革情况、行政权力事项清理情况、区行政复议和行政诉讼工作情况、区重大行政决策落实情况。

【提升法治思维】 完善领导干部学法制度。区多部门联合修订并下发《领导干部任前法律知识考试办法（试行）》，考试内容包含社会主义法治理念、宪法、行政法、经济法以及干部选拔任用、廉政建设等法规知识，进一步提高全区领导干部依法执政、依法行政、廉洁从政的意识和能力。开展领导干部依法行政知识培训。以学习贯彻党的十八届五中全会精神为契机，组织开展领导干部学法专题培训，邀请市法制办领导为区四套班子领导及各镇（街道）、部门主要负责人举办“新《行政诉讼法》及其应对”专题讲座。开展执法人员培训。举办全区行政执法人员执法证注册培训，全区600余名行政执法人员及区依法行政联络员，区征收办及各地从事征收、拆迁人员参加培训，培训内容包括新《行政诉讼法》和《江苏省行政程序规定》等方面。参加省、市级法制培训。高新区积极响应省、市法制办组织的多次法制培训，组织相关部门工作人员参加包括行政复议及行政诉讼在内的各类专题培训。

【基层法治建设】 制定并落实《关于贯彻落实市政府〈关于进一步加强乡镇政府、街道办事处依法行政工作的意见〉的实施方案》，从八个方面加强镇（街道）、开发区（功能区）的依法行政工作，包括加强基层基础建设，提高工作人员依法行政意识和能力，加快推进政府职能转变，提高规范性文件质量，推进行政决策科学化、民主化，配合和改进行政执法工作，依法化解社会矛盾纠纷和健全权力运行制约和监督机制。其中，对基层法制机构建设和法制人员配备提出明确要求，全区所有镇（街道）均以挂牌方式成立法制办公室，配备专、兼职法制工作人员，经费、场所和设施由财政保障。

【严格执行决策程序】 严格贯彻落实《苏州高新区重大行政决策程序规定》和《苏州高新区重大行政决策程序操作细则》，将公众参与、专家论证、风险评估、合法性审查、廉洁性审查和集体讨论决定等六个环节作为重大行政决策的必经程序，强化内部监督，加大人大督查力度，做到重大行政决策程序规范化。主动接受外部监督，重大行政决策公示化，广泛征求民众意见，进一步提高政府决策的科学化、民主化程度。

【严格决策合法性审查】 在重大行政决策和行政措施实施过程中，高新区均要事先提交区党政联席会进行审议，对其内容的合法、合理性和可行性进行审查。重大行政决策文件严格按照《苏州高新区重大行政决策程序规定》的要求，报送区政府法制机构登记审查，确保重大行政决策和重大行政措施的合法性。下半年，开展重大行政决策合法性审查工作，要求各地各部门将2012年7月至2015年9月期间高新区做出的重大行政决策事项进行合法性审查。全年未发生一起因重大行政决策引起的行政复议或行政诉讼案件。

【深化行政审批制度改革】 成立区行政审批制度改革工作指导小组，自2015年6月，分两个阶段，按照“部门自查、小组审核、协商整改、专家论证、人大审查”五个步骤在全区开展行政审批制度改革工作。对169项行政审批事项进行清理和削减，2月，高新区发文公布行政审批事项目录清单，取消行政审批事项17项，保留行政审批（行政许可）事项71项。11月，高新区制定并下发《苏州高新区（虎丘区）行政审批事项目录管理暂行办法》，适时做好行政审批事项目录清单的动态调整，实行严格的行政审批“准入制”。截至年底，高新区有行政审批事项79项。

【完善政府信息公开机制】 全面落实政府信息公开条例及区《关于进一步做好信息公开工作的意见》，建立健全信息公开和政策统一解读制度，抓好重大突发事件和群众关注热点问题的公开，及时回应社会关切。主动、及时、准确公开重大建设项目批准、实施及结果等信息，重点推进社会关注的涉及教育，医疗卫生，社会保障和就业，保障性住房等重大民生项目资金使用情况公开。加强政府网站及电子政务的建设和管理，探索利用政务微博、微信等新媒体，及时发布各类权威政务信息。2015年，区政府受理信息公开申请49件，涉及信息公开的行政复议案件40件；办理涉及区政府的信息公开类一、二审行政诉讼案件18件。

【规范性文件管理】 开展2015年度规范性文件立项工作，区政府、区政府各部门及各镇（街道、开发区）分别编制年度规范性文件制定计划，并按照计划开展规范性文件的制定工作。2015年，高新区制定包括《苏州高新区科技型中小企业短期贷款信贷风险补偿专项资金管理办法（试行）》《苏州高新区关于加快培育和发展高新技术企业的实施办法》《关于继续做好培养和引进高技能人才工作的若干实施意见》等区级规范性文件11件。

【规范性文件清理】 按照《市政府法制办关于开展规范性文件清理工作的通知》要求，开展全区规范性文件清理工作，下发通知要求各地各部门按照“谁制定，谁负责”原则对全区74件规范性文件进行进一步的清理并按时反馈。根据市委统一部署，高新区有序开展党内规范性文件的清理和备案工作，清理党内规范性文件186件。其中，继续有效的51件，废止的77件，宣布失效的58件。区政府法制部门加强各类规范性文件的审查和意见反馈工作，截至年底，已审查区规范性文件或反馈省、市规范性文件修改意见30件。

【行政执法监督】 加强执法证件的发放与管理。2015年5月，高新区与市法制部门积极沟通，为区新成立的市场监督管理局及时换证120张，避免因部门合并而带来的执法纷争。6月，组织新申领执法证人员参与市统一培训考试，有15人参加。7月，按照上级要求，与各地各部门沟通遗失执法证先登报公告后申请补证事宜，杜绝遗失执法证件被滥用。开展行政执法案卷评查。11月，组织开展全区11个一级部门参加的区级执法案卷评查，评查采取各参评部门自查、区法制办联合各部门法规处负责人交叉互评的方式进行。重点评查执法主体、事实、证据、依据、程序、案卷制作、归档等内容。评查结束后向所有参评单位发放“执法案卷评查反馈书”，各部门均落实整改措施。做好“两网”维护工作。落实区级行政体制改革，梳理全区行政执法主体，调整行政权力库，2015年新增编办、侨办、市场监督管理局等部门，入库单位由原来的17家增至23家。做好区行政审批制度改革和政府行政权力清单衔接工作，调整部分行政权力并同步外网更新，23家入网单位公开行政权力2380项，其中在用权力1523项、暂停权力857项。

【行政复议规范】 2015年，高新区收到各类行政复议申请50件，办结31件。其中维持13件，不予受理4件，驳回复议申请1件，责令履行1件，撤销并责令重新履行7件，终止审理5件。办理以区政府为被申请人的行政复议答复书20件。对于行政复议案件呈现申请数量增长快速、反复申请、多级申请增多的特点，高新区加强行政复议力量配备和机制建设。落实区行政复议受理中心运行机制，指派业务骨干参加中心值班工作；完善办案工具，新增录音电话、录音笔及笔记本电脑等；加强与区相关部门和镇（街道、开发区）沟通，督促各单位聘请法律顾问并进行全程把关；积极参加省、市复议培训和考试，提升业务能力，严格遵守复议人员持证上岗制度。

【行政诉讼应对】 严格执行《关于办理以管委会（区政府）为被告的行政诉讼案件和以管委会（区政府）为被申请人的行政复议案件相关程序规定》，落实行政机关负责人出庭应诉制度。2015年，高新区各地各部门为被告的行政诉讼案件53件，涉及区政府的行政诉讼一审案件33件、二审案件6件。行政诉讼案件呈猛增态势，鉴于其中有较大一部分是对政府信息公开答复提出的诉讼，区法制部门一方面积极参与应诉或组织应诉，另一方面认真总结诉讼中暴露出的问题，及时向各地各部门提出《关于完善政府信息公开答复格式的建议》等建议，提高各级行政机关的答复质量，降低行政诉讼风险。（徐赞华）

港澳台侨事务

【概况】 2015年2月15日，区侨办走访慰问区内归侨侨眷。4月28日，省侨办副巡视员徐金亮等一行4人视察区侨资企业山石网科通信技术（北京）有限公司苏州分公司。5月14日，苏州市副市长徐明率市相关部门的负责人走访调研区内侨资企业，先后走访山石网科通信技术（北京）有限公司苏州分公司和纽威数控装备苏州公司。9月21日至22日，区侨办走访苏州元禾医疗器械有限公司、苏州昂舟信息科技有限公司、苏州科医世凯半导体技术有限责任公司等侨资企业。

全年吸引合同台资9172万美元，其中新设台资企业15家，合同资金5104万美元，增资项目10家，增资合同资金4068万美元；实际到账台资7945万美元。至年末，台资企业累计达380家。全年非公职赴台人员达182批402人次，因公赴台人员有15批团组46人。2月和9月，海峡两岸关系协会会长陈德铭一行两次造访高新区，考察华硕科技等企业和相关载体。5月7日，国民党连胜文及午餐会会长严崇瑞一行来高新区参观考察。

【引资引智】 参与、对接“2015海外华侨华人高层次人才江苏行”活动，结合高新区产业转型升级的客观要求，区侨办会同科技招商服务中心，从报名的200余名嘉宾中遴选9名在新能源、新材料、生物医药等方面颇有建树的海外高层次人才，邀请其来高新区实地考察。高新区侨商会会长、“千人计划”专家孙建国和嘉宾们交流创业感受，使他们对高新区的经济发展趋势和相关领域的产业技术需求有了进一步的了解，推动他们的智力资源和高新区有效对接。配合区人社局组织区内科技、创投及相关载体10位招商人员参加2015海外人才网优秀人才项目对接会。来自医疗器械、生物医药、装备制造、节能环保等多个行业领域的11名海外人才进行项目路演。路演结束后，每位海外人才均与现场招商人员进行面对面的沟通交流，寻求合作，已有5个优质项目与区内相关载体达成初步意向。配合举办“苏州国际精英创业周”海外优秀人才项目专场对接会，来自美国、法国、日本等国家的33位海外优秀人才携电子信息、生物医药、金融服务、文化创意、节能环保等领域的项目来高新区参观考察。2014

2015年2月10日和9月26日，海协会会长陈德铭（中）分别考察华硕科技（苏州）有限公司和苏州赛格电子市场（沈一鸣摄）

年度北美创业大赛特等奖获得者、2014年在高新区落户的苏州涟漪信息科技有限公司CEO刘杨现身说法，和海外人才们分享自己在高新区创业的经历和感受。已有16个项目与区内相关载体达成初步意向。对于落户高新区的侨资企业，区侨办通过定期上门走访，征求意见和建议，与涉侨部门联动等形式，尽其所能为企业提供政策法规咨询服务，帮助企业协调解决在项目申报、市场拓展、税收申报等方面遇到的各种困难。年内，区侨办走访苏州元禾医疗器械有限公司、苏州昂舟信息科技有限公司、苏州科医世凯半导体技术有限责任公司等侨资企业30余人次，为企业排忧解难20多起。和社保、税务、金融办、检验检疫等部门联合举办劳动纠纷、税务、投融资等专题讲座，近100人次参加各类培训。（李春梅）

【侨情调查】 利用苏州市侨务信息管理系统正式启用的契机，对高新区侨情进行排查摸底。各社区侨务干事通过春节“访百侨送温暖”等形式，开展归侨侨眷、海外华人华侨、留学生侨情调研，收集侨胞信息，推进侨情调查常态化，营造亲侨知侨良好氛围。组织参加各种涉侨活动，结识新朋友，掌握新华人华侨信息。通过侨商会活动、走访企业等，对在高新区投资创业的新华人华侨进行调查摸底，不断充实完善侨情数据库，确保侨情资料处于最新状态。在高新区创业的海外高层次人才主要集中在科技城、创业园等地。调查发现，近几年出国热仍在持续升温，移居海外的华侨华人及出国留学生数量稳步增长。在一系列海外人才政策的吸引下，来高新区发展的涉侨人士数量大幅增加，侨务资源保持持续增长的良好态势。（郁春笋）

【社区侨务工作】 以开展“省社区侨务工作示范基地”“全国社区工作明星社区和示范单位”等创建活动为载体，发挥区、街道、社区三级网络的作用，丰富社区侨务工作的内涵，推动社区侨务工作迈上机制化轨道。基层单位紧贴创新社会管理需要，紧贴归侨侨眷现实需求，针对社区发展建设，积极探索，创新形式。馨泰社区侨之家举办“馨聚圆月下，欢聚夜秋中”迎中秋联欢会。何山社区举办“家乡情中国梦,同欢同乐何山梦——迎中秋、庆国庆”联欢会。新升社区组织侨眷开展新春茶话会、踏青赏梅、重阳登高等特色活动。2015年年内,枫津社区获得“全省侨务工作示范社区”称号。（郁春笋）

【侨务宣传】 挖掘侨务工作资源优势、特色亮点,与媒体合作,加强侨务宣传。向侨界宣传区域创新创业的良好环境,宣传侨界在区域经济社会发展中的独特优势和贡献,营造依法爱侨护侨的良好氛围,扩大侨务工作影响力。创新宣传手段,开通“苏高新侨之声”微信公众平台,定期推送涉侨信息。做好部门责任清单编制工作,履行部门职责所对应的权力事项表,对部门职责、公共服务事项、对应的权力事项一一梳理。（郁春笋）

【2015年度吸引台资的主要特点】 首先,服务业占比较高。新设企业主要有苏州大阳山汉诺威马场有限公司,一期注册2000万元人民币。苏州明基投资有限公司注册3000万美元,针对医院进行综合管理。明基医院完成转股后成为苏州首家独资医院。其次,生产制造业持续发展。高新区出口龙头企业名硕电脑年度增长率约15%,生产经营平稳,出口有序增加,其关联企业康硕电脑也完成增资,增加经营项目,完成设备安装。再次,合并重组明显增多。全年越来越多的中小企业进行相互持股或转股,甚至变更为内资企业,主要有联盈电子股东变更、京通光电转为内资等。然后,总部经济效果初显。公司成立初期确定总部经济性质的企业有苏州明基投资有限公司,也有因部分产业转移使得苏州公司成为总部职能的企业如恩得利电子、源城铝制品等。最后,自然人投资增多。台湾自然人来高新区投资的现象不断增加,投资领域不断扩大,涉及金融、贸易、餐饮、农业、咨询、娱乐、艺术等各行业。（李春梅）

【对台交流】 2015年1月16日、4月9日和6月15日,徐溪谷创投徐昌胜董事长分别组织相关人员到高新区参观考察,推动台湾和苏州在文化、艺术、旅游等方面的交流合作,广泛宣传苏州高新区科技优势和生态环境。4月,协助市台协举办“2015两岸同胞环太湖活动”。7月,举行两岸新闻媒体联合采访活动,走访明基电通等公司。6月23日,东吴EMBA海外参访团来访高新区,参观华硕科技等企业。同日,与苏州大学商学院合作多年的台湾东吴大学商学院一行参观高新区。（李春梅）

信访工作

【概况】 2015年,高新区信访局接待、受理群众来信、来访9342件次。其中,受理来信6835件,办结率100%。在各级“两会”、省委巡视组在苏巡视、“苏州世乒赛”、“16+1”重大外事活动、党的十八届五中全会等活动期间没有发生有影响的信访群体性事件和个人极端行为,实现“四下降两提升一好转”(到市集访、去省上访、进京上访和信访积案数四个下降,群众满意度和信访工作在全市排名进一步提升,信访工作形势明显好转)。区党政领导接访、下访93批189人次,各地党政领导坚持开门接访,随有随接,各地各部门不等不靠,主动作为,将信访问题妥善化解在本地,解决在基层,未使矛盾激化上行。抓好重大信访问题的督办、查办、协调工作。全年区党政领导组织信访会办、集中协调、例会30余次,群众反映比较集中的50多件突出问题得到妥善解决。区信访局被苏州市信访工作领导小组评为“全市信访工作先进单位”。

【化解信访积案】 按照“老问题化解、新问题不增”的积案化解工作总目标,把推进信访积案化解、推动“事要解决、案结事了”作为重中之重,全面推行“亲情、友情、人情”三情化解模式,坚持“一案一策”,推进信访积案化解工作,组织开展信访不稳定因素大排查活动,落实重点信访事项领导包案。全年化解信访积案8件,未发生有影响的恶性信访事件或群体性事件。

【重点时期稳定工作】 在各级“两会”、省委巡视组在苏巡视、“苏州世乒赛”、“16+1”重大外事活动、党的十八届五中全会等重点时期，做好信访维稳工作。区党工委、管委会在重点期前夕超前谋划，及时召开信访工作会议，全区提前下发通知，关口前移，明确分工，实施包案，统筹部署，任务层层分解，责任层层落实，把责任意识贯穿特殊时期及敏感时段的始终，强化督查力度。细化日常化解、督查督办、落实稳控和驻京驻宁值班工作。

【完善信访体制】 按照“项目化、载体化、数字化”要求，加大区人民来访接待中心和镇（街道）、村（社区）三级信访工作网络建设。全面整合区人民来访接待中心、区社会矛盾纠纷调处服务中心、区法律援助中心等资源，建成苏州市第一家区级社会管理服务中心，形成一站式服务平台。建设完善“民声直通车”综合办理平台，推进群众诉求表达、矛盾纠纷排查、信访积案化解、信访多元救助、强化工作责任五大体系建设。工作网络全面延伸，工作力量得到强化，干部能力不断提升，形成分工明确、运转高效、各负其责、齐抓共管的工作格局。（黄春明）

行政审批

【概况】 苏州高新区行政审批局成立于2015年9月，内设办公室（政策法规处）、社会事务处、登记审批处、技术服务处4个处室，主要负责贯彻执行相关法律法规和行政审批制度改革政策措施，规范本行政区域内行政审批工作，依法履行经区政府授权的行政审批事项的审批职责，推进行政审批工作机制创新和审批流程优化，承担全区行政审批体系的信息化建设，对进驻高新区政务服务中心（以下简称中心）的各职能部门进行审批与服务工作的规范、管理和监督。2015年，行政审批局及所属政务服务中心管理办公室贯彻落实省、市关于深化行政审批制度改革、推进简政放权和加快转变政府职能的相关要求，优化行政服务机制，推进行政审批改革创新，实行“一个门受理、一站式办公、一窗口收费、一条龙服务”的运作模式，营造“廉洁规范、便民高效”的政务服务环境，全力服务高新区经济社会发展。中心各窗口受理各类办件148406件（网上申报15628件），日均办件598.41件，同比增长70.86%，承诺件承诺期内按时办结率为100%，提前办结率为69.62%，群众满意率为99.98%。单位先后获得苏州市“先锋基层党组织”，2012—2014年度苏州市“文明单位”，2012—2014年度高新区“创建苏州市全国文明城市建设示范城区工作先进集体”等荣誉称号。市场监管局窗口获江苏省“巾帼文明岗”，公安分局窗口获评苏州市“巾帼文明岗”，出入境大队窗口获评苏州市“巾帼建功先进集体”等荣誉称号。

【政务服务“三集中三到位”】 按照国家和江苏省、苏州市一系列关于行政审批取消、下放的指示精神，通过召开业务布置会、赴各局协商等方式推进“三集中三到位”工作，经区行政体制改革领导小组研究出台《关于进一步深化行政审批“三集中三到位”工作的实施意见》。已有22个部门进驻中心，根据行政审批事项目录清单，区级权限的行政许可事项有79项，全部实现进驻政务服务中心并授权到位，做到事项进实、人员进实、授权到位。

【企业设立登记“一照一码”】 根据《省政府办公厅关于实行“三证合一”登记制度的实施意见（试行）》等文件精神和要求，做好“三证合一”实施工作。2015年6月3日，高新区首张“一证三号”营业执照由高新区管委会主任周旭东发放到企业负责人手中，标志着高新区“三证合一”登记制度改革正式启动。10月开始启动实施企业设立登记“一照一码”工作。截至2015年底，企业注册登记窗口为3226家

2015年6月3日，区领导周旭东（左一）、周伟苠（右一）向两家企业发放高新区首张“三证合一”营业执照（区行政审批局供图）

企业办理“三证合一”“一照一码”事项。企业设立提交的多份材料简化至一表填报，提升工作效率。

【政务服务效能建设】 推进企业投资建设项目并联审批工作，绘制“高新区企业投资建设项目主要审批流程图”，完善项目审批流程，做好项目试点。汇总高新区涉审中介服务事项，建立涉及9个部门28项涉审中介服务事项的目录清单。深化绿色通道服务机制，2015年，跟踪服务各类重点审批项目绿色通道76个，较2014年的个数总量增长105.4%，总投资金额104.95亿元，确保项目全程绿色通行，助推早日开工投产。强化审批代办服务机制，在通安镇继续推进项目审批代办工作，代办新注册项目32个，主要集中在三产、贸易等领域，注册资金3.68亿元。每季度开展送行政审批服务到各镇（街道）活动，市场监督管理局、公安分局、城管局等窗口下延审批服务至各镇（街道），使群众就近办理项目报批，打通“服务群众最后一公里”。

【智慧审批】 推进微信公众平台升级和移动PAD平台建设，构建查询、智能导服、电子监察、数据共享为一体的电子服务平台。新升级的微信在原有基础上纳入查询信息、事项申报、进度查询、咨询建议等功能。打造移动PAD智能服务平台，与网络打印机相接，便于办事群众自主快速打印查询信息，搭建“大厅一站式、网上E站式”信息共享快速通道。加快“信息惠民”工程建设，做好与苏州市政务大厅数据对接工作，完善信息共享功能。

【考核评价与激励机制】 修订完善《窗口工作人员考核实施意见》，制订《窗口工作人员服务行为规范》《改进工作作风“五项规定”》等考核管理制度，加强督查工作，强化窗口纪律、监督考评，形成制度化、规范化管理机制。强化大厅日常巡查和办件受理抽查，通过网上监督、企业问卷调查、电话回访、电子评议、评价表评议等5种评议方式，做好服务对象意见和建议征集，落实各类评议要求。评选窗口季度和年度服务明星，红旗窗口，形成奖优罚劣、比学赶超的激励机制。

【创建服务示范岗】 制定《2015年高新区行政服务中心巾帼文明岗、五一文明岗和党员示范岗创建办法》，在各窗口开展“党员示范岗”“巾帼文明岗”“五一文明岗”等示范岗争创活动，创新活动方式，深入推进窗口服务“一句话承诺”活动，在窗口服务工作中树标杆、立典型，激励各窗口争当优质服务排头兵。不断创新窗口服务机制，引导各窗口优化运行机制。中心出入境大队窗口成立50余名成员组成的“义警志愿服务队”，提供窗口导服工作，有效缩短群众办理护照时间。

【党建工作】 践行党的群众路线教育实践活动，开展“三严三实”专题教育，推进党风廉政建设和反腐败工作，制订党员“每

出入境大队窗口的“洋义警”志愿者指导办事人员填表（区行政审批局供图）

月一课”学习计划，强化学习提升能力，组织学习新的《中国共产党廉洁自律准则》和《中国共产党纪律处分条例》，筑牢拒腐防变思想防线。邀请苏州市政府法制专家作《深入推进依法行政，加快建设法治政府》专题报告。邀请市委党校教授作“三严三实”教育专题党课。组织党员聆听高新区“周新民党建工作室”专家讲课，观看廉政微电影。开展清明节扫墓活动，进行革命传统教育。组织党员赴常熟蒋巷村参观，学习常德盛为民服务的公仆情怀。继续做好结对帮扶送温暖活动，赴横塘街道学府社区困难家庭走访慰问，送上慰问金和慰问品，活动开展以来支部累计捐献钱物三万多元。　（张永）

表5-1　2015年苏州高新区政务服务中心进驻事项清单

序号	部门	进驻事项名称	性质	承诺期限（工作日）
1	招商局	外商投资企业设立	行政许可	3
2		外商投资企业申请变更经营范围审批	行政许可	3
3		外商投资企业申请变更出资期限、出资方式、经营年限、权力机构成员（人数）审批	行政许可	3
4		外商投资企业申请股权变更审批	行政许可	3
5		外商投资企业申请减资审批	行政许可	3
6		外商投资企业合并审核	行政许可	3
7		外商投资企业分立审核	行政许可	3
8		外商投资企业申请增资审批	行政许可	3
9		外商投资企业申请并购设立审批	行政许可	3
10		外商投资企业非实质性变更审核	行政许可	即办
1	发改局	企业投资项目核准	行政许可	4
2		地方统计检查项目审批	管理服务	3
3		技术合同登记	管理服务	4
4		政府投资项目审批	管理服务	4
5		企业投资项目备案	管理服务	5
6		进口设备免税确认书	管理服务	4
7		物业管理服务收费备案	管理服务	3
8		区内城市公交和有轨电车具体价格核准	管理服务	3
9		行政事业性收费许可证核发	管理服务	3
10		供气、供水延伸服务收费审核	管理服务	3

续表

序号	部门	进驻事项名称	性质	承诺期限（工作日）
11	发改局	天然气销售价格审核	管理服务	3
12		普通住宅商品房价格备案	管理服务	3
13		部分停车场收费审核	管理服务	3
14		部分社会公益服务收费审核（包括政府投资的社会福利机构的服务、殡葬服务等）	管理服务	3
15		民办中小学收费审核，幼儿园、托儿所收费备案	管理服务	3
16		自来水价格和污水处理收费、水利工程供水价格审核	管理服务	3
17		区内游览参观点门票价格审核	管理服务	3
18		固定资产投资项目节能评估审查	行政许可	15
19		加工贸易业务批准	行政许可	5
20		企业技术改造投资项目核准	行政许可	4
21		外资企业注销	行政许可	5
22		石油天然气管道保护范围内特定施工作业许可	行政许可	20
1	环保局	建设项目环境影响评价文件审批	行政许可	13（报告书）
			行政许可	10（报告表）
			行政许可	7（登记表）
2		建设项目环境保护设施竣工验收	行政许可	10（报告书）
			行政许可	10（报告表）
			行政许可	7（登记表）
3		夜间建筑施工审批	行政许可	即办
4		建设项目咨询	管理服务	4
5		雨污水接纳申请	管理服务	1
6		房屋竣工验收申请	管理服务	1
7		工业用地招拍挂意见	管理服务	即办
8		变更方案申请	管理服务	7
9		污染物排放总量控制及排污许可	行政许可	16
1	城管局	城市道路照明设施迁、拆除审批	行政许可	7
2		在街道两侧和公共场地临时堆放物料，搭建非永久性建筑物、构筑物或者其他设施的审批	行政许可	5
3		户外广告设置审批	行政许可	6
1	安监局	烟花爆竹经营点行政许可	行政许可	8
2		建设项目职业病防护设施设计审查	行政许可	8
3		建设项目职业病危害预评价报告审核	行政许可	8
4		建设项目职业病防护设施竣工验收	行政许可	8
1	规划局	建设项目选址意见书申办	行政许可	4
2		建设工程规划许可证申办	行政许可	4
3		建设用地规划许可证申办	行政许可	4
4		建设工程规划核实	行政许可	4
5		乡村建设规划许可	行政许可	4
6		联合审批项目申办（雨污水）	管理服务	2

续表

序号	部门	进驻事项名称	性质	承诺期限（工作日）
7	规划局	联合审批项目申办（开设道口、临时道口）	管理服务	2
8		项目设计方案审查	管理服务	5
1	住建局	建筑工程施工许可证	行政许可	3
2		开设道口（临口）许可	行政许可	2
3		城市道路挖掘审批	行政许可	2
4		城市规划区内新建民用建筑确因地质等条件限制不能结合地面建筑修建人防工程、易地建造审批	行政许可	3
5		占用（或临时占用）绿地审批	行政许可	2
6		树木砍伐、移植、截干、切根审批	行政许可	2
7		房屋建筑工程和市政基础设施竣工备案	管理服务	2
8		建设工程安全生产监督登记证	管理服务	4
9		建设工程质量监督受理	管理服务	3
10		建设工程监理合同备案	管理服务	2
11		建筑施工起重机械设备产权登记	管理服务	2
12		建筑施工起重机械设备使用备案	管理服务	3
13		建设工程合同备案	管理服务	4
14		新建房屋白蚁预防	管理服务	3
1	卫计局	公共场所卫生许可（公共场所卫生许可证新办、复核、延续、变更、补证、注销）	行政许可	20
2		企事业单位内部医疗机构诊所（含个体诊所）执业登记注册、校验、换证、变更、补证、注销）	行政许可	45
3		放射诊疗技术和医用辐射机构许可（新证、校验、变更、补证、注销）	行政许可	20
4		执业（助理）医师注册、变更	行政许可	30
5		再生育一个孩子申请	行政许可	20
6		互联网医疗保健信息服务审核	行政许可	20
1	民政局	社会团体成立、变更、注销登记	行政许可	25
2		民办非企业单位成立、变更、注销登记	行政许可	25
3		基金会登记	行政许可	25
4		公益性骨灰堂审批	行政许可	20
5		慈善募捐许可	行政许可	10
1	财政局	会计从业资格证书申领	行政许可	即办
2		会计从业资格证书变更	行政许可	即办
3		会计从业资格证书调转	行政许可	即办
4		会计从业资格证书备案	行政许可	即办
5		会计从业资格证书补领、换证	行政许可	即办
1	档案局	出卖、赠送或转让非国有档案许可	行政许可	6
2		建设工程档案报送责任书	管理服务	即办

续表

序号	部门	进驻事项名称	性质	承诺期限（工作日）
1	教育文体局	中等及以下民办非学历教育机构和民办学校的设立、变更、终止审批	行政许可	60
2		举办健身气功活动审批	行政许可	15
1	城乡发展局	取水许可	行政许可	15
2		河道管理范围内建设项目审批	行政许可	10
3		城市排水许可证发放	行政许可	7
4		江河、湖泊新建、改建或扩大排污口审批	行政许可	20
5		内陆水域渔业捕捞许可证核发	行政许可	10
6		内陆渔业船舶职务船员适任证书核发	行政许可	15
7		渔业船舶登记、检验证书核发	行政许可	15
8		省内（出县、区）木材运输证发放	行政许可	3
9		森林植物检疫证书核发	行政许可	7
10		林木采伐许可	行政许可	15
11		占用或征用集体林地（临时占用征用除防护林和特种用途林以外的其他林地面积2公顷以下的）审批	行政许可	15
12		其他森林经营单位修筑直接为林业生产服务的工程占用林地审批	行政许可	15
13		林木种子生产经营许可证核发	行政许可	10
14		征收、征用或者占用一般湿地审核	行政许可	10
15		运输、邮寄、携带省重点和三有保护野生动物或者其产品出县境审批	行政许可	15
16		动物及动物产品检疫	行政许可	即办
17		农业转基因生物标识许可	行政许可	10
18		林权证核发	行政许可	90
19		动物防疫条件合格证申办	行政许可	10
20		动物诊疗许可证申办	行政许可	14
21		兽药经营许可证核发	行政许可	30
1	服务业发展局	出版物经营单位（零售）设立（变更）行政许可	行政许可	20
2		复印、打印经营单位设立（变更）行政许可	行政许可	20
3		歌舞娱乐场所设立（变更）行政许可	行政许可	20
4		互联网上网服务营业场所设立（变更）行政许可	行政许可	20
5		文艺表演团体设立（变更）行政许可	行政许可	20
6		营业性演出行政许可	行政许可	20
7		电影放映经营单位设立（变更）行政许可	行政许可	20
1	市场监督管理局	各类企业登记（设立、变更、注销）	行政许可	5
2		个体工商户登记（设立、变更、注销登记）	行政许可	5
3		农民专业合作社及分支机构登记（设立、变更、注销登记）	行政许可	5
4		食品经营许可登记	行政许可	30

续表

序号	部门	进驻事项名称		性质	承诺期限（工作日）
5	市场监督管理局	户外广告登记		行政许可	3
6		计量检定员资格核准		行政许可	35
7		计量标准器具核准		行政许可	35
1	人社局	人力资源服务机构资格认定		行政许可	20
2		特殊工时工作制审批		行政许可	20
3		举办实施以职业技能为主的职业资格培训、职业技能培训的民办学校审批		行政许可	30（变更） 60（设立）
1	编办	事业单位法人登记管理		行政许可	20
1	民宗局	宗教活动场所新设、合并、分立、终止或者变更登记内容的登记		行政许可	15
1	消防大队	公共场所使用或开业前消防安全检查（核准）		行政许可	20
2		建筑工程消防设计备案抽查		行政许可	20
3		建筑工程竣工验收备案抽查		行政许可	13
1	出入境大队	中国公民申请《中华人民共和国普通护照》许可	申办普通护照许可	行政许可	10
2			申办普通护照换发许可	行政许可	10
3			申办普通护照补发许可	行政许可	10
4			申办普通护照单独加注许可	行政许可	不承诺
5		大陆居民因私申请赴港、澳、台各类证件许可	居民申办《往来港澳通行证》及签注	行政许可	10
6			居民申办《往来港澳通行证》单独签注	行政许可	7
7			居民申办《大陆居民往来台湾通行证》及签注	行政许可	10
8			居民申办《大陆居民往来台湾通行证》单独签注	行政许可	7
9		台湾居民申请来大陆各类证件许可	台湾居民申请换发《台湾居民来往大陆通行证》（五年期）许可	行政许可	7
10			台湾居民来往大陆通行证（五年期）许可	行政许可	7
			台湾居民来往大陆通行证（一次有效）许可	行政许可	7
11		中外通婚公民所生子女申办《中华人民共和国出入境通行证》许可		行政许可	7
12		外国人签证、证件办理	签证延期、换发和补发	管理服务	7
13			停留证件签发、换发和补发	管理服务	7
14			居留证件签发、延期、换发和补发	管理服务	15
1	公安分局	第三类易制毒化学品运输备案		行政许可	1
2		第二类易制毒化学品购买备案		行政许可	1
3		第三类易制毒化学品购买备案		行政许可	1
4		第二类易制毒化学品运输许可证审批		行政许可	1
5		临时身份证的制证		行政许可	即办
6		申办大型群众活动及安全许可的审批		行政许可	7

续表

序号	部门	进驻事项名称	性质	承诺期限（工作日）
7	公安分局	特种行业（旅馆业、过夜浴场）行政许可告知书	行政许可	20
8		旅馆业变更申请	行政许可	20
9		户口申请	行政许可	20
10		公章刻制核准	管理服务	即办
1	市气象局	建设项目防雷装置设计审核	行政许可	设计审核1个工作日、图纸技术审查3个工作日
2		建设项目防雷装置竣工验收	行政许可	竣工验收5个工作日、施工监督1个工作日
1	市质监局	组织机构代码证	行政许可	2（新办）
				2（补办）
				2（变更）
				2（迁入）
				2（换证）
				即办（注销）
				即办（迁出）
				即办（预赋码）
1	市国地税	税务登记	管理服务	即办

外事与接待

【外事工作】　2015年全年办理出国（境）团组申报33批94人次，接待23批367名国内外来宾，区内涉外单位邀请外籍人员360余人。年内举办3场APEC商务卡说明会，申办APEC商务卡38张，累计办理130多张。配合苏州市外办做好“16+1”会议相关工作，会议期间安排爱沙尼亚代表团考察区内外资企业。配合国知局做好中美欧日韩知识产权五局局长会议相关工作。接待波兰宪法法院副院长一行，接待加拿大魁北克经济、创新和出口贸易部部长一行。配合市外办接待新西兰陶波市长代表团。接待加拿大、日本、意大利、德国、墨西哥大使馆或驻沪领馆相关领事。接待澳大利亚国家医疗代表团、瑞士商务代表团、意大利企业家代表团等国外工商业界代表团。推进友城交流与合作，日本熊本市代表团和熊本市驻上海办事处来访4次。组织代表团赴爱尔兰吉尔肯尼郡与新当选的郡长、议会主席进行交流。全年向江苏省外办、苏州市外办等政府网站和《江苏外事》《苏州外事》投稿50余篇。推荐“苏州市荣誉市民”和“苏州之友”候选人，范罗士办公用品（苏州）有限公司总经理郝天铭当选“苏州之友”。

表5-2　2015年接待重要外国政要统计表

日期	团名	人数
9月2日	波兰宪法法院副院长斯坦尼斯拉夫·比尔纳特一行	6
9月23日	加拿大魁北克经济、创新和出口贸易部部长雅克·达伍一行	8
11月3日	英国埃塞克斯郡常务副郡长凯文·本特雷一行	6
11月25日	爱沙尼亚共和国总理罗伊瓦斯一行	40

表5-3　2015年接待重要外商统计表

日期	团名或活动	人数
2月4日	美国英普罗工业集团首席执行官一行	4
2月4日	罗技集团总裁一行	4
3月18日	迪睿合（株）社长一行	6
3月18日	宜家（中国）投资有限公司一行	3
4月10日	爱尔铃克铃尔汽车部件（中国）有限公司一行	6
4月17日	松下电器半导体（株）社长一行	8
5月18日	瑞士乔治伍兹股份有限公司董事长一行	14
7月14日	（株）神户制钢所常务一行	5
7月16日	明治乳业（株）社长一行	5
7月20日	川崎重工业（株）精密机械公司社长一行	8
7月24日	日本碍子（株）社长一行	5
7月28日	迈大公司一行	4
7月30日	松下电器（株）AIS社电子材料事业部长一行	10
8月5日	三菱树脂（株）理事一行	11
8月19日	亿和精密工业（苏州）有限公司一行	3
8月26日	（株）有信部长一行	3
8月28日	苏州阿特斯与苏州晶银战略投资协议签字仪式	6
8月31日	德国SMA集团一行	5
9月21日	雅马哈（株）部长一行	6
9月29日	英国SMD、中船702所	7
10月14日	硕腾（苏州）动物保健品有限公司开业仪式	120
10月29日	安弗施公司一行	8
10月29日	松下电器AVC网络社社长一行	7
11月2日	雅马哈（株）上席执行役员一行	9
11月3日	和硕永联集团一行	4
11月4日	科德宝·宝翎公司董事长、总裁一行	10
11月6日	三菱电机中国有限公司董事长一行	7
11月27日	松下环境系统（株）社长一行	10
12月16日	美国PPG工业公司亚太区总裁一行	3

（招商局提供）

【“英国江苏中心”筹办启动仪式】 2015年11月3日，“英国江苏中心”筹办启动仪式暨“苏州市青年创新创业孵化中心”揭牌仪式举行。省委副书记、市委书记石泰峰和英国埃塞克斯郡常务副郡长凯文·本特雷为“英国江苏中心（筹）”揭牌。埃塞克斯郡是英国29个郡中面积最大、经济最发达的郡之一。2015年10月，江苏省和埃塞克斯郡签署协议，开展全面合作，并明确提出建立“英国江苏中心”。苏州福丰科技有限公司投资7000万元，筹建“英国江苏中心”，分别在埃塞克斯郡与苏州高新区建立两个基地，拓展苏州及高新区与英国在科技研发方面的合作，夯实在国际项目和标准参与方面的基础，也为苏州及高新区更多中小企业“走出去”提供一个良好的对接平台。

【爱沙尼亚总理考察艾柯豪博】 2015年11月24日，第四次中国——中东欧国家领导人会晤期间，爱沙尼亚共和国总理塔维·罗伊瓦斯率商务考察团考察位于高新区横山路的艾柯豪博（苏州）电子有限公司。瑞典的艾柯集团成立于1994年，在中国的两家工厂分别为艾柯豪博（苏州）电子有限公司和艾柯电器（苏州）有限公司，均为高新区重点北欧企业。　（孙咸锐）

2015年11月3日，英国江苏中心筹办启动暨苏州市青年创新创业孵化中心揭牌仪式（科技城供图）

2015年11月24日，爱沙尼亚共和国总理塔维·罗伊瓦斯考察艾柯豪博（苏州）电子有限公司（强晓佟摄）

高新区展示馆

【接待工作】 实施公务接待精细化管理，立足高新区实际，深入挖掘文化、地域特色，打造高新区接待服务品牌。2015年，接待中外来宾及配合各类活动280批次，约3500人次（不包括大型会议）。其中，接待部、省、市领导视察调研近80批次，全国各省、市、县考察团126批次，开业、签约仪式及其他会议活动40余批次；配合全国、省、市、区各条线会议10余次；警卫任务3次，分别为全国人大常委会原副委员长顾秀莲一行，全国政协副主席、民建中央常务副主席马培华一行以及国务委员王勇一行。

【高新区展示馆】 在做好接待工作的同时加强馆内各类软、硬件维护，将节能减排、控制运维成本放在首位。全年接待各级领导、各党政考察团、各条线来宾、各方投资客商等526批，计1.3万余人次，多次配合区内大型活动，如区团委“夏日欢乐趴”系列活动、太湖国际马拉松赛事等。 （杨奕）

对口帮扶

2015年，高新区响应党中央、国务院号召，落实国家、省、市关于做好对口支援（帮扶）决策部署，一如既往地关心支持对口支援（帮扶）地区经济建设和民生事业发展，重点从资金扶持、智力扶持及产业项目扶持入手，有针对性地促进对口支援（帮扶）地区的医疗、教育和“家门口”就业工程培植等惠及当地百姓的民生公益事业发展，为当地经济社会发展和脱贫奔小康工程做出贡献。全年累计投入帮扶项目资金769万元，主要用于教育医疗及当地农民脱贫致富项目建设。为加强与对口帮扶地区交流合作，区领导蒋国良率队赴陕西定边县、重庆云阳县、贵州铜仁市万山区和江苏泗阳县考察并开展对口帮扶工作，陕西定边县县长温江城和江苏泗阳县县委书记徐勤忠也分别率团考察访问高新区，同期组织定边县19名高中骨干教师培训，通过听、学、讲及互动交流，进一步增进两地教师间传统友谊，将苏州市先进教育理念融入定边县教育理念之中，为定边县提升教学质量提供助力。据不完全统计，全年接待对口帮扶地区工作来访4批次，累计接待50多人次。（陆宏明）

表5-4　2015年苏州高新区对口支援（帮扶）情况一览表

序号	受援方	项目内容	培训公务员、教师、医生（人/次）	来访接待（人次）
1	陕西省定边县	定边县苏州新区希望小学餐饮服务中心项目	19人/1次	26
2	重庆市云阳县	划转市财政统一划拨	—	—
3	重庆市云阳县	云阳县泥溪镇道路项目建设	—	—
4	重庆市云阳县	云阳县黄石镇卫生院改扩建项目	—	—
5	贵州省铜仁市万山区	万山区（谢桥新区）人民医院医疗设备购置项目	—	—
6	江苏省泗阳县	经济薄弱村项目建设	—	24
7	新疆	—	—	—
8	西藏	—	—	—
9	青海省	—	—	—

注：培训及接待人员统计不含未与区发改局联系，由区其他部门单独接待人员。

信息化

【概况】 2015年，根据《2015年苏州市信息化工作要点》的要求，高新区信息化工作围绕各项建设目标，以“基础建设先行、民生服务优先、政务管理创新、产业转型升级”为导向，全面提升信息化水平。

【基础设施建设】 与阿里云计算有限公司签署战略合作框架协议，阿里云计算（苏州）有限公司落户高新区，确定以“创客+”及工业云两大方向为切入点，推动双方在传统制造业转型、双创孵化基地、“互联网+”教育、云计算大数据技术等四大领域开展一系列合作。启动“无线高新区”项目建设，进一步推进信息消费，提升居民对信息化水平提升的获得感。与中国北斗民用推广应用联盟及天绘北斗科技有限公司就“北斗数据苏州应用中心及北斗高精度基础设施建设”项目进行深入对接，取得实质性进展。

【政务信息化】 科学有序推进法人库建设，完成区法人库（一期）建设，已汇集5个部门175个字段，上万条记录。完善全区电子政务外网建设和管理工作，对电子政务平台从底层框架到应用功能进行全面升级改造，建立基于ESB服务总线的电子政务基础框架建设，将各类应用服务进行有效集成，并提供服务代理、协议转换等功能，进一步完善电子政务私有云平台。做好信息化项目评审及申报工作，组织专家评审会5次，对14个申报项目的资金配置、目标实现、中间流程等要素实施优化提升，调研制定《2016年信息化项目申报指南》，“信息化项目管理系统”上线使用。

【社会信息化】 启动社会信用体系建设，草拟《苏州高新区、虎丘区行政机关归集和使用公共信用信息管理办法（试行）（征求意见稿）》《苏州高新区社会信用体系建设2015—2016年行动计划（征求意见稿）》。重点推进信用平台建设，完成市信用平台前端采集设备，完成区公共信用信息服务平台建设初步方案。加快推进智慧交通、智慧医疗、智慧教育、智慧社区项目建设，全力打造智慧高新区。

【企业信息化】 出台《关于支持工业经济升级发展的若干意见》，鼓励企业进行智能装备投入和发展“互联网+”制造，对运用机器人（手）、自动化控制设备或流水线自动化进行智能技术改造和以“机联网”和“厂联网”为重点的“互联网+”制造技术改造的企业，予以适当奖励或补助。宝玛数控、世嘉科技等7家公司项目获市级加快信息化建设专项资金扶持160万元。 （丁奕翀）

民生工程和实事工程

表5-5 2015年苏州高新区实事工程项目

序号	性质	项目内容
一	人居环境改造提升工程（5项）	1. 公租房、动迁保障房建设，木桥公寓公租房主体竣工，新鹿花苑三期动迁保障房主体竣工。
		2. 全区新增绿化100万平方米，完成中环沿线及中心城区景观亮化提升。
		3. 完成吴宫丽都等14个高层居民住宅二次供水改造工程。
		4. 完成索山公园景观提升工程。
		5. 完成新浒花园、惠丰花园、龙景花苑二期动迁小区改造。
二	就业创业社会保障工程（2项）	6. 扶持500名失地失业人员自主创业，实现带动就业不少于3000人；对2000名失地失业人员进行职业技能（创业）培训；开发公益性岗位1000个，援助1000名就业困难人员就业；实现本地人员就业10000人，确保区内“零就业家庭”动态清除。
		7. 继续实施高新区城乡居民大病医疗保险、意外伤害及身故险，妥善解决15.7万参保居民“因病致贫”难题，预计大病医疗保险年度赔付400万元。
三	教育资源优化提升工程（5项）	8. 完成江苏省苏州实验中学原址重建。完成苏州市文昌实验中学校、培智学校主体建设。完成苏州高新区第二中学综合改造工程、直属学校校安加固工程（新区一中、二中、文昌、通安、吴县）。
		9. 苏州高新区第四中学完成主体结构，第五中学建成投用。
		10. 通安达善小学建成投用，镇湖实验小学完成建设。
		11. 星韵花园幼儿园完成建设，新区实验小学（含何山分部）校园加固、金色小学连廊加固建成投用。
		12. 科技城小学和艾维克幼儿园建成投用。

续表

序号	性质	项目内容
四	公共服务完善提升工程（6项）	13. 苏州市立科技城医院完成主体建设、内外装修基本结束。通安卫生服务中心、护理院完成基础施工。
		14. 苏州高新区人民医院二期完成建筑主体建设。
		15. 苏州高新区文体中心完成建筑主体结构。
		16. 新组建秀岸花苑社区筹委会，学府社区服务中心建成投用，科技城邻里中心（时尚水岸、艾维克）主体竣工。
		17. 实施高新区公共安全保障工程，枫桥消防站完成主体建设，完成横山森林防火上山通道及森林防火数字化监控预警系统建设；完成区域治安监控建设，智能交通改造和电子警察及交通监控设施改造，社会治安应急响应指挥系统建设。
		18. 建设集公交首末站、P+R停车、非机动车停车为一体的“P+R”综合停车楼。
五	生态环境全面提升工程（2项）	19. 实施苏州高新区水环境治理工程，完成东城港等22条河道清淤，共计29.7公里，清淤58.1万方；完成北裤子浜和环山河整治；完成区引水活水工程前期准备，启动部分项目建设。
		20. 建设完成生态城环境质量自动监控系统、20台（套）工况在线监控与分析系统（二期）。

（陶晓）

表5-6　2015年苏州高新区重点项目

序号	项目名称	性质	建设内容
一、重点基础设施、民生工程项目（共20项，其中新开工7项、续建13项）			
（一）交通水利（其中新开工2项、续建9项）			
1	狮山、枫桥片区道路拓宽、改造、延伸工程	新开工	珠江路（金山路—向阳路南）段、淮海街、灵岩街，旺米街西延（建林路—罗家湾路）道路、桥梁、给排水、路灯监控电力通道、绿化等，金山路南侧慢行系统改造
2	龙康路，普陀山路西延，昆仑山路西延	新开工	龙康路：道路总长4.6公里、宽54米。普陀山路西延：俞巷路至S230段长1.1公里、宽54米。昆仑山路西延：道路总长4.9公里、宽50米。以上项目均包含道路、桥梁、排水、绿化及相关市政配套工程
3	环阳山路西路改造及附近道路沟通一期	续建	环阳山西路自兴贤路交叉口至太湖大道交叉口，主线全长约4700米、支线1500米，红线宽38米道路、桥梁、排水、管线、照明、监控等
4	有轨电车2号线、1号线延伸线主线及沿线道路工程	续建	有轨电车2号线、1号线延伸线主线工程（有轨电车2号线全长18.463公里，1号线延伸线全长8.95公里，包含土建、车辆、轨道、供电、通信信号综合监控及车辆段）
			有轨电车2号线、1号线延伸线沿线道路工程（有轨电车2号线沿线S230至浒光运河桥西引坡，文昌路老路北起点至有轨电车2号线文昌路站道路，1号线延伸线沿线太湖大道贡山路至龙康路段道路改造工程，包含路基、桥梁、交通及管线工程）
5	中环快速路高新区段	续建	高架桥与地面道路等
6	南环西延高新区段	续建	高架桥与地面道路等
7	长浒立交、浒光运河航道驳岸整治工程、浒关桥工程	续建	长浒立交，对原立交拆除并进行改造；浒光运河京杭运河至绕城高速段驳岸改造；浒关桥工程道路、管线照明、交通设施、监控等

续表

序号	项目名称	性质	建设内容
8	通浒路东延、通浒路东延下穿铁路工程	续建	312国道至太阳路长约3652米，红线宽50~70米道路、管线照明、交通设施、监控等，下穿铁路工程
9	均强地块内部道路等5条道路，妇女儿童中心周边道路等3条道路，大轮浜东侧区间路、肖家湾、长甲地块等7条道路	续建	均强地块内部道路、信汇达地块内部道路、龙湖地块内部道路、富士通地块区间路、三光地块区间路、妇女儿童中心周边道路、客运西站西侧路、客运西站西侧支二路、大轮浜东侧区间路(横路：纵一路—塔园路；纵一路：竹园路—横路)、肖家湾、长甲地块等7条道路，桥梁、排水、照明等
10	西部生态城基础设施	续建	太湖大道三期(太湖大道二期至太湖边，全长约1300米，主线500多米，包括道路、桥梁、绿化、排水、综合管线、照明、交通设施、交通监控等)
			太湖大道南段(太湖大道—7号街)
			1. 横四路(太湖大堤—绣品街) 2. 7号路及河道景观(东城路—纵三路) 3. 纵一路(太湖大道—绣品街) 4. 横三路(太湖大堤—龙景路) 5. 游园路(绣品街段景观区北—14号路)
11	苏南运河“四改三”航道整治工程	续建	航道拓宽整治前期工作和苏钢桥等桥梁改建工程
(二)文化教育、医疗服务(其中新开工3项、续建1项)			
12	高中项目	新开工	苏州科技城高级中学，普通高中12轨36班，国际部4轨12班
13	小学项目	新开工	苏州科技城外国语学校(含幼儿园)，小学7轨42班
			枫桥中心小学东校区小学8轨48班，建筑面积2.7万平方米
14	幼儿园项目	新开工	龙惠花苑幼儿园总建筑面积约0.9万平方米
			镇湖幼儿园占地15.133亩，建筑10186平方米
15	高新区医疗服务中心项目	续建	苏大附二院高新区医院(第七人民医院)扩建医疗项目I期工程项目，总高16层，总占地面积87.2亩，建筑面积约4.5万平方米
			镇湖卫生院(占地10.0772亩，建筑10293平方米)
(三)民生保障(其中新开工2项、续建1项)			
16	动迁安置房(科技城)	新开工	西渚花苑(总建筑面积约24万平方米动迁安置房，其中一期10万平方米)
			东渚新苑(总建筑面积约29万平方米动迁安置房，其中一期建筑面积9万平方米)
17	动迁安置房(生态城)	新开工	秀岸花园三期(占地126.0179亩，建筑233678平方米)
			东华动迁小区(占地30.4亩，建筑3.24万平方米)
18	动迁安置房(含棚户区改造)	续建	马涧杨木桥动迁房二期、三期(二期建筑面积约7.2万平方米，6栋25层住宅；三期建筑面积约10万平方米，6栋25层、1栋15层)
			姚桥头动迁安置房(建筑面积约9.9万平方米，5栋20层住宅)
			华山花园、达善花园(38万平方米高层拆迁安置房)
			华通六区二期(1标段包括342套安置房，2标段包括108套保障房、地库、社区用房共计2.5万平方米)
			新主城二期3#-2(建筑面积11.01万平方米)
			浒墅人家北区(总建筑面积93105平方米)、浒墅人家东区(总建筑面积43139平方米)
			龙惠花苑(总建筑面积约24万平方米动迁安置房)

续表

序号	项目名称	性质	建设内容
18	动迁安置房（含棚户区改造）	续建	龙景花园南区（总建筑面积约12万平方米动迁安置房）
			横塘国际教育园定销房（总建筑面积65000平方米）、横塘定销房（总建筑面积30万平方米）
			秀岸花园二期（原锦湖花园二期，占地152.3031亩，建筑273736平方米）
			山旺过渡房（占地48.017亩，建筑35186平方米）、新桥过渡房（占地56.539亩，建筑42824平方米）
			惠丰二区四期（总建筑面积6万平方米）
			红叶花园三期（原龙华三期，总建筑面积7.5万平方米）
（四）生态环保（其中续建2项）			
19	西京湾生态农场	续建	西京湾生态农场（道路、桥梁、综合管线等基础设施配套，农业设施，景观，农业配套设施等）
20	高新区太湖水环境综合治理项目建设	续建	湖滨生态游憩带（马山至米泗山段）景观工程
			米泗山环境整治、景观提升二期工程
			石帆生态园
二、重点工业项目（共40项，其中新开工15项、续建25项，内资19项、外资21项）			
（一）新一代信息技术（其中新开工1项、续建4项）			
21	国产安全服务器研发、产业化项目	新开工	总建筑面积超过30万平方米，服务器芯片投资约20亿元，服务器整机、操作系统等相关软硬件投资约20亿元，载体建设投资约15亿元
22	万都海拉电子（苏州）有限公司	续建	购置MAS和MGH产线4条，年产电子稳定控制系统40万件，偏航传感系统16万件
23	长兴电子（苏州）有限公司	续建	光阻干膜类电子专用材料生产项目
24	安捷利电子科技（苏州）有限公司	续建	年产36万平方米柔性封装基版
25	佳能（苏州）有限公司	续建	数码复合机生产及设备更新改造项目
（二）装备制造（其中新开工7项、续建8项）			
26	莱克电气绿能科技（苏州）有限公司	新开工	购置机器人、全自动装配线、集中供料设备等国产设备共512台（套），项目建成后预计公司年产电机3000万台、吸尘器1100万台、小家电250万台
27	菲斯达排放控制装置（苏州）有限公司	新开工	新建厂房，建筑面积约12000平方米，年产发动机排放控制装置250万件及金属冲压件3200万件
28	捷博轴承技术（苏州）有限公司	新开工	生产滑动轴承、滚动轴承等产品，总用地31亩
29	苏州郑氏新技术有限公司	新开工	汽车安全部件，总占地60亩，建筑面积50000平方米
30	苏州浩驰新能源装备有限公司	新开工	涂布机、对辊机，建筑面积20000平方米
31	苏州瑞玛金属成型有限公司	新开工	一期项目（汽车零部件研发生产），总用地35亩，一期用地17.9亩，建筑面积11000平方米
32	苏州捷玛钢材加工有限公司	新开工	一期项目（冷热轧板及五金产品研发生产），总用地34.8亩，一期用地20亩，建筑面积15000平方米
33	苏州西门子电器有限公司	续建	研发和生产接触器、继电器、ACB/MCCB断路器等电力电子产品自动化，微型化和智能化升级改造项目
34	万都底盘部件（苏州）有限公司	续建	年产25万台电动转向器生产能力

续表

序号	项目名称	性质	建设内容
35	爱尔铃克铃尔汽车部件（中国）有限公司	续建	一期项目（厂房面积30002平方米）
36	纽威工业材料（苏州）有限公司二期	续建	阀门用铸件、锻件，占地74亩，建筑面积36000平方米
37	崇业（苏州）精密工业有限公司	续建	建设生产厂房（占地40亩），主营精密汽车重保配件
38	苏州路之遥科技有限公司生产基地	续建	微电子控制器，占地面积220亩，一期占地109亩，建筑面积73000平方米
39	苏州范斯特机械科技有限公司	续建	生产电机用铁芯，占地44.8亩，建筑面积30000平方米
40	苏州赛帆包装机械有限公司	续建	自动化包装机械研发生产
（三）医疗器械和新医药（其中续建4项）			
41	澳美制药（苏州）有限公司	续建	建设2.6万平方米生产厂房（占地65亩），集药品生产、储备、研发、销售的综合型企业
42	硕腾（苏州）动物保健品有限公司	续建	生产动物保健品及动物药品，占地面积29977平方米，建筑面积20890平方米
43	苏州科技城施莱医疗有限公司	续建	采血设备，占地80亩，建筑面积60000平方米
44	苏州速迈医疗设备有限公司	续建	生产厂房，生产超微显微镜设备
（四）新能源（其中新开工1项、续建3项）			
45	苏州力神能源科技有限公司	新开工	年产11亿安时锂离子动力电池。总用地541亩，总建筑面积约20万平方米
46	苏州协鑫光伏科技有限公司五、六期	续建	单晶硅、多晶硅切片，占地面积70亩，建筑面积43000平方米
47	苏州星恒电源有限公司二期	续建	锂离子动力电池，占地24亩，建筑面积33000平方米
48	华能苏州燃机热电联产（华能苏州燃机热电有限公司）	续建	2台200mw（E级）燃机热电联产项目
（五）轨道交通（其中续建3项）			
49	克诺尔车辆设备（苏州）有限公司	续建	三期建设
50	苏州南车轨道交通车辆有限公司	续建	有轨电车，一期占地120亩，建筑面积30000平方米
51	苏州合亿达模具有限公司	续建	高铁刹车系统零部件研发生产
（六）其他（其中新开工6项、续建3项）			
52	苏州雅泛迪铝业有限公司	新开工	新建三期厂房仓库项目
53	爱丽思生活用品（苏州）有限公司	新开工	二期项目（生活家居用品、小家电研发生产）
54	苏州优科豪马轮胎有限公司	新开工	轿车胎二期厂房
55	苏州胜利精密制造科技股份有限公司	新开工	新建研发办公楼项目

续表

序号	项目名称	性质	建设内容
56	苏州美昱高分子材料有限公司	新开工	总用地42亩，一期项目（改性高分子材料研发生产）用地20亩，建筑面积14000平方米
57	苏州市兴业新材料有限公司	新开工	新建厂房一期（铸造材料）
58	伍兹物料周转用品（苏州）有限公司	续建	年产周转箱20万只等项目，新建厂房占地面积42518.9平方米，建筑面积39644平方米
59	苏州富虹锌业有限公司	续建	一、二期项目，建筑面积21093.18平方米，年产超细锌粉16000吨
60	松下半导体有限公司	续建	单纯设备购置
三、重点服务业项目（共20项，其中新开工6项、续建14项）			
（一）城市综合体（含总部经济）（其中新开工1项、续建8项）			
61	北大青年城项目（含苏高新港）	新开工	1. 北大青年城项目：建设住宅、商办108万平方米及公共配套等 2. 苏高新港陆域扩建项目：道路、堆场7.7万平方米，仓库5.9万平方米，配套建筑0.9万平方米
62	汽车西站综合交通换乘枢纽工程	续建	用地面积66145.7平方米，总建筑面积 197919.1平方米。地上五层、地下两层，包含公交首末站、客运西站及运贸综合体
63	科技城总部经济产业聚集区	续建	正和、中恒、中诚、天福、立德等企业总部
64	科技城商务、酒店项目（锦峰商务大厦和源宿酒店）	续建	锦峰商务大厦占地82亩，建筑面积185829平方米 源宿酒店占地24亩，建筑面积32000平方米
65	龙湖时代天街	续建	总建筑面积75万平方米，其中地上54万方，地下21万方的商业、办公、住宅城市综合体
66	金鹰广场	续建	总面积21.5万平方米，集酒店、公寓、商业裙房、地下商业、电影院一站式城市商业综合体
67	喜年广场	续建	总建筑面积33.5万平方米的住宅、商业综合体
68	绿地集团苏州高新置业有限公司	续建	占地320亩，建筑面积199065平方米
69	港中旅成得（苏州）置业有限公司	续建	主要建筑内容为住宅、商业，建筑面积共约为17.4万平方米
（二）金融服务（其中新开工1项、续建1项）			
70	安邦保险集团股份有限公司	新开工	保险与科技结合综合创新试点综合载体。致力于建成以保险业为纽带，保险金融与区域产业、科技、民生深度融合的高新区“东大门”标志性建筑。建成后，安邦人寿、安邦养老、邦银金融租赁、安邦保险集团信息技术中心、产品研发中心等机构将全面入驻，自用入驻规模将达1万人以上；同时安邦集团将引入大批优秀金融机构入驻其中，形成汇集保险、银行、金融租赁、证券、信托、基金、期货等综合性金融服务平台
71	金诚财富总部大楼	续建	总建筑面积68773.75平方米的金诚集团苏南总部大楼
（三）科技研发载体（其中新开工1项、续建2项）			
72	中国电信太湖国际信息中心	新开工	占地80亩，建筑面积94500平方米
73	苏州高新区地理信息与经济应用数据平台项目	续建	苏州地理信息与文化科技产业基地，占地42亩，建筑面积60000平方米 开展“智慧高新区”整体规划，打造智慧政务共享平台，建设全区四库（人口基础信息库、法人单位基础信息库、自然资源和空间地理基础信息库、宏观经济数据库）之法人库及其拓展应用
74	中国移动苏州研发中心	续建	占地523亩，建筑面积360000平方米

续表

序号	项目名称	性质	建设内容
（四）商旅项目（其中新开工3项、续建2项）			
75	苏高新商旅项目（正大会员店和裸心泊酒店）	新开工	正大会员店1.79万平方米的仓储式高端零售店
			裸心泊酒店（马舍山改扩建项目），对马舍山区域内的局部建筑改建、扩建，项目占地总面积约100000平方米，建设规模约30000平方米
76	高新区新主城商业广场	新开工	119900平方米商业综合体
77	马涧新天地	新开工	建筑面积约5.3万平方米，4栋地上四层、地下一层商业广场
78	浒墅关高铁新城商贸项目（永旺梦乐城和宜家）	续建	宜家家居苏州商场
			永旺梦乐城，大型城市综合体
79	中润丽丰时代商业广场	续建	商业综合体，占地面积110亩，建筑面积25万平方米，其中北地块丽丰购物中心约11万平方米，南地块居艺空间约14万平方米
（五）其他（其中续建1项）			
80	大阳山植物园二期	续建	江苏大阳山国家森林公园二期建设（包括大阳山植物园二期温室大棚工程，大阳山宕口修复整治工程等）

（陶晓）

机关事务管理

【概况】 根据《苏州高新区（虎丘区）政府职能转变和机构改革实施意见》（苏高新委〔2015〕81号），设立区机关事务管理局，高新区机关事务工作进入新的发展阶段。2015年，苏州高新区（虎丘区）机关事务管理处学习贯彻《机关事务管理条例》《党政机关厉行节约反对浪费条例》和《江苏省机关事务管理办法》精神，以全面推进“精细化管理”为工作引擎，推动机关事务管理工作再上新台阶。年内，获“江苏省公共机构节能示范单位”“苏州市文明单位”“苏州高新区文明单位”“苏州市青年文明号”“巾帼文明岗”“生活垃圾分类工作先进集体”等称号，“满意在后勤”获评区“十佳机关服务品牌”，机关后勤服务年度满意率为99.34%。

【安全防范管理】 委托第三方检测单位对科技大厦一期和行政服务中心办公楼的消防设施进行年度消防检查。加强安保岗位间的巡视检查和联防联动，强化防火防盗、节能降耗等工作要求。加强对安保人员的培训教育，组织开展安保岗位礼仪、防暴恐处置、交通指挥操等学习训练。以换装为契机，提升安保队伍精神面貌。强化应急处置实战演练，组织开展防台防汛、电梯困人、电路跳闸、机房水浸等各类应急预案演练。推进安保服务人性化，通过增划地面停车位、设置速递易快件存取箱、完善车辆引导标识等措施，为办事群众和机关工作人员提供服务。

【节能节约管理】 秉承“勤俭节约办后勤”理念，推进节约型机关建设。以节能创建为抓手，每月召开能耗分析会议，加强科技大厦能源管理和节能降耗工作，重点加强中央空调、燃气锅炉等高耗能设备的精细管理，实施空调系统VAV BOX试点改造、幕墙加贴隔热膜、LED照明普及等节能新技术改造和新产品应用。在上年总能耗下降10%的基础上，2015年科技大厦一期总能耗再下降4.9%，节约能耗费用34.3万元。科技大厦二期总能耗下降7.86%，节约能耗费用109万元。以2号楼腾退和物业合同、安保合同招标续约为契机，通过合同管理、岗位调整、技防补充等措施，对后勤岗位进行精简优化，累计减少后勤岗位91个，减少工资性支出360余万元。

【基建设备管理】 规范工程项目维修、维保、改造等审批申请和实施要求，明确监管方、物业方、施工方的职责任务，保证工程项目规范运作、高效落实。先后与27家维保单位签订空调、电梯、消防等重要设备的维保协议，全年累计督查督办维保250余次，排查解决故障问题120余项。督促处理各类日常报修4500余次，实施变配电维护等工程保障50余项，组织应急抢修10余次，完成设备设施强制性检验检测20项。实施锅炉蒸汽管道移位、空调主机节能控制系统提升、地下车库环氧涂装、广场雨棚钢梁架油漆等工程项目改造40余项。

【内部质量督查】 加强内部质量督查督办，完成科技大厦二期物业管理和安保服务招标合同调整续签。制定《高新区机关后勤服务外包监管督查考核管理细则》，明确各责任主体的自查、巡查、督查职责，督促各服务外包单位建立内部自查机制，并将外包服务费用支付与督查考核情况挂钩。有计划、有重点、全覆盖开展内部质量督查工作，并对“六常管理(即常分类、常整理、常清洁、常维护、常规范、常教育)”、“影响身边安全的十大因素”、防台防汛、物业采购等重点工作的落实情况进行专项督查。强化督查意见的落实整改、沟通反馈和跟踪复查，确保问题解决和质量提升。2015年全年提出各类督查意见447项，年内全部完成整改。

【推进“六常管理”】 推进服务前台、服务后台、机房仓库等各类工作现场“六常管理”。2015年年初制订“六常管理”推进计划，分条线、分区域、全覆盖推进落实，每个单位、每个部门首先树立一个“六常管理”标杆，然后对照标准全面铺开。质量督查小组加强督促、推进，将“六常管理”作为全年督查工作主题重点跟进。各服务外包单位在深入推进“六常管理”的过程中，从被动到主动，从概念到运用，从粗浅到精细，达到内部管理规范和服务标准提高的目标。

【餐饮服务管理】 以打造“苏州市健康餐饮单位”为抓手，严格把关食品卫生安全，坚持服务推陈出新，一、二期机关食堂全年累计供应服务超过52万人次。提升餐饮服务技能，通过举办厨师技能PK赛、鲜肉大包制作比赛、邀请专家开设美食公开课等方式，促进餐饮从业人员的知识技能水平提高。加大菜点研讨创新力度，通过改进烹饪方式、营养搭配、风味改良等方式，先后推出创新菜点106个，包括重庆小面、羊肉面、风味酱油肉等新品。开展餐饮延伸服务，提供自制鲜肉大包外卖。根据时令季节变化，先后推出营养窗口、“点心周”、“面条周”、“粥品季”、中秋套餐等特色服务，利用各种渠道听取就餐人员意见，向健康营养、膳食平衡方向努力。

【后勤综合服务】 服务中心、会议接待、总机话务等综合服务以争创“苏州市级青年文明号”为目标，塑造机关后勤窗口服务形象。服务中心做好门禁卡办理、停车卡办理、餐卡充值、咨询答复等业务工作，规范办理各单位门禁(就餐)卡3872张、

2015年9月24日，开展第三季餐饮技能练兵活动(区机关事务管理处供图)

停车卡3155张。强化会议服务团队建设，指导外包单位建立健全会务制度、统一会务标准、强化员工培训，不断提升会议服务的亲和力和标准化服务水平。2015年全年完成区“两会”、党工委扩大会议、中科院地理学部院士常委会等重大会议活动的会务保障任务，累计服务各类会议活动近2000场次，接待参会人员近6.8万人次。总机话务在服务中“热情、礼貌、负责、快捷、准确”，树立良好幕后窗口形象。

【环境卫生绿化】 以打造美丽科技大厦为目标，以创建“苏州市垃圾分类示范单位”为抓手，继续维持室内外办公区域的整洁美观。按照周期计划做好办公大楼内外卫生清洁，加强景观水池、幕墙玻璃、地下车库、晶面地坪等清洁整理。对每一棵树建立台账记录，根据季节特点和植物特性适时浇灌、修剪、除草、喷药、施肥、补撒草籽、更换草花。2015年下半年开始，二期公共区域室外绿化委托东渚镇姚江村承担养护。加大管理养护力度，更换不锈钢支撑杆，科技大厦整体绿化环境得到进一步提升。

【保障配合服务】 围绕中心、服务大局，配合区党政办和机关各部门单位，落实机关事务范畴内其他保障工作。配合全区机构调整后办公用房和人员调整，协助调剂分配办公用房，做好办公室隔断、“三线”调整、门禁卡信息更新、楼层指示信息更新等工作。牵头组织各机关部门单位，落实科技大厦办公固定资产的清点核对管理，配合新港公司着手做好科技大厦二期办公家具清点核对交付。

【党建工会工作】 加强党员队伍建设，按计划做好新党员发展工作。参加“三严三实”专题教育学习，组织开展“党章学习日”、祭扫横山烈士陵园、参观中共“一大”会址、参观南湖革命纪念馆、重温入党誓词等活动，邀请退休省优秀党务工作者周新民举办“发挥正能量·带动身边人”专题讲座。发挥工会凝心聚力作用，组织全体会员开展阳树线和灵白线户外登山拓展，杵山垂钓中心钓鱼，农事劳动等活动。

【宣传交流活动】 开展机关内部宣传文化活动，协助建立机关阅览中心，配合各类文化展览活动。联合区机关党工委、区总工会、区应急办、区城管局、区消防大队等单位，开展公共机构节能宣传、消防安全宣传、垃圾分类宣传等活动。组织中层以上管理人员分别赴吴江宾馆学习内部监管考核和赴无锡市机关事务管理局学习公共机构节能。组织工程技术骨干赴上海参加国际智能建筑展览会，组织餐饮管理人员赴川崎精密和苏州固锝学习食堂内部管理。邀请国家特一级厨师彭红斌开设美食公开课，邀请谈海圣律师讲授合同管理知识，邀请市节能办领导主讲节能业务知识，邀请国家高级营养师张宇主讲饮食健康等。

【“争先创优”活动】 开展以评选“服务之星”“文明班组”“先进集体”等荣誉为内容的“争先创优”活动，提升工勤工作人员“情系科技大厦”的主人翁意识，调动机关后勤干部职工工作积极性。在“机关大后勤”范围内开展劳动竞赛和互相参观内部管理等活动，营造相互学习、相互促进的良好工作氛围。

（杨军）

SND

政协虎丘区委员会

SND

概　况

政协会议

议政监督

概　况

中国人民政治协商会议苏州市虎丘区委员会（简称区政协）是苏州市虎丘区的地方政协组织。区政协机关设办公室（挂研究室、委员服务联络工作办公室）和提案委员会、经济科技委员会、城乡建设委员会、社会事业委员会、港澳台侨委员会（民族宗教委员会）、文史委员会6个专门委员会，同时下设1个直属委员联络组和8个镇（街道）政协工作委员会。2015年年初，区七届政协有委员231人。由于工作及其他原因，年内调整17人，增补14人，至年末，有委员228人。其中界别分布为：中共32人，工会、妇联、共青团共17人，科学技术界27人，侨联、台联、宗教界、少数民族界20人，工商联、无党派代表人士25人，教育界21人，医疗卫生界、文化艺术界21人，经济界37人，特邀人士、农业和农村界28人。

政协会议

【区政协七届四次会议】 2015年1月14日至17日召开。应到委员228人，实到208人，邀请出（列）席开（闭）式幕人员142人次（其中邀请出席开幕式26人，邀请列席开幕式104人，邀请出席闭幕式12人）。会议听取并讨论市委常委、中共虎丘区委（高新区党工委）书记浦荣皋在开幕会上所作的重要讲话。听取、审议并同意区政协主席王蔼先所作的《政协虎丘区七届常委会工作报告》和区政协副主席孙晓红所作的《政协虎丘区七届常委会提案工作情况报告》。与会委员列席区人大十届四次会议开幕式，听取和讨论区长周旭东所作的《政府工作报告》以及其他报告。会议批准唐才兴同志辞去七届政协副主席职务，江晨、李鸣同志辞去七届政协常委职务的请求。选举增补朱浴宇、杨亮、何玉明、郭伟平为七届政协常委。会议期间，委员提交提案176件，经审查，立案148件。会

2015年1月14日，中国人民政治协商会议苏州市虎丘区第七届委员会第四次会议召开（沈一鸣摄）

议还对区政协提案委员会等6个"优秀委组"、包文杰等29名"优秀政协委员"进行表彰。

【常务委员会会议】 2015年，召开常务委员会会议10次。

第二十二次会议 1月5日召开，区政协主席王蔼先主持会议。会议协商通过《关于召开区政协七届四次会议的决定（草案）》《区政协七届四次会议议程和日程（草案）》《区政协七届常委会工作报告（草案）》《区政协七届常委会关于七届三次会议以来提案工作情况的报告（草案）》《区政协七届四次会议秘书处及各组负责人建议名单（草案）》《区政协七届四次会议大会分组办法和各组召集人建议名单（草案）》《区政协七届四次会议各次会议主持人、报告人建议名单（草案）》，听取区委《关于区政协委员调整情况的说明》和《关于区政协七届四次会议邀请参加开（闭）幕式和出列席人员的说明》，审议通过《关于加强委员履职服务与管理的暂行办法》《关于表彰2014年度"优秀政协委员"的决定》两个文件。

第二十三次会议 1月15日召开，区政协主席王蔼先主持会议。会议听取区委组织部部长戴军关于区政协七届四次会议候选人建议名单的说明，协商通过《区政协七届四次会议选举办法（草案）》《区政协七届四次会议选举工作人员建议名单（草案）》，提交七届四次会议委员分组讨论。

表6–1　区政协七届三次、四次会议优秀提案一览表

届次	提案单位/人	案由
七届三次	民进	关于加强我区摩崖石刻保护的建议
七届三次	农工	加强老年医院（护理院）建设，推进我区健康服务业发展
七届三次	九三	关于进一步加强高新区虎丘区学前教育均衡发展的建议
七届三次	横塘政协工委	关于大力推进群众广场文化活动的建议
七届三次	周永明	关于逐步完善低保退出机制的建议
七届三次	李伟	关于借助"新三板"开启高新区民营经济起步与腾飞的建议
七届三次	金金良	关于加强我区公共自行车管理的意见和建议
七届四次	民革	关于加强全国中小企业股份转让系统的建议
七届四次	民盟	关于加快推进大阳山旅游综合开发的建议
七届四次	民建	关于对苏州高新区国有资本进行全面整合的建议
七届四次	致公党	关于进一步完善我区农产品安全监管体制的建议
七届四次	陆跃明	关于进一步从程序方面规范行政执法的建议
七届四次	蔡斌	关于在辖区内建立综合便民服务e站的建议
七届四次	孔杰峰	关于提升高新区商品房小区物业管理的建议
七届四次	谢永莱 周卫国	关于环保主管部门要加强工业区环境监测力度的建议
七届四次	俞艇 王丽华 张锦峰	关于做好有轨电车沿线产业链接的建议
七届四次	庞晓虹	关于加强全区文物保护工作的建议

第二十四次会议 1月16日召开，区政协主席王蔼先主持会议。会议听取区政协秘书长李金兴关于区政协七届四次会议委员分组讨论情况的汇报，协商通过《区政协七届四次会议大会决议（草案）》《区政协七届四次会议选举办法（草案）》《区政协七届四次会议选举工作人员建议名单（草案）》，提请七届四次会议全体会议通过。

第二十五次会议 1月17日召开，区政协主席王蔼先主持会议。会议协商通过《区政协常委会2015年工作要点（草案）》《关于郭伟平等同志职务调整的决定（草案）》《关于王苏良等同志职务调整的决定（草案）》。决定郭伟平同志任区政协办公室主任，不再担任区政协研究室主任职务；何玉明同志任区政协社会事业委主任（副处级）；梁亚兰同志任区政协社会事业委副主任（正科级）；杨依群同志任区政协港澳台侨委（民族宗教委）主任，不再担任区政协办公室主任职务；朱浴宇同志任区政协文史委主任（副处级）；江晨同志不再担任区政协社会事业委主任职务，保留原职级待遇；李鸣同志不再担任区政协港澳台侨委（民族宗教委）主任职务，保留原职级待遇；吴钒同志不再担任区政协城乡建设委副主任职务，保留原职级待遇；王苏良同志任区政协经济科技委副主任（兼）；孙培芳同志不再担任区政协经济科技委副主任（兼）职务。

第二十六次会议 6月4日召开，区政协副主席李笑天主持会议。会议听取区政府副区长邢文龙《关于节约集约利用土地情况的通报》，审议常委会课题组《关于我区节约集约利用土地的调研报告》，协商通过《关于王华清同志职务调整的决定（草案）》，决定王华清同志不再担任横塘街道政协工委主任职务。区国土分局局长李洁应邀参加会议。

第二十七次会议 7月29日召开，区政协副主席孙晓红主持会议。会议听取区发改局局长郑一敏代表区政府所作的《关于全区上半年经济工作情况通报》和区党政办主任黄锋所作的《关于区政协七届四次会议以来提案办理工作情况的通报》。传达区党工委扩大会议精神。协商通过《关于徐忠国同志任职的决定（草案）》和《关于苏火原、王义良同志任职的决定（草案）》，决定增补徐忠国同志为虎丘区七届政协委员；徐忠国同志任区政协城乡建设委员会主任（副处级）；张锦峰同志任区政协城乡建设委员会副主任（正科级），不再担任枫桥街道政协工委主任职务；江强同志任浒墅关镇政协工委主任；周永前同志任狮山街道政协工委主任，不再担任区政协常委、政协城乡建设委员会主任职务；张明伟同志不再担任浒墅关镇政协工委主任职务；曹萍同志不再担任通安镇政协工委主任职务。

第二十八次会议 9月22日召开，区政协主席王蔼先主持会议。会议参观考察苏州工业园区金融服务业发展情况。听取区发改局局长郑一敏代表区政府对2012年度区政协常委会《关于打造金融服务高地，助推区域经济转型升级》专题协商报告相关意见建议的采纳和实施情况的通报。区政府副区长俞愉到会并讲话。

第二十九次会议 10月16日召开，区政协副主席孙晓红主持会议。会议视察狮山基督教堂、万佛寺两个宗教场所。听取区委常委、宣传部部长宋长宝《关于我区宗教工作的情况通报》，协商通过区政协常委会课题组《关于我区宗教情况的调研报告》。

第三十次会议 11月19日召开，区政协副主席李笑天主持会议。会议视察区政府2015年实事工程项目索山公园景观提升工程、科技城小学和艾维克幼儿园。会议协商通过《关于王骏同志任职的决定（草案）》，决定王骏同志任横塘街道政协工委主任职务。

第三十一次会议 12月29日召开，区政协主席王蔼先主持会议。会议协商审议区政协七届五次全体会议《常委会工作报告（草案）》《提案工作报告（草案）》等有关会议材料。协商通过《关于项云金等同志职务调整的决定（草案）》《关于杨依群等同志职务调整的决定（草案）》《关于钮跃鸣等同志职务调整的决定（草案）》《关于邵亮等同志职务调整的决定（草案）》，决定项云金同志任区政协港澳台侨委（民族宗教委）主任（副处级），王苏良同志任区政协经济科技委副主任（正科级），梁亚兰同志不再担任区政协社会事业委副主任职务，保留原职级待遇，杨依群同志不再担任区政协港澳台侨委（民族宗教委）主任职务，保留原职级待遇；决定杨依群、杨亮同志不再担任区七届政协常委职务，许恩杯牧师不再担任区七届政协常委职务；决定增补钮跃鸣、周伟莨、何若鸥、蒋雄、周剑、杨剑华、潘凌、王军、方士平、邵亮、包剑平、陈建华、马成华、承建新、江强、蒋东明、王义良、许奇、王平、苏久华、姚琴华、李静、罗宿、张宏等24名同志为虎丘区七届政协委员，江晨、梁亚兰、李鸣、杨依群、吴钒、徐立飞、孔雅君、杨亮、徐洲、陈建新、朱贵成、刘敏、孟晓瑜、丁育红、袁献虎、张明伟、曹萍、王华清、曹建良、颜建兴、王星、丁正和、陆甜、周忠年同志和许恩杯牧师等25人不再担任虎丘区七届政协委员职务；决定邵亮、夏剑华任社会事业委副主任职务（兼），孟晓瑜同志不再担任社会事业委副主任职务（兼）。

【主席会议】 2015年，召开主席会议11次。

第二十八次会议 1月15日召开，区政协主席王蔼先主持会议。会议听取区委组织部关于区政协七届四次会议有关候选人建议名单的说明，修改讨论《区政协七届四次会议选举办法（草案）》，协商通过《区政协七届四次会议选举工作人员建议名单》和区政协七届二十三次常委会议召开的日程和议程。

第二十九次会议 1月16日召开，区政协主席王蔼先主持会议。会议听取区政协秘书长李金兴关于区政协七届四次会议委员分组讨论情况的汇报，协商通过《区政协七届四次会议大会决议（草案）》《区政协七届四次会议选举办法（草案）》《区政协七届四次会议选举工作人员建议名单（草案）》和区政协七届二十四次常委会议召开的日程和议程。

第三十次会议 1月17日召开，区政协主席王蔼先主持会议。会议协商通过《关于郭伟平等同志职务调整的决定（草案）》《关于王苏良等同志职务调整的决定（草案）》《区政协常委会2015年工作要点（草案）》和区政协七届二十五次常委会议召开的日程和议程。

第三十一次会议 4月22日召开，区政协主席王蔼先主持会议。会议听取枫桥街道经济社会发展情况和白马涧景区规划建设管理情况的通报，视察白马涧景区。区服务业发展局有关领导和区政协有关《关于白马涧风景区提升综合功能的建议》提案人应邀参加会议。

第三十二次会议 5月18日召开，区政协主席王蔼先主持会议。会议听取区政协常委会调研组关于《节约集约利用土地，优化创新发展空间》课题调研汇报，协商确定区政协七届二十六次常委会召开的日程和议程。

第三十三次会议 6月25日召开，区政协主席王蔼先主持会议。会议视察苏州高新区第三中学，听取区教育文体局局长陆文耀《关于全区义务教育阶段均衡化发展的情况通报》，协商确定区政协七届二十七次常委会召开的日程和议程。部分教育界别委员、党派委员和政协提案人代表应邀列席会议。

第三十四次会议 7月27日召开，区政协主席王蔼先主持会议。会议协商通过《关于徐忠国同志任职的决定（草案）》《关于苏火原、王义良同志任职的决定（草案）》。

第三十五次会议 8月20日召开，区政协主席王蔼先主持会议。会议视察西部生态城新盛茶园、上山岛居两个建设项目，听取西部生态城有关规划建设以及发展情况的通报，协商确定区政协七届二十八次常委会议召开的日程和议程。西部生态城管委会主任徐建龙应邀列席会议。

第三十六次会议 9月14日召开，区政协主席王蔼先主持会议。会议审议区政协常委会调研组《关于我区宗教情况的报告》，协商确定有关区政协七届五次会议筹备工作责任分工和区政协七届二十九次常委会议召开的日程和议程。

第三十七次会议 11月11日召开，区政协主席王蔼先主持会议。会议听取区城市管理局局长徐建良关于城市管理工作的情况通报，协商通过《关于王骏同志任职的决定（草案）》和区政协七届第三十次常委会议召开的日程和议程。

第三十八次会议 12月18日召开，区政协主席王蔼先主持会议。会议审议区政协七届五次全体会议《常委会工作报告》《提案工作报告》《关于召开区政协七届五次全体会议决定》有关会议日程和议程等有关草案，区政协秘书长李金兴就有关委员调整进行说明，协商确定区政协七届三十一次常委会议召开的日程和议程，听取区政协提案委关于2015年度派遣民主监督员工作的情况汇报。

议政监督

【专题协商】 围绕党工委（区委）、管委会（区政府）中心工作和区域经济社会发展要求，区政协常委会每年确定2个重点课题与管委会（区政府）开展专题协商。2015年，区政协常委会围绕节约集约利用土地和宗教工作开展协商，形成《节约集约利用土地，优化创新发展空间》和《推进宗教依法管理，发挥宗教积极作用》专题协商报告。同时，区政协主席会议还专题听取区教育文体局、区城市管理局、枫桥街道、西部生态城（镇湖街道）相关工作通报，就教育均衡发展、城市管理、经济社会发展等问题开展协商。

【调研视察】 紧扣区党工委（区委）、管委会（区政府）工作重点和事关人民群众切身利益的热点、难点问题以及区政协常委会议、主席会议协商议题，区政协组织各专委会、基层政协工委、各民主党派和政协委员，深入开展调研视察活动。2015年，就科技创新、生态文明建设、法治建设、实事重点工程、社区管理、养老服务等开展调研视察，形成调研报告30余篇，其中《关于赴杭州高新区、慈溪市学习考察的报告》《关于西部生态城建设的调研视察报告》《关于我区税收等优惠政策实施情况的调研报告》等得到区主要领导的重视和批示。

【提案办理】 七届四次会议以来，区政协委员以高度负责的精神和饱满的政治热情，积极为区域经济发展和社会进步建言献策。全会期间收到提案176件。经审查，立案148件（含并案20件），其中集体提案15件；不立案28件。148件立案提案（其中政协自办3件）由区委、区政府按照分级负责、归口办理的原则，交由25个政府部门和各板块承办。提案涵盖全区经济社会发展的重大项目，涵盖人民群众普遍关注的热点、难点问题。为保证委员提案得到有效落实，加大提案办理督办力度，建立主席会议成员和专委会督办及办理工作“回头看”制度，并确定16件重点督办提案（其中主席督办4件，专委会督办12件）。在区政协提案委、区党政办、各承办单位的共同努力下，所有提案在规定时间内完成办理，办成率为93.1%，答复率和满意率为100%。

【民主监督】 积极探索开发区和行政区合一体制下政协履职的新思路，不断拓展和丰富民主监督的渠道和形式。2015年，制定出台《虎丘区政协民主监督实施办法（暂行）》，启动向政府职能部门派遣民主监督员试点工作，首批向区科技局、区社会事业局（民政局）派遣10名政协委员担任民主监督员，分别就科技政策完善、优化、创新和社会组织培育、发展、管理开展

区政协七届三十一次主席会议视察白马涧生态旅游居住区（区政协供图）

民主监督。民主监督员通过听、看、查、访、评，有针对性地提出许多意见建议。同时，区政协还注重加强社情民意在民主监督中的“直通车”作用，通过主席会议成员联系常委、常委联系委员、召开主席约谈会、主席接待日、委员接待日、“三访三促”等形式，积极扩大政协委员与社会各界的联系，不断拓展信息搜集渠道，广泛收集社情民意信息，全年收集社情民意40余条，经过有关部门办理落实，一些与人民群众生产和生活密切相关的现实问题得到妥善解决，推动政府部门相关工作的落实。

【制度建设】 为推进政协工作制度化、规范化、程序化建设，2015年，结合党的群众路线教育实践活动和“三严三实”专题教育，进一步健全和完善相关工作制度，制定《虎丘区政协民主监督实施办法（暂行）》《虎丘区政协委员履职服务与管理暂行办法》《政协虎丘区委员会关于委组（办公室）及委员履职情况考核办法》《关于进一步完善区政协联系制度的通知》《虎丘区政协委组活动经费使用管理办法》《虎丘区政协爱心基金管理办法》等文件，以政协章程为核心，涵盖自身建设、会议组织、经常性工作的政协工作制度进一步完善，政协工作的规范化水平不断提升。

【文史工作】 依托区域山水风光和人文资源，做好文史工作。由区政协文史委朱浴宇编撰的《苏州西部风情丛书》之《山水之韵》由苏州古吴轩出版社出

《苏州西部风情丛书》之《山水之韵》（区政协供图）

版。该书19万字，7章24目89节，全面介绍苏州西部高新区范围内的山水风光、人文景观和民俗民风。由樊宁撰写的香山帮传承人郁文贤的纪实作品被收录进苏州市政协编辑的《口述非遗》丛书。（吴小龙）

民主党派、工商联

SND

中国国民党革命委员会高新区（虎丘区）总支

中国民主同盟高新区（虎丘区）支部

中国民主建国会高新区（虎丘区）总支

中国民主促进会高新区（虎丘区）支部

中国农工民主党高新区（虎丘区）总支

中国致公党高新区（虎丘区）支部

九三学社高新区（虎丘区）基层委员会

高新区（虎丘区）无党派知识分子联谊会

工商联

中国国民党革命委员会高新区(虎丘区)总支

【概况】 中国国民党革命委员会高新区(虎丘区)总支成立于2011年1月22日。截至2015年底，总支下设2个支部，有党员40人，其中女性17人，占总人数的42.5%。省政协委员1人；市人大代表1人；区人大常委1人；区政协常委1人，委员7人。人员构成涵盖民营企业家、法官、律师、教师、机关工作人员等各个社会阶层。2015年是民革高新区(虎丘区)总支的换届之年。11月7日，总支向市委递交《民革高新区总支部有关换届问题的会议纪要》。11月10日，民革苏州市委以苏民革发〔2015〕19号下达同意请示的批复。12月11日，民革高新区(虎丘区)总支召开全体党员大会，对总支的2个支部进行换届。根据党员队伍工作的实际情况，提出7名党员分别作为基层委员会领导班子、支部领导班子候选人建议名单，并书面报告民革苏州市委，得到民革苏州市委同意。

【参政议政】 总支一贯重视提案工作，要求全体党员切实履行职责，特别是政协委员要积极做好提案工作，写出切合区域实际、有针对性、有一定分量的提案，集体提案是每年总支工作的重中之重，总支向支部全体党员征集提案线索，经过集体讨论后确定调研课题，组织骨干党员参与党派集体提案和大会发言的调研工作，进行深入细致的调研，听取各方意见，党员献计献策，最后形成高质量的政协大会发言和集体提案。2011年至2015年，民革总支提交五十余件提案和建议，内容与百姓生活、社会经济发展息息相关。民革党员提出的提案、建议涉及面广，涉及经济发展、城市建设、教育文化、医疗卫生、城市管理等各方面的问题，有关于加强城市管理、垃圾分类、加强文化创意产业、公交建设、社区卫生人才建设、农保等各方面的问题，体现民革党员的责任意识和民本意识。

【社会服务】 总支在区政法委举办的大型公益法律宣传活动中，组织党派中的律师积极参与，为群众遇到的法律问题答疑解惑。六一儿童节，总支女党员参加民革妇委会的“爱心润童心，民革伴我行”，将爱心捐款交给苏州市委，踊跃担任活动志愿者，为家庭困难儿童奉献爱心。党员陈益民和张勇为支持民革中央画院的抗战70周年展览，捐赠书法作品和油画作品。陈益民每年参加区文联组织的“送福进社区”活动，免费为社区居民书写春联。 (吴烨)

中国民主同盟高新区(虎丘区)支部

【概况】 中国民主同盟高新区(虎丘区)支部成立于2003年。2015年，支部落实盟中央文件精神，严格遵循组织发展程序，在严把质量关的前提下，新发展两位盟员。截至2015年底，民盟高新区(虎丘区)支部有盟员37名。12月19日，支部进行换届选举，孙晓红当选新一届主委，陈旭东、谢明华当选副主委，何炜、王青、邵一民和唐瑾当选支部委员。

【参政议政】 与区政协一起对2014年《关于加快推进大阳山旅游综合开发的建议》集体提案的办理进行调研督查。确定“民宿经济建设”为2015年的调研主题，围绕这个主题，支部组织盟员到常熟和浙江德清等地实地考察，与区旅游等相关部门调研、协商形成《关于大力发展苏州高新区民宿经济的建议》的调研文章，为高新区民宿经济建设提出建议。组织盟员申报盟市委的参政议政课题，邵一民撰写的《进一步发挥“苏满欧”国际货运班列在“一带一路”战略建设中的经济交流作用》被民盟苏州市委选为集体提案，《苏州高新区重点发展医疗器械产业》报送盟中央及省委统战部，谢明华撰写的《“退二进三”式转型升级需要稳步有序推进》报送省委统战部，袁学良撰写的《加强对个人信息的保护势在必行》报送省委统战部并被采用。

【社会服务】 支部传承民盟关

注民生、服务社会的优良传统，以“扶病助学”为主要特色开展特色基层创建活动，参与盟市委的助教、助学帮扶活动，开展“我为毕节学生捐本书”和新浒民工子弟学校助学支教等活动，与辖区内企业东泰精密模具（苏州）有限公司合作开展帮困助学活动，建立帮困基金。通过与各镇、街道以及社区联系收集贫困学生信息，确定初步助学对象，由东泰公司每年提供5万元人民币，为贫困学生提供学校内一学年的所有费用。（吴烨）

中国民主建国会高新区（虎丘区）总支

【概况】 2015年，中国民主建国会高新区（虎丘区）总支面向经济界吸纳两位新会员。2015年，总支择优发展6名新会员。截至2015年底，民建高新区（虎丘区）总支下设3个支部，有会员60余名。年内，总支组织会员参加市委和专委会活动，包括“苏州民建五四大讲堂”“读会史颂伟业，学会章树新风”征文比赛等活动。各支部组织会员开展各种形式的集体项目，组织会员参观崧江道院，组织会员参观奥美材料等企业。总支开展信息交流，各支部确定信息员，及时将总支和支部活动形成信息稿报送给市委和区统战部。民建高新区总支荣获民建全国参政议政先进集体。民建高新区总支荣获民建苏州市委参政议政成果报送先进单位一等奖。民建高新区总支集体提案《关于对苏州高新区国有资本进行全面整合的建议》荣获虎丘区政协年度优秀提案。民建高新区总支任月璋、孙晓峰、杨正、陆跃明、蒋人杰五位区政协委员被评为区优秀政协委员。任月璋获得“高新区科技创新创业领军人才”称号。

【参政议政】 在区政协七届四次会议上提出集体提案《关于对苏州高新区国有资本进行全面整合的建议》，提出区属国资国企整合的总体思路，从整合目标和整合路径两方面提出具体建议。该提案得到高新区党工委、管委会和区政协的高度重视，被列为主席督办提案。总支与相关职能部门开展多次深入交流，助推区国资国企进一步深化改革，在经济新常态的背景下走好改革发展之路。鼓励各支部开展建言献策研讨，各支部在年初制定支部提案调研方案，由骨干会员开展调研，利用支部会议机会，集中会员进行交流。会员结合自身工作生活经历，围绕推动实体经济发展，服务中小企业建设，加强公民隐私保护，规范安全环保监察等方面进行研讨，为总支做好提案工作提供参考。

【社会服务】 总支提出要“用家人的心关爱会员，用大爱的心关怀社会”，总支和各支部班子成员向“思源”基金捐款，为民建“思源”公益品牌增添力量。开学前，总支延续“思源工程·生育关怀”行动传统，会同区人口计生委和区红十字会走访区内10户困难学生家庭，向他们送上爱心救助金。总支和各支部做好老会员和困难会员的关怀帮扶工作，利用春节、重阳节等机会走访慰问老会员，帮助他们排忧解难，增强组织向心力。（吴烨）

中国民主促进会高新区（虎丘区）支部

【概况】 中国民主促进会高新区（虎丘区）支部成立于2004年6月。2015年，支部择优发展6名会员。截至2015年底，有会员38名。年内，姚惠芬获得中国民间艺术山花奖，陈蕾在“一师一优课、一课一名师”活动中获得部级优课，杨宇学被评为苏州名教师，高旻获得历史把握学科能力竞赛市级二等奖。

【参政议政】 支部综合组定位区域内规模庞大、百花齐放的餐饮业，组织委员在2015年7月中旬参观法国食品设计展，同时体验国内首个自助式麦当劳快餐连锁门店。教育组对城市雕塑进行调研和考察，尤其对高新区的城市雕塑作全方面调研，在此基础上，撰写《精心规划、设计与建设苏州高新区城市空间景观小品》。

【社会服务】 端午前夕组织部分会员到东渚镇的苏州福利院

托养点进行慰问。教育组全体老师主动承担石湖社区“课后45分钟”课堂老师任务。会员高旻热心公益活动，参加雪莲花助学联合会，两年来走访200多个贫困家庭。

【社会活动】 按教育和综合两类分组开展。上半年，教育组到学府中学与学校就如何进一步在综合素质方面对学生培养进行座谈。下半年，到常熟国际学校了解民办体制下教育的创新模式办学。综合组对区内部分学校的餐饮、食堂进行卫生方面的监督，为学生用餐安全保驾护航。（吴烨）

中国农工民主党高新区（虎丘区）总支

【概况】 中国农工民主党高新区（虎丘区）总支于2011年9月14日成立，2013年上半年，市区医药支部并入高新区总支。截至2015年底，总支有4个支部，100余名党员，在高新区各民主党派人员规模上位列第一。年内，总支注重党员的界别、年龄、社会影响等，优化党员结构。抓住主界别，拓展医卫界党员的发展。结合高新区大力扶持和发展医疗产业，侧重挖掘和关注医疗产业园的高新人才。发展人口计生、环保、政府、基础教育、工艺美术、高校、私营企业、新闻媒体等其他各个界别和领域的优秀人才。6月，黄娟等代表农工苏州市委参加省委组织的党史知识比赛，获得二等奖；黄磊萌、曾宪成、韩大农、金金良等被农工党苏州市委评为优秀党务工作者。

【参政议政】 总支提倡人人都来写提案，参政议政不怠慢。密切关注社会热点、难点，布置重要课题立项。高度重视政协会议发言机会，每年第一次支部会议的中心议题就是讨论下一年度参政议政的选题，并初步确定范围，全员参与，项目责任负责，领衔人员带队，深入调查研究。精心撰写报告，成果化为现实。为将调研成果转化为参政议政成果，总支专门召开会议，共同研究调研报告，充分听取各方意见，提高调研报告的高度和深度，并据此修改成大会发言。2015年，总支围绕旅游等方面提交提案，反映社情民意，提交集体提案《用科学发展观引导苏州西部旅游业健康发展》。

【社会服务】 开展“前进科普学校，新区农工健康行”系列活动，累计进行4次专题医疗服务和讲座。利用党派优势，组织专家团队开展各种定期和不定期的义诊活动。重阳节前后，为阳山敬老院老人进行义务会诊。继续开展流动图书馆项目“给孩子送绿色书籍”，已进行浒关中学站和新区三中站两站。利用总支财税方面党员资源，深入企业和私营业主开展财税相关政策的交流和介绍，为企业和私营业主服务。（吴烨）

中国致公党高新区（虎丘区）支部

【概况】 中国致公党高新区（虎丘区）支部成立于2007年10月28日。2015年，支部发展11名新党员。截至年底，有41名党员。5月，杨钧辉获得“2014年‘法润江苏’系列专项行动先进集体和先进个人”称号。6月，江苏华海中天律师事务所被评为苏州市优秀律师事务所，杨钧辉被评为苏州市优秀公益律师。年内，胡章敏被评为2015年苏州市劳动模范；沈强当选江苏省机械工程专业高评委评审委员，成为2015年度评审执行委员会委员。

【参政议政】 2015年3月27日，支部召开“坚持和发展中国特色社会主义学习实践活动”动员会，传达致公党市委会关于印发《致公党苏州市委关于开展坚持和发展中国特色社会主义学习实践活动方案》的通知精神。结合方案中的指导思想、总体目标、主要任务、组织领导、工作安排，支部全体党员围绕教育活动的内容、方法形式、时间进度、成果体现等进行讨论，并提出支部关于开展坚持和发展中国特色社会主义学习实践活动的具体内容和时间安排。

【社会服务】 2015年1月21日，支部和区侨联在狮山街道卫生服务中心联合举办口腔卫生和牙齿护理的健康讲座。六一期间，支部印发5000份《幼儿意外伤害及预防常识》送给区内外来人员家庭。6月5日，爱环吴世(苏州)环保有限公司参与新生态“6·5”世界环境日宣传系列活动。8月，支部联合区侨联为镇湖西京村朱福明一家进行爱心桃义卖。（吴烨）

九三学社
高新区（虎丘区）基层委员会

【概况】 2015年，九三学社苏州高新区（虎丘区）基层委员会组织参加纪念九三学社成立70周年征文活动，撰写《岁寒知松柏，患难见真情——我与九三》纪念文章。桑前获得由九三学社中央颁发的“优秀组织工作者”奖项，龚震获得由九三学社中央颁发的“2013—2014年度优秀新闻作品三等奖”以及“2014—2015年参政议政工作先进个人”奖项，张小玲获得“2014年度枫桥街道优秀科技工作者”称号。在2015年度省九三先进评选中，龚震获得“参政议政先进个人”称号，李静获得“宣传工作先进个人”称号，熊文获得“社区服务先进个人”称号，熊文当选高新区政协委员，博士支社委员代秋声当选苏州市九三青工委委员。

【参政议政】 2015年，《论加工贸易的服务化发展》《医患矛盾的根源及对策研究》两篇调研课题中标省九三调研课题。8月15日至16日，第一支社在课题组组长桑前带领下赴盱眙县人民医院进行课题调研。9月1日，第一支社赴常熟市人民医院进行调研。通过两次调研，课题组基本掌握课题的本质，为课题交付打下坚实基础。组织撰写《构建更有活力的创新创业生态系统》《完善知识产权工作 推进知识产权战略实施》和《知识产权助推科技型小微企业发展政策研究》申报书参加市九三课题招标。全年有3篇论文被九三论坛采用，分别是桑前的《在城乡一体化进程中创新富农惠农机制的探讨》，龚震的《完善我国现代农业信息服务体系建设的研究》和李静的《加快农业信息化建设，助推现代农业特色发展》。副主委龚震向九三学社中央报送30余条信息，有9条被九三学社中央采用。其中“警惕地方一窝蜂贴牌‘一带一路’”获国务院副总理张高丽批示，“建议淡化外贸增长目标值”获国务院副总理汪洋批示，“建议两部委收回漫游费定价权”及“修正关税‘逆’保护，促进经济正转型”两篇信息获工信部部长苗圩批示。龚震向市政协提交4份提案，分别是《关于优化“学区房”政策的建议》《关于小学生课后托管问题的建议》《建议建立常态化密集人流危机管理机制》《园区民用住宅类酒店式公寓应具有学区房的均等权利》。

【课题调研】 把《基层卫生院如何通过电子商务平台改善社区医疗服务体验》《“互联网+”如何服务农村经济》《“互联网+”如何改善物业服务》等课题作为全年调研课题，并通过调研形成报告和提案上报高新区相关部门。2015年2月7日，就《基层卫生院如何通过电子商务平台改善社区医疗服务体验》课题走访优康产业园，就基层卫生院如何通过电子商务平台改善社区医疗服务的问题进行探讨；6月28日，参观访问苏州工业园区生物技术公司，考察园区的配套环境、商务环境，为高新区发展借鉴成功经验，更好地为企业服务；10月17日，第三支社、博士支社对苏州银行零售银行总部互联网融资事业部开展调研。为促进高新区产业创新升级，调研区内创新高科技企业，学习创新理念与企业文化；6月4日，参观苏州奇力康药业有限公司，了解了民营企业的现状、发展方向、经营模式等；11月7日，调研苏州新区科技工业园挪度医疗器械（苏州）有限公司，学习北欧企业先进的公司管理理念，为将来开展相关行业调研、撰写提案积累经验。为促进新区生态健康发展，走访传统养殖企业，了解先进环保技术和生态农业理念，为传统行业升级与建设良好生态环境出谋划策；11月27日，联合区政协城乡委、经科委、直属组和有关环保专家走访浒墅关镇吴公村养猪场，现场调研“猪粪无害化处理，为生态农业种植储备有机肥料可行性”课题。

【社会服务】 2015年4月11日，联合苏州大学附二院支社在通安华通社区进行义诊活动；5月8日，联合通安卫生院邀请苏州市中医院吴门医派知名专家在高新区管委会举行义诊活动；10月30日下午，邀请通安卫生院邀请苏州市中医知名专家，为高新区管委会工作人员进行健康咨询指导；组织社员参加高新区纪念“3·15”国际消费者权益日广场宣传咨询服务活动，围绕“携手共治，畅享消费”主题精神，进行现场咨询服务和发放宣传资料；组织社员参加“走进校园，小手拉大手”公益宣传活动，走进苏州最大的外来务工人员子弟学校——苏州高新区新浒学校开展宣传活动，宣传安全就医知识和远离乡镇、城乡接合部的无证行医“黑诊所”，发放宣传手册和调查问卷2400份；8月6日，跟随区政协走访慰问通安镇箭庄社区居委会的一线工作人员，看望部分水果种植大户，并与社区负责人进行座谈交流，为社区农民利用现代“互联网+”来拓宽产品销售渠道出谋划策。（吴烨）

高新区（虎丘区）无党派知识分子联谊会

【概况】 2015年4月28日，高新区无党派知识分子联谊会（简称区知联会）成立。区知联会是全区党外组织中最年轻的一支力量，汇聚高新区各领域中优秀的党外知识分子，行业分布广、文化层次高。区知联第一届会员57名，平均年龄41岁，本科以上学历占78%。其中，博士4人，硕士10人，分为经济、企业、科技和政教卫4个活动小组。自成立以来，区知联会建立健全各项制度，探索工作新方法，开拓工作新领域。建章立制，完善组织建设、活动制度，增强知联会的活力和吸引力；广泛联谊，结交朋友，向兄弟党派学习取经，增强知联会的凝聚力和向心力；开展活动，组织调研，为参政议政奠定坚实基础；选派优秀党外干部参加苏州市党外领导干部培训班，组织代表参加培训、座谈会、协商会。区知联会把帮助党外知识分子代表人士的成长、成才作为重要工作，配合组织、统战部门做好发现人才、培养人才的工作，使知联会成为向党外干部队伍提供后备力量的基地。

【联谊交友】 2015年全年举办两次集体联谊活动。6月28日，开展参观考察高新区西部生态城活动，参观西京湾、柞山公园、马山游客中心；11月13日至14日，到盐城大丰苏盐合作开发园区考察调研，参观麋鹿保护区，听取开发区领导介绍情况，参观开发区建设。（吴烨）

工商联

【概况】 2015年，高新区工商联（总商会）学习落实中央及省、市统战工作会议精神，以“五好商会”创建为契机，不断优化、强化商会组织建设，坚持服务大局、服务企业。浒墅关分区商会荣获“全省工商联商会组织先进集体”称号。

【开展“五好”创建】 制定下发《高新区工商联“五好”商会创建工作实施方案》，要求各行业商会、基层商会对照“领导班子好、会员发展好、商会建设好、作用发挥好、工作保障好”的要求，创新工作，提升商会凝聚力。

【组织“公益五百行”】 组织参加苏州市首届“公益五百行”活动，10家企业、5个商会为区内5个公益项目提供资金支持，涵盖青少年成长、为老、扶贫、企业务工人员心理辅导等公益服务领域。其中“‘轻轻语’加油站——我与打工族心连心”荣获2015年度苏州市精神文明建设十佳新事提名奖。

【推进光彩事业】 各商会主动支持所在区域的爱心助学、扶贫帮困等各项公益事业，全年捐款捐物价值超过200万元。

（杜衡）

群众组织

SND

区总工会

共青团苏州高新区委员会

妇女联合会

残疾人联合会

科学技术协会

文学艺术家联合会

红十字会

社会组织

区总工会

【概况】 2015年，高新区单独建会162家，建立园区工联会3家，包括医疗器械科技产业园、人力资源产业园、苏州创业园，覆盖企业265家，企业单独建会92家。累计建立基层工会组织1675家，会员总数达25.2人。世界500强在高新区投资企业建会率保持100%。做好基层工会收支管理，下发《关于建立健全基层工会组织和加强工会经费收支管理的通知》，明确工会经费为工会工作和职工群众服务方向。开展“会员评家”活动，完善以职工代表大会为基本形式的民主管理制度。通过广泛开展合理化建议、技术革新和发明创造等群众性经济技术创新活动，激发干部职工的创新活力，促进职工的素质技能的双提升，增强工会组织的吸引力和凝聚力。制定下发《关于加强镇（街道、开发区）工会规范化建设的意见》，协商镇（街道、开发区）党委（党工委），工会主席按同级副职配备，有3个单位工会主席按同级副职配备。招聘14名社区工会工作者，充实各镇（街道、开发区）工会工作力量。举办2期新任基层工会主席业务知识培训班，150多名新任工会主席参加上岗培训；举办3期基层工会干部适应性培训，300多名基层工会干部参加培训；与浙江大学继续教育学院联合举办“高新区工会干部能力提升培训班”，各镇（街道、开发区）、国有企业、行业、园区、规模以上企业、市级以上劳动关系和谐企业工会主要负责人共52人参加培训。

【劳模与先进】 2015年，苏州福田金属有限公司陈屏华获评全国劳模。苏州科达科技股份有限公司晋兆龙获评省五一劳动奖章，苏州西门子电器有限公司劳永兴获评省五一劳动荣誉奖章，NGK（苏州）环保陶瓷有限公司获评省五一劳动奖状，苏州市华安普电力工程有限公司试验站和苏州地方税务第四税务分局业务管理科获评省工人先锋号，佳能（苏州）有限公司获评全国模范职工之家，苏州紫兴纸业有限公司原材料化验班工会小组获评全国模范职工小家，莱克电气股份有限公司杨昆获评全国优秀工会工作者，苏州路之遥科技股份有限公司获评全国职工书屋示范点，苏州福田金属有限公司工会主席秦滢获评省十佳优秀工会工作者。有15人获评苏州市劳模。

【劳动技能竞赛】 举办第三届“姑苏绣娘”技能竞赛，有63名绣娘参赛，参赛选手呈现年轻化、受教育程度高和创新意识强等特点。会同区城管局在全区城市维护行业继续开展创先争优劳动竞赛活动，100余名选手代表全区3181名环卫工人参赛。举办首届商品陈列设计大赛，这是全市零售服务业劳动竞赛的创新之举。比赛吸引6家超市参赛，最终泉屋百货参赛队获得第一名。

【和谐劳动关系构建】 推进集体协商工作，开展“要约行动”。承办市总工会2015年“集中要约行动”启动仪式。在市总

表8-1　2015年高新区苏州市劳模一览表

序号	姓名	工作单位
1	张俊辉	苏州市阳山实验初级中学
2	郑众喜	苏州优纳科技有限公司
3	朱海兰	虎丘区人民法院
4	崔峭峣	中国科学院苏州生物医学工程技术研究所
5	王平	苏州高新创业投资集团有限公司
6	沈敏华	苏州西门子电器有限公司
7	曹葵康	苏州天准科技股份有限公司
8	秦滢	苏州福田金属有限公司
9	陆琪	晶端显示精密电子（苏州）有限公司
10	邵亚军	苏州新浒投资发展有限公司
11	陈艳	华能苏州有限责任公司
12	庄苏台	佳能（苏州）有限公司
13	张耀明	江苏大阳山国家森林公园管理处（苏州高新区森林消防队）
14	胡漳敏	苏州高新有轨电车有限公司
15	柯新娟	莱克电气股份有限公司

工会工资集体协商指导员的指导培训下，全区企业签订集体合同数805份，涉及职工93414人；工资专项合同230家，涉及职工80319人。工资协商建制面保持在建会企业的92%以上，区内36家世界500强建会企业全面建制，签订行业工资集体协商2家（刺绣、装饰装潢）。贯彻落实《苏州市工资集体协商工作提质增效三年推进计划》，市总工会工资集体协商指导员深入乡镇（街道）总工会（工联会），指导基层工会开展民主集体协商，推动形成完善的职工工资协商共决、支付保障、正常增长机制；与区人社局、安监局共同协商，扩大劳动安全卫生和女职工特殊保护专项集体合同覆盖面，督促企业落实安全生产责任。建会企业职代会、厂务公开建制率均达93%以上，区级四大国有企业全面建制。制定下发《关于推荐评选"十佳劳动关系和谐企业"的通知》，会同区劳动关系三方机制通过实地考察，听取职工建议意见，整理汇总职工满意度调查表等方式，在入围的20家企业中，评定高新区"十佳劳动关系和谐企业"。

表8-2　2015年高新区"十佳劳动关系和谐企业"

序号	企业名称
1	佳能（苏州）有限公司
2	苏州西门子电器有限公司
3	苏州高新区经济发展集团总公司
4	华能苏州热电有限责任公司
5	苏州福田金属有限公司
6	苏州纽威阀门股份有限公司
7	晶端显示精密电子（苏州）有限公司
8	莱克电气股份有限公司
9	苏州市世嘉科技股份有限公司
10	苏州中化药品工业有限公司

【职工权益保障】 加强浒墅关开发区、科技城、浒墅关镇、枫桥街道和狮山街道法律援助站建设，完善工作措施与制度，建立律师值班制度，通过定期或不定期举办"律师进企业"、法律咨询等活动，为企业、企业工会和广大职工群众提供及时高效的法律服务，规避法律风险，落实劳动关系矛盾纠纷排查和工作报告制度，配合有关部门有效化解欧姆龙、国上精密、路之遥等公司搬迁以及一批企业劳资纠纷。深入基层企业、社区进行普法宣传活动10次，为广大职工群众和社区居民提供工资支付、劳动合同、工伤认定等方面的咨询、维权解答服务100余次，发放《中华人民共和国宪法》单行本和宣传资料5000多份。开展工资支付情况专项检查。召开全区危化企业安全生产和劳动保护会议，开展协助做好安全生产工作"十项行动"，并通过各镇（街道、开发区）工会对区内未建会企业发出依法组建工会告知函，走访调研部分化工生产企业。编辑下发《高新区工会安全生产劳动保护工作简报》3期。

【职工扶贫帮困】 推进职工服务中心建设，按照"七有"标准，开设法律援助、劳动争议调解、助学帮扶、心理咨询、劳模服务、女职工维权指导等项目，区内各镇（街道、开发区）全部建成职工服务中心，千人以上规模企业建成率达93%。完善低保、特困、困难职工台账，慰问355名困难职工、55名低保户职工、25名困难劳模，慰问款物合计140余万元。开展"心系职工，平安返乡"为主题的外来务工人员平安返乡活动。督促各企业工会主动配合行政，制定方案，帮助外来务工人员解决购票难、乘车难、返乡难等问题。为职工发放回乡汽车票现金券5万余元。实施《苏州市工会会员特殊困难救助办法》，全区159家企业240名职工会员获得大病自付部分补助21万元，特困劳模再次帮扶救助金1.7万元，为7位特困劳模带去工会组织关怀。重阳节前夕，组织5名退休劳模参加市总工会组织的重阳节活动。职工互助互济人数再增11.8%。

【职工文化活动】 深化"中国梦·劳动美"主题活动，编写印制《中国梦·劳动美》专刊11期22000册，下发至全区各企业。

结合职工思想特点和社会热点，培育和践行社会主义核心价值观，将社会主义核心价值观的培育与企业文化相互融合促进。承办市总工会“妈妈驿站”建设推广现场会，建成“妈妈驿站”14家。协商区内、市内资源，为企业工会团购优惠区内景点门票10000余张、市体育局游泳馆券26000余张。搭建3个职工会员文体活动平台，惠及全区27家企业近2000名员工。组织区内职工积极参加市总工会迎世乒“工会杯”2015苏州职工乒乓球比赛。举办“K歌之王·2015苏州高新区企业职工卡拉OK大赛”。与枫桥街道联合举办“咱们的好东家·我伲个好租户”颁奖活动，传播“共创和谐社区，共建美好家园”理念。

【职工素质提升】 开展“职工素质提升大课堂”活动，开展送培训、讲座进企业，全年累计送讲座19次。举办3期财务经审培训班，全区基层工会累计240多人参加培训。年初，“苏州高新区工会职工服务驿站”微信公众号（微信号：szgxqgh）上线运行，每天推送信息，反映职工需求，传播工会声音。联合中国联通苏州市分公司，打造全国首个区域性智能化、信息化的工会服务平台“苏高新工会”，推进工会信息化建设，提升工会服务效率和水平。开展职工读书活动，建设市级职工读书站示范点14个，省级职工读书示范点3个，全国职工读书示范点3个，其中路之遥公司职工书屋获评2015年全国职工书屋示范点。（王漪）

共青团苏州高新区委员会

【概况】 截至2015年底，全区有团（工）委19个、团总支2个、团支部379个，团员12080人。新建非公企业团组织60个。有各级少先队组织30个，少先队员3922人，少先队辅导员914人。全年发展团员1530人，推优入党59人。3月，拟定《苏州高新区团的基层组织推优入党工作制度（试行）》。4月，举办高新区纪念五四青年节暨五四运动主题团日活动——“这就是我，一名高新青年”。5月，承办苏州市青年商会十二届一次会长办公会议，并举办“对话青商·走进苏州高新区”活动。服务中美欧日韩知识产权五局局长会议，为会务方提供日语、韩语青年志愿者。7月，与区相关部门共同举办高新区首届文化艺术节之“企业文化季”暨“高新青年汇”夏日欢乐趴（Party）系列活动。举行高新区（虎丘区）青年商会成立大会暨一届一次会员大会。10月，举办“向上红领巾·高新梦飞扬”全区少先队纪念建队66周年主题队日活动。与科技城管委会、审协江苏中心联合举办“共筑高新梦·青春健步行”高新区大型青年公益健步活动。围绕“5G服务”，在基层团组织中开展“思想大解放、青年大讨论”活动。11月，与苏州团市委、苏州福丰科技有限公司共建“苏州市青年创新创业孵化中心”，时任省委副书记、苏州市委书记石泰峰同志为中心揭牌。12月，为“2015苏州太湖国际马拉松”提供全程青年志愿者服务。指导成立“阳光”“青缘”两家区级青少年事务中心。

【青少年思想政治引领】 开展全区纪念“五四运动”96周年主题团日活动暨“这就是我，一名高新青年”青年事迹分享会、

2015年7月23日，苏州高新区（虎丘区）青年商会成立大会暨一届一次会员大会召开（强晓佟摄）

"火红的五月"系列青年活动等，坚定新形势下青少年继续跟党走的信念。推进在校学生分类引导，联合教育局共同举办第九届中学生"快乐成长节""向上红领巾·高新梦飞扬"全区少先队主题教育实践活动，以青少年学生为主体培育和践行社会主义核心价值观。开展"我与新区共成长"青少年摄影、手绘比赛，增强青少年对高新区文化传承、发展变迁的了解，唱响现代化建设主旋律。开展"十佳最美新区少年"评选，另有55位少先队员获"省四好少年"称号，8位少先队员获"市美德好少年"称号。举办"魅力团支书、活力团支部"展评活动39场，覆盖团员8533名，5名团员获"市学子之星"称号，5个社团获"市社团之星"称号。广泛开展"我们身边的好青年"评选，寻访好青年128名，其中10名青年入选"市好青年百人榜"，2人入选"省好青年百人榜"。五四期间，共青团苏州华能热电有限责任公司运行支部获评江苏省五四红旗团支部，另有3家团委（支部）、6名团员（团干）分别获评市级五四红旗团委（支部）、优秀团员（团干）称号。推进全区"团青汇"微信体系建设，建立区、镇（街道）、村（社区）三级微信74个，凝聚青年近万名，将团组织带到青年身边，让团工作触手可及。推进自媒体"晴朗网络"行动，构建100名网络宣传员队伍和200名网络青年文明志愿者队伍。做好团属官网、官微的信息发布，全年发布原创微博105条、原创微信124期，开展官微粉丝"青春微聚会"线下互动，长期凝聚线上粉丝2万余名。五四期间，在全区13块户外电子广告牌集中播放30秒五四青年节宣传短片，形成良好的社会传播效果。

团委举办"这就是我，一名高新青年"主题团日活动（团区委供图）

【青少年成长成才服务】 发挥"高新青年汇"品牌效应，服务青年创新创业创优。打造"高新青年汇"微信公众平台和青年创新创业中心、社会组织孵化中心和青年人才联谊中心，发挥服务平台作用，整合区发改局、区科技局、区民政局、苏州创业园等部门和单位的政策和资源优势，孵化创业团队3支、社会组织18家，发放小额贷款35笔，共计200万元。与福丰科技公司、苏州团市委共建的"苏州市青年创新创业孵化中心"于11月揭牌成立。推报2个项目分别获得江苏省第三届创新创业比赛二等奖、第七届"创业姑苏"精英创业大赛优胜奖。开展青年文明号集体创新创效创优系列活动，引导全区青年立足岗位创一流业绩，制作宣传短片，打造有轨电车1号线青年文明号专线。开展"高新青年汇"夏日欢乐趴（Party）系列活动10余场、"爱在科技城"单身青年系列交友活动5场，联合泉屋百货开展五四青年节"青享会"促销让利活动。基层团组织举办"大阳山植物园单身青年大派对""奔跑吧马涧""青年公益穿越天平山灵白线""智取五龙山青年登山寻宝大赛""最忆小时光"等多项青年活动，吸引广大青年参与。做好区青年商会换届，融入经济建设助推转型升级。举办苏州市青年商会"对话青商·走进高新区"活动，部分企业家代表来高新区参观考察，并与有关部门深入交流。完成高新区青商会换届工作，吸引会员82家，开展“走进太湖金谷”企业融资洽谈会、“走进西部生态城”新兴产业考察、“携手青商 跨越发展”年度会员大会等活动，组织会员参加浙大、清华等培训研讨班。携手区中小企业服务联盟、“阳光能量站”服务联盟等组织，走访重点企业、困难企业，助推企业转型升级，服务区域经济发展。发挥市、区两级青商会资源优势，为高新区青少年帮困事业募集爱心资金20余万元。建立区级青少年事务中心，实现青少年成长服务专业化、社会化路径。指导成立“新梦源”“青缘”等两家区级青少年事务中心，参与区内公益项目创投大赛，推进青少年事务专业化、社会化服务发展路径。继续深化与上海百特、苏州汀斯等两家社工机构的合作，完成两家“笑果”社区青少年服务店共计110节青少年综合成长类社工课程，多次开设“笑果进企业”专题课程，服务青少年及其家庭6500人次。继续实施“成长护航”工程，畅通与人大代表、政协委员的沟通渠道，切实维护青少年合法权益。新狮社区“希望来吧”、石湖社区“四点半学校”等团属关爱阵地，常态化开展流动儿童关爱服务项目，全年累计开展各类活动252次，服务流动儿童12000人次。在有轨电车基地创立首家市级青年公益交易对接平台，指导各类青年志愿者组织协同行动，开展“暖冬行动”关爱困难学生项目、“为雷锋精神点赞”纪念雷锋精神主题活动、“阳光与你同行”助残行动、“共青团大阳山绿植认领”护绿行动、“共筑高新梦·青春健步行”生态文明倡议行动等青年志愿服务活动20余场，高效完成好“中美欧日韩知识产权五局局长会议”“2015苏州太湖国际马拉松”等大型赛会志愿服务工作。

2015年10月13日，“共筑高新梦·青春健步行”——高新区大型青年公益健步活动在苏州科技城举行（强晓佟摄）

【共青团基层组织建设】 继续深化“595”计划，大力实施“一团一品”强优工程，重点推进镇（街道）、村（社区）两级团组织建设，挖掘整理基层团组织星级规范化建设案例，帮助和指导基层更好地开展团建工作。推进“聚团优品”城市街道区域化团建，凝聚属地企业、学校、医院、机关等单位资源，建立团建共建委员会，属地化开展活动。实施规模以上非公团组织“达标创优”计划，促进非公团建规范化建设，不断提升非公团组织活力。实施中学共青团“六个一”工作模式，确立中学共青团工作可行、可视、可学的基础团建范本，改善学校团建意识涣散的实际问题。完成2014年度全区团青统计工作，掌握工作底数。调整阳山实验中学团委组织隶属关系，督导文昌实验中学新成立团委，指导狮山街道团工委、枫桥街道团工委、科技城团工委、浒关镇团委增强力量，完善“大团委”工作格局。与区党工委组织部就共青团推优入党工作制定《苏州高新区团的基层组织推优入党工作制度（试行）》，在全区统一规范推优入党工作流程。制定《共青团就在身边——团的人员、活动双下沉》工作制度，要求全区各级团的专兼职干部走进支部、走进青年、转变作风、改进工作，全年开展走访活动145场，开展“团干部如何健康成长"大讨论活动32场，收集"青年意见清单"113条。举办新任团干部培训班、团组织负责人培训班3期，集中授课与参观学习相结合，提升团干部的政治素养、业务能力和实践水平。

（金雨菲）

延伸阅读："595"计划："第一层"，及时总结苏州市乡镇（街道）团的组织格局创新工作开展以来取得的阶段成果，重点强化95个乡镇（街道）团组织的"桥头堡"作用；"第二层"，通过创建"一团一品"等活动，每个乡镇（街道）团组织培育好不少于10个工作项目，全市打造不少于950个团的工作项目；"第三层"，通过"团干部大走访"等活动，每个乡镇（街道）团的领导班子成员联系、服务好辖区内10个基层团组织，全市建活、建优、建强不少于9500个各类基层团组织；"第四层"，通过各类青年创新创业创优活动，每个基层团组织联系、发现10个青年人才，全市发掘凝聚不少于95000名青年人才，充分发挥他们在组织青年、引导青年、服务青年和维护青少年合法权益的作用；"第五层"，通过开展"寻访我身边的好青年"等活动，每个青年人才联系10名普通团员青年，直接面对最广大的普通青年，建立微组织、把握微需求、开展微活动、提供微服务、形成微循环，使团的组织始终在第一时间响应青年呼声，传递党政关怀，全市联系影响不少于950000名普通团员青年，推动全市基层团的工作呈现扇形辐射、开放延伸的工作态势。

（金雨菲）

妇女联合会

【概况】 2015年年内，区妇女联合会（简称区妇联）相继举办"三八"妇女维权周、国际家庭日、国际禁毒日、世界艾滋病日、国家宪法日等宣传教育活动，发放宣传资料，组织设摊服务，引导妇女儿童学法、知法、懂法、守法。认真接待、处理信访，充分发挥妇联信访网络作用，及时向基层妇联及有关部门了解实情，耐心细致地进行调解，通过心理疏导、精神抚慰、社会救助等综合措施，引导妇女依法维权。依托家事审判巡回法庭，开展家事矛盾调解和开庭，组织群众旁听进行法制教育，举办法律知识讲座，播放法制宣传动漫片和微电影，调解成功率达95%。加大女性社会组织培育力度，区紫苏叶妈妈育儿社完成注册，开展学做青团、爱心义卖、长卷绘画等亲子活动以及流动儿童联谊活动。成立区舒新家庭服务中心，开展宣传、培训、推介等工作，引导妇女多渠道就业，解决周边地区家政服务需求。年内开展培训5期，免费培训农村妇女317名，成功推介就业30余人。协助省、市妇联落实江苏省巾帼手工产业（苏南）展洽中心建设。6月27日，全国妇联副主席、书记处书记崔郁，江苏省妇联主席缪志红，市委常委、高新区党工委书记浦荣皋为展洽中心揭牌；11月28日，江苏省妇联副主席顾敏查看展洽中心建设。12月3日，江苏省妇联主席缪志红考察展洽中心，均给予充分肯定。镇江、南通等市妇联也先后率团参观考察。区妇联被全国妇联评为"全国巾帼建功先进集体"。

【妇女维权】 2015年3月，举办"三八"妇女维权周。5月，制定"平安家庭"创建活动工作要点，参与高新区"5·18（我要法）"暨"防盗骗、保平安"法治宣传活动，宣传妇女儿童维权知识，发放宣传资料1000余份。开展家暴告诫回访活动，由社区妇联对受家暴的妇女进行走访，关注家庭情况，提供帮扶措施。11月，区妇联联合浒墅关开发区开展"11·25"反家庭暴力宣传周活动，举办反家暴文艺演出，协同检察院、法院、公安等部门及律师、心理咨询师等志愿者现场开展宣传咨询服务，还通过知识问答、亲子游戏、宣传展板巡展、发放宣传资料等方式，深入社区和家庭传播妇女儿童维权知识。12月，参与高新区"12·4国家宪法日·法治嘉年华"系列活动，宣传宪法、法律知识，弘扬法治精神。参加省妇联举办的"宪法精神与妇女维权"论坛，学习探讨新时期宪法

2015年高新区女大学生“爱心花蕾”圆梦计划（区妇联供图）

精神与妇女维权的新理论、新思路、新发展。

【妇女服务】 2015年1月，联合台协高新区妇联会举办寒冬问暖孤残儿童圆梦活动，为“阳光之家”孤残儿童送去棉衣、童车床等慰问品。2月，召开高新区女企业家协会2014年度会议，全面回顾总结2014年协会工作，谋划2015年协会工作，为女企业家搭建更好的交流发展平台。3月，联合区人才市场举办高新区“春风行动”专项就业服务，免费发放政策法规、维权、未成年人保护等宣传资料3000余份，接受妇女群众的咨询。5月，组织区女企业家协会赴太仓考察，学习太仓市女企业家联谊会管理运作的先进经验和工作方法。6月，举办走进阳光之家“放飞梦想 同庆六一”活动，为孤残儿童送去蚕丝被、地垫、纸尿裤等爱心物品，进行文艺演出和游戏。六一节联合区女企业家协会为浒墅关培智学校39个孩子送去玩具、文具、食品等礼物。7月，举办微创投项目培训，为基层妇联和有关社会组织负责人讲解相关知识；带领各镇、街道妇联负责人到吴江、太仓学习公益微创投项目工作经验，为开展区内微创投公益项目打好基础。开展以“关爱智障儿童——共助健康成长”为主题的“大手拉小手”爱心义卖活动，义卖所得捐给培智学校。8月，开展高新区女大学生“爱心花蕾”圆梦活动，举办情商沙龙之人际关系，并为39名贫困女大学生发放助学金和爱心礼品。9月至11月走访调研妇女儿童之家建设，进一步提升服务品牌，指导4个社区妇儿之家创建市级示范妇儿之家，对全区省级、市级示范妇儿之家给予一定的专项经费补贴，支持基层阵地为妇女儿童优化服务。10月，“扶贫日”期间走访慰问4户贫困妇女家庭，关心了解困难和需求，发放慰问金。12月，开展“同在蓝天下”单亲妈妈关爱行动，联合公积金管理中心虎丘分中心，举办大型舞蹈展演，发放8万元慰问金帮扶80名贫困单亲妈妈。为女企业家提供“新三板”知识和股权投资培训，联合有关职能部门开展政策问答，帮助释疑解惑。

【妇女思想道德建设】 2015年3月，开展“美丽同行·宠爱阳山”高新区“巾帼林”植宠认养活动，动员爱心人士认养150余棵树木，倡导绿色生态理念。4月，组织22名代表参加苏州市第十三次妇女代表大会，选举产生市妇联第十三届领导班子。5月，开展“妇女健康知识宣传”系列讲座进机关活动，为50余名机关女职工送上内容丰富的妇科保健知识课程。5月8日，举办《遇见幸福的自己》情商讲座，为科技城大院大所80余名单身男女青年传播正确的婚恋观。9月，联合高新区女企业家协会举办“相约高新区，爱在秋天里”公益交友会，为单身青年缓解婚恋难，为高新区留住人才。12月，举办全区基层妇联干部培训，邀请知名专家为近200名妇联干部和妇女骨干开设服饰搭配和形象礼仪、妇科健康知识等课程，提高形象素质。

【和谐家庭建设】 2015年2月至3月，开展“最美家庭”寻访活动。3月7日，举办纪念“三八”国际劳动妇女节暨“最美家庭”表彰活动，表彰丁琴家庭等35户高新区“最美家庭”。徐礼本家庭成为苏州市首批10户最美家庭之一，张林姐家庭入选苏州市10户提名奖家庭。4月至6月开展“和谐家庭乡村（社区）行”活动，举办讲座2场，受教妇女群众580名，进一步提升基层妇女群众的能力素质。5月，开展“守望幸福最美家庭”系列活动，举办“最美全家福”晒幸福讲故事、“幸福加油站”女性提升培训活动、“守望幸福 最美家庭”寻访活动等。在国际家庭日，与狮山街道联合举办“弘扬美德，分享幸福”最美家庭颁奖典礼，表彰20户狮山街道“最美家庭”、24名“美德之星”，带动女性和家庭见贤思齐。成功推荐20户苏州市“健康家庭”，倡导健康文明的生活方式。

【苏州市妇女儿童活动中心正式开放】 原苏州市妇女儿童活动中心于1994年建成开放，至今已运行20余年，各种设备设施在功能、安全、配套等方面难以满

2015年6月1日，苏州市妇女儿童活动中心（新馆）正式投入使用（区妇联供图）

高新区纪念“三八”国际妇女节105周年暨“最美家庭”表彰活动（区妇联供图）

足苏州市妇女儿童事业发展的需要。2014年，苏州市妇女儿童活动中心实行整体移址新建，并被列入当年市政府实事项目。新建的妇女儿童活动中心位于邓蔚路、何山南，占地面积43亩，建筑面积4.4万平方米，按照绿色三星标准建设，总投资2.6亿元，2015年10月正式对外开放。整个项目由妇女楼和儿童楼两部分构成，妇女楼功能面积0.6万平方米，建有公共服务餐厅、母婴健康指导中心、“幸福之家”女性创业实践区、健身馆、巾帼公益园、巾帼家庭服务业创业孵化基地等功能室。儿童楼功能面积2.8万平方米，设置流动儿童艺术家园、自救自护活动室，以及儿童艺术、体育、科技、传统文化等校外兴趣活动室共87间，打造少儿“百合花艺术团”，下设器乐、舞蹈、书画、武术等社团。新建剧场拥有480个座位，引进科文中心苏儿剧场，每年为妇女儿童提供80场次的各类演出和10场次的公益讲座。

【巾帼手工产业（苏南）展洽中心揭牌】 2015年6月27日，江苏省巾帼手工产业（苏南）展洽中心在高新区镇湖揭牌成立。该中心坐落于国家4A级刺绣艺术馆景区的核心位置，是江苏省手工艺行业首个由妇联主导的公共服务平台。中心依托“一街（绣品街）、一馆（刺绣艺术馆）、一中心（刺绣艺术展示中心）”的产业集聚、人才集中优势，打造成为集聚苏南地区妇女特色手工产品的展示基地、助推苏绣原创作品创作的创意基地、加强手工行业人才梯队建设的人才基地、涌现手工艺新人新作的竞赛基地和拓展苏绣网络销售渠道的电商基地。（区妇联）

残疾人联合会

【概况】 截至2015年底，高新区有持证残疾人6572名，全年新增残疾人356名。其中听力残疾人633名，视力残疾人842名，肢体残疾人3241名，言语残疾人23名，智力残疾人744名，精神残疾人944名，多重残疾人145名。截至3月24日，全面完成残疾人专项调查数据处理工作。初录完成残疾人调查表5829份及社区调查表88份，复录完成残疾人调查表614份，经系统两次录入比对，误差率仅为0.004%，一次性通过全国残疾人专项调查数据的处理工作和市级验收，为制定国家“十三五”规划和残疾人事业“十三五”发展纲要提供翔实的参考依据。倡导以“政府主导、资源整合、社会参与、奉献爱心”为主旨的工作理念，依托各镇（街道）、村（社区）现有资源和社会组织，重点对具有高新区户籍并持有《中华人民共和国残疾人证》，年龄在16～60周岁之间，生活不能自理或自理困难的贫困重度残疾人开展居家托养服务工作，基本解决贫困重度残疾人居家托养服务需求，形成具有高新区特色的残疾人居家托养服务体系。区残联被评为苏州市残联2015年度残疾人工作优胜单位。

【扶残助残】 为323名无业精神（智力）三、四级残疾人发放春节慰问金38.66万元；为50名贫困残疾人发放重残补贴5.92万元；为352名无业精神（智力）三、四级残疾人发放生活救助金180.67万元；为61名无业重残和精神（智力）三、四级人员发放社会保险补贴19.93万元；为78名残疾学生和贫困残疾人家庭子女申请发放教育资金11.38万元；发放2015年残疾人机动（电动）轮椅车维修服务补贴共计14.286万元，其中为162名机动燃油车车主发放维修补贴9.396万元（580元/人），为43名电动轮椅车车主发放维修补贴1.29万元（300元/人），设2个机动（电动）轮椅车维修服务点并发放管理经费3.6万元，为160名下肢残疾人发放燃油补贴4.16万元；为3655名残疾人办理了爱心卡年审，其中新增爱心卡481张，补办爱心卡108张；在5月“助残月”中，为贫困残疾人发放助残金和重残补贴96.82万元；普及儿童孤独症预防知识，邀请广济医院精神科副主任医师高蓉详细介绍自闭症儿童的早期症状、病因分析等预防知识，来自狮山、枫桥、通安等7个乡镇的部分自闭症儿童家长与高医生进行交流，以寻求最佳的治疗方案。高新区现有5家福利企业，共安置225名残疾人就业。全面实行残疾儿童学前三年至高中三年的十五年免费教育政策，继续对接受高等教育的残疾学生和残疾人家庭子女给予助学奖励，并逐步提高补贴或奖励标准；继续扶持浒墅关培智学校，枫桥和东渚中心小学特教班开展教学工作，使符合就学条件的残疾少年儿童入学率达到100%。结合高新区特殊教育提升计划，为东渚实验幼儿园、枫桥中心小学、浒墅关培智学校申请“随班就读学校资源教室建设经费”9万元。

【康复服务】 推进“人人享有较高水平”康复服务工作，与苏大理想眼科医院合作，开展“视力残疾早预防，光明巴士进社区”的防盲治盲下基层活动；“光明巴士”以全新面貌接力“亮眼看苏州”，在全区八个乡镇、街道设点开展眼病筛查活动，全年总筛查人数11108人，完成白内障复明手术522例。全面落实市残联制定的0~14周岁残疾儿童康复训练政府购买新政，为141名0~14周岁残疾儿童申请发放抢救性康复训练补助经费315.2万余元，为3名残疾儿童申请发放人工耳蜗手术植入补助经费3.6万元；全面确保0~14周岁听力（言语）残疾、视力残疾、智力残疾、肢体（脑瘫）残疾、孤独症儿童得到免费康复服务和教育。启动社区辅具租借服务，提升社区康复服务水平。辅具租借点实现全区完整覆盖，依托信息服务平台，向有需求的残疾人提供免费租借服务，改善区内残疾人生活状况。打造残疾人幸福工程，满足残疾人日益增长的康复需求，使残疾人康复服务更加普及。全年向267名残疾人配发辅具377件，对13户残疾人家庭实施无障碍家庭改造，共计17.38万元。认真落实好中残联儿童“七彩梦”、省残联彩金项目下达的各项辅具配发任务，努力实现残疾人“人人享有康复服务”的目标，提升残疾人幸福指数。

【残疾人活动】 文化方面，在苏州市第二届社区型残疾人文体活动兴趣团队（小组）展评活动中，区残联获“创新成果奖”，报送的节目“疯狂的小天鹅”获舞蹈组一等奖，“眩之舞”获健身操类一等奖，“梦想”手工艺小组获优秀奖。在2015~2016年残疾人“才艺达人秀”中，CCL车间的“时装秀”和培智学校的“溜溜球”节目获“梦想奖”。在第五届全国残疾人职业技能竞赛中，高新区选手龚兰在刺绣项目中荣获第二名。区残联推荐的由胡宇峰编剧创作的《守护》获苏州市残疾人微电影剧本评选一等奖。体育方面，区培智学校特奥足球队代表江苏省参加在北京举办的2015年“三菱友谊杯”残疾人足球赛，获得冠军。杨娴获得2015年苏州市残疾人游泳锦标赛听力女子组50米自由泳冠军，马龙获听力男子组50米蛙泳第三名。

（王晴蕾　姚思圆）

科学技术协会

【概况】 2015年，高新区获批国家级科技工作者调查站点1家、省级科普示范社区1家、省级科普教育基地2家、市十佳科技魅力人物1人、市科普惠民服务站4个、市级科普示范街道1个、

2015年4月28日，高新区第二届残疾人象棋友谊赛（姚思圆摄）

市级科普教育基地2家、市软课题研究1项、市级“双杯奖”2项。年内，高新区科学技术协会（以下简称区科协）完成区老科协改选登记工作。在全国科普周、科普日期间组织科普活动200多项，多项重点科普活动得到社区居民认可。

【科普活动】 2015年5月17日，举行“真山真水园中城 创新创业高新区”2015科普宣传系列活动启动仪式，高新区市民科普游、大阳山科普馆开馆、科普摄影比赛、“新科杯”中小学科技创新大赛、中小学科普探秘等系列活动同时拉开帷幕。5月，“科普游”组织4条“一日游”旅游线路，包括苏州地质科普馆、天灵中药、白马涧景区科普一日游，苏州东吴博物馆、电车科技体验基地、大阳山植物园一日游，明治奶牛馆、中国刺绣艺术馆、太湖湿地公园（房车基地、垂钓中心）一日游，同和资源综合利用有限公司、虹越园艺家、树山村景区科普一日游。截至12月底，

表8–3 高新区科普教育基地、科普文明示范街道（社区）、科普惠民服务站一览表（截至2015年底）

序号	基地名称	类别	级别	批准时间
1	苏州白马涧生态园	科普教育基地	市级	2009
2	苏州新区实验小学	科普教育基地	市级	2009
3	苏州高新区横塘街道	科普示范街道	市级	2009
4	苏州高新区通安镇华通社区	科普示范社区	市级	2010
5	苏州高新区通安镇华通社区	科普惠民服务站	市级	2011
6	苏州高新区狮山街道馨泰社区	科普惠民服务站	市级	2011
7	狮山街道馨泰社区	科普示范社区	国家级	2012
8	枫桥街道马浜社区	科普示范社区	市级	2012
9	狮山街道新升社区	科普示范社区	市级	2012
10	通安华通花园第一社区	科普示范社区	市级	2012
11	浒墅关镇惠丰社区	科普示范社区	市级	2012
12	苏州高新区实验学校	科普教育基地	省级	2013
13	苏州太湖湿地公园	科普教育基地	省级	2013
14	狮山街道狮山社区	科普惠民服务站	市级	2013
15	狮山街道新升社区	科普惠民服务站	市级	2013
16	枫桥街道东浜社区	科普惠民服务站	市级	2013
17	横塘街道青春社区	科普惠民服务站	市级	2013
18	浒墅关镇金庭社区	科普惠民服务站	市级	2013
19	枫桥街道马浜社区	科普示范社区	省级	2014
20	狮山街道何山社区	科普惠民服务站	市级	2014
21	横塘街道学府社区	科普惠民服务站	市级	2014
22	阳山街道第四社区	科普惠民服务站	市级	2014
23	浒墅关镇永新社区	科普惠民服务站	市级	2014
24	苏州虹越园艺家	科普教育基地	市级	2014
25	苏州白马涧龙池景区	科普教育基地	省级	2015
26	苏州大阳山科普馆	科普教育基地	省级	2015
27	狮山街道金色社区	科普示范社区	省级	2015
28	苏州高新区浒墅关镇	科普示范乡镇	市级	2015
29	狮山街道金色社区	科普惠民服务站	市级	2015
30	浒墅关镇龙华社区	科普惠民服务站	市级	2015
31	枫桥街道西津桥社区	科普惠民服务站	市级	2015
32	横塘街道石湖社区	科普惠民服务站	市级	2015
33	苏州明治奶牛馆	科普教育基地	市级	2015
34	苏州大阳山科普馆	科普教育基地	市级	2015

已组织超过1000名市民开展科普一日游。6月23日，首届“新科杯”中小学科技创新大赛暨家庭实验室活动在通安中心小学举办。全区30所中小学分管领导和科技教育骨干教师，苏州市电视台、《苏州日报》等媒体代表应邀出席活动。12月17日，第二届“新科杯”苏州高新区中小学科技创新大赛暨全区中小学科技教育展示活动在高新区实验小学举办。5月至12月，举办“高新区科普摄影大赛”，围绕“反映科学现象、揭示科学原理、启迪科学思想、记录科学活动、传播科学知识”主题，通过摄影艺术手段与科普相结合，普及科学知识，弘扬科学精神。

【科普基础设施建设】 2015年全年，区科协为超过50%的社区安装科普大屏，总数达到23块。为创业中心建设一座现代化的室内科普宣传画廊。高新区企业自行建设的“大阳山科普馆”“电车科技体验基地”“牛奶馆”“天灵中药馆”等相继落成对社会开放。向科技城小学和横塘石湖社区赠送科普图书600多册，采购科普挂图40多套。（包宁）

文学艺术家联合会

【概况】 2015年，高新区文联及各协会组织会员学习习近平总书记在文艺工作座谈会上的讲话精神，坚持“双百”“二为”方针，围绕高新区党工委、管委会中心工作，以“出人才、出作品”为方向，不断繁荣文化艺术创作、丰富群众文化生活、推动区域文化发展。文联各协会会员的作品不断入展或获奖，创作水平进一步提高。姚建萍获评全省唯一“第四届全国中青年德艺双馨文艺工作者”称号，在中国美术馆举办作品展。姚惠芬刺绣作品《生态之殇》获得山花奖，俞挺玉雕作品获天工杯金奖，顾七兮长篇小说获中国作家协会重点项目扶持。另有一批文艺作品获省级以上各类奖项近百次。美术家协会会员吴波的作品入选中国写生联盟“江南加画第三届油画展”在京展出，会员沈见林、曹小坤作品入选苏州“新吴门画派苏州当代中国画大展”。

【文艺活动】 与《中国摄影报》合作，举办“苏州阳山新城杯”苏州高新区全国摄影大展，组织大展赛的开拍活动和市摄影协会的采风活动。举办“上巳雅集·花海穿行”苏州高新区书法摄影作品联展。与望江艺术空间合作，举办近10次各类艺术作品展。组织书法、摄影协会会员分别到机关、社区、企业，为居民免费书写春联、拍摄照片。做好中国工艺美术协会《中国工艺美术全集·精品卷·金属工艺篇》作品评审会接待工作，承办市摄影家协会理事扩大会议暨联谊会。协调完成“江苏省首届版权推动艺术创新论坛·苏绣原创工程研讨会”会务工作。

【文艺交流】 组织各协会与省、市之外的兄弟协会进行各类交流，开阔会员眼界；协助各协会会员赴海外展出作品。2015年5月12日，区美术家协会会员张勇于意大利米兰世博欧洲设计学院举办“生命·痕迹——张鸿然油画作品展”。区民间文艺家协会会员姚惠芬、朱寿珍等人的作品参加意大利米兰世博会展出。接待法国SKEMA商学院奢侈品和市场管理专业的师生前来交流访问，该学院与刺绣协会探讨合作模式。

【提升会员水平】 通过各种方式，培训、鼓励会员提升艺术水平。书法家协会会员培训成效领先全市，两个“千百工程书法教育点”获评全市先进，一名会员获评全市先进会员；书法家协会定期举办活动，点评会员作品，22名书法爱好者通过评审加入区书协。摄影、美术协会定期举办采风、写生活动，并点评会员作品，帮助会员共同提高。其中，摄影协会新吸收会员19名。助推民间文艺家协会会员更上一层楼，推动12名会员获批高新区第四批非物质文化遗产代表性传承人；协助“创意苏绣孵化班”顺利开班，培养新生代刺绣跨界人才。

【出版作品专辑】 编辑出版书法、美术、摄影家协会会员的首部作品合集《情寄家园——苏州高新区书法美术摄影作品集》。作品集收录高新区36名书法家作品、23名美术家作品和30名摄影家作品，由苏州大学出版社出版。与《西部散文选刊》杂志合作，推出高新区作家作品专辑，刊发高新区16名作家的22篇作品。（杜衡）

红十字会

【概况】 2015年，苏州市虎丘区红十字会（简称区红十字会）有基层红十字会8个、团体会员单位11个，建立红十字社区服务站点7个，会员总数4298人，志愿者60人。年内，区红十字会捐赠总收入9.3万元，公益性业务活动总支出10.5万元，救助贫困家庭269户、困难群众803人次。超额完成市实事工程项目——公益性应急救护培训，完成初级救护员培训963人，完成率175.1%；普及培训5796人，完成率115.9%。应急救护师资初训4人，复训4人。完成造血干细胞采集32人，初配成功12人，高分辨5人，1例进入体检阶段。遗体（器官、角膜）捐献取得突破成绩，有44人登记造册，10例成功捐献。

【社会救助】 2015年全年发放救助金10.5万元，其中市红会下发“博爱送万家”救助款8万元，区红会发放救助金2.5万元，包括自筹救助金1.3万元（民建总支委1万元，区国土局潘喆定向捐赠0.3万元）。慰问困难群众269户，近803人次受益，发放慰问金8万元、价值2.05万元慰问品。2月，开展“红十字博爱送万家”和爱心救助宣传活动，走访慰问区内8个困难家庭。开展对白血病、罕见病患者特困家庭的救助，1月12日向通安镇郑林娥家庭发放3000元救助金，4月24日向浒墅关镇王小芹家庭发放3000元救助金。2月5日和8月30日，区红十字会两次看望慰问东渚镇黄区村孤儿裘梦琪，把江苏捷美投资发展集团定向捐赠的第6、7笔爱心救助款6000元人民币和区红十字会捐助的爱心书籍、棉被等送到她手中。春节前夕，区红十字会帮助区国土局潘喆结对通安镇1户困难学生家庭，资助该学生完成学业。2月10日，区红十字会和潘喆为这户困难学生家庭送去2000元“婷羽爱心接力”救助金以及爱心棉被；8月31日，该学生拿到第2笔项目救助金1000元人民币。8月26日，区民建总支委、区人口计生委和区红十字会走访区内3户困难学生家庭，开启2015年“思源工程·生育关怀”之行。“思源工程”项目已连续开展6年，孕育出“生育关怀”和“特教关怀”两个子项目，区民建总支委员会累计对区内70余户贫困家庭进行救助，救助金额达到65000元。10月21日，区红十字会开展重阳节走访慰问捐遗志愿者活动，走访慰问辖区内16名80岁以上登记遗体捐献的老人及4名负责捐遗工作的志愿者。

【社会救护】 按照苏州市红十字会〔2015〕6号文件的要求和工作任务，争取“公益性应急救护培训项目”经费12余万元。2015年，完成初级救护员培训963人，完成率175.1%；普及培训5796人，完成率115.9%；应急救护师资初训4人，复训4人。3月19日，区红十字会会同区财政局联合下发《2015年公益性应急救护培训项目实施方案》，对公益性应急救护培训项目做出工作部署，召开专项会议要求各基层红会开展公益性应急救护百万培训进机关、进学校、进社区、进企业等活动，确保完成初级救护员和普及培训任务数，让更多的市民群众了解应急救护、自救互救等知识；响应省、市红会关于应急救护师资培训的号召，组织区内8名师资参加初训和复训；红十字“博爱周”期间，开展3次初级救护员培训班，分别对高新区耐普罗塑胶模具（苏州）有限公司和苏州科技城源宿酒店92位员工进行培训；6月11日，区红十字会举办旅游行业从业人员初级救护员培训班，来自高新区旅游行业16家单位90人报名参加；9月22日，响应市教育局《关于认真做好2015年度高级中学新生军事训练工作的通知》，在苏州技师学院军训期间通过讲座和电视转播的方式，为1124名新生开展应急救护知识普及培训；与区教育局联合举办苏州高新区教育系统红十字初级救护员培训班，来自区教育系统77所中、小学校的分管校长及校医共计153人参加培训；分2期为区公安分局136名新进辅警队员及巡特警大队队员进行初级救护员集中免费培训；11月13日，召开2015年红十字会应急救护培训台账材料自查互查工作会议。

【组织建设】 2015年，区红十字会以服务民生为主线，开展“三救三献”工作，加强基层组织建设，健全红十字会基层组织网络，夯实红十字事业发展基础，当好政府人道领域助手，实现全区红十字事业健康可持续发展。1月和5月，分别完成苏州大阳山国家森林公园游客服务中心红十字服务站和万枫社区红十字服务站的建设工作；指导苏州高新区狮山实验小学争创第四批江苏省红十字师范学校；贯彻市红会《关于2015年度红十字会费收缴工作的通知》，完成对各镇（街道）红十字会会费的收缴工作；根据区卫计局要求，完成区红十字会2016年的预算编制工作。

【宣传工作】 为纪念第67个世界红十字日，2015年5月1日起连续1个月在绿宝广场、金狮大厦、赛格电子广场等中心商圈的11块电子屏上播放公益性应急救护宣传片。响应“全国红十

表8-4 高新区社会团体一览表

序号	名称
1	苏州高新区（虎丘区）市场协会
2	苏州高新区（虎丘区）消费者权益保护委员会
3	苏州虎丘区政协联谊会
4	苏州高新区（虎丘区）红十字会
5	苏州高新区（虎丘区）退休教育工作者协会
6	苏州高新区镇湖刺绣协会
7	苏州市高新区（虎丘区）民营企业协会
8	苏州市高新区（虎丘区）个体劳动者协会
9	苏州高新区（虎丘区）佛教协会
10	吴门雅集
11	苏州高新区（虎丘区）环境保护产业协会
12	苏州高新区（虎丘区）网球协会
13	苏州高新区（虎丘区）料理行业协会
14	苏州高新区（虎丘区）计划生育协会
15	苏州高新区（虎丘区）女管理工作者协会
16	苏州市虎丘区人大工作理论研究会
17	苏州高新区房地产业协会
18	苏州高新区外商投资企业协会
19	苏州高新区（虎丘区）人力资源服务行业协会
20	苏州高新区人力资源联合会
21	苏州高新区（虎丘区）技职院校毕业生指导研究会
22	苏州市高新区劳动模范协会
23	苏州高新区体育总会
24	苏州高新区（虎丘区）枫桥商会
25	苏州高新区书法美术摄影协会
26	苏州高新区老科技工作者协会
27	苏州高新区（虎丘区）通安商会
28	苏州高新区企业培训协会
29	苏州高新区（虎丘区）安全生产管理协会
30	苏州高新区台湾同胞投资企业协会
31	苏州高新区航模协会
32	苏州高新区（虎丘区）羽毛球协会
33	苏州高新区东渚工艺美术行业协会
34	苏州高新区科技企业孵化器协会
35	苏州高新区中医协会
36	苏州市虎丘区反邪教协会
37	苏州高新区创业精英协会
38	苏州高新区（虎丘区）狮山电子行业协会
39	苏州高新区（虎丘区）围棋协会
40	苏州高新区商会
41	苏州高新区工商行政管理学会
42	苏州高新区装饰材料商会
43	苏州高新区足球协会
44	苏州高新区自主创业者联谊会
45	苏州高新区医学会

续表

序号	名称
46	苏州高新区城市维护行业协会
47	苏州高新区土地学会
48	苏州高新区（虎丘区）律师协会
49	苏州高新区有轨电车行业协会
50	苏州高新区狮山街道阳光沙龙中老年单身交友协会
51	苏州高新区建筑行业协会
52	苏州高新区女企业家协会
53	苏州高新区篮球协会
54	苏州高新区侨商会
55	苏州高新区（虎丘区）青年商会
56	苏州高新区医疗器械行业协会

字青少年自救互救知识竞赛”活动，组织区内5所中小学的2663名学生参赛。5月12日，协办“5·12防灾减灾日”启动仪式暨万枫社区争创全国综合减灾示范社区活动。设立群众体验区，为居民示范传授心肺复苏、口对口人工呼吸等急救措施，发放自救互救、防灾避险、市民安全手册等宣传材料300余份。

【无偿献血、献髓和献遗】2015年6月25日，召开2015年献血、献髓动员大会，区内82家企事业单位参加。全年完成造血干细胞采样32例，有12例志愿者初配成功并通过再动员谈话，其中5例进入高分辨检测，1例进入体检阶段。全年有遗体登记造册捐献的志愿者19人，捐献遗体5例；角膜登记造册捐献的志愿者13人，捐献5例；器官登记造册捐献的志愿者12人。

（吴振华）

社会组织

2015年，高新区在全区8个乡镇（街道）建立社会组织孵化基地，投入190万元建立社会组织培育发展专项资金，加大社区社会组织培育扶持力度。加强社会组织登记管理，启用江苏省社会组织登记管理网上填报系统，实行公益慈善类等四类社会组织直接登记制度，实行社区社会组织登记和备案双轨制，全年办理社会组织行政许可227件，其中新增登记成立民办非企业单位207家，社会团体3家，基金会1家。127家社会组织参加年度年检，年检合格率达96.85%，比2014年增长5.85%。推进社会组织等级评估，39家社会组织参与等级评估工作，其中有2家社会组织首次获评4A等级，14家社会组织获评3A等级，7家社会组织获评2A等级，16家社会组织获评1A等级。截至2015年底，全区有基金会1家（苏州高新区同心公益基金会）、社会团体56家、民办非企业单位343家、备案社区社会组织413家，其中登记的社会组织中行业协会商会类12个、社会福利慈善类16个、社区服务类250个、民办教育培训类48个、其他类74个，64家社会组织通过A级及以上等级评估。（姚樱子）

政法·军事

SND

平安高新区

法治高新区

司法行政

公　安

检　察

审　判

人民武装

武　警

消　防

道路交通安全

人民防空

平安高新区

【组织领导】 2015年，高新区党工委、管委会始终把平安高新区建设工作放到经济社会发展大局中去谋划、去推进，做到综治平安建设与经济工作同部署、同检查、同考核。党政联席会议四次专题研究部署年度平安建设工作，并将平安建设工作列入年度党政综合考核，列入每月党政主要工作安排；与各区综治委成员单位签订社会治安综合治理和平安建设责任书，强化综治和平安建设工作领导责任；将加强社区建设、科技强警特别是技防监控建设等列入年度政府实事工程，近3年区政府实施58项实事工程，涉及平安建设的12项，解决群众普遍关心的小区安全、治安防范、技防建设等问题。2015年，全区确立13项综治和平安建设重点项目。年初，区综治委制定下发年度全区综治和平安建设工作要点和重点工作任务责任分解。定期组织法院、公安、信访、维稳等综治相关单位召开社会稳定和治安形势分析会，对全区社会稳定和治安形势做出研判分析，研究解决平安建设中遇到的新情况、新问题。定期、不定期地深入各地各单位现场指导、检查、督查平安建设工作，及时通报存在的问题，跟踪落实整改情况。召开年度全区政法工作暨平安法治建设表彰大会，总结工作，表彰先进，激励斗志。全区各地各部门坚持“拓展思路谋平安、夯实基础筑平安、强化责任推平安、落实防控建平安、消除矛盾保平安”，把维护社会稳定作为“一把手工程”，把平安高新区建设作为“民生工程”，在人、财、物上给予充分保障。

【维护社会稳定】 加大维护政治安全力度，开展反渗透、反间谍、反窃密、反邪教、反恐怖斗争，防范和抵御“颜色革命”，深化无邪教创建活动和开展严打暴恐活动专项行动。围绕3个“555”工程，推进国家安全人民防线建设，全国唯一一家县区级国家安全教育实训基地建成启用。自创的全省首部反间谍动漫微电影《无声较量》开始展播。做好重大活动、敏感节点安保工作，在世乒赛、抗战胜利70周年纪念活动、中国—中东欧国家领导人“16+1”会晤、中美欧日韩知识产权五局局长会议、太湖国际马拉松赛等重大活动期间，以及“12·3”范木根案庭审等节点，采取有效措施，维护全区平安稳定大局。加大民生保障力度，依法审结社会广为关注的金某诈骗案等大案要案。依法支持金融和科技创新，妥善审结浮动质押、互联网金融、科技保险等新类型案件45件，李某某诉某银行存款储蓄合同纠纷案入选苏州市金融审判十大案例。依法审结新动态培训学校等企业资金链断裂引发的案件206件。加强知识产权司法保护，促进产业自主创新，审结知识产权案件101件，其中涉网络新媒体著作权案件31件。依法保护区内外投资者，审结外企高管损害公司利益相关纠纷5件，涉案金额760余万元。依法起诉破坏社会主义市场经济秩序犯罪18件35人。突出打击涉众型经济犯罪，办理赵某某非法集资近7000万元等涉众型经济犯罪3件4人。参与“破坏环境资源犯罪专项立案监督活动”和“危害食品药品安全犯罪专项立案监督活动”，破获1件涉案金额高达100余万元的生产、销售假药案，营造诚信有序的市场环境。加大专项治理力度。2015年，在全区连续第3年组织开展“防盗骗、保平安”专项行动，破获侵财犯罪案件1077余起，同比上升40%；抓获侵财犯罪作案成员418名。推进打假、打击银行卡网上非法买卖、打击涉众型经济犯罪、反假货币及相关专案等专项行动，破获经济案件45起，抓获经济犯罪嫌疑人110名。查处多起大型涉网案件，打掉网络组织卖淫、网络组织赌博等多个团伙，破获黄赌娼案件223起。加大执法联动工作力度，区综治委定期召开全区执法联动工作会议，会商会办执法联动中需解决的问题。2015年，全区有110余项执法联动项目，针对食药安全、工商质监、公共卫生、安全生产、文化旅游、资源环境、交通运输、城乡建设、农村水利、小区管理等十大领域突出问题执法联动，有公安、消防、交巡警、城管、市场监管、环保、安监、服务业发展、交通运输、卫生等12个部门参与执法联动。通过有力的联动执法，提升行政执法效率，促进突出问题的解决，营造秩序良好的社会环境。区道路交通便民服务中心全面启动建设。加大社会矛盾排查化解力度，全年排查掌握各类不稳定因素157起，同比减少24.5%，有效化解和稳控147起，化解率93.6%；及时有效处置30人以上群体性事件42起；全区各级、各类人民调解组织受理各类民间纠纷18835件，调解率100%，调解成功率99.99%，没有因民间纠纷调解不及时而引发的刑事案件和非正常死亡。有两起民间纠纷调处案例在苏州电视台播放。在切实增强群众意识，落实民生优先，坚持科学、民主、依法决策，统筹兼顾各方利益的基础上，全区持续深入推进社会稳定风险评估工作，各地按照“应评尽评、全面覆盖”的原则，将社会稳定风险评估作为定政策、作决策、上项目的前置条件和必经程序。2015年，全区报备并完成各类风险评估项目188个，同比增长70.91%。加大进京非访依法治理力度。区党政联席会议多次专题研究信访工作，市委常委、高新区党工委书记浦荣皋，管委会主任周旭东多次就信访工作做出批示、指示，并包案6名信访老户，区党政班子成员全员参与信访包案，协调会办接访信访事项；区信访局实行信访干部挂钩包案化解信访积案制度，各地各部门坚持“领导包案、部门协力、基层攻坚”的联动化解工作机制，通过“党员干部进社区亮身份”“两代表一委员联系群众”等多种形式和推动“政社互动”“区镇联动”“社区网格化管理”等有效模式，动员和整合各方面的力量共同做好信访工作。推动信访积案化解，全年化解信访老户6名。先后分四批交办各类重点人员和不稳定事端，对22名重点人员落实稳控措施；各重要敏感时期均成立驻京信访工作组，累计成功劝返意图进京非访、滋事人员20名；落实苏高法〔2015〕182号文件精神，对6名进京非正常上访人员进行治安拘留，对1名涉嫌犯罪的信访人员进行刑事拘留，对进京非访现象保持高压态势。

【防控体系建设】 科技化构建防控网络，将科技强警列入政府实事工程，每年均投入数千万元用于项目建设。按照“数字化、网络化、智能化、实战化”的标准，建成1137个道路治安监控点位和55套智能抓拍系统，交警监控探头310个、带智能抓拍功能的电子警察264套。全区有社会面监控探头41681个，其中接入公安918个。建立52个治安岗亭，在各派出所、治安查报站升级改造350M警用集群通信系统和视频调度系统，在26台110巡逻车安装3G无线图传系统，购买2架警用无人机并列装应用。同步配套建设技防城系统、3.20工程核心智能综合管理平台，研发视频故障诊断管理平台、勤务管理网上报备平台并投入运行，有效提升可视化、精确化、扁平化指挥调度能力。加强全区公共重点场所防控设施建设，推进技防城建设，全区75家中小学幼儿园、253家三级重点单位、150个三级重要目标、网吧等技防设施覆盖率100%，旅馆技防设施覆盖率90%以上，沿街商户、小区居民家庭、城镇散居家庭、农村户等技防完成率超80%。全年打击处理852人，抓获网上逃犯289人，通过监控抓获违法犯罪嫌疑人354人。将路面巡防和“空中巡逻”相结合，一方面，按照地理位置、治安复杂程度等因素，将全区划为31个防控片区，以政府机关、重点商贸区、油气点重点单位等为中心，确定16个武装巡逻区域，每日投入500余名路面巡防警力，形成车巡与步巡、公开与秘密相结合的巡防网络；另一方面，组建100余人的监控员队伍，根据辖区治安特点对监控探头实行三级分级管理，针对不同等级的监控探头，明确相应的巡视频率，健全“监巡对接”机制，提高监控利用效率，为实战服务。坚持每日警情发布制度，通过犯罪预测系统等平台开展“大数据”关联共享，及时掌握案发动向，调整警力资源摆布，提高警力投放的实效性，最大限度地把警力投向重点部位和重要时段，全面、侧重地落实街面巡防、卡口堵控、盘查检查工作。常态化落实情报研判，制定细化《情报信息分析研判暂行规定》《情报研判、合成侦查工作规范》《重点人员教育管控工作规范》等规章制度，区公安分局指挥中心、勤务指挥室牵头建立每日、每周、每月固定研判机制，依托视频监控和各类系统平台，开展警情研判、随案研判、专题研判、重点人员研判。同时，联动派出所、刑警、网侦、技侦等部门，形成“情报研判—合成侦查—落地查证—侦查办结”的工作流程，提升研判实效。扁平化推进应急处突，先后4次对应急处置辅助决策库进行修订和完善，形成2个总体工作预案、4个专项工作预案。在各接处警单位实行动态巡逻值班接处警机制，推行动中备勤、动态巡控、巡处一体。建立“关城门”2个固定治安查报站、12个临时堵控点；建立一支230人规模的巡特警特勤队，实行24小时值班备勤。以公安分局联合指挥部为核心，建立多部门共同参与的合成处置机制，通过图像监控、车载GPS、警用地理信息系统、电台，实现对一线警力“点对点”指挥调度模式，快速反应、有力处置各类突发性事件。坚持“什么治安问题突出就重点整治什么、哪里治安混乱就重点整治哪里”的原则，2015年年内排查确定狮山街道新狮社区金邻公寓、枫桥街道枫津大街、横塘街道青春新村等8个区域，作为市、区、镇（街道）三级挂牌社会治安重点地区开展集中整治，通过综合整治方案二级会审、按时序进度对重点地区开展专项整治督查、综治委统筹现场办公等方式，加大专项排查整治推进力度，确保整治实效。

【人口服务管理】 稳步推进流动人口居住证制度，加大宣传力度，通过在居民小区、集宿区等流动人口聚集场所悬挂宣传横幅，在小区宣传橱窗张贴、发放宣传材料等方式多方位宣传，进一步推广上门采集信息。截至2015年底，高新区居住证信息采集办证数达50万余人，实现全覆盖。强化群租房管理，采取集中治理和常态化管理相结合的办法，加大对群租房的管理力度。出台《群租房暂行管理办法》，同时推广摄录一体机、神鹰天卫等小技防设施，提高群租房、沿街店面、居民区等技防水平。强化集宿区管理，创新服务理念。高新区有各类集宿点1033处，集中居住人员近15万人，规模比较大的集宿区主要有14个，总建筑面积40万平方米，集中居住人员89400人。其中企业内部集宿区7个，社会面集宿区7个。大部分集宿区建有“新苏州人调解委员会”和“新苏州人法制学校’，生活服务设施比较齐全，给入住人员营造便利、舒适的居住环境。推广中介一条街服务新载体，为外来人员务工就业谋出路；推广开展枫桥劳务职介一条街等外来人员创业就业新载体；成立人力资源（职业中介）行业协会，形成综合管理办公室、行业协会和街道劳动保障事务所“三位一体”格局。每年实现登记求职8万余人，上岗就业5万余人。开展“出租屋房产超市”工作，落实《苏州高新区“出租屋房产超市”实施方案》，在全区推行“出租屋房产超市”。辖区各派出所、社区、警务室分工明确、整合资源、发挥主观能动性，挤压“二房东”空间，并做好出租户的回访工作。“出租屋房产超市”已在全区实现全面覆盖。加强刑释解教规范管理。立足社会稳定和谐，以预防和减少重新违法犯罪为目标，强化刑释人员衔接、帮教、管理、安置各项工作措施。2015年，高新区刑释解教人员在册总人数430人，其中刑满释放209人，解除劳动教养6人，社区服刑人员解矫转入215人，安置率100%，帮教率100%。加强社区矫正“三化”建设。严格执行《刑法》《刑事诉讼法》《社区矫正实施办法》《江苏省社区矫正工作条例》及省、市有关文件，按照上级部署要求，结合高新区实际，以开展社区矫正“规范化建设成果展示年”活动为工作主线，以实现特殊人群服务管理全覆盖工作目标为抓手，以执法规范化为引领，以管理信息化、帮教社会化为支撑，推进社区矫正工作。2015年，高新区新接收社区服刑人员138人，解除社区矫正182人，特赦2人。目前在册社区服刑人员141人，其中缓刑126人，假释14人，暂予监外执行1人。警告13人次，非正常死亡0人，重新犯罪0人。加强肇事肇祸严重精神障碍患者救治管理，2015年，高新区在册精神病人1667人。最后一次随访危险等级为0级的占98.05%，1级的占1.75%，2级的占0.19%，无危险等级3级以上人员。按照《国家基本公共卫生服务规范》和《重性精神疾病管理治疗规范》要求，开展精神病患者随访、危险性评估、分类干预等项工作。区综治办协调卫计局、公安分局等成员单位通过调查排摸、入户走访、定期见面等方式，认真核对本区内肇事肇祸精神病人基本信息，基本实现肇事肇祸精神病人排查到位、管控到位。在此基础上，高新区制定《关于苏州高新区、虎丘区落实肇事肇祸精神病人医疗救助费用的规定》，明确应急医疗救助对象和医疗救助范围。落实3名肇事肇祸精神病人住院救助，计30.7万元。加大精神病人应急医疗救助体系建设，2015年高新区发生2例重性精神疾病应急医疗处置事件，均得到及时处置。加强吸毒人员管理。高新区严厉打击新型毒品犯罪，娱乐场所吸贩毒，涉枪、涉黑毒品犯罪，全面开展社区戒毒、康复工作，加强易制毒化学品管理，加大禁毒宣传力度，开展“无毒社区”创建。全区现有25名禁毒社工，分布在区自强服务社及8个乡镇、街道禁毒社会工作站。全区在册服务对象651人，与上年546人相比增加19.23%。全年访谈166次，尿检1307人次，提前介入80人，提供打击线索8条，其中成功打击3条。禁毒宣传活动走入吸毒人员家庭98次、娱乐场所40次、社区185次、学校85次，发放禁毒宣传材料35000余份，受教育人数10000余人，发展禁毒志愿者180名。全年破获毒品犯罪案件46起，逮捕、直诉82人；破获治安案件250起，行政拘留267人，强制隔离戒毒50名、社区戒毒93名；缴获毒品3143.8克。

【基层基础建设】 强化三级平台规范化建设，根据省、市要求，结合区行政中心西迁实际，突出实战需求，率先建成“1+6”（即1个中心本部加6个分中心）的区级社会管理服务中心。省政法委、省综治委联合下发29号文件以及省综治办领导对苏州市县区级社管中心提出具体整改意见之后，高新区对照上级要求，在区社管中心组织架构、工作体系、功能职责等方面进一步完善，并实施常态化运行。推进综治组织规范化运作，在年中和年终分两次组织综治五部委对基层综治工作特别是两级平台进行督查考核，进行通报。采取树典型、抓“两头”办法，进一步促进平台建设的常态化、规范化。全区8个镇（街道）政法综治中心全部被评定为苏州市一级；81个村（社区）“五位一体”综治办中，71家被评为苏州市一级，占总数的87.7%。“镇（街道、开发区）政法综治中心、村（社区）综治办、片区综治工作站、企事业单位综治工作点”四级系统化管理网络动迁规范、顺畅。强化网格化服务管理。高新区是全市网格化管理工作的先行单位，曾在狮山街道试点实施社区片区综治网格化管理，取得初步经验，并向全区推广。之后高新区网格化管理又向工业园、商业街区、城中村等延伸，实现网格化管理全覆盖无死角。2015年，根据省、市网格化建设新要求，进一步健全组织机构，完善人员配备，明确工作职能，深化、细化网格化建设，加强矛盾问题研判，提升社会矛盾管控能力，同时完善人口联管、治安联防、作息联勤、问题联治、纠纷联调、平安联创、奖惩联评等，确保综治网格化管理规范运作。强化社区共治，近年高新区先后建设高层动迁社区13个，总面积294万平方米。为让搬进高楼的动迁农民真正融入、享受城市生活，年内由区综治委牵头，各综治成员单位和镇（街道）通力合作，用“社区共治”思路，持续打造“规划引领”“源头防范”“安全保障”“联动共治”“公共服务”“文明提升”等“六大工程”，推广狮山街道星韵花园推行的“一卡三防五关”，实现“零发案、零群租、零火灾”的“金管家”管理模式，做好高层动迁社区的规划建设和管理服务工作。推进“社区共治”，让社区居民切身感受到“安居、宜居、乐居、福居”的和谐环境，不断提高动迁居民群众的公众安全感和幸福指数，促进社会和谐。《江苏政法》肯定和推广了高新区的做法。强化综治信息系统实战化应用。成立区综治信息建设工作领导小组，由区政法委副书记、综治办主任任组长，相关成员单位分管领导为成员，区综治办与新区电信联合成立综治信息化建设项目组。全年召开4次协调会议，研究解决系统运行中遇到的问题。按照省、市要求，区、镇（街道）、村（社区）PC账号和手机账号全部开通到位，其中PC账号134个、手机账号91个；区、镇（街道）、村（社区）系统信息员配备到位，职责明确。年内组织开展3次督查，2次培训，强化系列平安创建，持续推进系列平安建设载体化、数字化、项目化。年初，再次确定下发13个系列平安重点项目，各牵头单位负起责任，制定细化每个系列平安创建实施方案，齐抓共管。区文教局通过校园周边整治、落实学校安保措施，不断促进平安校园创建工作；区卫生局结合医患纠纷的主要特点，完善医疗纠纷预防与处置工作协调机制，依法预防与处置医疗纠纷；区妇联通过“家庭暴力避难驿站”“姐妹爱心帮困驿站”等工作载体，提高“平安家庭”创建工作的覆盖率；区交通局、建设局接轨延伸“平安交通”，开展“平安有轨电车”创建，引导群众安全出行。2015年，高新区高层动迁小区社区共治模式、平安有轨电车创建活动被评为“2015年度苏州市综治和平安建设优秀示范项目”。切实提升公众安全感，以不断提高群众安全感和满意度作为检验综治与平安建设工作的重要标准，从解决群众最关心、反映最强烈的突出治安问题入手，强化使命和责任意识，不断满足人民群众对幸福平安的新要求、新期待。强化党委领导、政府主导、综治成员部门齐抓共管、社会力量广泛参与的社会治安防控体系建设工作格局，加强矛盾纠纷排查化解力度，加大社会面巡逻防控和治安防范，推进重点地区排查整治，组织开展各类社会治安专项行动。加大平安法治建设宣传力度，全年发放《告居民书》等平安宣传材料20余万份，将平安建设的重大意义、决策部署、方法措施、平安常识宣传到广大群众中去，提高居民群众平安建设知晓率，激发群众参与平安高新区建设的热情，持续营造平安建设氛围。（冯燕芳）

法治高新区

【法治教育】 2015年，高新区根据中央、省、市关于全面推进法治建设的总体部署，特别是党的十八届四中全会《全面推进依法治国若干重大问题的决定》中对法治建设提出的新要求，结合高新区实际，在征求各区镇各部门意见的基础上，制定下发《高新区深化社会管理体制改革和社会事业重点领域改革及推进民主法治领域改革行动计划》和年度法治建设工作要点。对照省、市法治建设指标体系，以“项目化”管理方式推进法治建设各项工作落到实处。提升领导干部法治思维，全面推进法治型党组织建设，出台《关于建设法治型党组织的实施意见》，配套制定30项重点任务分解表，明确13个基层试点单位先行先试探索经验，有序推进基层党组织书记法治专题轮训、基层法治先锋服务团队建设、党建引领基层依法治理等8大项目，提升基层法治型党组织建设的针对性和实效性。举办领导干部法治建设和依法行政、律师专题研修班，分三批对各区镇、各行政执法部门主要负责人和分管领导300余人进行为期一周的封闭培训，为领导干部量身定制十八届四中全会精神和《江苏省行政程序规定》解读，参与式行政程序制度，政府成为被告的对策指导以及政府信息公开等课程，组织举办“法治改革与法治思维”“新行政诉讼法及应对”等领导干部菜单式讲座，邀请条线领导和高等院校专家学者进行授课。加强行政诉讼首长出庭应诉制度建设，提高行政首长行政诉讼出庭率，增强依法行政、依法办事的意识和能力。拓展法治文化传播渠道。按照“一地一特色，一地一品牌”的思路，以阵地建设为重点，弘扬法治文化。注重发挥法治文化教育、渗透、熏陶作用，镇（街道）法治文化阵地全覆盖，村（社区）建成率达85%以上，建成枫桥东浜社区法治公园、东渚龙惠花园法治广场。在全区中小学生中开展法治文化作品大赛活动。现有区级法治平台2个，镇（街道）级法治平台15个。

【依法行政】 提升依法决策水平，开展社会稳定风险评估工作。全年开展风险评估138个，全部纳入《2015年市政府重大行政决策事项目录》，所有列入目录的事项均严格履行公众参与、专家论证、风险评估、合法性审查、廉洁性评估、集体讨论决定等法定程序。对2015年10月30日前现行有效的79件政府规范性文件开展清理工作。推进严格规范执法，制订年度行政执法监督工作计划，推行全程化跟踪执法监督工作制度，重点针对行政处罚（包括执法检查）、行政许可等执法种类，适时邀请人大代表、政协委员和人民监督员，对整个现场执法过程进行全程跟踪监督，并跟进后期案件办理情况。落实执法人员持证上岗，举办全区行政执法人员培训及考试，全区480多名执法人员分两期参加培训。制定有轨电车相关法规文件，进一步规范执法自由裁量权。将数学模型引入行政处罚自由裁量权，全区13个部门参加，建立完善联动执法机制，建立全区行政执法与刑事司法衔接工作联席会议制度。提高依法行政能力，推行政府法律顾问制度，聘请10名专家和执业律师组成政府法律顾问团，将法律顾问职责拓展延伸到为政府提供全方面法律咨询服务，每个法律顾问分别“认领”一项政府重大决策事项，全程参与决策过程，为政府决策把好法律关，切实发挥好“外脑”和“智囊”作用。政府法律顾问制度覆盖各镇（区）及政府工作部门，法律顾问聘请率100%。

【公正司法】 实施公正司法阳光工程，区检察院深化检务督察同步介入司法办案工作机制，纪检监察部门通过查阅卷宗、系统平台督察、现场检查、回访调查、部门巡查等方式，对办案中执行法纪情况进行监督。巩固以案件信息公开为重点的检务公开成果，搭建公众监督参与司法载体，提升检察工作透明度、知晓度和公信力。发挥镇（街道）检察室、派驻公安机关、检察官办公室等载体的基层“触角”作用，通过带案下乡、送法下乡等手段，畅通基层法治服务渠道。践行品牌战略建设，成立“蔚然工作室”，坚持“服务民生零距离、化解矛盾零成本、执法粗暴零容忍、开展工作零差错、群众感情零伤害”的“五零”工作法。区法院始终把“执行难”问题作为一项重要任务来抓，开展“春雷行动”执行会战，集中力量清理涉民生案件。发挥“点对点”网络查控功能，在银行、公安、国土、住建、工商、税务等部门支持下，初步实现快速查控被执行人及其财产。完善公众旁听评议人民法院庭审工作机制，加大信用惩戒力度，将失信执行人信息纳入全国联网数据库，对失信被执行人采取公开曝光、限制出境、司法拘留、罚款等处罚措施。推行“零佣金”网络司法拍卖，上网拍卖房产、车辆、机器设备等。优化法律服务保障职能，规范推进城乡公共法律服务体系建设，健全公共法律服务网络，完善工作制度和运行机制，聚集职能优势，融通部门合力，满足社会、公众基本法律服务需求。公共法律服务平台从“有形覆盖”到“有效覆盖”。对全区86个村（社区）的法律顾问进行统筹调配，做到资源配置合理、服务方式科学，区、镇（街道）、村三级公共法律服务平台先后提供咨询1800余次，群众满意率测评100%。加强“两法衔接”工作，完善和规范重点行政执法领域涉嫌犯罪案件的移送工作。塑造公正廉洁队伍形象，以省司法体制改革试点为契机，争当改革试点的引领者、示范者，统筹推进改革试点、司法办案、队伍建设协调发展。落实入额遴选的各项纪律和要求，按照规定的时间节点做好每个环节工作。通过遴选，实行司法人员分类管理，把政治素养好、专业素质高的优秀人才留在司法一线，提高检察官、法官队伍整体素质。突出检察官、法官办案的主体地位，建立健全“有权必有责、用权受监督、失职要问责、违法要追究”的办案责任制，提升公正司法能力。

【法治为民】 落实法治惠民实事项目，把开展“法治千千吉”暨“关爱民生法治行”活动作为法治为民、法治惠民的重点工作来抓。2015年年初，在区镇、部门和社会征集关爱民生法治行项目，经筛选将“法立方服务e站”建设、建立区校园纠纷和商会调委会等13个项目确定为关爱民生法治行重点项目，各主办单位将活动项目纳入到本部门、本区镇全年重点工作目标，作为全年法治建设工作的重点考核内容。推动法学研究服务基层，召开高新区法学会第一次会员代表大会，完成法学会换届工作；清理、发展法学会会员，建成由执法司法部门分管领导、业务骨干、执业律师、专家学者为主体的实践性法学研究组织，确保会员能承担起法学研究任务，为推动高新区法治实践提供理论指导。市法治办、法学会针对农村法治建设情况在高新区开展“以法治视角聚焦‘三农’工作的推进”专题调研。年内，各法学会会员参加“长三角法学论坛”征文、“法治江苏高层论坛”征文、“法学会主题研讨会”征文等调研征文活动，累计撰写报送论文37篇。（冯燕芳）

司法行政

【公共法律服务】 2015年，高新区把打造城乡一体的公共法律服务体系作为司法行政服务为民的重要举措，从平台建设入手，打造全覆盖的服务体系。服务平台基本覆盖，整合各方面资源，打造融电话、网络于一体的“12348”法律服务热线，组成以律师、调解员为主体的专业服务团队，每天安排工作人员、律师值班，接待群众来访，实行实体化运作和“一站式”服务。区局和处室领导每周到中心检查、坐班，处理相关问题，对重大事项及时掌握、及时研究、及时解决。镇（街道）公共法律服务中心、村（社区）公共法律服务体系基本建成，以司法所工作人员、法律顾问、专职调解员为主体的“便民法律服务团”，为群众提供基本法律服务。建成校园纠纷调委会、装饰行业商会调委会等调解组织，深化公调对接，加强对调解室设置、工作程序、人员配备等问题的调研，实现调解场所、联调机制、工作制度、保障措施四到位。完成区政府法律顾问团的换届，稳步进行法律顾问全覆盖工作，区级机关各部门和镇（街道）法律顾问聘任全部到位，坚持把“一村（社区）一法律顾问”作为便民服务、法治惠民的实事工程来抓，采取村（社区）自行聘任、镇（街道）打包购买、司法行政部门指派相结合的方式推进村（社区）法律顾问。有123名律师担任村（社区）法律顾问，为村（社区）提供法律服务392件、电话咨询489次，提供法律援助16件，出具法律文书34份；参与村（社区）矛盾纠纷调解，调处成功27件。广泛开展“法润江苏春风行动”，集中开展“送法进乡村、进企业”行动、特殊人群贫困家庭关爱行动、弱势群体帮扶行动、律师以案释法行动、矛盾纠纷化解行动等，先后在区人才大厦等地组织活动25场次。区中心接待群众来访305人次、电话网络咨询3344件，办理法律援助112件，发放“12348”宣传单5300份、法律服务卡3000余份，对5名家庭困难对象给予救助，当事人满意率100%。

【人民调解】 重视发挥人民调解工作的优势，紧贴全区经济社会发展开展人民调解，化解矛盾纠纷。完善调解组织体系，稳步村（社区）、企业调委会全覆盖，在村（社区）调委会规范化建成率达90%的基础上，突出校园纠纷、商会调委会建设重点。区、镇两级全部建成校园纠纷调委会，各中小学校全部落实调解信息员，建立隐患排查和伤害事故预防制度，信息沟通反馈和联席会议制度，突发事件信息上报和重大案件联动处理机制，校园纠纷调处分工协作机制。区装饰材料商会、横塘商会均成立调委会。推进公调对接，明确调解室设置、工作程序、专职调解员配备、运行制度等，实现公调对接调解室的全面覆盖和有效运转。抓好《江苏省人民调解条例》学习宣传，通过制作宣传折页、现场宣传、调解员培训等，多层次、多渠道、多形式开展《江苏省人民调解条例》宣传活动；开展《江苏省人民调解条例》学习宣传月，举办专题培训班3期，培训265人，组织参加全省人民调解知识竞赛，开展优秀调解卷宗评选活动。推进人民调解组织与人民调解员备案工作，全区有各类调解委员会165个，调解室15个，专、兼职调解员721名。加强矛盾纠纷信息研判，发挥网格化矛盾纠纷排查系统、网格信息员、调解e家作用，落实区、镇、村矛盾纠纷分析研判制度，动员法律服务者参与重点矛盾纠纷化解工作，抓好调解个案补贴，落实调解个案补贴29万余元。全区调处各类矛盾18835件，调解成功率99.99%。

【法治宣传教育】 围绕“六五”普法终期考核，着眼总结普法经验、梳理普法体系、推动普法实践，做好自查迎检工作。在构建起纵横交织、到边到底普法体系的基础上，在完善普法载体上下功夫，通过建立党委中心组学法制度、开通干部网络在线学法课程、举办“双月论坛”推动领导干部和机关厂部学法，通过举办“社区一月一法”讲座、编印《社区法律读本》推动法律进村入社；在中小学全面推行“小小法学院”和“法治夏令营”，推动青少年普法教育；协调相关部门举办企业经理人法治讲堂，组织守法经营诚信企业评比，促进企业学法用法；依托人才市场和职介一条街开展“打工学法第一课”教育，通过“新苏州人学法月”活动推动外地农民工学法。在活跃普法活动上下功夫，坚持集中宣传与经常教育相结合，法宣领导小组牵头与各部门联动相结合，打造以“5·18”（我要法）、“法润万家春风行动”、“12·4”宪法宣传日为主体，条线集中宣传为补充，村（社区）每月普法为重点的经常性普法体系，各学校法治教育课被列入教学计划，每学期2次法治课得到有效落实。组织开展“国家宪法日·法治嘉年华活动”，全区中小学法治书画大赛颁奖、作品集首发及展览揭幕，广场文艺演出，现场法律咨询等活动同步进行，全区中小学法治作品大赛收到作品236件，巡展12场次。全年组织各类法治宣传活动420余场次，推动全社会形成崇尚法律、遵守法律、自觉维护法律权威的观念。在丰富法治文化上下功夫，坚持阵地建设与文化活动相结合，对全区各镇（街道）、村（社区）法治文化阵地建设进行普查通报，新建一批法治文化阵地。组织开展法治微电影、家庭学法、动漫创作大赛、书法美术作品展览等活动，报送5部微电影参加苏州市第二届法治微电影大赛，制作“法治在我身边”H5页面展示“六五”普法成果，鼓励全区中小学校积极参与“律政小达人”网络大赛，枫桥街道东浜法治文化街区获评苏州市法治文化示范点。在推动法治实践上下功夫，围绕高新区经济社会发展、保障改善民生、提升法律素养、繁荣法治文化开展法治宣传，推动“谁执法谁普法”责任制，引导干部群众依法决策、依法行政、依法维权，开展民主法治创建活动，建成省级民主法治示范村、社区30个，建成率达34.5%。对已经建成的民主法治示范村实行动态管理。

【社区矫正】 推进社区矫正规范化建设，始终把规范执法程序、执法行为、执法环节作为重点，强化证据意识和监督意识。强化装备运用，为司法所和矫正处补充配备18部执法记录记录仪、19部矫务通、10辆司法电动车等执法装备，要求司法所工作人员在开展社区矫正中组织上门走访、集中教育、社区服务、服刑人员思想汇报等环节，并且必须使用执法记录仪，进行全过程录音录像，保证执法有据可查；对社区服刑人员参加学习教育和社区服务，社区矫正工作人员上门走访等，采取签到与拍照"双到模式"，加强服刑人员定位管理，及时做好定位不成功人员的跟踪查询和监督管理，对1名脱管人员及时提出撤销缓刑建议，并赴浙江临海多方协调追逃。强化执法督查，坚持把执法督查作为确保规范的重点来抓，区局研究社区矫正审前调查结论，提出撤销缓刑建议，做出收监建议等决定，安排法制员全程参加，进行执法监督，确保做出的决定规范合法。坚持联动执法督查，在入（解）矫宣告时，邀请公安民警、检察官参与；下基层督查，联合检察院刑事检察科人员共同进行，对推动社区矫正工作规范化起到积极作用，先后对基层进行5次督查，接受市检察院和司法局督查5次，有力地推动社区矫正工作规范化。推进循证矫正工作，在循证矫正实施方案、个案操作性、衡量方法效果、社区服刑人员满意度等方面进行有益探索实践，制定社区矫正工作社会化方略。认真落实主席特赦令，从细从严做好符合特赦条件社区服刑人员的审查工作，完成2名未成年人特赦，社区服刑人员无重新犯罪。强化服务管理，及时掌握服刑人员的家庭情况，做好刑释人员的对接工作，刑释人员的接回率达100%；及时与人社、民政等部门沟通，将符合条件的全部纳入社保体系，家庭困难的纳入民政救助体系，特别困难的给予特殊救助。深化"爱心驿站"活动成效，先后两次赴苏州监狱开展结对帮教活动，妥善做好服刑人员未成年子女帮扶工作，过渡性安置基地安置4名刑释人员。强化基础保障，联合人社、财政部门就落实保障措施开展专项督查，要求司法所长亲自抓社区矫正，明确1~2名社工专职从事社区矫正工作，专职社工的基础保障由镇（街道）承担，6000元绩效考核奖由区财政承担。

【基层基础】 坚持把基层作为实现"四个全覆盖"的根基紧抓不放。理顺司法所管理体制，认真贯彻苏州市五部门联合下发的〔2014〕177号和〔2015〕53号文件精神，协调区编委对全区司法行政系统政法专项编制进行重新明确，24名政法专项编制全部用于司法行政工作；联合四部门提出6项贯彻意见，完成司法所人员数据采集，并全部录入省厅人力资源管理系统。推进信息化建设，按照省厅信息化建设"2+1+N"总体规划和市局工作部署，坚持以完善网络设备为基础，以全员应用为支撑，以完善数据采集为保障，以建设保应用，以应用促建设，全面提升全系统信息应用能力。完善"12348"服务专线，完成区局20M、司法所10M司法行政专网升级，开通公共法律服务中心10M专网。加强队伍建设，把打造"五个过硬"的司法行政队伍作为重要任务，协调镇（街道）按要求配备司法所人员，明确按1∶15和1∶50要求配备社区矫正和安置帮教专职社工；分级分层分类组织开展培训，组织调解员、骨干律师等培训班16期，培训826人次；全面落实调解案件、法律援助案件补贴制度，开展优秀案卷评比活动；加强对社区矫正专职社工的考核，并与考核奖发放相联系，提高全系统人员适应新形势、新任务的素质能力。加强律师事务所管理，在律师中开展以"严格依法、恪守诚信、勤勉尽责、维护正义"为核心内容的职业道德教育，对所属20家律师事务所进行检查，现场指出存在的问题，提出整改要求，对1家暂缓年检的律师事务所跟踪整改。深化执法监督和执法考评，完善服务质量跟踪反馈制度、过错责任追究制度、投诉查处机制，发挥行风监督员作用，依法妥善处理投诉，不断提高全系统规范执法、优质服务的意识。狮山司法所被评为江苏省社区矫正工作先进集体，沈建明、俞云方被评为江苏省社区矫正工作先进个人。立泰等4个律师事务所被评为苏州市优秀律师事务所，陆卫东等12名律师分别获得"苏州市优秀律师""苏州市优秀公益律师"称号。 （冯燕芳）

公　安

【概况】 截至2015年底，苏州市公安局虎丘分局（简称区公安分局）有民警569人，其中基层派出所民警300人，占52.7%。全年违法犯罪警情22588起，同比上升3.0%。“联合指挥部”、武装巡逻等适应新形势、富有新成效的巡防指挥模式得到应用。全年通过巡防抓获现行嫌疑人639人，同比上升41.4%，通过监控抓获违法犯罪对象354名。全年共立刑事案件10210起，同比上升3.7%；破1270起，同比上升21.3%。全年完成打击处理852人，其中逮捕325人，直诉527人。抓获网上逃犯289名，打掉涉黑涉恶团伙26个，抓获各类违法嫌疑人126名，破获涉黑涉恶案件43起。排查掌握各类不稳定因素157起，同比减少24.5%，有效化解和稳控147起，化解率达93.6%，全年完成稳评项目报备188个。依托区互联网舆情监控分中心，全面推进派出所互联网警务室建设，开展舆情巡查和分析研判。世乒赛、抗战胜利70周年纪念活动、中国—中东欧国家领导人“16+1”会晤等重大活动期间，以及范木根案庭审等社会热点事件节点，全力做好社会面防控、不稳定因素排查、重点人员管控、公共安全监管及重要目标警卫等工作。年内，分局荣获2014年度法治高新区建设先进集体、2012~2014年度苏州市文明单位、2012~2014年度全国文明城市建设长效管理先进集体、第四次中国—中东欧国家领导人会晤活动安保工作集体三等功等多项殊荣。

【治安防控体系建设】 坚持每日警情发布制度，通过犯罪预测系统、移动巡防平台等信息化工具开展“大数据”的关联共享，及时掌握案发动向，调整警力资源摆布，提高警力投放的实效性。确定16个重点部位，部署16支武装巡逻力量，巡逻汽车22辆，巡逻摩托车160辆，最大限度地把警力投向重点部位和重要时段，全面、侧重地落实街面巡防、卡口堵控、盘查检查工作。在世乒赛、“16+1”安保等重要时期，成立联合指挥部，每天由相关部门负责人参加值守，及时处置突发事件。在苏州乐园广场、汽车西站、全屋百货、狮山商业街、何山路大润发等重要商贸区，实行公安武警联勤武装巡逻。在“16+1”安保工作期间，抓获刚刚逃窜至高新区的甘肃天水市“11·16”命案逃犯。以“技防城”“技防入户”工程建设等社会面防控为重点，更加细致规划全区社会面监控体系建设，持续开展治安监控的加密、补盲及高清化改造。全区实际已完成建设智能抓拍点53套高清卡口系统，道路治安监控1071个，车载移动监控系统18套，制高点监控6个，并接入社会监控资源918个。不断提升网上巡防作战智能化、信息化水平，视频故障诊断管理平台、勤务管理网上报备平台投入运行，警用无人机列装应用。完善人像基础库、涉案制品资料库建设，拓展更多的人像数据来源，建立稳定的更新机制，反哺侦查破案。在全面管控的基础上，着重对情报平台红色预警人员的跟踪管控，见面见底，采集指纹、DNA以及通讯、住所等人员基础信息，为刑侦实战提供助力。同时，利用重点人员预警轨迹与警情监测结果相碰撞，特别是运用侵财类重点人员数据库信息，开展关联比对、落地查控，努力提高实战成果。全年通过平台预警抓获重点人员155人。

【刑侦专业队建设】 推进责任区刑警队建设，制定《关于深化刑侦工作改革做强责任区刑警队的实施方案》《责任区刑警队运行机制和规范指导意见》，细化明确责任区刑警队的组织架构、警力配备、运作模式、职责定位。将全区分为枫桥、狮山、浒墅关新区三大片区，成立三个责任区刑警队，承担破案打击主责，派出所提供基础支撑和保障，进一步提高破案打处效能。全年破获故意杀人、抢劫、强奸、放火等8类案件127起。组织专职技术员和派出所兼职技术员开展DNA数据采集、技术开锁等理论和实战培训，提升专兼职技术员案件现场勘查能力；落实案件现场合成勘查措施，将现场勘查的信息与访问调查、监控分布、安防宣传等相结合，全面搜集现场信息，为案件侦查提供情报支援，不断提高案件现场勘验、痕迹物证提取比对和案件串并侦破能力。2015年全年通过指纹、DNA

数据比中各类案件1053起，比中犯罪嫌疑人280人次。针对涉案赃物中金银首饰流向问题，刑警大队牵头组织建立辖区“金银首饰加工店业主微信群”，打造集法律宣传、业务指导、线索上传等于一体的信息交流平台，并对提供线索破案的业主予以奖励，提高对涉案金银首饰流向的掌控力。该微信群已有53名业主成员。以“打击侵财犯罪质效提升年”“防盗骗、保平安”等专项行动为抓手，集中优势警力和资源，主动出击，全力侦办涉及群众切身利益的民生案件。全年破获侵财犯罪案件1077起，抓获侵财犯罪作案成员418名。“打击侵财犯罪质效提升年”活动成绩名列全市第四名、市区分局第一名。推进打假、打击银行卡网上非法买卖、打击涉众型经济犯罪、反假货币及相关专案等专项行动，破获经济案件45起，抓获经济犯罪嫌疑人110名。

【执法规范化建设】 法制大队坚持每日对前一日全局接处警信息、案件受理立案情况、标准化信息采集、办案区使用、笔录系统应用、所队长办案、刑事和解系统应用、警情受理案件办理告知单送达等工作情况进行核查，上网通报206期。重点抓好回看数码鹰和当事人回访工作，反向监督各单位的执法情况。各单位执法工作基本达到规范要求，执法不规范现象实现“零发生”。每月召开全局法制工作例会，对上月法制工作情况进行分析点评，对下月的法制工作要求进行部署，出现问题的单位以及法制工作有特色的单位均以PPT的形式进行一案一议，相互借鉴学习。针对新行政诉讼法实施后行政诉讼案件大量增加的新局面，在每次庭审时均安排执法办案民警参与旁听，现场感受庭审程序和氛围，树立更加严格规范的证据意识和程序意识。全面推进案件管理室建设，各派出所划出专门区域，配置视频监控、案卷柜等设备，选优配强案管员队伍，制定相应的工作机制和流程，着力抓好执法单位的接处警、案件审核管理、入所人员管理、涉案财物管理、案卷管理等方面规范工作。

【警营氛围营造】 将“三严三实”专题教育活动和“秉公执法、人民公安为人民”主题教育活动作为加强队伍思想政治建设和作风建设的切入点，上好党课、查摆问题、征求意见、落实改进。加强能力培训，盘活警力资源。启动刑事技术兼职技术员随岗培训机制，每两周从派出所抽调两名青年民警至分局刑事技术培训基地参加随岗培训，重点围绕现场勘查笔录和现场图制作，DNA采集方法，检测手段等内容进行学习和实践操作，服务打处工作。提出“不限警种、不定规模、不拘形式”的培训原则，各单位围绕执法办案、消防管理、信息化技术应用等内容，自行或联合开展30余场业务能力培训，受训民警达700余人次。针对反恐维稳面临的严峻形势，组织全体民警开展实弹射击训练，强化枪支管理和使用训练，全面提升一线民警依法、规范、有效使用武器的能力。加强教育管理，强化作风养成。通过开展“清风行动”等主题教育和专项整治活动，进一步夯实反腐倡廉建设根基。通过干部交流、谈心提醒、廉情研判、车辆维修、合成督察五大机制建设，进一步加强源头风险防范；通过加强工作督导、坚持“零容忍”态度，严查案件、严肃问责、整肃警风，进一步加大执纪问责力度。在受理关于民警的23起群众投诉中，核查并认定有责投诉的5起，对相关责任领导、责任民警，均依据内部管理规定予以集体谈话、通报批评等问责。落实关爱措施，保障从优待警。举办第四届警体运动会、“缤纷警营 孟夏绽放”公安文化月、“庆中秋 迎国庆”系列文化活动等综合性文体活动，以体育竞技、趣味娱乐、户外亲子、参观体验等多种形式，满足民警、警辅的精神文化需求，舒缓工作压力。与高新区图书馆达成协议，成立流动阅览室，助推学习型警营建设。加大表彰奖励力度，聚焦放大正能量，鼓励民警干事创业的热情。2015年年内，11家单位受到表彰，4名民警荣立个人二等功，18名民警荣立个人三等功，86名民警受到嘉奖。坚持婚丧嫁娶必慰、患病入院必慰、因公负伤必慰、特困家庭必慰、家庭矛盾必慰的五个必慰机制。全年慰问民警（家属）19人次，发放各类慰问金2.1万余元。

【警群互动】 推进“五进走访送平安”活动，成立“走访送”工作领导小组，开展走访，进厂企、入社区，与群众面对面交流互动。针对受众的不同特点，采取分众化的宣传方式，通过播放“打工第一课”等宣传短片、开设法制宣传课堂、发放“致社区居民的一封信”传单和建立微信公众订阅号等方式，以群众喜闻乐见、易传易记易懂的方式开展针对性“走访送”宣传。开展社区警务工作，进一步健全基础信息实时采集工作机制，充分发挥社区民警人头熟、地域熟、情况熟的优势，对社区人、地、物、事等基础信息全面采集、动态录入、准确掌控。做好流动人口积分管理软硬件保障、人员配备培训、工作机制制定等各方面准备工作，确保相关法规如期实施。持续深入开展“群租房”专项整治，在前期工作基础上，将群租房排摸发现融入日常警务工作中，及时更新平台数据。通过推广出租房样板房、强化小区物业日常监管、加强与政府部门联合执法等措施，推动群租房综合治理的常态长效。全区通过宣传整改“群租房”户数5340户，占群租房总数的95%。推进派出所出入境分理点建设，将居民首次申请护照、港澳通行证、赴台大陆证等业务从分局出入境大队窗口前移到各个派出所的出入境分理点，方便群众就近办理，节约群众办事成本。强化全区旅馆、网吧、娱乐会所、浴场等重点场所的阵地控制，通过教育培训、签订治安责任书及上门核查等方式，提高其工作责任心和守法经营意识，严格落实住宿人员信息登记传输制度。坚持开展涉娼涉赌警情的每日、每周、每月跟踪研判，将研判成果指导实战。广辟线索来源渠道，注重网上巡查，依托各类情报平台，及时掌握违法犯罪活动的新动向、新趋势，先后查处“11·10部督网络招嫖案”等大型涉网案件，打掉多个网络组织卖淫、网络组织赌博团伙，破获黄赌娼案件223起，刑事逮捕、直诉73人，治安处罚385人。

【消防安全管理】 结合本地火灾特点，推进重大火灾隐患、区域性火灾隐患专项治理，明确各行业主管部门消防监管责任，突出重点抓好劳动密集型企业、易燃易爆场所、公共娱乐场所、“九小场所”、居民住宅小区、群租房、“三合一”场所、养老服务机构、学校、医院、商场市场等为主的单位消防安全检查，集中整治各类火灾隐患及消防违法行为。全年检查单位5300余家次，发现火灾隐患3569余处、整改3290余处，责令“三停”11家，临时查封51家，处罚70起，拘留1人。完成国务院安委会办公室对苏州市长江路农副产品批发市场重大火灾隐患的挂牌整治任务。

【交通安全管理】 坚持以“构造民意主导型警务”为方针，以警务现代化为载体，深入实施文明交通工程。通过开展“百日行动”“打非治违”“黄标车淘汰治理”等专项行动，以“世乒赛”“16+1会晤”安保工作为契机，以“促和谐、保稳定、保平安、防事故”为目标，强化源头管理，相继开展多次交通秩序专项整治活动、交通安全隐患治理工作，深入实施文明交通行动计划，进一步加大科技投入，有力地维护了辖区道路交通安全、有序、畅通。全年纠处各类交通违法行为114439起，其中一般程序380起，当场处罚35319起、非现场执法78599起，醉酒危险驾驶73起。全年辖区发生交通事故类警情56000余起，死亡事故17起，死亡17人，与2014年同期相比下降5.88%。同时紧紧围绕“关爱生命、文明出行”主题，以深化交通安全“五进”工程为载体，制作各类宣传材料9000份，开展交通法制宣传咨询服务32次，市级报刊及网站录用报道10余篇，民警到学校、企业、社区上课65场次。民警为民办好事120件，收到锦旗10件。

【巡特警大队训练基地投入使用】 2015年5月，高新区投资建设的巡特警大队训练基地正式投入使用。新基地投入7600万元，占地20亩，建筑面积达13000平方米，包含办公住宿楼，餐饮楼，靶场，室内和室外训练场等。巡特警大队基础设施得到明显改善，为满足民警和特勤的实战需要，新基地配建各类场馆。其中，射击馆的射击区长30米，宽20米，有6个靶位、3套靶机，包括精度射击靶、起倒翻转靶和横向移动靶。该馆一方面作为公安特警日常实战训练场馆，提高特警的实战能力，另一方面作为分局的实弹实战训练基地，每年组织全体民警开展精度和快速反应射击训练，提高民警的警务战术射击技能和战术水平。新基地还设有室内训练场、室外训练场、文化场馆，用于特勤队日常训练，丰富特勤队警营文化生活。（顾伟）

检　察

【概况】 2015年，虎丘区人民检察院（简称区检察院）开展规范司法行为专项整治工作，保证公正司法，提高司法公信力。推进机制创新，增强检察工作发展活力。加强检察队伍建设，不断打牢检察工作科学发展根基。全年有4个集体、15名个人受到省、市、区的表彰。

刑事检察 全年受理公安机关提请批准逮捕案件247件378人，决定批准逮捕194件280人，决定不批准逮捕53件98人；受理侦查机关移送审查起诉案件624件906人，决定提起公诉587件830人。批准逮捕由公安部挂牌督办的利用网络组织卖淫案7名犯罪嫌疑人和全市首例销售、安装非法电视网络接收设备的犯罪嫌疑人。对有重大社会影响的“12·3”陆某某等人寻衅滋事案，“昆山特别重大爆炸事故系列案”之王某玩忽职守、受贿案依法提起公诉。强化行政执法与刑事司法衔接，完善联络员机制、案件报备机制和信息共享机制建设。在狮山、枫桥派出所设立检察官联络员办公室，对重大案件适时提前介入，引导侦查取证。充分保障律师执业权利，主动听取辩护律师意见，及时告知采纳情况。

查处和预防职务犯罪 全年立案查处职务犯罪案件11件12人，其中贪污贿赂案7件8人，渎职侵权案4件4人。立案查处浒墅关开发区建设环保局2名副局长、1名局长助理等4人受贿案。加强侦查信息化建设，提高侦查信息化应用能力。推进侦防一体化建设，坚持一案一预防。完善社会化大预防工作格局，强化检企、检校共建，启动“预防邮路”，优化大专院校预防必修课教学。开展预防调查1件，犯罪分析1件，警示宣传教育8次，预防咨询6件，受理行贿犯罪档案查询3866次。

诉讼监督 侦查监督方面，纠正侦查机关侦查活动违法5件，立案监督2件2人，追加遗漏起诉犯罪嫌疑单位1个，纠正遗漏起诉犯罪事实2起。审判监督方面，提出抗诉1件并获改判。刑事执行监督方面，监督收监执行4人，开展羁押必要性审查5件，提出予以变更强制措施建议5份，监督特赦服刑人员2名。民事行政诉讼监督方面，办理各类民事行政诉讼监督案件18件，其中提请抗诉1件，督促履行职责6件，与市院联办7件，终结审查2件等。

区检察院联合市检察院开展“举报宣传周”启动日活动（区检察院供图）

【营造法治环境】 参与整顿和规范市场经济秩序，起诉破坏社会主义市场经济秩序犯罪18件35人。突出打击涉众型经济犯罪，办理赵某某非法集资近7000万元等涉众型经济犯罪3件4人。参与“破坏环境资源犯罪专项立案监督活动”和“危害食品药品安全犯罪专项立案监督活动”，破获1件涉案金额高达100余万元的生产、销售假药案，营造诚信有序的市场环境。主动融入创新驱动战略，发挥“学林工作室”的平台作用，加大对侵犯知识产权犯罪的打击力度，营造有利于科技创新的法治环境。全年受理假冒注册商标等侵犯知识产权类案件4件5人。建立知识产权法规库、案例库和专家库，加强与苏州大学知识产权研究院共建工作，提升专业化办案能力。服务保障江苏省绿色生态示范区建设，加大检察权对生态环境和农业项目的保护力度，强化行政权力监督，对一起虚假申报太湖水环境治理第四期省级专项农业类项目，发出督促履职检察建议，推动相关部门切实履行监管职责，为国家挽回经济损失50万元。开展检察环节的司法救助、检调对接等工作，和解轻微刑事案件19件，救助特困刑事被害人3人，“蔚然工作室”被评为高新区“十佳”机关服务品牌。发挥检察工作站、社区检察官的一线平台作用，促进基层社会治理，接待群众来访70批次，化解社会矛盾28件。完善检察为民服务中心，加强窗口信息化、规范化建设，以集约化管理把服务群众的措施落到实处。加大对涉罪未成年人的教育、挽救、维权力度，公诉科被评为“省级巾帼文明岗”。

【规范司法行为】 按照最高人民检察院的统一部署，围绕保证公正司法、提高司法公信力的工作目标，集中整治检察环节司法不规范的突出问题，推进司法规范化建设。成立规范司法行为专项整治工作领导小组，研究制定具体实施方案和工作计划表。坚持以问题为导向，对照《江苏省检察机关规范司法行为专项整治实施方案》确定的9个方面问题、高检院规定的8大类101个问题，通过自查、互查、开门纳谏等多种形式，排查出问题127个，形成具体的问题清单，按照边查边改的要求，对能立即整改到位的，立即整改到位，对暂时不能整改到位的，着手研究整改方案和具体措施，建立完善相关制度。

【检务保障】 规范案件质量管理、检察业务工作评查、执法办案质量评估和司法统计工作，加强内部管理监督，实现统一受案、全程管理、动态监督、案后评查、综合考评的案件集中管理。强化案件流程监控，发出《流程监控通知书》，促进办案规范化。加强检察业务评查，每月形成《案件评查情况报告》。加强对业务数据的分析研判，及时掌握业务工作动态。探索技术办案新思路，为自侦、公诉、控申等部门提供同步录音录像工作，谋划、实施同步录音录像系统改造，开展电子取证工作8件10人次。推进内外网的应用，做好网络相关数据的调整和网络安全的维护。做好检察专网分级保护工作，接受并通过保密主管部门测评，做好相关整改工作。编写检察信息21期、简报10期、情况反映7期、调研专刊4期、宣传24篇。高检院录用2期，省院录用3期，被省级以上媒体采用13篇。召开检察委员会会议18次。汇编《创新工作机制创新制度汇编》和《常用规定选编》。接受文书档案384件，诉讼档案927卷。在检察为民服务中心设立警务岗，加强与控申等部门的协调配合，保障检察机关信访和办公场所安全。落实区检察院与虎丘法院签订的《关于加强警务合作工作的意见》，完成协作任务4次20人。

【检务公开】 推进案件信息公开和办案活动过程公开，做好案件程序性信息公开查询、重要案件信息发布和法律文书公开工作。全年发布案件程序性信息1052条，公开法律文书472份，发布重要案件信息15条。落实《检察说理规则》，将释法说理贯穿于执法办案始终。加强检察门户网站、检察微博、手机报等新媒体平台建设，搭建检察机关直接面向公众的新媒介。构建“互联网+检察”工作模式，在全市检察机关率先建设网上检察院的基础上，先后研发智能接待系统、微信公众服务平台、虎丘检察APP等，实现互联网、手机网络、微信、短信等平台的全方位立体式数字化服务。研发刑事证据客观性档案项目，以实现办案工作区智能化管理为手段，充分保障刑事证据的合法性，提高司法行为的规范化和科学化水平。

【检察队伍建设】 开展形式多样的素能培训，充分发挥法学社、硕士论坛等平台作用，提升干警理论水平。加强实战演练，举办业务实训等岗位练兵活动，提升干警业务素质。建立青年干警成长档案，开展青年干警轮岗锻炼，培养复合型人才。开展学习周碧华先进事迹等学习先进典型活动，创建法治型党组织。落实检务督察制度，开展内部巡查工作。加强外部监督，自觉接受人大及其常委会监督、政协民主监督和社会各界监督。完善代表建议办理及反馈机制，办结代表建议2件。加强同人大代表和政协委员的联系，采用上门走访、书面征求意见等形式，联系代表、委员70余人次，听取人大代表和政协委员的意见和建议。向区人大常委会专题汇报规范司法行为专项整治工作情况，落实审议意见。聘请10名社会评议员、5名特约检察员。 （喻菁）

审　判

【概况】 2015年，虎丘区人民法院（简称区法院）受理各类案件10494件（含旧存2660件），审执结7910件，同比分别上升14.63%和21.41%，解决争议标的额26.89亿元，案件质量继续保持在苏州基层法院第一方阵。区法院先后获得“全省法院新闻宣传优秀策划奖”“2012~2014年度苏州市文明单位”等集体表彰8项，13人次干警荣获江苏省“巾帼建功标兵”“苏州市劳动模范”等各级表彰奖励。

刑事审判 审结各类刑事案件577件737人，依法审结社会广为关注的范木根案、金某诈骗案等大案要案。

民事审判 审结人身损害赔偿、交通事故、教育医疗等民生案件3164件，依托“交通巡回审判进驾校”与区交警大队建立交通违章教育基地，探索将旁听庭审作为违章司机回炉学习的新途径。

商事审判 审结金融借款、公司治理等商事案件1504件，其中涉及浮动质押、互联网金融、科技保险等的新类型案件45件，李某某诉某银行存款储蓄合同纠纷案入选苏州市金融审判十大案例。

涉外商事、知识产权审判 审结涉网络新媒体著作权案件31件，促进产业自主创新，在全市法院率先加入苏州市“护航外向行”综合法律服务平台，为辖区涉外商事纠纷提供灵活、高效、专业的诉调对接通道。

行政审判 推动立案登记制改革，进一步将行政争议纳入法治化轨道解决，依法审结诉政府信息公开、房屋拆迁管理（拆迁）等各类行政案件50件。

执行工作 执结各类案件2336件，把1256名失信被执行人信息纳入全国“黑名单”系统，加大其失信成本，实施司法网拍280件次，总溢价率达7.91%。

审判管理 出台《在办案件流程监管规则》，明确主审法官、

开展“交通巡回审判进驾校”活动，组织驾照扣分司机回炉学习

（区法院供图）

审判长、合议庭其他成员等对审判流程节点的监督提示职责。

【司法为民】 实现社区司法服务线上线下一体化运作，创新推出的“法立方e站”工作被《人民法院报》作为江苏法院诉讼服务亮点向全国法院系统推介。启用“12368”平台，通过手机短信实时为当事人发送审判流程节点信息，推行开庭传票电子送达机制，最大限度减少当事人诉累。完善信访事项流转督促等各项工作，院庭长轮值接访当事人173人次，促进矛盾纠纷化解。发挥“玲玲姐姐法律屋”的案外维权作用，“玲玲姐姐”志愿者团队走进校园、社区开展法制巡讲16场次，覆盖群众10100余人次，“玲玲姐姐法律屋”获高新区“十佳机关服务品牌”称号。开辟涉民生案件绿色执行通道，妥善处理新大生4S店等弃企逃债引发的群体性案件500余件。注重以雷霆执行维护法律权威，全年司法拘留26人次。依法对通安鑫澳钢贸市场等地开展强制迁让行动8次，涉及执行标的1.2亿元。严格落实司法救助政策，为9名申请执行人发放救助金479651.10元。

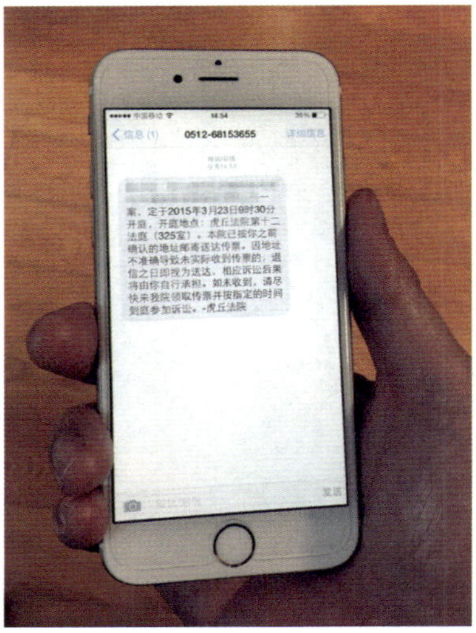

短信传票（区法院供图）

【司法改革】 依托“全国优秀青少年维权岗”构建家事审判“大少审”工作格局，以心理疏导、关系修复为重点探索适合家庭关系的纠纷化解模式，家事案件调解撤诉率达81.8%，成功挽救209个家庭。在互联网上公布生效裁判文书3226份，举行庭审直播33场次，主流报刊、网络媒体报道法院案件813篇次，区法院第10次蝉联全市法院新闻宣传工作先进集体。就醉驾入刑后危险驾驶类案件审理情况等专题召开新闻发布会，开通官方网站和官方微信，官方微博累计更新信息4113条，其中原创信息3081条，均居全市法院首位。改进院庭长管理案件模式，全年15名中层正职以上院庭长带头办理疑难复杂案件1365件。在全院范围内择优聘任法官助理3名、执行助理5名，试行“法官+法官（执行）助理+书记员”工作模式。出台《关于适用小额诉讼程序审理民商事案件相关问题的实施细则》，从诉裁组织、文书签发等方面推进小额诉讼程序规范化适用。出台《人民陪审员工作实施意见》，建立“随机抽取+专业指定”相结合的参审方式，89名人民陪审员参与审结案件2010件，实现应参尽参、能审尽审。

【审判队伍建设】 强化思想政治建设，推进“三严三实”专题教育活动，组织“向邹碧华同志学习”“用公开促公正 建设核心价值”等主题教育活动，组织干警参加全区政法系统社会治理创新研修班，提升党员干部党性修养。强化纪律作风建设，班子例会、院务会、庭务会“三会并行”。强化廉政教育，强化党风廉政建设主体责任和监督责任，建立健全过问案件记录制度，出台《关于规范程序、严格执法、杜绝违纪违法行为的若干规定》《采购管理办法（试行）》等制度，完善廉政监督员、随案发放廉政监督卡、定案把关等制度，进一步织密廉政管理网络。强化司法能力建设，选送干警150人次外出学习，1篇论文在全国法院系统最高学术活动——“第二十六届学术论文讨论会”上获奖，1篇调研成果作为两家基层法院的课题之一在“全省法院经济发展新常态司法应对”座谈会上进行交流研讨。

（吴娅）

人民武装

【概况】 2015年，虎丘区人民武装部（简称区人武部）坚持以强军目标为统揽，按照“解放思想求突破、改革创新促发展”的工作思路，抓班子聚核心、抓队伍强素质、抓基层打基础、抓管理促规范，确保单位建设科学发展。思想建设方面，3月底，开展“三严三实”专题教育整顿活动，针对省军区明确的8种问题倾向，固本培元、肃清流毒，引导党员干部转变作风、整风肃纪，打牢部队思想政治基础。5月，组织开展“三严三实”专题民主生活会。7月底至年底，组织开展“稳思想、严纪律、纠隐患、保安全”活动，通过排查整治，查出学习教育类、常态保持类、基础建设类、秩序规范类4类26条隐患，并及时组织整改。规范化建设方面，3月，省军区依法从严治军，检查组对区人武部2013年度、2014年度财务情况进行专项检查。根据反馈情况，区人武部对检查中发现的6项13类问题进行整改落实。同时进一步加强财经法规制度的学习贯彻，严格按照新情况、新要求抓好执行。同月，根据省军区要求，区人武部组织车辆及驾驶员年度审验工作，对军车号牌、《行车执照》和ETC等使用管理情况进行核查，组织车辆技术状况常规检测、驾驶员审验。7月，区人武部部长叶亚林、副部长马保伟带领后勤科人员参加分区组织的业务培训，重点对空余房地产租赁管理、物资集中采购、基建营房工作、军交运输工作、人事劳动工作、财务管理工作六项工作进行学习交流。军民融合方面，6月18日，南京军区副参谋长兰政一行来高新区调研军民融合发展。7月8日，江苏省军区司令员李大清率工作组来高新区调研军民融合。10月28日，为期两天的2015军民融合技术成果交流暨“民参军”政策法规培训会在高新区举行，中船工业、中船重工等船舶集团，中国核工业集团、中国航空工业集团等军工单位，以及江苏省“民参军”企业近220家企业代表参加会议。会议组织“民参军”政策法规培训，介绍国家军民结合公共服务平台建设和运营情况，进行军民融合技术成果交流，组织2015年度“军转民目录”发布、船舶装备配套需求发布，推介“军转民目录”中的重点项目和江苏优秀“民参军”企业。工信部军民结合推进司曹志恒巡视员做《工业和信息化领域推进军民融合深度发展的政策措施和工作思路》的专题讲座。

【民兵整组工作】 2015年2月6日，区人武部召开部务会，专题研究年民兵整组工作；2月9日，召开基层专武干部会议，进行潜力数据核对与任务对接；3月27日，召开民兵整组工作部署会，传达上级精神，部署调整任务。一季度，区人武部采取包干到片的方法，全面展开潜力调查工作，深入辖区3个大专院校、8个镇（街道）人武部、35家企事业单位、52家规模型企业、96个社区和村委会，详细了解兵员的数量、质量情况。潜力调查统计的数据显示，全区适编人员22615人，高中以上文化10482人，党员879人，参加过军事训练的4460人，退伍军人符合服预备役条件的949人，地方与军事专业对口人员134人。全区基干民兵组建规模保持1600人，其中应急队伍组建815人，支援队伍组建473人，储备队伍组建312人。组建油料保障、工程抢修、网络

2015年11月9日，虎丘区民兵参加军分区组织的民兵应急连比武

（区人武部供图）

攻防、交通保障、防化救援、管道维修、飞机装备维修、航空仪表维修分队8支对口专业分队。全区各镇（街道）也根据担负任务的需要，组建各类抢修应急救援小分队。全区民兵骨干分队中，高中以上学历占90%，党团员占74%，退伍军人占55%。

【军事斗争准备】 2015年7月，依据分区年度工作安排，结合区人武部战备规范化试点任务，按照齐全、配套、实用原则，从战备以及实战需求出发，结合区人武部实际，通过邀请招标的方式进行集中采购，补充战备器材9大类68个品种。确保规范化试点任务的完成，为战备物资器材保障积累基础。根据军区南司〔2014〕43号《关于规范人民武装部兵器室建设标准的通知》、南司〔2014〕44号《人民武装部兵器室管理规定》和省军区《关于进一步加强人武部兵器室建设的通知》精神，部党委组织召开兵器室建设专题研究部署会，成立以部长、政委为组长的兵器室建设领导小组，筹划方案拟制，经费预算与申请，设备器材购置，氛围设置。7月28日，兵器室建设正式开工，按照政府“交钥匙”工程实施，协调财政拨付经费48.35万元，9月5日建设完成。兵器室位于高新区管委会二期3号楼6楼，总建设面积约90平方米，分为擦拭保养区、值班休息室、武器室、弹药室，通过初步检查，验收合格，具备武器弹药存储条件。按照省军区、军分区《关于组织全省民兵应急连实战化课目比武竞赛的通知》要求，以军区、省军区党委1号文件为指导，以《民兵军事训练与考核大纲》为依据，以实战技能体能和综合演练为主要内容，按照源于大纲、严于大纲、高于大纲要求，10月14日至20日、11月3日至7日，区人武部分两批组织民兵应急连骨干集训，分别进行实战技能（主要包括精度射击、隐显目标射击和夜间射击）、战斗体能（主要是3000米武装组合）、综合演练（以反恐维稳、防化救援、抗洪抢险、森林防火、重要目标防卫等为基本课题的检验性综合演练）的训练，提高民兵实战化训练水平。经分区比武考核，区民兵应急连取得第四名的成绩。

2015年9月9日，组织未入伍新兵参观部队装备（区人武部供图）

【征兵工作】 坚持依法征兵、规范征兵、廉洁征兵，广泛宣传、深入发动、严密组织，全区兵役登记人数1448人，大专以上文化程度796人；应征报名人数1289人，大专以上文化程度694人；被确定为预征对象人数1153人，大专以上文化程度601人。全区成立政审组14个，参与政审的工作人员83人。全区接受政审的140名应征青年中，有124人合格，合格率89%。圆满完成103名新兵的征集任务，其中男兵100名、女兵3名。新兵中大专以上学历52人，占总数的50%。组织全体新兵参观驻苏部队，观摩队列、军体拳训练和内务设置，使新兵了解军营生活。

【双拥共建活动】 2015年“八一”期间，区人武部协调区民政局走访慰问驻地部队，送去慰问金；召开军地座谈会，倾听部队官兵意见，解决部队实际困难；走访慰问参加抗战的老兵家庭；举办联谊联欢、文艺演出等活动。9月份，区人武部协调街道慰问高新区军校录取生家庭。在“帮扶贫困学生”活动中，连续第10年对新区三中的20名贫困生进行资助。春节期间，区人武部走访慰问军区基层指挥员家庭和3户涉军困难家庭。

【军民融合】 根据“军民结合、寓军于民”方针，以“高端引领、军民统筹、优化集聚、重点带动”为原则，苏州高新区坚持走军民融合式发展之路，已成为苏南地区国防科技工业最为集中的区域之一，拥有全领域航空航天产业，高端装备产业，新能源产业，以及自主、安全、高端服务器产业四大特色产业集群，成为技术产品先进、国防保障有力、服务体系完善的军民结合产业集聚区，军民结合产业成为带动区域工业转型升级的重要引擎、参与国际产业竞争的重要力量。2013年，苏州高新区被省经信委、省国防科工办授予“江苏省军民结合产业示范基地”称号。2014年，苏州高新区军民结合产业基地实现产值404亿元，其中军民结合特色产品产值达301亿元，占比超过74%。其中，年销售收入亿元以上的企业38家，年销售收入10亿元以上的企业10家。区内军民融合特色产业蓬勃发展，科技创新成果不断涌现，一批成果打破国外对华技术封锁，一批国家级重点科研课题进展顺利。同时，加快人才引进和平台建设力度，建立全方位多层次的公共服务体系和高质量、高水平的专业性服务平台，涌现出如中航雷电院等骨干军工院所，集聚中核苏阀等承担军工任务的大型国有企业，培育东菱振动等“民参军”企业，吸引中科院苏州医工所等顶尖涉军科研单位。（朱锋）

武　警

【概况】 2015年，武警苏州支队以强军目标为引领，把握“稳中求进”总基调，持续打基础，全力创先进，先后出动兵力参与完成“寺庙烧头香”“元宵灯会”“国际半程马拉松”“央视中秋晚会”“抗战胜利70周年纪念活动”“世乒赛”等各类安保任务及城市武装巡逻等重大临时勤务90余起。年内，支队获得由武警总部和司法部联合颁发的全国“三共”活动先进单位称号和由武警总队颁发的“党史军史警史知识竞赛优胜单位”称号。

【基层建设】 开展“送法律、送文化、送心理”服务活动，添置5000余册图书，为2个偏远单位安装卫星电视，配发文体器材600余件套，新增和更换空调43台、办公生活用品300余件套，给困难官兵发放困难救济金10余万元。开展“五个一”活动，即支队上一堂大课、中队上一堂小课、看一部红色电影、讲一个红色故事、宣扬一名先进典型。开展“卫士杯”系列篮球赛、足球赛、乒乓球赛，举办“我与强军梦”演讲比赛和“迎世乒·展风采”书法展，建好用好“六小文化阵地”。

【执行任务能力建设】 坚持季度党委议中心、月分析执勤形势、周常委带队查勤、日工作早交班讲评执勤情况的“四项机制”，设置“执勤曝光台”，形成齐抓共管、分兵把口、责权清晰的组织指挥体系。开展勤务“过目标、过中队、过哨位、过哨兵”活动，逐队逐哨逐兵规范编携配装，逐单位检查执勤“三圈”落实，整治各类隐患10余处。严密组织4次机动大队全员全装全要素拉动和执勤分队抽组演练，严格落实特勤排以车代库和AB队备勤制度，开展特勤排集中驻训和分队战训法集训。

【安全防范能力建设】 开展“学法规、用法规、守法规”“安全警示宣誓”和安全大检查活动，层层签订《安全责任书》，建立《安全隐患账簿》，整改隐患205处。在重大节日和敏感时节，利用支队短信群发平台，编发安全短信，及时提示部队抓好安全防范工作。

【综合保障能力建设】 拓展警民融合保障模式，优化战备物资储备，与连锁超市、餐饮企业签订代储协议，修订完善各类保障预案，完善野战保障配套设施，配齐配强“一队五组”应急保障力量，每月开展后勤经常性应急保障模块合成训练，提高应急保障水平。推进基层营房工程建设，营院“武化”改造和一大队迁建工程正紧张实施，教导队训练场地建设已开建，饮食文化、戎装文化建设基本完成。开展经济责任审计，对部分大中队主官和司务长进行离任责任审计。定期分批组织炊事员、军械员、卫生员和驾驶员专业培训。

（武警苏州支队）

消　防

【概况】 高新区消防大队（简称区消防大队）成立于1992年，隶属于苏州市公安消防支队，前身为新区消防科，高配副团级单位。大队设大队部、狮山中队、东渚中队、浒关中队和浒关工业园中队，现有人员154人，其中现役官兵69名，合同制消防员85名。2015年，消防大队以“火灾防控”为目标，以劳动密集型企业专项治理、夏季消防安全专项行动、抗战胜利70周年阅兵消防安保、中国—中东欧国家领导人“16+1”会晤安保等专项行动为主线，不断提升消防执法服务水平和全民消防安全素质，集中整治各类火灾隐患及消防违法行为，有效遏制重特大火灾事故发生，确保辖区火灾形势总体平稳。全年全区消防部队接警出动855次，扑救火灾265起、抢险救援576起、社会救助14起，出动车辆2207辆次，出动人员12472人次，抢救疏散被困人员77人。全区发生火灾事故105起，造成直接经济损失732.49万元，无人员伤亡。2015年，消防大队被评为“高新区平安法治建设先进集体”和“创建苏州市全国文明城市建设示范城区先进集体”。

大队官兵日常训练（区消防大队供图）

【火灾隐患专项治理】 2015年，消防大队把不发生较大以上火灾作为“硬道理”来遵循，作为“硬指标”来落实，坚持防和消“两手抓两手都硬”，在全区成立消防安全专项治理和消防安保工作领导小组，建立重大火灾隐患三级分工挂钩督办机制，明确各行业部门消防职责分工。紧紧围绕劳动密集型企业专项治理、夏季消防安全专项行动、抗战胜利70周年阅兵、中国—中东欧国家领导人“16+1”会晤消防安保等专项行动，将劳动密集型企业、公共娱乐场所、“九小场所”、居民住宅小区、群租房、“三合一”场所、养老服务机构、学校、医院、商场和市场作为隐患整治重点，全面铺开排查整治活动，集中整治辖区一大批火灾隐患。全年消防大队检查单位5300余家次，发现火灾隐患3569余处、整改3290余处，责令“三停”11家，临时查封51家，处罚70起，拘留1人。

【消防宣传】 开展全区消防安全宣传教育活动，推进消防宣传“七进”工作，将消防知识纳入学校教学内容、新农村建设范畴，多渠道、多方位、多层次开展消防宣传活动，创新实施重点单位“消防安全诚信管理”宣传活动。利用消防QQ群、微博、微信、消防户籍化公众服务平台及户外媒体开展消防宣传，开展消防志愿者宣传活动。消防大队全年发放宣传资料15万余份，开展消防知识培训1900余场次，消防站对外开放活动受众达4万余人。

【消防应急】 提升灭火救援实战能力，加强辖区道路、水源、重点单位关键部位的消防安全“六熟悉”，开展人员密集场所特别是易燃易爆危险品场所实战演练，确保第一时间有效处置各类火灾、爆炸突发事故。全年对辖区内470多家重点单位灭火预案进行重新修订，开展灭火演练420余次，自主开展灭火救援执勤备战督查54次，指导单位消防演习697次，在全区范围形成一套快速、高效的火灾事故应急救援处置联动机制，最大限度地减少人民群众生命财产损失。

【消防执法服务】 修订完善2015年消防监督审批工作制度、窗口便民服务措施和项目“回访”制度，缩短消防审批时限，落实项目审批材料一次性告知制度，落实周六正常受理、周日预约受理制度，落实消防大队领导和监督干部窗口值班制度。利用消防大队QQ、微博、微信及社会公众服务平台等向社会群众公布消防信息，全力做好辖区重点项目服务工作，提前介入，上门服务，最大限度帮助企业节省整改经费、节约建设时间，在不违反工作原则的前提下，优化辖区投资环境。全年完成建筑消防设计备案项目372个，验收项目318个，公众聚集场所开业前消防安全检查项目141个。

【典型火灾案例】 2015年8月23日8时17分，日通物流有限公司厂房二楼发生火灾。火灾烧毁塑料布匹等物品，过火面积约为3000平方米。此次起火地点是位于苏州高新区鹿山路25号的苏州小羚羊电动车有限公司南侧厂房二层。该幢厂房由苏州小羚羊电动车有限公司出租给安平物流有限公司，再由安平物流有限公司将局部出租给日通物流有限公司。经调查，该火灾起火部位为厂房二楼东侧区域，起火点为东侧靠墙配电柜位置，起火原因可排除遗留火种导致火灾的可能，不能排除电器线路故障引发火灾的可能。该火灾造成直接经济损失659万元，无人员伤亡。

2015年4月，开展校园消防知识培训（区消防大队供图）

【长江路农副产品批发市场重大隐患整改】 2015年下半年，国务院安委会办公室下发通知，将长江路农副产品批发市场列入全国100家严重影响公共安全的重大火灾隐患单位，该市场存在一期商业综合楼首层未经许可擅自改变使用功能等8项重大火灾隐患，整改期限为2015年12月底。苏州市政府随即部署督办，要求于12月20日前完成整改并销案。11月19日，区领导周伟莨约谈长江路农副产品批发市场有限公司法定代表人陈永康及其经营团队负责人，就该市场的重大火灾隐患加强督促指导，要求确保在年底前完成整改。消防大队以政府为主导，强化部门配合，层层落实责任，加强督查指导，推进长江路农副产品批发市场重大隐患整改。区整改领导小组投入1200万余元，通过近两个月的整治，拆除市场所有违章建筑，拆除“三合一”楼层居住场所34间，改建所有防火门、消防通道。同时，为沿街商户全部安装燃气管道，在市场内增设消防码头，确保每项隐患整改到位，并在中国—中东欧国家领导人“16+1”会晤活动安保期间派驻消防中队24小时巡防监控，确保市场整改期间的消防安全。12月20日，苏州市副市长张跃进带队至长江路农副产品批发市场进行重大火灾隐患整改现场验收，在验收过程中确认该单位已符合重大火灾隐患单位销案条件。至此，长江路农副产品批发市场全国重大火灾隐患单位如期“摘牌”。 （晏华林）

【森林防火】 **概况** 2015年，高新区发生森林火警4起，总过火面积0.103公顷，无森林受害。“十二五”期间，发生森林火警28起，累计总过火面积10.0145公顷，森林受害面积0.67公顷，连续10年无较大森林火灾发生。11月19日，区政府召开全区森林防火工作会议，全面部署年度森林防火工作，签订防火责任状，明确工作目标和任务，将防火责任分解落实到各林区防火单位，落实到具体人头、山头。森林防火工作落实常态化、长效化管理，各级森林防火责任单位严格执行森林防火值班制、领导带班制以及火灾报告制度，坚持24小时值班，确保火情上报及时，确保防火工作政令、信息畅通。

联防联控 高新区有49座山头，大多跨区、跨镇接壤，上方山、天平山、大小鹿山、燕山、玉屏山、凤凰山等山体与吴中区、市园林局所辖山体交接，阳山等区内山体也是多个乡镇共管。苏州市统一搭建天平山地区和七子山地区2个森林防火联防平台，统一规划基础设施建设，统一确定联防协商机制，统一协调应急指挥体系。高新区及相关乡镇积极融合，全面启动联防联控机制，各支扑火力量接受市、区统一指挥，实现“一方有难，八方支援”。2015年年内，区防火办组织全区专业、半专业森林消防队300人次分别在燕山、大鹿山、小茅山实地开展森林火灾扑救模拟演练，理顺火场指挥水力灭火、队伍协调、通讯链接和灾后处置等规程，提升实战能力。

森林防火宣传 开展形式多样、面广量大的森林防火宣传活动，宣传防火法规，普及防火知识，提高全民防火意识。通过统一发放防火宣传资料，制作防火宣传横幅，旅游景区、门票加印防火提示语，各主要地段、墓区安装高音喇叭，滚动播放《森林防火条例》等宣传片，森林旅游景区主要游径分段滚动插播防火温情告知等方式营造森林防火宣传氛围。

林区预警管理 推进林下易燃、可燃物清理，做好入山道路两侧、墓区周围、隔离带等重点部位的茅草清理。严控火种入山，在祭扫关键时期，增加看护力量，通过人盯人加大散坟火源管理力度。坚决执行上坟集中焚化制度，引导坟客改变祭奠方式。在节假、节庆等旅游旺季增加景区巡护力量，开展宣传、疏导、应急管理。落实林火电子监控与护林员网格布控相结合的预警管理体系，通过无线电台呼叫、短信群发等手段进行火险预警预报。

森林防火基础建设 2015

年2月，完成《苏州高新区森林防火规划》编制，计划用3年时间全面完成7年规划任务。年初，区城乡局、财政局、规划局联合下达2015年度森林防火项目。浒墅关开发区阳山防火通道继续编标中；通安镇西白龙防火通道、真山蓄水池开工建设；枫桥街道花山防火通道及蓄水池完工，马涧生态园防火通道施工中；横塘街道林火监控项目、上方山引水上山、横山消防通道建设中；东渚馒头山蓄水池项目使用林地已批复，正招标中；区森林防火物质储备库项目已完成土建，正抓紧库存物资采购。除阳山防火通道外，其他项目实现年内主体竣工。截至2015年底，全区建有3处森林防火指挥中心，建筑面积3900平方米；拥有数字基地台系统1套、通信塔1座、移动数字中继台2部、数字车载台8部、数字对讲机83部，实现全省漫游互通和GPS定位；森林防火通道33.5公里；消防蓄水池28个，消防管网27.5公里；林火远程监控探头22个；集中焚烧点32处；储备消防水泵25台、灭火弹1000只。

森林消防专业队伍建设

2015年年末，全区有区、科技城、枫桥3支森林消防专业队，队员68人。乡镇兼职消防队队员102人，民兵应急分队队员150人，义务扑火队队员399人。东、中、西部三个片区各形成以一个专业队为主体，其他兼职队为辅助的林火扑救应急响应机制。定期举办全区森林消防业务技能培训班，邀请市防火办专家、武警消防官兵，开展包括理论学习，消防器械的使用与维保，野外熟悉地形，战术合练等内容的技能培训。及时调整充实护林员，全区4万余亩林地配备108名专职护林员，执行“定人、定地段、定责任、定报酬、定奖惩”的“五定”护林责任制，加大巡视力度和管护能力。（范奕星）

道路交通安全

【概况】 2015年，苏州市公安局虎丘分局交警大队（简称交警大队）坚持以“构造民意主导型警务”为方针，以警务现代化为载体，实施文明交通工程。通过开展“百日行动”“打非治违”“黄标车淘汰治理”等专项行动，以第53届苏州世乒赛、中国—中东欧国家领导人“16+1”会晤安保工作为契机，以“促和谐、保稳定、保平安、防事故”为目标，强化源头管理，相继开展多次交通秩序专项整治活动、交通安全隐患治理工作，实施文明交通行动计划，加大科技投入，有力地维护辖区道路交通安全、有序、畅通。全年纠处各类交通违法行为114439起，其中一般程序380起，当场处罚35319起，非现场执法78599起，醉酒危险驾驶73起。全年辖区发生交通事故类警情56000余起，死亡事故17起，死亡17人，与2014年同期相比下降5.88%。同时围绕“关爱生命、文明出行”主题，以深化交通安全“五进”工程为载体，制作各类宣传材料9000份，开展交通法制宣传咨询服务32次，录用市级报刊及网站10余篇，民警到学校、企业、社区上课65场次。民警为民办好事120件，收到锦旗10件。年内，交警大队进行机制改革，落实各项改革事项，围绕“事故少、秩序好、道路畅通、群众满意”总目标，进一步推动责任区勤务与辖区派出所责任区融合，进行优势互补、资源共享，最大限度地提高工作效率，对责任区的排堵保畅、事故压降、道路治安、安全宣传、隐患排查等等，实现基层勤务责任化、信息化、社区化、科学化。

【交警队伍建设】 加强日常思想政治教育，打造服务群众品牌。广泛开展“警民恳谈”“警营开放周”“警察体验日”等形式多样的警民交流和共建活动，在良性互动中深化理解、增进感情。完善交警大队服务窗口，为群众提供个性化服务。加强交警微博、微信平台建设，及时发布警务信息，增强警民互动。充分利用手机客户端、公益电视资讯频道等新兴媒体，拓展和谐警民关系建设的发展空间。加强警辅队伍日常管理，建立完善警辅执勤规范，强化警辅人员日常管理，完善培训、考核、奖惩、监督等管理制度，提升警辅队伍管理的科学化水平。加大警辅人才培养使用，建立警辅特殊人才库，营造岗位成才氛围。依托市局警辅绩效考核系统，建立科学有效的绩效考核机制，加强先进典型选树培养，激发警辅队伍活力。全年没有发生一起民协警违规违纪现象。

【道路交通安全整治】 组织保春运、“百日行动”、“打非治违”、逾期未年检车辆整治、黄标车淘汰治理等10余次整治行动。“百日行动”期间，交警大队主要针对中环快速路沿线交通隐患进行摸底排查，与道路经营公司、路政负责人就有关隐患路段的应对措施进行研究，预防交通事故的发生。开展打非治违专项行动，组织开展5个波次的专项整治行动，出动警力3500余人次，检查客运、危化品运输车、校车4000余辆次。查处客运违法5起、危险品运输违法2起。对输运企业每月召开安全例会，不定期抽查，发出整改通知书9份。逾期未年检车辆整治行动中扣留逾期未检验汽车225辆，处理违法行为925起，其中套牌、假牌、挪用号牌汽车5辆，非法营运客运车辆2辆，套牌克隆车3辆，强制报废汽车3辆，逾期补检汽车1425辆。开展黄标车淘汰治理行动期间，累计出动450余名警力，按照“定区域、定路段、定人员、定目标”的工作要求，不断加强路面巡逻和查纠力度，依法严厉查处报废车、黄标车违法上路行驶，查处各类交通违法行为600余起。

【重点车辆监管】 突出公路客运车、旅游客运车、危险品运输车、接送学生车、渣土车五类重点车辆，依托区安全委员会平台，建立市、区级重点车辆源头监管机制，推行“属地化管理、集成化监控、一体化联动”新模式。对管辖的11家渣土运输单位的负责人、安全管理员、驾驶员代表进行宣传培训，严格渣土车资质审批制度，规范渣土车全球定位系统、蜂鸣器加装使用制度，进一步推动建立全市渣土运输监管信息化平台建设。加强校车管理，推广新浒民工子弟学校和伊顿学校校车管理经验，组织民警深入全区10所在册校车学校，清理资质不全、存在安全隐患的学生接送车辆3辆，发出整改通知书5份。

【智能交通建设】 在无锡科研所协助下，交警大队通过流量调查，实地测算，先后对有轨电车沿线及周边87个路口，进行信号灯配时。运用“绿波”“红波”“大小周期”等协调配时方法，优化路口配时方案。建设智能交通指挥中心，实现与有轨电车指挥中心相对接，达到信息资源共享，数据协调同步，实现智能交通协调控制。二级指挥中心已投入使用，功能正不断拓展。

【交通组织优化】 坚持以人为本，合理分配路权，优化辖区路口交通渠化、信号管控方式，为行人、非机动车提供安全、便捷的出行条件。加强辖区内施工路段的交通组织，为既保证轻轨三号线顺利施工，又尽可能减小交通压力，交警大队会同支队秩序科多次实地调查，制定交通组织方案，提前发布信息，设置警示标志和安全防护设施，尽量减少对正常交通的影响。对中心城区重点路段——狮山路、塔园路、滨河路、玉山路等实行交通组织优化，提高整体路网的通行效率。具体做法是在狮山路路段辅道入口采取“错位隔离”组织措施，保证该入口只允许驶入，不许驶出，同时为较小影响沿线单位的进出，利用现有的道路资源在辅路增设机动车慢行系统，保证沿线单位正常出行。在塔园路路段涉及路口，将进入路口的左转、掉头车道设置于路口进口右侧，减少沿线出入口左转、掉头需求车辆的连续变道行为，使掉头转弯半径增大，避免出现大客车无法掉头的情况。经过一段时间的试运转，狮山路等重点路段的通行状况有大幅改观。

【交通安全宣传】 广泛开展宣传教育，围绕“关爱生命、文明出行”主题，以深化交通安全“五进”工程为载体，依托新闻媒体整合宣传资源，宣传交通安全法律法规，文明安全出行的基本常识和礼仪，不文明出行的危险等内容，增强辖区群众的交通法制意识、安全意识和文明意识，逐步养成自觉守法的交通行为习惯。依托高新区汽车城内众多品牌销售店及车友会等安全组织，对私家车驾驶人进行文明交通教育引导。依托交通安全体验教育馆，开展学生交通安全教育活动，全年交通安全体验教育馆接待各类学习体验活动20余次。通过组织辖区学校师生参观体验，把先进、正确、文明的交通安全理念扎根到更多学生中去。

【高新区交通安全劝导体验站启用】 2015年11月4日，市文明办、市交通局及市交警支队联合开展“苏州市新驾驶人交通安全劝导体验活动”。同日，市首批22个交通安全体验站正式启用。高新区设立狮山路—塔园路、塔园路—何山路两个体验站，新驾驶人参与交通安全劝导将统一在体验站中进行。各驾校会在学员参加理论培训时向学员提供“文明交通劝导服务”联系单、回执单以及全市交通安全劝导体验站分布点。学员可以就近自主选择体验点，由驾校整理学员计划并及时向交警部门提交。交警部门根据学员人数和分布情况等制订好工作计划表，准备好活动必需的体验用品并统筹安排好学员参加文明交通劝导服务活动。每个交通安全体验站都会指定民警负责人，由民警负责人按照分配计划安排学员参与体验，原则上每个体验站每天安排4批学员，每个路口每批安排8名学员参加。各体验站体验时间为7点—9点、9点—11点、13点—15点、15点—17点。学员体验结束后，体验站民警负责人将为学员现场签署回执单，根据学员体验情况对其评定等级写下评语。

（虎丘分局交警大队）

人民防空

【概况】 2015年，高新区根据市人防总体部署，落实《苏州市高新区人民防空工程规划（2008～2020）》的要求，完善和指导区域人防工程建设，增强高新区人民防空综合防护和综合保障能力。截至2015年底，全区完成126项人防易地建设审批，人防工程报建和政策性审查36项，收取人防易地建设费6142.07万元，其中兼顾设防部分收费为3452.85万元。9月30日，总投资3.24亿元的索山公园地下空间开发人防专项工程投入试运营。

【人防军事化建设】 区人防基本指挥所实现对上连接功能，基本能担负战备工作，维护管理工作正常运作。2015年4月份完成对全区26年警报器集成的更新换代，对14个点的防空警报器故障进行排除，确保各点警报器完好率达100%。按上级要求，组织“4·27”和“9·18”的防空警报鸣放工作。科学合理规划防空警报建设，保证全区8个乡镇（街道）全方位、全领域、全覆盖。

【人防军事训练】 在做好为地方经济建设服务的同时，加强自身军事能力的学习和培训。根据省军区和省民防局的统一布置，对人防部门指挥机构“一中心、三部门”重新编组，应急指挥通信建设，人防信息化建设重点，防空袭斗争，战时人防指挥所平战转换的组织与实施，人防军事斗争准备检验评估应重点把握的几个问题等课题进行系统培训，进一步做好人防战备。

（刘万飞）

开放型经济

SND

对外贸易

对外经济技术合作

利用外资

苏州浒墅关经济技术开发区

苏州科技城

苏州高新区综合保税区

苏州盐城沿海合作开发园区

对外贸易

2015年，高新区实现进出口总值379.6亿美元，同比增长0.7%。其中出口总额249.4亿美元，同比下降2.3%；进口总额130.2亿美元，同比增长6.9%。进出口总体规模位列苏州第三，同比增幅位列苏州第二。其中，进出口增幅高于苏州市总体2.6个百分点，进出口总额占苏州市比重为12.4%，出口总额占苏州市比重为13.7%。外贸总体缓中趋稳，龙头企业支撑作用明显。全年区域外贸呈低开高走态势，二季度以来进出口额逐月递增，三季度环比二季度增长7.3%，11月完成进出口额38.1亿美元，创区域单月进出口历史新高，同时扭转区域外贸连续下降的局面，总体实现增长。其中龙头企业发挥主力支撑作用。外贸进出口三十强企业实现进出口总额239.4亿美元，占全区外贸总体的63.1%，名硕电脑、罗技科技等龙头企业增势较好，全年进出口分别同比增长13.8%、24.2%。加工贸易总体平稳，外贸结构稳中趋优。全年实现加工贸易进出口254.2亿美元，占区域进出口总体的67%，占比较上年度下降4.5个百分点。全区机电产品出口235.1亿美元，占全区外贸出口的94.3%，占比较上年提高0.6个百分点，其中高新技术产品出口152.6亿美元，占全区外贸出口的61.2%。外贸产品中高新技术、高附加值产品占比正逐年提高。贸易伙伴以美欧日为主。2015年，高新区对美出口缓慢复苏，全年实现出口额79.2亿美元，占全区出口的31.8%，同比基本持平。但对欧盟、日本市场出口表现不佳，2015年对欧盟出口58.4亿美元，占全区的23.4%，同比下降15.1%；对日出口21.1亿美元，占全区的8.5%，同比下降14.7%。2014年对印度、阿联酋等新兴经济体和市场出口增长情况较好，出口同比分别增长35.2%和10.2%。外贸改革扎实推进，创新活力不断增强。2015年克诺尔车辆国际维修业务试点成功获得海关总署批准，企业已正式导入日本、韩国地铁制动系统维保业务，正加快推进国际检测维修业务试点。区内具备条件的加工贸易企业，已试行“工单核销”制度试点，进一步提高加贸企业保税产品出口便利化水平。省“一带一路”重点项目“苏满欧”国际货运班列发展势头较好，现出口班列发车频次提高至月均8列，其中，8月单月发行13列班列。 （孙科）

2015年高新区每月进出口情况（单位：亿美元）

表10-1 2015年苏州高新区制造企业进出口前30强企业名单

序号	企业名称	序号	企业名称
1	名硕电脑（苏州）有限公司	16	住友电工（苏州）光电子器件有限公司
2	苏州佳世达电通有限公司	17	NGK（苏州）环保陶瓷有限公司
3	佳能（苏州）有限公司	18	苏州纽威阀门股份有限公司
4	康硕电子（苏州）有限公司	19	耐普罗塑胶模具（苏州）有限公司
5	晶端显示精密电子（苏州）有限公司	20	苏州华祎科技有限公司
6	苏州乐轩科技有限公司	21	雅马哈电子（苏州）有限公司
7	苏州佳世达光电有限公司	22	苏州西门子电器有限公司
8	罗技科技（苏州）有限公司	23	苏州达方电子有限公司
9	苏州松下半导体有限公司	24	苏州新锐电子工业有限公司
10	阿特斯（中国）投资有限公司	25	梯梯电子集成系统（苏州）有限公司
11	莱克电气股份有限公司	26	苏州松下系统科技有限公司
12	国巨电子（中国）有限公司	27	日达科技（苏州）有限公司
13	苏州富士胶片映像机器有限公司	28	铭裕科技（苏州）有限公司
14	克诺尔车辆设备（苏州）有限公司	29	精华电子（苏州）有限公司
15	苏州诚河清洁设备有限公司	30	万都底盘部件（苏州）有限公司

对外经济技术合作

2015年，全区新增“走出去”企业24家，中方协议投资额10164.34万美元。区内企业无论走出去涉及的国家，还是走出去模式，均呈现多元化。高新德利在塞舌尔群岛投资3200多万美元从事海岛旅游开发；富强科技在美设立企业，与苹果公司合作开发检测表设备，参与、介入国际标准制定；固德威积极拓展境外市场，2015年分别于香港以及英国、澳大利亚投资设立公司，探索以研发、生产、销售、服务为一体的全球化布局；苏州卡罗莱那商业服务有限公司通过并购日本当地企业，进一步打通海外销售市场通道。区内企业紧跟国家战略，抢抓“一带一路”发展机遇。本尚新材料在印尼取得近4万公顷森林的砍伐权及种植权，从事林业资源开发，计划设立2家境外公司，分别从事项目运营及境外产业园的开发，总投资将达3.5亿美元。（刘璐）

利用外资

【概况】 2015年，高新区新批69个外资项目，累计完成合同外资10.71亿美元，同比增长0.12%，注册资本1000万美元以上项目18个。累计完成到账外资9.12亿美元，比上年同期增长29.71%。

【服务业利用外资增速明显】 2015年全年合同外资达到3.45亿美元，到账外资达到5.01亿美元，同比增长160%以上。除引进房地产等传统服务业项目外，还引进福瑞融资租赁、浩斯特新材料、佳弘金融信息服务、山石网科（增资）等现代服务业项目。苏州明基医院完成由合作医疗机构变更为外资独资医院，成为苏州首家外资独资医院，下一阶段的增资手续也已启动。

【总部经济渐显成效】 全年形成4个外资总部或功能性机构，分别为明基投资（总部）、艾格诺瓦医疗机械（研发中心）、天孚光通信（采购中心、销售中心）。金德投资已基本形成投资意向，开始准备报批材料。

【现代制造业保持稳步发展】 优美科、宝威汽车、协鑫光伏、三菱树脂等公司纷纷增资扩产。区内先进制造业企业也在积极探索新的经济增长点。克诺尔公司在高铁刹车系统领域，全球市场份额超过50%，高新区工厂的销售额和国税入库金额均入围高新区前三。2015年7月经海关批准，该公司试点开展全球维修

表10-2　2015年苏州高新区新增境外投资机构一览表

序号	中方投资主体名称	境外企业（机构）名称
1	苏州广聚投资发展有限公司	美国精骐房地产开发有限公司
2	苏州高新德利投资企业（有限合伙）	塞舌尔高新德利投资有限公司
3	苏州胜利精密制造科技股份有限公司	苏州胜利精密制造科技股份有限公司旧金山办事处
4	苏州荣宝升城市建设有限公司	通用起重责任有限公司
5	苏州华映文化产业投资企业（有限合伙）	优梦信息科技（开曼）有限公司
6	苏州路之遥科技股份有限公司	苏州路之遥科技美国有限公司
7	苏州胜利精密制造科技股份有限公司	胜利精密制造科技（美国）有限公司
8	苏州高新区世纪福科技有限公司	香港世纪福科技有限公司
9	允昌科技（苏州）有限公司	允昌国际（美国）有限公司
10	苏州恒久光电科技股份有限公司	恒久科技（欧洲）有限公司
11	卡乐电子（苏州）有限责任公司	卡乐泰国有限公司
12	苏州富强科技有限公司	富强智能自动化有限公司
13	双刃剑（苏州）体育文化传播有限公司	双刃剑（香港）体育发展有限公司
14	苏州方桥机电有限公司	方桥机电（美国）股份有限公司
15	苏州固锝电子股份有限公司	固锝半导体美国股份有限公司
16	江苏固德威电源科技股份有限公司	瑞德贝克科技有限公司
17	苏州高新区经济发展集团总公司	钟山苏新发展有限公司
18	苏州蓝海彤翔企业管理有限公司	香港蓝海彤翔国际有限公司
19	卡乐电子（苏州）有限责任公司	卡乐空调冷冻系统印度私人有限公司
20	陶克（苏州）机械设备有限公司	香港库特勒技术有限公司
21	苏州市本尚新材料股份有限公司	印尼中先锋新能源科技有限公司
22	卡乐电子（苏州）有限责任公司	卡乐南美电子控制器有限公司
23	江苏固德威电源科技股份有限公司	固德威澳大利亚有限责任公司
24	江苏固德威电源科技股份有限公司	固德威电源科技有限公司

中心业务，进一步扩大公司产品的市场占有率，形成新的经济增长点。（薛婷婷）

苏州浒墅关经济技术开发区

【概况】 苏州浒墅关经济技术开发区（简称浒墅关开发区）位于苏州古城西郊，在高新区北部，区域面积36.5平方公里，东邻京杭大运河，西至绕城高速，南至枫桥交界，北至浒光运河、通安交界，拥有312国道、中环快速路、京沪铁路、沪宁高速公路、沪宁城际铁路浒关站等便捷的交通和京杭运河、江苏大阳山国家森林公园、苏州东吴博物馆等自然、文化资源。开发区始建于1992年9月，1993年12月被江苏省人民政府批准为省级经济开发区，2007年开发区机构升格为正处级建制。2013年3月，经国务院办公厅复函批准，晋升为国家级经济技术开发区。下设阳山街道1个街道，阳山花苑第一社区、阳山花苑第二社区、阳山花苑第三社区、阳山花苑第四社区、新鹿社区、长江花园社区、理想城社区、文昌社区、浒墅人家社区、南津社区共10个社区，总人口13万多人，其中户籍人口5万多人。2015年度，开发区被江苏省委组织部、宣传部授予“全省基层党员冬训工作示范乡（镇、街道）”称号，文昌社区被评为“江苏省民主法治示范社区”。

【经济发展】 2015年全年完成公共财政预算收入14.29亿元，增长15.89%；规模以上工业总产值180.56亿元，增长3.9%；固定资产投资52.55亿元，增长4.6%，其中工业投资13.2亿元，增长11.8%。主要行业势头良好，电器机械制造、汽车及零部件制造的产值增长较快，分别增长32.44%和12.29%。重点企业支撑明显，前30强工业企业实现产值150.79亿元，占全区规上工业产值的83.5%，其中莱克绿能、诚河清洁设备、阿克苏诺贝尔防护涂料，分别增长44%、14%、9%。盈利能力稳中有升，规模以上工业主营业务收入175亿元，利润总额26.7亿元。新兴产业占比提高，轨道交通、装备制造和新一代信息技术等新兴产业完成工业产值99.7亿元，占全部规上产值的55.2%，同比增长12%左右。规上工业企业中高新技术企业完成产值113.7亿元，同比增长4.4%，占规模以上工业的比重达63%。世嘉科技、奥凯材料、路伯润滑油等11家企业完成上市前期准备。规划和打造阳山秀谷科创区，以太湖大道以南的1000亩土地，为科技创新、众创空间、电子商务以及上市公司等提供发展空间。

【招商引资】 2015年全年引进内资项目334个（含增资项目52个），注册资本14.5亿元，增长14.17%；其中工业项目注册5.4亿元，增长22.73%。引进外资项目13个（其中增资项目3个），注册资本2.92亿美元；到账外资累计2.57亿美元，是2014年同期的2.8倍。克诺尔三期等5个项目投产，莱克电气等9个项目开工。实施“退二优二”，回收厂房14.4万平方米，新增工业用地约400多亩，全年清退苏州金仓食品等33家低端制造业、纯出租性质或无税少税的企业。与日本NGK公司签订退地协议，腾挪200多亩工业用地。启动实施大新科技园整合改造工作，清退园内15家无税、低端、高耗能小型企业，回收工业用地70多亩，与阿尔卡特朗讯等跨国公司对接，引进安弗施项目。

【重大招商项目】 阿尔卡特朗讯旗下安弗施基站天线项目 安弗施公司是全球最大的无线射频系统产品供应商之一，主要业务覆盖电缆、天线及其他无线射频产品。该项目选址大新工业园“退二优二”地块，采用定建厂房的方式，建设厂房约36000平方米。项目总投资5000万美元，注册1700万美元，主要生产通讯基站天线等产品。

阳山秀谷创业园加速器项目 项目拟落户太湖大道南、阳山东路以西，总规划面积156亩，一期项目投资2亿元，用地50亩。该项目定位是“科技企业加速器”与科技服务业企业总部，已经有多家科技型企业明确入驻意向。

格罗斯蒂耐磨钢球项目 项目总投资约20亿元，一期项目投资2亿元，占地30亩。项目印尼投资方已与苏钢集团签订代建合同，一期厂房投入使用后产值预计12亿以上。

【科技创新】 白云环保设备等11家企业获批高新技术企业，高新技术企业总量达47家。企业专利申报稳中有升，专利申请量720件，发明专利近240件，专利大户4家。推动企业研发机构建设，建立各类研发机构22家，其中世嘉科技、东风精冲、中兴联获批省重点研发机构，百胜动力和大乘环保获批省级工程技术中心，莱克绿能和克诺尔获批省级智能车间项目，累计建设各类研发机构达77家。克诺尔经海关总署批准，成为全国13家开展全球维修业务的试点企业之一。启动宝馨科技等3家博士后创新基地的申报工作，为企业引进人才提供渠道。

【直属企业】 苏州浒墅关经济开发区资产经营总公司 公司成立于1992年11月，是浒墅关开发区管委会全额投资成立的国有公司，注册资金7亿元。主要从事开发区内工程项目代建、融资及资金管理、标准厂房招租及企业服务等业务，子公司包括一家房地产开发公司。2015年，公司实现合同收入6.3亿元，其中秦馀山庄别墅项目收入3.6亿元，完成签约162套，工业园出租面积21.2万平方米，阳山公寓出租率90%。年内完工包括开发区实验学校、克诺尔三期厂房、浒墅人家幼儿园等工程代建项目4个，跨年度工程项目7个。

苏州大阳山生态旅游开发有限公司 公司成立于2004年12月，注册资本10亿元。业务以生态建设和生态旅游为主，包括大阳山国家森林公园文殊寺景区、大阳山植物园景区、大白荡城市生态公园、阳山温泉度假酒店、绿岛高尔夫五大板块。2015年，文殊寺、植物园景区入园游客63万人次，营业收入282万元。阳山温泉酒店经营收入1777万元。大白荡城市生态公园入园市民突破60万人次。绿岛高尔夫拥有一批固定会员客户，营业收入稳步上升。

苏州阳山市政工程管理有限公司 公司成立于2005年5月，注册资本500万元。以城市管理养护为主，包括环卫保洁、市政养护、绿化养护、垃圾清运等。2015年，负责保洁道路、广场等191万平方米，河道89万平方米；养护道路83.6公里，雨污水管道300多公里；养护绿化204万平方米。两座垃圾中转站年处理垃圾约3.2万吨，与165家企事业单位签订垃圾清运服务，垃圾清运收入491万元。

苏州阳山物业管理有限公司 公司成立于2004年1月，注册资本500万元。以动迁小区、市中低收入保障房小区物业管理为主。管理3个动迁小区，面积180余万平方米；管理市中低收入保障房小区33万平方米。公司管理、保安、保洁人员全部录用当地动迁失地农民，提供大量就业岗位，解决失地农民就业问题。2015年，公司物业费收入568万元。

苏州新城市机动车驾驶员服务有限公司 公司成立于2015年2月，是浒墅关开发区管委会全额投资成立的国有公司，注册资金2000万元。下属子公司包括观山驾校及吴中检测站，主要从事机动车驾驶员培训，机动车安全性能、尾气检测，车辆设备、房屋租赁，场地租赁，机动车施救、停车场服务等业务。公司全资控股的苏州高新保安服务有限公司，经营范围包括保安服务，保安技术设计安装，物业管理，各类安全技术防范系统工程承接和相应技术及安全防范咨询服务，电子计算机及配件，网络工程开发，软件开发，电子通信设备销售及技术安装，计算机网络设备安装及信息管理服务，摄像服务，安防设备销售等。2015年，观山驾校受理培训驾驶员4550人；吴中检测站检测各类车辆18500辆；高新保安公司合作单位40余家，拥有保安人员600余名。

苏州浒墅关经济开发区阳山社区股份合作社 合作社成立于2014年4月，注册资本1.38亿元。下属子公司包括苏州阳山花苑农贸市场有限公司和苏州文昌农贸市场有限公司。主要从事合作社成员自有资产的经营、管理、投资，以及对自有房屋进行出租、物业管理等经营性活动和年底年度的股金分红工作。2015年，实现净收入800万元。

【城乡统筹】 完善城市功能布局和发展定位，重点打造“运河文化商贸区、现代工业集聚区、生态旅游度假区、阳山秀谷科创区”四大功能区，优化区域城市规划。推进开发区28项重点、实事工程的建设，完成太湖大道南侧、金燕路改造，推进长浒大桥周边基础设施、阳山街道配套建设等项目；启动浒墅人家农贸市场建设；秦馀广场、文体中心、大阳山防火通道、文殊寺景区北延等工程不断深化，现代化城市形象逐步显现。重点建设和保护阳山生态资源，加强宕口整治提升，完成道砟矿、白龙矿西宕口整治。以大阳山国家级森林公园为中心，发展生态旅游，举办“比利时文化节”“德国啤酒节”等特色活动。对接优质旅游资源，引进苏州乐园水上世界二期、森林世界等一批优质旅游项目，完成大阳山植物园、展览温室等景点建设，对阳山温泉进行重装升级，规划大阳山商旅精品酒店，实现旅游与生态融为一体。完成签约民房120户、企业21家，妥善解决长江路河海鲜渔港的动迁历史遗留问题，太湖大道以南企业全部完成签约并搬迁拆除部分厂房。配合完成轨交3号线涉及的6家企业、有轨电车2号线涉及的6户民房和浒关桥涉及的1户民房的签约搬迁，环阳山西路项目涉及民房及企业、大运河“四改三”项目涉及民房全部完成签约搬迁，长浒大桥北侧过河自来水管迁建工程新增搬迁的1家企业完成搬迁工作。浒墅人家二期顺利分房，分配动迁安置房2017套。

【民生保障】 开展“一岗多能”等18个专题培训，推广“错时工作一小时、领导带班一早巡、社情民意一日结、工作台账一本通”的“四个一”社区工作法，在大型社区开办“便民服务E站”，设立“智慧社区”信息化管理服务平台。实行社区分类管理，对外来人口、动迁居民较多的小区，投入2000多万元建设与公安系统联动的监控系统，提升小区平安指数。培育基层文化队伍，依托独有的阳山文化和运河文化，开展文化下乡、“阳山梦·文化情”等群众性地域特色文体活动，为群众提供文化大餐。落实居民收入倍增计划，实行“政经分开”，将近3个亿的农贸市场优质资产注入社区股份合作社及联社，组建专业化管理团队实体化、市场化运作，2015年分红2200余万元，户均分红2534元。

【党的建设】 新建13家基层党组织，选优配强基层组织队伍，充实非公委调整到位9家党支部书记。“红色引擎”培育辐射效果凸显，浒墅人家社区党委、世嘉科技党支部被命名为市先锋基层党组织，2家党组织、3名党员受区级表彰。建成启用首家党工共建载体——宝馨科技党员职工服务中心，打造党组织服务党员、员工、企业的标杆。投入软弱帮扶专项资金10万元，从严落实六项措施，文昌社区功能载体提档升级，服务水平显著提升。推进党员队伍普查，对基层146个党组织1900多名党员进行动态管理，查摆出问题党组织7家，拟处置的游离态党员5名，党员查找流程规范细致，受到中组部调研组肯定。开展“三严三实”专题教育，书记带头开讲专题党课，班子成员深入基层一线实地调研，组织两次专题研讨，三公经费支出同比下降30%以上。首创“党建+公益”模式，大力培育首家社会组织——紫苏叶育儿社党支部，开展青少年帮扶计划等系列爱心公益活动，社会反响良好，得到市区媒体报道。创新推进非公党组织和社区党组织联建，由联建的社区选派党员担任青年党支部书记，社区统筹开展活动，增强非公党员融入社区、服务社区的主动性，新

2015年3月3日，浒墅关开发区举办元宵文艺汇演（浒墅关开发区供图）

华网作了专题报道。　（徐虹）

苏州科技城

【概况】 苏州科技城位于苏州西部，濒临太湖，东依大阳山国家森林公园，是苏州市“一核四城”发展定位中的生态科技城的重要组成部分，高新区行政中心所在地。区域面积25平方公里，辖区内有大阳山、青山、五龙山等10多座山体，浒光运河流经。主轴线是由诺贝尔湖、太湖大道、科技主题公园、彩石湖及生态走廊、小茅山公园等景观元素有机组合的开放式空间。苏州科技城是全国首家由科技部、江苏省政府、苏州市政府共建的大型研发创新基地，2015年3月起，东渚镇机关大部分职能部门整体搬迁至科技城，区镇开始合署办公，并在此基础上，融合部门职能，调整领导班子分工，统筹城乡共建，统筹城乡一体投融资平台，统筹社会管理，统一规划、统一招商、统一建设，形成区镇上下“一盘棋”，团队融合，协作共事。全年实现公共财政预算收入10.2亿元，同比增长18.47%，首次突破10亿元。5月，科技城管委会被苏州市人民政府授予“苏州市服务业发展优秀集聚区”称号。

【党的建设】 组织开展“三严三实”专题教育活动，累计1200多人次参加各类专题党课报告会。加强服务型基层党组织建设，成立基层党组织8家。集中培育长光华医等第二批“红色引擎”单位4家。重视非公党建工作，新成立非公联合党支部5家。周新民党建工作室科技城工作站正式启用。严格执行中央“八项规定”，强化领导干部“一岗双责”。通过组织集体观看《政风行风热线联动直播活动》等多种方式开展党风廉政建设，累计宣传教育3600多人次。

【经济发展】 全年实现规上工业产值147.52亿元，同比增长4.56%；实现固定资产投资133.11亿元，同比增长6.74%；实现新增注册内资38.9亿元，同比增长33.22%；实现服务业增加值23.11亿元，同比增长87.58%；实现服务外包接包合同额5.78亿美元，离岸接包执行额4829万美元。新引进项目348个，注册资本在1亿元及以上项目14个，5000万元以上项目18个；规上工业企业数量达54家，产值超亿元企业23家，其中协鑫光伏实现产值68.1亿元。在库统计重点服务业企业68家，其中中移动苏州研发中心全年实现销售收入4.5亿元，税收6769.7万元。天准科技、聚元微电子、德品医疗、固德威等6家企业“新三板”挂牌上市，三景刺绣在中小企业股权报价系统（Q板）挂牌上市。完成PPN（非公开定向债务融资工具）、公司债、产业基金等直接融资累计超过42亿元。实现企业投资35亿元。山石网科大厦落成启用。纽威总部、立德总部基本完工，郑氏新技术、天福总部开始桩基施工。纽威工业二期、路之遥生产基地等项目竣工投产。

【招商引智】 重点围绕“新一代电子信息、医疗器械、新能源、轨道交通、地理信息产业”五个千亿级产业集群开展招商工作。姑苏园林旅游投资、和然生态环境、苏州造、路之遥、苏州城市在线、海朋电器、浙美电子商务等一批项目相继落地。前途汽车、精雕机械、中晟精密、东华软件、盛世十月、鹏图影视、鸿和瑞知识产权咨询公司等一批项目正式开业。紧密跟踪阿里云、乐视云、东方网力、正大电商、天谷方舟、贝克曼医疗、恒瑞医药、奥泰医疗、迈柯唯医疗等重点意向项目。举办第三届中国国际医疗器械创新合作洽谈会（CMP2015）、首届生物医用材料及口腔产业投融资实例峰会、江苏医疗器械科技产业园月度沙龙、首届“互联网+”安全技术研讨会、地理信息高峰论坛、“苏南科创杯”创客大赛、苏州手机游戏创业与发展论坛等活动。参加第74届中国国际医疗器械秋季博览会（2015CMEF武汉秋季会）、第二届中国触控与显示论坛、上海国际光电展、慕尼黑上海电子展等专业展会。接待国际精英海外创业团、千人计划海创智库专家团、北美及欧洲创业大赛团队、海外高层次人才团队、中法青年企业家协会等。

【科技创新能力建设】 创新资源集聚方面，全年申报各类科技项目280项，获批150项，获批资助资金6100万元。申报人才项目156项，获批领军人才项目51项，其中，引进外籍专家200多人，博士与留学归国人员500多人，新增国家千人计划人才2人，省创新团队1个，省双创人才4人，省双创博士1人，市姑苏领军人才9人，高新区领军人才34人，累计引进本科以上人才3000人。获评省有突出贡献中青年专家2人，姑苏重点产业紧缺人才52人。申报专利2296件，发明专利1272件，获批高企14家，获批研发机构22家。海创智库（千人计划）苏州高新区科技服务中心正式揭牌。苏高新软件园获批江苏省大数据特色产业园。电子商务产业园获批苏州市电子商务示范基地，蓝海彤翔荣获年度中国文化产业最具投资价值公司。创新能力提升方面，国知局专利审查协作江苏中心发明专利审结量达12.5万件，占全国比重20%以上。中科院苏州医工所成立先进医疗器械产业孵化联盟和“脑科学仪器创新研究中心”，联合北京华光认证有限公司、苏大卫生与环境研究所打造华光苏大医工所技术服务中心和有源医疗器械检验员培训中心。国家级平板显示产业计量测试中心获批筹建。江苏省医疗器械产业创新中心筹办启动。山石网科入围全球网络安全企业500强。东菱振动自主研发的世界最大推力电磁振动台下线，企业获批国家级企业博士后科研工作站，并获评国家火炬计划重点高新企业和2015年度国家知识产权优势企业。普源精电科技有限公司的项目被列为国家火炬计划项目。中科院苏州医工所、浙大苏州工研院获批国家级博士后科研工作站。纽迈电子、微木智能、易程电子、固德威获批省博士后创新实践基地。创新环境优化方面，“e帮创”获批国家级科技企业孵化器，创意云、

2015年12月19日，苏州高新区与阿里云举行签约仪式（苏州科技城供图）

即刻创客获评省级众创空间。创意云平台拥有企业用户13000多家，个人用户超100万。

【城乡统筹】 重点项目建设方面，全年在建工地39个，建筑面积达330万平方米。30个区实事工程、重点项目加速推进，累计完成投资63.1亿元。国知局专利审查协作江苏中心二期、山湖湾北区、锦峰商务大厦、五台山路标准厂房、梦之城购物中心、源宿酒店、玉屏客舍等一批重点工程竣工交付。基础设施方面，高标准推进城市基础设施建设，漓江路、科业路、锦峰路北延段等道路完工，龙康路、普陀山路与有轨电车2号线共线段同步开工建设。区文体中心周边道路加快建设。完成水利泵闸5座。新建、改建软件大厦停车场等一批公共停车场。房地产方面，在建房产项目8个，建筑面积168万平方米。新引进朗诗、招商两大品牌公司，区域房产均价突破万元，完成商品房销售68亿元，其中自营房产销售15亿元。景观绿化方面，新增绿化面积65.2万平方米。完成玉屏山、时珍路景观提升工程以及绕城高速景观长廊等景观绿化项目。社区环境综合改造、泰迪农场苗木移植、姚江山路地块绿化整治等工程按序推进。

【民生保障】 综合配套不断完善，梦之城购物中心开业。按三级甲等医院标准建设的科技城医院提前一年建成，建筑面积17.8万平方米，总投资18亿元。宁波银行科技城社区支行、建设银行科技城支行正式开业。源宿酒店、格林豪泰、玉屏客舍会议中心先后开业运营。科技城实验小学、幼儿园和龙惠幼儿园投入使用，科技城外国语学校筹办启动。居家型公租房出租率逐年上升。全力配合做好区文体中心建设。社会管理不断创新，数字化城市管理二级平台投入运行，推行“出租屋超市”，开展群租房整治行动。社会治安良好，安全生产形势稳定，全年无安全生产事故发生。先后涌现

宜居科技城（苏州科技城供图）

"苏州好人"许文荣、"最美乡村教师"黄素芳等一批先进典型。中科院苏州医工所"科学传播志愿服务项目"获市级社会志愿服务引导资金。品牌活动丰富多彩，组织参加高新区纪念中国人民抗日战争暨世界反法西斯战争胜利70周年歌咏比赛并获金奖。"梦在苏州科技城"招聘会、"爱在科技城"青年人才交友等品牌活动不断创新，区域影响力不断扩大。举办社区文艺会演、国家宪法日等主题活动，累计2万多人次参与活动。

【重要活动】 2015年4月10日，由高新区管委会、中国计算机学会计算机安全专业委员会、中国信息产业商会信息安全产业分会主办，苏州科技城管委会、山石网科承办的"第一届（苏州）网络空间智慧谷国际论坛'互联网安全+'战略研讨会"举行。4月22日，国家知识产权局专利局专利审查协作江苏中心举办首个开放日活动，江苏中心与中科院上海硅酸盐研究所、高新区知识产权局、镇湖刺绣协会等15家单位签署知识产权服务合作协议。6月1日，亚太区首家源宿酒店——苏州科技城源宿酒店正式营业。9月10日，科技城管委会举办"2015从创新到产业·中国国际医疗器械创新合作洽谈会"（CMP2015）。9月20日，由苏州市消化病学会主办、苏州科技城医院承办的2015年首届苏州太湖消化学术论坛召开。9月22日，由中科院苏州生物医学工程技术研究所发起组建的中科院先进医疗器械产业孵化联盟在高新区成立。9月23日，苏州鹏图影视传媒股份有限公司在软件大厦举行开业活动。10月21日，高新区举行重点项目开工开业仪式。此次开工有30个项目，其中，中国电信太湖国际信息中心、苏州路之遥科技股份有限公司、李良济等13个项目来自科技城，总投资约30亿元。11月3日，"英国江苏中心"筹办启动仪式暨"苏州市青年创新创业孵化中心"揭牌仪式在高新区举行。11月19日，科技城与东方网力科技股份有限公司签订战略合作协议。12月16日，山石网科参加第二届世界互联网大会乌镇峰会。（杨琳）

苏州高新区综合保税区

【概况】 2015年，苏州高新区综合保税区（简称综保区）完成规模以上工业总产值603.09亿元，同比增长22.1%；完成固定资产投入13.04亿元，同比增长8.6%，其中工业固定资产投入10亿元；实现监管货值589.69亿美元，同比增长7.8%；实现进出口总额167.26亿美元，同比增长29.7%，其中出口106.08亿美元，进口61.18亿美元。引进各类项目35个，同比增长133%。其中工业3个，国际贸易项目24个，服务业6个，跨境电子商务2个。保税加工区出租率为43.89%，区外配套工业园出租率达97.84%。

表10–3　2015年综保区基本情况表

总面积	3.51平方公里
实际利用外资	0.51亿美元
集装箱吞吐量	3.94万标箱
货物吞吐量	56.99万吨

【"苏满欧"国际铁路班列货运平台】 由"单线单向"发展成为"三线双向"，初步形成集中欧、中俄、中亚于一体的进出口国际铁路班列货运平台。线路拓展方面，在原有东线"苏满欧"出口班列的基础上，积极拓展东线中俄线路、西线中亚线路，相继常态化运行"苏满俄"及"苏新亚"出口班列，线路覆盖欧洲、中亚全境及俄罗斯。同时加强境外货源揽货力度，成功常态化开行"苏满欧"进口班列。业务拓展方面，依托"苏满俄"出口班列，成功试运行国际邮包业务，首批发运私人邮件包裹2000余件。在成功运作越南至莫斯科陆铁联运项目的基础上，发挥苏州口岸聚集优势，开展日本、韩国至欧洲的海铁联运项目。配合市交通局，申报全国多式联运示范工程项目。班列发运方面，根据市场需求情况逐步提高班列发运频次，"苏满欧"出口班列提前半年实现2列/周工作目标，累计发运过百列，货值超10亿美元，成为华东地区运行速度最快、发运量最大、运行态势最稳的国际铁路物流干线通

道。全年，“苏满欧”进、出口班列，“苏满俄”“苏新亚”出口班列全年行122列（次），同比增长248%；发运标准集装箱10218箱，同比增长225%；发运货物5.08万吨，同比增长187%；货值9.9亿美元，同比增长338%。自班列常态化运行以来，各线路累计开行进、出口班列158列（次），发运标准集装箱13446箱，发运货物6.88万吨，货值12.24亿美元。

【跨境电子商务服务平台建设】 2015年11月23日，南京海关正式发文，同意苏州高新区开展跨境贸易电子商务试点（宁关办监函〔2015〕603号）。运营平台方面，大龙网华东地区运营中心——苏州大龙电子商务有限公司于年初成立，正在周边地区开展相关招商工作。基础服务平台主体——苏州海贸通跨境电子商务产业服务有限公司于5月成立，正全力推进项目各前期建设工作。基础设施方面，规划两栋独立仓库（总面积约1.3万平方米）用于跨境电子商务监管仓库和公共集货仓库。先期仓库改造工程已完成市场招投标工作。软件平台方面，正在进行基础服务平台软硬件、仓库管理系统软件、海关监管系统软件的招投标工作。招商工作方面，已在苏州及周边地区逐步开展网贸会及海贸通的推广筹备工作。物流通路拓展方面，初步拟定2条主要业务物流线路：一是“苏满俄”国际铁路货运出口班列，二是上海浦东机场。两条通路已解决直通放行等业务问题，可保证货物正常运作。

【国际贸易集聚区功能平台拓展】 在原有进口红酒、化妆品、澳大利亚鲜奶等业务的基础上，对原有设施设备进行升级，建设进口食品检验检疫口岸监管系统，强化溯源管理功能，打造进口鲜奶监管样板。同时依托进口食品监管样板优势，着力建设进口肉类指定口岸，于年初完成保税冷库的建设改造工作。2015年9月14日至18日，国家质检总局专家组赴江苏省开展进口肉类检验检疫工作专项督查，对综合保税区申报建设进口肉类指定口岸进行专题调研，并于22日完成调研报告，提出形成完整技术设计报告等3条建议。综保区根据调研报告，积极完善相关软硬件。12月7日，国家质检总局发文，同意在综保区设立进口肉类指定口岸（国质检食函〔2015〕664号）。12月10日，国家质检总局领导会同检验检疫省局、市局主要负责人，对综保区已运行的鲜奶口岸及申报中的进口肉类口岸进行实地调研。进口商品销售中心宣传推广方面，9月中旬综保区组织区内贸易企业，开展进口商品直销特惠月活动。

【优化企业服务】 深入一线协调解决生产经营问题，对名硕电脑、硕腾动物保健品、川崎精密机械等区内重点企业进行多次走访调研，开辟信息直通渠道，掌握企业生产要素供应情况、融资情况，了解经营生产中存在的问题和困难，加强与其他各相关部门的协调、争取，保障企业生产经营需求，解决企业的实际问题。同时做好政策争取和扶持工作，帮助物流企业解决双向分送集报业务无法开展的问

2015年5月7日，省委书记罗志军（左三）考察“苏满欧”班列运行情况（李师钊摄）

题，与海关、国税等部门多次协调，积极争取综合保税区一般纳税人、选择性征税、委内加工等政策。作为各主管部门与企业之间的桥梁，积极贯彻各级政府导向性方针政策，通过推进加工贸易转型升级，推进技术改造，提高生产效率，引导企业加大研发投入，开拓发展空间，鼓励企业做大做强。同时主动帮助区内企业申报各级引导扶持项目，全年完成各类项目申报和经济调研285项。进一步完善综保区各下属子公司的运行制度，加强对各公司发展规划、经营目标的把控。结合子公司经营情况，配合做好国资委对国有企业进行的相关经营考核工作，建立各公司的经营考核体系。同时，进一步加强对子公司的内控管理，积极落实综保区下属平台公司固定资产实物管理制度，建立固定资产台账，并与各平台公司签订资产盘点及资产责任表。

【强化区域安全生产】 全面落实安全生产管理制度，加强安全检查。全年召开4次全区企业安全生产工作会议，签订《安全生产目标责任书》72份，组织295人参加区各类安全人员培训。自行组织《安全生产法》等专题培训4次，协助企业进行员工安全生产和消防知识培训8次，培训总人员1800余次。全年检查单位174余家（次），督促企业整改安全隐患百余处。建立入驻企业安全生产“一企一档”数据库，全年无人员伤亡和火灾事故。推进安全生产工作标准化，加强部门联动。根据区安监局要求，有序推进企业安全生产标准化创建工作。完成10家小微企业达标工作，10家2012年达标企业复审工作，3家规上企业三级达标工作。2家高新区挂牌督办项目完成整改。加强与区安监局、浒关派出所、消防中队、交警中队、城管中队等相关职能部门的沟通，建立健全企业安全管理机构，落实企业主体责任。（李师钊）

苏州盐城沿海合作开发园区

【概况】 苏州盐城沿海合作开发园区（简称苏盐合作园区）成立于2011年9月，是苏州贯彻省委省政府推进沿海开发与实施南北挂钩战略，促进区域互动融合发展的重要举措，体现苏州率先推进经济转型的思路，是加大沿海开发的载体与深化南北合作的平台。2015年，苏盐合作园区坚持稳中求进的工作总基调，牢固树立“项目立园”发展思路，以承接苏州产业转移为重点，开展产业招商、以商引商，优化项目服务，招商引资、项目推进继续保持良好发展势头。全年累计完成基础设施投入近10亿元，实现全口径财政收入2500万元，招引亿元以上项目19个，计划总投资超40亿元。2015年1月6日，盐城市委书记朱克江率盐城发改、财政、国土等部门及大丰市相关单位负责人到园区调研。1月14日和7月10日，盐城市委副书记、市长王荣平率相关部门到园区调研指导工作。11月4日，苏州市人大常委会主任杜国玲一行到苏盐合作园区视察调研。

【基础设施建设】 面积3平方公里的启动区内“三横三纵”15公里的道路框架全部建成，路灯、管网、绿化等全部到位，主次干道全面通车，实现“八通一平”。5600平方米的研发中心为先期落户企业提供便利服务，

苏盐合作园区研发中心大楼（苏盐合作园区供图）

首期16栋6万平方米的标准厂房已竣工并投入使用，7000平方米的苏盐商业广场已经竣工即将交付使用，3万平方米的苏州青年公寓部分已经封顶，完成启动区航道北侧70米宽绿化带与工业二大道西侧绿化带改造工程，平整场地面积达2.5平方公里。完成港区片污水处理厂选址、勘探、设计、施工图纸、标底编制等前期工作。及时有效地为落户项目出具有关用地红线图、项目规划设计意见、修建性详细规划，发放建设工程规划许可证等，加强施工安全管理，服务好在建项目。

【招商引资】 加大在苏州电视台、报社以及各个板块有关媒体的推介力度，积极参加大丰区组织的有关专题招商活动，进一步优化项目服务，使招商引资、项目推进、服务客商等继续保持良好发展势头。全年新注册登记落户亿元以上项目8个，累计落户项目达到19个，已经开工建设的项目有6个，已正式投产、形成开票的企业达到5家。一批新材料、新能源及节能环保、电子信息等行业项目落户园区。其中，康源印版、熙瑞新能源等项目已进入生产阶段，金川新材料、锦海润丰、汉宜制剂等项目正在建设之中，在手洽谈项目达30个。

【协调对接】 按照两市相关会议要求，全面加强和盐城、大丰区有关部门对接协调，磋商解决园区开发建设中遇到的重大问题。加大与盐城、大丰区对接的层次与频率。组织申报省级开发区，落实园区机构设置相关事宜，明确园区行政审批职能等。11月23日至24日，分别组团赴苏宿工业园区、苏滁现代产业园学习考察，借鉴两地完善职能、深化改革、健全机制等方面的成功经验与做法。通过会办协调，园区各项工作已取得明显进展。盐城市政府于10月份专门行文明确将20个权力事项下放到园区直接办理。完成苏州高新区挂职人员的组织考核考察，第一批四名科级干部返苏，新派两名科级干部已经到位，完成交接。

（蔡春雷）

产业经济

SND

概　述

2015年，高新区全年实现地区生产总值1006.19亿元，增长8%。其中第一产业增加值2.18亿元，增长0.5%；第二产业增加值671.92亿元，增长6.0%；第三产业增加值332.09亿元，增长13.5%。一产、二产、三产增加值占比结构为0.2∶66.8∶33.0。服务业增加值占地区生产总值的比重比上年末提高2.9个百分点。全年实现高新技术产业产值1380亿元，占规模以上工业总产值的比重达51.9%。

（汪兢兢）

工　业

【概况】　2015年，高新区实现全部工业总产值2881亿元，同比增长2.2%，列全市第二；其中规模以上工业产值2657亿元，同比增长1.7%，高出苏州市整体水平1.5个百分点。规上工业销售收入2459亿元，规上工业利税总额148亿元，其中规上工业利润总额128亿元。实现工业增加值631亿元，占全区国民生产总值的62.7%。工业投资完成176亿元，其中技改投资完成110亿元。工业用电55.46亿千瓦时。全区超亿元工业企业291家，实现工业产值2482亿元，占全部工业产值的比重达到93.4%，其中超100亿元企业3家、50～100亿元企业3家、20～50亿元企业15家、10～20亿元企业9家、5～10亿元企业53家。　（刘辉）

表11–1　2015年高新区产值超5亿元工业企业名录

序号	企业名称	序号	企业名称
1	名硕电脑（苏州）有限公司	27	苏州诚河清洁设备有限公司
2	康硕电子（苏州）有限公司	28	苏州科达科技股份有限公司
3	苏州佳世达电通有限公司	29	毅嘉电子（苏州）有限公司
4	苏州乐轩科技有限公司	30	莱克电气绿能科技（苏州）有限公司
5	佳能（苏州）有限公司	31	阿克苏诺贝尔防护涂料（苏州）有限公司
6	克诺尔车辆设备（苏州）有限公司	32	苏州金像电子有限公司
7	晶端显示精密电子（苏州）有限公司	33	中核苏阀科技实业股份有限公司
8	苏州协鑫光伏科技有限公司	34	住友电工（苏州）光电子器件有限公司
9	苏州佳世达光电有限公司	35	苏州紫兴纸业有限公司
10	万都底盘部件（苏州）有限公司	36	世联汽车内饰（苏州）有限公司
11	罗技科技（苏州）有限公司	37	雅马哈电子（苏州）有限公司
12	苏州阿特斯阳光电力科技有限公司	38	亿和精密工业（苏州）有限公司
13	苏州松下半导体有限公司	39	埃赛克斯电磁线（苏州）有限公司
14	苏州胜利精密制造科技股份有限公司	40	住友电工（苏州）电子线制品有限公司
15	莱克电气股份有限公司	41	施耐德开关（苏州）有限公司
16	苏州佳世达电子有限公司	42	凯硕电脑（苏州）有限公司
17	苏州达方电子有限公司	43	松下系统网络科技（苏州）有限公司
18	苏州天马精细化学品股份有限公司	44	苏州阿尔斯通高压电气开关有限公司
19	苏州纽威阀门股份有限公司	45	百硕电脑（苏州）有限公司
20	国巨电子（中国）有限公司	46	耐普罗塑胶模具（苏州）有限公司
21	协鑫阿特斯（苏州）光伏科技有限公司	47	腾辉电子（苏州）有限公司
22	苏州西门子电器有限公司	48	积水中间膜（苏州）有限公司
23	苏州富士胶片映像机器有限公司	49	太阳油墨（苏州）有限公司
24	NGK（苏州）环保陶瓷有限公司	50	苏州旭光聚合物有限公司
25	江苏苏钢集团有限公司	51	梯梯电子集成制造服务（苏州）有限公司
26	苏州新锐电子工业有限公司	52	苏州固锝电子股份有限公司

续表

序号	企业名称	序号	企业名称
53	东泰精密模具（苏州）有限公司	69	利诚服装集团股份有限公司
54	光荣电子工业（苏州）有限公司	70	苏州华润燃气有限公司
55	苏州爱普电器有限公司	71	苏州万美塑胶制品有限公司
56	苏州胜禹材料科技股份有限公司	72	苏州PPG包装涂料有限公司
57	松下电子材料（苏州）有限公司	73	艾蒂盟斯（苏州）压铸电子技术有限公司
58	苏州兴业材料科技股份有限公司	74	苏州苏尔寿泵业有限公司
59	苏州聚力电机有限公司	75	栗田工业（苏州）水处理有限公司
60	苏州宝化炭黑有限公司	76	万都海拉电子（苏州）有限公司
61	苏州星恒电源有限公司	77	苏州日本电波工业有限公司
62	苏州福田金属有限公司	78	远纺工业（苏州）有限公司
63	苏州华旃航天电器有限公司	79	美视伊汽车镜控（苏州）有限公司
64	苏州勤美达精密机械有限公司	80	欧姆龙精密电子（苏州）有限公司
65	苏州路之遥科技股份有限公司	81	苏州优科豪马轮胎有限公司
66	竹本油脂（苏州）有限公司	82	天纳克汽车工业（苏州）有限公司
67	易程（苏州）新技术股份有限公司	83	飞得滤机（苏州）有限公司
68	苏州滨特尔水处理有限公司		

表11-2　2015年高新区工业企业销售收入前5强企业名录

序号	企业名称
1	名硕电脑（苏州）有限公司
2	苏州佳世达电通有限公司
3	江苏苏钢集团有限公司
4	佳能（苏州）有限公司
5	康硕电子（苏州）有限公司

表11-3　2015年高新区工业企业利润总额前5强企业名录

序号	企业名称
1	克诺尔车辆设备（苏州）有限公司
2	苏州西门子电器有限公司
3	名硕电脑（苏州）有限公司
4	佳能（苏州）有限公司
5	万都底盘部件（苏州）有限公司

表11-4　2015年高新区工业企业入库税收前5强企业名录

序号	企业名称
1	克诺尔车辆设备（苏州）有限公司
2	万都底盘部件（苏州）有限公司
3	苏州纽威阀门股份有限公司
4	NGK（苏州）环保陶瓷有限公司
5	晶端显示精密电子（苏州）有限公司

表11-5　高新区省级“两化融合”示范、试点企业名录(截至2015年12月31日)

序号	企业名称	备注
1	苏州纽威阀门股份有限公司	示范、试点
2	易程(苏州)电子科技股份有限公司	示范、试点
3	莱克电气股份有限公司	示范、试点
4	苏州协鑫光伏科技有限公司	示范、试点
5	苏州大方特种车股份有限公司	试点
6	苏州固锝电子股份有限公司	试点
7	宝钢苏冶重工有限公司	试点
8	苏州阿特斯阳光电力科技有限公司	试点
9	江苏兆伏爱索新能源有限公司	试点
10	苏州胜利精密制造科技股份有限公司	试点
11	苏州科达科技股份有限公司	试点
12	苏州市宝玛数控设备有限公司	试点
13	协鑫阿特斯(苏州)光伏科技有限公司	试点
14	苏州市大富通信技术有限公司	试点
15	江苏仕德伟网络科技股份有限公司	试点
16	苏州路之遥科技股份有限公司	试点
17	苏州天孚光通信股份有限公司	试点
18	苏州西门子电器有限公司	试点
19	易程(苏州)智能系统有限公司	试点
20	苏州佳世达电通有限公司	试点
21	中核苏阀科技实业股份有限公司	试点
22	苏州华旃航天电器有限公司	试点
23	雷允上药业有限公司	试点
24	爱默生电梯有限公司	试点
25	苏州绿叶日用品有限公司	试点

【“两化融合”】 协鑫光伏获批省级“两化融合”转型升级示范企业，新增省级“两化融合”试点企业6家，累计分别达到4家和25家。科达科技“云视讯服务平台项目”获省两化深度融合创新试点工程。（刘辉）

延伸阅读：“两化融合”是信息化和工业化的高层次的深度结合，是指以信息化带动工业化，以工业化促进信息化，走新型工业化道路。两化融合的核心就是信息化支撑，追求可持续发展模式。

【战略性新兴产业】 2015年，高新区贯彻实施《中国制造2025苏州实施纲要》，加快“5+2”特色产业集聚，战略性新兴产业不断向高端化发展。全年实现产值1461.58亿元，同比增长2.0%，高出全区规模以上工业整体水平0.3个百分点，占全区规上工业产值的比重为55%，占比比上年提高0.14个百分点。以各级企业技术中心建设为抓手，构建制造业企业创新平台体系，提升供给结构适应性和先进性，推动制造强区建设，获批省级企业技术中心8家，市级企业技术中心36家。新兴业态加快形成，以跨界融合为着力点，实施“互联网+”行动计划，培育发展新动能。中科院苏州医工所成立先进医疗器械产业孵化联盟，中科院苏州地理信息产业基地产业集聚效应逐步显现。年内，高新区先后获批省新型工业化产业示范基地(医疗器械)、省轨道交通特色产业基地、省大数据产业园。以高新区为主的生物技术和新医药产业，作为苏州市两大特色产业入选全省一地一产业。（过英豪）

【研发机构】 2015年，新增省级工程中心（实验室）1家，累计达到5家。新增省级以上企业技术中心8家、市级企业技术中心36家，累计达到143家。其中，莱克电气获评国家级企业技术中心，实现区内国家级企业技术中心零的突破。 （过英豪）

表11-6 高新区省级工程中心（实验室）一览表（截至2015年12月31日）

序号	企业名称
1	苏州金螳螂怡和科技股份有限公司
2	苏州星恒电源有限公司
3	中国科学院苏州生物医学工程技术研究所
4	苏州中科天启遥感科技有限公司
5	苏州东菱振动试验仪器有限公司

表11-7 苏州高新区省级以上企业技术中心一览表（截至2015年12月31日）

序号	企业名称	序号	企业名称
1	莱克电气股份有限公司（国家级）	22	苏州金螳螂怡和科技股份有限公司
2	科达科技有限公司	23	苏州协鑫光伏科技有限公司
3	苏州市兴业铸造材料有限公司	24	中铁二十局集团第一工程有限公司
4	苏州宝化炭黑有限公司	25	苏州苏福马机械有限公司
5	宝钢苏冶重工有限公司	26	苏州东风精冲工程有限公司
6	苏州胜利精密制造科技股份有限公司	27	苏州纽威阀门股份有限公司
7	苏州阿特斯阳光电力科技有限公司	28	苏州天孚光通信股份有限公司
8	江苏苏钢集团有限公司	29	苏州长风航空电子有限公司
9	苏州恒久光电科技股份有限公司	30	苏州西门子电器有限公司
10	纽威数控装备（苏州）有限公司	31	亿和精密工业（苏州）有限公司
11	苏州轴承厂有限公司	32	克诺尔陈列设备（苏州）有限公司
12	中外运高新物流（苏州）有限公司	33	苏州苏铸成套装备制造有限公司
13	江苏仕德伟网络科技股份有限公司	34	苏州天马精细化学品股份有限公司
14	苏州建鑫建设集团有限公司	35	苏州旭光聚合物有限公司
15	苏州固锝电子股份有限公司	36	苏州中化药品工业有限公司
16	中核苏阀科技实业股份有限公司	37	苏州百胜动力机器股份有限公司
17	苏州东菱振动试验仪器有限公司	38	苏州医疗用品厂有限公司
18	苏州华旃航天电器有限公司	39	苏州市世嘉科技股份有限公司
19	苏州路之遥科技股份有限公司	40	苏州奥美材料科技有限公司
20	雷允上药业有限公司	41	协鑫阿特斯（苏州）光伏科技有限公司
21	苏州市科远软件技术开发有限公司		

表11-8 2015年苏州高新区市级企业技术中心一览表（截至2015年12月31日）

序号	企业名称	序号	企业名称
1	苏州市汉达工业自动化有限公司	7	苏州力康皮肤药业技术开发有限公司
2	苏州小羚羊电动车有限公司	8	苏州立新制药有限公司
3	苏州新苏化工机械有限公司	9	苏州尚科洁净技术有限公司
4	苏州楚天激光有限公司	10	苏州三光科技股份有限公司
5	苏州国芯科技有限公司	11	苏州方圆化纤有限公司
6	苏州农业药械有限公司	12	江苏中科时代电气制造股份有限公司

续表

序号	企业名称	序号	企业名称
13	建大电子（苏州）有限公司	58	苏州胜禹材料科技有限公司
14	苏州市创捷工业控制技术有限公司	59	苏州雅泛迪铝业有限公司
15	苏州电加工机床研究所有限公司	60	苏州盛百威包装设备有限公司
16	苏州华芯微电子股份有限公司	61	苏州光韵达光电科技有限公司
17	苏州安泰变压器有限公司	62	苏州泰思特电子科技有限公司
18	苏州捷美电子有限公司	63	苏州昊帆生物科技有限公司
19	苏州市新的电工有限公司	64	苏州恒坤精密电子有限公司
20	江苏艾索新能源股份有限公司	65	苏州银河激光科技有限公司
21	苏州市天灵中药饮片有限公司	66	苏州市大富通信技术有限公司
22	苏州市普金电力成套设备有限公司	67	苏州赫瑞特电子专用设备科技有限公司
23	苏州瀚瑞微电子有限公司	68	苏州沃伦韦尔高新技术股份有限公司
24	名硕电脑（苏州）有限公司	69	苏州纽迈电子科技有限公司
25	易程（苏州）新技术股份有限公司	70	苏州德品医疗器械技术开发有限公司
26	苏州凯迪泰医学科技有限公司	71	江苏固德威电源科技有限公司
27	中国兵器工业集团第二一四研究所苏州研发中心	72	苏州浙远自动化工程技术有限公司
28	苏州苏净环保工程有限公司	73	苏州普源精电科技有限公司
29	苏州星恒电源有限公司	74	美合实业（苏州）有限公司
30	苏州晶讯科技股份有限公司	75	苏州大乘环保建材有限公司
31	苏州莱特复合材料有限公司	76	苏州友隆橡塑精密制造有限公司
32	艾普斯电源（苏州）有限公司	77	天纳克汽车工业（苏州）有限公司
33	苏州宝馨科技实业股份有限公司	78	阿克苏诺贝尔防护涂料（苏州）有限公司
34	苏州航天特谱风能技术有限公司	79	苏州特铭精密科技有限公司
35	苏州华芯微电子股份有限公司	80	苏州水博士建材科技有限公司
36	苏州神州数码捷通科技有限公司	81	苏州向隆塑胶有限公司
37	易程（苏州）智能系统有限公司	82	国巨电子（中国）有限公司
38	苏州博远容天信息科技有限公司	83	苏州通锦精密工业有限公司
39	苏州爱乐美实业有限公司	84	苏州富强科技有限公司
40	苏州天准精密技术有限公司	85	苏州文迪光电科技有限公司
41	易程（苏州）电子科技股份有限公司	86	固纬电子（苏州）有限公司
42	苏州市方林科技股份有限公司	87	创意塑胶工业（苏州）有限公司
43	苏州敬业医药化工有限公司	88	贝原合金（苏州）有限公司
44	苏州新协力机器制造有限公司	89	万都底盘部件（苏州）有限公司
45	苏州信达光电科技有限公司	90	苏州市创建空调设备有限公司
46	苏州市泰力达科技有限公司	91	苏州航天紧固件有限公司
47	苏州超锐微电子有限公司	92	安捷利电子科技（苏州）有限公司
48	苏州新长光热能科技有限公司	93	世联汽车内饰（苏州）有限公司
49	中国高岭土有限公司	94	苏州电加工机床研究所有限公司
50	苏州中兴联精密工业有限公司	95	江苏泰尔新材料股份有限公司
51	苏州爱默生电梯有限公司	96	苏州市龙源电力科技股份有限公司
52	苏州钻石金属粉有限公司	97	江苏亚太伟业智能科技有限公司
53	苏州井利电子股份有限公司	98	苏州市宝玛数控设备有限公司
54	苏州斯尔特微电子有限公司	99	苏州盛域机电设备有限公司
55	山石网科通信技术有限公司	100	江苏振翔车辆装备股份有限公司
56	苏州高创特新能源发展有限公司	101	苏州聚力电机有限公司
57	苏州云白环境设备制造有限公司	102	苏州中航中振汽车饰件有限公司

【上市、挂牌工作】 2015年，高新区新增上市企业3家、挂牌“新三板”企业14家。累计上市企业12家、挂牌“新三板”企业26家，新增IPO在会企业4家、辅导企业1家。区内上市公司通过资本市场，全年新增募集资金29.25亿元，其中IPO募资16.25亿元，再融资募资13亿元；“新三板”企业新增募集资金4.19亿元。截至2015年最后一个交易日，区内上市公司市值近1300亿元。

表11–9 2015年高新区上市企业名录（截至2015年12月31日）

序号	企业名称	简称	上市代码	上市地	板块
1	苏州新区高新技术产业股份有限公司	苏州高新	600736	上海	主板
2	创元科技股份有限公司	创元科技	000551	深圳	主板
3	中核苏阀科技实业股份有限公司	中核苏阀	000777	深圳	主板
4	苏州固锝电子股份有限公司	固锝电子	002079	深圳	中小板
5	苏州胜利精密制造科技股份有限公司	胜利精密	002426	深圳	中小板
6	苏州宝馨科技实业股份有限公司	宝馨科技	002514	深圳	中小板
7	阿特斯（中国）投资有限公司	阿特斯	CSIQ	美国	纳斯达克
8	苏州金德精密（配件）有限公司	金德控股	3816	香港	联交所主板
9	苏州纽威阀门股份有限公司	纽威股份	603699	上海	主板
10	苏州天孚光通信股份有限公司	天孚通信	300394	深圳	创业板
11	苏州柯利达装饰股份有限公司	柯利达	603828	上海	主板
12	莱克电气股份有限公司	莱克电气	603355	上海	主板

表11–10 2015年高新区“新三板”挂牌企业名录（截至2015年12月31日）

序号	企业名称	简称	上市代码
1	苏州声威电声股份有限公司	声威电声	430401
2	苏州星火环境净化股份有限公司	星火环境	430405
3	苏州三光科技股份有限公司	三光科技	430414
4	苏州银河激光科技股份有限公司	银河激光	430589
5	苏州轴承厂股份有限公司	苏轴股份	430418
6	苏州普滤得净化股份有限公司	普滤得	430430
7	苏州市龙源电力科技股份有限公司	龙源科技	430579
8	苏州方林科技股份有限公司	方林科技	430432
9	苏州高新区鑫庄农村小额贷款股份有限公司	鑫庄农贷	830958
10	苏州筑园景观规划设计有限公司	筑园景观	831538
11	苏州井利电子股份有限公司	井利电子	831582
12	苏州胜禹材料科技股份有限公司	胜禹股份	831626
13	苏州兆科电子股份有限公司	兆科电子	832311
14	江苏贝特创意环境设计股份有限公司	贝特创意	833143
15	苏州天准科技股份有限公司	天准科技	833231
16	苏州伟仕泰克电子科技股份有限公司	伟仕泰克	834292
17	苏州博洋化学股份有限公司	博洋股份	834329
18	苏州聚元微电子股份有限公司	聚元微	834688
19	苏州高创特新能源发展股份有限公司	高创特	834908
20	苏州瀚易特信息技术股份有限公司	瀚易特	835049
21	苏州复睿新能源电力股份有限公司	复睿电力	835148
22	江苏固德威电源科技股份有限公司	固德威	835209
23	苏州德品医疗科技股份有限公司	德品医疗	835227
24	苏州新豪轴承股份有限公司	新豪轴承	835593
25	苏州世纪福智能装备股份有限公司	世纪福	835633
26	苏州安皓瑞先进材料股份有限公司	安皓瑞	835646

农 业

【概况】 农业方面，全区水稻种植面积为6882.63亩，单产598.5公斤，总产4118.91吨，同比分别增加271.03亩、13公斤、247.69吨；小麦亩产为293公斤，总产为1978.9吨，当年冬小麦播种面积7005.23亩；油菜籽亩产87.1公斤，总产量28.7吨，当年冬油菜籽播种面积799.57亩；蔬菜播种面积6000亩，产量9818吨，全区蔬菜面积逐年递减，产量产值同比下降。林业方面，全区种植桃、梨、葡萄、杨梅、枇杷等地产果品总面积11825多亩，产量6750吨，产值7270万元；茶叶面积2485亩，茶叶总产量为19.33吨，产值2744万元。牧业方面，生猪存栏0.98万头，累计出栏1.26万头，存栏母猪0.09万头；存栏家禽5.2万羽，累计出栏1.9万羽，各项指标同比下降。渔业方面，水产养殖面积4659亩，其中特种水产养殖面积占比93%，主要是河蟹养殖和青虾套养。全年水产品总产量2851吨，其中养殖产量1081吨，捕捞产量1770吨。渔业总产值8800万元，渔业流通与服务业300万元。全区渔业增加值4400万元。

【发展现代农业】 推进农田保护建设，“四个百万亩”落地上图成果与土地利用总体规划等有机衔接，高标准基本农田建设稳步推进，全年完成6700多亩建设任务，总投资达7900万元。浒墅关镇补充耕地复垦工作完成，土壤肥力达标三级。围绕“百万亩现代农业规模化示范区”核心任务，细化通安园区、西京湾当年拟建内容及投资情况，协调推动西京湾生态农场项目建设。截至2015年年底，项目地块苗木搬迁签约2279亩，搬迁1308亩；农户动迁签约817户，拆除817户，完成货币投入1.2亿元。强化农业智能化、信息化工作，内网视频会务系统搭建完成，逐步在现代园区建成区内构建土壤水质动态监测、4G视频网络等交互工程。加强与中科院地理所对接合作，加快推进全区农业地理信息系统“电子地图”工作。

【农业生态环境建设】 2015年，全区完成造林绿化面积425亩。主要建设工程有马涧路西延景观绿化工程、杵山生态园绿化建设等。推进星级康居乡村建设和“百村示范千村整治提升”工程。浒关镇青灯村横宅郎、张埂郎2个自然村三星级康居乡村和通安镇4个二星级康居乡村建设工作通过市、区验收，通安镇街西村，东渚镇姚江、姚市村创建3个区级美丽田园示范点，已通过区验收。推进绿化造林工作，完成市政府年初下达的300亩绿化任务。提升水域生态环境，加强河道和太湖堤防执法巡查，完成太湖大堤大连避风港段景观绿化（湿地修复）提升工程。引导农民提升环境保护意识，联合区公安部门建立查处非法捕捞机制，加强渔业安全日常监管，联合检查20次、渔船120多艘，查处违法违规捕捞4起。开展秸秆综合利用和禁烧引导，综合利用率达到96%。加拿大一枝黄花防治，实现“零发区控制发生、零星区无扩散发生、广发区无成熟植株”的防控目标。在太湖中人工放流各种鱼苗250万尾。

【职业农民培训】 依据高新区实际，对照苏州市《2015年城乡一体化工作任务分解表》任务，以水稻生产、农机手等为重点，完成全年培养高素质职业农民新增40人任务。坚持生态旅游主导向，以农家乐业主、创业农家青年等为主体，全面提升产业功能，夯实一三产有机结合的综合服务产业基础。

【搭建农业电商平台】 以区内膳食管家、食行生鲜、科大威龙、金禾通等重点农产品电商为主体，加快扶植建立一批跨区域、专业化的特色网站和交易网络，初步形成以“电商+基地”为鲜明特点的农业电子商务供销体系。全年完成电商渠道农产品销售近1.2亿元。突出抓好“高新区果品节”这一地产果品销售平台建设，2015年在市体育中心采取“区外办展”模式，取得良好效果。全年果品销售产值近2亿元。

【农村合作经济组织】 以农村社区股份合作、农民专业合作、土地股份合作的“三大合作”为依托，强化转型发展、抱团发展，健全民主管理和日常监管，发展壮大各类合作经济组织。年末，全区累计建立各类合作经济组织（含家庭农场）185家（当年新增6家），其中农民专业合作社35家、农村社区股份合作社72家、股份合作联社（公司）3家、土地股份合作社34家、富民合作社2家、劳务合作社38家、家庭农场1家。2015年年内，1家农民专业合作社获评省级示范合作社，2家农民专业合作社获评市二星级合作社、2家获评一星级合作社，通安杨巷水稻种植家庭农场获评苏州市首批示范性家庭农场。

表11–11 苏州高新区农民专业合作社（截至2015年底）

序号	镇（街道、开发区）	个数	名称	注册日期
1	通安	11	苏州树山戈家坞茶果专业合作社	2006-02-17
2			苏州高新区同心生态农业专业合作社	2007-07-03
3			苏州高新区张市果品产销专业合作社	2007-07-18
4			苏州高新区通安欣通农产品专业合作社	2009-03-05
5			苏州高新区红林水蜜桃专业合作社	2009-03-25
6			苏州高新区方仁宝果业专业合作社	2009-12-25
7			苏州高新区大王农产品专业合作社	2011-10-13
8			苏州高新区乾华果业专业合作社	2012-05-14
9			苏州高新区通安金墅港渔业专业合作社	2013-06-01
10			苏州高新区北窑农场专业合作社	2013-08-21
11			苏州高新区通安金芝岭果业专业合作社	2015-03-28
12	浒墅关	3	苏州高新区众成生猪产销专业合作社	2007-12-18
13			苏州高新区绿色甸园葡萄产销专业合作社	2008-07-11
14			苏州高新区青灯葡萄产销专业合作社	2009-12-25
15	镇湖	11	苏州高新区鑫丝雪菜专业合作社	2006-07-10
16			苏州高新区新昌葡萄产销专业合作社	2007-02-27
17			苏州高新区林海春雪黄桃专业合作社	2007-06-05
18			苏州高新区贡山黄桃专业合作社	2007-06-08
19			苏州高新区镇湖昌泉生态果园专业合作社	2009-06-15
20			苏州高新区同兴农机专业合作社	2009-07-08
21			苏州高新区镇湖街道石帆村太湖农庄专业合作社	2011-07-22
22			苏州高新区昌盛果园产销专业合作社	2012-05-25
23			苏州高新区世外桃园黄桃专业合作社	2012-06-18
24			苏州高新区苏湖农产品专业合作社	2013-03-13
25			苏州镇湖裕民渔业专业合作社	2015-08-19
26	东渚	10	苏州高新区东渚滨湖生态果园专业合作社	2009-08-01
27			苏州高新区东渚泰和生态果园专业合作社	2010-06-13
28			苏州高新区东渚陶家浜黄桃果园专业合作社	2010-06-13
29			苏州高新区明珠葡萄产销专业合作社	2011-03-28
30			苏州高新区香山生态果园专业合作社	2011-09-08
31			苏州高新区东渚镇姚岗新苏葡萄果园专业合作社	2012-06-16
32			苏州高新区长巷农场专业合作社	2013-05-10
33			苏州高新区渚渔生态水产品产销专业合作社	2013-08-02
34			苏州高新区香林馨生态果园专业合作社	2013-11-14
35			苏州高新区黄区农场专业合作社	2015-04-20
合计		35	—	—

表11-12　苏州高新区农村社区股份合作社（截至2015年底）

序号	镇（街道、开发区）	个数	名　　称	注册日期
1	枫桥街道	24	苏州高新区枫桥街道津桥村农村社区股份合作社	2011-11-04
2			苏州高新区枫桥街道支津村农村社区股份合作社	2011-11-01
3			苏州高新区枫桥街道毛家村农村社区股份合作社	2011-11-02
4			苏州高新区枫桥街道木桥村农村社区股份合作社	2011-10-18
5			苏州高新区枫桥街道支英村农村社区股份合作社	2011-11-02
6			苏州高新区枫桥街道开山村农村社区股份合作社	2011-11-02
7			苏州高新区枫桥街道合利村农村社区股份合作社	2011-11-01
8			苏州高新区枫桥街道东浜村农村社区股份合作社	2011-11-01
9			苏州高新区枫桥街道马浜村农村社区股份合作社	2011-11-01
10			苏州高新区枫桥街道新元村农村社区股份合作社	2011-11-02
11			苏州高新区枫桥街道铜墩村农村社区股份合作社	2011-11-01
12			苏州高新区枫桥街道广东村农村社区股份合作社	2011-11-01
13			苏州高新区枫桥街道向街村农村社区股份合作社	2011-11-02
14			苏州高新区枫桥街道三联村农村社区股份合作社	2011-11-02
15			苏州高新区枫桥街道三元村农村社区股份合作社	2011-11-02
16			苏州高新区枫桥街道丁新村农村社区股份合作社	2011-11-02
17			苏州高新区枫桥街道旺米村农村社区股份合作社	2011-11-02
18			苏州高新区枫桥街道马涧村农村社区股份合作社	2011-11-02
19			苏州高新区枫桥街道联港村农村社区股份合作社	2011-11-02
20			苏州高新区枫桥街道俞宅村农村社区股份合作社	2011-11-02
21			苏州高新区枫桥街道朝红村农村社区股份合作社	2011-11-02
22			苏州高新区枫桥街道新村村农村社区股份合作社	2011-11-02
23			苏州高新区枫桥街道建林村农村社区股份合作社	2011-11-02
24			苏州高新区枫桥街道枫渔村农村社区股份合作社	2011-11-01
25	狮山街道	14	苏州高新区狮山街道明星村农村社区股份合作社	2012-05-16
26			苏州高新区狮山街道落星村农村社区股份合作社	2012-05-04
27			苏州高新区狮山街道星火村农村社区股份合作社	2012-05-04
28			苏州高新区狮山街道黄山村农村社区股份合作社	2012-05-16
29			苏州高新区狮山街道狮山村农村社区股份合作社	2012-05-04
30			苏州高新区狮山街道新升村农村社区股份合作社	2012-05-16
31			苏州高新区狮山街道永和村农村社区股份合作社	2012-05-04
32			苏州高新区狮山街道何山村农村社区股份合作社	2012-05-16
33			苏州高新区狮山街道曙光村农村社区股份合作社	2012-05-04
34			苏州高新区狮山街道石城村农村社区股份合作社	2012-04-10
35			苏州高新区狮山街道徐何村农村社区股份合作社	2012-04-12
36			苏州高新区狮山街道典桥村农村社区股份合作社	2012-05-16
37			苏州高新区狮山街道金庄村农村社区股份合作社	2012-04-12
38			苏州高新区狮山街道兴隆村农村社区股份合作社	2012-05-04
39	通安镇	1	苏州市高新区通安华通农村社区股份合作社	2014-03-21
40	东渚镇	1	苏州高新区东渚社区股份合作社	2014-12-11
41	镇湖街道	10	苏州高新区镇湖街道市桥村农村社区股份合作社	2011-07-22
42			苏州高新区镇湖街道新桥村农村社区股份合作社	2011-07-22
43			苏州高新区镇湖街道秀岸村农村社区股份合作社	2011-07-22
44			苏州高新区镇湖街道山旺村农村社区股份合作社	2011-07-22
45			苏州高新区镇湖街道西村村农村社区股份合作社	2011-07-22
46			苏州高新区镇湖街道马山村农村社区股份合作社	2011-07-22

续表

序号	镇（街道、开发区）	个数	名　　称	注册日期
47	镇湖街道	10	苏州高新区镇湖街道石帆村农村社区股份合作社	2011-07-22
48			苏州高新区镇湖街道西京村农村社区股份合作社	2011-07-22
49			苏州高新区镇湖街道太湖村农村社区股份合作社	2011-07-22
50			苏州高新区镇湖街道上山村农村社区股份合作社	2011-07-22
51	浒墅关镇	11	苏州高新区浒墅关镇保卫村农村社区股份合作社	2011-11-17
52			苏州高新区浒墅关镇保丰村农村社区股份合作社	2011-12-06
53			苏州高新区浒墅关镇横锦村农村社区股份合作社	2011-11-24
54			苏州高新区浒墅关镇牌楼村农村社区股份合作社	2011-11-17
55			苏州高新区浒墅关镇下山村农村社区股份合作社	2011-11-18
56			苏州高新区浒墅关镇吴公村农村社区股份合作社	2011-11-18
57			苏州高新区浒墅关镇莲香村农村社区股份合作社	2011-11-18
58			苏州高新区浒墅关镇杨安村农村社区股份合作社	2012-05-05
59			苏州高新区浒墅关镇永安村农村社区股份合作社	2011-11-18
60			苏州高新区浒墅关镇九图村农村社区股份合作社	2011-11-18
61			苏州高新区浒墅关镇青灯村农村社区股份合作社	2011-11-18
62	浒关开发区	7	苏州浒墅关经济开发区阳山社区股份合作社	2014-04-24
63			苏州南庄社区农村社区股份合作社	2013-08-19
64			苏州新鹿社区农村社区股份合作社	2013-08-16
65			苏州阳山一社区农村社区股份合作社	2013-08-19
66			苏州阳山二社区农村社区股份合作社	2013-08-16
67			苏州阳山三社区农村社区股份合作社	2013-08-16
68			苏州阳山四社区农村社区股份合作社	2013-08-19
69	横塘街道	4	苏州高新区横塘街道新丰村农村社区股份合作社	2015-02-03
70			苏州高新区横塘街道石湖村农村社区股份合作社	2015-02-03
71			苏州高新区横塘街道梅湾村农村社区股份合作社	2015-01-30
72			苏州高新区横塘街道青春社区农村社区股份合作社	2015-02-03
合　　计		72	—	—

表11-13　苏州高新区农村社区股份合作联社（公司）（截至2015年底）

序号	镇（街道、开发区）	个数	名　　称	注册日期
1	枫桥	1	苏州高新区枫桥联枫建设发展有限公司	2011-11-18
2	狮山	1	苏州高新区狮山街道农村社区股份合作联社	2012-08-15
3	浒关开发区	1	苏州浒墅关开发区农村社区股份合作联社	2013-09-16
合　　计		3	—	—

表11-14　苏州高新区富民（物业）合作社（截至2015年底）

序号	镇（街道、开发区）	个数	名　　称	注册日期
1	枫桥	1	苏州高新区枫桥民发富民合作社	2007-04-27
2	镇湖	1	苏州镇湖富民物业专业合作社	2013-11-27
合　　计		2	—	—

表11–15 苏州高新区土地股份合作社（截至2015年底）

序号	镇（街道、开发区）	个数	村别	名称	成立时间	土地（亩）
1	通安	11	青峰村	苏州高新区通安青峰土地股份合作社	2007–12	958.54
2			航船浜	苏州高新区通安航船浜土地股份合作社	2007–12	349.69
3			街西村	苏州高新区通安街西土地股份合作社	2008–09	200.00
4			东泾村	苏州高新区通安东泾土地股份合作社	2008–09	1104.00
5			颜家村	苏州高新区通安颜家土地股份合作社	2008–09	1005.36
6			俞巷里	苏州高新区通安俞巷里土地股份合作社	2008–09	350.05
7			金市村	苏州高新区通安金市土地股份合作社	2008–09	1344.72
8			新钱村	苏州高新区通安新钱土地股份合作社	2008–09	413.03
9			庄前村	苏州高新区通安庄前土地股份合作社	2008–09	438.04
10			北窑村	苏州高新区通安北窑土地股份合作社	2008–09	2042.60
11			同心村	苏州高新区通安同心土地股份合作社	2008–09	990.19
通安合计面积						9196.22
12	浒墅关	6	吴公村	苏州高新区浒墅关镇吴公土地股份合作社	2008–01	1877.09
13			九图村	苏州高新区浒墅关镇九图土地股份合作社	2008–01	1148.00
14			青灯村	苏州高新区浒墅关镇青灯土地股份合作社	2008–01	1569.62
15			保卫村	苏州高新区浒墅关镇保卫土地股份合作社	2008–01	44.50
16			下山村	苏州高新区浒墅关镇下山土地股份合作社	2008–01	154.60
17			永安村	苏州高新区浒墅关镇永安土地股份合作社	2012–12	514.35
浒墅关合计面积						5308.15
18	镇湖	9	市桥村	苏州高新区镇湖街道市桥村土地股份合作社	2007–12	897.34
19			秀岸村	苏州高新区镇湖街道秀岸村土地股份合作社	2007–12	282.48
20			西村村	苏州高新区镇湖街道西村村土地股份合作社	2007–12	203.60
21			上山村	苏州高新区镇湖街道上山村土地股份合作社	2007–12	362.88
22			山旺村	苏州高新区镇湖街道山旺村土地股份合作社	2007–12	764.40
23			石帆村	苏州高新区镇湖街道石帆村土地股份合作社	2007–12	610.56
24			马山村	苏州高新区镇湖街道马山村土地股份合作社	2007–12	227.55
25			新桥村	苏州高新区镇湖街道新桥村土地股份合作社	2007–12	196.27
26			太湖村	苏州高新区镇湖街道太湖村土地股份合作社	2007–12	762.33
镇湖合计面积						4307.41
27	东渚	8	长巷村	苏州高新区东渚长巷土地股份合作社	2007–09	321.23
28			新苏村	苏州高新区东渚新苏土地股份合作社	2007–10	50.26
29			姚江村	苏州高新区东渚姚江土地股份合作社	2007–10	55.11
30			大寺村	苏州高新区东渚大寺土地股份合作社	2007–10	67.59
31			中村村	苏州高新区东渚中村土地股份合作社	2008–10	85.53
32			姚市村	苏州高新区东渚姚市土地股份合作社	2008–10	113.84
33			下许村	苏州高新区东渚下许土地股份合作社	2008–10	74.26
34			黄区村	苏州高新区东渚黄区土地股份合作社	2008–11	321.60
东渚合计面积						1089.42
合　计		34	—	—	—	19901.20

表11-16　苏州高新区劳务合作社（截至2015年底）

序号	镇（街道、开发区）	个数	名称	注册日期
1	枫桥	5	苏州高新区枫桥大苏劳务专业合作社	2013-09-24
2			苏州高新区枫桥街道创尔新劳务专业合作社	2013-11-14
3			苏州高新区枫桥富农劳务专业合作社	2014-09-30
4			苏州高新区枫桥都邦劳务专业合作社	2014-11-06
5			苏州高新区枫桥贤德劳务专业合作社	2014-11-25
6	浒关	1	苏州高新区浒惠劳务专业合作社	2012-09-14
7	镇湖	13	苏州高新区镇湖街道西华劳务专业合作社	2012-04-12
8			苏州高新区镇湖绣创劳务专业合作社	2013-08-24
9			苏州高新区镇湖街道民众劳务专业合作社	2013-06-01
10			苏州高新区镇湖街道奇杰劳务专业合作社	2013-08-21
11			苏州高新区镇湖街道顺帆劳务专业合作社	2013-10-21
12			苏州高新区镇湖街道惠平劳务专业合作社	2013-10-21
13			苏州高新区镇湖街道马市刺绣劳务专业合作社	2013-11-01
14			苏州高新区镇湖街道富阳劳务专业合作社	2013-11-01
15			苏州高新区镇湖街道秀盛劳务专业合作社	2013-11-01
16			苏州高新区镇湖街道三洋劳务专业合作社	2013-11-01
17			苏州高新区镇湖街道力之源劳务专业合作社	2013-11-02
18			苏州高新区镇湖街道万事达劳务专业合作社	2013-11-07
19			苏州高新区镇湖街道勤协劳务专业合作社	2013-06-09
20	通安	3	苏州高新区通安镇华业劳务专业合作社	2012-09-26
21			苏州高新区通安新桥劳务专业合作社	2011-12-28
22			苏州高新区大石坞农民劳务专业合作社	2012-09-26
23	开发区	1	苏州高新区浒墅关开发区阳山劳务专业合作社	2012-11-02
24	狮山	2	苏州高新区狮山利民劳务专业合作社	2012-09-14
25			苏州高新区狮山裕民劳务专业合作社	2014-09-12
26	东渚	9	苏州高新区东渚龙景劳务专业合作社	2012-11-19
27			苏州高新区东渚镇民强劳务专业合作社	2014-03-17
28			苏州高新区东渚姚江劳务专业合作社	2013-05-08
29			苏州高新区长巷劳务专业合作社	2014-06-25
30			苏州高新区东渚黄区劳务专业合作社	2014-06-25
31			苏州高新区东渚澎山园劳务专业合作社	2013-07-24
32			苏州百姓之家劳务专业合作社	2014-12-29
33			苏州惠于民劳务专业合作社	2015-02-10
34			苏州百硕惠劳务专业合作社	2015-11-05
35	横塘	4	苏州高新区横塘街道梅湾劳务专业合作社	2012-10-31
36			苏州高新区横塘街道青春劳务专业合作社	2012-10-31
37			苏州高新区横塘街道新丰劳务专业合作社	2012-10-31
38			苏州高新区横塘街道石湖劳务专业合作社	2012-11-23
合计		38	—	—

表11-17　苏州高新区家庭农场（截至2015年底）

序号	镇（街道、开发区）	个数	名称	注册日期	种植土地（亩）
1	通安	1	高新区通安杨巷水稻种植家庭农场	2013-05-30	250

【城乡一体化】 创新城乡一体化领导体制和工作机制，巩固区四套班子、各部门与村挂钩联系、督查制度，形成上下互动、城乡联动、整体推动的局面。创新融资模式，加入苏州市城乡一体化基金，区子基金规模达13亿元，突破财政附加承诺、政府信用担保的传统模式，解决涉农项目融资难题，为助推城乡发展一体化提供有力保障。将城乡发展一体化工作“十三五”规划纳入《区国民经济和社会发展“十三五”规划纲要》，出台《关于进一步推进城乡发展一体化改革的实施意见》，围绕富民强村、现代农业、城乡生态环境等重点指标建立月报制度，确保城乡发展一体化工作有序推进。

【富民强村】 全区“政经分开”改革试点有序推进，截至2015年底，有17个村（社区）完成改革试点任务。全区累计建成镇村两级富民载体231万平方米，“一村二楼宇”等项目建设按序推进，财政扶持力度持续加大，区财政累计结算兑现补贴4532万元。全区村级总资产32.94亿元，同比增长14.1%；村均收入702万元，同比增长10.8%；农村社区股份合作社分红1.62亿元，同比增长4%，股改以来累计分红总额达10.32亿元；农村居民人均可支配收入2.55万元，同比增长9.6%。

【农产品质量监督】 部署落实农药及农药使用、瘦肉精、生鲜乳、兽用抗菌药、生猪屠宰、水产品、农资打假、“三品一标”在内的8大专项整治，出动执法人员857人次，检查各单位235户次，检查抽样440份，合格率100%。推行标准化生产，为2家企业2个产品开展无公害产品新申报，5家企业的6个产品开展无公害农产品复查换证，2家企业开展绿色食品续展工作，全区“三品”总数48个，其中无公害农产品33个，绿色食品11个，有机农产品4个。全年累计定量抽检各类农产品293批次。其中蔬菜99批次，果品63批次，茶叶3批次，稻谷25批次，水产品37批次，牛奶36批次，猪肝24批次，禽蛋6批次，合格率均为100%。4个涉农镇（街道）和狮山街道快检室累计开展快速检测1649批次，合格率达100%。全区生猪屠宰环节检测瘦肉精尿样5638头份，抽检率达到12.35%，养殖环节检测瘦肉精尿样176头份，合格率均为100%。生猪屠宰检疫4.5万头，无害化处理病死生猪830头，市场冷链环节检疫猪肉15.0776万头，禽肉产品14374吨。

【渔政监督】 2015年全年检验捕捞渔船465艘，总吨位914，总功率4914.3千瓦。年审捕捞许可证286本；全区2014年度拥有渔业职务船员证书419人，渔药店1家。2015年，有449户获渔业柴油补贴，补助资金308.26万元。组织渔民培训120人次。成立水上交通安全突出问题专项整治领导小组，开展渔业安全生产大检查、水上交通安全突出问题专项整治、打非治违和安全生产宣传月活动。开展专项检查45次，计180余人次，全年平安无事故。水产品质量抽检33批次，全部合格。

【畜牧管理】 规模养殖场饲养环境进一步改善，饲养方式逐步改变，饲养效益明显提升。2015年全年存栏畜禽6.4万头（只/羽），累计出栏3.2万头（只/羽）。落实“预防为主”方针，强化综合防控措施，全年免疫注射畜禽27.8万头（只/羽），重大动物疫病免疫密度达100%，抗体合格率达80%以上，无重大动物疫情发生。全年无害化处理病死猪1064头，检疫猪肉16.46万头，禽肉产品1.68万吨，瘦肉精抽样5958份，全年出动执法车辆33车次，执法人员71人次，采集各类样品33份，全面推行动物检疫电子出证等工作。

【林业】 全区森林覆盖面积90335.25亩，林木覆盖率26.26%，列全市第二位。全区生态公益林面积17496.3亩（不含上方山2718亩），其中省级以上重点公益林面积16057.8亩。全区茶叶面积2485亩，茶叶产量为19.33吨，产值2744万元。果品面积11825亩，总产量6750吨，产值7270万元。水果主要有梨、桃、葡萄等品种，其中梨

3125亩、桃3468亩、葡萄2268亩、杨梅2627亩、枇杷287亩、柑橘50亩。2015年，全区自然湿地保护率55.3%。完成市府下达的5000亩中幼林抚育任务，完成第九次全国森林资源清查工作。全区审核审批征占用林地项目8个，面积6.4862公顷（其中临时占用林地面积2.1463公顷）；林木采伐1起。在横山、玉屏山和大阳山上设3个林业有害生物监测点，加强对美国白蛾等检疫性害虫的监测，引进30万头肿腿蜂释放在大阳山上，防治天牛。开展打击破坏森林和野生动物资源违法犯罪的“雷霆行动”，全年查处3起非法占用林地案件，罚款金额66203.5元。组织人员参加江苏省第二届手工制茶技能竞赛，高新区两选手分别获卷形茶炒制操作竞赛一等奖和二等奖。组织全区桃树种植基地（户）等近50人进行桃树栽培技术培训。（范奕星）

服务业

【概况】 2015年，高新区服务业紧扣“统筹兼顾、突出重点、打造亮点、形成品牌”的工作要求，围绕服务业的规划布局、项目落地、配套服务、融合发展等重点工作，抓关键、强化落实，破难而上、统筹推进，保持又好又快的发展态势，为经济转型升级和持续健康发展提供有力支撑。全区完成服务业增加值332.09亿元，同比增长13.5%；服务业增加值占GDP比重为33%，较上年度提高2.9个百分点；实现社会商品零售总额220.68亿元，同比增长8.5%；完成服务业投资392.18亿元，同比增长10.9%，占全区固定资产投资的69%。全区有46个服务业企业（或项目）获评各级称号，获得国家、省、市级专项扶持资金1378万元。怡养老年公寓项目获得省服务业引导资金，创建传媒和中灵中药（李良济）获得省创新百企，宝馨科技、东吴人寿获评市总部经济企业，山石网科、华启智能等7家企业获得市创新型示范企业，蓝海彤翔、如意食品等6家企业的项目获得市服务业引导资金，苏钢现代物流园获评省第十批重点物流基地，创业园和翌湾电子获得市电子商务发展专项资金，创业园和科技城获评市电子商务示范基地，徽联支付和蓝海彤翔获评市电子商务示范企业。苏高新大数据应用产业园、狮山商务商贸集聚区2个项目被列入省“十百千”项目，山石网科、华硕科技、富士通等7家企业被列入省“十百千”重点培育企业库，知识产权集聚区被认定为市级服务业集聚区。2015年，高新区新增各类金融机构7家，累计达到138家。其中，银行机构26家、保险业金融机构38家、创投41家、融资性担保公司3家、融资租赁公司15家、证券公司6家、小贷公司9家。

服务业招商 围绕服务业集聚区和西部新主城建设，加大宣传推介力度，举办狮山商务商贸区项目推进及楼宇经济管理工作座谈会、2015年经营性用地项目推介会和高新区房地产企业招商服务座谈会。泰迪农场、裸心泊酒店等生态旅游项目签约落户，日航酒店、源宿酒店、金科酒店相继开业，中节能研究院、朗捷通总部大楼、金诚ppp城市中心等新兴业态项目相继落户，与地中海俱乐部及泰国都喜集团签署合作协议。碧桂园、天房地产、融绿地产等一线房地产项目首次入驻高新区。通过出访日本，促进永旺梦乐城的加快建设；通过出访印尼、新加坡，加快印尼苏钢格罗斯蒂项目、地中海旅游项目的推进以及与印尼苏钢的全面合作。

服务业投资 全区20个服务业重点项目加快推进，全年完成投资102.9亿元。新建和续建的服务业重点项目数量和质量均有所提高，苏州西部科技金融创新集聚区等3个项目被列入江苏省服务业重大项目，苏州科技城现代服务业集聚区等15个总投资超过690亿元的项目被列入苏州市服务业重点项目，龙湖天街等6个项目被列入苏州市商贸业重点项目。宜家家居、正大会员店等服务业项目开工建设，金鹰广场、喜年广场等现代商贸项目积极推进，锦峰商务大厦等项目完成主体建设。

【商贸流通】 2015年，高新区经济稳定增长，居民收入不断提高，消费环境持续改善，商贸业经济保持较快发展势头，全区商贸业在扩大流通规模、调整商业结构、促进居民消费、拉动经济增长等方面不断取得进步。全区社会消费品零售总额达到220.68亿元，同比增长8.5%。

市场运行监测 每月对高新区批发零售、重点餐饮、百货超市、生产资料市场等50家重点商贸企业进行经济运行监测和上报，每月编制统计月报，及时、客观反映高新区商贸业经济运行及主要行业重点企业的经营情况。组织区内相关重点企业参报国家重要生产资料市场监测系统、重点流通企业监测系统、流通行业信息统计平台、省电子商务统计系统、省物流网上直报系统等各类信息平台的数据统计及上报工作，全面加强重点行业的行业监管和企业监测。

市场流通管理 完成酒类流通备案及登记变更管理15家，发放酒类流通随附单500份，配合市商务局开展二手车市场企业经营资格备案，加强对区域内单用途商业预付卡发卡企业的管理。承接市商务条线调整下放的外资商业网点设立审核和再生资源经营许可登记职能工作，完成外资商业网点设立审核20家、再生资源经营许可登记备案4家。

市场秩序维护 贯彻执行肉菜追溯体系管理工作，定期会同区工商、质监、卫生等部门，对区内1家屠宰场、1家农产品批发市场、5家超市、19家农贸市场、84家团餐企业、4家加工企业进行实地检查，每月上报监测数据，发现异常，及时跟进。配合市场监管部门做好活禽交易管理工作，在生猪屠宰职权移交过渡时期每月汇总上报生猪屠宰和病害猪无害化处理情况。开展“931”农贸市场整治工作，协助东渚农贸市场和镇湖农贸市场开展环境综合整治前的各项准备工作，定期开展对全区大型超市和商场的安全生产检查。配合市经信委做好生产性服务业行业管理，跟踪全区6家省级重点物流企业及基地的运营情况，做好国际物流展会的相关组织协调工作。

商贸载体建设 通过加快商贸布局和设施建设，完善城市功能，优化商务环境，提升居民生活品质。商贸投资保持强劲势头，狮山商务商贸集聚区总投资230亿元的龙湖时代天街、金鹰广场、绿宝二期、客运西站综合枢纽、喜年广场等一批重点商贸项目加快建设或落成投用。2015年，宜家家居、正大会员店、裸心泊等重量级服务业项目陆续开工建设，绿地中央广场、锦峰大厦等项目加快推进，推动西部地区商贸业快速发展。永旺梦乐城新区店建设完成，16万平方米综合商业体将利用城铁新区站、轨交交通出口的区位优势，打造新区北部商业高地，不断提高新区商贸的影响力。发挥区位、交通、产业等综合优势，加快商业载体建设，加强区、镇（街道）、社区三级商业网络建设，一大批商业项目快速崛起，规模集聚优势明显，初步形成现代化城市商贸格局。狮山商贸集聚区已作为苏州市的中核主城来发展，已形成由国内外银行、证券、保险等金融服务机构以及购物中心、高档餐饮酒店等组成的金融商贸服务体系，为投资者提供较为完善的金融商贸服务。商业特色街区建设进一步加快，截至2015年底，拥有淮海街、镇湖绣品街等2条国家级商业街，永利广场、苏高新国际汽车城等2条市级商业街区。社区商业示范社区创建工作的覆盖面进一步扩大，全区创建1个国家级商业示范社区、3个省级社区商业示范社区和11个市级社区商业示范社区。

现代商贸业态 不断引进和丰富商贸业态，基本形成城市综合体、大型商场、超市（包括便利店）、商业街、社区商业五大主力商业形态。以美罗百货、泉屋百货、绿宝广场、永旺梦乐城新区店、永旺美思佰乐、乐天玛特为代表的国内外知名企业加速集聚，国际知名品牌商品和品牌服务不断导入，品牌集聚度不断提高。2015年，日航酒店、源宿酒店、金科酒店相继开业，以淮海街、永利广场为代表的高新区餐饮业已经成为时尚特色消费的集聚地和风向标。商旅文联动发展加强，建成了一批商旅特色项目和休闲服务设施，外来消费不断集聚。（韩晓怡）

【服务外包】 2015年，高新区有服务外包企业409个，接包合同额281908万美元，离岸接包执行额134473万美元。

（王慧）

【银行业】 新增内资银行2家，累计银行机构总数达26家，其中内资银行22家、外资银行4家。截至2015年末，全区金融机构本外币各项存款余额1424亿元，较上年增加113亿元，同比增长8.6%；本外各项贷款余额1259亿元，较上年增加154亿元，同比增长13.9%。

（曾志军）

表11-18　2008~2015年高新区服务外包工作情况表

年份	企业个数	接包合同额（万美元）	离岸接包执行额（万美元）	累计受训人数
2008	47	7489	7068	801
2009	132	22597	13343	2626
2010	182	41323	21007	6424
2011	267	69012	34639	11930
2012	298	111021	53201	17867
2013	330	169665	84894	23974
2014	349	222693	111146	25601
2015	409	281908	134473	29190

表11-19　2015年苏州高新区银行机构名录（内资银行）（截至2015年12月31日）

序号	银行名称
1	中国工商银行股份有限公司苏州高新技术产业开发区支行
2	中国农业银行股份有限公司苏州高新技术产业开发区支行
3	中国银行股份有限公司苏州高新技术产业开发区支行
4	中国建设银行股份有限公司苏州高新技术产业开发区支行
5	交通银行股份有限公司苏州高新技术产业开发区支行
6	招商银行股份有限公司苏州新区支行
7	上海浦东发展银行股份有限公司苏州高新技术产业开发区支行
8	中信银行苏州高新技术产业开发区支行
9	江苏银行股份有限公司苏州新区支行
10	华夏银行股份有限公司苏州新区支行
11	中国邮政储蓄银行股份有限公司苏州市新区支行
12	中国光大银行股份有限公司苏州高新技术产业开发区支行
13	中国民生银行股份有限公司苏州高新技术产业开发区支行
14	宁波银行股份有限公司苏州高新技术产业开发区支行
15	苏州银行股份有限公司高新技术产业开发区支行
16	广发银行股份有限公司苏州高新技术产业开发区支行
17	兴业银行股份有限公司苏州高新技术产业开发区支行
18	上海银行股份有限公司苏州高新技术产业开发区支行
19	江苏吴江农村商业银行股份有限公司高新支行
20	江西银行股份有限公司苏州高新技术产业开发区支行
21	浙商银行股份有限公司苏州高新技术产业开发区支行
22	恒丰银行股份有限公司苏州高新区支行

表11-20　2015年苏州高新区银行机构名录（外资银行）（截至2015年12月31日）

序号	银行名称
1	三井住友银行（中国）有限公司苏州分行
2	汇丰银行（中国）有限公司苏州汇豪国际大厦支行
3	渣打银行（中国）有限公司苏州新区支行
4	合作金库商业银行股份有限公司苏州高新支行

中国银行高新区支行　截至2015年底，中国银行高新区支行本外币各项存款余额突破170亿元，各项贷款余额突破150亿元。强化金融风险防范，堵截各类风险案件8起，涉及金额60.93万元，其中堵截电信诈骗4起，涉及金额10.93万元。新设立离行式自助银行（点）6家，进一步满足区内客户金融需求。全年为西部生态城、科技城城乡一体化、浒墅关经济发展集团、枫桥富民合作社在内的重点项目新增贷款投放22.4亿元；加大对政府融资需求的表外项目支持力度，牵头发行苏高新中票6亿元。响应区金融办“金融支持企业自主创新行动”，缓解科技型企业融资难的问题，支持地方经济的发展。相继开展“传播绿色·传承梦想”主题植树活动、3·15金融知识宣传活动、走进儿童福利院志愿活动和“金融知识进万家”等一系列公益活动。

农业银行高新区支行　农业银行高新区支行成立于1993年，截至2015年底，拥有14家营业网点、300余名员工。本外币资金总量达到245亿元，其中，本外币存款总量225亿元，总量市场份额连续多年保持同业第一，系统贡献度连续四年稳步提升。各项贷款余额达217.43亿元，总量市场份额跃居第一，全年新增贷款49.62亿元，增量占四大行份额的50.24%，遥遥领先同业。实现中间业务收入2.2亿元，同比增幅位居苏州分行系统第一；实现拨备前利润7.04亿元，拨备后利润6.02亿元，同比增幅分别为24.44%和19.57%，点均、人均创利分别为5415.38万元、234.67万元，远远高于苏州分行平均水平。发挥品牌优势，全年重点支持城乡一体化建设、棚户区改造、保障性住房建设、水利工程、有轨电车、基础设施改造等17个政府民生工程项目，授信总额达80亿元，投放项目贷款47亿元。全年投放个人住房按揭贷款32.73亿元，总量、增量均位居区域同业首位，为促进苏州西部经济腾飞做出重要贡献。不断强化精神文明创建工作，定期组织开展青年志愿者上门服务、市民金融知识普及、慰问残疾儿童及孤寡老人等公益活动。

工商银行高新区支行　截至2015年末，全行资产总额185亿元，其中贷款总额182亿元；负债总额181亿元，其中存款总额161亿元。不良贷款余额1.58亿元，不良贷款率0.88%，低于工行系统平均值。全年实现拨备前利润6.59亿元。实现经济增加值2.85亿元，经济资本回报率29.59%。全年完成多单项目项下供应链保理融资业务，收费权业务、股权融资业务、并购业务，发放贷款近70亿元。推出“网贷通”“易融通”“供应链融资”“科贷通”“财服贷”“大师贷”“新三板”“千人计划”等金融创新产品，满足小微企业多元化的融资需求，投放中小企业贷款超10亿元。把脉新区客户市场，发放个人贷款30.65亿元，个人理财类产品销售达807.53亿。继续加强同横塘街道四点半课堂的互动，与横塘街道团委签订共建合作协议，进行石湖社区的学雷锋志愿服务活动，参与志愿服务活动。开展“普及金融知识万里行”活动，活动次数160次，投放资料4348份。荣获中国银行业百佳示范单位称号，成为高新区首家获此殊荣的金融单位。

建设银行高新区支行　建设银行高新区支行成立于1992年9月，是首家进驻高新区的银行业金融机构，拥有员工260多人，下辖16个营业网点，遍布高新区城乡。2015年，建行新区支行本外币各项存款余额突破150

亿元，各项贷款余额突破210亿元。支行坚持创新引领，实现苏州市投贷联动业务首单和金融支持企业业务首单，获得“江苏省科技金融特色机构”荣誉称号，成为全省仅有的16家科技金融特色银行之一。新开智慧网点科技城支行，设立科技金融咖啡空间等4个基地，在索山广场创新设立“新悦汇”智慧型自助银行，探索网点智慧化转型。着力满足市民金融需求，个人贷款业务余额跃居同业第一，突出服务为本，新区建行营业部获2015年度中国银行业“文明规范服务五星级网点”殊荣，成为高新区内唯一的五星级营业网点。

江苏银行高新区支行 江苏银行苏州新区支行下属4家二级支行，由狮山支行、科技城支行、浒关支行、滨河路支行组成，新区本部内设营业部、发展部、管理部等经营管理机构。2015年，江苏银行苏州新区支行本外币各项存款余额为88亿元，各项贷款余额为70亿元，新区支行强化金融风险防范，全年堵截各类风险案件5起，涉及金额为13.88万元。江苏银行苏州新区支行在分行KPI绩效年度考核中始终名列前茅，绿色金融、科技贷款和小微企业贷款等表内业务较快发展。每月举办1次银企推介活动，开展多场科技人才企业对接恳谈会，介绍科技金融信贷政策和授信特色产品，增进政府部门和企业对江苏银行的了解。加强与孵化器、产业园等沟通对接，搭建获客平台。先后在国投行和国际业务方面尝试并落地土地款结构化融资、短融、汇益宝等业务新产品。推进人才贷、文创贷、税e融、创e融等特色新业务，更好扶持中小企业发展。

苏州银行高新区支行 苏州银行高新区支行下辖12家二级支行、24个网点，服务网点遍布高新区所有街道及乡镇。全行在职员工270人，本科及以上学历人员占比为70%。截至2015年底，存款余额113亿元，其中对公存款余额39亿元，储蓄存款余额74亿元；贷款余额70亿元，其中对公贷款余额56亿元，个人贷款余额14亿元。以打造科技金融、文化金融为目标，推出信保贷、科技贷、协力贷、投贷合一、苏式微贷、供应链融资、动产质押贷款、保兑仓、应收账款质押贷款、国内信用证等特色产品。

【小额贷款公司】 2015年，高新区小额贷款公司总数为9家，其中，农村小额贷款公司7家，科技小额贷款公司2家。实收资本总额22.85亿元，各项贷款余额23.77亿元。

【保险】 2015年，高新区保险业金融机构总数为38家，其中保险公司26家，保险公估2家，培训部4家，保险代理6家。2015年，苏州高新区保险业继续保持较快发展态势，实现保费收入132.35亿元，比上年同期增加24.13亿元，同比增长22.3%。

（曾志军）

【担保公司】 2015年，高新区新增担保业务3.89亿元，期末在保余额23.77亿元。其中，新增融资性担保3.89亿元，期末在保余额23.77亿元。（曾志军）

表11-21 2015年苏州高新区小额贷款公司名录（截至2015年12月31日）

序号	小额贷款公司名称
1	苏州高新区狮山农村小额贷款有限公司
2	苏州高新区鼎丰农村小额贷款有限公司
3	苏州高新区通安农村小额贷款有限公司
4	苏州高新区东渚农村小额贷款有限公司
5	苏州高新区国友农村小额贷款有限公司
6	苏州高新区金屋农村小额贷款有限公司
7	苏州高新区鑫庄农村小额贷款有限公司
8	苏州市聚创科技小额贷款有限公司
9	苏州新合盛科技小额贷款有限公司

表11-22　2015年苏州高新区保险业金融机构名录（截至2015年12月31日）

序号	性质	企业名称
1	总公司	东吴人寿保险股份有限公司
2	分公司	中国人民财产保险股份有限公司苏州市分公司
3	分公司	永诚财产保险股份有限公司苏州分公司
4	分公司	安邦财产保险股份有限公司苏州分公司
5	分公司	中国人寿保险股份有限公司苏州市分公司
6	分公司	农银人寿保险股份有限公司苏州分公司
7	中心支公司	阳光财产保险股份有限公司苏州中心支公司
8	中心支公司	安诚财产保险股份有限公司苏州中心支公司
9	中心支公司	中国人民人寿保险股份有限公司苏州中心支公司
10	中心支公司	中国人民健康保险股份有限公司苏州中心支公司
11	中心支公司	阳光人寿保险股份有限公司苏州中心支公司
12	中心支公司	中美联泰大都会人寿保险有限公司江苏分公司苏州支公司
13	中心支公司	泰康人寿保险股份有限公司苏州中心支公司
14	中心支公司	和谐健康保险股份有限公司苏州中心支公司
15	新区支公司	中国太平洋财产保险股份有限公司苏州市高新技术开发区支公司
16	新区支公司	中国人民财产保险股份有限公司苏州市国家高新技术产业开发区支公司
17	新区支公司	中华联合财产保险股份有限公司高新区支公司
18	新区支公司	紫金财产保险股份有限公司新区支公司
19	新区支公司	太平财产保险有限公司苏州新区支公司
20	新区支公司	中国平安财产保险股份有限公司苏州新区支公司
21	新区支公司	阳光财产保险股份有限公司苏州市高新技术开发区支公司
22	新区支公司	都邦财产保险股份有限公司苏州市新区支公司
23	新区支公司	天安财产保险股份有限公司苏州新区支公司
24	新区支公司	东吴人寿保险股份有限公司苏州分公司新区支公司
25	新区支公司	中国太平洋人寿保险股份有限公司苏州市高新技术开发区支公司
26	新区支公司	中国人寿保险股份有限公司苏州市新区支公司
27	新区支公司	百年人寿保险股份有限公司苏州新区支公司
28	新区支公司	太平人寿保险有限公司苏州分公司新区支公司
29	新区支公司	中国人寿财产保险股份有限公司苏州高新区支公司
30	新区支公司	中国人民财产保险股份有限公司苏州市电子商务支公司
31	保险公估	民太安财产保险公估有限公司苏州分公司
32	保险公估	上海恒量保险公估有限公司江苏分公司
33	营销服务部	中德安联人寿保险有限公司江苏分公司苏州营销服务部
34	营销服务部	长生人寿保险有限公司江苏分公司苏州营销服务部
35	营销服务部	永安财产保险股份有限公司苏州中心支公司新区营销服务部
36	营销服务部	友邦保险有限公司江苏分公司苏州市新区营销服务部
37	保险代理	浙江联创保险销售有限公司苏州分公司
38	保险代理	大童保险销售服务有限公司江苏苏州营业部
39	保险代理	和谐保险销售有限公司苏州分公司
40	保险代理	利安人寿保险股份有限公司苏州分公司新区营销服务部
41	保险代理	平安保险代理有限公司苏州分公司狮山路营业部
42	保险代理	江苏海泰保险代理有限公司苏州分公司

表11-23　2015年苏州高新区担保公司名录（截至2015年12月31日）

序号	担保机构名称
1	苏州高新区中小企业担保有限公司
2	苏州高新区新合盛担保有限公司
3	苏州东海担保有限公司

旅游业

【概况】 2015年，高新区围绕“做大旅游产业、建设旅游强区”目标，把握旅游产业发展新趋势，明确目标、突出重点、错位发展，全面提升旅游业发展质量效益，全区旅游业发展水平快速提升，在全国129家开发区中名列前茅。全区实现旅游总收入104.5亿元，同比增长8.6%；各景区接待国内外游客 1450万人次，同比增长12%。镇湖生态旅游区创建“国家级生态旅游示范区”，成为苏州市首家国家级生态旅游示范区。

【旅游项目】 瞄准“国际一流生态旅游目的地”定位，加大白马涧、大小贡山、大阳山等西部旅游配套服务项目的招商力度，举办树山启龙湖专题招商活动，先后邀请地中海俱乐部、卓美亚集团、安缦酒店集团、泰国都喜等多家国际知名旅游企业进行实地考察和洽谈。2015年，全区旅游项目投资22.35亿元，地中海俱乐部、树山都喜酒店、泰迪农场、城铁新城holiday inn酒店等一批品牌项目和公共服务特色项目落地。

【旅游活动】 策划开通“春季踏青、夏季亲水、秋季亲子、冬季养生”四大主题旅游线路，以“春游高新区”“夏季随心旅”和“秋季发现之旅”为主题，对区内特色节庆活动进行统筹策划、统一宣传、集中推广。苏州乐园啤酒节、树山梨花文化旅游节、白马涧龙池郁金香节、大阳山白龙茶文化节和房车露营大会等品牌活动的影响力不断提升。围绕大阳山生态旅游资源和苏州乐园品牌资源，探索政府主导与市场运作相结合的方式，举办以“点亮西部”、大阳山“城市夜花园”为主题的第二届啤酒欢乐大联盟系列活动，吸引近5000人次参与。与专业旅行社和策划公司合作，尝试通过互联网、微信等平台组织“线上+线下”相结合的旅游线路推广活动，组织近1000名“粉丝”参与。

【旅游宣传】 邀请电视、广播、报纸等主流媒体多次对高新区生态旅游资源、重大节庆活动进行集中新闻宣传和跟踪报道，提升区域旅游知名度。组织旅游企业在地铁1、2号线投放30块高新区旅游形象宣传广告，依托市旅游局160个旅游咨询服务点，发放旅游宣传资料10多万份。通过与专业公司合作，提高区旅游官方微信的宣传策划水平，不断扩大“粉丝”队伍。以经贸活动宣传为契机，扩大区域影响力。在金秋经贸活动中，抓住与携程等4大旅游OTA网站签约的亮点，协调新闻媒体进行全程报道，提升区域知名度。以重大旅游项目建设宣传为龙头，提升区域竞争力。编撰出版《绣美高新区》文化旅游画册，集中展示近年来高新区生态建设成果和旅游新产品、新项目。

【旅游管理】 坚持“一个网络三项制度”的安全管理举措，定期开展专项安全检查，通过旅游企业自查及高新区服务业发展局组织的专项检查，发现安全隐患100余处，整改率达100%。全年组织各类安全检查20多次。开展打非治违专项行动。发现隐患，及时发出整改通知，严格监督落实整改，进一步规范安全生产法治秩序，防止因非法违法行为造成事故，促进高新区旅游安全形势稳定好转。开展形式多样的宣传。先后多次设摊宣传《旅游法》，各旅游企业在人口密集的场所设置旅游法宣传咨询服务台，利用广播、电子显示屏、宣传栏、告知书等宣传手段，营造平安和谐高新区氛围。根据区内企业的特点，组织旅游安全、旅游行业管理人员应急救护培训班，培训120人次，提高旅游从业人员的安全意识。

表11-24　2015年高新区各旅游景区接待游客统计表

序号	旅游景区（点）名称	接待人数（人次）	接待游客收入（万元）	门票收入（万元）	门票收入同比增长（%）	其他收入（万元）
1	苏州白马涧龙池	440000	341	888	9.0	81
2	苏州乐园	4075508	26299.59	20338.93	1.6	5961
3	苏州太湖国家湿地公园	751668	5011.54	3164.7	4.5	1847
4	中国刺绣艺术馆	835111	63.67	14.26	78.3	49
5	大阳山国家森林公园	637062	282.58	209.59	45.0	73

表11-25　2015年高新区旅游节庆活动情况表

序号	活动名称	举办时间	举办地点	活动内容
1	大阳山首届登高祈福文化节	2015年1月1日—2015年3月5日	江苏大阳山国家森林公园（文殊寺景区、植物园景区、阳山温泉）	以“柚”福大阳山为主题，举办登高祈福、美食享福、优惠送福、傻福咩咩四大活动。
2	稻草人奇幻春游季	2015年3月1日—2015年6月15日	苏州太湖国家湿地公园	开展稻草人童话庄园、我为稻狂、水森林等全新项目
3	春天国际嘉年华	2015年3月6日—2015年6月22日	苏州乐园欢乐世界	举办北欧冰雕世界、日本超人气闯关寻宝游戏、俄罗斯大马戏节、《喜羊羊与灰太狼》十周年巡展、欧美城镇超大浪漫玫瑰海等活动。
4	树山梨花文化旅游节	2015年3月19日	树山生态村	以生态、文化为主题，融合梨花、温泉、美食、树山茶等元素，为游客策划赏梨花、泡温泉、创意集市等一系列精彩活动。
5	白马涧龙池郁金香节	2015年3月21日—2015年5月3日	白马涧龙池景区	以“爱丽丝梦幻花境”为主题，规划设计“爱丽丝”主题花园及展区。
6	2014—2015年全国垂钓俱乐部挑战赛总决赛	2015年4月11日—2015年4月13日	杵山生态公园	着力打造成为全国垂钓示范地，带动苏州垂钓产业的发展。
7	白马涧首届西瓜节	2015年6月20日—2015年8月31日	白马涧龙池景区	举办西瓜笑脸墙合影、雕西瓜、吃西瓜大赛等活动。
8	太湖湿地水上“沙”欢节	2015年6月27日 —2015年8月31日	苏州太湖国家湿地公园	举办沙滩寻宝、水果大战、沙滩运动会、水枪大战、水果战士大评比等活动。
9	苏州乐园第19届国际啤酒狂欢节	2015年7月3日—2015年8月31日	苏州乐园欢乐世界	以啤酒为媒，举办激情海陆空、邂逅浪漫等各种活动。
10	大阳山“星亮夜”	2015年7月18日—2015年7月19日	江苏大阳山国家森林公园（植物园景区）	夜花园模式提前亮相在大阳山植物园，举办德国啤酒节等原汁原味的特色节庆。
11	飓“疯”秋袭	2015年9月3日—2015年11月11日	苏州乐园欢乐世界、糖果世界	贯串中秋、国庆节，分国民大悦兵、恐怖通缉令两波主题进行，满足各个节日的游客需求。
12	白马涧龙池首届采“枫”涂鸦节	2015年9月26日—2015年11月30日	白马涧龙池景区	举办青熙风铃展、墨舞表演、风铃涂鸦、我为“枫”狂、百米画卷等活动。
13	太湖湿地第四届金秋家庭节	2015年9月26日 —2015年11月30日	苏州太湖国家湿地公园	举办空中飞人飞越太湖、迪拜风情节、江湖美食节等活动，开放热带沙生植物馆景区。

续表

序号	活动名称	举办时间	举办地点	活动内容
14	第五届中国（苏州）房车露营大会暨2015中国（苏州）房车展	2015年9月30日—2015年10月4日	太湖一号房车露营公园	以“光耀未来”为创意，以“房车照进生活”为主题，在前四届大会的基础上进一步扩大展会规模，进一步推广房车露营文化，宣扬其独特的休闲度假魅力，带动更多的旅客加入房车露营大家庭。
15	氧森温泉节 冬季热游大阳山	2015年11月2日 —2016年2月22日	阳山温泉	以全新改造升级的阳山温泉为核心，打造“温泉+植物园展览温室”的“森温暖”冬季暖心游线，深化阳山温泉的品牌节庆。
16	第八届中国刺绣文化艺术节	2015年11月28日—2015年12月31日	中国刺绣艺术馆、江苏省巾帼手工产业（苏南）展洽中心	举办“秀美天堂”文艺展演、“巾帼礼予”刺绣文化创新设计发展论坛、苏绣版权服务云平台项目介绍会、蚕丝宣纸成果发布会、“互联网+”时代的苏绣发展研讨会、刺绣产业创新发展专题研讨会、镇湖苏绣专利成果展、国家艺术基金项目刺绣青年艺术人才培养作品汇报展、第九届江苏省“艺博奖—银针杯”优秀作品展等活动。
17	太湖湿地遇见幸福季	2015年12月13日—2016年2月22日	苏州太湖国家湿地公园	举办遇见最美太湖鸟天堂、遇见自我挑战、遇见最暖新年、遇见团圆日等活动。
18	趁热来 ——苏州乐园20周年暖暖跨年季	2015年12月24日—2016年1月3日	苏州乐园欢乐世界、糖果世界、温泉世界	暖心欢乐世界：举办最美和声歌友会、第三届狮山苏台灯会、圣诞小镇创意市集等活动；暖萌糖果世界：举办唐风宝宝大拜年活动；暖汤温泉世界：举办沐浴唐风五福汤活动。

【旅游企业选介】 **苏州乐园概况** 2015年是苏州乐园开业20周年，全年入园总人数245万人次，总营收累计近2.89亿元。其中，温泉世界入园人数超过28万人次，同比增长41%，营收1873万元，同比增长17%，均创历史新高；水上世界暑期经营自6月19日开园至8月31日闭园，运营为期74天，比2014年减少6天，入园人数26万人次，同比增长4%，营收3224万元，同比增长11%；糖果世界迎合少年儿童需求，围绕“梦”幻气球主题进行内场布置和氛围营造，吸引大量亲子家庭客群入园。白马涧·龙池生态世界全年营收1350万元，同比增长5.8%。其中门票营收888.91万

欢乐世界全景（苏州乐园供图）

元（含乐居枫桥卡231万元），同比增长9.3%。全年对外演出创收42万，同比增长23%。苏州乐园艺术团荣获2015年度“苏州市民营表演团体会演团体奖”。积极引入苏州及周边地区知名婚庆公司，全年累计入园拍摄人数9200人，创造营收45万元。温泉世界摄影人数1000人，创造收入4万元。苏州乐园把握旅游市场趋势，通过创意策划，打造丰富多彩的精品活动，包括第二届苏台灯会、喜羊羊灰太狼十周年巡展、第二届国际杂技马戏节、第19届国际啤酒节、“全民大‘悦’兵”、“圣诞音乐节”、“元旦跨年夜”等具有特色的主题活动。积极与同程网等在线旅游平台进行合作。2015年，苏州乐园获得由中国游艺机游乐园协会与中央电视台共同颁发的中国主题公园的最高荣誉——“2015中国最受欢迎主题乐园奖”和“2015中国主题乐园最佳活动创新奖”。

管理输出 2015年，在托管白马涧·龙池生态世界、大阳山国家森林公园的基础上，又对大小贡山岛、泰迪农场进行管理输出。通过前期与各相关部门的多次沟通和对接，大小贡山岛于4月28日开业，泰迪农场一期工程于9月30日开业，标志着苏州乐园旅游产业链得到进一步延伸，苏州高新股份公司旅游板块的规模得到进一步扩展，经济效益和社会效益也更加凸显。在做好索山公园和狮山西公园管理的基础上，与高新区建设局签订托管协议，于2015年7月正式对玉山公园进行管理输出。

景区建设 欢乐世界建园初期引进的“夏威夷巨浪”项目，设备已老化并达到国家规定的使用年限。苏州乐园从欢乐世界的可持续发展出发，对原“夏威夷巨浪”进行更换，新的项目命名为“波浪翻滚”，相对于原“夏威夷巨浪”项目，“波浪翻滚”项目更具有游乐产品的惊险性和刺激性。大力推进“智慧景区”建设，实现景区内Wi-Fi信号全覆盖，拓展网络带宽，提升网络连接速度，简化游客登录验证手续，提升上网质量和游客满意度；构建“智慧景区一体化管理平台”，该平台被江苏省旅游局、江苏省信息化领导小组评为江苏省“旅游+互联网”模式创新优秀项目。

安全工作 坚持“一岗双责”和“党政同责”的安全原则，进一步强化乐园安委会、安全办在保障景区安全、设备安全运行中的重要作用，始终遵循“安全第一、预防为主、综合治理”的管理方针，确保乐园各大景区全年无重大安全事故发生。组织广大员工学习《中华人民共和国安全生产法》，结合乐园自身实际情况，确保各项安全制度落到实处。邀请高新区消防大队相关人员给乐园职工开展安全知识讲座，在员工中牢固树立“安全无小事”“谁经营，谁负责”的责任意识。积极配合国家特种设备检测中心，省、市特种设备检测中心，对乐园A、B、C类游乐设备进行全面检验，杜绝一切安全隐患。另外，乐园通过形式多样的应急演练，进一步提高员工的应急操作技能，上级安监、旅游等部门也组织苏州范围内的旅游业同行前来观摩。进一步强化安全宣导工作，力求做到警钟长鸣。9月，苏州乐园与江苏省红十字会、凤凰网在全园范围内联合开展“急救侠”活动，所有参加培训的一线员工均获得由江苏省红十字会颁发的专业急救资格证书。

大阳山水上世界 2015年8月31日，苏州乐园大阳山水上世界项目开工。该世界地处苏州高新区大阳山绿心的阳东新城片区，总规划面积约10万平方米。大阳山水上世界以森林为主题，由热带风情综合服务区、雨林虫世界儿童欢乐区、雨林海湾狂欢区、热带雨林探险区、雨林部落奇乐区等五大主题区域组成，整个面积是现有狮山片区水上世界的近两倍，水上游乐项目将更加丰富和新颖，大阳山水上世界将被打造成集水上游乐、文化体验、购物休闲、特色餐饮、休闲度假等多功能于一体的复合型水上游乐目的地。

泰迪农场 该项目地处高

泰迪农场（苏州乐园供图）

新区东渚镇黄区村，隶属太湖北部区域地块，与太湖风光带紧密衔接，占地面积463亩，与大小贡山隔湖相望，拥有便利的交通和丰富的自然环境。整个农场以泰迪熊为核心驱动力，与休闲农业完美结合，融田园旅游、休闲农场、主题酒店为一体，涵盖乡村庄园领地、自然欢乐农场、快乐阳光牧场、德式泰迪乐园四大主题区域，是一处别具一格的国际性、趣味性的休闲卡通农田乐园。由苏州乐园发展有限公司与泛亚国际集团属下的上海宇飞投资管理有限公司共同投资成立的苏州苏迪投资发展有限公司来管理运营。

森林世界　以森林为主题的森林世界项目是苏州乐园旅游产业升级的核心载体，肩负着苏州高新区中部地区“人气发动机”的重要使命。森林世界占地面积786亩，总投资25亿元，自该项目启动以来，苏州乐园便充分开阔视野，以赶超国内一流主题公园为目标，高标准、高要求、高效率推进项目的前期规划设计，力争将森林世界打造成中国第五代主题公园的标杆。

（苏州乐园）

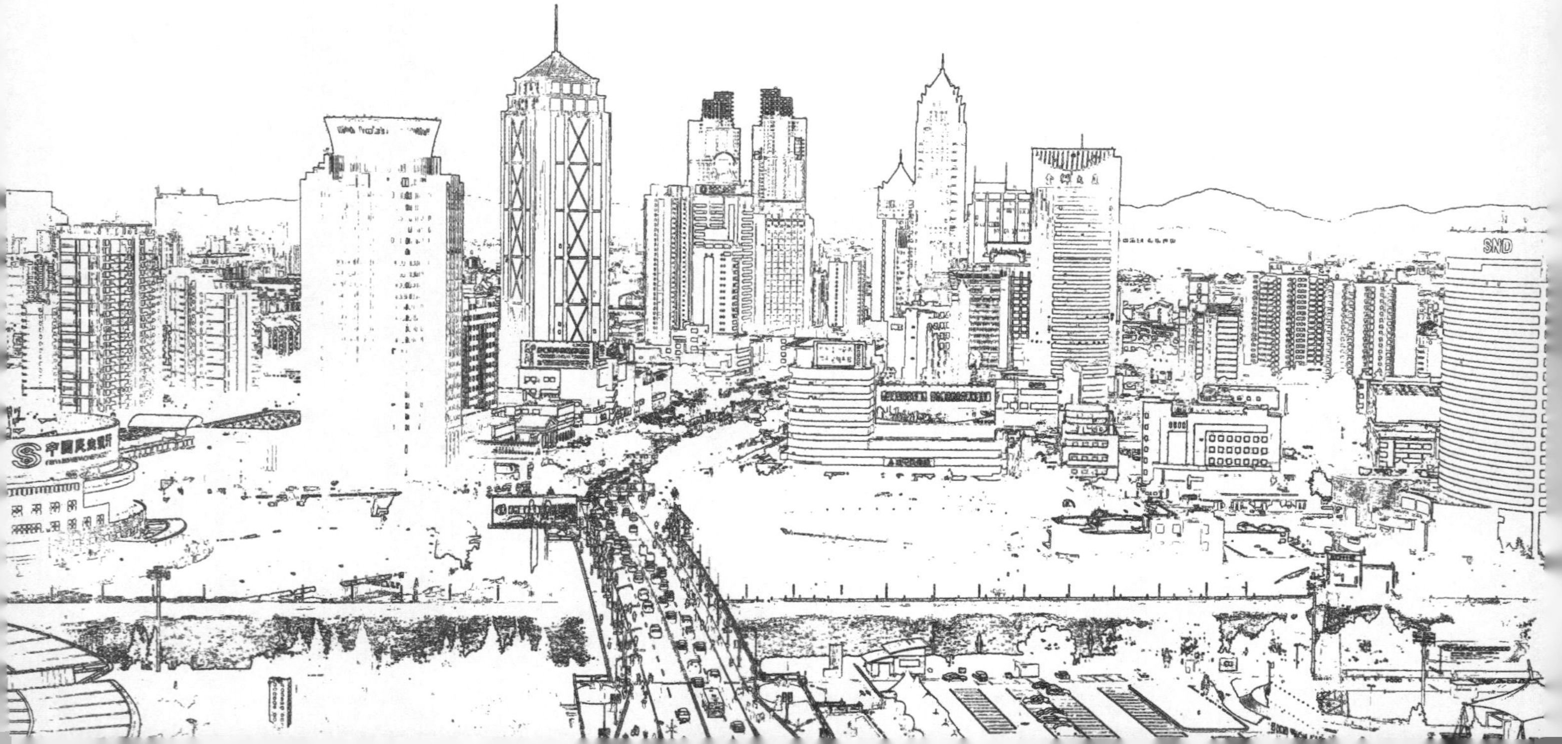
中國民生銀行
SND

经济监督管理

SND

经济发展与改革

财　政

国有资产监督管理

国土资源管理

审　计

安全生产监督管理

统计管理

价格管理

检验检疫

国　税

地　税

市场监督

质量技术监督

食品药品监管

经济发展与改革

【“十三五”规划】 2015年是“十三五”规划的编制之年，为使“十三五”规划成为指导高新区未来五年国民经济和社会发展的战略蓝图和行动纲领，高新区确定1个总体规划纲要、9个专项子规划和13个课题研究。高新区国民经济和社会发展第十三个五年规划委托江苏省社会科学院田伯平研究员团队作为外部力量全程承担参与编制任务，在深入调研和广泛采纳各方意见、建议的基础上，形成高新区“十三五”规划纲要，为高新区“迈向第一方阵”提供切实可行的中长期规划。（陆晓东）

【固定资产投资】 2015年，高新区全社会固定资产投资在建项目数为217个（不含房地产和设备项目）。全社会固定资产投资完成568亿元，同比增长8%，超过全市平均水平9.7个百分点，在全市十大板块中增速排名第三位。全年第二产业、第三产业分别完成投资176亿元和392亿元，同比分别增长2%和10.9%，二、三产业投资结构比为31∶69。第三产业投资占全部投资比重进一步提升，从2013年的64.9%提高到2015年的69%。

（陶晓 鞠丰刚）

【新兴产业投资】 2015年，全区完成新兴产业投资134.1亿元，同比增长13.8%。软件和集成电路进展较快，完成投资19.2亿元，同比增长64.3%；新材料完成投资36亿元，同比增长44.9%；新型平板显示完成投资9.5亿元，同比增长38%；生物和新医药完成投资12.7亿元，同比增长8.8%；节能环保完成投资4.5亿元，同比增长8.3%；投资下降的为新能源、高端装备制造、智能电网和物联网。

【现代服务业投资】 高新区分别完成生产性服务业投资47.9亿元、消费性服务业投资221.6亿元、公共服务业投资122.7亿元，占第三产业投资比重分别为12.2%、56.5%、31.3%。一批投资体量大、带动能力强的现代服务业项目，如龙湖时代天街、绿地中央广场、客运西站运贸综合体、永旺梦乐城、宜家家居等项目快速有序建设。

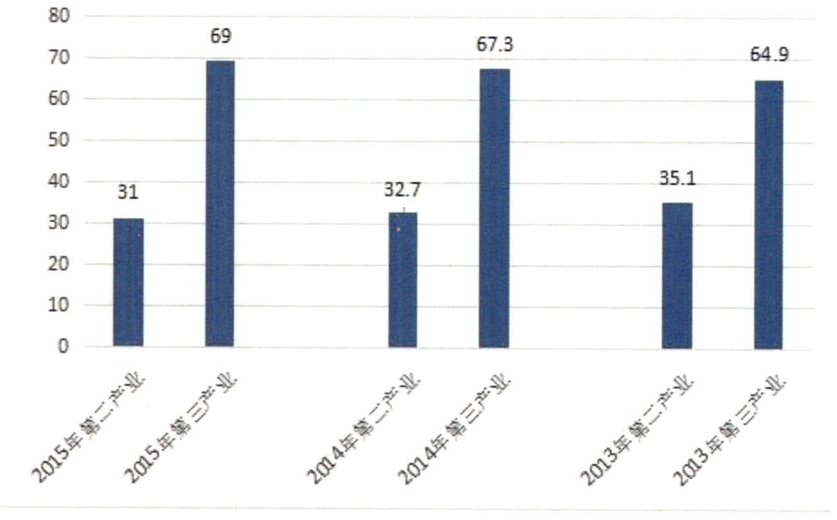

2013—2015年第二、第三产业完成投资额分别占全部投资额的比重（%）

【基础设施投资】 全区完成基础设施投资额99.7亿元，同比增长13.1%。中环快速路高新区段通车，有轨电车2号线、生态城贡山路污水管工程、石湖景区上方山环境整治与景观提升工程等基础设施项目快速建设，推动高新区与苏州主城全方位紧密联系。

【各镇、街道、开发区投资】 从增速上来看，狮山街道、西部生态城、综保区等3个板块增幅超过区平均水平，其中狮山街道和西部生态城均超过两位数增长，分别增长19.9%和14.9%。从总量上看，科技城继续保持一枝独秀，全年固定资产投资完成143.6亿元，列全区第一。

（陶晓 鞠丰刚）

【循环经济、清洁生产】 高新区推进清洁生产企业审核工作，全年完成29家清洁生产审核工作，其中有22家自愿型清洁生产企业和7家重点企业。组织区内企业申报区级节能及循环经济项目，其中循环经济项目7个，获得

表12-1　2015年苏州高新区“退二进三”情况表(截至2015年12月31日)

序号	项目名称	面积(亩)	签约年份	完成情况
1	乐园部分	346.5	2015年	完成
2	特不同音响	41.22	2015年	完成
3	汇景泰家居装饰	20.43	2015年	完成
4	胜能弹簧	19.8	2015年	完成
5	共力电子	15.44	2015年	完成
6	新裕汽车	13.61	2015年	完成
7	万立精密机械	8.93	2015年	完成
8	金庄工业园部分	8.3	2015年	完成
9	陈华军资产	5.4	2015年	完成
10	尤建芳资产	4.6	2015年	完成
11	天然气管网	3.42	2015年	完成
12	周文华资产	1.43	2015年	完成

扶持资金395万元。华能苏州热电有限公司、世联汽车内饰(苏州)有限公司、百硕电脑(苏州)有限公司获得“市级循环经济示范企业”称号。福田金属、远纺工业、紫兴纸业、绿宝广场4家企业通过能源管理体系评价。

(陈婷)

【中小企业服务】 2015年,全区新增民营(内资)企业3600余户,注册资金总额161.2亿元,同比增长13.4%。全年共认定48家中小微企业。积极组织企业参加培训学习,4家企业赴北京参加2015年江苏省中小企业产业升级人才专题培训班;区内45名中小企业家走进浙江大学参加中小企业管理创新研修班。高新区(虎丘区)中小企业服务联盟于2015年5月成立,组织举办中小企业大型主题活动7场,累计活动30余场,服务企业2500余人次。成功举办第三届江苏省中小企业创新创业大赛,我区共有7家企业获奖,其中苏州北导信息科技有限公司经过激烈角逐获得大赛一等奖第一名,“太湖金谷”将作为省双创大赛举办基地落户苏州高新区。(黄鑫)

【“退二进三”】 2015年,继续以加快推进狮山路周边道路和重点区域企业“退二进三”为主要工作,完成12家“退二进三”企业的搬迁协议签订工作,盘活土地489.08亩,累计完成搬迁企业达67家,盘活土地3698.44亩。(魏培培)

财　政

【概况】 2015年,在经济增速中低速运行的“新常态”下,高新区深化财税体制改革,强化财政预算管理,努力提升资金绩效,务实高效地完成目标任务,财政收入增幅始终保持在全市领先水平。全年一般公共预算收入完成110亿元,实现增幅9.8%。

【财政政策引导】 发挥财政政策的引导优势,落实各项发展扶持政策,进一步加大对创新驱动、结构调整的支持力度,推进经济转型升级。加大专项资金整合力度,全面梳理区级专项资金,修订完善支持工业经济升级发展、鼓励企业上市(挂牌)等有关政策,拨付6800万元资金支持企业加大技术改造,加快项目实施进度,鼓励企业利用资本市场融资加快发展,使其尽快成长为规模企业、支柱企业。推进创新驱动发展,落实好各项创新政策,安排3亿元资金用于创新平台建设、集聚高层次创新人才、知识产权保护等,为贯彻落实苏州市委、市政府《关于全力打造苏南国家自主创新示范区核心区的意见》文件精神,推出落实中关村“6+4”推广政策、发展新型孵化器、加快科技领军人才创新创业等系列政策,创新创业环境不断优化。扶持外贸、服务业的发展,全年安排筹集奖励补贴资金1亿元,支持外贸行业稳增长促转型,安排4700

万元服务业引导资金，加快服务业集聚。加大对企业的走访调研，做好政策的宣传，让企业了解政策、用好政策，真正把政策效应转化为发展成效。

【财政惠民】 加强基础设施建设，保障资金投入，安排31.6亿元支持重点工程建设，鼓励社会资本参与城市基础设施等有一定收益的公益性事业的投资和运营，促成苏州市棚户区改造项目首单PPP在高新区落地。支持教育优先发展，安排教育年初预算4.75亿元，同口径增长12%，通过提高学校修缮经费、生均公用经费等支出标准，修正部分教育经费保障方式等措施，提升资金使用绩效，新建、改扩建实验中学、高新区第四中学等，优化教育资源布局。提高医疗卫生保障水平，合理核定安排基层医疗卫生机构的经常性收支差额，落实对公立医疗机构的经费补助，高标准、有序推进科技城医院、镇湖卫生院的建设。支持富民强村建设，加大富民载体补贴力度，提高新建及存量载体的补贴标准，区本级对富民载体补贴达1145万元，向上争取支农资金3480万元，用于现代农业发展、农田水利设施建设等。加大农业保险力度，逐步提高财政补贴农业保险比例，扩大保险范围。加强生态文明建设，支持区活水工程、农村环境整治工程，发放生态补偿资金2750万元，促进生态环境保护，支持循环经济、低碳技术的发展，大力推动节能减排，鼓励老旧汽车提前淘汰，安排2500万元补贴资金，推进新能源汽车的应用。

【财政管理】 深化预算改革，将国有资本经营预算纳入政府预算，建立全口径政府预算体系，出台《区级国有资本经营预算管理办法》。全面推进财政信息公开，逐步扩大预决算信息公开范围，除涉密信息外，政府预算已实现全口径预算公开，所有涉及使用财政资金的部门均公开部门预算及“三公经费”预算，9家试点单位进行部门及“三公经费”决算公开。严格规范财税政策。积极组织各单位认真排查制定出台的税收优惠政策，全面贯彻落实《国务院关于清理规范税收等优惠政策的通知》（国发〔2014〕62号）精神。深入实施绩效评价，推进科发资金、龙景花苑功能提升、数字环保等项目的绩效评价，注重绩效目标设计的科学性和全面性，强化支出责任和效率意识。规范政府采购管理，陆续发布政府采购公证、公开政府采购预算、规范政府采购主体多个文件，编制《苏州高新区政府购买社会服务指导目录》，规范政府采购行为。2015年全区政府采购预算金额8.65亿元，合同金额8.03亿元，节约资金0.62亿元，节约率7.15%，公开招标率95%以上。安全高效完成集中支付，在逐步扩大集中支付覆盖面的同时加强内部控制监督，确保财政资金安全高效，全区纳入集中支付的单位有113家，集中支付资金40亿元，严格执行公务卡结算制度，提高财政资金支出透明度。规范公务支出行为，从严控制预算追加，进一步降控会议费、培训费及“三公”经费等一般性行政支出，在全区推行公务机票购买管理改革，保证公务机票采购的规范与透明。加大财政监督力度，完善财政“大监督”格局，加强与纪检、审计部门协作，开展“清风行动”，从财政资金上把好廉政关。

【会计管理】 区财政部门按照新形势下会计管理工作的特点，注重提高会计人员职业道德及业务素质，加强会计队伍基础管理，规范会计上岗行为。做好会计从业资格证书管理。截至2015年底，全区持证会计人员总数为18573人。 （胡小静）

国有资产监督管理

2015年，高新区完善制度建设，制定出台《区国有及国有控股企业内部管理领导人员经济责任审计暂行办法》，研究区属国企负责人薪酬改革方案，完成有轨电车、文体公司和国资公司实质化考核指标和薪酬方案的制订。推进国有资产重组，支持苏高新股份上市再融资，通过委托投资形式参与定向增发，配合商旅公司、新创公司股权转让工作，优化国有资本布局结构。加强融资指导，指导下属国企密切跟踪金融市场政策变化，多渠道开展融资工作，挖掘融资潜力，降低融资成本。加强国有产权管理，严把投资关，做好项目可行性研究，进一步开展企业保值增值综合评价工作，规范企业资产管理行为。（胡小静）

表12-2　高新区区属一级监管国有企业一览表

序号	企业名称	设立注册日期	级次	备注
1	苏州高新区经济发展集团总公司	1988-02-08	1级	
2	苏州新区高新技术产业股份有限公司	1994-06-28	1级	
3	苏州高新创业投资集团有限公司	2008-07-30	2级	2级企业1级管理
4	苏州高新区国有资产经营公司	1993-03-02	1级	
5	苏州高新有轨电车有限公司	2011-04-22	1级	
6	苏州高新区文体发展有限公司	2013-06-21	1级	

表12-3　高新区区属二级监管国有企业一览表

序号	二级企业名称	设立注册日期	级次	备注
1	苏州新浒投资发展有限公司	2003-06-25	2	
2	苏州西部生态城发展有限公司	2009-09-23	2	
3	苏州高新区新振建设发展有限公司	2011-12-07	2	
4	苏州新灏农业旅游发展有限公司	2006-07-11	2	
5	苏州新狮重建发展有限公司	2009-08-07	2	
6	苏州高新金屋工程建设发展有限公司	2014-04-21	2	
7	苏州苏高新科技产业发展有限公司	2003-04-11	2	
8	苏州科技城生物医学技术发展有限公司	2009-05-14	2	
9	苏州国家环保高新技术产业园发展有限公司	2003-01-17	2	
10	苏州新高置地有限公司	2011-01-13	2	
11	苏州新景天商务地产发展有限公司	2007-04-11	4	2级管理
12	苏州浒新置业有限公司	2005-06-13	2	
13	苏州高新区自来水有限公司	1994-06-28	2	
14	苏州金狮大厦发展管理有限公司	1992-10-28	2	
15	苏州新港物业服务有限公司	2002-09-12	2	
16	苏州市小茅山铜铅锌矿	1989-10-30	2	
17	苏州太湖湿地世界旅游发展有限公司	2009-10-29	2	
18	苏州高新生产资料商贸发展有限公司	2009-05-04	2	
19	苏州新区创新科技投资管理有限公司	2001-06-22	2	
20	苏州市新合盛科技小额贷款有限公司	2014-08-11	2	
21	苏州高新区新合盛担保有限公司	2015-02-26	2	
22	苏州新合盛融资租赁有限公司	2015-01-07	2	
23	苏州高新区安建置业有限公司	2009-06-05	2	
24	苏州高新资产管理有限公司	2015-12-31	2	
25	苏州新高绿建建设发展有限公司	2014-09-13	2	
26	钟山苏新发展有限公司	1997-09-05	2	
27	苏州高新区鼎丰农业小额贷款有限公司	2009-03-03	2	
28	金宁国际集团公司	1993-07	2	
29	苏州高新地产集团有限公司	1992-03-30	2	
30	苏州新创建设发展有限公司	1991-04-13	2	
31	苏州乐园发展有限公司	1994-09-28	2	
32	苏州高新污水处理有限公司	2003-01-22	2	

续表

序号	二级企业名称	设立注册日期	级次	备注
33	苏州钻石金属粉有限公司	1994-01-03	2	
34	苏州高新（徐州）投资发展有限公司	2011-02-21	2	
35	苏州大阳山投资发展有限公司	2014-09-30	2	
36	苏州高新商旅发展有限公司	2008-03-12	2	
37	苏州永新置地有限公司	2002-10-22	2	
38	苏州高新福瑞融资租赁有限公司	2015-01-28	2	
39	苏州高新区中小企业担保有限公司	2004-06-10	2	
40	苏州市聚创科技小额贷款有限公司	2010-12-31	2	
41	苏州高创特新能源发展有限公司	2009-12-17	2	
42	苏州高新启源创业投资有限公司	2011-05-20	2	
43	太湖金谷（苏州）信息技术有限公司	2014-10-29	2	
44	苏州市聚鑫商业保理有限公司	2014-04-22	2	
45	苏州聚高科技发展有限公司	2006-12-30	2	
46	苏州高新创业投资集团中小企业发展有限公司	2013-12-05	2	
47	苏州市集合创业投资服务有限公司	2009-06-22	2	
48	苏州高新有轨电车培训管理有限公司	2014-05-16	2	
49	苏州高新有轨电车有限公司物业服务有限公司	2014-05-10	2	
50	苏州高新有轨电车咨询有限公司	2013-03-02	2	
51	苏州高新区出口加工区投资开发有限公司	2003-12-26	2	
52	苏州高新综保区创新经济发展有限公司	2013-05-24	2	
53	科技城发展有限公司	2004-03-12	2	

国土资源管理

【概况】 2015年，苏州市国土资源局高新区（虎丘）分局（简称区国土分局）以节约集约“双提升”为抓手，落实“保护资源、节约集约、维护权益、改革创新”的工作总要求，以“三严三实”专题教育为引领，主动服务，规范管理，落实耕地保护责任，发挥用地保障职能，提升节约集约用地水平，强化执法监管力度，提升业务管理能力，巩固生态文明建设成果，维护群众权益。2015年，区国土分局被苏州市授予“2012—2014年度文明单位”称号，被高新区授予“高新区机关党建工作示范点”和“2015年度法治高新区建设先进集体”称号。

耕地保护 严格落实耕地和基本农田保护责任，加强耕地和基本农田保护日常巡查。开展土地综合整治工作，2014年度城乡建设用地增减挂钩、工矿废弃地复垦和耕地占补平衡复垦项目通过省、市级验收，新增耕地面积277亩。完成2015年度城乡建设用地增减挂钩复垦项目18个，取得新增农用地转用计划484亩，新增耕地面积456亩。推进高标准基本农田建设，对浒墅关镇、东渚镇、通安镇、镇湖街道13个高标准基本农田项目进行立项。2014年度耕地质量等别更新评价工作通过国土部验收。

土地供应 2015年年内，全区成交各类建设用地112宗，总面积5359.70亩，土地成交价款111.67亿元。其中，工业用地51宗，面积1921.56亩，成交金额6.14亿元；房地产开发、商业等三产用地17宗，面积1614.42亩，成交金额100.17亿元；保障性住房（动迁房）和公共基础设施等公益性用地44宗，面积1823.72亩。

节约集约用地 以服务绿色发展为宗旨，提高节约集约用地水平，发挥规划导向作用，严控新增建设用地规模，实施差别化供地，提高土地供应门槛，推进高标准厂房建设。加快推进区域产业转型升级，做好生产性服务产业项目的用地保障工作。科学编制区域内“一村二楼宇”实施方案，2015年第一批涉及4个镇（街道）的15个项目，面积为409.1亩的实施方案已获得市政府批准。开展“盘活挖潜”，收回国有土地22宗，盘活存量土地1279.42亩。截至2015年底，存量土地供应面积3756.53亩，存量土地供地率达到62.33%。高新区2014年度在江苏省20家产城融合型开发区中土地集约利用评价综合得分排名全省第一。

土地利用规划管理 根据区域经济发展需要，调整完善用地布局，完成科技城（通安镇、东渚镇）规划有条件建设区调整使用方案，调整规划空间1506亩。开展城市周边永久基本农田划定的举证核实工作、城市开发边界划定工作和“三优三保”行动前期调研工作，启动高新区“两规融合”规划编制工作。全年办理有轨电车1号线延伸线等建设项目用地预审及初审30宗。

建设用地利用 2015年年内，获得省、市下达农用地转用计划1860亩，其中市政府下达高新区农用地转用计划1323亩，省厅下达单独选址和重大产业项目用地计划537亩。全年组织上报10个征地批次，批准用地总面积3069亩，其中农用地面积2239亩。

业务基础管理 完成2014年度遥感土地变更数据上报及反馈数据整改工作，开展2015年度土地变更调查与遥感监测工作，推进国土资源“一张图”工程建设。开展保留村庄宅基地调查工作，完成第一次地理国情普查项目主体工作，完成耕地后备资源调查评价工作，为优化国土空间开发格局提供重要依据。配合农发部门做好“四个百万亩”补充落地后的上图及数据库维护工作，做好新增建设用地占用“四个百万亩”情况审核。提升服务管理水平，优化登记流程，提高办证效率。全年办理宗地登记297宗，办理商品房宗地分割登记19077宗，办理商品房登记发证25719本，办理土地抵押登记852本，办理土地查封（解封）登记267次，受理登记资料查询137次。

【市不动产登记中心虎丘分中心正式揭牌】 2015年12月25日，苏州市不动产登记中心虎丘分中心正式揭牌成立。不动产统一登记工作是一项民生工程，涉及百姓切身利益。虎丘区不动产统一登记工作启动以来，按照市委、市政府的部署和要求，区国土分局主动沟通对接，配合区政府成立工作领导小组，制定联席会议制度，较快完成行政职责的整合和机构的设置，努力构建起权界清晰、分工合理、权责一致、运转高效、法制保障、便民利民的不动产登记体系，各项工作稳步推进、有序衔接，保障不动产统一登记业务按时实施。

【宕口整治和地质灾害防治】
罗介山宕口和道砟矿治理项目完成整治。高新区宕口整治项目获得市级财政扶持资金250万元，用于枫桥街道罗介山宕口整治和镇湖街道吴家山边坡地质灾害治理。罗介山宕口整治项目获2014年度江苏省矿山地质环境整治项目科技创新三等奖。加强矿产资源保护与整治，高岭土公司和小茅山铜矿通过部级绿色矿山试点企业的初步审查。确定的地质灾害隐患点小茅山道院已关闭，科技城管委会已启动异地重建。

【法治国土建设】 严格执法监管，加强土地执法监察动态巡查机制，遏制土地违法违规现象出现。2015年，全局累计巡查493次，出动巡查人员1260人次。开展土地卫片执法检查，实现土地卫片执法检查双零目标。对2014年度土地变更调查变更图斑进行全面排查。多形式、多渠道开展全国“土地日”和“世界地球日”宣传活动，提升国土资源保护意识。强化服务和监督，全面推进信息公开，进一步规范征地程序，保障被征地农民合法权益。落实征地信息、土地交易登记信息及年度预决算公开工作。全年受理各类信访50件，办结率100%。完成57件政府信息公开的答复和协办工作。 （朱欣）

表12–4　2015年高新区经营性用地成交汇总表

序号	受让单位	土地用途	供地方式	位置	出让面积（平方米）	出让面积（亩）	成交金额（万元）
1	宜家（中国）投资有限公司	批发零售用地	挂牌	高新区浒墅关镇浒鸿路南、城际路西	67795	101.6925	27456.975
2	大连威新投资咨询有限公司、上海鑫磬投资有限公司	城镇住宅用地	挂牌	高新区狮山街道何山路北、金枫路绿化地东	64717.1	97.0756	83000.00
3	天津市房地产发展（集团）股份有限公司	城镇住宅用地	挂牌	高新区狮山街道竹园路南、塔园路东	33732.3	50.5984	99000.00
4	苏州业如房地产开发有限公司	城镇住宅用地	挂牌	高新区枫桥街道马涧路绿化地北、马涧河绿化地西	47893.4	71.8401	32500.00
5	旭昭（香港）有限公司、北京北辰实业股份有限公司	城镇住宅、批发零售用地	挂牌	高新区枫桥街道环山路绿化地东、华山路绿化地南北	40503.3	60.755	96000.00
					138183.5	207.2752	
6	苏州高新软件园有限公司	住宿餐饮（宾馆）	挂牌	高新区科技城查山东侧地块	8970.8	13.4562	1115.0704
7	苏州龙吟投资有限公司	城镇住宅用地	网挂	高新区狮山街道玉山路绿化地北、珠江路绿化地东	80803.7	121.20555	267723.21
					29177.5	43.76625	
8	苏州天福实业投资有限公司	商务金融用地	网挂	高新区科技城太湖大道绿化地北、规划用地东	10089.5	15.13425	3783.5625
9	苏州聚高科技发展有限公司	批发零售用地、商务金融用地	网挂	高新区科技城华佗路北、锦峰山西	31737.1	47.60565	8569.017
10	苏州新高旅游开发有限公司	住宿餐饮用地（宾馆）	网挂	高新区科技城科普路南、光启路西	6435.7	9.65355	952.4836
11	苏州新高旅游开发有限公司	住宿餐饮用地（宾馆）	网挂	高新区科技城科普路南、稼先路西	9569.6	14.3544	1031.6029
12	苏州市新浒旅游开发有限公司	商务金融用地	网挂	高新区浒墅关镇桑园路东、南津路绿化地北	10107.5	15.1612	4751.00
13	正荣集团苏南（苏州）投资有限公司	城镇住宅用地	网挂	高新区通安镇真山路东南、山桥浜绿化地东北	65678.5	98.5178	29504.00
14	苏州高新区新振建设发展有限公司	住宿餐饮用地（旅馆）、城镇住宅用地	网挂	高新区通安镇兴贤路南、树山河东	152351.5	228.5272	30125.00
		住宿餐饮用地（旅馆）			9747.3	14.621	
15	苏州中锐尚城置业有限公司	商务金融用地、住宿餐饮用地（服务型公寓）、城镇住宅用地	网挂	高新区横塘街道鑫苑路西、窑浜河绿化地南	32275.6	48.4134	56686.00
16	苏州弘阳房地产开发有限公司	城镇住宅用地	网挂	高新区浒墅关开发区兴贤路绿化地北、文昌路东	18595.2	27.8928	107994.00
					50730.2	76.0953	

续表

序号	受让单位	土地用途	供地方式	位置	出让面积（平方米）	出让面积（亩）	成交金额（万元）
17	苏州高新地产集团有限公司	城镇住宅用地	网挂	高新区浒墅关开发区象山路北、凤凰峰路东西	65443.2	98.1648	151530.00
		批发零售用地			13417.4	20.1261	
		城镇住宅用地			88324.4	132.4866	
合计					1076279.3	1614.4189	1001721.921

表12-5　2015年高新区工业用地成交汇总表

序号	受让单位	土地用途	供地方式	位置	出让面积（平方米）	出让面积（亩）	成交金额（万元）
1	捷博轴承技术（苏州）有限公司	工业	挂牌	高新区向街东、施恩禧电气南	20770.8	31.1562	996.9984
2	苏州泰仑电子材料有限公司	工业	挂牌	高新区五台山路南、区间路东	14126.2	21.1893	474.6403
3	苏州宇臻仓储有限公司	仓储	挂牌	高新区312国道北、文昌路西	221128.3	331.69245	11675.5742
4	苏州东科新能源有限公司	科教（研发）	挂牌	高新区马运路南、河道绿化地东	16080.1	24.12015	1809.0113
5	苏州苏高新科技产业发展有限公司	科教（研发）	挂牌	高新区金枫苑东、何山路南	21395.3	32.09295	2006.8791
6	中科苏州地理信息产业园发展有限公司	工业（研发）	挂牌	高新区科明路南、道元路东	7078.3	10.61745	356.74632
7	中科九州地理文化发展（苏州）有限公司	工业（研发）	挂牌	高新区科灵路北、道元路东	6276.2	9.4143	316.3205
8	苏州高新软件园有限公司	工业（研发）	挂牌	高新区光启路东、规划用地南	9909.3	14.86395	332.9525
9	国家知识产业局专利局专利审查协作江苏中心	工业（研发）	挂牌	高新区光启路东、区间路南	11945.5	17.91825	401.3688
10	苏州科技城生物医学技术发展有限公司	工业（研发）	挂牌	高新区天目山路绿化地南、嘉陵江路绿化地东	16783.1	25.17465	704.8902
11	中移（苏州）软件技术有限公司	工业（研发）	挂牌	高新区吕梁山路南、嘉陵江路东	17339.4	26.0091	582.6038
12	苏州李良济健康产业有限公司	工业	挂牌	高新区西泾湾河道绿化地西、青城山路北	16858.3	25.28745	566.4389
13	苏州鱼跃医疗科技有限公司	工业	挂牌	高新区华佗路东南、锦峰路西	40903.6	61.3554	1374.361
14	苏州南车轨道交通车辆有限公司	工业	挂牌	高新区普陀山路北、金沙江路东	39979.9	59.96985	1343.3246
15	苏州捷玛精密五金科技有限公司	工业	挂牌	高新区青花路东、现状区间路南	13418.5	20.12775	644.088
16	菲斯达排放控制装置（苏州）有限公司	工业	挂牌	高新区鹿山路北、三洋电子西	20283.6	30.4254	973.6128
17	苏州市世嘉科技股份有限公司	工业	挂牌	高新区建林路绿化地西、苏尔寿北	33489.5	50.23425	1607.496
18	崇业（苏州）精密工业有限公司	工业	挂牌	高新区新振路东北、规划用地西南	26596.1	39.89415	893.629

续表

序号	受让单位	土地用途	供地方式	位置	出让面积（平方米）	出让面积（亩）	成交金额（万元）
19	苏州玙华电器有限公司	工业	挂牌	高新区浒青路绿化地北、浒东路运河绿化地西	6654.5	9.98175	319.416
20	苏州美昱高分子材料有限公司	工业	挂牌	高新区永安路北、振翔车辆装备东	13260.8	19.8912	636.5184
21	苏州永德胜模具科技有限公司	工业	挂牌	高新区永德胜北、青花路西	6605.2	9.9078	317.0496
22	苏州市文益石油化工有限公司	工业	挂牌	高新区文益石油西、华桥路北	6693.4	10.0401	321.2832
23	苏州中通速递有限公司	仓储	挂牌	高新区规划用地北、高速公路绿化地西	2924.7	4.38705	154.4242
24	苏州中通速递有限公司	仓储	挂牌	高新区青花路东、中通速递北	9959.7	14.93955	525.8722
25	苏州康诚仓储有限公司	仓储	挂牌	高新区青花路西、河道南	26366.5	39.54975	1392.1512
26	苏州康诚仓储有限公司	仓储	挂牌	高新区青花路西、浒莲路北	39994.1	59.99115	2111.6885
27	苏州康诚仓储有限公司	仓储	挂牌	高新区康诚仓储一期南、青花路西	13338.6	20.0079	704.2781
28	爱丽思生活用品（苏州）有限公司	工业	挂牌	高新区华侨路绿化地南、青莲路绿化地东	33273.4	49.9101	1597.1232
29	歌拉瑞电梯有限公司	工业	挂牌	高新区浒青路南、歌拉瑞电梯东	8273.9	12.41085	397.1472
30	苏州协鑫光伏科技有限公司	工业	挂牌	高新区鑫科新能源南、嘉陵江路绿化带西	46586.4	69.8796	1565.303
31	纽威工业材料（苏州）有限公司	工业	挂牌	230省道东、纽威工业材料北	37951.6	56.9274	1275.1738
32	苏州南车轨道交通车辆有限公司	工业	挂牌	普陀山路北、规划用地东	6845	10.2675	229.992
33	苏州新浒投资发展有限公司	工业（标准厂房）	挂牌	杨安荡河绿化地南、新浒投资公司一期厂房东	29132.5	43.69875	1538.196
34	苏州浒通投资发展有限公司	工业（标准厂房）	挂牌	浒通投资厂房东、河道北	22586.7	33.88005	1192.5778
35	苏州新浒投资发展有限公司	工业（标准厂房）	挂牌	浒鸿路北、青花路东	33512.5	50.26875	1769.46
36	苏州瑞玛金属成型有限公司	工业	挂牌	高新区浒青路南、永莲路东	13364.5	20.04675	641.496
37	苏州美杰新材料科技有限公司	工业	挂牌	高新区新科食品南、规划用地西	10000.2	15.0003	480.0096
38	苏州郑氏新技术有限公司	工业	挂牌	高新区五台山路南、郑氏新技术东	4609.7	6.91455	154.8859
39	苏州路之遥科技股份有限公司	工业	挂牌	高新区雁荡山路北、嘉陵江路绿化带西	62713.2	94.0698	2107.1635
40	特不同音响（苏州）有限公司	工业	挂牌	高新区金枫路绿化地西、新亿星电子材料北	21715	32.5725	1042.32

续表

序号	受让单位	土地用途	供地方式	位置	出让面积（平方米）	出让面积（亩）	成交金额（万元）
41	苏州万德胜工业科技发展有限公司	工业	挂牌	高新区金枫路绿化地西、狮山街道农村社区股份合作联社南	11732.2	17.5983	563.1456
42	苏州天准科技股份有限公司	工业	挂牌	浔阳江路东、五台山路北	13336.7	20.00505	448.1
43	邦辰环保科技（苏州）有限公司	工业	挂牌	科灵路北、赛力菲陶纤细	25070.5	37.60575	842.3688
44	力神电池（苏州）有限公司	工业	挂牌	嘉陵江路绿化地西、规划用地北	46522.3	69.78345	1563.1493
45	苏州科技城发展有限公司	工业（标准厂房）	挂牌	230省道东南、五台山路北	51263.6	76.8954	1896.7532
46	华能苏州燃机热电有限公司	公共设施	挂牌	苏福路南、胥江河北	66129.5	99.19425	5812.7831
47	苏州高新区大新科技园开发有限公司	工业	挂牌	新亭路绿化地北、运新路西	41567.2	62.3508	1995.2256
48	江苏仕德伟网络科技股份有限公司	工业	协议	湘江路西、枫津河北（湘江路533号）	8737.9	13.1068	456.956922
49	苏州高新区出口加工区投资开发有限公司	工业	协议	内环西路西、川崎精密机械南	2730.1	4.09515	131.0448
50	苏州保丰利化工有限责任公司	工业	协议	保丰利北、苏华路西	2410.2	3.6153	115.6896
51	苏州市宝玛数控设备有限公司	工业	协议	金旺路南、青莲路西	812.6	1.2189	39.0048
合计					1281036.9	1921.6	61398.7

表12-6　2015年高新区划拨用地成交汇总表

序号	用地单位	土地用途	供地方式	位置	划拨面积（平方米）	划拨面积（亩）
1	苏州国家高新技术产业开发区浒墅关镇人民政府	科教用地	划拨	桑苑路东、规划河道南	48323.5	72.4853
2	苏州大学附属第二医院	医卫慈善用地	划拨	明光路东、兴贤路北	30903	46.3545
3	苏州高新区文体发展有限公司	文体娱乐用地	划拨	太湖大道绿化地南、浒光运河东侧路东	91980.8	137.9712
4	苏州国家高新技术产业开发区狮山街道办事处	科教用地	划拨	环山河北、规划道路东	5429.9	8.1449
5	江苏省苏州实验中学	科教用地	划拨	金山路北、实验初中东	62487.1	93.7307
6	苏州国家高新技术产业开发区横塘街道办事处	机关团体用地	划拨	学府路东南、科源路西南	3068	4.6020
7	苏州新狮重建发展有限公司	城镇住宅（动迁房）用地	划拨	环山河绿化地北、规划道路东西两侧	32938.6	49.4079
8	苏州国家高新技术产业开发区通安镇人民政府	科教用地	划拨	华通路南、中唐路东	9312.5	13.9688
9	苏州国家高新技术产业开发区东渚镇人民政府	交通运输用地	划拨	龙泰路东、石桥河南	43671.4	65.5071
10	苏州国家高新技术产业开发区横塘街道办事处	科教用地	划拨	环山路南、邮政职工教育培训中心	10307.3	15.4610
11	苏州市新浒旅游开发有限公司	城镇住宅（动迁房）用地	划拨	桑苑路西、河道绿化地北	25244.1	37.8662

续表

序号	用地单位	土地用途	供地方式	位置	划拨面积（平方米）	划拨面积（亩）
12	苏州高新区城市重建有限公司	交通运输用地	划拨	均强地块内	3909	5.8635
13	苏州科技城城乡一体化发展有限公司	城镇住宅（动迁房）用地	划拨	前景北路绿化地北、姚江山路东	69671.3	104.507 0
14	苏州浒新投资管理有限公司	城镇住宅（动迁房）用地	划拨	秦馀路南、虎噼路东	43139.7	64.7096
15	中国电信股份有限公司苏州分公司	公共设施用地	划拨	泰山路南、施恩禧东	523.3	0.7850
16	苏州高新区北部新城城市建设投资发展有限公司	交通运输用地	划拨	阳山新城罗家湾路内	29219	43.8285
17	苏州高新区城市重建有限公司	交通运输用地	划拨	长江路西、邓尉路北	29106.1	43.6592
18	苏州高新区城市重建有限公司	交通运输用地	划拨	珠江路西、何山路北	4305	6.4575
19	江苏省电力公司苏州供电公司	公共设施用地	划拨	建林路西、中航雷电院南	4050.4	6.0756
20	苏州高新区城市重建有限公司	交通运输用地	划拨	长江路西、邓尉路南	19455	29.1825
21	苏州汽车客运集团有限公司	公路用地	划拨	金山路南、师图街西	10568.9	15.8534
22	苏州浒墅关经济技术开发区管理委员会	科教用地	划拨	真武路绿化地南、规划文昌路西	77239.9	115.8599
23	苏州浒墅关经济技术开发区管理委员会	科教用地	划拨	真武路绿化地北、南庄河绿化地东	7454.1	11.1812
24	中国电信股份有限公司苏州分公司	公共设施用地	划拨	金沙江路东、吕梁山路北	53331.1	79.9967
25	苏州高新区第四中学校	科教用地	划拨	塔园路西、马运路南	39218.8	58.8282
26	苏州园林文化发展有限公司	风景名胜用地	划拨	上方山环路南、石湖西	13287.7	19.9316
27	苏州高新技术产业开发区东渚镇人民政府	科教用地	划拨	河道西、惠东路北	9447.5	14.1713
28	苏州浒墅关经济技术开发区管理委员会	公共设施用地	划拨	爪山路东、嵩山路绿化地南	3783.8	5.6757
29	苏州国家高新技术产业开发区枫桥街道办事处	科教用地	划拨	华山路南、滨河路东	27404.3	41.1065
30	苏州市保障性住房建设有限公司	城镇住宅（动迁房）用地	划拨	新丰河北、吴越路东	4316.4	6.4746
31	苏州市妇女联合会	文体娱乐用地	划拨	邓尉路北、规划道路西	28697.5	43.0463
32	苏州国家高新技术产业开发区横塘街道办事处	科教用地	划拨	金屋路北、文化路东	9314.6	13.9719
33	苏州科技城社会事业服务中心	科教用地	划拨	科业路北、绕城高速西辅道西	37018.6	55.5279
34	苏州高新区城市重建有限公司	交通运输用地	划拨	塔园路西、邓尉路北	5789.4	8.6841
35	苏州科技城城乡一体化发展有限公司	城镇住宅（动迁房）用地	划拨	前景北路绿化地北、姚江山路东	26060.9	39.0914
36	苏州国家高新技术产业开发区东渚镇人民政府	科教用地	划拨	龙安路西、龙昌路北	25900.2	38.8503

续表

序号	用地单位	土地用途	供地方式	位置	划拨面积（平方米）	划拨面积（亩）
37	苏州国家高新技术产业开发区通安镇人民政府	公共设施用地	划拨	太湖大道调压计量站西、规划用地北	5169.5	7.7543
38	苏州高新区城市重建有限公司	交通运输用地	划拨	建林路东、泰山路北	3715.4	5.5731
39	苏州南阳山城乡建设有限公司	城镇住宅（动迁房）用地	划拨	马涧三期新民苑西、规划用地北	143585	215.3775
40	苏州国家高新技术产业开发区枫桥街道办事处	公共设施用地	划拨	华山路北、马涧三期东	5091.9	7.6379
41	苏州西部生态城指挥部	交通运输用地	划拨	贡山路以西、石帆河以南	62040.8	93.0612
42	苏州市公安局	公共设施用地	划拨	体育路东、浒关开发区公交首末站北	2667	4.0005
43	苏州科技城社会事业服务中心	科教用地	划拨	科业路北、绕城高速西辅道西	6846.2	10.2693
44	苏州国家高新技术产业开发区通安镇人民政府	科教用地	划拨	江安路北、建新路东	40821.9	61.2329
合计					1215816.4	1823.7246

审　计

【概况】 2015年，苏州高新区（虎丘区）审计局（简称区审计局）完成财政财务审计项目40项，查出管理不规范金额12.01亿元，审计促进整改落实有关问题资金6.07亿元，有44条审计建议被采用；完成政府投资项目单项工程审计257项，涉及财政资金13.4亿元，核减工程造价0.97亿元，核减率7.23%。年内，区审计局被苏州市精神文明建设指导委员会评为苏州市2012—2014年度文明单位，内部审计指导工作被苏州市内部审计协会通报表扬。

预算执行审计 开展苏州高新区（虎丘区）2014年度本级财政预算执行和其他财政资金收支情况的审计及通安镇政府、枫桥街道两个镇级单位的财政决算审计，开展建设局、党政办、高新区工会工作委员会、虎丘区总工会、财政局、交通运输局、社会事业局、苏州盐城沿海合作开发园管委会等7个部门的预算执行审计，进一步规范预算管理行为、推进完善预算管理制度、提高公共资金使用效益，着重关注预算编制和执行，财政性资金存量和增量，地方政府性债务情况等方面内容。

经济责任审计 首次开展对国有企业领导人任期经济责任审计，包括苏州高新区经济发展集团总公司董事长、党委书记高剑平，苏州高新区经济发展集团总公司副董事长、总经理、党委副书记孔丽，枫桥街道党委书记潘宜顺，枫桥街道办事处主任徐建龙，财政局局长范钦伟、党政办主任沈宁，建设局局长周晓春，社会事业局局长顾云华，苏州高新区工会工作委员会主任、虎丘区总工会主席潘雪荣，交通运输局局长顾强，残联理事长陈益萍，监察局局长黄锋12位领导。开展领导干部任期经济责任审计工作，结合国家对权力清单和责任清单的改革推进要求，将有关经济工作政策规定的落实情况，重大经济决策的制定和执行，贯彻“八项规定”以及党风廉政建设第一责任人职责情况等纳入审计范围，坚持权责一致、权责对等原则，不断深化经济责任审计的深度和广度，推进党风廉政建设和反腐败工作。

固定资产投资项目审计 以“事前预防、事中控制、事后监督”为工作指导，开展对有轨电车1号线、有轨电车2号线等重点项目的全过程跟踪审计；加大对镇街道、开发区及国有企业等工程项目抽审力度，实现工程审计全覆盖；同时充分整合审计资源，引入专家复核机制，着力推行“大兵团作战、多兵种合成”的审计力量构架形式，严把政府投资项目的工程结算审计质量。

民生项目审计 开展保障房安居工程审计、省级太湖治理专项资金拨付情况协查等审计工作，着重揭示资金拨付、使用、管理过程中存在的问题，分析形成原因，努力提升各民生资金配置绩效，促进相关政策措施贯彻落实。加强对涉及人民群众切身利益的民生项目的审计监督力度。

企业审计 开展区经济发展集团总公司、区公交公司等国有企业资产负债损益情况审计，突出对国有企业的对外投资、资产处置和执行“三重一大”制度等方面的审计监督。内容涉及城镇化、公共交通、社会化服务、产业园开发等领域。

【内审监督】 通过完善内部审计机制，规范内审行为，防范内审风险，提高内审工作的质量和效率。2015年，各主管单位已组织完成全区部、委、办、局、镇（街道）、开发区、国企所属单位领导的内部经济责任审计30项、财务收支审计18项、内部控制评审58项、基本建设审计18项、其他内部审计项11项。引入竞争机制，择优选择协审单位。委托苏州市卫康招投标咨询服务有限公司进行公开招标，综合评价各中介机构的资质状况、技术力量、工作业绩、信誉、收费等情况，最终确定苏州立信会计师事务所有限公司等10家单位入选高新区2016至2019年度内部经济责任协审服务商名录。

【人大评议】 根据区人大《关于开展2015年评议工作的实施意见》（苏虎人办〔2015〕20号）精神，审计局被列为2015年度区人大评议的3个单位之一。评议工作从8月开始，到10月底结束，评议内容包括履职尽责情况、依法行政情况、务实为民情况等。在区人大评议小组的不断指导及审计局全体人员的不懈努力下，审计局在区人大常委会第三十三次会议上以良好测评成绩顺利通过此次人大评议工作。（赵国琴）

2015年1月8日，区审计局召开有轨电车2号线跟踪审计审前交底会（区审计局供图）

安全生产监督管理

【概况】 苏州高新区（虎丘区）安全生产监督管理局（简称区安监局）成立于2005年，内设办公室（政策法规处）、综合监管处、危险化学品监管处及职业安全健康监管处。下设区安全生产监察大队，有行政执法车辆5辆。区安监局承担全区安全生产综合监督管理工作，管委会（区政府）安全生产委员会办公室日常工作，工矿企业安全生产监督管理工作，危险化学品、非煤矿山和烟花爆竹从业单位安全生产综合监督管理工作，企业作业场所职业健康监督管理工作，安全生产宣教培训，监督指导涉及安全生产工作的各类协会、学会和其他社会中介机构工作，组织开展安全生产领域国内外交流活动，承担相关行政审批工作及管委会（区政府）交办的其他事项。区安全生产监察大队受区安监局委托，对全区各类生产经营单位实行安全生产监察与行政执法，并协同处理生产安全事故调查结案等工作。2015年，区安监局层层落实全区各地、各部门、各企业安全生产责任，签订《安全生产目标管理责任书》3286份。印发《苏州高新区安全生产“党政同责、一岗双责”实施细则》（苏高新委〔2015〕38号）等文件，全面落实安全生产“属地监管、综合监管、直接监管”各项责任。吸取天津港“8·12”爆炸事故教训，狠抓安全生产大检查及涉爆粉尘企业、非煤矿山、危险化学品、烟花爆竹等领域的专项整治工作，促进各地整体提升。对三级挂牌隐患、重大隐患、重点领域隐患进行督办并限期整改。强化高危行业企业监管，扎实推进各项基础性工作的开展。按照年度检查执法计划开展新《安全生产法》宣贯执法，进一步推动企业安全生产“五落实五到位”。严格落实上级“四严查、四问责”有关要求，对2014年昆山“8·2”事故以来全区发生的各类生产安全事故进行全面排查，推动事故责任追究落到实处。深入推进网格化监管、标准化建设，创新监管手段，抓好队伍建设，着力抓好基层基础建设。以安全培训、安全文化宣传、普及安全生产知识为抓手，不断深化新《安全生产法》宣贯，多方位促进安全生产文化建设。坚持将党风廉政建设与业务工作结合，做到同部署、同落实、同检查、同考核。年内，全区共计发生各类生产经营性安全事故101起，死亡31人，事故起数和死亡人数继续保持“双下降”趋势。与去年同期相比，事故起数减少29起，下降22.3%；死亡人数减少13人，下降29.6%。其中，道路交通事故17起，死亡18人，占事故总数的16.8%、死亡人数的58.1%；火灾事故72起，无人员伤亡，占事故总数的71.3%；建筑施工事故7起，死亡8人，占事故总数的6.9%、死亡人数的25.8%；工矿商贸企业事故5起，死亡5人，占事故总数的4.9%、死亡人数的16.1%。区安监局荣获“江苏省非煤矿山安全生产工作先进集体”称号。

【安全监督管理】 推进网格化监管，按照“有机构、有人员、有经费、有职责、有台账、有装备”要求，出台《高新区安全生产网格协管员考核办法》（苏高新安监〔2015〕36号），累计配备网格员达50人。获得5台标准配置的安全监管执法用车，各地执法用车实现全覆盖。推进标准化建设，全区完成规模以上工业企业三级标准化建设657家，二级达标企业16家。完成危化企业三级标准化建设22家，其中二级达标企业7家。27家加油站全部完成标准化建设。完成小微企业安全生产标准化建设211家。累计摘牌不符合条件的达标企业7家。通过政府购买服务方式，委托第三方中介对全区部分化工、职业危害、粉尘涉爆、冶金等重点企业开展安全检查。鼓励、指导有条件的企业投保安全生产责任险。在确保全区化工企业参保全覆盖的基础上，推进40家重点冶金和职业危害企业启动投保。部署开展企业安全总监配备工作，在“小茅山铜铅锌矿”等25家重点企业试点推进。企业监管方面，全年检查各类企业1745家次。行政处罚企业11家，罚款14.1万元。关闭9家涉爆粉尘企业，区内涉爆粉尘企业按照危险程度均实行分级分类管理，15家企业完成远程视频监控安装（首批22家）。梳理、排摸全区涉及有限空间作业企业46家，检查53家（次）。根据省局非煤矿山专家会诊意见和建议，督促指导小茅山等非煤矿山进行隐患整改。完成危化品安全生产许可证到期换领13份，剧毒品经营企业年检1家，关停不符合安全生产条件企业3家，出具危化品建设项目预审意见2份，开展安全条件审查（预评价）评审、安全设施设计评审13家。检查重点职业危害企业1093家（次），企业职业危害防治告知承诺率和网上申报率保持100%，对105个建设项目进行职业卫生“三同时”审核、备案。严格落实烟花爆竹经营安全专项整治暨零售许可证过期换证工作要求，复核、发放烟花爆竹经营零售许可证48张，关闭10家不符合安全条件的经营（零售）点。

【安全生产专项整治】 制定重点领域安全生产突出问题专项整治实施方案，协调推进全区“道路交通、建设施工、消防安全、油气长输管线”等领域专项整治，累计打击非法违法、治理纠正违规违章行为2756处，责令整改、限期整改、停止违法行为3012处。开展全区安全生产大检查，深化“打非治违”和专项整治工作督查，发现隐患2517条，并形成督查通报及时反馈各地进行整改提升。按照危险程度对区内涉爆粉尘企业进行分级分类管理，深入推进涉爆粉尘企业专项整治工作。梳理、摸牌全区涉及有限空间作业企业46家，累计检查53家（次），发现整改隐患46处。组织开展工矿企业有限空间作业基础知识培训。邀请省涉氨制冷安全专家赴我区所有涉氨制冷企业开展专项检查，排查、发现各类安全隐患43条。组织发改、公安、消防、环保、质监、规划等部门组成联合调查组对区内危化品罐区开展专项联合检查。全面开展仓储物流企业安全生产大排查，着力推动明德物流园等重点物流园区的隐患整治，累计排查企业158家（次），发现、整改隐患320余处。吸取深圳堆土塌方重大事故的教训，对区内非煤矿山企业的矿产堆放情况进行专项检查，并对“专家会诊”中发现的重大隐患整改情况进行跟踪。

【安全隐患整改】 完成三级政府“挂牌督办”重大事故隐患整改项目50个，其中市级挂牌10个，区级挂牌16个，镇（街道）级挂牌24个。完成国务院安委办挂牌督办的长江路农副产品批发市场重大火灾隐患的整改验收工作，拆除沿河临摊70余间；调整摊位布局，重新改造经营面积5500平方米；拆除“三合一”楼层居住场所34间计900平方米；改建所有防火门、消防通道，并针对市场管理缺陷，着手长效安全管理制度建设。强力推进涉及部门多、安全风险高、整改难度大的浒关下塘农贸市场、浒墅关火车站450库房、金庄街28号等安全生产重大隐患整改工作，集中整治遗留已久的重大隐患，督促安全生产主体责任落实，提高风险防控能力，彻底消除隐患。印发《关于迅速开展全区物流仓储企业安全生产专项整治的通知》（苏高新安办〔2015〕72号），全面开展仓储物流企业安全生产大排查，强化区内物流仓储企业安全监管，着力推动明德物流园等重点物流园区的隐患整治，专项整治期间累计排查企业158家（次），发现、整改隐患320余处。

【安全文化建设】 全年培训各类人员7638人（次），为贯彻新《安全生产法》及相关规定要求，提高安全培训质量，推行辖区内高危企业主要负责人和安全生产管理人员安全培训模式全面升级，实现由传统的教考模式向网络学习与现场教学相结合，并实行计算机考试的转变。同时，引入第三方安全培训信息管理平台，强化培训监督。组织开展“安全生产月”宣传活动，突出新《安全生产法》宣贯，在全区范围内广泛开展各类安全生产宣传活动，努力营造全社会关注、支持、参与安全生产工作的良好氛围。全年累计发放各类宣传资料50000余份，开展送教进企专题活动12次，举办“安全服务社区行”11次。“安全生产月”期间，组织开展“安全生产事故警示教育”和新《安全生产法》专题讲座，举办“高新区安全生产月宣传咨询日现场活动”，免费发放安全生产宣传折页5000份；联合区宣传部（新闻中心）在《姑苏晚报》（高新版）上组织开展“高新区安全生产月安全生产知识有奖竞赛”，吸引了社会各界广大群众的踊跃参与。

【安全应急管理】 从组织领导，预案编制及演练，应急队伍建设，物资资金准备，监测预警预报，应急防范处置，以及恢复重建、调查处理和科普宣传等方面不断完善生产安全事故应急救援体系。为规范高新区危险化学品事故的应急管理和应急响应程序，明确职责，建立健全应急救援机制，进一步增强应对和防范危险化学品生产安全事故风险和事故应急救援的能力，制定《苏州高新区危险化学品生产安全事故应急救援预案》（苏高新管〔2015〕149号），明确应急救援的范围体系、应急方职责和响应程序。深刻吸取天津港“8·12”爆炸事故教训，根据应急救援预

2015年10月31日，在苏州市兴业化工有限公司开展全区危险化学品泄漏事故应急处置救援联合演练（区安监局供图）

案在苏州市兴业化工有限公司举行全区危化品泄漏事故应急处置救援联合演练，区安监、公安、消防、应急等部门共同参与“灭火、救援、警戒、监管、救护、环保、调查”等事故处置环节，提升应对危化品泄漏突发事故的应急处置能力及协同作战能力。认真做好“寒山闻钟”“12345便民热线”等答复工作，进一步加强应急机制建设，严格落实24小时应急值守制度，设立并公布安全生产事故隐患24小时举报电话，全年累计处理各类咨询答复45件次。（白凯）

统计管理

【概况】 2015年，高新区统计局应对和服务宏观经济“新常态”，加大统计监测力度，强化统计服务能力，深化部门合作，推进各项统计调查工作开展，较好地完成全年各项工作任务，为推进全区经济社会各项事业的持续发展提供统计保障。2015年，高新区统计局被授予“省级以上开发区统计规范化建设示范单位”和“2015年苏州高新区法治建设先进集体”称号；枫桥街道统计站被评为“苏州服务型统计建设最佳团队”。

【基层基础建设】 以基层基础建设为抓手，打造组织体系完善、队伍素质优良、统计行为规范、技术手段先进、保障条件完备的统计工作体系，全面提升高新区统计基层基础建设水平，全面促进统计事业科学发展。2015年，高新区统计局通过“省级以上开发区统计规范化建设”示范单位验收，苏州浒墅关经济技术开发区统计办通过“省级以上开发区统计规范化建设”达标单位验收。各镇（街道、开发区、科技城）统计人员累计达43人，统计队伍进一步壮大。95家当年度新增“四上”联网直报企业全部通过省级标准验收。

【法制宣传教育】 制订统计法制宣传计划，通过设置统计法制宣传广告牌、墙报、宣传栏、横幅等多种方式宣传统计法律法规和被调查对象的法律义务，同时利用各类统计业务培训等形式开展统计“六五”普法宣传教育，扩大统计工作的社会影响。按照统计教育培训计划，组织未持证企事业单位统计人员253人参加统计从业资格培训考试，领证159人；区域内2358名持证人员参加统计继续教育培训；统计系统13名检查员轮训和各专业业务培训，以增强统计法制意识和综合素质。制订统计执法检查计划，实施统计行政执法检查，对1个街道进行统计督查，并对其25家统计调查单位进行专项检查，另对25家统计调查单位进行重点监审，发现28家单位存在统计违法行为，对18家单位发了监审建议书，对10家单位发责令改正书，以维护统计法的权威性和严肃性，提高统计工作质量。

【统计调查】 抓好国家统计局“一套表”网上直报，做到区、镇（街道）、企业三级联动。截至2015年底，全区1712家单位被纳入“企业一套表”联网直报，进行常规统计年定报调查，涵盖全部规模以上工业、限额以上批零住餐业、资质以内建筑业、房地产业和重点服务业单位。做好催报、查询、核对、汇总、核算等各环节工作，继续保持直报率和直验率双双达到100%。全面完成工业、能源、建筑业、房地产、服务业、贸易、投资、人口、劳动力等专业年定报任务，完成全区GDP核算、文化产业等跨专业数据汇总核定任务。完成全区小微企业调查及农民工、企业创新、企业景气、采购经理、劳动力等20多项各类专项调查任务。按照上级部门的统一部署，通过抽样调查的方式拓展统计调查的范围，获得常规统计制度以外，“新常态”下企业经营预期、用工就业、创新能力等更为翔实的统计调查资料，与年定报统计数据互为补充，多方位、多角度、多层次立体反映本地区社会经济发展实际情况。

【1%人口抽样调查】 按照全国1%人口抽样方案安排和部署，科学组织，周密安排，创新措施，扎实推进。及时制定调查员保密制度、双日报告制度、业务解答制度、数据快速汇总等制度，通过多方位的制度规范，严格控制摸底调查的全过程。在调查的前中后各阶段，多次组织骨干深入基层社区一线，实地检查调查开展情况。在数据处理阶段利用快速汇总和比对程序，将部门资料、摸底和正式登记数据进行深入细致的审核比对，确保数据准确无误，及时掌握全区调查进度和主要数据汇总情况。全区17个样本点完成抽样调查1532户，5054人。

【统计服务】 2015年，统计部门围绕全区经济建设和各项社会事业发展大局，把握发展形势，抓改革，促提升，强化对“新常态”下经济运行的分析研判，把握正确的服务方向，在更高层次、更宽领域为各级领导和社会各界提供优质统计服务。不断增强统计监测服务，强化与职能部门合作，加强对重点企业的日常监测，以预报、专报等形式及时反映重点企业生产经营情况、重大项目投资情况及重点行业发展走势，发挥统计预警作用。将GDP核算19项基础指标逐项分解，形成指标体系，与相关职能部门联合开展“GDP基础指标统计监测”，每月度形成监测报告。为各级党委、政府实施科学管理提供决策服务。全年完成《2014年苏州高新区统计年鉴》编纂，发布《统计月讯》12期、《高新区经济科技主要指标监测专报》3期、《全区经济运行主要指标》1期，撰写各类统计信息35条，专题简报和汇报17篇，统计分析9篇，其中3篇文章得到区级领导批示，2篇分析材料分别获得市级评比一等奖和三等奖，1人获得“苏州市统计分析十佳能手”称号。（汪兢兢）

价格管理

【概况】 2015年，高新区物价局贯彻落实省政府《关于进一步深化价格改革切实加强价格监管的意见》，加快推进价格改革，加强价格监管，强化价格调控，拓展价格服务，为高新区发展营造良好的价费营商环境。区物价局被市物价局评为“价格举报工作、社会价格服务网络工作”先进单位。

【收费管理】 建立收费目录清单和动态管理制度，对行政事业性收费实行目录管理，在网站上公布2015年高新区行政事业性收费项目目录清单，做到清单之外无收费。创新建立“六制度一平台”收费事中事后监管新模式，运用财政非税管理系统，建立收费网络监管平台，实行行政事业性收费的常态化事中事后监管，实现“收费项目、标准及时调整，收费数据实时核对，统计报表即时生成”的管理模式，指导执收部门加强内部收费管理，规范收费行为。

【价格管理】 全面推进公立医院医药价格综合改革，按照《城市公立医院医药价格综合改革的指导意见》，对区内苏州市第七人民医院、苏州高新区人民医院、苏州高新区中西结合医院、苏州市老年病康复医院等公立医院，会同市物价局、市卫计局做好综合改革的各项数据的测算、复核工作，对4家公立医院的病房床位收费按标准逐家进行核定，确保全区医改平稳运行。下调非居民用管道天然气销售价格，按照“同城同价”的原则，同步调整非居用气价格，自5月1日起非居用气和其他用气销售价格每立方米下调0.024元，调整后为3.949元。探索普通商品住房价格管理方式改革，严格执行商品住宅“一价清”和明码标价制度，审批商品房销售备案89批次，商品房前期物业收费备案18批次。通过强化对商品住宅销售价格的行政指导，改进房地产价格管理方式，引导房地产企业合理制定普通商品住房销售价格，推动全区房地产市场快速发展。规范平价商店管理，全区有平价直销店6家、平价直销区5家、平价配送店1家、平价集贸市场1家，按照农产品平价商店日常运营标准化、规范化、经常化管理的要求，加强日常监管，建立季、月、周检查考核机制，对平价商店销售价格和销售量进行实时监管，促进农产品平价商店长效运营、健康发展，通过督查、指导，使全区平价商店规范化建设名列前茅。

【监督检查】 完善社会价格监督网络建设，高新区有8个价格监督服务站、78个价格监督服务点、10个价格监督服务台、106名价格监督员，实现社会价格网络全覆盖和动态管理。完成枫桥街道价格争议行政调解工作分站和下属7个社区行政调解工作点的设立工作。开展“价格服务进社区”活动，组织开展近30场12358价格监督检查巡查站活动，发放价格宣传读本1000多份；畅通12358价格投诉热线，受理价格举报162件、咨询6件，经济处罚41165.9元；做好“寒山闻钟”161件处理回复工作。按照省、市物价局“大监管、大会战、大合作、大宣传、大法治”的要求，重点开展涉企收费、教育收费、医疗卫生服务价格、物业收费和商品房销售明码标价等专项检查，发放行政服务书8份，规范价格举报案件的案卷工作。配合市检查分局对国土分局、住建局、安监局、规划局、房产交易中心、直属房屋所、审图中心、安监大队等机关、事业单位的涉企收费进行检查，进一步规范涉企收费行为。加强物业停车、服务收费管理，针对“新三难”中物业收费、停车难的民生热点焦点问题，举办物业管理业务培训，全区近60家物业公司负责人参加培训，对全区物业服务收费明码标价进行地毯式检查，规范物业服务收费明码标价，营造公开透明的消费环境，有效促进和谐小区建设与物业行业的健康发展。（李洪峰）

检验检疫

【概况】 2015年，苏州出入境检验检疫局新区办事处（简称新区办）加快对接“一带一路”国家战略，创新采用“互为一二线，双向全申报”的监管模式，促进“苏满欧”国际班列扩容增效，该监管模式被国家质量监督检验检疫总局指定为中欧班列标准化监管模式。苏州进口肉类指定口岸获国家质量监督检验检疫总局批准筹建。与食监处共同打造进口鲜奶集中监管样板区。全年苏州新区口岸进口澳大利亚巴氏奶262.7吨，同比增加131.6%。培育全球维修新业务，帮助2家企业通过国家质量监督检验检疫总局全球维修资质审核。全球维修业务进口批次189批，金额8000万美元。新区办荣获2015年江苏省检验检疫系统“十佳文明窗口”称号。

【提高货物通关速度】 打破区域限制，全面推行沪苏一体化，开展出口直放、进口直通工作，全年放行360多批货物，法检货物通关时间可节约1天。打破部门限制，在苏州口岸首次实现关检合作“三个一”（一次报检、一次查验、一次放行），开发“关检e站通”系统，推行关检共同查验，每天共同查验批次8~10批，企业一次录入即可完成关检双方申报，掏箱费减少一半，货物平均查验时间节省一半以上，企业办理查验等候时间减少一半以上。全面推行全程无纸化，进口危化品和进口食品全面实现无纸化报检。

【探索检验监管新模式】 改变监管理念，以提升企业质量意识来引领质量提升。培育自主品牌，帮助辖区内4家企业成为“中国质量诚信企业”，1家企业获得“市长质量奖”提名；中核苏阀科技实业（苏州）股份有限公司成为首批“中国出口质量安全示范企业”。复制自贸区政策，制定《特殊监管区进口货物（手机）检验监管方案》，便利出口加工区企业名硕公司在国内销售手机；推动事中事后监管模式，积极调研企业出口退运情况，协助企业应对，全年上报出口退运案例6个，1例被《中国国门时报》录用，1例被省局录用。

【创新服务举措】 贴近企业，通过信息化手段提升业务办理效率。“Hi，新区国检”手机APP开发完成并在报检企业和报检员中推行，方便报检员查询业务进度、咨询业务流程。宣贯原产地证优惠政策，提升企业出口竞争力。全年签发各类原产地证书13061份，签证商品金额13.98亿美元，其中区域性证书4188份，签证商品金额1.63亿美元；FORMA证书（普惠制产地证书）2500多份，签证商品金额1.03亿美元，企业可减免关税1630万美元。开展“质量月”活动，提升企业质量意识和管理水平。指导辖区内轮毂生产商应对出口退运，提出应对建议和措施8条，帮助企业挽回经济损失100万美元以上。积极配合江苏关检“百千万”行动，组织企业参加座谈会，发放调查问卷征集企业发展难题，对辖区内重点企业进行专项调研，解决实际问题十余个。对辖区内医疗器械企业进行集中培训，宣传原产地证优惠政策、报检流程、质量理念以及相关法律法规。

【提升内部效能】 开发电子台账系统，方便疫情的输入、查询及统计等基础工作，通过系统延伸还实现疫情上报、结果登记等环节的自动化。该系统已推广到吴中、园区口岸。创立办事处微信工作群，用于发布通知和信息，解决工作问题等。开展绩效管理平台、政务信息写作等方面的讲座3次，参与人数近50人次。将5月定为“读书月”，并策划“读书月”活动方案，举办讲座1次。科技工作持续发力，科研立项2个，申请发明专利1个，被《国外技术贸易措施最新消息导读》杂志录用20余篇稿件。

【开展法治质检】 推进简政放权，规范执法行为。组织学习苏州局“权力清单”“责任清单”和“负面清单”，明确行政许可实施权限；在新区企业中贯彻总局暂停征收检验检疫费用政策，调整进口旧机电产品检验监管措施并进行政策公示；推进执法督查，规范市场环境。对进口流向核查累计下厂24次，案情上报率100%，口岸执法系统核销完成率100%，并对辖区企业行政指导近30家次。对9家未报经检验检疫的进口商品擅自使用的案例进行立案调查，对3家未按规定要求申报的进口商品违法行为按照苏州局规定的程序进行调查并发出行政警示。

（王俊）

国　税

【概况】 2015年，高新区国税局加强税收分析预测，针对新常态下经济结构调整、税收政策变化和传统行业税收贡献度下滑对组织收入工作带来的不利影响，定期走访乡镇、街道及区域内重点企业，做好经济运行、税收形势、税收政策调整以及重点行业、重点企业前瞻性预测分析，提高各税种收入预测准确率；开展税收视角下的经济调研，注重与区发改委、招商局联动，对亿元企业、龙头企业进行跟踪指导，从税收角度开展区内经济发展情况调研，撰写《高新区国税局关于部分税负偏低规模企业税收风险应对情况的汇报》《阿特斯集团遭欧盟“反规避”调查，高新区外贸出口将受影响》《阿特斯集团贸易方式变化给高新区地方经济带来的影响》《争取政策扶持，提升高新区综合保税区竞争力》《从税收角度看高新区汽车销售行业现状》等8篇专题分析报告；突出对大企业的管理，强化对大企业的税源监控，主动开展国际税收工作，做好重点企业的政策确定性服务工作，提前介入企业吸收合并、资产置换、股权转让等重大涉税事项工作，防止税源流失。全年组织税收收入116.12亿元，同比增长8.36%。完成区级公共财政预算收入36.97亿元，同比增长10.26%。

【增值税发票升级】 统筹纳税服务工作，确保发票升级和纳税服务共同推进。录制增值税发票升级培训视频，将税收管理改革、微信公众平台等内容融入培训内容，发挥培训最大效应，做好1.11万户存量企业的培训、报税、发行、供票等工作；统筹办税服务厅工作，合理安排升级进度。根据办税服务厅工作的峰谷规律，及时调整通知发票升级纳税人数量，做到发票升级工作同办税服务厅工作统筹兼顾，并建立升级日报制度；统筹安排中介机构升级时间，保证发票升级有序进行。安排人员周末加班，专门办理11个中介机构代理的2560户纳税人的发票升级和发票购领事宜，已完成区内企业的升级工作。

【税收政策宣传】 分5场对区内523户纳税人进行增值税减免税清算政策宣传、填报辅导，完成185户企业废弃电器电子产品处理基金品目摸底调查，对2015年度新增的88户高新技术企业资格进行认定，对39户高新技术企业进行资格复审。加大推进消费税改革，组织对成品油、电池、涂料消费税政策培训宣传，对区内相关企业及时发放提醒函。

【税收政策优惠】 落实小微企业优惠政策，利用微信公众平台、纳税人QQ群和短信平台，以及制作PPT，走进政府机关、乡镇街道进行宣传，组织小微专项政策解读培训，设立小微企业专窗接受业务受理和政策咨询辅导，使区内13124户小微企业充分享受税收政策优惠。2015年，高新区国税局通过减、免、退、抵等方式兑现各项税收优惠75.49亿元，其中办理出口退税59.49亿元，依法兑现高新技术企业、资源综合利用、小微企业等税收优惠近16亿元。

【纳税服务】 提高网上办税率，按照《全国税务机关纳税服务规范》（2.0版）的具体要求，利用“智慧苏州国税”等资源，实行一窗多能服务，规范办税厅、延伸点工作职能，完善自助办税终端布局，建立和运用“高新区微信公众平台”“高新区出口退税平台”，提高网上办税、移动办税和自助办税的水平。区内非居民企业的业务网上办理、批复达90%以上；创新宣传服务新模式，利用高新区国税局微信公共平台，实现涉税信息实时推送、业务咨询自助回复。创新宣传思路，让宣传走进政府机关，面向政府部门、乡镇街道，宣传其关心的税收问题、服务举措，《姑苏晚报》对该做法给予报道。实施纳税服务前移，把进入办税厅办理的业务事项区分为前后两道衔接的流程，在咨询辅导区开展办税引导、现场咨询、业务辅导和审核工作，在窗口直接办理具体涉税业务；推行办税“实名制”，对内加强培训和辅导，对外利用短信系统、微信公众平台等方式加大对纳税人和社会各界的宣传力度，区分不同类型，完成电话、到户采集、验证及后续管理工作，并与防范发票虚开工作相结合。截至2015年12月底，累计采集9991户。维护纳税人权益，通过制定税收职责清单，明确工作要求、工作流程，严格《税收风险应对模板》及《纳税评估法律指引》，规范执法，快速处理纳税人反映的问题。

【税收风险管理】 以争创全省“风险应对示范单位”为目标，推广应用《风险应对工作模板》和《风险应对法律指引》，完善税收风险管理体制、机制。制定《风险管理团队工作办法》，打破科室界限成立国际税收第二团队工作小组，实现由过去的单兵作战转向团队化协作。团队内从数据准备到应对处理等不同环节划分小组，各小组各司其职，相互配合，形成一个组织健全、职能完备的闭环式实体；建立团队主管负责制、团队沟通机制等制度，不断提升团队联动协作能力；加强业务培训，从“学习”向“学会”转变。在参加省局、市局组织的业务培训基础上，加强内部业务培训与指导，组织团队人员研读剖析《模板》和《指引》内容，定期学习反避税调查技巧和BEPS、FATCA等国际税收动态；参加市局组织的情报交换培训和对外支付风险培训，利用集体审议、案例交流的机会，在实践中指导评估人员开展应对工作；

加强过程监控，从“落地”向“落实”转变。制定《集体审议管理办法》，针对风险应对任务的重要性和复杂性，分别设立科级、局级两级集体审议小组。团队成员依托数据信息情报综合管理平台、数据仓库开展分析，对风险应对的全过程加强跟踪；严格落实集体审议制度，加强请示汇报和协调沟通，确保各项要求落到实处；完善情报机制，从“取得”向“利用”转变。围绕情报驱动的有效性，完善情报采集机制，加强与海关、工商等部门联动，提高情报采集和应用能力，挖掘情报增值空间。2015年，高新区国税局采集22个单位数据合计18.9万条，数据匹配比例达99.52%，上报的数据情报应用项目2个，合计取得成效7386万元。

完成应对423户次，取得应对总成效4.33亿元，列全市第三位。完成通讯终端制造业行业模型建立工作，撰写2篇风险应对案例，其中1篇评估案例在市局评比中获得三等奖。

【国税队伍建设】 开展《对党忠诚敢担当，争做“三严三实”的好税务干部》“三严三实”专题教育，“七一”前后开展“党章学习日”活动，组织参加市级机关开展的“学党章、强党性征文活动”和“优秀家风、家训、家教征集评选活动”，分获三等奖；开展“我的岗位，我的青春”和“峥嵘岁月·点赞人生”系列活动，抓好先进典型的培树宣传工作，张顺民被评为“苏州好人”，唐影怡被市级机关评为“优秀共产党员”，蒋波被团市委评为“苏州好青年”和“苏州市杰出青年岗位能手”，施昊被评为“青年岗位能手”，《苏州日报》报道“身边的好税官”唐影怡的事迹，陆秀峰被市局评为“服务明星”并参加市局事迹报告团，王小英参加全市国税系统“提素质、比作风、赛效能”税收业务技能竞赛获得三等奖；在注重提升基础知识与专业技能的基础上，利用重大事项、重要岗位、重要时机对年轻干部进行锻炼，包括组织风险应对团队、税收发展调研和重大比武竞赛。组织参加全员岗位知识培训、公务员更新知识培训，定期开展业务经验研讨，走进四大会计师事务所开展培训和交流学习活动；依托“数字人事”管理教育系统平台，完善《高新区国税局个人绩效管理实施细则》，将绩效管理考评与转变工作作风、评先评优、问责问效等结合起来。2015年，高新区国税局税源管理一科被授予“青年文明号”称号，团支部被评为“先进基层团支部”，党支部被评为“2013~2014年度先进基层党组织”，作风效能连续4年获得高新区条线单位中的A类单位称号。

【廉政建设】 落实党风廉政责任制，抓住主体责任这个关键，逐级分层签订责任明确、可操作可考核的廉政责任书，把责任落实到个人。针对税收改革到位后出现的新情况，根据“两个责任”清单，排查容易引发职务犯罪的高风险事项，联合检察机关对所涉及的税收法律、法规进行渎职风险评估，解剖和梳理执法风险节点；组织学习《纪检监察工作制度汇编》，编写党风廉政知识题库，定期组织廉政基础知识考核，观看《作风建设永远在路上——落实中央八项规定精神正风肃纪纪实》宣传教育片，邀请区纪工委龚浩作《反腐败永远在路上》的反腐廉政教育辅导；组织对办公用房、干部出国（境）管理、公务用车等贯彻执行中央八项规定精神方面问题的自查和整改，落实《国税干部婚丧喜庆等事项报告制度》和《国税干部因公和因私出国（境）管理办法》等制度；抓好《税务系统领导班子和领导干部监督管理办法》及其实施细则、《廉政准则》、“一案双查”等制度的落实，建立与税收遵从管理体系相匹配的“两权”监管机制。2015年上半年，利用第三方明察暗访反馈信息，整顿改进工作作风效能。下半年，制定“高新区国税局委托特邀监察员开展国税干部满意度调查活动方案”，通过监察员了解和反馈企业对国税干部的评价，促进工作改进提高。（张建国）

地 税

【概况】 2015年，高新区地税分局围绕“坚持稳中求进，深化依法治税，奋力开创税收现代化建设新局面”工作主题，坚持以组织收入为中心，以依法治税和风险管理为重点，以忠实履职和安全履职为保障，面对宏观经济增速放缓、结构性减税力度加大等挑战，全年组织各项收入156.25亿元，同比增收21.82亿元，增长16.23%；其中税收收入80亿元，同比增收11.42亿元，增长16.64%；社保基金收入69.54亿元，同比增收9.54亿元，增长15.91%；征收教育两费5.6亿元，同比增收0.7亿元，增长14.41%。实现区级公共预算收入59.96亿元，同比增收8.14亿元，增长15.7%，增幅在全市各区（市）中位居首位。地税部门完成预算收入占高新区财政收入的比重为54.51%，比上年提高2.78个百分点。高新区地税分局在苏州市地税局年度绩效考评中获得“优秀”等次，被评定为“2015年度先进单位”，业务管理科被授予省级“工人先锋号”荣誉。

【地税组织收入】 主体税种比重继续提升，房产税和土地增值税增收显著。营业税、个人所得税和企业所得税三大主体税种均实现大幅增长，其中营业税入库29.77亿元，同比增收6.74亿元，增长29.27%，增量贡献率达59.04%。其中销售不动产营业税入库14.1亿元，同比增收5.53亿元，反映出房地产市场火爆对税收收入的贡献。个人所得税入库16.34亿元，同比增收2.74亿元，增长20.12%。除工资薪金所得增收1.25亿元外，股权转让所得增收1.23亿元，反映出高新区居民收入水平提升。企业所得税入库6.81亿元，同比增收0.82亿元，增长13.75%。房地产企业销售带动盈利水平改善，入库企业所得税2.74亿元，同比增收0.91亿元。全年三大主体税种收入占税收收入比重为66.28%，比上年高出4.15个百分点。支柱产业税收增幅不一，房地产业税收增收显著。制造业入库18.65亿元，同比增收2.6亿元。建筑业入库8.02亿元，同比增收0.01亿元，增幅比上年下滑14.13个百分点。现代服务业入库8.98亿元，同比增收0.26亿元，增幅比上年大幅下滑65.78个百分点。在一系列促进房地产市场发展的利好政策措施提振和高新区刺激房地产措施叠加影响下，全年房地产业实现税收29.43亿元，同比增收5.55亿元，增长23.24%，对收入增量贡献率达48.59%。税务登记户数增加，重点企业税收支撑度提升。截至2015年年底，地税部门有登记户数4.19万户，同比增加0.59万户，其中企业2.32万户，个体工商户1.87万户，分别比上年同期增加0.35万户和0.24万户。国家鼓励“大众创业、万众创新”的政策以及“三证合一”等简化公司设立流程的措施呈现较好效果。2015年重点税源企业户数为133户，比上年增加33户；入库税款43.44亿元，比上年增加14.93亿元，增长52.37%；重点税源企业收入占全部税收比重为54.3%，同比提高8.47个百分点。年纳税超千万元的重点税源企业在保障税收增长中发挥着更加重要的作用。

【地税税收分析】 通过宏观、微观、日常、专题税收分析，提高经济运行、政策效应、风险管理的分析水平，合理安排收入计划。通过加强数据收集，利用第三方数据，掌握重点税源、支柱行业变动情况，形成报告，为各级部门决策提供科学参考。向市地税局汇报收入情况，加强与地方财政等部门沟通协调，掌握好收入进度。连续跟踪收入实况，实行“收入日报制”和“分析月报制”，提高收入预测水平，全年预测准确率维持在99%以上。

表12-7 地税三大主体税收入占比情况表

税种	2015年	2014年	增减率	2015年占比	2014年占比	比重变动
营业税	297730万元	230309万元	29.27%	37.20%	33.57%	3.63%
个人所得税	163389万元	136020万元	20.12%	20.42%	19.83%	0.59%
企业所得税	68145万元	59907万元	13.75%	8.52%	8.73%	−0.22%
合计	529264万元	426236万元	63.14%	66.14%	62.13%	4.00%

【地税税源管理】 2015年年初，开展建筑业开票进度清查，推动施工企业依法及时开票纳税；年中，开展房产税和土地增值税税源管理专项工作，累计查补两税并加收滞纳金3326.72万元；年末，加强欠税监控，分类处理历史欠税，联合相关部门清理往年陈欠，本年新欠率控制在0.02%以内。主动取得国税部门配合，加强个体共管户信息比对，依托个体税收一体化应用平台代征税款1157万元，不断规范个体税收征管，适度调整部分行业定额。在年所得12万元以上个人所得税自行申报工作中，受理申报人数14667人；在企业所得税汇缴工作中，通过加强辅导、及时通报等方法，提高清缴户数，汇缴申报率达到100%。

【地税风险管理】 2015年全年按户和按事项风险应对累计入库金额2.48亿元，同比增长18.33%。通过深化管评联动机制，提升风险应对的税款贡献。通过强化业务培训和绩效考评，应对能力得到有效提高，人均应对户次2.95户/人/月，户均入库税款36.43万元，居市地税系统各分局前列。将内部复审和集体审议进行制度化，加强事中监督，降低执法风险。开展执法案卷评查工作，规范案卷质量标准，进行案卷抽查，突出风险评估质量监控。重视风险指标修正，通过“地税快线”提交指标修正意见被市地税局采纳19条，位居市地税系统前列。

【地税纳税服务】 2015年全年落实税收优惠7.56亿，增长21.81%。落实国家鼓励“双创”的优惠举措，确保小微企业税收优惠政策及时落地，减免小微企业户次数达7000多户。宣传落实苏南自主创新示范区税收优惠政策，对194户中小高新技术企业进行摸底调查。推广中关村税收优惠政策，落实高新技术企业所得税减免、研发费用加计扣除等税收优惠政策。落实固定资产加速折旧政策，对六大行业的165户企业开展培训。多次上门为区内“新三板”企业提供政策辅导，为拟挂牌企业转增股本缓征个人所得税。联合高新区残联做好福利企业的审核认定，为福利企业提供税收相关服务。深入社区进行税法宣传，解答群众关心的税收政策。走访区内110户重点企业，加强交流互通。开展执法跟踪回访工作，对中等风险应对结束的企业发放《工作作风情况反馈表》。联合高新区财政局评选出首批100名“五星级办税会计”，引导办税人员正确及时办理涉税事项，提升纳税遵从度。与建行高新区支行合作开展“纳税信用贷”项目，为守信企业提供纳税服务和信贷产品。（祁正德）

市场监督

【概况】 2015年3月11日，高新区（虎丘区）市场监督管理局（简称区市场监管局）正式揭牌成立，统一负责全区工商行政管理、质量技术监督和食品药品安全等市场监管工作，承担起区食品安全委员会办公室日常工作。市场监管局以推进机构改革和职能调整为重点，突出商事登记制度改革探索，构建新型市场监管体系，激发市场活力，促进创业创新，保障食品安全，推进质量管理。推进“先照后证”改革，办理“先照后证”登记1700户，抄告相关许可部门信息47批次，提升部门合作和监管合力。落实便利化审批举措，发放“三证合一”执照214户，发放 “一照一码”营业执照1714张。开辟网上名称登记，推行网上设立登记，完成名称预核826笔，设立登记5614笔。利用职能优势合计助企融资108.45亿元。市场主体总数48525户。发挥“商标战略”“名牌战略”和“质量强区战略”三轮驱动作用，促进经济提质增效。完成注册商标申请1787件，注册总量7986件。“纽威阀门”被认定为中国驰名商标，驰名商标总数达6件。高新区连续第五年获评“苏州市质量强市工作先进地区”。组织申报2015年度标准化项目8项，苏州火炬创新创业孵化管理有限公司申报的民营科技企业孵化器服务业标准化试点获省局、总局国标委立项。苏州高新有轨电车公司申报的《有轨电车运营管理规范》被列入2015年度江苏省地方标准立项项目。中国高岭土有限公司申报的高岭土资源综合利用循环经济标准化试点项目获国家级立项。2015年度区内企业参加国行标制修订28项，苏州阿特斯阳光电力科技有限公司参与制定国际标准1项，苏州市电通电力电子有限公司主导制定的产品标准获国际电工委员会（IEC）立项。保障食品安全，新发放食品流通许可证604户、餐饮服务许可证375户，有各类食品生产经营企业5291户。开展食品安全检测工作，完成法检2099批次。编纂整理《食品安全常用法律法规汇编》《高新区市场监管局食品安全日常监管操作手册》和《餐饮服务许可操作手册》，方便食品安全监管人员学习、查阅。先后组织食品安全放心行动等各类食品安全专项整治41次。立案查处食品违反案件75件。完成第53届世乒赛、知识产权五局局长会议等14场次重大活动期间的食品安全监督保障活动。年报公示全市领先，利用"互联网+"方式建立年报工作服务平台，吸纳区内近4000家企业加入，2014年度年报率92.2%，全市排名第二。完成省工商局年报抽查试点工作，在重点行业抽查方面的经验得到省局认可。全国企业年报公示信息抽查工作研讨会在高新区召开，区市场监管局作为基层代表参加会议并提出建议，得到国家工商总局赞扬。特种设备监管扎实，检查特种设备生产、使用单位及气瓶充装企业139家（次），处理各类投诉举报117起，发现和排查特种设备安全隐患680条，责令当场整改224条，签发《特种设备安全监察指令书》31份，督促整改隐患671条，隐患整改率为98.7%，全年开展6个专项整治工作，检验特种设备使用单位2832家、7627台（其中电梯4225台、起重机908台、叉车1594台、锅炉176台、压力容器724台）。新设投诉举报处置中心，对原工商、质监、食药监三局投诉举报热线资源进行梳理，实行一个窗口对外，受理消费者投诉举报2677件，调解成功659件，为消费者挽回经济损失300余万元。加大对制售假冒伪劣商品、侵犯知识产权、不正当竞争、传销以及商业贿赂行为等经济违法行为的打击力度，查处案件114起。处置无证无照1467家。　（陆建华）

2015年3月11日，市委常委、高新区党工委书记浦荣皋（中）和高新区党工委副书记、管委会主任周旭东（右）为高新区市场监督管理局成立揭牌

（沈一鸣摄）

【登记注册管理】 结合商事登记制度发展实际，以工作落实、效能提升为抓手，开展"先照后证"改革，完善"三证合一"审批，推行"一照一码"改革，落实全程电子化登记，持续释放改革红利。挖掘登记职能，将"四办准则""四诊式服务"与"绿色通道""直通车服务"等优化举措结合，助推区域经济结构优化。加强业务建设，深化岗位轮训活动，注重登记质量回查，开展技能竞赛，提升依法行政能力和整体服务水平。2015年，全区新设外资企业124户，内资（私营）企业3810户，个体工商户4786户，各类农民合作社17户。截至2015年底，区内登记注册的外资企业总数达1633户，投资总额233.64亿美元，注册资金110.22亿美元。内资企业总户数为1854户，注册资金累计1295.85亿元。私营企业总户数为19017户，注册资金累计

654.57亿元。个体工商户25855户，出资总额达19亿元。各类农民合作社总数166户，成员出资总额达23.2亿元。（马志君）

【企业监督管理】 研究推进商标战略新的五年规划暨商标战略“十三五”规划，修订区商标战略文件，全年注册商标申请数1787件，国内商标注册总数7986件。纽威阀门股份有限公司的“纽威”商标被认定为中国驰名商标，“建鑫建设”“爱默生电梯”“博尔捷人力”“百胜动力”“法兰克曼医疗”“金日清洁”“绿宝块毯”“苏州乐园”“万美塑胶”“华美电器”“永佳商标”“佩发刺绣”等12家企业成功申报江苏省著名商标，“新长光热能”“华安普电力”“奇力康药业”等19家企业成功申报苏州市知名商标，为228户企业发放商标补助和奖励351.81万元。办理商标案件5件，处罚金额16.6万元。截至2015年底，高新区拥有中国驰名商标6件，江苏省著名商标58件，苏州市知名商标85件，中国地理标志集体商标2件（苏州高新区镇湖刺绣协会［镇湖苏绣，24类和第26类］），“字号与商标一体化”企业达到1031家。加强广告监管，与区城管局联合发文规范广告登记和监管流程；布置开展全区房地产广告专项检查，对区内43家房地产企业进行约谈。做好市场主体年报工作，加大宣传力度，加强年报培训和督查工作，注重服务指导，2014年度应报39831户，实际年报35370户，年报率88.8%。其中企业应报18856户，实际年报17405户，年报率92.3%；个体户应报21142户，实际年报18129户，年报率85.7%。截至2015年底，将2013年度1149户未年报企业和2014年度1569户未年报企业列入经营异常名录；开展年报抽查工作，开展定向、不定向抽查工作5次，抽查562户企业。1月，完成省局开展的年报抽查、即时报抽查，抽查主体117家；5月，开展广告行业定向抽查和企业出资即时报抽查，抽查主体133家；8月，开展年报抽查，抽查主体312户。全年处置无证无照1467家，其中取缔66家，整改发照837家，自行关闭94家。加强黑网吧查处，取缔黑网吧7家。（瞿玮）

表12-8 高新区中国驰名商标名单

序号	企业名称	商标名称
1	罗技科技（苏州）有限公司	罗技
2	苏州明基电通有限公司	BenQ
3	苏州雷允上药业有限公司	雷允上及图形
4	苏州东菱振动试验仪器有限公司	东菱图形
5	苏州路之遥科技股份有限公司	LZY
6	苏州纽威阀门股份有限公司	纽威

表12-9 高新区江苏省著名商标名单

序号	企业名称	商标名称
1	苏州安泰变压器有限公司	安泰图形
2	苏州市双虎高分子材料有限公司	双虎图形
3	苏州固锝电子股份有限公司	固锝及图形
4	中核苏阀科技实业股份有限公司	Sufa
5	中核苏阀科技实业股份有限公司	H及图形
6	莱克电气股份有限公司	Lexy莱克
7	苏州东菱振动试验仪器有限公司	东菱图形
8	苏州三光科技股份有限公司	3G
9	苏州德丰电机有限公司	Kaijieli及图形
10	苏州轴承厂有限公司	中华及图形

续表

序号	企业名称	商标名称
11	苏州宝化炭黑有限公司	宝马炭黑BAOMACRBONBLACK及图
12	博思堂地产综合服务股份有限公司	博思堂
13	苏州高新区镇湖刺绣研究所（姚建萍）	姚建萍刺绣艺术及图
14	苏州纽威阀门股份有限公司	纽威
15	苏州奥美光学材料有限公司	奥美
16	苏州爱普电器有限公司	爱普
17	万能亿自动化科技（苏州）有限公司	万能亿科技UT-SYSTEM及图
18	苏州市先锋木业有限公司	先锋
19	苏州高新区卢福英苏绣制作中心	卢福英苏绣制作中心及图
20	苏州路之遥科技股份有限公司	LZY
21	苏州路之遥科技股份有限公司	路之遥
22	苏州阿特斯阳光电力科技有限公司	阿特斯
23	江苏苏钢集团有限公司	大地牌及图
24	苏州佳世达电通有限公司	明基
25	苏州紫兴纸业有限公司	SPCO及图
26	江苏利诚纺织集团有限公司	朗绪
27	江苏仕德伟网络科技股份有限公司	仕德伟网络及图
28	苏州中化药品工业有限公司	CCPC及图
29	中国高岭土有限公司	阳山牌及图
30	苏州金螳螂怡和科技股份有限公司	图形
31	苏州柯利达装饰股份有限公司	柯利达及图
32	苏州市天灵中药饮片有限公司	李良济
33	苏州信达光电科技有限公司	Skywarch
34	苏州市玉屏山生态园有限公司	玉屏山
35	挪度医疗器械（苏州）有限公司	LAERDAI
36	苏州市古吴绣皇工艺有限公司	古吴绣皇
37	苏州恒久光电科技股份有限公司	图形
38	苏州科达科技股份有限公司	KEDACOM
39	苏州华旃航天电器有限公司	图形
40	苏州飞格立工程塑料有限公司	飞格立
41	苏州市新的电工有限公司	新的图形
42	苏州佳世达光电有限公司	BenQ
43	苏州大森塑胶工业有限公司	Dsp
44	腾辉电子（苏州）有限公司	VENTEC
45	苏州高新区镇湖刺绣协会	镇湖苏绣
46	江苏贝特创意环境设计有限公司	贝特
47	苏州建鑫建设集团有限公司	图形
48	苏州华美电器有限公司	图形
49	爱默生电梯有限公司	amson
50	苏州百胜动力机器股份有限公司	PARSUN
51	苏州法兰克曼医疗器械有限公司	法兰克曼RANKENMAN
52	金日清洁设备（苏州）有限公司	CLEANWILL
53	苏州市佩发刺绣工艺品有限公司	美莉斯帛
54	苏州博尔捷人力资源有限公司	图形
55	苏州乐园发展有限公司	乐
56	苏州万美塑胶制品有限公司	MAINETTI及图

续表

序号	企业名称	商标名称
57	苏州绿宝块毯有限公司	绿宝
58	苏州永佳商标专利有限公司	YONGJIA及图

表12-10　高新区苏州市知名商标名单

序号	企业名称	商标名称
1	双喜乳业（苏州）有限公司	双喜
2	苏州市双虎高分子材料公司	双虎图形
3	苏州银河激光科技有限公司	银河
4	苏州路之遥科技股份有限公司	LZY
5	苏州路之遥科技股份有限公司	路之遥
6	苏州云兰奶业有限公司	云兰
7	苏州高新区梁雪芳刺绣工作室	满庭芳及图
8	苏州安泰变压器有限公司	安泰图形
9	苏州固锝电子股份有限公司	GOOD-ARK及图案
10	苏州固锝电子股份有限公司	固锝GD
11	苏州东菱振动试验仪器有限公司	东菱图形
12	苏州远东砂轮有限公司	三圈
13	苏州市先锋木业有限公司	先锋
14	中核苏阀科技实业股份有限公司	H图形
15	中核苏阀科技实业股份有限公司	Sufa
16	苏州市天灵中药饮片有限公司	李良济
17	苏州高新区镇湖刺绣研究所	姚建萍刺绣艺术及图
18	苏州三光科技股份有限公司	3G
19	苏州德丰电机有限公司	Kaijieli图形
20	苏州轴承厂有限公司	中华ZHONGHUA
21	苏州宝化炭黑有限公司	宝马炭黑BAOMACRBONBLACK及图
22	苏州市博思堂投资顾问有限公司	博思堂
23	苏州爱普电器有限公司	爱普
24	苏州市古吴绣皇工艺有限公司	古吴绣皇
25	苏州高新区卢福英苏绣制作中心	卢福英苏绣制作中心及图
26	苏州奥美光学材料有限公司	奥美
27	苏州纽威阀门股份有限公司	纽威
28	万能亿自动化科技（苏州）有限公司	万能亿科技UT-SYSTEM及图
29	苏州中化药品有限公司	CCPC
30	江苏苏钢集团有限公司	大地牌及图
31	江苏利诚纺织集团有限公司	朗绪
32	苏州阿特斯阳光电力科技有限公司	阿特斯
33	江苏仕德伟网络科技股份有限公司	仕德伟网络及图形
34	中国高岭土有限公司	阳山牌及图
35	苏州市玉屏山生态园有限公司	玉屏山
36	苏州市新的电工有限公司	新的图形
37	苏州金螳螂怡和科技股份有限公司	图形
38	苏州信达光电科技有限公司	SKYWATCHER及图
39	苏州市盛百威包装设备有限公司	SBWPACK
40	苏州飞格立工程塑料有限公司	飞格立

续表

序号	企业名称	商标名称
41	苏州高新区琴芬绣庄	琴芬绣庄
42	苏州恒久光电科技股份有限公司	图形
43	苏州大森塑胶工业有限公司	DSP
44	苏州高新区镇湖刺绣协会	镇湖苏绣
45	苏州科达科技股份有限公司	KEDACOM
46	苏州华旃航天电器有限公司	华旃
47	苏州柯利达装饰股份有限公司	柯利达及图
48	苏州兴业材料科技股份有限公司	SINYE
49	苏州绿叶日用品有限公司	SEALUXE
50	苏州万美塑胶制品有限公司	MAINETTI及图
51	金日清洁设备(苏州)有限公司	CLEANWILL
52	苏州法兰克曼医疗器械有限公司	法兰克曼RANKENMAN
53	苏州市亘晟涂装工程有限公司	亘晟EAST及图
54	苏州富元标准件有限公司	苏城SUCHENG及图
55	爱默生电梯有限公司	amson
56	苏州绿宝块毯有限公司	绿宝
57	苏州市佩发刺绣工艺品有限公司	美莉斯帛
58	苏州华美电器有限公司	图形
59	苏州佳世达光电有限公司	BenQ
60	腾辉电子(苏州)有限公司	VENTEC
61	苏州天孚光通信股份有限公司	TFC
62	苏州乐园发展有限公司	乐
63	苏州博尔捷人力资源有限公司	图形
64	苏州天准精密技术有限公司	TZTEK
65	苏州建鑫建设集团有限公司	图形
66	莱克电气股份有限公司	莱克
67	苏州新长光热能科技有限公司	图形
68	苏州市华安普电力工程有限公司	华安普
69	江苏奇力康皮肤药业有限公司	力康霜
70	苏州井利电子股份有限公司	井利
71	苏州市世嘉科技股份有限公司	Shijia及图形
72	江苏如意食品有限公司	图形
73	苏州方林科技股份有限公司	方林
74	苏州佳世达电子有限公司	Qisda
75	通安一鸣饭店	图形
76	苏州爱建电瓷有限公司	电威dw
77	苏州克林络姆空调系统工程有限公司	克林络姆及图形
78	苏州苏宁床垫有限公司	安帕
79	苏州创捷传媒展览股份有限公司	图形
80	苏州市云帆刺绣工艺品有限公司	云帆及图形
81	苏州市玮琪生物科技有限公司	Wellbridge及图形
82	苏州华启智能有限公司	图形
83	苏州金吴针家艺有限公司	金吴针
84	苏州永佳商标专利有限公司	Yongjia及图形
85	苏州云白环境设备制造有限公司	云白

【依法行政】 贯彻落实《2015年苏州高新区、虎丘区依法行政工作要点》，应对机构整合、体制调整带来的新情况、新挑战，推进职能整合，规范行政行为，提升依法行政水平。做好原工商、质监、食药部门120名执法人员的信息采集、申报、录入工作。组织全局执法人员参加全区行政执法人员执法证（监督证）注册培训班。力促新执法证及时发放到位，保障机构合并后执法工作开展。开展行政权力网上公开运行工作。全面梳理行政权力，与区法制办、编办做好协调沟通工作，按要求对行政处罚、行政许可权力进行网上录入、审核、上报，上报行政许可7项、行政处罚816项、行政强制42项。为适应市场监管体制调整，规范行政处罚行为，强化内部监督制约机制，提高依法行政水平，起草制定《行政处罚案件集体审议工作暂行规定》，对案件集体审议工作做进一步的明确与细化。组织参与市工商、质监、食药监局及区法制办组织的案件质量评查。对基层上报的疑难案件参与业务科室的研讨，指导基层准确定性、依法查办各类行政处罚案件。提升行政复议诉讼应对能力，全年16件行政复议无一撤销，2件行政诉讼均胜诉。结合新《食品安全法》、新《广告法》的颁布，广泛开展宣传与指导，全年开展各类行政指导1805起。各基层分局结合工商职能，开展行政调解，化解社会矛盾，全年开展行政调解623件。开展依法行政专题培训，进行依法行政知识竞赛；开展工商、质监和食药监业务知识交流学习，实现相关知识的全员轮训；开展行政程序专项辅导，适应执法监管新需要，为履行好市场监管职能奠定基础。组织年轻干部参加市食品药品监管第十届行政执法理论实务研讨会，上报7篇理论文章，获得优秀组织奖。2015年，区市场监管局荣获法治高新区建设先进集体和“六五”普法先进集体称号，1人荣获全省“六五”普法先进个人。（徐波）

【市场合同监管】 2015年，全区有各类市场39个，其中农贸市场24个，工业品消费市场1个，消费品综合市场10个，其他消费品市场1个，生产资料市场3个。重合同守信用企业总数299家，其中国家级2家、省级17家、市级89家、区级191家。全年办理动产抵押备案登记87件，贷款金额12.02亿元，抵押金额13.77亿元。处理网络投诉19件，检查网站3073家，经营者176家，其中平台商5家。组织产品抽检2次，查处网络违法案件3件。全年出动执法人员1167人次，检查各类市场861个次，检查经营户895户次，整治重点区域51处，取缔无照无证17户，查处超范围经营4家，发出行政建议指导书259份，责令改正书29份。检测农副产品120787批次，合格120773批次，合格率近100%，对少数不合格产品，都依法及时地予以处理。

完善农贸市场食品安全长效监管机制 严格执行农贸市场检测室的考核办法，及时做好各农贸市场的考核评定工作，根据考核结果发放区财政的补贴费用，发放检测补贴和考核奖励费用427668元，其中检测补贴费用274368元，考核奖励费用153300元。通过加强市场日常监督检查，督促经营者亮照亮证经营，强化证照管理工作，把好市场主体准入关。

完善农贸市场索证索票和台账登记制度，加大市场监管执法力度，加强监督检查和分类指导，完善和规范相关操作规程，明确监管职责，落实对问题食品和不合格商品退市工作，确保监管到位。强化对辖区农贸市场的日常监督管理力度，在检查中突出对肉制品、水产品索票索证制度落实情况的检查，促使辖区各农贸市场落实索票索证工作。对辖区农贸市场累计检查1007户次，督促各市场主办单位累计索票索证29800多批次。开展农贸市场食品质量监测工作，加强对全区各农贸市场农药残留、甲醛、二氧化硫、亚硝酸盐等10个项目的检测，对于不合格农产品依法予以处理。

开展专项治理 以规范市场交易秩序、维护消费者权益为出发点，依托日常巡查监管，加强对鲜肉及肉制品、南北货、粮食等重点商品的监管，各基层分局积极组织，加强对节日市场专项检查，瘦肉精和含瘦肉精饲料清查收缴专项检查，农村市场重点商品专项整治等一系列专项整治活动。各分局坚持每月对市场落实相关溯源制度和其他各项制度进行考核，考核结果作为对市场奖励和补贴的依据。组织开展各类专项检查工作，相继开展元旦、春节、国庆节等假日期间的节日市场专项检查。把重点商品的监管作为市场监管的重要内容来抓，尤其是加强对猪肉、水产品和禽类等商品的监管工作。检查各类肉及肉制品经营户542户，发现索票索证等方面的问题11个，执法人员及时进行责令整改。及时贯彻落实市政府精神，对活禽经营户进行教育指导，对市场活禽交易区域严密监控，持续统计市场活禽数量，密切关注经营户动态。

市场安全生产督查 提出“关注安全，关爱生命”市场安全生产要求。将《苏州市集贸市场管理条例》中明确的“集贸市场经营管理者是市场经营管理的第一责任人”落实到位，发挥工商作为市场主管部门的职能，督促市场管理者积极履行各项管理职责。围绕市场证照管理、上市商品质量、市场秩序等职责，利用日常检查开展监管，对无证无照等要严格监管，对不涉及前置审批的及时整改发照或予以取缔；对涉及前置审批的，及时抄告相关部门。强化宣传教育，提升市场管理者和场内经营户安全意识。

动产抵押、拍卖、助企助农和“守重”企业工作 对基层分局动产抵押登记业务现场指导73人次。推进企业信用融资，实现银企合作共赢。加强动产抵押融资工作调研，探索新形势下融资抵押的新方法。以合同监管为主线，以合同帮农为出发点，对涉农合同的签订、履行等环节，开展有重点、有针对性的动态监管和帮扶活动，将规模大、有潜力、带动辐射面广的重点涉农企业、农村合作社和家庭农场作为重点帮扶的对象，实施有重点的指导和服务，规范涉农经营主体的合同行为，体现合同条线在助企助农活动中的作用。根据《江苏省重合同守信用企业认定管理办法》，有针对性地开展“守重”活动和企业信用监管工作，运用企业信用监管信息，提高“守重”企业的社会知名度和含金量。

基层分局合同监管制度建设 发挥好现有合同指导站的作用，加强基层分局合同监管工作。以合同指导站为依托，根据当地资源和产业优势需求的实际，有针对性地开展指导帮扶活动。结合监管职能，统筹开展工作，使现有监管资源和服务职能得到最大的发挥。贯彻新修订的《江苏省基层工商分局合同监督管理工作规则》的要求，开展“合同监管工作示范分局（所）”活动，夯实基层合同工作的基础，提升基层分局合同监管工作的能力。通过对汽车销售合同的指导，治理汽车销售行业的乱象。联合苏州市汽车销售行业协会，对辖区内汽车销售合同强制附加不合理交易条件的违法行为进行集中指导整改。对汽车城内主要品牌4S店进行走访实地指导，汽车城内几家规模较大的4S店（“别克”品牌、“标致”品牌、“斯柯达”品牌汽车），在其汽车销售合同、结算单、报价单中均已取消格式化、强制性的不合理收费项目，同时结合商家的实际服务内容和意向，其所提供的代理服务以友情提示的方式告知消费者，给客户可自行选择品牌汽车所提供的各项有偿附加服务的权利，将选择权交给消费者，形成自主选择、自愿消费的氛围。通过此次格式合同指导，汽车城内已有26家品牌4S店完成整改，规范汽车销售合同、报价单60余份。2015年度未接到有关售车合同纠纷的投诉，为消费者避免经济损失2000万余元。

专项整治活动 落实《国家旅游局、公安部、工商总局关于治理规范旅游市场秩序的通知》精神，重点整治旅游购物场所，旅游景区景点，旅行社及其门市部和服务网点，旅游客栈，涉旅网站等领域，严厉查处经营假冒伪劣、欺客宰客、虚假宣传、商业贿赂、无照经营等违法行为。高新区突出重点区域，以太湖沿线、湿地公园、大阳山森林生态、苏州乐园等片区旅游景区为重点，加强对旅游纪念品、旅游必需商品、旅游食品的检查，严厉查处无照经营、超范围经营、商标侵权、虚假广告、销售假冒伪劣旅游商品以及利用旅游格式合同欺诈消费者等扰乱市场秩序的不法行为；对农资市场进行规范整顿，规范农资市场经营行为，把好农资商品质量关。检查农资经营户的《营业执照》等手续是否齐全；检查农资产品有无厂名、厂址、生产日期，有无质量标识；重点开展“傍名牌”、标识不规范、虚假标识、虚假宣传等违法行为的查处。要求农资经营户从正规经营渠道进货，做到守法经营、合法经营、诚信经营，督促农资经营者建立健全“两账两票、一卡一书”（进销货账、进销货发票，农资商品质量信誉卡、农资商品质量责任书），把好农资产品的质量，提高农民识别假冒农资产品的能力，增强维护自己合法权益的意识。其间出动执法人员71人次，检查农资经营户34户；开展两次网络专项检查，分别是上半年的网络交易平台交易规则规范整治行动和下半年的网剑专项行动；对建材市场开展集中整治。高新区有多家建材市场集中在横塘，是大型建材集散地。为规范建材市场秩序，结合“红盾网剑”专项整治行动要求，围绕提升建材商品质量的放心度、装修服务质量的满意度和经营者的诚信度，组织开展住宅装饰装修行业专项集中整治，集中解决好建材商品质量和装修服务方面存在的突出问题，对在网络交易平台开通网店的实体建材门店等进行重点整治，紧扣市场准入、执法监管和消费维权三个环节，集中整治无照经营，销售和使用不符合国家强制性标准或假冒伪劣商品，格式合同欺诈，网页广告虚假宣传等各类违法行为，以及装修服务质量差，不履行合同约定，不履行退换货或“三包”义务，不按合同约定的价格结算或擅自变更装修项目内容、期限等突出问题。检查装饰建材类网站、网店28户，实地检查网站、网店经营户21户。

信息化和网络监管工作 贯彻落实《网络商品交易及有关服务行为管理暂行办法》，开展网络监管工作，强化队伍建设，注重教育培训和数据质量，重点推进“经营性网站信用分类监管”，在充分实践的基础上，开展网上巡查，填写“经营性网站巡查表”，按照《高新区经营性网站信用分类监管实施办法》，对网络服务进行有效的监管。针对网络市场虚拟化、跨区域、分布广的特点，加强《网络交易管理办法》的宣传力度，深入企业、个体工商户重点宣传该《办法》中如“开网店必须实名制”等实际操作过程中的常见问题，重点宣传该《办法》中如“七日内无条件退货”等内容，倡导健康安全的消费理念，增强消费者辨假、识假的能力，提高消费者维权意识。网上巡查与实地检查相结合，引导网络经营主体知法、守法，增强行业自律。

参与国家文明城市和卫生城市创建活动 按照创建国家文明城市和国家卫生城市的总体要求，加强对全局创建工作的组织领导，成立创建工作领导小组，负责创建工作的全面领导，领导小组设在市场合同处，负责日常组织协调工作。开展集贸市场的整治，落实环境卫生制度，商品划行归市，保持环境卫生良好整洁，落实好各种安全措施，特别是消防安全措施的落实。打击假冒伪劣商品，加强食品安全案件违法的查处力度，建立健全食品索证索票的台账规范化建设。注重窗口建设，抓好窗口的服务规范、文明用语和礼貌待客，用有效措施来提升窗口形象。（姜明）

质量技术监督

【质量监督】 2015年，高新区组织协调本年度质量强区创建工作，年底通过市考核组验收。引导和帮扶企业做好各级质量奖申报工作，组织1家企业申报市长质量奖，2家企业新获评市质量奖。做好辖区名牌产品培育工作，推动17个产品获评江苏省名牌，其中复评7个、新增10个，30个产品新增为苏州市名牌。加强辖区质量诚信体系建设，推动25家企业新获评江苏省工业企业质量信用A级评价，5家企业新获评质量信用AA级评价。组织辖区企业报送质量管理创新论文27篇，其中10篇论文荣获2015年度苏州市质量管理创新论文各级奖项。开展获证企业证后监管，检查工业产品生产许可证企业、质量管理体系认证获证企业、3C认证生产企业、有机产品认证生产企业分别为57家、39家、31家和1家。检查机动车安全性能检测机构7家（次）。

（陈海元）

【标准化建设】 组织申报2015年度标准化项目8项，其中申报标准化试点7个，申报地方标准1项。苏州火炬创新创业孵化管理有限公司申报的“民营科技企业孵化器服务业标准化试点”获省局立项。苏州高新有轨电车公司申报的“有轨电车运营管理规范”已列入2015年度第2批江苏省地方标准立项项目。中国高岭土有限公司申报的“高岭土资源综合利用循环经济标准化试点项目”获国家级立项，试点期限为2015年1月至2017年12月。组织多家企业参与苏州新兴产业标准化协作平台建设。2015年，高新区企业参加28项国家、行业标准制修订。完成企业标准备案257项，企业自我申明公开187项，采用国际先进标准59项。

（沈佳尧）

【计量惠民】 截至2015年底，计量器具制造许可证累计获证14家企业、59张许可证书；建立企业最高计量标准新增3项、复查25项，累计118项。企业计量检定员考核发证新增58人，复查57人，累计发证255人。委托市计量所完成高新区辖区内22家集贸市场1462台计量器具的免费检定工作，受检率100%，首次检定总合格率91.1%，比苏州市区范围内（姑苏区、工业园区、高新区、吴中区、相城区）平均合格率高6.7%，位列第二；医疗机构检定方面，委托市计量所完成28家村级卫生室（含村、社区卫生服务站）、计划生育指导站、社会福利机构计量器具124台件，5家乡镇卫生院计量器具446台件的免费检定。组织检修技术服务小分队深入狮山街道5个社区（狮山社区、何山社区、馨泰社区、新升社区、金色社区）进行居民家用水银式血压计免费检定、维修及家用电子血压计（手臂式）免费校准。通过市民告知书、计量知识和血压计使用维护常识等宣传资料及媒体网络等多种形式对“健康计量惠民工程”实事项目进行对外宣传，使惠民举措深入人心。落实能源计量审查3年计划，完成全区被国家列入“万家节能低碳行动企业”的能源计量审查，苏州阿特斯阳光电力科技有限公司被评为江苏省能源计量示范单位。

（沈佳尧）

【安全监察】 2015年，重点开展电梯安全监管，对在用电梯逐台进行隐患和风险排查，完成350台自动扶梯和6358台升降梯的隐患自查工作。全年集中开展涉氨制冷企、物流园叉车、危化企业储罐等6个专项整治工作，集中整治81家企业，消除隐患390余条。检查特种设备生产、使用单位及气瓶充装企业139家，处理各类投诉举报117起，发现和排查特种设备安全隐患680条，责令当场整改224条，签发《特种设备安全监察指令书》31份，督促整改隐患671条，隐患整改率为98.7%。特种设备检验机构检验特种设备使用单位2832家，检验特种设备7627台（其中电梯4225台、起重机908台、叉车1594台、锅炉176台、压力容器724台）。

（陆振伟）

食品药品监管

【概况】 2015年，高新区有各类食品生产经营企业5291户，其中食品流通主体2933户，餐饮服务主体2306户，食品生产主体52户（含3家食品添加剂企业）。开展“放心市场”专项整治行动、“食品安全放心行动”、农村地区“四打击四规范”等专项整治，巡查监督各类食品生产经营单位1.5万户次，完成抽检2942批次，合格率98.47%，千人食品抽检率4.98，全年无食品安全事故发生。全年承担区人大、政协两会，高中学业水平测试以及高考、中考等14次重大活动期间的食品安全监督保障任务，保障用餐人数近3万人。

【食品安全监管】 开展“放心

市场”专项整治行动、“食品安全放心行动”，重点部署开展桶装饮用水、月饼（糕点）、冷冻肉品、含铝食品添加剂，学校、企业和工地食堂，集体用餐配送单位和中央厨房等专项整治行动。食品生产环节现场审核18件，实际新发放食品生产许可证书24张，按照“三分监管”的要求，检查各类食品生产企业56户次，监管覆盖率100%，全区49家食品生产企业张贴食品安全风险预警公示栏，实现“吹哨制度”试点全覆盖。全区新发食品流通许可证604张，按时序进度推进巡查监管工作，经营户巡查完成率超过100%。餐饮服务环节全面推行许可服务承诺制、限时办结制，累计新发餐饮服务许可证375张，检查各类餐饮服务经营单位3094户次，监管覆盖率达100%。全区有41所学校（托幼机构）食堂通过“五常法”管理验收，通过率42.3%。在新发证集体用餐配送单位、学校等单位的食品加工重要区域和关键操作环节安装摄像探头68个，加强食品安全技防设施建设。组织开展“学校食堂开放日”活动，在区内97家中小学、托幼机构中邀请学生家长代表参加，营造全社会共同关注学校食堂食品安全的良好氛围。推进农村家庭宴席管理方法，推行星级厨师评定管理并公示。全区餐饮服务单位全面实施量化分级管理，优秀餐饮单位397家，良好1198家。

【食品安全风险监测】 区食安办组织区城乡发展局、市场监管局等食品安全环节监管部门，开展食品安全预警监测工作。全年完成抽检2942批次，合格率98.47%，快检食品2.5万多批次，合格率99.5%，对抽检不合格的45批次产品均落实跟踪查处，监测结果由市食安办统一向社会公布。

【食品安全综合协调】 全年立案76起，罚没款67248.1元，没收并销毁问题产品80公斤。破获一起制售毒狗肉的危害食品安全刑事案件，抓获犯罪嫌疑人5名。建立联合执法工作制度，组织开展438次联合治理整顿行动，取缔213户次（包括车库开店）。完善目标管理责任制，将食品安全工作作为对领导班子和领导干部综合考核评价及三个文明考核的重要指标。

【食品安全宣传教育】 通过主题宣传、广场咨询、培训讲座、参观企业等形式，在全区组织开展食品安全宣传活动，整合政府、学校和社会资源，普及食品安全知识，引导公众主动参与监督，营造社会共治格局。累计发放宣传资料2万余份，各类宣传报道86次，组织培训187场、培训1.6万余人次。（徐庭鑫）

【消费者权益保护】 2015年，区消保委及下属各分会受理调处投诉421件，已结421件，结案率100%；接待来电、来访咨询1176人次。运用人民调解程序调解消费纠纷3件。办理寒山闻钟投诉、领导信箱来信334件。基层投诉站、企业监督站自行和解消费纠纷案件938件。组织开展“3·15”纪念活动，全区城乡设立宣传咨询服务点11个，开展咨询服务活动16场次，现场受理投诉82件，现场调解7件，办结19件，为消费者挽回经济损失6.22万元，303名志愿者、136名专业人士参与现场咨询服务活动，接受咨询494人次，发放宣传材料14895份。组织开展进社区、进学校、进企业等消费维权的“八进”活动，通过活动，展出50余块各类维权、消费警示展板，悬挂横幅32条，利用电子屏播放消费维权短片600小时。市消保委认定17家满意单位和9家零投诉企业。（任建新）

城市建设与管理

SND

城市规划

城市建设

公用事业

房屋征收与安置

房地产建设与管理

城市管理

生态建设

环境保护

水利水务

交通建设和行业管理

城市规划

【概况】 2015年，高新区坚持以高品质的规划指导城市建设发展，进一步优化和完善全区的城乡规划体系，全面解决乡镇规划的法定性问题，加强规划调控和引领作用，引导区域协调发展。编制《苏州市高新区浒墅关镇总体规划》，规划范围包括浒墅关镇全域及浒墅关经济技术开发区所辖老镇区域，总用地面积33.4平方公里。该规划将融入苏州市总规，已通过专家论证，报市政府审批。完成《苏州高新区中心区控制性详细规划》。中心区作为高新区转型升级的重要区域，是苏州主城中心区重要组成部分，将规划形成特色鲜明、发展高效、乐活宜居的生态型城区，构建"一带、十字、一环、八片"的空间结构。该规划已通过市政府批准。编制《苏州高新区白马涧周边地区控制性详细规划》。该规划明确白马涧地区的功能定位及相应建设目标，完善片区配套功能布局，优化白马涧生态园规划。该规划已报市政府审批。编制《苏州高新区阳东新城控制性详细规划》。该规划提出该地区未来的发展目标与功能定位，落实阳山东组团城市设计与产业规划的相关要求，细化用地布局。该规划已报市政府审批。完成《高新区横塘胥江南片控制性详细规划动态更新》《高新区通安老镇（含树山地区）控制性详细规划动态更新》。该动态更新根据规划实施的实际情况，对已有规划做出更新完善，进一步优化城市用地布局和形态，完善城市功能和配套设施。两个规划动态更新已报市政府审批。《专项服务产业用地规划》通过第一批认定。根据规划，可用于专项服务产业发展的用地1023.72公顷。其中422.94公顷为工业类专项服务业用地，为制造业提供研发中试、科技服务等相关配套，通过集聚发挥产业的规模效应；其余600.78公顷为特定规划区内专项服务产业用地，主要用于科教、研发、总部以及文创产业的发展。2015年上半年，高新区规划分局会同国土部门先后向市政府和专项服务产业用地工作领导小组进行多次汇报，通过第一批9个专项服务产业项目的认定。完成2015年经营性用地上市计划，全年上市18个地块，约1590亩土地，其中住宅约1340亩，商业约250亩。总建筑面积约149.3万平方米，其中住宅约137.6万平方米，商业约11.7万平方米。抓好重点项目规划实施服务工作，做好信汇达、龙湖、金鹰百货、永旺、宜家、仁恒、融创、招商地产、旭辉、新高绿建、津西、高新金屋、天津房产、金地房产、实验中学、高新区文体中心、农干校迁建、裸心泊、绿地中央广场、中国移动苏州研发中心、总部经济园、科技城外国语学校、科技城实验小学、浒关文体中心等一系列重点项目的服务工作，加快推进项目实施进程。截至年底，发放各类规划审批书证799余份，其中发放项目选址意见书（含市政）44份，总用地面积119.1万平方米；发放项目建设用地规划许可证（含市政）109份，总用地面积314.3万平方米；审查建筑设计方案149份，总建筑面积485.4万平方米；发放建设工程规划许可证（含市政）272份，总建设规模510.7万平方米；发放规划核实合格证225份，竣工面积515.0万平方米。

【保障城市发展空间】 为确保"十三五"期间高新区城乡空间与经济社会发展，在土地资源相对有限的情况下，进一步统筹配置土地资源，优化城乡空间布局。开展《苏州市高新区"多规融合、两规合一"规划》，该规划将国民经济和社会发展规划、土地利用规划、城乡规划、生态保护规划等融为一体，全面指导城乡规划建设。该规划的前期调研、座谈已全面开展。开展城市开发边界划定工作，开发边界涉及高新区研究范围约158平方公里，其中城市建设用地达113平方公里，主要包括中心区、两浒地区以及科技城区域。在城市开发边界划定基础上，从两规融合的角度达到土规定规模、城规定布局的目标，为苏州新一轮总体规划修编工作打下基础，以保障城市有序、科学发展。

【构建生态景观体系】 引入先进规划理念，发挥生态优势，从水系空间利用、城市门户形象提升、城市街区改造、城市公园改造化四个方面开展景观设计编制工作。开展高新区《生态科技城水岸空间景观规划》《金墅港渔人码头详细规划与策划》编制工作。设计充分利用高新区西部水资源优势，促进高新区西部旅游游憩发展，集聚人气，激发综合效益的滨水土地开发利用。水岸空间景观规划已完成中期成果，渔人码头项目完成调研。开展《何山桥门户景观提升详细设计》《索山桥门户景观提升详细设计》《绕城高速通安出口景观环境提升》等三个门户节点的景观规划编制工作。以打造历史人文内涵突出、自然景观特色鲜明的城市门户形象为目标，充分展示高新区门户形象。索山桥、何山桥已完成设计，绕城高速通安出口项目已实施。启动《淮海街建筑景观提升规划》编制工作。以提升淮海街商业氛围，塑造国家级特色商业街“金名片”为目标，促进淮海街转型升级。该项目已进入深化设计阶段。开展新区公园、何山公园环境提升，阳山西路景观规划设计等工作。阳山西路景观已进入实施阶段，新区公园、何山公园方案已完成。

【打造特色旅游交通】 完成《大阳山旅游交通专项规划研究》。结合大阳山周边旅游及慢行交通系统规划等相关规划，开展环大阳山特色交通旅游规划研究，重点对特色旅游交通模式、旅游交通线路走向、站点布局、旅游集散中心布局、旅游停车换乘以及相关配套设施布局和方案进行深化研究，已完成中期成果。完成《狮山路综合改造方案规划研究》。结合轨道交通3号线建设，对狮山路进行综合改造。主要包括道路断面形式优化、主要道路交叉口改造、慢行设施完善、沿线单位出入口整治合并、公共交通规划设计、停车系统规划设计、地下管线综合规划以及地下空间综合利用等内容，改造方案已完成。优化区域路网规划，完善市政配套工程建设。完成狮山周边地块配套道路、苏钢片区路网、近期出让地块周边配套工程等规划方案设计工作，优化完善区域路网，提升路网综合服务水平。倡导绿色公交出行理念，规划建设竹园路“P+R”停车换乘设施。落实供电专项规划，进一步完善区域供电布局，完成110千伏文昌变电站规划选址及规划方案设计工作。做好重点工程规划管理工作。推进区内重点工程建设进度，做好轨道交通3号线高新区段，有轨电车2号线、3号线等重点工程以及2015年计划实施道路工程等的相关规划管理工作。

延伸阅读：P+R（Park and Ride，即停车换乘），驾车停进P+R停车场，然后去转乘轨道交通抵达工作单位，下班后再乘轨道交通到达停车场，驾车回家。这种出行方式促成公共交通出行与小汽车交通方式的衔接，是缓解中心城区交通压力的有效手段之一。

【规划服务】 完成建议提案办理工作，全年承接市、区主办件14件、协办件21件。建议提案内容涉及城市基础设施配套、生态景观优化、城市形象提升等各个方面，办结率、走访率、满意率均为100%。重视信访接待与答复工作，全年受理各类信访约800件次，其中区公众监督367件，市公众监督58件，领导信箱41件，“12345”便民服务335件，信息公开8件，接待群众来访来电60余次。深入群众，稳步推进“规划进社区”，将进社区的范围扩大到苏州科技大学、白马涧公园、绿宝广场等地，加大与广大群众交流的范围，取得良好社会效应。开展“三严三实”专题教育活动，深化党员干部对群众路线的认识。通过召开座谈会、调研走访、个别谈话和网上征求意见等多种形式开门搞活动，听取意见80多人次，找准“不严不实”方面的突出问题。对收集到的意见建议分发至责任部门限时整改。加强宣传，建设公众微信平台。将规划宣传的重点转向基层群众，依托新技术建立微信公众平台，进一步加强规划宣传，群众可通过平台更加轻松简便地了解城市规划工作，掌握城市规划最新动态，并对城市规划工作进行咨询或提出意见建议。该平台将成为畅通互动交流渠道、实践群众路线、打造“阳光规划”的一项新举措。

（袁碧蓉）

城市建设

【概况】 2015年，高新区按照“好字当头、快字当前、干字当先”的建设理念，围绕年度目标，克服任务重、时间紧、协调难度大等困难，加快城市基础设施建设，强化行业管理、提升服务水平，市政基础建设稳步推进，城市承载能力和运行效率进一步提升。全年完成基础设施投资99.69亿元，比上年增长13.1%。现代有轨电车1号线运营良好，1号线延伸工程和2号线启动建设，完成中环快速路高新区段、马涧路西延工程，太湖大道三期、环阳山西线一期工程有序推进，苏州汽车西站综合客运枢纽工程主体竣工。集商业、停车、交通换乘三位一体的索山公园地下空间开发项目正式运行。建林路改造工程、苏州科技城人才配套服务基地一区项目（市政景观一标段—中高档餐饮区）、苏州高新区有轨电车1号线土建工程获评“2015年度苏州市市政（含城市照明）优质工程奖”。有轨电车1号线（车辆基地）综合楼、科技大厦二期、浒墅关镇中心小学、一科（苏州）大厦、国家知识产权局专利局专利审查协作江苏中心获江苏省优质工程“扬子杯”奖。其中，“高新区有轨电车1号线工程”获全国市政工程最高奖项——“金杯奖”。

【市政道路建设】 中环快速路高新区段实现全线通车；南环快速路西延高新区段受东吴装饰城、老蔡石材和华鹏装饰城拆迁影响，完成工程总进度65%，高新区正协调相关事宜；实施路网加密工程，提高城区交通通行能力，承担中心区地块包括港中旅地块、龙湖地块等区间道路20条，总长9.06公里，总投资1.29亿元，各道路建设正按时序推进。

【“三线入地”工程】 竹园路供电入地施工已完成，玉山路中段供电入地有序推进，已完成工程量95%。截至2015年底，高新区“三线入地”工程涵盖太湖大道、滨河路、塔园路、竹园路、玉山路等16条道路，总长93.1公里，总投资额6.69亿元。

【燃气行业管理】 强化区内燃气行业隐患排查整治力度，严格按照市住建局《关于开展城镇燃气冬季安全大检查的通知》要求，分别在节假日前后、重要时间节点以及特殊保供时段进行燃气安全大检查，确保城镇燃气安全生产形势稳定。

【建设招标】 完成招标公告备案518个、预审项目招标文件备案309份，参与开标监督512个，现场处理突发事件36个，评标结果备案及中标候选人公示551个，打印发放中标通知书554份，完成招投标资料备案412个、施工合同备案370份。全年高新区累计招标项目面积500.79万平方米，中标金额92.7亿元，中标下浮率平均为15.11%，同比多下浮2.92%，累计节约工程投资达16.33亿元。

【建筑市场行业管理】 以“规

苏州中环快速路高新区段（强晓佟摄）

范管理和服务提升”为两大抓手，按照《苏州高新区关于加强对监理企业及其人员监管的规定》《苏州高新区建设工程质量检测管理暂行办法》加强进区建筑企业资质核验。按照《关于加强房屋建筑和市政基础设施工程招投标监管有关工作的通知》《关于调整网上电子招标招标文件示范文本相关内容及有关事项的通知》《苏州高新区工程建设项目招标代理机构及从业人员信用管理暂行办法》等规定，对区内从业招标代理机构的日常行为记分，建立信用评价机制。制定《苏州高新区2015年度住宅工程质量常见问题专项治理工作方案》，落实江苏省《住宅工程质量通病控制标准》要求，加强建筑质量的规范化管理。

【服务重点、实事工程】 高新区住建局把服务区内80个重点工程和20个实事项目作为重中之重，立足职能，强化措施，为项目建设办实事、做好事、解难事。通过行政许可处、审图中心、建管处、质监站全面联动，对重点实事项目做到申请、受理、审批“三优先”，为项目早落地、早筹建创造条件。

（刘万飞）

公用事业

【邮政】 苏州市邮政局新区分局（简称新区分局）下设8个邮政支局（所）、9个金融网点，从业人员144人。全区设有信筒（信箱）35处，信报箱140000个，报刊亭5个。有邮运汽车5辆，邮路5条，日均行驶里程2150千米，投递49段道条，投递总里程784750千米。2015年，完成邮政业务总收入5662万元。年内，举办“第二届客户服务节”活动，提升客户对网点的满意度。9月3日与浒墅关镇镇政府合作，以“纪念抗战胜利70周年”为主题，开展“红色足迹”千人徒步活动。

邮政基础业务 围绕“一体两翼”战略和“一金两包”发展，持续优化邮政业务结构，在提供普遍服务的基础上，加强对国内小包等业务的开发与管理。至年末，小包客户有27家。为提高邮政服务能力，增强居民体验度，实现网点改造2处，打造转型标杆网点1处，提升转型网点5处。

邮政增值业务 参与市局项目，成功营销苏州高新区西部生态城、苏州高新区有轨电车参与《市民手册》招商项目。利用环境日邮票首发，做强首发经济，切入新区环保产业论坛活动，形成集邮品销售5万余元。为区司法局策划“5·18我要法”普法主题宣传活动。联合房地产企业碧桂园在浒墅关镇惠丰花园开展文艺会演。

邮政金融业务 全面开展网点销售化转型，坚持“以客户为中心”导向，继续做好流程导入与固化工作。继续做大保险业务规模，利用降息后保险产品收益优势，进一步做大二、三年期产品规模，加快中邮期交产品发展。加强邮银、中邮证券合作业务，加快信用卡、信贷、对公存款、证券开户等业务的发展，为邮政对常态化做好代发工资业务，开展代发工资项目专项竞赛活动，以信贷为营销“对接点”，抓好代发业务推进。加快社区邮政建设，将社区邮政发展成为存量客户维护与新客户培育的有效途径。启动区域特色项目，通过走访与信息沟通，争取资金源头，广泛吸纳项目资金。全年实现金融总资产净增5.09亿元，绿卡发卡7.55万张，中邮期交387万元。电子银行2.27万户，证券开户260户，信贷962万元。在加强网点转型提升的基础上，提高社区金融的投入力度，举办多场社区活动，包括“邮局体验日”、“一封明信片的旅程”、“小小报童”爱心义卖活动、防电信诈骗专题讲座、“乐活新区”系列活动等。

（顾竹君）

【电信】 2015年，高新区电信局继续执行中国电信转型战略，推进基础业务和互联网业务继承与创新并重。截至2015年底，从业人员125人，带动社会从业人员近900人。全年业务收入规模逾5亿元。

电信网建设 全力推进城市光网建设，2009~2015年，在高新区累计投资7.2亿元，累计光纤覆盖用户20万户，家庭宽带接入能力达1000M。响应“宽带中国”战略，推出多项“提速不提价”惠民措施。2010~2015年，高新区累计改光提速用户6万余户。2015年，新增道路管道180多孔公里，完成各类光缆布放6600皮长公里。配合区内重点市政道路改造进行通信管线迁改，包括中环新区段、有轨电车1号线、苏锡路改造、有轨电车2号线全线、环阳山路全线、轨道3号线新区段等。

惠民无线基础平台上线 在无线热点规模覆盖的基础上，2015年完成惠民无线平台技术架构的论证，并建成上线，后期将不断对接已有资源、接入新建资源初步形成“民生Wi-Fi”的使用效应，通过1至2年的功能完善，使高新区形成统一的对外宣传平台，将区内电子政务、民生服务、企业直通、智慧商业等进行在线展示。

“智慧高新区”建设 加大投入，利用信息通信技术及系统集成整合优势参与到“平安浒关开发区”“高新区智慧教育云平台一期”等区内重点信息化项目中，创新技术及商务合作模式，通过BOT（Build-Operate-Transfer，即建设—经营—转让）、PPP（Public-Private-Partnership，公共私营合作制）等方式，在加大信息化投入的同时，节省年度一次性财政投入。在建设同时，一方面重视已有资源的复用，避免重复投入，另一方面系统规划时考虑后期的平台整合，为区内建成信息化统一平台做好技术储备。

提升服务水平 开展“诚信服务、满意消费”专项活动，在各主要营业厅发布“诚信服务、满意消费”6项承诺（升资费透明、规范营销行为、规范业务流程、治理垃圾短信、提供便捷服务、提升服务质量）。在全区31家营业厅设立城市“清凉驿站”，为行人、环卫工人、交警等户外劳作者提供空调、座椅、水、风油精等进店清凉休息的便利。（高新区电信局）

【供电】 截至2015年底，高新区范围内有220千伏变电站7座，110千伏变电站23座，35千伏变电站2座，35千伏及以上变电容量461.15万千伏安，线路长度666.36公里。电力客户23.91万户，总用电容量683.87万千瓦。2015年，高新区全社会用电量70.45亿千瓦时，同比增长2.93%，占全市用电量的5.37%。其中，第一产业434万千瓦时，同比增长13.91%；第二产业56.39亿千瓦时，同比增长1.78%；第三产业8.85亿千瓦时，同比增长8.11%。城乡居民用电量5.16亿千瓦时，同比增长7.21%。全社会用电最高负荷为136.75万千瓦，同比增长6.29%。2015年，高新区业扩报装申请户数2.52万户，申请容量66.73千瓦，同比下降14.53%；业扩报装完成户数1.85万户，完成容量51.76千瓦，同比增长8.51%。高新区工业用电量55.46亿千瓦时，同比增长1.70%，工业用电占全社会用电量比重78.73%，占比较去年下降1个百分点。2015年，用电量前4位的行业分别为：交通运输电气电子设备制造业26.17亿千瓦时，同比增长3.86%；工艺品及其他制造业7.31亿千瓦时，同比增长15.56%；通用及专用设备制造业3.75亿千瓦时，同比下降5.33%；黑色金属冶炼及压延加工业3.27亿千瓦时，同比下降13.70%。4个行业用电量总和占比工业电量的比重达到73%。

（苏州供电公司）

【热电】 全年完成发电量7.89亿千瓦时，同比减少0.17亿千瓦时；完成售汽量93.41万吨，同比增加0.71万吨，再创历史新高；平均上网电价（含税）489.38元/千千瓦时，同比减少19.28元/千千瓦时；生产厂用电率6.84%，同比上升0.52个百分点；生产供电煤耗352.84克/千瓦，同比下降2.45克/千瓦时。2015年年内，苏州热电厂获得国家能源局授予的“电力安全生产标准化二级企业”荣誉称号，华能苏州热电厂被中共苏州市委、苏州市人民政府授予“2012~2014年度苏州市文明单位标兵”荣誉称号。

华能苏州燃机热电联产项目配套天然气管道专线工程开工 2015年1月17日，华能苏州燃机热电联产项目配套天然气管道专线

华能苏州热电厂（华能苏州热电厂供图）

2015年10月28日，省级清洁能源项目——华能苏州燃机热电联产项目在高新区开工建设（强晓佟摄）

施工合同签约仪式在苏州天然气管网股份有限公司举行。此次施工合同包括#11标段相城、高新段工程及#12标段吴中、姑苏段工程。7月28日9时58分，由上海城建集团上海煤气第二管线工程有限公司承建的华能苏州燃机热电联产项目配套天然气管道专线工程正式开工。该工程涉及跨行政区作业、沿线土地拆迁、行政许可审批等，施工区域广，开展难度大，配套天然气管道专线工程事关项目前期投产试运及后期安全稳定运营。

苏州燃机热电多联产项目开工 2015年10月28日，苏州燃机热电多联产项目举行开工仪式。华能苏州燃机热电多联产项目是省级清洁能源建设重点项目，也是苏州市“蓝天工程”的重要组成部分，由中国华能集团投资建设，地处苏州新区南部，项目建设2×255MW E级燃气—蒸汽联合循环热电联产机组，配套建设热网和60公里的天然气管道工程，项目计划于2017年一季度投产。

（华能苏州热电厂）

【供水】 苏州高新区自来水有限公司重组于2014年，沿革于1994年成立的苏州新区自来水建设发展管理公司和1996年成立的苏州新区新宁自来水发展有限公司，公司由苏州高新区经济发展集团总公司和苏州新区高新技术产业股份有限公司共同出资。公司所辖水厂两座，日供水能力45万吨，负责全区机关、企事业单位及居民生产、经营和生活用水供应。出厂水每两小时进行1次5项检验，每天进行1次10项检验，每月进行

苏州高新区自来水有限公司水厂（苏州高新区自来水有限公司供图）

1次52项检验，每半年进行1次106项检验，均符合国家标准。设有119个供水压力监测点，实时监控全区供水管网压力，确保水压稳定。截至2015年底，建成DN（公称通径，下同）100以上的供水主管道1175公里。2015年，全年供水总量11017万吨，较上年减少0.09%；售水总量9761.7万吨，较上年增长3%；漏损率11.23%，较上年下降0.6%；全年投资3130.2万元新增自来水配套管网40公里，其中改造给水管网2公里。完成锦华苑等14个小区二次供水改造任务，新增用户20840户。截至年底，全区设立营业窗口1个，全年成功抵御1次8天寒潮侵袭，无水污染事件，实现全年安全供水。公司获得苏州市以及高新区2012~2014年度文明单位称号。

（苏州高新区自来水有限公司）

【天然气供应】 2015年，高新区新建燃气管道9000米，天然气供应量1.6876亿立方米，新增用气人口6.5万人。基础设施建设方面，建成1600立方LNG调峰储配站1座，完成金山路LNG加气站的改建。加强燃气安全管理，开展燃气安全检查和整治工作，组织联合大检查20余次，排查隐患123处，隐患整改率93.18%，剩余9项隐患均已制订整改计划，制定控制措施，保证新区用户安全用气。

（苏州华润燃气有限公司）

【污水处理】 苏州高新污水处理有限公司拥有污水处理厂5座，负责高新区污水收集和处理工作。高新区污水集中处理始于20世纪90年代初，第一座污水厂建于1993年6月，于1996年3月投入运行。2002年至2004年，陆续兴建第二污水处理厂和白荡、浒东、镇湖4座污水处理厂，城市生活污水集中处理能力不断提高。截至2015年底，全区共铺设污水主管道680公里（市政管网），全年新增10.6公里（市政管网），污水日处理能力28万吨，污水排放均达到一级A标准。年内，全区污水集中处理量6225.8万吨，与2014年同期相比增长4.82%。主要污染物以COD（化学需氧量）计削减23290.1吨，以BOD（生化需氧量）计削减10757.1吨，以SS（废水中悬浮物）计削减11849.2吨，以NH_3-N（氨氮总值）计削减1706.7吨，以TP（总磷）计削减323.2吨，以TN（总氮）计削减1827.4吨。

（苏州高新污水处理有限公司）

苏州高新污水处理有限公司的三槽式氧化沟

（苏州高新污水处理有限公司供图）

房屋征收与安置

【概况】 2015年，全区完成民房签约1261户，拆除民房1370户；签约企业70家，拆除企业76家；拆净项目16个。完成公共租赁住房2315套。棚改安置住房建设项目列入计划6个，其中新开工4个、基本建成2个。新开工项目实现开工3个，完成新开工1536套。基本建成项目完成2个，实现基本建成1313套。受理城镇居民住房保障资格申请家庭31户，农村住房解困申请家庭180户。

【完善征收安置政策】 报请区管委会就安置房契税核定和开票价格相关事宜，原16号令项目拆迁证管理，区级项目资金测算和核拨办法，集拆相关价格调整等出台相应制度，明确操作办法，为具体实施提供依据。配合区人社局、国土分局、城乡局拟定高新区失地（动迁）人员纳入基本生活保障及新老政策衔接的实施办法。

【围绕项目推进征收】 把工作重心转到重点项目和上市地块上，采用定人、定项目、定板块等方式，对重点民生项目进行跟踪并深入现场多方协调，会同建设主体、属地板块等合力推进。制作全区征收（拆迁）项目地图，增发重点项目、征收（拆迁）月报，及时研究协调相关问题，突出指导协调工作的主动性和实效性。直接参与市、区重点项目的谈判，经多轮协商东吴装饰市场签约华能热电项目开工，轨交3号线除车辆段外基本完成搬迁。做实做细东渚老镇改造、实验中学扩建项目征收前期工作，初步完成征收补偿方案等相关论证工作。配合做好有关区间路项目搬迁工作。

【规范征收安置工作】 坚持月度推进、主任例会、会商会办、月报周报统计分析等机制，继续服务基层、服务项目，尽力做到第一时间发现动迁中遇到的问题并及时研究解决。年初集中对全区400余名动迁工作人员进行政策培训并组织考核，组织完成新增动迁工作人员的政策培训考核，就强化“八公开一监督”、规范征收（拆迁）行为、严格补偿政策标准等方面对各板块补偿安置办正副主任开展培训。根据2015年度目标管理责任制考核要求，修改完善征收（拆迁）年度考核办法。定期梳理全区119个项目征收（拆迁）相关手续办理情况，督促项目抓紧办理备案手续。完成房屋征收（拆迁）信息系统招投标工作，着手软件系统开发前期工作。完成对历年动迁政策及相关文件的整合梳理。（刘万飞）

房地产建设与管理

【概况】 2015年，高新区累计新开工面积246.03万平方米（商品房总在建面积687.38万平方米），累计完成固定资产投资125.26亿元，同比增长6.14%。商品房合计销售23463套，面积266.03万平方米，占苏州市区销售面积的20.13%，同比增加104.81%，增幅居市区第一；总价320.23亿元，居市区第三，同比增加131.56%；均价12037元/平方米，同比增加13.07%。

【助推房产经济发展】 高新区住建局推出机关服务品牌——“房产服务直通车”，助推区域房产经济发展。加大对区域房产项目的走访力度，提出“一周梳理一次、两周研究一次、每月总结一次”以及“重点项目联动会办”机制等，动态掌握企业在开发建设及销售等环节碰到的问题、难题，帮助开发企业及时化解。下半年，为促进房产销售力度，以高新区房地产业协会为平台，组织第二届网络购房节，其间成交各类商品房6916套，79.22万平方米，总金额94.08亿元，同比分别大幅增长132%、147.41%、185%。

【物业公司管理】 2015年4月2日至6月10日，8月17日至11月4日，高新区住建局组成11个物业考核专家组，按照《高新区商品房住宅小区物业服务规范化考核办法》要求，分别对区内96个商品房小区进行规范化检查和现场打分，并以最终考核结果对物业公司予以奖惩。（刘万飞）

城市管理

【概况】 2015年，高新区城市管理局（简称区城管局）围绕“打造最干净城区”这一目标，努力学习宁夏城市管理先进经验，按照“以典型引路、以示范带动”的总体思路和“数字化、项目化、载体化”的工作要求，推动城市管理水平的全面提升，在全市六区四个季度考核评比中均排名前列，数字城管在全市绩效考核中连续16个月排名第一。

景观亮化 落实《高新区景观照明专项规划》和《景观照明管理办法》，形成规划设计、到建、管、养考核一体化，严格实施各类景观照明项目审批，累计组织各类景观亮化方案汇报会17次，听取73家单位150余个项目景观亮化方案汇报，完成59个申报灯光方案审批工作，其中已完工的中环沿线亮化工程得到各方面肯定。浒墅关开发区、科技城、狮山街道、枫桥街道、浒墅关镇、通安镇均已建立健全专业的景观照明养护队伍，浒墅关开发区、科技城、狮山街道、枫桥街道、浒墅关镇、通安镇、东渚镇、镇湖街道景观亮化项目主体已纳入区“一把闸刀”统一控制。

户外广告管理 优化广告企业考核办法，增加奖励名额和路段，通过分档考核、奖励先进，调动企业维护保养的积极性，组建专业化的养护队伍，加强日常巡查养护和应急抢修。

停车管理 逐步推进淮海街、邓尉路计时收费和“错峰停车”，狮山街道完成邓尉路滨河路东北角（10个泊位）、人才市场（16个泊位）两处试点路段的收费许可。制定《高架沿线空间停车泊位设置和管理方案》，挖掘中环高架沿线停车资源。狮山街道施划泊位212个，设置专用临时停车场2处；枫桥街道施划泊位1145个（含鹿山路沿线），设置专用临时停车场6处；浒关开发区完成施划泊位480个。

村庄环境长效管理 组织实施村庄月度抽检和通报工作，积极开展全区村庄长效管理调研工作，逐步将拆迁进度达到80%的自然村剔除出长效考核范围，突出重点搞好规划保留村庄及沿太湖地区和旅游景区周边村庄的长效管理工作，及时调整理顺我区村庄长效管理机制。

考核管理 在PDA考核的基础上，明确各地80个城市管理工作重点项目并纳入年度考核，精细化管理和重点问题两手抓，将区财政奖励经费增加到400万元，同时还将考核成绩与各地“三个文明”建设目标考核、作业单位竞标资格及奖励挂钩，明确问责程序。

城管体制建设 根据高新区“区镇合一”体制改革和工作实际，对各地城管委机构设置、运行情况以及城市管理体制机制建设展开调研，为下一步工作推进奠定基础。

【城市环境整治】 打造城市环境优质样板，并以“十大整治”、“931”行动、中环沿线环境整治为载体，整治“城市病”，提升区域环境面貌。“十大整治”行动中，累计清理各类垃圾4234吨，教育、查处占道经营和马路摊点669起，拆除违章广告和店招214块，拆除科大东校区、祥华苑、肚皮山等违法建设72处计12506平方米。打造有轨电车1号线沿线、马涧疏导点、马涧路西延、大阳山景区周边等一批整治亮点。开展中心区停车整治工作，查处违停34143起，对狮山路实施交通组织优化工程，交通秩序明显改善。继续开展“931”整治行动，全年完成“九整治”“三规范”项目163个，阳山新城环境整治、龙景花园改造等6个项目获评苏州市示范项目，科技城龙山路、浒墅关镇浒杨路获得苏州市城市管理示范路命名，青山社区创建成为苏州市级示范社区，推进浒墅关开发区余角里路市级示范路创建工作。疏导点建设管理不断提升，马涧疏导点投入运营，成功经验在全市复制推广。幸福街和美林公寓疏导点有序清理。开展渣土“百日整治”行动，全区主要道路设置82处卡点，抽调城管、交通、公安、交警人员加强联合执法，出动24329人次、6241车次，查处各类违法违规案件243起，处罚金额85万余元。渣土整治工作在苏州市年度专项考核中名列第二。中环沿线环境综合整治中，重点抓好沿线建筑立面的粉刷见新和屋顶违法建设的拆除工作，协调32家企业自行出资600多万元，粉刷见新建筑外立面及围墙面积达15万余平方米。

【生活垃圾分类】 全年投入建设资金273.1万元，完成17个小区、1所学校和1家单位的试点工作，涉及263幢14816户居民，建设生活垃圾分类收集点525个（其中包含三分类收集点172个），设置分类垃圾桶1380只。引进废旧织物回收企业“衣再生”公司，在全区134个小区设置289只废旧织物回收箱，所有生活垃圾分类试点小区全覆盖。每月底对58个通过市级验收的试点小区按新版考核标准进行考核。组织全区22个试点小区、3家试点单位和1所试点学校申报2015年度市级验收。全年收集灯管12769支、电池330.8千克、其他有害垃圾820个，玻璃

10129千克、织物141905千克、其他可回收物8695千克，开展52场生活垃圾分类宣传活动，发放宣传手册及宣传品3万余份，参与人员超过9000人次，联合市环卫处举办4场环保酵素公益讲座及1场生活垃圾分类达人秀活动。

【城管数字化创新建设】 为实现区镇两级平台的全面对接，提高工单的处办和反馈效率，各地按照统一标准均实施数字化二级平台建设，7家平台完成验收，二级平台软件系统开发完成，5家正式投入运行。在PDA数字化考核的基础上，通过政府购买服务的方式，组建专业化信息采集员队伍，通过建立信息采集网格、升级地理信息平台、加强信息员培训以及制定信息采集手册、全面提升信息采集水平，为提升精细化管理水平奠定基础。优化网格化管理，在执法网格管理上，通过制定《执法队伍网格化管理标准》和《网格化管理日常巡查工作手册》，明确五维管控和五面巡查等网格化管理要求，推进执法和信息员采集网格的整合，初步形成“两网合一、查办分离、处办高效”的网格化管理模式。2015年全年处办市数字城管工单17194件，下派区PDA工单141408件。

【服务民生】 截至2015年底，高新区有公共自行车网点274个，公共自行车5730辆，每辆公共自行车的借还频次为3.8次/天，网点实现区域全覆盖。全年公共自行车借车卡办理量为39000张。年内，高新区城管局结合规划建设对区域内公共自行车站点进行适度补缺，完成20处新建站点的布点方案和社会公示，部分站点已完成基础建设工作。完成中心区公共自行车保有率统计和车辆故障率标准及统计方法的制定，累计更新自行车500辆。提高行政许可处办效率，推行户外广告备案登记制度，下放占道审批权限，授权属地对大部分临时占道（搭建）行政许可申请进行审批。形成以中心窗口为载体，属地分窗口扩散延伸的服务体系，同时完善优化网上服务的管理机制和办件审批流程。中心窗口做出各类行政许可471件，各地分窗口按规定进行户外广告备案登记459件。上半年中心窗口获得锦旗4面，连续3个季度被评为“优秀服务明星”。优化户外广告管理，坚持减量优化原则。在“苏州高新区广告公司”QQ群的基础上，开通“高新区户外广告经营企业”微信群，建立与企业之间的双向交流和沟通平台。全年组织户外广告经营使用权专场拍卖会2场，15个广告标的全部成交，三年使用权出让金总金额分别为597万元和289.5万元。全年拆除（规范）户外广告（含店招标牌）200余处，3000多平方米，其中拆除高立柱广告6座、包柱广告52块、桥身广告3块、大型屋顶广告4块、落地灯箱207只。全年便民服务中心处办便民工单8304件，工单内容涉及高新区34个成员单位。举行6次“便民服务进社区”活动，全区近30家成员单位配合参加，累计发放各类信息、宣传手册1000余份，为群众解决各类诉求60余件。

【城管执法队伍建设】 通过开展“学先进、找差距、抓创新、促提升”为主题的“一队一品”建设、宣传阵地建设，“文明执法、从我做起”征文，“城管进社区，服务零距离”和各类文体活动激发城管队伍内在活力，增强工作的凝聚力、创造力和向心力。组织执法队伍常态化培训，根据“奇数年特色培训，偶数年全员轮训”的培训要求，2015年组织身体素质强化班、新招队员业务班、业务骨干强化班、大（中）队长研讨班、现场执法提升班、党务工作培训班、公文写作加强班、案件审理提高班等8个系列19期培训班，参训队员726人次，45名队员被评为优秀学员。通过对分窗口开展为期一个月的驻点培训、设立流动红旗按月流转等方式，提高分窗口服务质量。针对养护单位新标段项目经理、资料员、巡视员，中心区域环卫主管部门负责人、各环卫作业单位负责人、项目经理以及环卫电动车驾驶员组织开展专项业务培训。持续开展学雷锋活动，各地大（中）队通过开展城管学雷锋活动，充实和使用“城管学雷锋基金”，扶贫帮困，热情捐助，改善城管队伍形象。上半年，枫桥中队会同招商银行开展扶助执法相对人活动，既热心资助流动摊主，又牵线搭桥，通过向早餐公司和疏导点引导推荐，帮助他们解决生计。这一活动得到苏州各个主流媒体广泛报道。

【枫桥城管开出全市渣土整治单笔最高罚单】 枫桥街道城管执法中队队员在塔园路、马运路口巡查时，发现合茂、月泊湾待建地块被恶意偷倒大量建筑垃圾。通过反复查看道路监控视频，并结合群众反映的信息，执法队员迅速锁定偷倒车辆，找到施工负责人。面对事实证据，该负责人当场承认7月31日趁午夜偷倒50车约150吨建筑垃圾的违法事实。枫桥街道城管执法中队依照《城市建筑垃圾管理规定》，对施工单位处以8万元行政处罚，当事人已按规定缴纳罚款。（陆文俊）

生态建设

【概况】 2015年，高新区坚持“生态强区”战略，以建设“真山真水园中城”为目标，提高生态绿化水平，推进绿色创建和绿色施工。高新区拥有25公里太湖沿岸线、49座山体、5万多亩基本农田。截至2015年底，全区建成区绿地面积约为3250公顷，人均公共绿地达14.8平方米。建成区绿化覆盖率约为46.8%，全区林木覆盖率达26.26%。全年完成新增、改建绿地300万平方米，人均公共绿地达15.1平方米，完成投资8亿元。中环快速路（高新区段）312国道—竹园路段绿化景观工程基本完成，索山公园恢复提升工程已完成。

【“绿色创建示范区”建设】 作为江苏省首批“绿色建筑示范区”创建区，2015年2月1日起，高新区对新开工工程进行绿色建筑施工图审查，所有新建民用建筑全部按一星级绿色建筑标准建设；全年完成绿色建筑示范项目11个，合计73.12万平方米，累计完成绿色建筑示范项目147.82万平方米。高新区委托江苏省科技发展中心启动绿色建筑发展规划的编制工作。

【建筑工地文明施工管理】 以文明工地创建为抓手，规范建筑工地绿色施工，严控建筑施工扬尘污染源，加大检查频次频率，督促责任单位提高防治施工扬尘污染的意识，将责任单位施工扬尘污染治理成效与信用等级评定、工地评优挂钩，坚持标本兼治，树立典型向绿色施工发展。2015年，高新区有83个项目被评为“苏州市建筑施工标准化文明示范工地”，其中57个项目被评为“江苏省建筑施工标准化文明示范工地”。（刘万飞）

环境保护

【概况】 高新区环境保护各项工作依照2015年1月1日起实施的新《环境保护法》按序开展。在“科字当头，生态优先”的发展理念引领下，2015年全区环保投入45.76亿元，占年度GDP的4.45%。全区环境保护和管理工作严格按照新环保法和有关规章进行，严格执法，全年立案处罚违法企业44起，上缴罚款金额283.6552万元。全区生态文明建设有序推进，生态文明建设“十大工程”和重点工程建设按计划完成。环境质量稳中有升，水环境质量方面，集中式饮用水水源地水质较好，上山村饮用水源地全年取水量6977万吨，达标水量6977万吨，水质达标率100%；区内主要河流的水质保持稳定，其中京杭运河高新区段的水质达到《江苏省地面水环境功能类别划分》2020年Ⅳ类水质目标要求，浒光运河和胥江横塘段水质分别达到地表水Ⅳ类标准和Ⅴ类标准，农村地表水环境质量综合达标率为89.8%。大气环境质量方面，按照AQI指数计算，建成区环境空气质量优良天数为223天，优良率为63.9%，同比提高2.7%，；科技城区域环境空气质量优良天数为277天，优良率为80.3%，同比上升10.6%。全年PM2.5年均浓度60.8微克/立方米，比2013年基数下降15.8%，比2014年基数下降8.8%，完成国家和省市下达的PM2.5平均浓度下降7%的任务。降雨监测方面，2015年取有效监测数据211个，其中酸雨发生比率占总体降雨的20.0%，同比下降21.33%。安排减排项目9个，完成减排化学需氧量931.25吨、氨氮114.36吨、二氧化硫1289.74吨、氮氧化物3292.77吨，完成市级下达的主要污染物总量减排任务。推进排污权交易工作，区内前途汽车（苏州）有限公司和苏州新区兴华包装有限公司两家企业通过排污权交易取得二氧化硫和氮氧化物的总量指标。全区森林覆盖率达24.3%，位列全市第一。积极落实节能减排，单位地区生产总值能耗0.422吨标准煤/万元，比上年下降9.1%。全年投入关停资金2.37亿元，关停、淘汰落后产能企业33家，腾出土地344.4亩。淘汰黄标车5611辆，关闭燃煤小锅炉13台。新增清洁生产企业22家、能效之星企业5家、循环经济示范企业3家，先后成为全国首批生态工业示范园区、全国首家循环经济标准化试点园区、国家生态文明建设试点园区和国家生态旅游示范区。

【大气污染防治】 2014年12月底成立区大气污染防治工作领导小组，2015年3月份印发《苏州高新区2015年度大气污染防治重点工作任务和工程项目分解表》以落实苏州市政府关于大气污染防治2015年度工作任务。全区全年安排9大重点工作任务和31项大气污染治理项目完成年度大气污染防控任务。全年对辖区内建筑工地开展3次拉网式扬尘整治，排查出扬尘隐患432处，开出停工单30份、整改单113份。对浒关工业园重点废气企业、中环高架沿线废气企业和枫桥街道汽车城进行废气专项整治。开展黄标车淘汰治理工作，淘汰区内5611辆黄标车。进行露天烧烤整治，划分设立烧烤“禁烧区”。编制《苏州高新区第四季度及重要敏感时段环境空气质量管控方案》，通过各种措施的落实，保障2015年11月“中国—中东欧国家领导人16+1会晤活动”和12月第二届世界互联网大会的环境质量。

【建设项目审批】 2015年全年审批建设项目673个，其中工业类项目315个；完成环保“三同时”竣工验收321个，完成其他即办建审批3695个。制定《苏州高新区建设项目环保“三同时”制度执行情况清查工作方案》，清理2000多个未验收项目。年底前完成300个项目的竣工环保验收工作，并使80%的已建成工业类项目进入竣工验收流程。加强区内从事环评业务的中介机构的管理，对在区域内从事环评工作的10家单位进行日常考核，规范环评机构的服务质量和效率。推进苏州高新区规划环境影响评价工作，进行环境质量调查，区内污染源资料收集，环评一次公示、二次公示和问卷调查等工作，完成苏州高新区整体规划环评初稿。制定并实施《苏州高新区环境保护局建设项目环境影响评价政府信息公开工作规程》，规范高新区项目环保审批流程，开展建设项目环评政府信息公开工作。

【生态文明建设】 2015年4月21日，苏州市委、市政府在高新区召开全市生态文明建设推进大会。明确苏州高新区2015年度生

2015年4月21日，全市生态文明建设工作推进会在高新区召开（沈一鸣摄）

态文明建设规划目标和重点项目，计划完成生态文明建设“十大工程”14项、重点工程13项。至2015年底，生态文明建设重点工程实际完成投资35.5亿元，完成率92.3%，生态文明建设“十大工程”年度任务实际完成投资16.62亿元，完成率94.1%。委托中国环境科学研究院开展苏州高新区生态文明建设中期评估和《苏州高新区生态文明建设规划》修编工作。与清华大学就《工业园区生态文明建设实施指南》开展示范合作。高新区在全市生态文明年度考核中名列前茅，被苏州市委、市政府授予“苏州市生态文明建设先进集体”荣誉称号。

【循环经济与清洁生产】 依托苏州高新区环保产业园，创建高新区首个清洁生产园区，确定环保产业园内30家企业开展清洁生产审核。2015年年内，全区有7家企业开展重点企业清洁生产审核工作，22家企业开展自愿型清洁生态审核工作，至年底，全部完成验收工作。5月，高新区通过第二批国家循环经济试点示范单位验收，继续享受试点单位在投资、金融等方面的政策，并将在组织开展循环经济“十百千”示范行动中同等条件下优先考虑。编制《2015节能减排及发展循环经济专项资金申报指南》《苏州高新区节能减排及发展循环经济专项资金管理办法》（苏虎府规字〔2015〕6号），管理办法加入对减排项目、清洁生产、环保产品等方面的扶持，单个项目扶持资金提高到100万元。全区有305家企业通过ISO 14001认证。苏州市循环经济推广中心申报苏州市循环低碳发展领域能力建设项目，并于5月通过评审验收。

【生态红线和农村生态】 按照“保护优先、合理布局、管控结合、分级保护、相对稳定”的原则，在全区划定4个类型10个生态红线区域，包括江苏大阳山国家森林公园、苏州白马涧风景名胜区、苏州太湖国家湿地公园、石湖风景名胜区、玉屏山生态公益林、太湖金墅港饮用水水源保护区、太湖镇湖水饮用水水源保护区、太湖重要保护区、太湖梅鲚河蚬国家级水产种质资源保护区、西塘河清水通道维护区。高新区生态红线保护区总面积达194.66平方公里，其中，一级管控区面积16.39平方公里，二级管控区面积178.27平方公里，占高新区水域和陆域总面积的52.3%。制定下发《高新区生态红线区域保护监督管理考核暂行办法》和《高新区2015年生态红线区域保护实施方案》，明确各项生态红线保护重点工作和职责。2015年6月4日，在大阳山国家森林公园举行“生态红线保护标示牌揭牌仪式”，向社会公开高新区生态红线区域的范围和界线，接受社会监督。镇湖街道市桥村、秀岸村、马山村、通安镇金市村等4个村委会完成“江苏省生态村”创建工作。编制《2015年度苏州高新区太湖流域水环境综合治理重点项目建设清单》，研究制定狮山河、月盘桥河整治改善措施，指导狮山街道和枫桥街道完成对这两条黑臭河流的综合整治工作。

【环境执法监管】 2015年全年累计完成企业监察1316厂次，出动人员4044频次，处理信访2323次，下达整改通知书137份，行政立案处罚44起，下达8份责令改正违法行为决定书、5份停产决定书和1份限期治理决定书。征收排污费152.68万元，排污申报200家。完成列入年度整治任务的17个（5个市级，12个区级）突出环境问题的检查督办。开展全区环保大检查工作，区内有2107家企业完成自查申报。组织各类环保专项执法检查活动，先后开展春节环境安全大检查、危废辐射检查、电镀企业监察、浒关工业园重点企业废气夜间监察、绿色护考、水源地监察、秸秆禁烧、粉尘企业排查、河道专项整治、汽车城4S店环保规范化专项整治、中环高架沿线企业环境整治以及迎接华东督察中心关于长江经济带环保专项督查而开展的专项摸排检查共12次环境专项执法检查。

【固体废弃物管理】 2015年年内，全区危险废物产生量9.9万吨，约占全市危险废物总产生量的11%。高新区有危险废物经营企业12家，危险废物产生重点单位200余家，生产化学品企业38家，进口固体废物企业1家，废旧电器电子产品拆解企业2家。以上企业均被纳入固体废物管理日常监管范围。高新区处置企业的处理量基本能够满足危险废物产生单位的处置需求。区内共设立12个医疗废物集中收集定点单位，负责承建本单位以及辖区内其他医疗机构医疗废物的集中存放，医疗废物的定点收集系统已初步确立。医疗废物统一交由苏州市悦港医疗废物处置有限公司处置。2015年，苏州同和资源综合利用有限公司接收废旧家电1154141台，拆解1146894台。苏州伟翔电子废弃物处理有限公司接收废旧家电1689843台，拆解1661252台。

【核与辐射管理】 2015年，全区有辐射单位128家，其中涉源单位（包含兼有放射源与射线装置的单位）22家，射线装置使用单位106家，上述单位的应用设备主要用于电子产品检测、工业探伤、料位监测、物质分析、科学研究、放射诊疗等行业和领域。全年高新区监督检查涉源单位、射线装置单位、金属熔炼企业及输变电工程95家次。

【环境质量监测】 水质量监测方面，按时对2个集中式饮用水源地、3个河流断面长制、区域内6条主要河流15个断面、区域内其他主要有代表性的5条河流6个断面、建成区的7条河流11个断面、黑臭河流专项23条河流34个断面进行监测，获取水环境行政性监测领域有效监测数据9740个。区域内2个集中式饮用水源地水质达标率为100%，京杭运河各监测断面受氨氮指标影响，主要河流水质总体上西部河流水质优于东部河流水质，3个“河流断面长制”考核断面除1月、10月达标率为33.3%，11月达标率为66.7%，其余月份达标率均为0%，农村地表水环境质量综合达标率为89.8%。空气质量监测方面，通过空气自动站对公众发布环境空气质量日报，并在环境质量信息发布平台上实时发布，成为苏州市首个户外环境质量发布平台。由监测数据按照AQI指数计算，建成区环境空气质量优良天数为223天，优良率为63.9%，同比上升了2.7%，PM2.5平均浓度60.8ug/m^3，同比下降8.8%，低于苏州市考核基数15.8；科技城区域环境空气质量优良天数为277天，优良率为80.3%，同比上升了10.6%。降雨监测方面，全年工区的有效监测数据211个，酸雨发生比率占总体降雨的20.0%，同比下降21.33%。

表13-1 2015年全区企业固体废物产生量及处置情况表

固体废物	产生量	处置情况
危险废物	9.9万吨	均由有资质企业收集处置
医疗废弃物	177吨	苏州市悦港医疗废物处置有限公司

表13-2 空气质量监测情况表

指标	一月	二月	三月	四月	五月	六月	七月	八月	九月	十月	十一月	十二月
空气质量综合指数	139	101	92	100	92	88	68	86	64	93	85	118
达标天数	10	15	20	17	22	21	23	19	20	22	20	14
超标天数	21	12	11	13	8	9	4	10	10	7	8	13
PM2.5平均浓度	102	75	63	66	51	50	41	45	43	54	51	86
PM10平均浓度	106	84	71	88	73	60	49	63	65	102	87	140
SO_2平均浓度	42	33	20	30	24	19	24	25	26	25	25	31
NO_2平均浓度	72	52	61	67	56	47	37	48	61	68	60	60
CO平均浓度	1.158	0.835	0.791	0.880	0.780	0.777	0.876	0.823	0.744	0.864	1.015	1.119
O_3平均浓度	62	91	91	109	148	134	100	143	137	139	98	59

注：除CO的浓度指标为mg/m^{3}外，其余指标浓度单位为ug/m^3；数据统计以新区实验中学空气质量自动监测子站为依据。

表13-3 噪声自动监测系统监测数据汇总表

代表路段	狮山路	太湖大道
道路噪声自动监测子站	狮山路索山公园	科技城太湖大道
代表路段路长	2.9公里	7.2公里
代表路段Ld	66.0	68.7
代表路段Ln	59.1	61.3
$\overleftarrow{L}$d	66.0	68.7
代表路段等级	一级	二级
代表路段评价	好	较好
$\overleftarrow{L}$n	59.1	61.3
代表路段等级	二级	三级
代表路段评价	较好	一般
$\overleftarrow{L}$d	67.9	
苏州高新区道路交通等级	一级	
苏州高新区道路交通评价	好	
$\overleftarrow{L}$n	60.7	
苏州高新区道路交通等级	三级	
苏州高新区道路交通评价	一般	

【环境综合治理】 针对重点行业、重点企业组织专项执法行动。建立健全企业环境管理台账和信息档案，制定危险化学品环境风险防控措施，公布企业检查信息，接受社会监督；查处环境违法行为，防治危险废物非法倾倒，杜绝危险废物非法流失，确保环境安全和社会和谐稳定。开展浒关工业园12家重点企业环境监督员夜间巡查，结合居民投诉热点，对发现问题的企业开展专项整治工作。制定《苏州高新区汽车城4S店环保专项整治计划》，并组织31家4S店召开环保管理培训，要求各4S店开展自查整改工作，区环境监察大队督促整改。开展沿中环高架企业排污整治工作，对排放废气的重点企业安装“工况在线监控与分析系统”。

高新区“6·5世界环境日”系列活动中的环保时装秀（沈一鸣摄）

【环境宣传教育】 2015年6月5日，举办“6·5世界环境日”新生态宣教系列活动，并举行《环境日》邮票首发仪式、企业间环保经验交流、政府对新政策解读和环保技术论坛等系列活动，200多家企业300多人参加。在“6·5”环境日期间，开展“《新生态》——环境论坛”“穹顶之下，尽情深呼吸”“生态红线保护标示牌揭牌仪式”等13项环保科普公益活动。结合“‘5·18’我要法”“便民服务进社区”“法治千千吉”等活动，向市民发放环保宣传手册3000余册。积极组织开展申报2015年生态建设项目，完成2个环境教育基地和1所省级绿色学校的创建工作。建设并上线“苏州高新区环保局”微信公共账号。

【区环境监测站通过省标准化建设验收】 受省环境保护厅的委托，苏州市环保局组织专家按照《全国环境监测站建设标准》《全国环境监测站建设补充标准》和《环境监测站标准化建设达标验收办法》，对苏州高新区（虎丘区）环境监测站进行了技术审查和达标验收。经审查，区监测站在机构与人员，监测经费，仪器设备，监测用房，业务能力和水平，质量管理等方面基本达到《全国环境监测站建设标准》相关要求，通过标准化达标验收。苏州高新区环境监测站始建于1996年，2002年区划调整后，优化组建为苏州高新区（虎丘区）环境监测站。截至2015年年底，区环境监测站用房面积为2500平方米，其中实验室面积1200平方米，拥有各类仪器设备110多台（套），经计量认证项目达91项143个参数，已涵盖包括水、气、声、土壤在内的四大环境要素，具备较强的环境质量监测与分析，污染源监督性监测与评估，环境预警与应急监测能力。（金琴芳）

水利水务

【概况】 2015年，高新区围绕“生态优先、服务民生”主题，立足安全度汛和保障供水目标，以民生水利、生态水利、现代水利的理念为指导，落实全年水利水务建设和行业管理服务任务。全年全社会用水总量为12747.3万立方米，万元GDP用水量为12.67立方米，万元工业增加值用水量为7.89立方米，农业灌溉有效利用系数为0.65，工业重复利用率为89.7%，节水器具普及率为100%，水源地水质达标率为100%，城市供水管网漏损率为9.61%，完成年度水资源管理目标。

【防汛防台】 建立健全防汛防台组织网络，开展汛前检查，落实防汛各项措施，加强汛期值班值守。为防御第9号强台风“灿鸿”，适时启动全区防台风Ⅲ级应急响应，抵御强台风侵袭。2015年6月17日，枫桥运河水位达到4.51米吴淞水位历史最高水位时，全区防洪圩区平稳度汛。

【太湖生态治理】 根据《太湖镇湖上山水源地达标建设方案》，先后实施入湖河道清淤、太湖杂船整治、太湖围网清理、渔船避风港建设、杵山退圩还湖及生态湿地建设等水源地保护工作，2015年完成各项达标建设任务，并通过省级联合验收。2015年，区城乡局被太湖渔业管理委员会办公室评为“团结管湖先进集体”。

【城乡河道治理】 对主要出入湖河道、城区和农村淤积严重河道进行生态清淤和轮浚，完成河道清淤22条30公里58万方年度任务，浒墅关、科技城、通安、枫桥、狮山等5座防洪闸站和挡墙工程顺利推进，浒关、通安10个自然村的生活污水集中处理设施建设工作有序推进。建成区水环境整治提升工程按序推进。通过干河清淤和引水畅流等工程措施，联通水体、减少内源污染，增加河道自净能力，提升水环境质量。

【节水工作】 加强节水宣传，制作专题宣传手册和宣传片，利用3·22世界水日和中国水周进行宣传，举办区内用水大户节水报表制度培训，建立工作联系网络。加强工业企业节水减排推进力度，实施计划用水，促进企业合理用水、节约用水，促进企业减少污水排放量。加强节水载体建设，采用“以奖代补”的形式扶持用水单位参与创建活动。2015年年内，高新区获得省级节水型载体建设批复的有企业4个、单位3个、小区1个、社区1个、学校1个，累计完成省级节水型企业单位31家、社区（小区）14家、学校3家。落实区级节水载体补助15万元。完成申报省级节水型企业（单位）3个、节水型小区（社区）3个、节水型学校4个。加强节水“三同时”管理，审查建设项目38个。开展用水单位水平衡测试，引导企业节水技改。逐步完善居民生活用水阶梯价格制度，相关调价文件已出台。编制完成高新区最严格水资源管理实施意见（征求意见稿），逐步推进最严格水资源管理制度。

【农业节水技术和节水灌溉】根据高标准农田建设规划，加快推进浒墅关镇九图村、青灯村和通安镇街西村、金墅村等高标准基本农田建设，提高节水灌溉面积。2015年全年全区农业用水总量2010万立方米，较上年用水量2118万立方米逐步降低。

【供水保障】 按照水量保证、水质达标、管理规范、运行可靠、监控到位、应急保障的要求，开展水源地达标创建工作，2015年年内完成上山水源地达标建设工作。加快推进已建高层住宅二次供水改造，制定改造实施方案和技术标准，完成吴宫丽都等14个小区改造，受益居民6783户。加强供水管网新建、改造力度，逐步降低供水管网漏损率。2015年，高新区新建、改造供水管网37公里，完成投资8052万元，城市供水管网漏损率9.54%。（范奕星）

交通建设和行业管理

【项目建设】 2015年，高新区交通运输局（简称区交通局）负责15个工程项目，完成投资7.6亿元。新开工项目7个，分别为浒关桥、浒光运河驳岸、苏西线高新区段驳岸、阳山花苑公交首末站、大同桥下公交首末站、智能公交电子站牌系统四期、2015公交候车亭工程；续建项目5个，分别为中环快速路高新区北段、通浒路下穿沪宁铁路、太湖大道三期、环阳山西线一期、大运河四改三项目；待开工项目3个，分别为长浒立交、南津路改造、竹园路公交首末站。完成环阳山西线三标，镇光路，来凤寺和国际汽车城首末站，马涧路西延和有轨电车沿线公交候车亭及智能公交项目的交、竣工验收和移交工作。中环快速路高新区北段于2015年10月建成通车。强化对接轨道交通建设工作，地铁3号线新区段15个站点率先全面开工建设，地铁5号线新区段涉及2.5个站，年内已开展前期征收协调工作。

【公共交通管理】 不断完善公交线网，优化同地铁、有轨电车的接驳，构建轨道交通、有轨电车和常规公交互融互补、协调发展的“大公交”格局。2015年，新区公交运送乘客4690万人次，客流量总体保持平稳。每万人拥有公交车11.5辆，居民公共交通出行分担率达31.1%，镇村公共交通开通率保持100%。2015年全年新辟线路5条，优化调整线路10条次，通达高新区的常规公交线路102条（区公交自有线路35条）；新建公交候车亭60座，电子站牌76个，全区300米、500米站点平均覆盖率均提升3%左右，公交出行分担率31.1%，位列全市第二；新建公交首末站2个，场站总面积14.4万平方米，同比增加7.4%。推动发展新能源公交，全区清洁能源及新能源车辆占比达到56.1%，同比上升23.3%；区内首个纯电动公交充电基地科技城充电站一期完成验收，7台充电桩、20辆纯电动车投入运营。结合新区西部旅游发展推出“漫行西部”特色观光旅游线，第一批观光小火车和观光巴士投入使用。

【运输行业管理】 截至2015年底，全区持有道路运输经营许可证的业户569家（公路货运562家，水路货运7家），拥有道路运

新建成的中环快速路高新区段（区交通局供图）

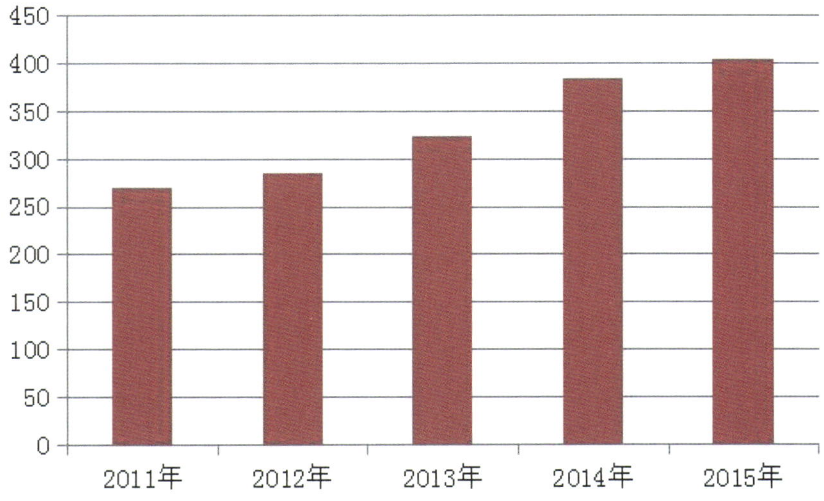

高新区公交车辆数（单位：辆）

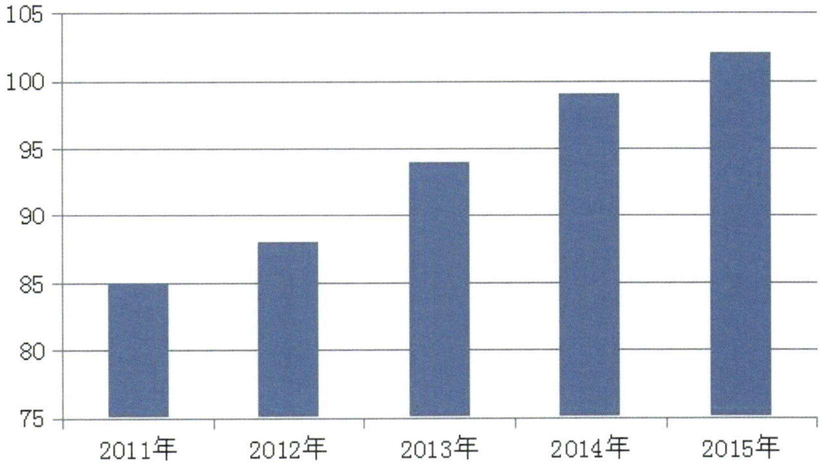

途经高新区公交线路数（单位：条）

开展大客车专项检查（区交通运输局供图）

输证车辆（船舶）2163辆（艘），总吨位1.63万吨（汽车货运2156辆，吨位1.62万吨；船舶7艘，吨位0.01万吨），全区道路运输从业人员4312人，全区三类汽车专项维修业户96家。全区有“江苏快货”品牌线路4条，被评为“江苏省50佳甩挂运输企业”1家，苏州市道路货运“AAA”级质量信誉企业2家。完成IC卡道路运输证换发工作，累计换发IC卡2426张。2015年春运期间，全区安全运输乘客484万人次，其中区公交公司发车班次1.69万班次，里程279.87万公里，运送旅客数468.41万人次；客运西站发班3061班次，发送旅客2.92万人次；有轨电车发班6000余班次，发送乘客12.74万人次。

【公路与航道管理】 加强农路桥梁管养工作，县道优良路率超出市考核目标5.8%，乡村道好路率稳居苏州大市前列，完成2019~2020年省农村公路建设规划项目库编制工作，做好桥梁接养工作，建立省、市、县一体化城市桥梁信息管理系统，开展农村公路生命安全防护工程排查及桥梁检测工作，实现高新区省定农村公路网内无四、五类危桥的目标任务。航道海事管理通航安全畅通率继续保持100%，对接服务苏高新港、普泰集装箱等港口码头建设，指导和帮助商旅、乐园贡山岛旅游航线开发，取得营运资质许可。运河“四改三”之晋源桥重建工程具备通车条件，届时可缓解横塘街道苏福路交通压力，为周边群众的出行提供方便途径。提高高新区航道通航能力、保护水质环境，浒光运河套闸工程获得审批。

【交通综合执法】 采取集中整治与重点打击相结合，开展交通运输联合执法行动221次，持续保持对非法营运客车、危化货物违法运输和超限运输等违法行为的高压管控态势，查处“非法营运”车辆405辆次，公路超限运输车辆335辆次，投诉率同比下降3.69%。在苏州市提升城市环境十大整治活动中，区交通综合执法部门获得市城管委授予牵头区交通运输行业非法营运整治活动二等奖。

【交通安全监管】 严格落实安全生产制度，2015年全年安全生产保持平稳态势。年内完成交通运输系统应急体系建设整体评估，梳理完善有效整合资源、加强应急指导、提高实战能力、普及应急知识四方面对策。制定并完善苏州高新区交通工程质量监督交底手册，开展工程项目日常检查验收52次，工程质量综合督查6次、专项督查4次，配合协调市级部门对中环4标、5标质量督查，并确保隐患得到整改和回复。有轨电车全年运行未发生责任行车事故，列车安全运营总里程突破150万列公里。强化对区内2家危化品运输企业、客运西站、新区公交公司、23个公交首末站的安全隐患排查。开展水上安全“打非治违”，消除水上交通安全隐患6起。加大重大节假日、台风、寒潮冰冻等特殊时段安全督促力度，圆满完成“世乒赛”、“16+1”会晤等重大活动的安全保卫配合工作。 （吕良）

科学技术

SND

综　述

科技创新

科技管理

知识产权

科技园区

科技大事记

科研机构选介

综　述

2015年，高新区科技创新工作以苏南国家自主创新示范区建设为核心，围绕区党工委、管委会“创新驱动、再创辉煌”的决策部署和全年科技工作目标任务，全区科技创新创业取得新进展。全年财政性科技投入9.39亿元，占公共财政预算支出的11.2%。全社会研发投入占地区生产总值比重超过3.4%，科技进步贡献率达到60%。新增高新技术企业72家，累计358家；新认定省民营科技企业153家；新增博士后科研工作站6家，累计33家；新增省级以上工程技术研究中心15家，累计68家；新增省级以上企业技术中心8家，累计41家；新增省级以上工程中心（实验室）1家，累计5家。年末拥有各类专业技术人员11.72万人。新增市级以上领军人才30人，其中国家“千人计划”人才2人、科技部创新人才推进计划3人、省“双创”人才6人、省科技创新团队1个、省博士集聚计划4人。全年专利申请量和授权量分别达14531件和7886件，万人有效发明专利拥有量达53.5件。区医疗器械产业技术创新中心成为全省首批三家产业技术创新中心。高新区被科技部火炬中心确定为全国医疗器械创新型产业集群试点。入选全国首批国家高新区创新驱动发展示范工程。获批国家知识产权投融资试点单位和全国首批、全省唯一一家科技服务业试点区域。

科技创新

【研发机构】 2015年，新增博士后科研工作站6家，累计33家；新增省级以上工程技术研究中心15家，累计68家；新增省级以上企业技术中心8家，累计41家；新增省级以上工程中心（实验室）1家，累计5家。江苏省医疗器械产业技术创新中心正式挂牌运作，轨道交通产业技术创新中心入选市级产业技术创新中心序列。全年获批各级各类研发机构125家，其中省级以上研发机构36家，规上工业企业研发机构建有率达到68%，列全市第一。中科院苏州医工所发起成立中国科学院先进医疗器械产业技术孵化创新战略联盟，入选省产业技术研究院2015年度预备研究所，争取省级经费400万元，获批省级科技企业孵化器；浙大苏研院累计孵化高技术企业50家，完成建设期任务，正筹划建设浙江大学苏州科技园；中科院地理所苏州基地已建立14家专业化科技型企业，全年产值超1亿元，获批建设国家遥感应用及国家地理信息系统2个国家工程中心苏州分中心；华理工苏研院新增3个研究中心，引进11家高科技产业化公司；中国移动苏州研发中心筹建1年多来，集聚研发人员超过500人，实现销售收入4.5亿元。

表14-1　2015年新增省级以上企业研发机构一览表

一、新增省重点研发机构		
序号	研发中心名称	所在企业
1	省重点研发机构	苏州华启智能科技股份有限公司
2	省重点研发机构	克诺尔车辆设备（苏州）有限公司
3	省重点研发机构	苏州天准科技股份有限公司
4	省重点研发机构	苏州西门子电器有限公司
5	省重点研发机构	世联汽车内饰（苏州）有限公司
6	省重点研发机构	苏州爱普电器有限公司
7	省重点研发机构	江苏固德威电源科技股份有限公司
8	省重点研发机构	金德精密配件（苏州）有限公司
9	省重点研发机构	苏州市科远软件技术开发有限公司
10	省重点研发机构	苏州市科达科技股份有限公司

二、新增省工程技术研究中心		
序号	工程中心名称	依托单位
1	江苏省低泄漏高端阀门工程技术研究中心	苏州纽威阀门股份有限公司
2	江苏省铸造用功能新材料工程技术研究中心	苏州兴业材料科技股份有限公司
3	江苏省转配智能机械手工程技术研究中心	苏州通锦精密工业有限公司
4	江苏省高温蒸汽清洗机工程技术研究中心	苏州德莱电器有限公司
5	江苏省高机能聚碳酸酯薄膜及片材工程技术研究中心	苏州奥美材料科技有限公司
6	江苏省货币处理机工程技术研究中心	光荣电子工业（苏州）有限公司
7	江苏省舷外机工程技术研究中心	苏州百胜动力机器股份有限公司
8	江苏省节能环保型复合涂层漆包铝线工程技术研究中心	苏州市新的电工有限公司
9	江苏省中药生产自动化控制系统工程技术研究中心	苏州浙远自动化工程技术有限公司
10	江苏省建筑外墙节能保温系统工程技术研究中心	苏州大乘环保建材有限公司
11	江苏省难溶性药物制剂工程技术研究中心	苏州中化药品工业有限公司
12	江苏省高阶向量型变频器工程技术研究中心	苏州士林电机有限公司
13	江苏省特种应急救援车辆装备工程技术研究中心	江苏振翔车辆装备股份有限公司
14	江苏省精密注塑模具工程技术研究中心	东泰精密模具（苏州）有限公司
15	江苏省空调冷冻温湿度控制系统工程技术研究中心	卡乐电子（苏州）有限责任公司
三、新增省研究生工作站		
序号	设站单位名称	合作高校名称
1	苏州双金实业有限公司	西安交通大学苏州研究院
2	江苏固德威电源科技有限公司	华北电力大学
3	苏州富欣智能交通控制有限公司	苏州大学
4	苏州通锦精密工业有限公司	华东理工大学
5	华东理工大学苏州工业技术研究院	华东理工大学
6	苏州井上中鼎办公机器制品有限公司	东南大学
7	苏州华安普电力工程有限公司	华北电力大学
8	苏州市龙源电力科技股份有限公司	华北电力大学苏州工业技术研究院
9	苏州中化药品工业有限公司	苏州大学
10	苏州纽迈电子科技有限公司	苏州大学
11	苏州士林电机有限公司	南京理工大学

（科技合作处）

表14-2　2015年新增市级以上领军人才一览表

序号	领军人才姓名	学位	企业名称
一、新增科技部“创新人才推进计划”人才			
1	徐一华	硕士	苏州天准科技股份有限公司
2	刘亚平	博士后	苏州汉辰数字科技有限公司
3	吴俊辉	博士	苏州超锐微电子有限公司
二、新增省“双创”人才			
1	夏辉	博士	苏州北导信息科技有限公司
2	白小青	硕士	苏州爱科博瑞电源技术有限责任公司
3	杜志江	博士	苏州康多机器人科技有限公司
4	王泽勇	博士	苏州环明电子科技有限公司
5	崔成强	博士	安捷利电子科技（苏州）有限公司

三、新增姑苏创新创业领军人才

1	夏辉	博士	苏州北导信息科技有限公司
2	牟全臣	博士	苏州合科软件有限公司
3	马峻	硕士	苏州亚思科精密数控有限公司
4	张会林	博士	苏州福丰科技有限公司
5	何旭东	博士	龙具硬质合金（苏州）有限公司
6	杨磊	博士	苏州蔻美新材料有限公司
7	耿振民	硕士	江苏威盾网络科技有限公司
8	孙媛	博士	科塞尔医疗科技（苏州）有限公司
9	张瑜	博士	苏州玄禾物联网科技有限公司
10	杨春信	博士	苏州国科美润达医疗科技有限公司
11	李兴祥	博士	赛莱克斯生物科技（苏州）有限公司
12	解江冰	博士	爱博诺德（苏州）医疗器械有限公司
13	匡正	博士	苏州清听声学科技有限公司
14	张立新	博士	苏州中晟宏芯信息科技有限公司

（科技招商服务中心）

【科技合作】 2015年全年新增产学研合作项目243项。参与国家“一带一路”发展战略，鼓励本土企业融入全球创新体系，支持区内福丰科技筹建“英国江苏中心”，建设国际科技创新孵化器；推动区内华复医疗技术集团与省跨国技术转移中心、俄罗斯托木斯克州发展集团、俄罗斯创新药研发有限公司共建“中俄创新服务中心”，吸引更多俄罗斯创新资源、技术和人才与高新区对接、交流，构建有利于高新区科技成果产业化和新兴产业集聚的国际化平台。第四批“科技镇长团”上任，覆盖全区各镇、街道，镇长团依托各自高校科研院所科技资源优势，为“校—企—地”项目合作对接搭建桥梁，促进大学、企业、政府三者相互渗透、相互协作、相互促进。

【科技金融】 全年完成省、市科技金融项目申报137项，市级“科贷通”授信超过6.8亿，同比增长124%，省级“苏科贷”授信近1亿元，同比增长109%。推动设立规模为3亿元的天使母基金，引导设立产业专业基金。做强科技投融资体系，区内集聚一大批具有较强影响力的创投、担保、证券、投行、评估等投融资和金融服务机构，已引入各类机构120多家，各类创投机构资本总规模超过140亿元。科技金融广场已初步形成以创投集团为核心、以太湖金谷为引领，各类金融机构、各种金融资源竞相集聚的综合金融服务区。

【战略性新兴产业】 2015年全区高新技术产业产值达1380亿元，占规上工业总产值的比重达到51.9%。医疗器械产业已集聚相关企业170家，年产值达到50亿元；医疗器械产业园获批国家级“创业苗圃—孵化器—加速器”科技创业孵化链条建设示范单位；省医疗器械检验所苏州分所通过CNAS的现场评审，正式对外开展检测服务，全年完成检测任务600多批次，其中电磁兼容检测量占全省的40%以上；中科院医工所突破关键技术，研制开发出达到国际主流水平的共聚焦显微镜；区内培育的伽利生、凯迪泰、达麦迪、法兰克曼等医疗器械企业通过与国内外上市公司的合作，企业成长明显加速。地理信息与文化科技产业发展提速，依托地理所苏州基地，已建成3条地理信息生产线，建立国内最大的资源卫星数据商业化处理与增值服务基地，正筹划建设国家级“地理大数据云服务中心”。服务外包保持高速增长，全年实现服务外包接包合同额28亿美元，离岸接包执行额13.5亿美元，位列全市第二。

科技管理

【科技经费】 2015年，高新区重点以推广中关村“6+4”政策作为抓手，落实重点科技政策，为企业减免税总额达到10.35亿元，同比增长31%。其中，284家企业享受研究开发费加计扣除政策，落实企业数同比增长9.23%，加计扣除额11.3亿元，同比增长15.15%，减免企业所得税2.8亿元，同比增长14.3%；283家高新技术企业享受所得税减免政策，落实企业数同比增长79%，减免企业所得税7.4亿元，同比增长38%；6家技术先进型服务企业享受所得税减免政策，减免所得税767.64万元。全年申报各级各类项目659项，获批520项，争取上级资金20674.2万元。其中，省级以上项目经费超过1.3亿元，列全市第二；获批各类知识产权项目、奖项50项，获批数量为历年最多，争取资金850万元。重点科技创新载体项目争取取得新进展，省医疗器械产业技术创新中心争取省、市建设资金1亿元，已到位3000余万元；中科院苏州医工所入选省产业技术研究院2015年度预备研究所，争取省级经费400万元，获批省级科技企业孵化器；苏南自创区苏州高新区建设促进服务中心争取省、市资金支持400万元。

延伸阅读：“6+4”政策是指6项中关村先行先试政策和4项在国家自主创新示范区推广的先行先试政策。6项中关村先行先试政策包括：（1）加快落实先期已确定推广的科研项目经费管理改革；（2）非上市中小企业通过股份转让代办系统进行股权融资（俗称“新三板”）；（3）扩大税前加计扣除的研发费用范围3项政策；（4）股权和分红激励；（5）职工教育经费税前扣除；（6）科技成果使用处置和收益管理改革等3项政策。4项在国家自主创新示范区推广的先行先试政策包括：（1）给予技术人员和管理人员的股权奖励可在5年内分期缴纳个人所得税；（2）有限合伙制创投企业投资于未上市中小高新技术企业2年以上的，可享受企业所得税优惠；（3）对5年以上非独占许可使用权转让，参照技术转让给予所得税减免优惠；（4）对中小高新技术企业向个人股东转增股本应缴纳的个人所得税，允许在5年内分期缴纳。

【科技项目】

表14-3 2015年高新区国家级科技项目获批清单

序号	项目名称	承担单位	获批金额（万元）
国际科技合作			
1	钬激光-超声泌尿碎石治疗系统的联合研发	苏州国科医疗科技发展有限公司	576
863计划			
1	脊柱微创手术机器人系统研究——专利型微创手术及手术辅助机器人系统的研制	苏州康多机器人有限公司	105
国家火炬计划（产业化示范项目、创新型产业集群项目、科技服务体系项目）			
1	新型智能热释电传感器控制芯片研发及产业化	苏州华芯微电子股份有限公司	—
2	中国标准动车组车载乘客信息系统研发及产业化	苏州华启智能科技股份有限公司	—
3	深存储高带宽数字示波器的产业化	苏州普源精电科技有限公司	—
4	特种应急消防救援车辆装备产业化项目	江苏振翔车辆装备股份有限公司	—
5	具有热触变功能的环保型车用防腐防锈材料	江苏泰尔新材料股份有限公司	—
6	离并网一体型光伏储能逆变器研发及产业化	江苏固德威电源科技有限公司	—
7	中药提取自动化控制系统	苏州浙远自动化工程技术有限公司	—

续表

国家火炬计划（产业化示范项目、创新型产业集群项目、科技服务体系项目）			
8	江苏省苏州遥感增值服务平台	中科苏州地理科学与技术研究院	70
9	支持影视动画在线创作和发布的公共服务平台	苏州创意云网络科技有限公司	40
10	智能化轨道物流传输系统	苏州沃伦韦尔高新技术股份有限公司	—
11	智能无创睡眠呼吸机关键技术研发及产业化	苏州鱼跃医疗科技有限公司	—
12	医疗器械产业创新加速器	苏州英诺迈医疗网络技术有限公司	60
13	国际技术转移孵化管理平台建设	华夏天源商业管理（苏州）有限公司	60
14	苏州高新区医疗器械众创孵化项目	苏州江海创业投资咨询有限公司	70
15	科技金融创新服务平台	苏州高新创业投资集团有限公司	80
16	先进医疗器械科技企业孵化服务体系建设	苏州国科医疗科技发展有限公司	60
17	苏州高新区医疗器械产业专利分析与预警	苏州慧谷知识产权服务有限公司	60
科技部创新人才推进计划			
1	一种面向精密制造业的自动影像测量仪	苏州天准精密技术有限公司	
2	单光子级分辨率Machine-Vision智能图像传感器芯片	苏州超锐微电子有限公司	
3	三网融合智慧城市技术产品与运营服务	苏州汉辰数字科技有限公司	

（区科技局办公室）

【科技企业】 2015年，高新区强化企业自主创新能力，全年新增国家高新技术企业72家，累计358家；新增高新技术产品410项；新认定省民营科技企业153家。围绕苏南国家自主创新示范区建设要求，完善全区科技创新政策体系。先后修订出台落实中关村“6+4”推广政策、加快培育高新技术企业、强化科技企业信贷、发展新型孵化器、支持科技领军人才创新创业等5项新政，确保科技创新政策精准发力，在支持企业开展创新活动、加快释放科教创新资源、加速高端人才集聚、加大金融集成支持、强化创新创业体系建设等方面增强引导、扶持力度。

表14-4　2015年新认定的国家高新技术企业（72家）

序号	企业名称	序号	企业名称
1	苏州亿技佳机电科技有限公司	14	苏州普源精电科技有限公司
2	创意塑胶工业（苏州）有限公司	15	苏州远东砂轮有限公司
3	苏州苏净船用机械有限公司	16	苏州环球色谱有限责任公司
4	苏州飞格立工程塑料有限公司	17	江苏超敏仪器有限公司
5	苏州小鹰铸造装备有限公司	18	苏州市华宁机械制造有限公司
6	苏州克莱威环保设备工程有限公司	19	卓力特光电仪器（苏州）有限公司
7	歌拉瑞电梯有限公司	20	苏州奥科星电子科技有限公司
8	苏州市奥普斯等离子体科技有限公司	21	苏州智设信息技术有限公司
9	江苏达伦电子股份有限公司	22	天纳克汽车工业（苏州）有限公司
10	苏州科瑞森制冷科技有限公司	23	苏州浪声科学仪器有限公司
11	苏州恒听电子有限公司	24	苏州茂鼎电子科技有限公司
12	苏州科大微龙信息技术有限公司	25	苏州中锦电气科技有限公司
13	美合实业（苏州）有限公司	26	苏州融睿纳米复材科技有限公司

序号	企业名称	序号	企业名称
27	苏州藤堂精密机械有限公司	50	苏州苏媛爱德克机械有限公司
28	苏州北斗夹具装备有限公司	51	苏州卓汇自动化设备有限公司
29	苏州飞时曼精密仪器有限公司	52	苏州海宝金属有限公司
30	苏州荣鼎信息技术有限公司	53	江苏慧库天下软件科技有限公司
31	苏州富欣智能交通控制有限公司	54	江苏合正能源科技有限公司
32	江苏高弗特信息科技有限公司	55	苏州亿帝电子科技有限公司
33	江苏汇知网络科技有限公司	56	新磊半导体科技（苏州）有限公司
34	苏州膜海分离技术有限公司	57	苏州市旗腾环保科技有限公司
35	苏州莱测检测科技有限公司	58	苏州乐米信息科技有限公司
36	科德宝.宝翎无纺布（苏州）有限公司	59	苏州运宏电子有限公司
37	斯威泽尔压铸（苏州）有限公司	60	爱彼思（苏州）自动化科技有限公司
38	苏州市沃特测试技术服务有限公司	61	苏州中科天启遥感科技有限公司
39	艾柯电器（苏州）有限公司	62	苏州市海新机电工业设备有限公司
40	苏州通衢机电设备有限公司	63	苏州市志宏电缆材料有限公司
41	英瑟泰科精密注塑（苏州）有限公司	64	苏州汉瑞森光电科技有限公司
42	苏州浒墅关化工添加剂有限公司	65	方盛车桥（苏州）有限公司
43	苏州胜利光学玻璃有限公司	66	苏州市天灵中药饮片有限公司
44	苏州达翔新材料有限公司	67	国巨电子（中国）有限公司
45	江苏威盾网络科技有限公司	68	苏州富强科技有限公司
46	苏州市新诚氏电子有限公司	69	苏州宇鑫精密模具有限公司
47	贝原合金（苏州）有限公司	70	苏州三屹晨光工业设备有限公司
48	苏州沃伦韦尔高新技术股份有限公司	71	苏州中科知图信息科技有限公司
49	苏州市白云环保工程设备有限公司	72	苏州万一刀具工业有限公司

（高新技术处）

【科技人才】 2015年，全区人才总量达到17.92万人，按照“重引进、强培育”的人才发展理念，与江苏产业技术国际研究院、海外精英创业家协会、海创智库、千人计划联谊会、欧美精英创业家协会等机构合作、对接，加快集聚海外留学归国人才和紧缺型创新创业人才，年末拥有各类专业技术人员11.72万人。全年新增市级以上领军人才30人，其中国家“千人计划”人才2人、科技部创新人才推进计划3人、省“双创”人才6人、省科技创新团队1个、省博士集聚计划4人。提升人才计划竞争力，调整、升级区级领军人才政策，新增风投机构、创业大赛推荐两种申报方式，创新领军、孵化领军两个扶持类别，全年举办各类项目路演、创新创业大赛7场，170个项目竞相角逐，新增区级领军人才69人。年内，全区领军人才企业产值超过70亿元。

知识产权

2015年全年专利申请量和授权量分别达14531件和7886件，其中发明专利申请量7982件，发明专利授权量1390件，分别比上年增长23.1%和149.1%，发明专利申请量占比和授权量占比分别达到54.9%和17.6%。万人有效发明专利拥有量达53.5件。培育和发展知识产权高端服务业，打造国家级科技服务业示范区，2015年全区科技服务业总收入超过40亿元。知识产权服务业集聚区通过国家验收，北京派特恩、北京七星天、江苏派富等知名服务机构相继进驻，区内知识产权服务机构已达68家，集聚区人数和营收占全市知识产权服务业的比重均超过70%；审协江苏中心二期投入使用，2015年审结发明专利案件超过全国的20%；中美欧日韩知识产权五局局长会议、全国知识产权服务业集聚发展工作交流会等在高新区召开。

科技园区

【江苏医疗器械科技产业园】 江苏医疗器械科技产业园坐落于高新区科技城锦峰路8号，2009年开始规划实施，2011年正式投入运营，2014年获批国家级“创业苗圃—孵化器—加速器”科技创业孵化链条建设示范单位。先后获批国家级科技企业孵化器、首批国家级创新型产业集群试点、江苏省重大载体（创新及公共服务平台）项目、商务部服务外包平台建设项目、苏州市医疗器械公共服务平台等各类荣誉资质。2015年，成立江苏省医疗器械产业技术创新中心、苏州市医疗器械产业协会。园内设有孵化场地约42500平方米，集高端研发创新平台、权威检测机构、第三方服务机构、小试—中试—生产车间、综合配套于一体。通过建立生物医学创新中心、GMP车间、科技成果转化中心，打造专业研发创新服务平台；通过引进江苏省医疗器械检验所苏州分所等法定权威机构，缩短产品上市周期；通过搭建科研院所与企业之间的桥梁，促成产学研合作；通过设立专项孵化基金，与风险投资公司、银行、基金管理公司合作，为创业企业提供有效融资方案；通过提供行政审批一站式、申报咨询、专业论坛沙龙、人力资源等服务，并集聚临床服务、研发设计、注册代理、投融资、培训认证等专业资源，实现在孵企业“足不出园”一应俱全。孵化器内在孵医疗器械企业近百家，其中体外诊断试剂企业占到38%，医用光学、影像学占到25%，临床监护15%，一次性耗材20%，其余为其他医疗器械产品及其相关产业服务的企业。其中取得生产许可证的企业有21个，其中二类生产许可证15张，三类生产许可证6张；获得经营许可证的企业有15个。注册证方面，一类产品备案表46张，二类产品注册证111张，三类产品注册证26张。毕业企业近30家，已成为苏州市医疗器械企业孵化摇篮。

江苏医疗器械科技产业园（区科技局供图）

【苏州国环节能环保创业园】 苏州国环节能环保创业园坐落于高新区苏州国家环保高新技术产业园内，成立于2004年，是苏州国家环保高新技术产业园发展有限公司投资建设、苏州国环节能环保创业园管理有限公司负责运营的国家级节能环保专业孵化器，是国内首个以企业化模式运作、尝试科技孵化—产业加速器配套运作的园中园。先后获得省级高新技术创业服务中心、国家级节能环保专业孵化器、省二星级中小企业公共服务平台等称号。节能环保创业园孵化场地面积24800平方米，其中环保专业公共服务平台面积为4600平方米，吸引近180多家科技型中小企业进驻。建立起投融资平台、创业辅导平台、项目申报平台、技术支撑平台、中介服务平台及物业服务六大平台，助推科技中小企业发展。截至2015年底，园内在孵企业59家，累计毕业企业42家，25%以上的在孵和毕业企业申报知识产权保护，累计申请各类专利及软件著作权450多项。已形成环保科技、节能技术的研发，污水处理技术、设备及试剂研制，环境工程，大气治理，三废综合利用，环境咨询中介服务等专业，范围基本涉及环保产业的五大领域，培育泽元环保、易科露环保、国环检测、白云环保、新江南环保等区内知名环保企业，引导孵化企业主动融入区域经济产业链。2013至2015年，创业园内在孵企业获得各级政府计划资助项目8项，获得各级政府计划资助金额200多万元。创业园内集聚636名科技人员，其中大专以上514名，占81%，引进国家千人计划人才1名，引进省双创人才1名，获批区领军人才6名，获批姑苏领军人才2名。

【苏州创业园】 苏州创业园是苏州高新技术创业服务中心、苏州留学人员创业园、苏州创业园科技发展有限公司的总称，总建筑面积18万平方米，由5幢高标准研发大楼组成，位于高新区竹园路，东依狮山商业板块，南邻国际教育园区。已建立起科技金融、政策咨询、人力资源、企业管理、知识产权等较完善的科技中介服务体系和公共服务平台。先后获得留学回国人员工作先进单位、优秀国家高新技术创业服务中心、火炬计划先进集体等40多项称号。累计引进各类高科技人才16000余人，招才引智地引进各级各类创新创业领军人才201人次，其中，中组部千人计划人才6人，万人计划3人，省双创人才12人，省重点创新团队1人，姑苏领军人才24人，高新区领军人才155人，其他留学归国人才900多人。累计开发各类科技项目1500多项，其中获批国家863、973、核高基在内的省部级科技立项项目近450项，获得国家授权专利1400多项。先后引进培育科技企业1800多家，其中阿特斯光伏、纽威阀门、科达科技已上市，成为区内领军企业；仕德伟科技、东菱振动、国芯科技等一大批企业成为高新区新兴产业龙头；世界500强的飞利浦、佳能以及周边的华硕、飞思卡尔等跨国研发机构形成集聚，为区域产业升级做出贡献。与多个海外孵化器合作，为企业交流、拓展海外市场搭建桥梁。苏州创业园已成为高新区重要的科技创新创业载体、高端人才集聚区和国际科技合作基地。

苏州创业园（区科技局供图）

【苏州博济科技创业园】 苏州博济科技创业园由苏州火炬创新创业孵化管理有限公司打造。公司成立于2005年12月，是一家以科技创业企业引进、孵化、管理服务为核心，以促进科技成果转化、培养具有高成长性的高新技术企业和企业家为宗旨的科技创业服务机构，是江苏省第一家被科技部认定为“国家级科技企业孵化器”的民营科技企业孵化器，先后获得国家科技部中小企业技术服务机构、国家中小企业公共服务示范平台、苏州市优秀民营企业、江苏省中小企业五星级公共服务平台称号。2015年，公司获评“国家级小型微型企业创业示范基地”、“国家级服务业标准化试点”承担单位、“苏州市十大公共服务平台”。博济科技创业园打造具有核心竞争优势的融资服务体系、创业辅导体系、市场营销服务体系和技术转移服务体系，采取“创业资金+创业导师+增值服务”孵化模式，以资金扶持突破企业生存瓶颈，以创业导师制扶持企业降低风险，以专业服务提升企业发展速度，实现孵化服务的有效性、针对性和精确性。截至2015年底，博济科技创业园引进企业495家，为社会提供就业8500余人，逐步形成以机电一体化、科技研发、新材料、科技服务、创意设计为主体的产业集群。

科技大事记

2015年1月27日，高新区与市科技局联合召开2015年度市区科技工作会商会议，双方签署《苏州市科技信贷市、区联动（科贷通）业务合作协议》。

2月4日，在科技部火炬中心召开的第二批创新型产业集群试点单位工作座谈会上，高新区医疗器械创新型产业集群被列入第二批创新型产业集群试点。

3月4日，高新区召开全区科技创新暨建设苏南国家自主创新示范区推进会议。

5月20至22日，中国国家知识产权局、美国专利商标局、欧洲专利局、日本特许厅、韩国知识产权局五局局长系列会议在苏州高新区举办。会议闭幕前，中美欧日韩知识产权五局局长共同签署《五局合作共识》。

5月27日，江苏省科技厅厅长王秦一行来高新区调研。

6月18日，苏州高新区科技创新服务中心暨苏州自主创新广场高新区分中心举行启用仪式，苏州高新区科技局官方微信平台“苏高新科技”同时启用。

6月25日，由江苏省科技厅、苏州市人民政府和苏州高新区管委会共建的江苏省医疗器械产业技术创新中心在高新区揭牌。

7月12日，2015年苏州高新区科技创新创业大赛决赛在科技金融广场落下帷幕，胡成赟团队凭“智能停车场”项目获评“大众创意组”最具创意团队，李相鹏企业以“智能EPE包材柔性成型系统研发与产业化”项目获评“科技创新组”最具发展潜质企业，分别赢得5万元和30万元创业资金。

8月3日，第三届江苏科技创业大赛生物医药行业半决赛在高新区举行。

8月18日，“苏州创客峰汇”正式启动，麻省理工“开放创造实验室——苏州”、盘古孵化器、北京大学苏州技术转移中心跨境加速孵化器等首批14家众创空间集中签约入驻。

8月20日，高新区举行第三批科技镇长团总结暨第四批科技镇长团下派会。

10月17日，第五届江苏科洽会医疗器械（招商）专场活动在高新区举行。

11月3日，“英国江苏中心”筹办启动仪式暨“苏州市青年创新创业孵化中心”揭牌仪式在高新区举行。

11月5日，国务委员王勇来高新区调研创新创业和知识产权有关工作，考察国家知识产权局专利局专利审查协作江苏中心。

11月26日，2015年度知识产权服务业集聚发展工作交流会在高新区举办。

12月3日，由江苏省跨国技术转移中心、俄罗斯托木斯克发展集团主办，苏州高新区、环太湖医疗产业联盟承办的“2015江苏—托木斯克交流会”在高新区举行，“中俄创新服务中心”同时成立。

12月4日，高新区召开科技政策解读会。

科研机构选介

【中国科学院地理信息与文化科技产业基地】 中国科学院地理信息与文化科技产业基地（简称苏州基地）是由苏州高新区与中国科学院地理科学与资源研究所于2012年合作共建的战略新兴产业研发与产业化基地。中科院地理资源所是国内地理科学、资源科学、地理信息领域学科最为齐全、规模最大的综合性研究所，在科研成果转移转化和产业化方面取得优秀成绩。苏州基地正式成立于2013年8月，坐落于苏州科技城，是苏州高新区打造战略性新兴产业的重要组成部分。苏州基地主要业务发展方向包括地理信息产业、地理文化产业和地理教育产业。其中，地理信息产业旨在以中国科学院在遥感和GIS领域的优势为基础，发展地理信息服务的基础软件和应用中间件，开展空间大数据增值服务研发与产业孵化，形成“数据—模型—系统—服务”一体化地理信息产业发展体系；地理文化产业以《中国国家

2013年8月24日，中国科学院地理科学与资源研究所党委书记刘毅（左）与苏州市委常委、高新区党工委书记浦荣皋（右）为苏州地理信息与文化科技产业基地揭牌（李晨摄）

地理》杂志社为龙头，开展地理文化大数据深度挖掘与虚拟出行服务，旨在构建“地理摄影—虚拟出行—地理设计”为核心的地理文化大数据产业；地理教育产业依托国内知名的教育机构，构建以网络为基础、贯通中小学与高等教育的地理教育网络平台。苏州基地已注册成立中科地理科学与技术研究院和14家产业化公司，总注册资本达3亿元，常驻工作人员达到300人，其中拥有研究生学位的占39%以上。已获批建设1个国家遥感应用工程技术研究中心苏州分中心、1个中国科学院地理信息与文化产业发展中心、1个省国产卫星遥感数据应用工程实验室、2个市级工程中心，新建1个国家地理信息系统工程中心苏州分中心。苏州基地一期基础设施地理信息楼与文化楼主体建设已完成，建设用地20亩，总建筑面积4.2万平方米，投资7000多万元，正处于装修阶段。

【中国科学院苏州生物医学工程技术研究所】 中国科学院苏州生物医学工程技术研究所（简称苏州医工所）是由中科院、江苏省、苏州市三方共同出资建设的国家级科研机构。苏州医工所已建成面积近七万平方米的现代化新园区，建设总投资7.8亿元，其中科研装备总投入3.1亿元，于2012年12月通过验收，正式成为中国科学院序列的研究所之一。苏州医工所定位于“面向世界生物医学科技前沿、面向我国人口与健康重大需求，开展先进生物医学仪器、试剂和生物材料等方面的基础性、战略性、前瞻性的研究工作，建成医疗仪器科技创新与成果转化平台，引领我国生物医学工程技术的发展，推动医疗器械产业的进步，成为不可替代的国立研究机构”。围绕医用光学技术、生物医学检验技术、医学影像技术、医用电子技术、医用声学技术、康复工程技术等6个研究方向，设立6个研究室；拥有1个江苏省医用光学重点实验室，1个中科院生物医学检验技术重点实验室，1个江苏省光电医疗仪器工程技术研究中心，1个江苏省微细制造工程实验室，以及苏州市医用光谱技术重点实验室，苏州市分子诊断和治疗技术重点实验室等6个苏州市高技术研究重点实验室。截至2015年底，承担国家、中科院及省市各类科技项目、军工项目、企业委托项目198多项；累计申请专利589项，其中发明专利387项，授权42项；发表高水平研究论文近400篇。苏州医工所人员总量达445人，固定人员246人，研究员34人，副研究员49人，有海外工作经历34人，占14%，硕士及以上学历239人，占97%，35岁及以下青年职工207人，占84%，流动人员54人，在学研究生145人，硕士研究生119人，博士生26人。千人计划5人，百人计划14人，江苏省双创9人，中科院“青年促进会会员”8人，有29人次分别获得江苏省高层次创新创业领军人才、苏州市五一劳动奖章、苏州高新区科技创新创业领军人才、紧缺人才等各类人才称号与科技奖励。苏州医工所通过多种方式转化多项科研成果，孵化多家高新技术企业，成立苏州国科医疗科技发展有限公司。联合深圳分享投资和苏州高新创业投

中国科学院苏州生物医学工程技术研究所（区科技局供图）

浙江大学苏州工业技术研究院（区科技局供图）

华东理工大学苏州工业技术研究院（区科技局供图）

资集团有限公司共同设立“苏州分享高新医疗器械产业发展投资基金”，依托国科医疗管理的工程化平台，对具有良好市场前景及较高成熟度的国内外创新科研成果进行项目投资和成果孵化，以提高成果工艺成熟度和产品化程度，降低成果转化的投资风险，拉近科技成果与市场需求的距离，加快实现科技成果的产业化。作为江苏省产学研联合创新重大载体，苏州医工所牵头成立江苏省医疗器械产业技术创新联盟，协助省科技厅、市科技局组织开展“江苏省创新医疗器械产品应用示范工程”相关工作。

【浙江大学苏州工业技术研究院】 浙江大学苏州工业技术研究院（简称浙大研究院）由浙江大学与苏州国家高新技术产业开发区共同建设，是浙江大学在苏州设立的独立事业法人单位。浙大研究院依托地方经济与产业发展优势，以浙江大学的科技成果为基础，汇集双方科技创新资源，建立政府支持、产学研结合、面向市场的集科技研发、科技服务、成果转化、产业培育、科技孵化为一体的创新大平台，“聚焦高新区、服务苏州市、辐射江苏省”的开放性公共创新服务机构，是浙江大学在江苏省的科技创新与产业化总部。浙大研究院已集聚2位长江学者特聘教授、5位国家千人计划人才、1位万人计划人才、2位美国国家杰出青年、1位中国国家杰出青年、2位浙江大学求是特聘教授，有8人获评江苏省双创领军人才，10人获评苏州姑苏领军人才，17人获评高新区领军人才。全面开展11个研发中心和15个联合研发中心建设，研究院及其衍生公司各类人员总数700余名，累计吸引社会资本注册产业化衍生公司59家，注册资本超4.3亿元。累计申请专利591项，其中已授权专利201件，软件著作权66件，布图6件。2015年获批苏州市公共服务平台、苏州高新区中小微企业公共服务平台。

【华东理工大学苏州工业技术研究院】 华东理工大学苏州工业技术研究院于2014年由华东理工大学与苏州国家高新技术产业开发区管理委员会共同建设，是华东理工大学在苏州设立的地方独立事业法人单位。截至2015年底，研究院办公装修基本完成，有11家产业化公司完成注册，总注册资金达3.4亿元；申请发明专利10项，实用新型13项，外观专利1项，已授权发明专利3项，实用新型3项；姑苏领军人才1人，高新区领军人才2人。研究院技术转移中心2015年组织承办和协办3场大型产学研对接活动场，包括承办“上海高校千名专家教授苏州科技行”系列活动之新材料专场、智能制造专场以及协办苏州高新区产学研合作对接会。活动组织上海交大、同济大学、华东理工大学等8所上海知名高校的近110多位专家教授来到高新区，吸引高新区各类企业150多家，企业负责人及科技人员约300多人，现场达成合作意向近50项。研究院培训中心2015年组织实施领军人才企业家高级研修班、网络营销训练营、实战销售技巧训练营、苏州高新区企业研发负责人研修班等，服务企业100余家，培训150人次。

【中国移动苏州研发中心】 中国移动研发中心坐落于苏州科技城，是中国移动通信集团规模最大的研发中心，该中心是中国移动通信集团“十二五”期间最重要的科技战略项目之一，将重点推动云计算、物联网两个领域的科学研究。中心总投资约17亿元，研发人员规模将达4200人，净用地面积480亩，总建设规模约36万平方米。已形成“大云”系列产品，包括云计算、大数据、IT支撑三大产品线，产品销售覆盖全国20多个省，2015年业务收入突破4.5亿元。（王慧）

教育·文化·体育

SND

教育
文化
体育

教　育

【概况】　高新区始终把教育放在优先发展、率先发展的战略地位，实施“科教兴区”战略，全面推进教育现代化，教育发展整体水平和综合实力处于全市领先地位。截至2015年底，全区拥有各级各类幼儿园47所、小学21所、初中9所（含完中初中部1所）、普通高中3所、民办12年一贯制学校1所、各类社区教育中心8所、国际学校2所、特殊教育学校1所。在校生70541人（高中4898人，初中12125人，小学34449人，幼儿园19027人，特殊教育学校42人）。教职工4294人（其中专任教师3840人）。全区高等教育毛入学率达73.3%，学前三年幼儿入园率始终保持在100%，全区4所幼儿园创建成市优质幼儿园。小学巩固率、升学率和初中巩固率、升学率连续多年保持在100%，高中办学质量位列苏州市前茅，率先在苏州市实现四星级优质高中全覆盖，新区一中新疆班办学水平处于全国同类领先水平，国际化教育稳步推进。年内完成苏州实验中学原址重建，完成高新区实验小学、金色小学以及区直属学校加固工程，区第五中学、科技城实验小学、艾维克幼儿园投入使用。

【教育资源布局】　2015年全年累计投入资金32.1亿元，新建、改扩建中小学（幼儿园）21所，90%学校的教育设施达到江苏省Ⅰ类标准。新区五中、科技城小学、文星小学、龙惠幼儿园、科技城幼儿园等新校（园）投入使用，苏州实验中学原地重建，新区二中校园综合改造，通安达善小学、镇湖实验小学新建完成建设，文昌实验中学、新区四中、培智学校、枫桥中心小学东校区及星韵幼儿园等新建项目加快推进。推进义务教育学校集团化办学改革，推动实验小学、实验初中等优质学校开展一校多区、联合办学、建立分校和结对共建的改革实践。试行“自主报名、有序交流”的教师流动新模式，全区所有学校实现市级以上骨干教师全覆盖。现有实验中学等5个省、市级课程基地（实验中学“资源循环技术与环境保护”是首批省普通高中课程基地，浒墅关中学“书法课程建设”为省级初中薄弱学校课程基地，吴县中学“以千年古镇为载体的历史课程基地”和新区一中“新能源汽车工程”为苏州市高中课程基地，文昌中学“航空模型教育”为苏州市级初中课程基地），3个市级义务教育改革项目校（新区实验初中为“集团化办学”项目校，苏州科技城实验小学校为“校外专家助推课程改革”项目校，苏州外国语学校为“义务教育质量综合评价改革”项目校）。云锦城幼儿园、鑫苑国际幼儿园、山河佳苑幼儿园、文昌实验幼儿园4所幼儿园通过市优质幼儿园评估。规范外来工子弟学校管理工作，对办学条件不合格的学校进行关停（育才学校停止招生），对新浒学校提档升级，教学质量和办学水平不断提升。

【教育质量】　坚持立德树人，把德育工作纳入学校教育全过程，做好德育导师制，在全区中小学开展“培育与践行社会主义核心价值观”主题教育活动、阳光下成长系列活动、区第九届中小学“心理健康教育周”、“环保教育进社区”、中小学家庭教育志愿者服务等活动，形成循序渐进、有机衔接的德育活动体系。加强德育队伍建设，挂牌“苏州高新区心理健康指导中心”，开展全区德育系列培训活动，组织开展全区教育系统“身边好人、道德模范”师德演讲比赛，评比并表彰50名区优秀班主任、50名区师德标兵。除新建学校外，全区实现苏州市“德育先进学校”全覆盖。全区高考本一上线率39%，比2014年增长9%，超大市平均16.5个百分点；本二上线率81%，比2014年增长7%，超大市平均23个百分点。连续2年夺取市区中考第一名，连续3年夺得全市高考文科第一名。全区12所学校创建为全国首批青少年校园足球特色学校，金色小学创建为省书法特色学校，枫桥中心小学、区实验幼儿园创建为第四批省科学教育特色学校，阳山实验初中、长江小学创建成第七批市科技教育特色学校，阳山实验初中、敬恩实小、阳山实小申报第三批苏州市规范汉字书写教育特色学校。5个省、市级课程基地建设稳步推进，3个市级“义务教育改革”项目进展进一步深入。综合实践课程、书香校园、科技教育、艺体教育等素质教育品牌进一步彰显，“一校一品”（一所学校创建一个受到社会广泛认可的品牌）基本形成。

【师资队伍建设】 改革完善教师人才引进模式，优化教师队伍结构。组团赴东北师大、南京师大等10多所高校进行专场特招，择优录用优秀应届毕业生129名。由“实验链”校（园）牵头，建立各学段“强化师德师风建设”主题沙龙。通过理论学习、课题研究、经验交流、演讲活动、主题征文、劳模精神进校园等方式，引导教师遵守师德规范，增强教书育人的责任感和使命感。建立健全师德师风评价机制，将教师的育人水平、政治素养以及师德行为与教师职称评聘、职务任免、各类考核相挂钩，提高教师的职业素养和德育观念。强化教师业务培训，推进教师“专业成长报告单”制度，全区建立7个新教师培训基地，为新入职教师实施职前2个月的“高规格、重素养、提能力”的岗前实训，并持续跟进新教师为期3年的“雏鹰工程”、为期5年的“青蓝工程”建设。在全市率先开展区级骨干教师“达标制”改革，彻底取消名额限制，构建以重师德、重实绩为基础的区级骨干教师培养新模式。与浙江大学、东北师范大学等院校合作，建立12个区级教师继续教育培训基地，举办校长培训、信息化研训等培训班；全面实施省、市网络课程全员培训，参训率达100%；与市、区相关部门合作，开展食品安全培训、急救知识培训等专题培训。建立10个名师工作室，通过教改展示、学术论坛、教师沙龙等活动，建立市级名教师培养阶梯体系，推进名师化成长步伐。2015年，全区新增7名市级名教师、名校长，45名全国及省、市级优秀教育工作者，所有学校实现市级以上骨干教师全覆盖。

【教育交流合作】 开展对外合作与交流，加快教育国际化步伐。苏州日本人学校、伊顿国际学校办学规范有序。实验中学AP（Advanced Placement，即美国大学预修课程，适用于全球计划前往美国读本科的高中生）课程班步入良性发展阶段，一批学生进入美国一流大学。新区一中澳大利亚QCE（Queensland Certificate of Education，即昆士兰州教育部官方典范国际通行证高中课程）课改项目、美国国际课程班稳步推进。组织21名教师出国研修培训，6批次学生参加国外修学旅行，接待国外各类教育代表团12个。全年又有一批优秀学生被保送或被剑桥大学、牛津大学等国外知名高校提前录取。

【教育改革】 推进学校综合发展评估改革，完善《苏州高新区中小学、幼儿园综合发展评估标准》，建立学校综合发展动态评估机制，每年开展动态评估，引导学校重视德育工作、体卫艺工作，加强各类校本兴趣活动和学生社团建设，提升学生的审美水平与人文素养。以动态评估为突破口，引导学校从办学理念、校园文化、素质教育、队伍建设、办学绩效、特色发展、改革创新等方面全方位推进素质教育，走全面教育质量、全面内涵提升之路。开展艺术展演、高雅艺术进校园等活动，探索建立艺术教育评价制度，提高学生的艺术修养。推进“区管校用”教师人事管理改革，在全市率先开展“自主报名，有序交流”的教师流动新模式，有311名校长、教师参与交流。探索“实验链”学校牵头的集团化办学、一体化管理改革试点，建立优质学校集群式发展机制，壮大优质教育资源数量，扩大优质教育资源覆盖面。通过集团化办学实践、校际结对、互派挂职、联合开展教育教学等活动和措施，推动各校师资力量整体均衡。借助信息化网络平台，开展“一师一优课，一课一名师”活动，推进“一校名师，全区共享”机制。深化教育评价体系改革，健全督学、督政、监测“三位一体”的教育督导体系，优化对学校教育教学工作的经常性督导、热点难点问题的专项督导和办学水平综合督导。与东北师大等高校开展合作，推进形成对学校的第三方评价机制。

【教育保障】 推进依法办学，加大教育行政执法力度，优化教育发展环境。建立健全挂牌责任督学制度，创新教育督导机制，加强行政监督指导，推进“学有优教”品牌建设。推进现代学校制度建设、法治校园建设和“一校一章程”建设。推进校园安全管理，高强度、拉网式开展中小学、幼儿园安全检查，定期开展校车安全、食品卫生、校园周边环境综合治理等专项整治工作。组织安全、法制教育讲座和各类演习，全区公办校（园）实现市级以上“平安校园”全覆盖。建立安全工作问责机制，保障校园安全管理。推进政风行风建设，强化依法治教、依法治校，规范教育行政执法行为、学校办学行为和教育收费行为。针对招生等热点问题，通过报纸、网站公布各校施教区范围、招生人数，开通招生热线，加大招生透明度，保证家长、社会的知情权和监督权，确保招生办学行为有序、公平、公正。抓好机关作风建设，接受区人大及社会各界对区教育文体局机关作风建设的评议，全年办理人大建议和政协提案17件，实现答复率和满意率100%。受理各类来信739件、来访10次，做到件件有回复、事事有落实。

【学前教育】 2015年，全区有幼儿园47所，在园幼儿19027人，3～5岁适龄幼儿入园率100%。专任教师476人，大专及以上学历473人，占比99.4%。全区幼儿园占地面积243188平方米，生均占地14.3平方米。园舍建筑面积175004平方米，生均园舍面积10.29平方米。绿化用地面积68127平方米，生均绿化用地面积4.01平方米。运动场地面积100439平方米，生均运动场地面积5.91平方米。均超过江苏省优质幼儿园标准。完善以政府投入为主、公办幼儿园为主，鼓励多渠道投入，支持多体制办园的学前教育体系。完善以管委会（区政府）负责学前教育的发展规划、政策制定，浒墅关经济开发区、科技城管委会及各镇（街道）人民政府承担发展本区域学前教育责任，规范管理本区域内各类幼儿园的学前教育管理体制。坚持政府投入为主，鼓励多渠道投入，构建面向公办民办的学前教育财政投入机制。加强配套幼儿园建设，根据区域建设总体规划，合理确定幼儿园数量、规模和布局，并与居民区建设项目同步设计、施工和交付使用。引进国内外优质学前教育资源举办幼儿园，采取政府购买服务、派驻公办教师、名园输出管理等方式，支持和鼓励民办幼儿园创优提升。深化用人制度改革，实行岗位管理制度，推行人员聘用制度。执行幼儿园园长（园长岗位培训合格证）、教师（幼儿教师资格证、育婴师资格证）、保育员（保育员上岗证）资格准入制度，实行持证上岗。完善幼儿教师在职培训体系，青年教师和园长培训率100%。贯彻执行国家颁布的《3～6岁儿童学习与发展指南》等相关规定，遵循幼儿身心发展规律，坚持以游戏为基本活动，保教结合，寓教于乐，促进幼儿健康成长。完善《苏州高新区幼儿园综合发展评估标准》，促进各幼儿园多方面综合发展。严格执行幼儿园准入和年检制度，建立幼儿园信息管理系统，实行动态监管。规范学前教育收费行为，建立幼儿培养成本由政府、社会举办者和幼儿家庭共同合理分担机制。加强学前教育机构收费监管，逐步实行学前教育收费“一费制”，坚决查处乱收费。规范幼儿园招生行为，参照义务教育入学方式，相对划定招生范围，统筹兼顾，合理安排适龄幼儿就近入园，保障学龄前儿童享受公平学前教育。严格执行幼儿园安全防范和治安保卫工作的规定，建立健全严格的安全管理、食品安全、车辆安全、卫生防疫等各项制度。保障教师待遇，公办幼儿园教师的工资福利待遇由政府提供保障，并参照义务教育绩效工资水平执行。依法保障普惠性民办幼儿园和民办幼儿园教师的合法权益，其工资福利待遇依据幼儿园和教师双方约定执行，建立教师收入水平逐年增长机制。实施优质幼儿园创建工程，全年创建市优质园4所，累计创建省优质园25所、市优质园9所，省市优质园比例达72.34%。

【义务教育】 2015年，全区有义务教育小学22所（含一贯制学校小学部1所）、初中10所（含完中初中部1所和一贯制学校初中部1所），在校小学生34449人、初中生12125人，学生入学率、巩固率、毕业率均为100%。全区三类残疾儿童少年入学率为100%。择校比例控制在5%以下。公办学校对外来务工人员子女的吸纳率达86.4%。全区在职小学专任教师1826人、初中专任教师1037人。专任教师学历100%达标，小学、初中教师高一层次学历分别达到99.4%和98.4%。教职工配备符合省定编制标准，师生比例为小学0.05，初中0.08。落实“以县为主”的义务教育管理体制，签订教育目标责任书，加强目标责任管理，完善苏州高新区义务教育综合发展评估细则等规定。按照“三增长两提高”要求，实施免费义务教育。加大义务教育投入，促进义务教育均衡发展。推进学校标准化建设，加快新建、改扩建工程进程，全区小学、初中全部达到江苏省义务教育学校办学标准。其中90%的学校达到江苏省技术装备I类标准。义务教育阶段学校办学条件差异系数均低于江苏省规定的上限要求。深化课程改革，实施学生综合素质评价体系，开展课程基地建设，全区学生学业合格率达100%。推进“阳光体育”、足球进校园及体艺“2+1”工程。2015年全区体质健康测试合格率小学为100%、初中为100%，学生得到全面和健康发展。坚持将内涵特色建设作为均衡发展的重点工程推进，依托区内独特的科技资源、深厚的人文资源和丰富的山水资源，开展“科技校园”“生态校园”“书香校园”“人文校园”等建设，已形成“一校一品一特色”（一所学校创建一个受到社会广泛认可的品牌，一个特色项目）。

【高中教育】 落实素质教育，全区高中教育质量稳步提升，2015年高考本一达线率39%，本二上线率81%。苏州实验中学学生王刘琴以406分的高分获苏州市文科状元。全区高中校社团活动丰富多彩，苏州外国语学校的山东支教团获苏州市高中“十佳社团”，新区一中新疆班教育质量列全国内地新疆班前列。开展各项社团活动，给更多的孩子展示的舞台。2015年，全区学校参加各类科技、艺术、体育、学科竞赛，有100多人获得市级以上（含市级）奖项，吴县中学车模、航模队蝉联省团体冠军，该校科技模型社团代表队参加江苏省航海模型锦标赛获9金、5银、3铜，并在省青少年车辆模型锦标赛斩获5金、4银、2铜，模型队获得10项单项团体第一名，海模、车模团体总分双获第一。全区高中国际课程步入良性发展阶段，实验中学AP课程班成绩突出，一批学生获国外一流大学录取；新区一中QCE、DRHS（Dexter Regional High School，即美国缅因州认证的高中文凭课程的简称）国际课程班稳步推进。

【高等教育及职业教育】 2015年，驻区省属高校有苏州科技学院、苏州经贸职业技术学院、苏州卫生职业技术学院、苏州技师学院、苏州高博软件技术职业学院等5所高校，市属职业技术学校有苏州高等职业技术学校。

【社会教育】 全区所有乡镇均建有一所市级以上社区教育中心，形成“以区培训为骨干，以乡镇（街道）社区教育中心为主体，以市民学校为基础、中小学幼儿园为补充”的社区教育培训网络。老年教育坚持以富民为中心，以人的全面发展为核心，以社区需求为导向，以丰富老年人生活为出发点，以建设学习型高新区为切入点，以构建终身教育体系为目标。年内，举办2015年苏州高新区“全民终身学习活动周”启动仪式。狮山、枫桥街道及浒墅关、通安镇创建成为苏州市学习型街道（乡镇），全区已创建5所省标准化社区教育中心。高新区有1所区级老年大学，8所市现代化街镇老年大学，24所省标准化居民学校。经批办的民办非学历教育机构累计12所，加强对非学历教育机构监管，严格民办非学历教育机构审批、变更管理。规范办学行为，依法取缔非法办学机构。联系属地镇（街道），创造条件推动民办非学历教育机构的健康发展。

【区属学校选介】 江苏省苏州实验中学（南京大学苏州附属中学）是江苏省一流名校，苏州教育最优质的品牌之一。学校位于金山东路72号，是国家级示范高中，江苏省首批四星级高中，江苏省文明单位，江苏省基础教育课程改革先进集体。学校创办于1994年，2015年高新区管委会斥资5亿元原址重建新校园。学校师资力量雄厚，名师荟萃。现有教授级高级教师2名，特级教师5名，市、区级名教师、学科带头人、教学能手40多名。学校秉承“全面发展，突出个性”的办学理念，以“高质量、现代化，具有开放性、实验性的全国名校”为办学目标，培养张薛巍、严墨华等7名李政道奖学金获得者，孙亚飞、王刘琴等18位清华、北大学子，每年还有一大批学生进入南京大学、复旦大学、上海交大等国内名牌高校深造。2015年，学校教育质量再创新高，王刘琴同学成为苏州市高考“状元”。学校三年两出高考苏州市“状元”，本一、本二率持续保持在70%左右和90%以上，高考总均分等指标稳居苏州市第一方阵最前列。学校每年在各类学科奥赛和其他重要赛事中都有大批学生获奖。孙亚飞、徐余颛、张琦、方程等同学进入奥林匹克国家集训队。近年来，学校在国际交流与国际文凭课程（AP）方面进行了有效探索，一批实验学子借此跨入国外一流名校。 （陶成生）

江苏省苏州实验中学（区文教局供图）

文 化

【概况】 2015年，高新区以文化强区建设为目标，坚持文化事业、文化产业双轮驱动，立足改革，长远谋划，为全区“十三五”文化建设大繁荣打好基础。年末全区有公共图书馆21个，人均拥有公共文化体育设施面积3平方米。年内建设市妇女儿童活动中心、高新区文体中心等一批公共文体设施项目，精心组织“高新区首届艺术文化节”等系列文化主题活动，成功举办第八届中国刺绣文化艺术节。年内，获各类引导资金500多万元，安排760万元扶持以传统工艺项目为主的文化产业项目，新增400万元文化产业担保基金，20多家企业获得贷款支持。打造“互联网+文化创意+金融”的新型孵化平台蓝海创意云，通过资源整合等打造线上“文创众包”平台。大力发展刺绣产业，紧跟“互联网+”步伐，推出“网上绣品街商城”，为刺绣产业转型升级提供支撑。

【文化设施】 2015年，高新区文化载体建设不断提速，苏州市“十大文化重点工程”总投资16亿元的区文体中心项目进展顺利，主体工程已封顶。总投资3.5亿元、总建筑面积2.2万平方米的浒墅关开发区文体中心项目开工建设。图书馆总分馆体系不断健全，通过与市图书馆的

2015年9月10日，高新区举办首届文化艺术节之企业文化季“点亮西部·相约科技城”草坪音乐节（强晓佟摄）

合作，继续完善图书馆总分馆体系，2015年新建3个图书馆分馆，全区现有图书馆分馆21个，24小时自助图书馆4个。创新服务模式，主动送服务到基层，在区内养老院、消防中队、重点企业等6个单位设立“阅享四季”流动图书服务驿站。

【文化活动】 开展内容丰富、形式多样、特色鲜明的文化活动，满足不同层次文化需求。依托区、镇（街道）、村（社区）三级文化阵地，全年举办各类展演（展览）活动300余场，公益性文化讲座200多场，放映数字电影2000余场，免费书场1000多场次，惠及群众达40万人次。2015年4月28日，高新区首届文化艺术节开幕式在苏州科技城举行，该系列活动历时8个月，举办群众文化展演周、企业文化季、非遗进校园、书香阅读季、艺术精品展等10多项主题文化活动，举办“纪念抗日战争胜利70周年大型歌咏比赛”、“点亮西部”草坪音乐节、“声动高新”青歌赛等百余场大型文艺演出，参与群众超10万人次，是高新区历年来规模最大、水平最高的群众文化盛宴，全方位展示高新区文化建设的丰硕成果。其中“点亮西部·相约科技城”企业文化季系列活动，在两个月的时间里，先后走进审协江苏中心、中移动、中科院地理所等大院大所，组织了青年人才交友嘉年华、青歌赛、企业才艺大赛、草坪音乐节等8场形式多样、内容各异的文化活动，3万多人次参与到活动中，微信公众平台互动人数超5万人次，极大地丰富了青年人的精神文化生活。结合区域特色，注重培育特色文化品牌，“区文化艺术节”、“人文高新·幸福家园”广场展演、“玉山大讲堂”、“人文高新·书香阅读季”、“舞比幸福”健身舞大赛等群众文化品牌深受百姓欢迎。

表15-1　2015年末各级非物质文化遗产名录及传承人名录

项目名称	项目申报地区或单位	公布日期、批次	代表性传承人		
			姓名	性别	级别
苏绣	镇湖街道	2009年6月第三批	姚建萍	女	国家级
	镇湖街道	2012年12月第四批	姚慧芬	女	国家级
	镇湖街道	2008年12月第二批	卢福英	女	省级
	镇湖街道	2008年3月第一批	王丽华	女	区级
	镇湖街道	2008年3月第一批	朱寿珍	女	区级
	镇湖街道	2008年3月第一批	濮惠菊	女	区级
	镇湖街道	2010年3月第二批	姚惠珍	女	区级
	镇湖街道	2012年3月第三批	梁雪芳	女	区级

续表

项目名称	项目申报地区或单位	公布日期、批次	代表性传承人		
			姓名	性别	级别
苏绣	镇湖街道	2012年3月第三批	邹英姿	女	区级
	镇湖街道	2012年3月第三批	陈红英	女	区级
	镇湖街道	2012年3月第三批	薛金娣	女	区级
	镇湖街道	2012年3月第三批	周海云	女	区级
	镇湖街道	2012年3月第三批	卢梅红	女	区级
	镇湖街道	2012年3月第三批	郁丽琴	女	区级
	镇湖街道	2012年3月第三批	蔡梅英	女	区级
	镇湖街道	2012年3月第三批	姚惠琴	女	区级
	镇湖街道	2012年3月第三批	姚梅英	女	区级
	镇湖街道	2012年3月第三批	沈德龙	男	区级
	镇湖街道	2014年12月第四批	陈彩萍	女	区级
	镇湖街道	2014年12月第四批	陈群英	女	区级
	镇湖街道	2014年12月第四批	陈英华	女	区级
	镇湖街道	2014年12月第四批	姚彩珍	女	区级
	镇湖街道	2014年12月第四批	濮凤娟	女	区级
	镇湖街道	2014年12月第四批	姚琴华	女	区级
	镇湖街道	2014年12月第四批	黄林珍	女	区级
	镇湖街道	2014年12月第四批	郑叶青	女	区级
竹编	枫桥街道	2008年3月第一批	—	—	区级
（徐丽仙）丽调	枫桥街道	2010年6月第二批	张碧华	女	市级
缂丝	东渚镇	2008年3月第一批	吴文康	男	区级
	东渚镇	2008年3月第一批	范玉明	男	区级
	东渚镇	2015年1月第四批	陆美英	女	区级
石刻	枫桥街道	2008年3月第一批	陶龙海	男	市级
草席编织	浒墅关镇	2009年7月第二批	—	—	区级
蚕种生产	浒墅关镇	2009年7月第二批	—	—	区级
铜响器制作技艺	东渚镇	2009年7月第二批	董林火	男	区级
玉雕	东渚镇	2010年6月第二批	俞　艇	男	市级
	东渚镇	2012年3月第三批	朱金忠	男	区级
	东渚镇	2012年3月第三批	赵毓琪	男	区级
核雕	东渚镇	2012年3月第三批	吴建东	男	区级
碑刻	狮山街道	2014年12月第四批	吴建明	男	区级
苏式红木小件制作技艺	东渚镇	2014年12月第四批	江明华	男	区级
	东渚镇	2014年12月第四批	韩建贤	男	区级
	东渚镇	2014年12月第四批	何春方	男	区级

【文化传承】 在做好中国刺绣艺术节、非遗进校园、非遗项目与传承人申报、文物普查与修复等基础性工作的同时,探索以政策性扶持与生产性保护相结合,项目性保护与生态型建设相结合的非遗发展新道路。紧跟“互联网+”步伐,推动传统工艺产业与电子商务等新兴经济模式对接,推出“网上绣品街商城”。建立“创意刺绣孵化基地”,培育创新型人才,为刺绣产业转型升级提供智力支撑。突出对非遗文化成果的宣传,镇湖刺绣协会组织多位刺绣大师赴意大利参加米兰世博会进行现场展示,播放专题片介绍苏绣文化,向世界展现高新区非物质文化遗产积极向上、充满活力的精神风貌。

【文化产业】 利用国家、省、市关于发展文化产业的相关政策,加大对文创企业的扶持力度,指导帮助30余家企业申报国家、省、市级文化产业引导资金,2015年累计获得各类引导资金500多万元。根据高新区文化产业发展实际,制定《区创意产业发展的若干意见》等多项政策,加大区级文化产业扶持力度,安排760万元扶持以传统工艺项目为主的文化产业项目,新增400万文化产业担保基金,20多家企业获得贷款支持。组织参加第四届中国·苏州文化创意设计产业交易博览会,荣获优秀组织奖。

【文化市场】 强化对游戏房、网吧、歌舞娱乐等场所的管理,开展“扫黄打非”等各类专项整治20余项次,检查场所600余家,开具执法文书280余份,查获盗版音像制品、书报刊、软件等非法出版物近2000件。平稳承接下放的7项行政许可审批职责,规范审批流程,提高办事效率。2015年3月,进驻高新区行政服务中心,为400余家企业办理年检及新增(变更)业务。

(祝倩)

体 育

【概况】 2015年,高新区圆满完成苏州太湖国际马拉松赛,全区创建为省公共体育示范区。人均拥有公共文化体育设施面积3平方米。

【扶持体育产业发展】 高新区召开区羽毛球协会及相关羽毛球经营场馆座谈会,对服务群众体育,丰富活动形式等方面提出多项建议。指导陶然瑜伽馆、英派斯健身等多个体育健身场馆完成苏州市全民健身活动中心成员单位申报工作。指导金玖银拾羽毛球馆进行省市体育引导资金的申报。

【争创省公共体育示范区】 根据市政府及上级体育主管部门布置的任务要求,组织近30名工作人员,克服时间紧、任务重的种种困难,在15天的时间里收集相关材料,制作系统完善的申报台账,完成省级社会调研,通过省级验收。

【公共体育设施管理】 做好各街道、镇健身路径的更新工作,对2008年由市体育彩票向高新区各社区捐赠安装的健身路径进行登记,对健身路径的安装地址、使用情况、破损情况和管理员等信息进行再次审核,并根据实际情况进行评估,填报更新和报废申请书报市体育局。

【校园足球工作】 2015年上半年,完成“全国校园足球试点区”申报,组织全区27所中小学申报全国校园足球特色校,最终有12所中小学(其中一贯制校1所、高中校1所、初中校5所、小学校5所)被命名为全国校园足球特色学校,入选总数居全大市之首。以校园足球为切入点,组织区18所中小学校长及局体育处、教研室工作人员赴南京观摩学习南京金陵小学仙林分校等体育特色学校。组织承办“江苏省校园足球、武术课程教学研讨会”并召开区加强学校体育工作暨校园足球教练员、裁判员培训班。结合全区中、小学生足球赛事,推进校园体育装备、设施、课程等全面改进。

【阳光体育运动】 举办2015年小学生田径运动会,组织18个学校代表队1754名运动员,分别参加4个组别各9个项目比赛,参赛人数与比赛项目均创区小学生运动会历史新高。举办区学生小学生乒乓赛、中学生篮球赛、冬季三项等赛事活动。主动联系专业体育场馆进校园共建体育兴趣班活动，开元乒乓球俱乐部，赛高羽毛球俱乐部，羽杰羽毛球俱乐部，长方园、龙神足球俱乐部等分别与狮山实验小学、长江小学、高新区实验小学、枫桥中心小学、东渚实验小学等建立乒乓球、羽毛球、跆拳道、足球等体育特色项目。组织参加足球、击剑、田径、排球、篮球、定向、测向、自行车、轮滑、手球等市级赛事，阳山中学代表苏州市参加全国无线电测向比赛，学府中学代表苏州市参加“省长杯”省中学生足球比赛。承办苏州市中学生足球比赛、江苏省轮滑教练员培训班、苏州市体育传统校集中验收等省、市级学校体育活动。

【群众体育活动】 举办“荷澜廷杯”首届苏州高新区教育系统运动会，来自区内教育岗位的31支代表队近1600人参赛，共计7大项14小项比赛。配合市体育局开展迎新长跑。配合市体育局完成迎世乒业余乒乓球赛高新区发动报名工作。开展区级群众体育赛事，举办“双虎杯”乒乓球邀请赛，“中福在线”企业篮球甲、乙级联赛；筹备“开元杯”乒乓球及“科勒杯”羽毛球企事业、社区居民赛事；举办区第二届教育系统运动会，新增教工足球、健身操等赛事活动。

2015年1月10日，首届苏州高新区教育系统运动会在高新区实验初中本部举行（朱钦摄）

【高新区首届教育系统运动会】 2015年1月10日，首届苏州高新区教育系统运动会在高新区实验初中本部开幕，来自区内教育岗位的31支代表队近1600人参赛。本届运动会除了常规的羽毛球、篮球、乒乓球等竞技类体育项目外，还设置围棋、飞镖、斯诺克、“勇往直前”、“运转乾坤”等多项趣味体育竞赛。吴县中学包揽乒乓球和羽毛球两项冠军，苏州外国语学校收获篮球赛冠军。

【“LOOK-SHIMANO合利兄弟杯”业余公路自行车公开挑战赛】 5月9日，2015年“苏州西部生态城”“LOOK-SHIMANO合利兄弟杯”业余公路自行车公开挑战赛，在西部生态城25公里太湖沿线举行，来自10多个国家30多支俱乐部的自行车手参加比赛。该项赛事是代表国内最高水平的业余自行车赛事，于2005年在北京进行首届赛事。从2007年起，该赛事落户苏州，先后在穹窿山、青剑湖、阳澄湖、独墅湖、尹山湖等地举办8届，2015年是第9届。本次公路自行车赛分男子公路精英组个人绕圈赛和团体绕圈赛，总赛程120公里，选手们围绕40公里长的赛道骑行3圈。闪电中国车队、崔克中国自行车队、斯柯达前行、ZGL、亚塔奇高士特、美利达挑战者等各大车队以及部分个人名义报名的选手200余人参赛。经过两个多小时的角逐，闪电中国车队的朱梵心赢得个人组冠军，ZGL侍宗康和斯柯达前行的石勇明分获第2、3名。崔克中国自行车队获得团体冠军，斯柯达前行和ZGL分获团体的亚军、季军。

【第十届“双虎杯”乒乓球邀请赛】 2015年10月24日，由横塘街道办事处、苏州市双虎高分子材料有限公司主办的第十届“双虎杯”乒乓球邀请赛在苏州经贸学院体育馆内举行。此次“双虎杯”乒乓球赛参加的团体队伍有22支，参加男子单打的有28人，经过两天比赛，璞御酒店俱乐部、开元乒乓球俱乐部、阳山街道俱乐部荣获团体冠、亚、季军，横塘双虎队荣获团体第四名。蔡奇康、陈建华、穆新分获男子单打冠、亚、季军。

【奔跑吧，有轨电车】 2015年11月21日，“奔跑吧，有轨电车”5.5公里迷你马拉松项目雨中开赛，苏州跑步爱好者、户外爱好者、企业白领、专业运动员、亲子家庭等共计400余人参加。此次跑步路线为有轨电车1号线马涧路站到阳山南站之间的弯道部分。

【“科勒杯”羽毛球比赛】 12月5日，高新区教育局、羽毛球协会、狮山横塘街道联合举办2015年“科勒杯”羽毛球赛。比赛参赛人员分为机关企事业组、社区组和俱乐部组，21支队伍，200余人。经过一天激烈角逐，高新区教育局、科蒂斯仪器、维顺无纺制品分别获得机关事业组冠、亚、季军，金玖银拾俱乐部一队、金玖银拾俱乐部二队、赛高羽毛球馆分别获得俱乐部组冠、亚、季军，东浜社区、枫津社区、狮山社区分别获得社区组冠、亚、季军。

【2015苏州(苏高新)太湖国际马拉松】 12月27日上午9点，2015苏州(苏高新)太湖国际马拉松开赛。本次马拉松由中国田径协会、苏州国家高新技术产业开发区管理委员会、苏州市体育局共同主办，是苏州地区首个全程马拉松赛事，按照中国田协A类标准运营。赛事设全程马拉松、半程马拉松和迷你马拉松三个项目，参赛人数为15000人，其中全程(42.195km)约3000人，半程马拉松(21.0975km)约6000人，迷你马拉松(约5km)约6000人。赛事起点全部设在高新区展示馆，全程马拉松和迷你马拉松的终点设在高新区展示馆，半程马拉松终点设在杵山生态园。比赛途经诺贝尔湖，越过翼龙生态园泰迪农场，沿太湖大道向前，经杵山生态公园、西京湾生态农场，穿过苏州太湖国家湿地公园，再回到起点。男子全程的冠军被肯尼亚选手Peter Naibei Kwalia以2小时23分46秒的成绩夺得，肯尼亚选手Muriuki Shelmith以2小时45分16秒的成绩夺得女子全程冠军。（顾清）

SND

社会事业

SND

民　政

卫　生

社会保障

就业创业

劳动关系

住房公积金管理

人口与计划生育

民 政

【概况】 苏州高新区（虎丘区）民政局（简称区民政局）主要负责区内社会救助、社会福利、双拥优抚安置、社会组织登记管理、社区建设、基层政权建设等工作，承担的行政审批事项有社会团体成立、变更、注销登记，民办非企业单位成立、变更、注销登记，基金会设立、变更、注销登记，公益性骨灰堂审批，慈善募捐许可，取消“社会福利养老机构的审批”行政审批事项。区民政局内设办公室（政策法规处），社会保障处，基层政权和社区建设处，社会事务处（双拥优抚处）4个处室。2015年，区民政局以实现“政社互动”“三社联动”全覆盖推进社会管理创新，以加强养老服务体系建设推动养老服务事业发展，以完善社会救助、社会福利、双拥优抚安置、社会事务等体系促进民生保障水平提升，全面完成“十二五”目标任务。截至2015年底，全区有养老床位数3030张，每千人拥有床位数44.6张，户籍每万人拥有社会组织超过10家，获社会工作师资格的社工占总人数的25.5%，高新区获得“省级和谐社区建设示范区”和省级“双拥模范区”称号。

【基层自治】 严格按照“组织准备，选民登记，选民公布及候选人产生，投票选举，建章立制”五个阶段，实施村（居）民委员会选举工作，做到法定程序不变通、规定步骤不减少、村（居）民权利不截留，确保选举工作合法、公正、公平、公开。截至2015年底，全区建成社区居委会和村委会90个。创新村务公开载体，推进基层自治组织事务的公开化、透明化，在全区各社区（村）里集中建设LED电子信息屏，专用于村（居）务公开、财务公开。 （金鸿程）

【社会救助】 2015年，全区有低保户1174人，低保边缘1985人，五保户42户，重残和特殊残疾人681人。高新区贯彻落实国务院《社会救助暂行办法》，全区所有镇、街道建立从民政办分离的“一门式”社会救助受理服务窗口。7月1日起，城乡低保标准由每人每月700元提高至750元。全年发放困难户物价补贴166.94万元，发放临时救助141万元，全年发放各类救助金3639万元，惠及困难群众4.5万人次。开展春节扶贫帮困送温暖活动，走访慰问贫困户，发放春节生活补助金2794万元。开展救助专项整治，全年低收入家庭经济状况核对309户，核对出不合格申请救助对象15户，检出率为4.9%。完成社会救助专项督查和高额存款低保家庭清退工作。 （黄悦）

【减灾救灾】 2015年，高新区参加苏州市“三城区”自然灾害民生综合保险，民生综合保险由自然灾害公众责任保险和自然灾害财产综合保险两部分组成，自然灾害民生综合保险保障对象为苏州市“三城区”行政区域内户籍居民，自然灾害财产综合保险保障对象为苏州市“三城区”行政区域内户籍居民（一处）内的家庭基本生活设施。区民政局组织全区各乡镇（街道）、各相关部门多形式多渠道开展防灾减灾宣传科普活动。围绕防灾减灾日的“科学减灾 依法应对”主题开展系列活动。在狮山街道万枫社区举办广场宣传咨询、应急装备展示、急救知识培训和观摩应急避难场所等活动。防灾减灾宣传周期间，在各社区城市广场、公园、居民小区等公共场所设立宣传点，发放宣传资料，开展防灾减灾公益宣传、防灾减灾科普培训，组织灾害隐患和风险排查，组织防灾减灾示范社区创建等。在全区各镇（街道）、社区（村）开展大型广场知识现场咨询活动，发放宣传资料9000多份。各镇、街道开展防灾减灾演练和地震应急疏散演练，使社区群众掌握应急避震的逃生方法，确保受灾群众能快速、高效、有序地撤离。2015年，狮山街道万枫社区荣获“全国综合减灾示范社区”称号。

（黄悦）

【慈善捐助】 2015年，高新区慈善基金会不断拓宽捐赠渠道，高效组织开展各项捐赠活动，调动社会各个阶层参与慈善的积极性，为爱心人士和困难群众架起一座爱心之桥。全区募集慈善资金到账196万元，支出140.67万元，通过开展8大类别救助项目和定向基金募集活动，让孤残儿童得到温暖，让贫困学子踏上学业之路，为大病群众雪中送炭。在苏州市慈善奖评比中，高新区获多项殊荣，周荣、吴克荣获最具爱心捐赠个人称号，外籍友人Nathanael Dwight Pelton和固锝电子公司的吴念博被授予最具影响力慈善行为楷模，明基友达公益基金会被评为最具影响力公益慈善组织。区慈善基金会以冠名定向基金为策划募集重点，拓宽思路，精心设计，主动作为，先后建立奥美企业寒门学子关爱基金、中化药品智障儿童帮扶基金、团委青少年发展基金等冠名定向慈善基金。全区冠名慈善基金项目达12个，冠名定向慈善基金募集额占全年募集金额的60%。（黄悦）

【老龄工作】 2015年，全区有60岁以上老年人71844人，占总人口19.75%。其中，百岁老人12人。全区养老床位数3030张，千人拥有率44.6张。区、镇（街道）两级财政投入养老服务经费1751万元，建成居家养老服务中心（托老所、老年关爱之家）29个，助餐点29个，助浴点2个。截至2015年底，有31290人参加70周岁以上老年人团体人身意外伤害保险，6家机构参加养老机构综合保险，29家社会组织参加居家养老服务组织责任险。完成高新区虚拟养老院（居家养老指导管理中心）建设，完成阳山敬老院、护理院设施添置、改建项目。开展全区敬老月系列活动，加强养老从业人员的专业培训，全区养老机构有94名工作人员分别参加市福利院初级、中级护理员培训和养老能力评估培训。注重老年人精神关爱工作，聘请苏州科技学院心理系教师进行团体心理辅导和老年人个人心理疏导。规划筹建占地47亩，建筑面积3.7万平方米，总投资2.7亿元的区社会福利中心，打造承担儿童福利、老年福利、残疾人福利的政府托底功能，“医养融合”的社会福利载体。（黄悦）

表16-1 高新区100周岁及以上老年人信息表

序号	姓名	性别	出生年月	所在镇（街道）
1	薛彩金	女	1914年1月	浒墅关镇
2	孔纪妹	女	1915年6月	浒墅关镇
3	袁金玲	女	1915年11月	浒墅关镇
4	夏杏林	女	1914年2月	通安镇
5	吴杏金	女	1912年6月	阳山街道
6	惠巧金	女	1913年10月	阳山街道
7	李根珠	女	1914年6月	枫桥街道
8	邵水林	女	1912年10月	枫桥街道
9	乔志芳	女	1915年8月	枫桥街道
10	钱良玉	女	1910年10月	狮山街道
11	秦希廉	男	1911年10月	狮山街道
12	吴阿小	女	1913年10月	狮山街道

【双拥优抚】 2015年是新一轮全国“双拥模范城”创建评比年，高新区在获得省级“双拥模

2015年9月2日，高新区纪念抗战胜利70周年祭扫活动中，市委常委、高新区党工委书记浦荣皋整理花篮上的缎带（沈一鸣摄）

范区”两连冠的基础上，把双拥优抚安置做得更深、更细、更实。定期召开军政工作座谈会，开展实事拥军、社区拥军、群众性拥军优属等活动，巩固和发展新型军政军民关系。全面落实优待抚恤政策，全年为174名退役士兵发放自主就业经济补助金1161.6万元，为全区各类优抚对象1410人（户）发放抚恤补助达1800多万元，1—6级残疾军人、无军籍职工参加职工医疗保险的参保率达100%。做好退役士兵接受安置、免费职业技能培训工作，全区退役士兵免费职业技能培训参训率达100%。完成镇湖烈士陵园修缮，并制作烈士英名录墙和烈士简介橱窗，全区举行纪念抗战胜利70周年祭扫活动，区领导到镇湖烈士陵园向抗战烈士敬献花篮。（周明）

【社区建设】 截至2015年底，全区建成社区居委会56个、村委会34个。“智慧社区”信息化平台建设实现全覆盖，通过物联网技术实现各类管理等多项指标，实现“社区服务供给”与“社区居民需求”之间更为高效的对接。深化“政社互动”和助推“三社联动”，以点带面，全面推广各镇（街道）在“政社互动”试点工作中的特色和创新做法，实现“政社互动”全覆盖，区政府出台指导开展“政社互动”一系列文件，梳理两份“清单”，将社区减负工作纳入机关作风效能考核项目，社区（村）台账由57项整合调整为24项，压缩58%。坚持“把最好的地块留建社区用房，把最小的空间留给自己办公，把最方便的空间留给居民办事，把最大的空间留给居民活动”的工作理念，推进社区基础设施建设，全区社区活动中心用房面积平均达1200多平方米，并各配备1处500平方米的室外活动场地，形成包括民政优扶、劳动保障、文体娱乐等8大类72个项目的服务体系，实现囊括社区党员服务、养老服务、法律服务、就业服务、卫生医疗服务、困难群众帮扶服务的“一站式”服务平台全覆盖，初步建立起“15分钟便民服务圈”。推动社会管理与服务三大平台（“社管通”信息平台、“网格化”管理平台、“一居多站”自治平台）建设，推进城乡社区网格化服务管理试点，推广“四位一体”管理模式，促进全区社区管理扁平化、社区服务精细化、社区效能优等化。（金鸿程）

【社会事务】 开展第二次全国地名普查工作，制定《虎丘区第二次全国地名普查实施方案》，成立区第二次全国地名普查领导小组，召开区全国地名普查动员大会。规范地名审核、审批管理工作，完成10余个新建小区、30余条（座）道路和桥梁的命名，完成苏锡线和相虎线、吴虎线界线的联检工作。截至2015年底，高新区所有的4条界线平稳，界桩完好，无重点地段，无任何纠纷。出台《区关于公墓（塔陵）建设管理的实施意见》，规范和加强公墓（塔陵）建设管理，加大对经营性公墓（塔陵）、关停的公益性公墓和违规墓地的监管力度。完成清明节期间群众祭扫服务和安全保障工作，引导文明祭扫等文明时尚的祭扫方式，未发生一起安全事故，做到“文明祭扫，平安清明”。加强婚姻、收养登记管理，规范服务理念、办证程序和行为礼仪。2015年6月1日，区婚姻家庭劝导志愿者服务队正式上岗服务，年内调解成功62对。

（周明）

卫　生

【概况】 截至2015年底，全区拥有各类卫生机构184家，其中区卫生局直属卫生单位2个（区

表16-2　2014~2015年高新区婚姻登记情况表

事项	2015年（对）	2014年（对）
结婚登记	3614	3696
补办登记	101	3
离婚登记	1060	1040
补发结婚证	1150	925
补发离婚证	71	45
出具婚姻登记	5787	6313

疾病预防控制中心和卫生监督所)，三级医院1个(苏州明基医院)，公立二级医院3个(苏州高新区人民医院、苏州第七人民医院和苏大附二院中西医结合医院)，民营一级医院1个(苏州圣爱医院)，护理院5个(苏州福星护理院、苏州兴卫护理院、苏州颐康护理院、苏州高新区阳山护理院、苏州市怡养护理院)，镇(街道)社区卫生服务中心(站)43个，门诊部11个，个体诊所、卫生室、医务室112个，其他卫生机构3个。全区拥有卫生技术人员3085人，其中执业(助理)医师997人、注册护士1367人、药师(士)158人、技师(士)123人、其他卫生技术人员440人。全区编制床位数2856张，其中医院病床2376张。年内，全区门急诊3655484人次，住院39173人次。完成高新区人民医院二期主体建设，科技城医院基本建成。根据《苏州高新区(虎丘区)政府职能转变和机构改革实施意见》(苏高新委〔2015〕81号)，于2015年9月设立苏州高新区卫生和计划生育局(简称区卫计局)，含归口社会团体机关(苏州市虎丘区红十字会机关)，下设办公室(政策法规科)、卫技人事科、医政科、公共卫生科、计生业务科、爱国卫生与健康促进科等6个科室。划出的职责为研究拟订人口发展战略、规划人口政策和食品安全综合协调职责，新增的职责有“互联网医疗保健信息服务审核”行政审批事项，强化的职责有深化医药卫生体制改革，实现全区政府办公立医疗机构区级一体化管理和严格贯彻执行计划生育政策。

表16-3　2014~2015年高新区卫生事业基本情况表

	单位	2015年	2014年
1. 卫生机构数	所	184	185
2. 卫生机构实有床位数	张	2856	2760
3. 卫生技术人员数	人	3085	2289
4. 妇幼保健情况			
5岁以下儿童死亡率	‰	3.09	3.92
婴儿死亡率	‰	2.42	3.51
产妇住院分娩比例	%	100	100
5. 医疗机构诊疗情况			
诊疗总人次	人	3655481	3441201
#：门诊	人	3249250	3112697
入院人数	人	39173	35204
病床周转次数	次	14.3	13
病床使用率	%	83.14	78
出院者平均住院天数	天	20.7	22

表16-4　2015年末医疗机构、医务人员及床位数

	机构个数	床位张数	人数	卫生技术人数						
					执业(助理)医师	注册护士	药师(士)	技师(士)	检验师	其他
合计	184	2856	4251	3085	997	1367	158	123	96	440
一、医院	13	2376	2966	2004	519	1014	78	73	57	320
1. 综合医院	5	790	1863	1454	439	665	59	59	46	232
2. 中西医结合医院	1	168	125	99	16	58	9	8	5	8
3. 专科医院	2	198	76	53	19	28	2	1	1	3
4. 护理院	5	1220	902	398	45	263	8	5	5	77
二、基层医疗卫生服务机构	166	260	1168	1008	453	336	79	42	32	98

续表

	机构个数	床位张数	人数	卫生技术人数						
					执业(助理)医师	注册护士	药师(士)	技师(士)		其他
									检验师	
1. 社区卫生服务中心(站)	43	260	662	554	212	175	65	21	17	81
2. 门诊部	11	—	180	148	64	58	6	16	11	4
3. 诊所、卫生所、医务室	112	—	326	306	177	103	8	5	4	13
三、专业公共卫生机构	2	—	59	49	20	2	—	6	6	21
1. 疾病预防控制中心	1	—	38	28	20	2	—	6	6	—
2. 卫生监督所	1	—	21	21	—	—	—	—	—	21
四、其他卫生机构	3	220	58	24	5	15	1	2	1	1
1. 疗养院	1	220	49	24	5	15	1	2	1	1
2. 其他	2	—	9	—	—	—	—	—	—	—

表16-5 2015年医疗机构诊疗人数

	总诊疗人次数			入院人数	出院人数	实际开放总床位(床日)
	(人次)	门诊人次	急诊人次			
总计	3655481	3249250	378588	39173	39116	996476
一、医院	1744628	1440015	297964	38295	38250	832956
1. 综合医院	1695082	1401410	290770	31352	31358	280914
2. 中西医结合医院	30346	19405	7194	3740	3747	62952
3. 专科医院	19200	19200	—	414	421	64990
4. 护理院	—	—	—	2789	2724	424100
二、基层医疗卫生机构	1910653	1809135	80624	778	766	83220
1. 社区卫生服务中心(站)	1477366	1394444	80624	778	766	83220
2. 门诊部	100945	84813	0	0	0	0
3. 诊所、卫生所、医务室	332342	329878	0	0	0	0
三、专业公共卫生机构	0	0	0	0	0	0
四、其他卫生机构	200	100	—	100	100	80300
1. 疗养院	200	100	—	100	100	80300

【医疗机构选介】 **苏州明基医院** 苏州明基医院为国家卫生部批准的外商合资医院。依据国家三级综合医院标准设置，一期占地120亩，投资9亿人民币，建设面积16万平方米，规划床位1500张。医院目前拥有近百名来自台湾、大陆及海外的医疗专家团队，设有内、外、妇、儿、急诊、检验、放射、病理等临床科室，配备电脑断层CT、核磁共振MRI等大型医用设备，提供门诊、急诊、住院医疗服务，以及台商门诊、VIP门诊等特需医疗，重点发展急救创伤、妇儿、肿瘤、健康管理等专业学科。

苏州科技城医院 由苏州高新区政府投资建设的三级综合性公立医院，预计2016年完成建设并正式投入使用。医院占地总面积140亩，总建筑面积18万平方米，总投资额16亿，总设计床位1200张。共设31个临床科室，配备PET-CT、超高端智能全数字CT、ECT、3.0磁共振、高能直线加速器等先进医疗设备。建成后将为区域内医疗、培训、检验和影像中心。医院以北京、上海、南京等知名大学附属的综合性三级甲等医院及特色专科医院为技术支撑，积极开展多渠道、多领域的国际交流合作，吸纳整合国内外优质医疗资源与诊疗技术，将科技城医院建设成一所自成体系，专科特色明显的综合性医院。医院建立建设“肿瘤科、皮肤科、神经内科、消化内科、妇产科和烧伤整形科”等特色专科。

苏州高新区人民医院 始建于1952年，其前身是吴县枫桥镇卫生院，1993年被授予一级甲等医院，2009年9月9日晋升二级乙等医院，2010年6月4日更名为苏州高新区人民医院，2014年3月21日晋升二级甲等医院。医院一期工程占地25亩，建筑面积2.5万平方米，实际开放病床320张，年门诊量60余万人次，年出院病人10000人次，年手术量3000余台。目前职工508人，其中高级职称49人，博士5名，硕士22名。高新区人民医院是苏州市卫生局确定的市级全科医学社区实践教学基地、高新区结核病防治定诊医院、高新区医师定期考核的考核机构，同时，还是江苏大学实习医院，江西医学院上饶分院、镇江高等专科学校卫生护理学院、甘肃省卫生学校、丹徒卫生进修学校等院校教学实习基地。医院将普外科、骨科、肾内科、妇产科、眼科等科室作为重点发展方向，同时打造肛肠科、神经内科、儿科、乳腺科、皮肤科、急诊科、重症医学科、呼吸内科、康复科、麻醉疼痛科等特色专科。

苏州第七人民医院 始建于1949年11月，系苏州高新区全民事业单位、二级综合医院，2005年3月与苏州大学附属第二医院资产重组增名苏州大学附属第二医院高新区医院。

位于苏州高新区浒墅关镇康复弄28号，占地41.12亩，建筑面积14764平方米，床位250张，有卫生专业技术人员312人，其中副高级及以上专家38人，博士学历2人，硕士学历11人，研究生导师2人。医院科室设置齐全，设有21个临床科室和9个医技科室。拥有X线螺旋CT、DR、DSA、进口C臂X光机、骨科牵引床等高档医疗仪器设备。

【医药卫生体制改革】 推进深化医药卫生体制改革工作，成立区深化医改试点工作领导小组，在全市率先出台医改工作实施方案，下发《深化医药卫生体制改革试点工作任务和职责分解表》，明确深化医改时间表和路线图。推进城市公立医院医药价格改革工作，区内4家医疗机构于2015年10月28日起全面实施新的收费系统。做好全区政府办医疗卫生机构“人、财、物”区级一体化管理改革工作，成立管理体制改革领导小组，制定和下发工作方案，调查了解和掌握所涉机构的资产负债情况，完成第三方清产核资工作，制定出台财政补助方案。开展所涉医疗机构人员情况摸底工作，掌握人员的基本情况和存在的问题。

【卫生重点工程建设】 推进卫生重点工程建设，各项工程完成或超额完成年度建设任务。2015年年内，苏州科技城医院建设工程竣工，正进行开业前准备工作。高新区人民医院二期工程

表16-6 2014~2015年各类传染病发病率情况

	单位	2015年（人口736401）		2014年（人口731015）	
		发病数	发病率（/10万）	发病数	发病率（/10万）
甲类	人次	0	0	0	0
乙类	人次	862	117.056	955	130.640
丙类	人次	1289	175.041	1696	232.006

注：各种传染病包括性病、结核病。

表16-7 2015年前十位疾病死因及比重

位次	死因	占全部死因比重（%）
1	恶性肿瘤	29.68
2	脑血管病	16.30
3	循环系统疾病（心脏病）	14.13
4	呼吸系统疾病	12.65
5	内分泌、营养和代谢疾病	6.35
6	损伤和中毒	5.24
7	神经系统疾病	4.87
8	其他疾病	3.17
9	消化系统疾病	2.28
10	泌尿生殖系统疾病	1.22

主楼封顶。第七人民医院工程建至楼面8层。镇湖社区卫生服务中心工程竣工，投入运营。通安社区卫生服务中心明确与区福利中心一同设计、建设。

【基本公共卫生服务】 按照常住人口人均50元落实基本公共卫生服务经费，实际拨付率100%，到位率100%。推进居民健康档案建档，累计建立电子档案27.5万份。深化健康教育，发放宣传资料82.3万份，设置健康教育专栏434块。提升老年人保健水平，做好健康指导工作，在老年人体检中开展中医体质辨识。强化重性精神疾病三级网络建设，规范化开展重性精神疾病患者评估随访、分类干预、健康检查工作，规范化管理率92.89%。

【疾病预防与控制】 加强大型集中用工企业、学校、托幼机构传染病综合防控管理，处置各类传染病疫情100起，风疹疫情11起，麻疹疫情31起，报告并妥善处置突发公共卫生事件1起。制定大型集中用工企业传染病防控长效办法，将防控关口前移。推进全国第三轮艾滋病综合防治示范区创建，开展外展干预和同伴教育，推进艾滋病检测筛查，检测HIV抗体34981例，VCT检测1197例。完善新型结核病防治服务体系和管理模式，84例纳入实施国家耐药性监测项目。加强血吸虫病防治，累计完成巩固性灭螺188380平方米。开展儿童国家免疫规划疫苗免费接种，常住儿童实种81249人次，实种率99.62%；流动儿童实种113979人次，实种率99.65%。

【慢性病防治】 启动创建国家慢性病综合防控示范区工作，提升慢性病服务管理能力。全区高血压和糖尿病患者规范化管理率达到90%，管理人群血压、血糖控制率达到80%。与苏州大学合作开展“苏州高新区老年人骨质疏松流行病学和疾病负担研究”项目，完成2100人基线调查。

【妇幼保健】 加快数字化儿童保健门诊建设，4个社区卫生服务中心完成建设，其中2个通过市级验收。推进重大妇幼卫生项目，新增叶酸服用836人，任务完成率105.8%；完成农村孕产妇住院分娩补助213人；完成17887名妇女宫颈癌、乳腺癌免费筛查；艾滋病、梅毒和乙肝检测率均为100%。实施母婴阳光工程，母婴健康咨询覆盖率100%。实施免费婚检及结婚登记一站式服务，婚前医学检查1168对，婚检率83.6%。完成全年“三网监测”质控，全区无孕产妇死亡，5岁以下儿童死亡23人，出生缺陷发生22例。7家幼儿园通过卫生保健评审校验。

【健康教育】 创新建立立体式健康教育体系，拓展宣传载体，开展群众性健康教育，拍摄艾滋病防治宣传微电影，编制慢性病防治知识读本并开展“慢性病防治社区行”活动，利用“悦生活悦健康”微信公众平台，定期向用户推送疾病预防及健康信息。打造疾控、妇幼保健知识“大讲堂”服务品牌，开展“妇幼保健大讲堂”39场，举办“健康知识大讲堂进街道社区”20场。

【卫生监测】 2015年，高新区疾病预防控制中心获得职业卫生技术服务机构丙级资质。完成职业病危害因素委托检测142户次，监测职业病危害因素1704点。完成企业员工职业病防治KAP调查和重点职业病监测与职业健康风险评估工作。开展食源性疾病监测工作，参与14起疑似食物中毒事件的应急处置及流行病学调查工作。完成食品委托检验3011件，餐具抽样4370件。完成公共场所检测195家，2532件样品，合格率97.87%。监测游泳池水样200件，合格率87%。监测两次供水企业38家，抽检样品564件，合格率98.23%。完成医院污水监测样品24件，合格率75%。

【卫生应急】 完善应急响应机制，强化疫情监测，加强疫情分析研判，提高学校因病监测网络的敏感性，加强集宿区管理，做好麻疹、风疹、手足口病、人感染禽流感、中东呼吸综合征、登革热、诺如病毒感染性腹泻等疫情防控工作。承担第53届世乒赛、两会、高考、中考等20多场次重大活动期间的卫生安全监督保障任务，保障活动人数近4万人。通过网站和群发短信平台发布食品安全预警公告5条，受众人群达10万人。

【卫生监督】 开展冬春季节传染病防治、口腔诊疗服务机构、医疗机构临床用血和医疗广告等多项专项整治。开展学校卫生专项检查，检查学校和幼托机构38户次。监督公共场所单位1214户次。加强对游泳场馆监督监测和二次供水单位卫生监督。开展医疗机构及放射诊疗校验工作。做好食品安全综合协调和餐饮安全监管工作，并在机构改革期间有序衔接。

【中医管理】 8家社区卫生服务中心均开设中医门诊，开展中医适宜技术，推进社区中医诊疗，并向社区卫生服务站进行中医技术输送，加强其中医门诊服务力量。通安社区卫生服务中心深入与苏州市中医院的合作，签署《对口支援框架协议》，成为苏州市中医医院对口支援协作医院。

【卫生人才】 加大卫生人才引进力度，完成12名基层人员录入，协助科技城医院招聘卫技人员142人，其中高级及紧缺型人才和硕士以上学历人员49人。推进人才建设系列工程，选拔150余名优秀医务人员到国内一流医学机构和名院校培训进修或学历提升。健全继续教育管理制度，出台并落实《继续教育学分管理办法》和《医师定期考核配套管理办法》，提升继续教育质量。

【临床医学重点专科】 明确重点专科建设方向，强化政策引导，投入激励资金，用于重点专科建设和医学人才培养，建立重点专科督导考核制度，出台专科团队和带头人引进和培养规划，全面开展重点专科建设。七院骨科和高新区医院妇科通过市卫计委专家评审，列入新一批市级临床重点专科建设单位。

【卫生信息化】 投入1400万元资金用于卫生信息化二期工程建设。组织专门班子，建立工程建设协调会议制度。建成区域卫生数据中心、基层公共卫生信息系统，完成影像、检验、心电中心软件、移动访视、卫生OA系统的开发和安装。实现医疗机构之间信息的互联互通和资源共享，完成25万份居民健康档案信息的采集、录入。

【爱国卫生运动】 开展爱国卫生月和健康教育宣传月活动，开设各类健康知识讲座和咨询活动100多次。以世乒赛为契机，开展专项环境整治行动。做好国家卫生城市和卫生镇（村）复审迎检工作，高新区通过国家卫生城市复审，东渚镇黄区村和长巷村通过省级卫生村复审。加强城乡病媒生物防治，统一开展灭鼠活动4次，发放灭鼠药1.2吨、杀蟑胶饵400盒，建立鼠饵站400个。对4个社区的200户家庭开展居民健康素养与烟草流行情况调查。开展健康城市理念宣传，发放10000份宣传资料。

（臧建伟）

社会保障

【概况】 2015年年末全区城镇基本养老保险参保人数34.16万人，其中职工养老保险参保人数33.75万人，参保企业9993家。城镇基本医疗保险参保人数49.75万人，失业保险参保人数32.60万人，工伤保险参保人数32.77万人，生育保险参保人数34.14万人。全区城镇职工社会保险覆盖率、城乡居民养老保险和医疗保险覆盖率均保持在99%以上。征缴城镇职工社会保险基金70.76亿元。区基本医疗保险参保人数15.6万人，参保率99.97%。居民养老保险缴费人数4141人，享受待遇人数9383人。大病医保及重大疾病险参保人数15.58万人，参保率99.85%；享受征地生活（失业）补助费3804人，征地保养金32059人；4.13万名企业退休职工和4.11万名老年居民纳入社会化管理服务。

表16-8　2015年高新区失业、工伤、生育、医疗保险情况表

	单位	失业保险	工伤保险	生育保险	医疗保险
年末参加保险单位数	个	10195	10233	10234	10244
年末参加保险职工人数	人	325970	327722	341369	341389
年内保险基金总收入	万元	32853	16575	10990	190563
年内保险基金总支出	万元	2501	8876	9017	1318
年内领取保险金人数	人	93148	3038	—	—

（丁芳）

表16-9　2015年高新区养老保险情况表

	单位	养老保险	
		企业	机关事业单位
年末参加保险单位数	个	9993	209
年末参加保险职工人数	人	333579	3896
年内保险基金总收入	万元	479374	7573
年内保险基金总支出	万元	81540	3937
年内领取保险金人数	人	43140	636

（丁芳）

【社保待遇】　全面启动参保企业属地管理登记工作，全区近万家企业纳入登记范围。大力推进企业年金铺面，意向实施企业30余家。动态调整医疗、失业、生育三项社保缴费费率，2015年年内为区内企业减负近3亿元。稳步提高各类人民群众社保待遇，区医保全年支付18.23万人次，大病医保理赔1425人次；调整9000多名居民养老保险待遇，企业退休人员和退休居民待遇享受率达100%；调整区内征地并轨人员养老金，上调比例近13%；全区8.24万名退休人员纳入社会化管理，社会化管理服务率超过99.5%。

【社保新政】　全面落实省政府93号令征地新政，与区征地、动迁、财政等相关部门协同拟定本区新政实施意见，推动新政平稳实施。全面贯彻执行省、市机关事业单位养老保险制度改革相关政策，全力确保改革平稳有序推进。

【社会福利】　2015年年末拥有社会福利收养性单位10家，床位数3030个。每千名老人拥有各类养老床位42张，养老护理员持证上岗率达70.8%。累计发放各类救助金4690万元。新增各类保障性住房1536套，开工建设动迁安置房285万平方米，建成公共租赁住房1471套、危旧房改造安置住房1313套。（高定华）

就业创业

【概况】　2015年，实现本地人员就业10467人，失地人员就业4417名，开发公益性岗位1045个，援助困难人员就业1329人，举办公益性专场招聘49场，岗位储备入库5367个，扶持创业512人，带动就业3585人，为2470名区内失地失业人员提供创业（技能）培训，外来务工人员就业证培训32053人，区内“零就业家庭”动态清零。2015年苏州市市区城镇登记失业率在1.9%以内。全区应届毕业大学生就业率达99%。“就业援助月”活动帮助188人实现就业，112人享受政策。“一对一”就业援助制度完成就业援助服务123人。获评省级充分就业示范社区11个，枫桥街道实现满堂红。

【创业带动就业】　创新推出“创业大讲堂”走进高校、走进社区系列活动，为近500名大学生提供了生动精彩的创业经验分享和创业政策讲解。全力打造大学生创新创业“慧”平台，探索符合区域特色的“众创空间”运营模式，4名大学生创业者入驻创业基地。精心举办大学生创新创业竞赛，16个项目入围决赛，推选“基于可视化的室内环境物联网和云平台”项目参加市创业大赛，福丰科技创业项目参加“中国创翼”青年创业创新大赛获得全国第二名。不断强化高技能人才载体建设，全年发放各项补贴188.3万元。大力推进家庭服务业发展，新认定1家市级家庭服务业实训基地。参加苏州市家庭服务业职业技能大赛，分获家庭服务员工种和团体总分第

一名。有效满足区内居民培训需求，高新区居民职业技能培训课程掌上超市正式上线试运行。

【就业服务举措】 联合发布全国首个《劳务派遣行业企业社会责任标准》，努力营造更好的就业环境。在全区范围推广“老徐就业指导工作室”经验成效，分片召开5场高校毕业生就业指导座谈会，重点人群就业观念得到转变。研究拟定《高新区民办职业介绍机构信用星级评定标准》，民办职业介绍机构星级评定进一步规范。大力推进应届高校毕业生就业，对1954名应届高校毕业生进行实名登记，帮助困难高校毕业生实施托底就业。

【人力资源服务】 深入推进产业园发展，拓展品牌效应，枫桥分园正式挂牌成立，科技城分园知名度显著提高。修订出台《关于扶持苏州高新区人力资源服务产业园发展的若干意见》，入驻机构经营效益不断提升，全市首家人力资源入驻机构苏州金色未来信息咨询股份有限公司即将挂牌上市。大力开展“校园招聘”活动，走进全国34所高校招贤揽才。探索建立“校企结对”人才培养模式，组织区内重点企业与苏州大学共建“产业人才孵化项目”，为8家企业输送人才30名。持续推进产品交易市场建设，累计为产业园入驻企业嫁接商机54笔，涉及金额675万元。 （高定华）

劳动关系

【概况】 受理劳动关系来信和来访咨询投诉举报7500余件，其中网上投诉举报2108件；处理群体性、突发性事件38起；发放企业体检报告16份；组织法律法规培训15次；打击黑中介26次；书面审查企业3790户；评定劳动保障诚信企业A级160家、准A级83家；受理劳动争议案件726起，审结劳动争议案件691起，结案率95%。

【劳动法规宣传】 深入开展劳动法律法规和政策“四进、三送”活动，定期举办“宣传月”“宣传周”和政策讲座，全年举办和参与普法活动14次。逐级开展劳动法规培训，发挥各镇（街道）属地培训优势，全年累计培训企业3000家。注重加强重要时节和重点行业的劳动法规宣传，及时向企业发放《做好高温天气劳动保护及发放高温津贴工作须知》和《规范使用暑期工的建议书》，企业依法用工意识明显增强。

【维护劳资和谐】 严密组织各类专项检查，涉及企业1000余家，下达规范用工建议书800余份。全面开展用人单位书面审查，涉及企业3790家，区内企业用工情况基本掌握。大力整治人力资源市场秩序，主动约谈专用招工网站，建立招工信息备案制度，多措并举集中打击“黑中介”26次。稳妥处置突发性、群体性劳资纠纷38起，区域劳资关系运行总体平稳。

【企业薪酬】 《2015苏州高新区企业薪酬调研报告》由高新区人力资源开发管理中心、高新区人力资源联合会以及专业调研机构——中智人力资源管理咨询公司联合精心制作。报告显示，2015年，区内企业整体调薪幅度平均值为8.5%。其中，操作工调薪幅度最高，为10.6%。在员工流动性方面，2015年员工新进率平均值为26.5%，员工离职率平均值为23.6%。吸引员工的首要因素是良好的公司发展前景，比例达51.1%；而在员工跳槽原因中，薪资缺乏市场竞争力排在第一位，比例为34.3%。从薪酬结构来看，2015年高管人员年变动薪资占年总现金收入的比例为11.2%，工程师类技术职能员工的年变动薪资占年总现金收入的比例为5%~9%，一线作业员工年变动薪资占年总现金收入的比例为21%~24%。在企业福利方面，公司实施的前五名福利项目为：旅游福利、年节福利、生日/结婚/生育贺礼、健康体检、假期福利。住宿方面，除住房公积金外，有15.2%的企业为员工提供租房补贴，有13%的企业为员工提供宿舍，有4.3%的企业为员工提供购房补贴。数据显示，81%的调研企业提供了商业

表16-10　2015年高新区主要行业基本职位年总薪酬统计表

单位：元

	电子制造业	机械制造业	软件服务业	新能源行业	医疗器械行业
财务经理	270575	236211	311188	268286	311391
会计	96520	97335	109667	77026	114816
人力资源经理	224225	221854	297550	264484	304251
人力资源专员	95276	90345	102607	75473	119427
行政经理	184248	203297	264809	214738	248924
行政助理/文员	70555	67412	70627	60243	66042
市场经理	241723	234586	304932	281435	394259
市场专员	109224	94008	109083	95328	141968
销售经理	265053	232384	311596	299173	415061
销售代表	111990	99928	106924	106576	152264
客户服务专员	102744	88221	92606	73083	102196
信息系统经理	242667	243241	294308	303332	309231
IT工程师	120979	76739	105545	102571	131649
项目经理	227385	275620	286033	201722	276737
研发经理	302859	242527	325342	328480	427614
研发工程师	153154	108696	136226	126280	156972
技术专员	103609	128725	110172	94615	126554
设备经理	252514	212800	285650	264711	291237
质量保证经理	245793	211735	252774	230287	325288
质量专员	90241	86086	89045	92516	—
生产经理	224819	223614	—	217387	327339
生产专员	97948	98743	—	74771	98598
生产技术经理	257658	238507	—	—	310300
生产技术工程师	103696	102589	—	94300	143441
高级操作工	77096	90591	—	80020	74358
物流经理	249305	292838	—	275114	313621
物流专员	103808	106771	—	87530	113751
采购经理	238971	209320	274823	265930	300765
采购工程师	109515	87122	107744	94112	—
仓储专员	92303	92556	—	—	102892
报关专员	80265	100519	—	—	114714
软件开发工程师	132293	143448	145433	115110	—
硬件开发工程师	135607	—	—	117508	—

注：根据《苏州高新区2015年细分行业薪酬调研报告》整理而成，表格中的数值均为平均值。

表16-11　2015年高新区应届生起薪统计表

单位：元/月

	各职能相同	管理支持类职位	市场/销售类职位	研发类职位	技术类职位
博士	9183	6289	7667	10119	10374
硕士	5132	5273	6102	6169	6602
本科	3112	2773	2873	3258	3423
大专	2616	2373	2671	2647	2462

注：根据《苏州高新区2015年细分行业薪酬调研报告》整理而成，表格中的数值均为平均值。

保险福利，其中52.2%的企业为员工提供统一的商业保险。在健康管理福利中，被使用最多的福利形式是健康体检，比例为84.8%；其次为企业医务室，比例为26.1%。生活关爱方面，企业发放年节福利时，58.7%的企业选择购物卡发放方式；其次是聚餐或旅游，实物礼品/提货券，比例均为54.3%。从年节福利水平来看，企业最为重视的是元旦和春节，其次是端午与中秋。调研企业中，从中位数来看，端午标准为150元，中秋、元旦标准为250元，春节为300元。报告中参与调研企业累计达112家，其中，以高新区外资企业为主，占64.8%。从行业来看，主要涉及机械制造、电子制造、软件服务、医疗器械和新能源五大行业，占比分别为19.4%、16.7%、15.7%、19.4%和16.7%。在投资国别（地区）中，欧美企业占28.7%，日本企业占43.5%，港澳台企业占11.1%。从核心指标来看，2015年高新区企业人均营业收入均值为719781元，人均营业成本均值为663870元，人均营业利润均值为75911元，每元人工成本带来的营业收入为6.49元，每元人工成本带来的营业利润为0.78元。人工成本总额占营业成本的比例为19.3%，人均人工成本均值为110960元，人均职工工资均值为86782元。

（丁跃华　侍作芬）

住房公积金管理

【概况】　截至2015年底，苏州市住房公积金管理中心虎丘分中心实现年新增缴存单位607家，新增缴存职工5.4万人，全年公积金归集额29亿，年末公积金归集余额53.5亿元。全年发放公积金贷款7816户，放款36.74亿元，公积金贷款余额62.76亿元，逾期率为零，资金高位运行情况下保证资金安全。全年公积金柜面提取3.98万笔，提取金额（含委托提取）24.97亿元，占同期归集额的86.1%，其中职工构建、租赁自住住房、偿还住房贷款等住房消费提取21.3亿元，占提取总额的85.1%。

【公积金归集扩面】　落实市政府《关于在镇和街道推进住房公积金缴存扩面工作的通知》，在枫桥街道马涧市民服务中心和浒墅关镇红叶花园便民服务中心设立公积金服务点，授权办理部分公积金业务。进驻缴存质量好、职工公积金使用需求大的企业进行政策宣讲，与乡镇、社保中心举行联合培训等，多渠道、全方位地宣传公积金制度和政策。与区人社局、工会等部门协同处理职工投诉，全年受理投诉131件，涉及职工直接投诉210人，已办结60件，单位为职工协议补偿、补缴公积金117.3万元。联合苏州数字证书中心创建单位业务培训新模式，签订《住房公积金缴存单位政策业务培训服务合作协议》，做到单位培训常态化，年内开展12期培训，涉及321家缴存单位。

【住房公积金政策调整】　做好保障性住房贷款发放和2014年度中低收入家庭购买保障性住房的公积金贷款贴息工作。2015年5月，执行苏州市建立住房公积金制度以来，政策调整力度最大、突破最多的一次公积金贷款政策。本次调整涉及贷款最高限额、贷款额度计算公式、首付款比例、二次使用公积金贷款利率等多个方面。新政实施后的5～10月间受理贷款5993笔，放贷25.81亿元，日最高办理贷款101笔，创历史新高。

【公积金服务】　2015年6月，实施服务前台业务影像系统，免除职工材料复印件。年底，统一规范公积金业务证明材料和异地贷款缴存使用证明的出具。对特殊困难职工做到一对一上门服务，实现上门服务机制长效化。在服务大厅增设业务B区，作为业务高峰应急办理柜面。在业务科设置单位业务、特殊业务办理区域，合理调整功能区划，在方便客户的同时，提高办公效率。办结领导信箱、公众监督、寒山闻钟等信访事项41项，回访满意率达100%。

【内部管理】　对照公积金业务手册，全面梳理流程，完善业务主管、业务科负责人、单位负责人逐级审批制度。加强业务审批环节中的预防管理，自我梳理、排查风险点，自我规范、明确业务权限层级。制定公积金业务受托银行考核办法，按月开展检查考核，按季兑付归集和贷款手续费用，督促各银行建立公积金业务绩效考核办法，受托银行考核机制基本形成。创办“虎丘公积金”报纸内刊，通过新闻快讯、业务小贴士、职工天地等积极向上的内容，打造精神文化创意平台。主动融入高新区社会事业发展，与区妇工委联合举办“同在蓝天下，关爱单亲妈妈”活动，并与狮山街道开展结对扶贫活动，资助3名品学兼优的贫困学生。2015年10月，虎丘分中心被省住建厅和团省委联合命名为“2013~2014年度江苏省青年文明号”。（杨晨宇）

表16–12　2015年住房公积金主要业务指标情况表

项目	指标
年度归集额	29亿元
年末公积金归集余额	53.5亿元
年新增缴存单位数	607户
年新增开户人数	5.4万人
个贷发放额	36.74亿元
年末贷款余额	62.76亿元

人口与计划生育

【概况】 2015年，高新区围绕“十二五”规划的各项目标任务，创新体制机制，坚持统筹协调，强化管理服务，加大惠民力度，完成年初苏州市下达的各项目标任务。区人口计生委为迎接省“十二五”人口计生目标责任制终期评估，对创建方案进行细化，明确各相关部门职责、自查方法及内容，各镇（街道）及社区成立工作班子。对照“十二五”人口计生目标任务逐一进行梳理，查漏补缺；对台账资料进行统一规范，明目清晰；对各业务部门进行集科技、宣传、服务为一体的综合培训。区人口计生委分组深入各镇（街道）对“十二五”终期评估工作进行督查，每个镇（街道）抽取两个村（社区）进行现场复查，通过听取汇报、查阅资料、实地考察、填报调查表、群众访谈等方法进行全面评估。最终省“十二五”终期评估圆满收尾。

【计生政策法规服务】 继续落实农村部分计生家庭奖励金，全年发放奖励金859.69万元，享受人数达10006人。发放计划生育家庭特别扶助金170.61万元，扶助对象319人。发放企业退休职工一次性奖励495.36万元，享受人数达1376人。发放公益金23.5万元，98户家庭受助。2015年特别扶助对象办理住院护工保险291人，老年人意外保险137人，办理免费园林卡272人，发放公交补贴72人。在浒墅关镇龙华社区投资30余万元，新成立一所“连心家园”。统一为每个基地下拨基本活动经费5000元，并按照失独人员每人每年200元的标准，下拨节日走访慰问经费8.43万元，保证各地“连心家园”活动正常开展。与计生贫困家庭、失独家庭开展“一对一”志愿结对帮扶活动，结对帮扶率达100%。并为128户失独家庭建立“家庭档案”，将人员信息、身体状况、收入情况、服务需求，帮扶人员都一一列出，根据不同的需求提供各类帮扶。联合心援爱助团队，通过开展迎新茶话会、走进上方山、传达思念等活动，带领辖区内的失独老人走出家门。平稳实施单独两孩政策审批工作，简化办事程序，减少审批材料，全年有1505对夫妻办理审批手续。开展“阳光计生”行动，推进人口计生政务公开，建立行政许可权力网上运行机制。建立和完善服务引导、执法事项提示、轻微问题警示、违法行为纠错、重大案件回访等内容，加大行政指导力度。继续加大案件查处力度和社会抚养费征收力度，全年发出立案征收社会抚养费决定书48份，向区法院申请强制执行39例。应征收社会抚养费286.3万元，已征收社会抚养费66.25万元。完善区级“一票否决制”实施意见，明确否决条件和范围，全年审核16批次，296例，否决评先集体53个。

【计生技术服务】 优生优育不断深化，推进免费孕前优生健康检查项目，将新婚未孕夫妇和符合生育第二个子女夫妇纳入服务目标人群。配合单独二孩新政实施，携手卫生部门为大龄孕妇开设优生优育咨询专线电话和高龄孕妇门诊，加强对基层孕前保健筛查的指导。全面接受省免费孕前优生项目的检验质量室间评介，全部13项检验项目获得优异成绩，把好孕前风险评估判断的第一关。全年完成免费孕前优生健康检查1408对，免费产前筛查1600多人，购置优生疾病保险3000多人，保险金额40万元。利用世代服务中心的心理咨询和生殖健康服务团队，开展网上和面对面心理咨询和热线服务，举办各类咨询服务和讲座20多场。组织开展B超和生殖道感染检查与子宫颈癌早期筛查，全年为38454名育龄妇女进行B超、测血压、称体重等健康检查，28746名育龄妇女进行宫颈刮片检查和RTI查治，对查有疾病的育龄妇女都实行跟踪服务，对有可疑症状的妇女及时转诊。开展避孕药具不良反应监测工作，通过术后随访及跟踪服务，监测35例不良反应事件，并上报国家药具不良反应监测中心。拓宽计生药具发放渠道，在社区一站式服务大厅、居民小区、农贸市场、企事业单位设立42个避孕药具免费发放机、14个立式药具柜和23台二代身份证发放机，安装90个自动售套机。以科学育儿工作合格乡镇（街道）和科学育儿示范基地评选为契机，针对婴幼儿的年龄特点及生长发育的不同需求，新建和改建一批育儿基地。2015年年内，完成枫桥、通安、东渚、浒关4个科学育儿项目点建设，其中2个申报市级示范基地。全区累计建设科学育儿项目点18个，其中6家被评为市科学育儿示范基地、3个镇（街道）被评为市科学育儿示范镇（街道），全区科学育儿指导服务覆盖率达95%。全年开展0—3岁科学育儿讲座58期，家长带养人接受0—3岁科学育儿指导5207人次，发放0—3岁入户指导手册6588册，免费为8809人次提供科学育儿体验服务。

【流动人口计生管理服务】 扩大优质服务覆盖面，在辖区开展以“生育关怀，均等服务”为主题的流动人口计划生育“春风行动”，会同区人社局、狮山街道在高新区人才市场设宣传点，国家流动人口司专家组到现场进行指导、调研。推进流动人口“均等服务”提质工程，扩大优质服务项目覆盖面，开展“两癌”筛查综合防治工作，为8394名流动育龄妇女进行B超、测血压、称体重等健康检查，为4568名流动育龄妇女进行宫颈刮片检查和RTI查治，落实长效措施一次性奖励124人，奖励金额3.2万元。完成2015年度全国流动人口动态监测工作，全区动态监测抽到枫桥、狮山、阳山6个样本点，完成入户调查问卷120份，为国家全面掌握流动人口生存发展状况提供可行性依据。开展流动人口专项治理行动，2015年7月1日起全面开展流动人口计划生育专项治理行动，坚持分片、定点，定人、定责相结合，按照“三巡查”“三通报”“三跟踪”原则，落实部门联动机制、有奖举报制度、周报制度和跟踪通报制度。全区8个镇（街道）272人参与本次专项治理行动。截至年底，发现政策外怀孕数十人、政策外生育73户（其中二孩家庭数34户、政策外生育三孩家庭数33户、政策外生育四孩家庭数1户、政策外生育五孩家庭1户）。通过省平台、信函、电话通报户籍地数997，回复信息58条，网上跟踪平台通报41人。专项治理流动人口出生性别比偏高问题，2015年7月1日起开展为期3个月的整治“两非”专项行动，截至年底，各镇（街道）联合公安、城管、卫监、工商等部门对51家医疗机构和诊所，119家药店进行重点检查，查获2例无证行医行为，未发现涉及胎儿性别鉴定的诊所和人工终止妊娠手术或药物的出售现象。其间区人口计生委、卫生局、市场监管局、公安分局四部门组成的打击“两非”专项整治行动联合执法小组，深入基层进行专项督查。通过专项行动，在全区范围内始终保持对“两非”行为进行打击的高压态势。

【人口计生宣传】 创新宣传模式，与区总工会联合，在企业、学校、创业园等20家单位，建立"妈妈驿站"，配备沙发、储物柜、冰箱、视听设备、计生宣传册、避孕药具等，为新妈妈们营造舒适的休息环境。优化人口文化设施，镇湖街道投入15万元，打造家庭、法制、国学相融合的人口文化园，引导家庭增进亲情与和谐关系，重塑中国传统的价值观。浒墅关镇利用新型宣传媒体，创建"浒墅关镇计生协"微信公众号，群众足不出户就能实时了解各类计生政策和办事流程。各镇（街道）纷纷将人口文化融入社区文化建设，充实和丰富社区图书室"人口书屋"图书种类，开辟"幸福家庭驿站"，拓展宣教新途径。丰富主题活动，在全区范围内开展"计生协第二届会员艺术作品""中国人口文化奖民间艺术品""与健康同行，服务农民工摄影"等作品的征集评选活动，收到参赛作品48幅，其中通安镇计生协会会员吴明星的书法作品获得"2015年江苏计生协会员艺术品征集评选优秀奖"。在"5·29"计生协会成立35周年之际，各镇（街道）举办计生知识有奖竞猜、大型文艺表演、生殖健康大讲坛等活动，通过移动社区通等平台发送短信至计生干部和育龄群众，提升人口计生宣传影响力。深化"同伴教育"活动，继续推行"青春有约"志愿服务进百企活动。全区在瑞玛金属、胜利精密等公司开展青春健康同伴教育活动18场，在经贸、卫校等高校举办"同伴教育高校行"活动92场，有3699人参加活动。为经贸学院、高博软件学院拨付"青春健康同伴教育"活动专项经费2万元。高博软件学院入选苏州市计生协青春健康教育项目，并获得项目经费5000元，成为全区高校"同伴教育活动"新标杆。

（孔利琴）

镇、街道概况

SND

浒墅关镇

【概况】 浒墅关镇位于苏州西北，盛享“江苏百家名镇、浒墅关第一镇”（洪学智题）之美誉。踞京杭大运河东岸，地处虎丘区北部，东与相城区黄桥街道、姑苏区白洋湾街道接壤，南与枫桥街道相连，西与浒墅关开发区、通安镇相接，北与相城区望亭、黄埭两镇为邻，拥有2500多年悠久历史。行政区域面积29平方公里，建成区面积12平方公里，耕地面积7089亩。至2015年末，辖区有保卫村、下山村、吴公村、九图村、青灯村5个村委会，龙华社区、和祥社区、惠丰社区、永新社区、永莲社区、华盛社区、金庭社区、苏钢社区8个社区居委会。总人口60573人，其中户籍人口37732人（村总人口10161人，社区总人口27571人）。全年实现地区生产总值63亿元。按户籍人口计算，人均生产总值16.70万元。完成全口径财政收入18.32亿元，其中公共财政预算收入8.4亿元，比上年增长14.6%。全年办理人大代表和政协委员建议32件，办结率和满意率100%。整合“寒山闻钟”“12345”“公众监督”等网络平台，办理诉求和建议近千件。2015年，荣获苏州市“美丽城镇建设先进单位”称号。

【经济发展】 2015年年末，有企业923家，其中工业企业814家。完成规模以上工业总产值155.6亿元，同比增长0.4%；完成固定资产投资61亿元，同比增长5.2%，其中工业投资33亿元，同比增长3.1%；完成内资注册资金20.6亿元，同比增长13.8%，其中内资工业注册资金7.4亿元，同比增长15.6%；完成规模以上三产服务业增加值9亿元。引进科文特亚、本尚科技、富强科技等一批优质项目，长兴电子、捷玛精密、铭龙化学等项目开工建设，骅宝润滑剂、优科豪马二期、天康生物等项目提前投产。迪卡依旗舰店项目意向签约；洲际酒店、汇融广场、宜家家居等高端服务业项目迅速推进；永旺梦乐城大型商业综合体顺利开业；南山柠檬城、运河公馆房产项目基本售罄，其余房地产均超额完成年度销售预期。

【科技创新】 新增高新技术企业10家，高新技术产品40个；新设研发机构12家，授权专利项目1131个，授权发明专利642项；培育科技产业化项目19个、产学研合作项目25个。胜禹新材料、博洋化学在“新三板”成功挂牌，本尚新材料完成股改。全年粮食总产量3318.17吨，水果产量350吨。

表17–1　2015年浒墅关镇村（社区）基本情况表

村（社区）	耕地面积（亩）	户数	户籍人口数	集体经济总收入（万元）	可用财力（万元）	总资产（万元）	村（社区）党委（总支、支部）书记	村委会（居委会）主任
保卫村	300	468	1159	730	502.76	5828	陆荣兴	莫健明
下山村	322	639	1544	427	421.84	2645	杨晓方	—
吴公村	1900	796	2536	430	423.8	1108	张建东	杨祥龙
九图村	1148	608	2173	388	529.06	1060	沈林芳	夏建华
青灯村	1569	869	2749	406	544.59	1450	邵建华	—
龙华社区	—	1131	2797	—	232.30	—	朱东敏	任雪明
和祥社区	—	1003	2746	—	311.84	—	冯林兴	陆卫萍
惠丰社区	896	2393	6461	1042	200.80	8973	钱卫民	张春雷
永新社区	—	1846	5719	701	202.80	4678	夏惠根	—
永莲社区	796	1996	5770	602	207.17	4074	卞兴泉	—
华盛社区	—	427	1328	—	309.26	—	叶文龙	—
金庭社区	—	651	1773	—	113.48	—	顾易明	钱建华
苏钢社区	—	301	977	—	92.52	—	钱定章	—

表17-2 主要开工项目情况表

投资企业名称	项目名称	主要产品	总投资额（万元）
长兴电子（苏州）有限公司	光阻干膜类电子专用材料生产项目	干膜光阻、防焊干膜	50000
苏州铭龙化学有限公司	年产5万吨聚氨酯树脂、1万吨皮革表面处理剂项目	氨酯树脂、皮革表面处理剂	36000
苏州市兴业新材料有限公司	新建厂房一期	铸造材料	24000
苏州捷玛钢材加工有限公司	新建一期厂房	钢材精密加工	28000

【城乡统筹】 浒墅关镇总体规划获市政府批准，确立“十三五”期间浒墅关镇商业布局总体规划，优化城铁新城控制性详细规划，完善老镇区支路系统规划，确定路东保留村庄走集中居住发展道路，制定农村保留村庄自建房管理办法，并获区政府同意。截至2015年底，完成民房签约101户，拆除76户，2号安置地块（安置小区红叶花园三期）实现清零；完成企业签约9家，华能输气管道和轨交三号线两个项目完成清零，拔钉扫尾工作取得突破性进展。安置房顺利交付，年内交付龙华花园二期936套，全镇95%的动迁户得到妥善安置。“京杭运河四改三”、地铁三号线、中环快速路、新312国道、南津桥、通浒桥、朱家庄立交桥、浒东运河两座跨河桥以及大运河两座景观步行桥等工程进展顺利，老镇区南片区和北片区的主干道工程已环通。扎实推进美丽城镇建设，在市美丽城镇建设年度考核验收中荣获一等奖，在“我心中的美丽城镇”网络票选中再次荣登榜首。

【社会事业】 发展教育、医疗、就业、文化、卫生等各项社会事业，突出抓好15项实事工程，切实提高群众生活水平。第七人民医院扩建项目、龙华小学、浒墅关幼儿园、培智学校等项目稳步推进。妥善落实好年终股份合作分红等相关富民政策。社区股份合作社分红总额1666万元，增长5.1%。农民人均纯收入2.55万元，增长12%。扩大就业鼓励创业，加快推进就业创业工程，确保“零就业家庭”动态清零。全年实现新增就业1450人，扶持630名失地失业人员就业创业，开发公益性岗位165个。社会保障体系进一步完善，社区灵活就业人员参保业务开办率达100%；全镇参加市区医保，参保率99%以上，实现城乡医疗保障体系全覆盖。加强社会救助体系建设，全年累计发放低保、低保边缘救助金、优抚金等社会救济资金1480.4万元。加大住房保障力度，按时发放廉租房补贴，完成12户家庭中低收入保障房安置。积极稳妥推进“单独二孩”政策，完成“连心家园”市级示范点的验收。全面开展安全生产大检查，深化“打非治违”和专项整治工作，切实推进企业落实安全生产主体责任，维护全镇安全生产形势总体稳定。大力实施农村生活污水治理工程，完成6个自然村，青灯村的横宅郎和张更郎顺利通过苏州市“三星级康居村”验收。加大农村清租清退力度，土地复垦总量33.92亩。狠抓村庄环境整治，路东高标准农田建设、道路改造、河道清淤及污水管网水系建设全面铺开，取缔旧家电拆解场所，农村环境面貌进一步提升。推进“政社互动”“三社联动”，推广“政经分开”，搭建“智慧平台”，提升社区管理现代化水平。红叶花园便民服务中心投入使用，居民文化生活不断得到丰富。持续做好信访维稳工作，积极化解信访积案，调处各类矛盾纠纷1211件，受理人民来信来访564件。推进公民道德建设，弘扬社会主义核心价值观，开展“家在浒关”系列活动，全力打造“中国梦”的浒墅关篇章。

【老镇改造规划确定】 经过5次修改、3次论证，浒墅关镇确定老镇改造规划，形成“一轴、二街、三片、四廊”的布局结构。

运河风光（浒墅关镇供图）

“一轴”即具有传统水乡风貌的浒新步行街，辅以浒关水门等景点，重现千年古镇复古创新的建筑风貌。“二街”以浒新街、桑苑路西、南津路南为核心，打造文化、餐饮、娱乐休闲等功能为一体的综合性商业街区。“三片”即布置南、中、北三个居住服务组团。“四廊”包括东侧苏浒路绿廊，西侧濒水风光绿廊，南部绿化水廊，北部景观绿化水廊，使浒墅关真正成为文化凸显、环境优美的文化名镇。

【为“戈谢病”患者献爱心】 2015年3月21日下午，华盛社区原华侨村1组的村民为同村王小芹进行募捐。30多户村民半个小时募集善款55000元。戈谢病是一种发生率非常低的罕见病，全中国仅有300多例。它属于常染色体隐性遗传病，病因是体内缺少一种酶，因而不能分解相应脂肪，脂肪贮积在肝脏、脾和骨髓中，导致肝脾急剧肿大，同时伴有贫血、骨痛，最终可导致死亡。这种病很早之前就被发现，目前有特效药可救治，但治疗费用昂贵，需终生服药。

【宜家家居苏州商场项目启动】 2015年5月29日上午，全球最大家居用品零售商——宜家家居在浒墅关镇举行新项目启动奠基仪式。这是宜家家居继南京、无锡之后在江苏省的第三家商场。宜家家居苏州商场地处苏州古城西北，距苏州市中心10公里，项目总建筑面积约65000平方米，计划投资8.4亿元人民币，建成后的商场面积约39687平方米。宜家苏州商场将作为宜家标准商场来设计，包括样板间、家居用品卖场、商品自提区域、餐厅、停车场等。

【浒墅关原蚕种场分场办公楼平移搬迁】 2015年7月30日，一幢长22.7米、宽10.45米、高12米，重达1000多吨的小洋楼从北向南平移49.8米后调整角度再向西平移30米。这幢小洋楼原为浒墅关原蚕种场分场办公楼，是一幢二层仿罗马民国建筑，左右对称，走廊上的爱奥尼亚式柱头雕刻精美，整幢建筑结构、间架均保

2015年7月30日，有90年历史的浒墅关原蚕种场分场办公楼进行平移搬迁
（孙晶晶摄）

存完好。浒墅关蚕种场及其分场是近现代蚕桑业的一处重要生产场所，该座470平方米的民国时期小洋楼，将平移至“市民休闲广场”成为一个小博物馆，展出千年古镇浒墅关镇的蚕桑养殖、关席编织等传统文化。

【“重走抗战足迹，践行爱国主义”】 2015年9月2日，浒墅关镇举办“重走抗战足迹，践行爱国主义”中国人民抗日战争暨世界反法西斯战争胜利70周年纪念活动。活动现场，主办方向8名优秀老党员赠送大阅兵纪念画册，还向社会各界发出《抗战资料征集倡议书》，公开征集抗战资料文物和藏品。浒墅关镇、企业代表向高新区妇联捐赠300个四季平安公益包裹。随后，“重走抗战足迹”徒步活动开始，大家步行至“夜袭浒墅关火车站纪念碑”，并进行参观纪念。

【美昱高分子材料有限公司项目开工】 2015年9月9日，苏州美昱高分子材料有限公司在浒墅关镇举行开工奠基典礼，该公司是国内在环保、电气和阻燃改性材料方面有相当知名度的研发机构和高分子材料制造商，属国家“十二五”规划鼓励项目的高新技术企业。项目位于浒墅关工业园内，总用地42亩，计划投资5亿元，注册2亿元，公司产品广泛应用在电线电缆、节能灯具、家用电器等，为富士康等国内外知名企业提供服务。

【红叶花园便民服务中心启用】 2015年10月8日，由浒墅关镇投资3500万兴建的红叶花园便民服务中心举行启用仪式，该中心是集服务、医疗、综治、娱乐、居家养老等为一体的功能齐全的高新区最大的现代化社区服务中心，面积6000平方米，为5000余户动迁居民提供服务。该中心共三楼，一楼以窗口服务为主，设有社区一站式服务大厅、物业服务接待、警务中心、社区卫生服务站。一站式服务大厅总面积203平方米，包含住房公积金业务，劳动和社会保障服务，退休管理服务，社会救助受理，党员服务，居民事务服务和计划生育服务。二楼是公共服务。东区为居家乐，是龙华社区日间照料中心、居家养老服务站。西区建有集政社互动、三社联动工作室、妇女儿童之家、社会组织孵化基地和图书馆为一体的公益坊等。三楼是综合服务区，设有文体活动室和多功能厅。此外中心还设有党员活动室、人大代表之家。 （殷艳萍）

通安镇

【概况】 通安镇位于苏州西北，西临太湖，东枕京杭运河与浒关镇相邻，南依阳山紧接苏州科技城，北靠312国道与望亭镇接壤，境内有阳山山脉、太湖水域，真山真水，历史悠久。有“东南一奇”大石山景区和千年金墅古街，树山村是全国农业旅游示范点、国家级生态村、中国美丽田园。一年一度的莲花庙会、梨花文化节是高新区两大旅游盛事。翠冠梨、云泉茶、杨梅果、同心米、太湖水产等享有盛誉。金墅草席是唐宋皇室贡品，刺绣制品自明清便远销海内外。全镇总面积38平方公里，下辖树山村、青峰村、北窑村、金市村、航船浜村、街西村、东泾村、同心村8个村委会，华通花园一区、华通花园二区、华通花园三区、华通花园四区，华通花园五区、华通花园六区、新街社区、箭庄社区、西巷社区9个社区居委会，现有常住人口6.9万人，其中户籍人口47719人，是国家卫生镇、全国环境优美乡镇。全年实现地区生产总值21.7亿元，其中公共财政预算收入3.56亿元，增长7.3%。通安镇是农业大镇，2015年年末，有耕地13700亩，粮食总产量2346.9吨。2007年开始实施农业产业结构调整，完成沿太湖万亩现代农业示范区建设，通安现代农业园获批全区首个市级现代农业园区，2015年总产值突破1亿元。2010年成立农村社区股份合作社，截至2015年底，股红分配超1.2亿元。2015年，通安镇获评“江苏省农村公路及安保工程示范镇”“江苏省和谐社区建设示范镇”，树山村获得“江苏最美乡村”提名村，华通花园第三社区被评为江苏省民主法治示范社区，华通花园第一、第四社区获评苏州市区全民参保登记工作先进社区。

表17-3　2015年通安镇基本情况表

总面积	38平方公里
全口径财政收入	59243万元
水果产量	4509吨
水产品产量	108吨
内资企业	1368户
外资企业	48户
新增注册外资	12.8亿元
年内到账外资	230万美元
个体工商户	2578户
中小学校	3所
医院（卫生院）	1家

表17-4　2015年通安镇村（社区）基本情况

村（社区）	耕地面积（亩）	户数	户籍人口数	集体经济总收入（万元）	可用财力（万元）	总资产（万元）	村（社区）党委（总支、支部）书记	村委会（居委会）主任
新街社区	—	60	153	—	—	—	闫军（副书记主持工作）	—
华通花园一区	—	1759	5477	—	—	—	曹玉良	姚根福
华通花园二区	—	1823	6328	—	—	—	吴春明	范福林
华通花园三区	—	1848	6310	—	—	—	朱永华	戈雪方
华通花园四区	—	1750	5876	—	—	—	谢月青	陈志新
华通花园五区	—	1179	3843	—	—	—	吴福林	吴福林
华通花园六区	—	833	3400	—	—	—	苏才根	吴文忠
箭庄社区	655.02	269	910	281.03	101.1	3967.5	张培良	徐洪润
西巷社区	630.7	314	1287	407.71	201.36	4190.3	俞春明	俞金龙
树山村	1264	516	1941	185	140	2766.5	吴雪春	—
青峰村	375.59	136	568	641	385.63	4989.6	—	薛良（主任主持工作）
北窑村	1934.56	438	1746	332.19	269.69	1170.8	唐雪峰	胡俊方
金市村	1751.71	438	1628	287.82	237.68	1447.3	周凤明	郭林兴
航船浜村	1132.1	522	2348	152.34	90.97	1139.9	王根龙	顾一梁
街西村	1353.65	529	2361	182.23	121.96	1996.1	申卫芳	刘荣昌
东泾村	1274.54	423	1855	196.99	147.48	1064	夏建坤	谈招兴
同心村	1334.27	245	977	482.75	298.86	6090.7	夏晓春（副书记主持工作）	—

表17-5 主要开工项目情况表

投资企业名称	项目名称	产品名称	总投资额（万元）
苏州诺德置业有限公司	中铁·诺德誉园	房地产开发	11432
澳美制药（苏州）有限公司	新建厂房项目	—	20017
苏州通安碧桂园房地产开发有限公司	高新华庭	房地产开发	13300
崇业（苏州）精密工业有限公司	新建厂房	—	9150
华通开发建设有限公司	华通花园六区二期	动迁房建设	6566
苏州新港市政绿化服务有限公司	市政设备	—	3000
苏州苏信特钢有限公司	烧结烟气脱硫治理改造项目	—	2396

【经济发展】 2015年年末，境内有企业1462家，其中工业企业405家。全年完成公共财政预算收入3.56亿元，增长7.3%；完成固定资产投资24.9亿元，其中工业投资15亿元；工业总产值55.9亿元，其中规模以上工业总产值39.4亿元。招商引资取得突破，东望医疗、英釜航空、东山精密等一批优质项目入驻，崇业五金、澳美制药等重点项目如期竣工，徽联、双刃剑等新税源增势强劲，启龙湖、真山北地块高溢价上市成交，全年完成招商引资注册内资10.5亿元，其中工业3.2亿元，分别增长4.5%和6.6%。回收鑫澳钢材市场和排头兵地块，推进富民产业园南区增建，引进苏州大学国家大学科技园通安产业基地项目。成立苏州高新区通安现代农业园发展有限公司，聘请设计团队对万亩农田进行统一规划，加强现代农业园核心区建设，构建景观化的休闲生态农业。启动高标准基本农田建设项目，推进城乡建设用地增减挂钩项目，夯实农业发展根基。水稻总产实现“十一连增”，累计认证无公害农产品10个，组织时令果品上展会、下社区，搭建农产品网销平台，农业年产值突破1.1亿元。成立全区首个“家庭农场”。方正苏高新港“陆改水”和陆域扩建项目加快推进，成立智慧物流产业协同创新中心，港口物流体系不断完善。树山景区完善保留村庄管理体系，乡村旅游规划修编同步启动。“温泉小镇”再添新载体，完成云泉山庄山水楼装修改造，云泉山庄温泉酒店正式营业。举办一年一度的“轧莲花”庙会和第八届树山梨花文化旅游节。房地产方面，“中铁·诺德誉园”销购两旺，“碧桂园·高新华庭”开盘投建，“正荣·悦岚山”开工奠基。全社会消费品零售总额年增长12%，完成规上服务业增加值4.05亿元。

【科技创新】 全年引进科技企业20家、产业化项目10家，申报高新技术企业2家，申报专利902个、发明专利358个、PCT项目3个，批准科技项目6个，完成服务外包6500万美元、离岸接包4100万美元。增加科技投入，鼓励创新创业，新设科技和人才发展办公室，建立专项扶持资金，实现国家重大科技专项项目、国家博士后科研工作站两个“国字号”的“零突破”。扶持传统企业转型升级，推进固锝公司核心基础半导体元器件技改工程；世界耐磨钢球制造基地和国内首个非调质钢研发生产基地落户苏钢集团；三盛混凝土商混产能跃居全市前列。全镇完成工业技改总投入8.3亿元。

【城乡环境综合整治】 迎接国家卫生镇复审，完善城管、市政、物业三大考核机制，开展环境综合整治18次。开展主干道沿线、工业区、建筑工地等重点区域环境整治，拆除违建近1800平方米。2015年年内拆除民房244户、企业2家，清理苗木451亩，9个重点项目地块实现“清零”。完成6.5公里雨污水管网清淤工程，建成区生活污水处理率超92%。新建市政中心竣工投入使用，全镇生活垃圾无害化处理率100%。完成金东路、金墅港路升级改造工程，中心路、金通路南段升级改造工程和江安路、建新路新建工程加快推进，截至2015年底，拥有乡道47.48公里，村道84.04公里，养护总里程131.52公里，农桥76座。深化水环境综合治理，东泾村、北窑村2000米河道疏浚工程，华山港驳岸工程，顺堤河景观绿化工程和树山污水管网工程竣工，改善太湖一级保护区水环境的市级工程示范项目通过验收。对沿太湖村、树山景区实施环境长效管治，西部农村违法用地和违建整治取得成效。金市村晋级省级生态村，树山村创建省级康居乡村、市级美丽村庄通过验收，北窑村、街西村完成区级美丽田园创建。新街社区、荣华花苑获评市级生活垃圾分类工作先进集体和示范小区。2家企业通过清洁生产审核，工业用电量同比下降6.4%，新增绿化面积10000平方米。

【民生福祉持续改善】 通安镇十七届人大四次会议确定的四大类五件民生实事项目全部竣工。区城镇居民基本医疗保险、重大疾病险、意外伤害及身故险参保率均达99.9%以上，大病医疗保险年度赔付80余万元。5771名企业退休人员纳入社会化管理，856名残疾人持证建档，5229名企业退休人员享受免费健康体检。最低生活保障覆盖532户709人，实现应保尽保。发放困难群众生活补助1389万元，扶贫慰困、助学帮扶、医疗救助三大工程得到落实。提升教育现代化水平，高标准建设达善小学，完成通安中学改造工程、金通幼儿园内部装修工程、通安中心小学连廊加固工程。新增市级学习型乡镇、市级教育现代化乡镇老年大学、省级标准化社教中心三项荣誉。发放中、高考优秀考生奖励金12.6万元。拓展卫生院中医业务，举办第二届“膏方节”，卫生院针灸推拿科获评全区唯一市级基层医疗卫生机构特色科室。市民小游园工程如期竣工，便民服务中心正式投入使用，在全区率先建成“一门式”社会救助服务窗口，获列全市民政系统参观考察点。稳妥实施“单独两孩”新政，常住人口出生政策符合率达98.9%，流动人口管理服务率达95%以上。新建3个科学育儿项目点，金通幼儿园创成市级科学育儿示范基地。华通六区基本完成分房，动迁过渡房工程竣工交付。举办就业创业技能培训班8期、大型就业招聘会5场，扶持60名失地失业人员自主创业，实现带动就业425人；对265名失地失业人员进行职业技能（创业）培训；开发公益性岗位170个，援助135名就业困难人员就业；实现本地人员就业1434人，动态清除“零就业家庭”。3家劳务专业合作社运作良好，充分发挥社区家政服务站作用，累计举办免费家政服务培训班7期，为400余名失地失业妇女搭建就业桥梁。农村社区股份合作社分红2333万元，城乡居民人均收入增长率双双突破9%，超全市平均水平。

【社会管理】 充分运用社会化、信息化、集约化、法治化手段，提升社会管理科学化水平。社区建设方面，收并社区服务中心、管理中心两大机构，推进简政放权。发挥“智慧社区”平台作用，深化“政社互动”考评机制，探索建立社区物业一体化新模式，社区管理更加精细化、制度化、高效化。强化社区“管理下的服务”，开展农贸市场长效治理，开展社区“木园堂”和大型车辆专项整治，保障社区环境规范有序。组织第二届“好乡邻”生活节、“树山娃·未成年人快乐大本营”、“树山情·孝老爱亲”等系列主题活动，每季度开展“好乡邻”便民服务坊志愿服务行动，邀请市滑稽剧团演出小品专场，不断丰富居民业余生活。树山社区服务中心改建工程加快推进。通安镇、金市村分别荣获省级和谐社区建设示范乡镇、示范村称号。华通四区获评市级社区商业示范社区。建立镇级职工服务中心，镇属单位工会组织实现全覆盖。新增社会组织10家，获批2个市级乡风文明志愿岗优秀岗、1个市级社区志愿服务工作示范点。表彰吴建江等10户“最美家庭”，弘扬群众身边正能量。迎接年度全国文明城市测评，顺利通过省、市“联考”。新创建成功3个市级、

树山娃"缤纷冬日"主题活动（通安镇供图）

3个区级文明单位，树山村获评省级最美乡村提名村、市级文明村标兵。通安镇政协工委蝉联年度区级优秀工委。

【平安乡镇建设】 严厉打击各类违法犯罪活动，破刑事案件88起，打击处理人员53名，保障群众人身及财产安全。创新建立综治"五级管理网络"［即镇党委（镇政府）——镇综治委（社管中心）——社区片区（社区居委会）——居民小组长（社区网格长：全镇52名）——楼道长（网格巡查员：全镇163名）］，调整优化群防群治志愿者队伍500名，完善社区网格化管理。加强对社区房屋"四等四级"分类管理，"出租屋超市"成为流动人口管理创新样本。做好全省综治办主任会议参观点接待工作。不断加强法治建设，建立9个司法行政专项领导小组，完善西部农村片区警务中心、巡回法庭、司法服务站的建设和管理，广泛开展法制宣传进社区、下企业、入校园活动，"六五"普法圆满收官。新增1个市级规范化人民调解委员会、10个市级无邪教创建示范区，华通三区获评省级民主法治示范社区。开展社会稳定风险评估，强化矛盾排查化解，调解各类纠纷469起，调成率98%以上。继续坚持领导干部接访下访和包案化解制度，在"16+1"峰会、太湖国际马拉松赛事等重要节点强化稳控措施，保障社会和谐稳定。搭建安全生产数字化平台，广泛开展安全检查和打非治违专项行动，扎实推进春防、秋防，严把百姓"入口关"，保障安全生产、卫生防疫、食品安全"零事故"。完成青峰白龙坞森林消防通道工程、真山森林消防蓄水池工程，山林防火常抓不懈。完成年度征兵任务，10名有志青年光荣入伍。

【高效政府建设】 严格执行上级关于改进工作作风、密切联系群众各项规定，配套建立11项长效管理制度。广泛开展"百名干部访千家"大走访，领导干部带头走访基层、结对帮扶困难学子。以开展"三严三实"专题教育为动力，进一步提高行政效能和服务水平。建立政府办公会制度，及时会办疑难杂症，推动政务工作高效运转。对全镇工程建设管理、资产管理、组织管理三大体制进行全面深化改革，配强人员、完善机构、整合职能。坚持重大事项集体决策和民主集中制，严格执行工程建设项目招投标规定，按照"项目化、载体化、指标化"要求，对重点工作建立百日督办工作制度，以刚性问责确保落实。建立干部换岗锻炼常态化机制，严格按照干部选拔任用条例调整干部77名，树立重视基层、干事能上的用人导向。严格落实"一岗双责"，推行"廉情五分钟"和廉政谈心警示教育，筑牢拒腐防变防线。保持惩治腐败的高压态势，严厉惩处违纪违法案件。深化政务公开，认真办结"寒山闻钟"论坛和"12345"便民服务平台工单253条，满意率100%，"数字城管"平台获市级先进表彰。自觉接受人大法律监督、政协民主监督和社会监督，办复人大代表意见、建议16件，满意率100%。加强执法人员尤其是基层执法队伍建设，提高法律素养和依法行政能力。落实行政执法责任制、过错责任追究制，做到公正、严格、文明执法。推进法治通安建设，在推进拆迁安置、化解信访积案、处理突发事件等方面，坚持依法决策和依法行政，使各项工作在现有法律框架下依法推进。

【打响“好阿姨”家政品牌】 2015年3月8日，通安镇举办首届家政技能培训班毕业典礼暨2015年第一期月嫂培训班开班动员会，150多名学员参加。2014年8月，通安镇社管中心引进苏州市春光服务中心，设立高新区通安镇好阿姨家政服务站，成为苏州市首家将就业技能培训与就业推荐办到社区居民家门口的学校。社区提供专门用房用作实战培训场地和就业指导推荐窗口。截至2015年底，已开办2期业务技能培训，148名妇女参加培训，91名学员通过考试获得家政员专业技能上岗证。通过通安镇好阿姨家政服务站的推荐，20多名学员已经成功就业，主要分布在家政员、轨道交通保洁岗位。

【通安碧桂园项目开工】 该房地产项目位于通安镇华通路南、西唐路西的地块，是广东碧桂园集团入驻苏州主城的第一个项目，也是通安首个精装高层商品房项目。项目总投资3.5亿元，占地2.5万平方米，总建筑面积5.5万平方米，绿化率32.7%，拟建6幢17层高层精装修房。项目已于2015年3月正式开工。 （范凤珍）

东渚镇

【概况】 东渚镇位于苏州市城西约20公里，东望阳山，与浒墅关开发区相邻；西临太湖，与镇湖相通；南傍蒸山、玉屏山，与光福、藏书毗邻；北濒太湖，与通安接壤。太湖大道横亘东西，230省道纵贯南北，浒光运河由北向南穿境而过，水陆相连，交通便捷。境内有大小山头18个，风景秀丽，玉屏山生态园为游客提供了休闲娱乐的好去处。经济作物丰富多样，生态水稻产量高、销量好，油菜种植既有经济效益又有观赏价值，种植的黄桃、葡萄、梨子等果品是市场的紧俏产品。东渚镇传统文化底蕴深厚，绛丝、玉石雕刻、“苏作”红木制作（雕刻）、园林古建均独具匠心，蜚声海内外。东渚镇总面积15.4平方公里，总人口4.1万人，其中户籍人口32774人，下辖下许村、淹马村、黄区村、长巷村、姚市村、中村村、新苏村、姚江村和大寺村9个村委会，龙惠社区、西渚社区、龙景花苑第一社区、龙景花苑第二社区、龙景花苑第三社区5个社区居委会。2015年3月开始，东渚镇机关大部分职能部门陆续搬迁至科技城，区镇开始合署办公。在科技城和东渚镇“区镇合一”融合发展机制的推动下，东渚镇全年完成公共财政预算收入1.13亿元，首次突破1亿元大关，同比增长19.8%。地区生产总值3.08亿元，全口径财政收入1.5亿元。2015年获得由苏州市精神文明建设指导委员会颁发的“2012—2014年度文明镇”称号。

表17-6 2015年东渚镇基本情况

总面积	15.4平方公里
耕地面积	10065亩
村委会	9个
居委会	5个
粮食总产量	160吨
水果产量	677.3吨
水产品产量	400吨
内资企业	500户
个体工商户	1100户
中小学校	1所
医院（卫生院）	1家

表17-7 2015年东渚镇各村基本情况表

村	年末户籍人口（人）	经济总收入（万元）
下许村	1011	290
淹马村	1678	306
黄区村	1282	231
长巷村	1567	323
姚市村	1188	295
中村村	1093	267
新苏村	580	243
姚江村	1240	269
大寺村	1507	273

【经济发展】 2015年，完成固定资产投资10.5亿元，同比增长5%。完成服务业增加值2.2亿元，同比增长37.5%。工业总产值9.1亿元，其中规上工业总产值2.3亿元，内资注册1.2亿元。龙山工业园和集体资产经营公司全年实现总收入2328万元。市政服

务公司专业技术能力逐步提高、业务承接稳定增长，实现总收入3300万元，增长3.4%。村级经济发展良好，全镇村级经济收入同比增长14%，9个村村级总收入均超200万元，新苏村村级经济增长最快，同比增长76%。招商引资方面，充分发挥“区镇合一”和“科技镇长团”优势，调结构、促转型，进一步盘活存量资产，加强企业服务，促进资产保值增值。引进由苏州苏迪投资发展有限公司打造的“泰迪乐园”。苏州三景刺绣股份有限公司积极开拓电子商务平台，年销售额达1300万元。

【行政效能建设】 推进政务信息公开。落实专人负责“12345”便民服务热线、“寒山论坛”等平台工作，全年接受群众来访42次涉及72人；受理“12345”信件107件，区公众监督52件，市公众监督9件，“寒山闻钟”论坛72件，交办信件35件，均妥善处理。重视建议提案办理。自觉接受人大、政协监督，积极发挥人民团体参政议政作用。全年办结人代会建议11条、提案6条，办结率100%。

【党建工作】 围绕“五个进一步”目标（即“使广大党员的理想信念进一步坚定、党性观念进一步增强、优良作风进一步养成、工作能力进一步提高、先锋模范作用进一步发挥”），严格落实党员大会制度等13项基层党组织工作制度和党务公开等6项基层党组织民主制度。召开“三严三实”专题教育动员大会，成立专题教育协调小组，围绕专题教育活动的前期准备、动员大会、强化整改落实、自学、专题党课、三个学习研讨专题、领导班子专题民主生活会和基层专题组织生活会等工作日程进行部署安排，并结合“三访三促”活动，开展走访基层工作。对4个经济薄弱村选派“第一书记”，加快经济薄弱村的转化。落实党建责任，从严管理党员队伍，开展党员队伍普查工作，消除“游离态”党员，试点推行党员积分考核制度。保持惩治腐败的高压态势，完善关于房屋征收拆迁、工程建设项目招投标等一系列办法措施，规范权力运行和防范廉政风险。推进实施“红色引擎”计划，按照“四有五好”标准，开展第二批“红色引擎”试点工作。开展基层党组织书记“红色接力”行动，实现10名新老书记结对。搭建党员干部沟通平台，把改进作风的各项举措落实到“末梢神经”，推行“两个菜单”服务制度。培育先进典型，按照“四有五好”标准，在基层党组织中推进实施“红色引擎”计划，集中培育黄区村党支部等第二批“红色引擎”单位3家，推广先进经验，提升服务载体建设。

【城乡统筹】 2015年全年完成民房签约439户，企业签约19家，部分安置65户，全部安置2户。通过调查摸底，确定3.8平方公里老镇改造范围内1号、2号、3号、6号和东二区地块以及惠东路西延地块为老镇改造一期项目，明确西渚社区114户国有土地住宅房和多层房的征收补偿安置方案。改善镇区功能配套，完成财富广场配套设施提升工程和龙景花苑二区幼儿园改造工程方案设计，总投资5000万的龙惠花苑幼儿园项目交付使用，完善东渚卫生院功能定位，逐步实现城市功能与科技城无缝对接。落实区“5+1”整治任务，镇区主干道、财富广场、农贸市场等周边环境面貌提升显著。总投入2000万的龙景花园南区和龙景花苑配套设施改造提升工程竣工交付。龙惠花苑安置房主体工程完成。西渚花苑、东渚新苑安置房、龙康路、普陀山路西延、昆仑山路西延等项目有序推进。

【优化生态格局】 推进水环境提升工程，落实太湖沿岸线、水源地、湿地保护机制和生态补偿机制。完成250亩太湖水域芦苇收割任务。持续实施宕口复绿整治及沿线绿化美化工程，全年新增绿化养护面积65.2万平方米。复垦土地86.55亩。长巷、黄区、中村村“美丽田园”“美丽村庄”建设成效显现。坚持零排放和无工业废水排放原则，全年完成30个项目申报初审。开展村庄环境长效管理工作，实施大气污染防治和水环境综合治理，开展万家企业节能活动。提升城镇生活污水和垃圾处理能力，投资360余万元完成清理河道7条，清淤9万立方米，完成龙景花苑小区垃圾分类工作。依法开展环境影响评价，委托专业环评单位完成龙景花园、龙惠花苑、龙惠花苑幼儿园、东渚新苑、西渚花苑等项目环境影响评估工作。发展生态农业，完成黄区村高标准基本农田建设，完成新苏村高标准基本农田一期项目的前期工作。泰迪农场开业，成为集景观游赏、休闲垂钓、农家特色餐饮服务与生态农业展示于一体的旅游胜地。

【民生保障】 镇人大十六届五次会议确定的5件实事工程均已完成。深化农村“三大合作”改革，利用“一村二楼宇”政策，推进富民载体建设，开建2.2万平方米龙景邻里中心。全年社区股份合作社实现股金分红1350万元，同比增长5%；农民人均纯收入25036元，同比增长12%。落实失地农民保障政策。加大社会救助力度，发放各类救助金550多万元。落实促进就业创业政策措施，推荐就业1916人，实现就业720人，其中失地人员推荐就业983人，实现就业422人，新增公益性岗位172个，扶持失地人员自主创业70人。发展社会福利和慈善事业，做好优抚安置工作，加大社保服务力度，全年医保参保率实现99.98%。强化计生服务工作，免费孕前优生健康检查覆盖率100%。

【社会治理】 深入推进社会管理“提升年”和“政社互动”工作。构建“智慧社区”信息化平台，试点购买社会组织服务活动，助推“三社联动”实践，打造“一社一品”，全年新增社会组织16个。推进市场化管理模式，重组龙景物业管理有限公司，提升物业管理服务水平。开展各类专项整治，清理楼道946个，各类杂物200余车，搬迁木园堂14个。推行“房屋出租超市”，坚决遏制群租房现象，拆除14户群租房客厅、厨房隔断，龙景社区实现消除“十个乱”，龙惠社区实现“五无”管理目标。开展安全生产领域隐患排除和“六打六治”打非治违行动，落实安全生产“党政同责、一岗双责、齐抓共管”的责任体系，全年签订安全生产责任书138份，排查安全隐患447处，完成整改397处，全年完成市、区、镇三级政府挂牌督办重大隐患5处，完成小微企业标准化创建9家。东渚实验幼儿园连续两年获高新区基础教育特色奖。东渚实验小学科技教育办学特色鲜明，先后获国家、省、市等各级特、一、二等奖60多个。东渚社区卫生服务中心荣获国家级“最受群众满意的乡镇卫生院”称号。完善公共文化服务，推进“10分钟体育健身圈”“10分钟文化圈”建设，苏州图书馆龙惠分馆正式对外开放。加快工艺美术人才培养，工艺美术行业全年获得各类奖项共计20金、13银、2铜。推进“平安东渚”“法治东渚”建设，落实信访化解机制，维护社会稳定。开展“六五”普法宣传教育，全年排查调处各类矛盾纠纷2000多件，调处成功率95%以上。完善主干道路、社区治安管控，更新龙景花苑老旧技防设施，新装106个高清探头，全年破案42起。完善“大调解”网络，实现村、社区综治专网建设全覆盖。开展全国文明城市创建

“纪念中国人民抗日战争暨世界反法西斯战争胜利70周年”大型歌咏比赛
（东渚镇供图）

活动，通过2012~2014年度苏州市文明镇考核验收。8月31日，参加高新区举办的“纪念中国人民抗日战争暨世界反法西斯战争胜利70周年大型歌咏比赛”，获得金奖。广泛开展“中国梦”及社会主义核心价值观宣传教育和实践活动，先后涌现“苏州好人”许文荣、“区学雷锋标兵”吴月芳、“最美乡村教师”黄素芳等一批先进典型。

【东渚镇人口家庭公共服务中心成立】 2015年1月19日，以“幸福家庭 和谐人口”为核心理念，构建以生命全周期发展为主线的社会公共管理服务平台——东渚镇人口家庭公共服务中心，在东渚镇社区卫生服务中心设立，这是高新区首家人口家庭公共服务中心。该中心投入50万元，建筑面积约500平方米，具有心理咨询、政策服务、计生知识和器具展示等多功能的公共服务新载体，包括亲子互动区、宣传展示区、优生优育宣传区、生殖健康宣传区、药具展示区等，功能区域划分清晰。作为东渚镇人口和家庭公共服务的引领平台，该中心创新发展覆盖孕育生命、婴幼儿早期发展、青少年健康人格培育、怀孕期、避孕期、更年期和老年期生命全过程的服务新模式，将人口计生优质服务覆盖到所有家庭成员。

【东渚卫生院荣登“最受群众满意的乡镇卫生院”榜单】 2015年12月10日，东渚卫生院荣登国家卫计委组织评比的“最受群众满意的乡镇卫生院”榜单。东渚卫生院新院占地17.8亩，建筑面积1万多平方米，总投资9000余万元，按照省级示范社区卫生服务机构标准新建，于2014年11月完成。新院流程合理，科室齐全，设备精良，邀请多学科市级专家来院出诊，多次组织三级、二级医院专家开展义诊服务。软硬件条件的大大改善，吸引了辖区及周边群众前来就医，日门诊量达800余人次，较新建前翻番。

【东渚玉雕获奖情况】 2015年9月19日，“2015中国（苏州）‘子冈杯’玉石雕精品暨国际玉雕艺术家作品博览会”获3项金奖；10月15日，“第五届中国（无锡）国际文化艺术产业博览交易会暨江苏省工艺美术精品博览会”摘得9座“艺博杯”金奖；11月28日，俞挺的玉雕作品《薄胎迎春宝相花纹瓶》获第13届中国玉石雕“天工奖”金奖。（宋子玥）

狮山街道

【概况】 狮山街道位于苏州古城西郊，东起京杭大运河，北至枫津运河，西抵金枫路，南邻苏福公路（郊区横塘镇北界），是苏州高新区首期开发已建城区的中心地带，交通便捷，风景优美。街道总面积18.6平方公里，区域内有常住人口约27423户，常住人口88457人，户籍人口77886人。2015年年末，辖区内有狮山社区、何山社区、新升社区、馨泰社区、横山社区、万枫社区、金色社区、新狮社区8个社区居民委员会。2015年是狮山街道和横塘街道一体化发展的开局之年，狮山街道全年完成公共财政预算收入27.9亿元，同比增长7.7%。2015年，狮山街道司法所获得“省社区矫正工作先进集体”称号；狮山街道劳动和社会保障事务所获得“省级示范农民工综合服务中心”称号；新狮社区获得“江苏省充分就业示范社区”称号；狮山社区居民委员会通过验收，成为江苏省首批、苏州市首个“省科技示范社区”；万枫社区荣获民政部授予的“全国综合减灾示范社区”称号；新升社区获得“文明江苏 和谐社区”优秀社区志愿服务项目。

表17-8 2015年狮山街道各社区户籍人口统计表

社区	年末户籍人口（人）
狮山社区	15506
何山社区	11340
新升社区	12987
馨泰社区	11097
横山社区	5437
万枫社区	9537
金色社区	7992
新狮社区	4590

【经济发展】 2015年全年完成固定资产投入85亿元，同比增长20%；规上工业总产值完成650亿元，同比下降7.2%；内资注册

38亿元；工业注册资金完成3.6亿元。狮山商务商贸核心区建设全力推进，一批新地标城市综合体加紧建设中。龙湖时代天街项目一期完成，绿宝广场二期、喜年广场、金诚财富总部大楼、路劲地块、仁恒地块加快建设中，金鹰广场进入地面建设，华能热电建设主体年内完成，绿城和招商地产已经开工，华硕项目、淮海路特色商业街改造开始前期准备；狮山路商圈又添新成员，苏州日航酒店开业；高新区索山公园地下空间改造基本完成，形成名为“新悦汇”的交通换乘、餐饮娱乐、休闲购物一站式综合体，进一步提升索山公园的城市功能，打造具有文化艺术特征的生态中央公园。

【城乡统筹】 重点项目方面，东吴装饰市场于上半年完成签约，涉及华能热电项目已完成拆除，9月份对涉及南环西延项目进行拆除。淮海街（灵岩街—竹园路）南延、爱普电器东侧路、柏霆光电区间路、实验初中扩建、育才小学项目征收工作有序进行。淮海街项目、柏霆光电区间路完成评估。完成轨交3号线、中环快速路项目的拆除工作。苏州胜能弹簧五金制品有限公司、特不同公司、共立电子、万立精密等“退二进三”工作顺利完成。动迁安置方面，做好星火村夏家浜、冯家桥，明星村动迁户全面安置工作，做好狮山村、何山村动迁房剩余零星安置工作。2015年，审批户表195份，安置261户，481套，安置面积4.4万平方米。办理两证339套。随着城中村改造任务的拆迁工作进入拔钉扫尾阶段，一户户村民从脏乱差的城中村顺利安置到崭新的动迁安置房中，生活环境得到极大改善。“新主城”动迁安置房二期项目正常推进。至年末，累计民房签约60户，企业（门面房）签约50家，其中大运河四改三项目民房签约5户、企业6家，南环快速路西延项目签约企业1家，老镇改造一期签约民房12户、企业（含门面房）16家，老镇改造二期签约民房14户、企业（门面房）17家，老镇改造三期签约企业（门面房）10户，石湖生态园项目签约民房10家，上方山石湖生态园项目红线外的周家桥19户民房全部签约。

【社会事业】 投入专项资金以及专业人员，对辖区内多个幼儿园和小学进行校园改造升级工程。工程涉及新区实验小学、狮山实验小学、金色小学、新升小学4所小学，以及新区实验、狮山中心、新升、竹园、天都、万枫幼儿园6所幼儿园，投资近4460万元。举办“春风送岗位”“走百企、访千户”等活动，建立自主创业扶持资金，开发公益性岗位推荐失地失业人员就业，做好社保经办服务，加强退休人员、老居民管理服务工作。7月，狮山街道新建家庭服务业实训基地正式投入使用，是新区目前面积最大、设备最全、功能最多的家庭服务业实训基地。居家养老方面，嘉业阳光日间照料中心、御花园助餐点正进行设计，万枫助餐点招标结束准备开工。全年对16户低保户、102户低保边缘家庭进行生活困难补助，发放补助金48.63万元；对农村动迁居民社会救助金对象2429人发放社会救助金472.374万元；对农村动迁居民158人发放伤残补助金33.282万元；发放孤儿救助金

狮山街道横山社区高层动迁安置小区——星韵花园（狮山街道供图）

4.56万元；对412户（人）次困难家庭、困难群众进行物价补贴、临时救助、大病救助和扶贫帮困，发放慰问金、救助金80.02万元；对2690位70岁以上老人发放尊老金329.54万元。2015年年内，申请调整邓尉路、黄浦街，命名怡养路、三慧街等四条道路，申请命名山景玉园、文翰华苑、名悦雅苑、锦悦雅园四个住宅小区，完成第二次全国地名普查第二阶段工作。继续深化“政社互动”“三社联动”等经验成果，推动政府治理和社会自我调节良性互动。理清社区、业委会和物业的职责边界，积极实施“社区指导、业主自治、物业服务”的“三合一”模式，不断提升社区自治管理水平。

【15个民生项目集中开工】 2015年10月28日，高新区狮山横塘片区举行民生项目集中开工仪式，15个民生项目投资超过18亿元，包括两个富民载体项目——总投资超过10亿元的新主城生活中心和梅湾村股份合作社仓储用房。其中，位于横山路南的新主城生活中心项目，由狮山街道农村社区股份合作联社投资建设，建筑面积超过12万平方米，是集购物中心、商务办公和社区服务于一体的社区型主题生活中心，预计2018年10月开业。位于苏福路南、胥江运河北、火炬路延伸段西的仓储用房，由梅湾村农村股份合作社投资建设，建筑面积21590平方米，预计2016年3月竣工。新建小学两所、幼儿园两所，改扩建小学三所，总投资6.4亿元。其中，位于金山路以南的高新区实验小学校新校区，占地65亩，总投资2亿元，是一所8轨制的实验小学，计划于2017年9月投入使用；位于文化路东的高新区成大实验小学设计规模为6轨36个教学班，可提供1620个学位，总投资1.7亿元；成大实验幼儿园设计规模为10轨30个教学班，可招生900名，总投资0.8亿元；位于横山河北的星韵幼儿园，占地面积为8833.39平方米，设计规模为4轨12班，总投资7000万元，计划于2016年9月投入使用。而狮山实验小学竹园分部、高新区实验小学何山分部加固以及学府实验小学改扩建项目也将同步进行，共投资1.2亿元，项目完成后可基本解决周边适龄儿童入学问题。狮山横塘片区内，将新建4条道路，总投资达6500万元。其中，运河路南延一期，北起横山路，南至金屋路，道路全长约640米，标准宽度20米。大轮浜东侧区间路，位于塔园路西侧、竹园路南侧地块，呈“L”型，新建南北向纵一路，长278.76米，宽12米；东西向横路，长187.05米，宽16米。淮海街道路南延，项目为新建城市支路，设计总长259.3米，宽16米。

高新区狮山横塘片区举行民生项目集中开工仪式（强晓佟摄）

狮山周边地块道路市政工程，项目分为狮山村地块道路，规划宽度12米至14米，全长1447米；狮山西地块道路，规划宽度16米，全长1200米。同时，狮山河整治工程，河道全长约1230米，规划河道宽度15米，两侧绿化带宽度7米到10米；本次河道整治采用生态驳岸，驳岸两侧为景观绿化带，使得狮山河河道周边景观大大提升。北裤子浜河道整治项目，河道中心线全长522.116米，将大大提升河道两边景观。两个河道整治项目总投资2600万，年内都将完工。建设狮山羽乒馆，内场面积为4600平方米，设有5个乒乓球台，17个羽毛球场地，可供周边居民锻炼身体及举行群体性体育比赛，软硬件设施将达到国内先进水准。

【狮山商务商贸圈】 狮山商务商贸圈是苏州高新区最先开发的区域，也是苏州市最早的CBD中心之一。与苏州其他区域相对较为分散的商贸布局，各自辐射一部分范围的商贸模式不同，狮山商贸圈在规模上形成一股特殊的合力，集聚了金鹰、龙湖、信汇达、花样年、高嘉、港龙、绿宝二期、石路国际等大中型商业综合体，业态包含购物中心、甲级写字楼、酒店等。不仅集聚各大金融机构和高端楼盘，还有众多新兴商业体。这些项目于2013年先后开工，并将于2016年至2018年陆续开业亮相，总投资达到230亿元。随着“退二进三”等转型步伐的加快，狮山商圈以三公里狮山路为“起点”，成为新一轮苏州城市发展总体规划中“中核主城”的重要组成部分，为全市提供大型商务金融、商业零售、文化娱乐、高端住宅等综合服务，实现各种风格、各种消费层次商贸业态高度集聚。

【轨交3号线正式开工】 2015年1月20日上午10时许，在狮山路与塔园路交叉口处，随着成槽

龙湖时代天街效果图（狮山街道供图）

机从地下挖出第一堆泥土，苏州轨道交通3号线正式开工建设。率先开工的2个站点均位于高新区，分别是狮山路站、华山路站。其中，狮山路站是地下两层岛式结构，长273.4米，标准段宽22.8米，挖深16.5米到18.2米。设5个出入口和2个风亭。主体围护结构采用0.8米厚的地下连续墙，采用明挖顺筑法施工，即成槽机挖出地下的泥土后，便插入钢筋笼，按6米一幅逐段浇铸墙体。苏州轨道交通3号线为东西向线路，起始于沪宁高铁新区站，经过苏州高新区、姑苏区、吴中区、苏州工业园区4个行政区，预计2019年通车。全长45.2公里，设车站37座。其中换乘站14座，是目前轨道交通4条线路中换乘车站最多、施工难度最大的线路。（赵洋）

枫桥街道

【概况】 枫桥街道位于苏州古城西部，占地34平方公里，东与寒山寺隔河相望，西与木渎毗邻，南与狮山街道接壤，北邻浒墅关开发区。辖区东部与中部约24平方公里，西部为低山丘陵，面积近10平方公里。2015年，有户籍人口61443人，流动人口19.5万人，下辖枫津社区、西津桥社区、马浜社区、东浜社区、康佳社区、白马涧一社区、白马涧二社区7个社区居委会。全年完成全口径财政收入68.39亿元，其中公共财政预算收入28.04亿元，同比增加7.18%；完成固定资产投资77.24亿元；完成内资注册资金26.37亿元；完成工业总产值941.73亿元，其中规上企业875.12亿元。枫桥街道成为苏州市首个省级充分就业示范社区全覆盖的街道。

表17–9 2015年枫桥街道各社区户籍人口统计表

社区	年末户籍人口（人）
枫津社区	8502
马浜社区	14313
西津桥社区	10346
白马涧一社区	5704
白马涧二社区	9327
东浜社区	4501
康佳社区	8750

【党建工作】 围绕“三严三实”专题教育，加强党的基层组织建设。实施“特色党建提升工程”，开展党员积分考核试点工作；建设区域党建工作站，增设马涧市民服务中心党代表工作室，组建红枫党建社会组织，为非公企业党组织、党员提供活动场所及党建工作指导。先后出台了《枫桥街道社区“三定”方案》《关于规范直属企业内设机构设置和定岗定员的方案》《街道各类条线协管人员用工指导意见》等定编定岗方案，规范人员的用工管理；通过轮换、换岗、竞岗等干部交流模式，进行多批干部调整，加强干部梯队建设。健全组织，配齐配强纪检干部队伍，新建8个基层纪检组织，出台《枫桥街道社区纪委书记工作职责》和《枫桥街道下属公司纪委书记（纪检委员）工作职责》，对社区和企业纪委的工作内容作了具体要求。加大监督，每周召开工程项目推进会，加强建设工程的规范化管理，打造政府阳光工程。加强宣教，通过廉情5分钟、廉政党课、廉政活动等方式，引导党员干部提高廉政意识，规范从政行为。注重对新提拔干部开展廉政谈话、家属助廉谈心等教育活动，提高拒腐防变能力。

【经济发展】 2015年年末，境内有内外资企业近4000家，规模以上工业企业223家，年产值超亿元企业106家，超10亿元企业10家，康硕、佳能、乐轩3家企业年产值超过65亿元。天孚光通信成功上市，伟仕泰克等4家企业在“新三板”成功挂牌，辖区企业在资本市场上的抗风险能力不断增强。服务业发展态势良好，商务商贸、文化创意、公共服务、旅游业和总部经济多头并举，完成服务业增加值53.8亿元，同比增长49.72%。

【科技创新】 奥美科技获批省级企业技术中心，万都底盘等11家企业获批市级企业技术中心；高新区考核15项科技指标中，10项指标完成数列全区第一，全部指标超过区平均时序进度，辖区高新技术企业超过100家；成立“一企一档”信息化系统平台，录入650余家重点企业信息；成立科枫企业创新服务发展中心，帮助艾斯达克等10余家企业解决厂房、资金、转型发展难题。

【城乡统筹】 联枫公司各经营项目稳步发展，富康商业街商业氛围逐步提升，马涧商业广场项目开工建设，预登记销售面积超过3万平方米。加快动迁扫尾工作，完成2个上市地块、1个城中村改造地块以及新区四中地块拆迁腾地工作。民房动迁签约10户、拆除14户，企业搬迁拆除4家，拆除集体厂房10100平方米，清理苗木105亩，安置动迁房874套、解困房170套（安置面积95600平方米）。两块土地挂牌出让，拍卖出让总价为12.85亿元。

【社会事业】 新建、续建各类民生工程项目超过40项，总投资约40亿元。完成康佳六期、杨木桥一期、姚桥新苑动迁房建设，完成实验小学、马涧小学加固工程；完成富康小区污水管、何山路外立面、马涧疏导点等改造工程。修复东环山路、御枫路等道路5条，粉刷桥梁28座，场地硬化18000平方米。木桥公寓，白马涧一、二社区改造，杨木桥居家养老装修工程建成投用；杨木桥二期、三期和高新区人民医院二期主体封顶；二次供水、马涧商业广场、枫桥消防站等区实事项目顺利推进。白马涧生态环境综合提升工程全面竣工，完成马涧地区控制性详规，马涧生态区配套设施进一步完善。加快河道整治，高标准通过省环保厅对于月盘桥河、东西中心河河道的整治验收。加大宕口利用，13个宕口全部完成整治验收，新增绿化面积24000平方米。加快环境提升，推进文明城市示范城区建设，城市管理和市容环境水平得到显著提升，城管中队在市城市管理网格化工作考核中获评优秀中队。推进社区管理创新，3名街道班子成员下沉到基层兼任社区书记，为社区管理增能；实行“四位一体”管理模式，加强社区党委、居委会、纪委、物业联动效能；探索“一中心多社区”服务模式，做到行政性事务的合并统一；采用“N+X”管理模式，将人大代表和政协委员吸纳进业委会，激活小区民主自治。对外来务工人员管理实现“三集中”，即引导集中居住，引导集中求职，引导集中疏导。景山公寓、木桥公寓居住外来务工人员25000人，规范管理、统一服务的集中居住模式，破解了许多社会管理难题。盘活马涧市民服务中心空置的3000平方米面积，高标准建设人力资源产业园。以占地面积7800平方米的马涧疏导点的投入使用提升市容市貌。

【民生保障】 2015年，街道各类经济合作组织分红10510万元，户均分红超1万元，农民人均收入32786元，股红收入在农民人均收入中占比超过10%。全年举办公益性招聘专场10场，帮助728名失地人员实现就业，援助困难人员就业222人，开发公益性岗位130个，扶持创业67人，带动就业494人，培训失地失业人员375人，区域内零就业家庭实现动态清零。及时准确做好困难补助，严格把握“低保线”，全年审核办理低保户4户，退出5户，低保户占街道总户数的比例为0.24%，为全市最低。设立社会救助“一门式”服务窗口，规范和优化办理手续，全年发放各类困难补助金1225.36万元。加大教育投入，开工建设4所学校；制定“代课教师管理办法”，帮助学校应对扩班后教师编制不足的实际困难；实施无房教师租房补贴，加大对教师的待遇补助；扶助普惠型幼儿园发展，确保公助民办幼儿园与公立幼儿园同等收费标准、同等教育质量、同等办学条件的“三同”办园标准。率先实行免收辖区内征地保养人员、征地救济人员、18周岁以下征地被抚养人员的15元大病医疗保险及意外保险费用，成为全区第一个免缴街道。优化养老服务，在杨木桥一期、康佳六期内同步建立2个居家养老服务中心（站）；孵化居家养老社会组织，在原有“七站一中心”的基础上，成立颐枫养老中心，强化服务供给能力。全年化解各类矛盾纠纷2833件，解决领导信箱、公众监督、12345便民热线、寒山闻钟等平台的投诉1847条，妥善化解12

起群体性事件，维护了区域的和谐稳定。开展各类安全专项整治行动，全年检查走访企业单位1224家次，排查隐患3969条，举办各类安全培训41期。安全生产事故、死亡人数实现大幅度“双降”，杜绝较大及以上事故的发生。以实施“六五”普法为契机，以法治广场、法制长廊为主阵地，举办50余场法治宣传活动，服务对象近7000人次；各社区相继成立社区司法服务站，以法律咨询、人民调解、纠纷排查、司法建议、结对帮扶等形式，提高居民法律意识和法律素养。规划建设2700米谢宴岭登山步道，与“灵白线”对接，途经寒山别业遗址及寒山摩崖石刻群、大禹山、乾隆御道、法螺寺等景点，将传统山水文化与时尚健身路线相串联。创办12年的《白马涧文化》杂志作为枫桥文化名片被苏州博物馆收藏。以“丽调”开创者徐丽仙命名的丽仙书场正式运营。

【政经分开】 自2006年以来，枫桥街道积极探索“政经分开”管理模式。按照“社会职能划归社区，经济职能留在股份合作社”的原则，进行基层自治组织与集体经济组织职能分离的改革，解决“人往哪里去、事由谁来做、钱从哪里来”三大问题。经过多年发展，该街道“就业、创业、物业三业致富”与“薪金、股金、租金、敬老金、养老保险、医疗保险、大病医疗再救助、助残金等八金保障”体系不断完善。以村股份合作社、联枫公司、民发富民合作社为代表的三种形式的富民模式已经成型。“政经分开”成效初现，24个村股份合作社10年来分红3.4亿元，民发富民合作社9年来分红2.6亿元，走出一条“户户有股份、家家有股红”的富民之路。市、区、街道三级财政对富民载体实施政策扶持，提高合作经济组织的市场竞争力。24个村股份合作社拥有总资产市值超过11.5亿元，全年到账收入8030万元，净收入5433万元，经济实力大大增强。全年街道财政安排社区运行经费和医保、困难户补助等支出5500万元，大大减轻村级负担。村股份合作社全年净收入比改制前的2005年增长12倍，股红分配额占收入比重达55.3%，居全市之首。2015年，“政经分开”经验被编入中共中央办公厅、国务院办公厅印发的《深化农村改革综合性实施方案》，成为示范新农村建设的创新典范。下半年，街道投资建设“政经分开”展示馆，该展示馆坐落于枫桥街道办事处6楼，展陈空间面积约150平方米，分8个区域，分别为领导关怀、艺术剪影、沙盘影片、改革背景、攻坚克难、发展硕果、发展愿景、富民载体展示。集中展示枫桥街道自2004年撤村建社区以来，全力加快城乡发展一体化，构建新型农村治理结构，创新完善社会管理体制机制的道路与经验。

【“一中心多社区”】 自2014年下半年，枫桥街道尝试探索“一中心多社区”服务模式，在马涧市民服务中心一楼建立一站式大厅，辐射整个枫桥西部，探索运行“一口受理，全科社工，全能服务”的“一中心多社区”服务模式。尝试运行一年后，枫桥街道办事处根据实际情况不断摸索、调整，成立全新的“马涧社区服务中心”机构，配置专门

枫桥街道政经分开展示馆内景（枫桥街道供图）

人员，通过规划，明确“一中心多社区”的定位，将社区的政府延伸职能与社区居委会的公共服务职能进一步厘清。枫桥街道“一中心多社区”服务模式申报“第四届苏州市和谐社区创新奖”的评选，并成为高新区唯一获奖单位。

【4个民生项目集中开工】 2015年9月22日，枫桥街道4个重点民生项目集中开工，总投资达7.7亿元。高新区第四中学项目，位于塔园路西、马运路南地块，总投资2.5亿元，建筑面积4.8万平方米，学校规模为12轨36个教学班，计划招生1600名；枫桥中心小学东校区项目，位于滨河路东、华山路南地块，总投资1.8亿元，建筑面积3.4万平方米，学校规模为6轨36个教学班，计划招生1620名；枫桥实验幼儿园项目，位于塔园路西、津桥街北地块，总投资0.4亿元，建筑面积0.9万平方米，学校规模为4轨12个教学班，计划招生360人。马涧商业广场项目，由两个部分组成，总投资3亿元。一号项目位于高新区马涧路北、马涧动迁房二期东地块，总建筑面积2.1万平方米，其中商业部分1.3万平方米；二号项目位于高新区马涧路北、朝红路东地块，总建筑面积3万平方米，其中商业部分2万平方米。 （顾云彬）

2015年9月22日，高新区枫桥街道举行民生工程集中开工仪式（沈一鸣摄）

西部生态城（镇湖街道）

【概况】 苏州西部生态城位于高新区230省道以西，规划总面积约45平方公里，人口5.5万。下辖市桥村、新桥村、秀岸村、西村村、山旺村、石帆村、马山村、西京村、太湖村、上山村10个村委会，西华社区和秀岸花园社区（筹）两个社区居委会。全年完成地方一般预算收入1.2323亿元，同比增长14.47%；固定资产投资1.7639亿元，同比增长16.81%；新增注册内资3.1263亿元，同比增长42.58%。2015年3月25日，苏州高新区镇湖生态旅游示范区上榜国家旅游局、环境保护部公布的2014年国家生态旅游示范区名单，成为苏州市首家获得此国家级称号的景区。5月25日，苏州太湖国家湿地公园、苏州中国刺绣艺术馆两家景区成功获评首批“全国旅游价格信得过景区”。11月中旬，高新区2015年科技创新重点项目——以镇湖苏绣为主体设立的苏州市刺绣产业创新研究院，通过市科技、民政等主管部门两级会审，落户镇湖街道。

【城乡统筹】 2015年全年累计评估1265户，签约1192户，拆除909户，苗木签约3186亩，搬迁1738亩。秀峰公寓和新桥公寓过渡房以及秀岸花园一期安置房全面交付使用，秀岸花园二期安置房开工建设，秀岸花园三期安置房地块的动迁工作进入扫尾阶段。纵一路及7号路、游园路镇湖区域基本完成施工。镇湖卫生服务中心全面交付使用。贡山岛电力电缆通道项目完成。镇湖中心小学完成主体施工。湖滨生态游憩带（马山—米泗山）景观工程完成硬质部分施工，马舍山裸心泊酒店项目、太湖大道三期和太湖大道南段建设加快推进，新能源汽车充电桩、生态廊道和杵山生态公园西侧太湖水域旅游等相关规划设计到位。西京湾生态农场项目按时序推进，长4.3公里的H型道路全线贯通，占地111亩的花田区正进行第二期轮作施工，占地90亩的山体公园一期茶园区域已经完成景观、绿化及茶树种植施工。贯彻落实全区城乡一体化工作会议精神，一手抓特色园区建设，分别投资110万和330万元，加快推进西村村、马山村的高标准农田建设；一手抓富民强村工程，推动成立镇湖裕民渔业专业合作社，完成上山岛居、新盛茶室等“一村两楼宇”项目，并通过与市级机关的对接和派驻村“第一书记”等举措，有效利用上级部门的资源、技术和智力优势，加快经济薄弱村帮扶。2015年镇湖农民人均纯收入25956元，增长11.3%；村集体经济平均收入245万元，增长10%。

【社会治理】 2015年全年接待群众来访132批次，其中，到市5批次，到区10批次，其他都化解在当地，继续保持进京、赴宁上访和非正常上访零纪录；来信33件次，全部及时进行妥善解决和回复。以数字城管二级平台的建立健全为抓手，整合生态城和街道职能部门资源，及时回复、处理群众诉求，基本做到“小事不出村（社区），大事不出街道”，获得“苏州市数字化城市管理先进集体”荣誉称号。切实加强安全监管工作，积极开展“人员密集场所”集中整治、粉尘企业专项整治、“九小场所”专项检查、“打非治违”综合大检查活动，进一步落实太湖大堤定点值班和常态巡查工作责任，完成绣品街“三合一”绣庄的消防安全整改工作，拆除镇区和农村违章搭建3139平方米。

【党的建设】 把“三严三实”专题教育活动作为当前党建工作的中心环节，认真做好党课授课、三个专题的学习交流，专题民主生活会和基层党组织生活会达到预期效果；基层党员远程教育和“三会一课”制度落实；党员普查按时完成任务；发展党员工作严格把关；“红色引擎”活动、区第九党代表团活动和“西部基层党员看新区新发展”等活动有声有色；下派的村第一书记深入基层，发挥作用明显；完成西京村、马山村、刺绣协会等三个党员服务中心的升级改造工作；推出“民生西京”“桃源西村”“湖光马山”“新桥党建微网”等微信公共号，探索新时期农村党组织便民惠民新渠道；加强党风廉政和反腐倡廉建设，配合区纪工委、检察院严厉查处发生在身边的违法违纪行为；积极引导基层党员在动迁安置、项目建设等领域攻坚克难，展示风采。党建工作的加强，为各项工作的推进提供坚实的组织保障。

【生态旅游】 在获批苏州市首家国家级生态旅游示范区的基础上，继续紧扣“旅游新去处，生态高新区”主题，柞山生态公园、翠湖雅居（新盛茶园）和上山岛居相继建成开业；开通“漫行西部”观光小火车，举办全国垂钓俱乐部挑战赛总决赛、合利兄弟杯公路自行车挑战赛、第五届中国苏州房车露营大会等有较大影响力的体育赛事；陆续在苏州电视台《新闻夜班车》《社会传真》《民生在线》等相关频道播出生态城专题宣传片，在苏南硕放国际机场、北京首都机场、上海社区和苏州地铁等人流量大的地方设置宣传专版，做好“西部生态城”微信公众号的对外宣传推送工作。经统计，西部生态城全年接待游客275万人次，同比增长12%，“自然、生态、野趣”生态休闲品牌日益深入人心。2015年12月16日，在无锡召开的江苏省全省智慧旅游推进大会上，苏州太湖国家湿地公园的“Wi-Fi互联新模式”项目喜获智慧江苏建设重点工程——“旅游+互联网”模式创新优秀项目表彰。

【镇湖苏绣】 继续加大对外交流和宣传力度，作为西部生态城乃至高新区最为靓丽文化名片的镇湖苏绣，对外影响力得到进一步提升。广泛参加江苏产品万里行成都展销会、中国第二届青岛东北亚版权创意精品展示交易会、第十一届中国（深圳）国际文化产业博览交易会等交流活动，成功举办第八届中国刺绣文化艺术节；有效整合资源，顺利建成江苏省巾帼手工业苏南

刺绣作品《岁月如歌》(西部生态城供图)

2015年4月11日，2014~2015年全国垂钓俱乐部挑战赛总决赛在杵山生态园举行(西部生态城供图)

刺绣展洽中心和苏州刺绣产业创新研究院，启动“巾帼礼予”刺绣文化创新设计活动，加快推进苏绣版权服务云平台、苏绣电商平台建设。出版《传承与发展中的苏绣》系列文化丛书，新华社《瞭望东方》杂志刊发《中国第一绣品：针尖上的标准》。2015年10月7日，中国非物质文化遗产系列专题片之《指尖上的传承——苏绣》，在央视九套纪录片频道进行了首播。该片以中国刺绣艺术馆景区为主要取景地，由江苏省工艺美术大师邹英姿携数十位绣娘奋战12个日夜，顺利拍摄完成，陆续在优酷、爱奇艺、搜狐、腾讯、凤凰等国内主流视频网站进行轮播。《岁月如歌》《葡萄硕果》《黄山日出》等3幅刺绣佳作相继被习近平主席、李克强总理作为国礼赠送外宾。

【西京国际马会签约】 2015年2月11日，苏州西部生态城发展有限公司与日发牧马堂马术有限公司举行签约仪式，联合共建苏州西京国际马会。该项目位于西部生态城的西京湾农场内，占地面积约280亩。其中建设用地9960平方米。项目成立的公司注册资本为6000万元。苏州西京国际马会作为苏州首家拥有专业水准的马会，可为苏州广大马术爱好者提供更多交流平台，将合理利用太湖得天独厚的自然山水资源，发展与马相关的名马饲养，休闲骑乘，马文化展示与表演，现代马术竞技等，共同推动苏州城西的经济、文化、体育、休闲产业发展，打造一张太湖沿线特色亮丽的新名片。

【杵山生态公园开园】 2015年4月11日，拥有全国一流垂钓设施的杵山生态公园正式开园，来自全国各地的192位钓鱼高手齐聚西部生态城，开始为期三天的国家一类赛事——2014~2015年全国垂钓俱乐部挑战赛总决赛。杵山生态公园占地39.6公顷，前身是镇湖街道杵山村的一片废旧鱼塘。自2013年开始，西部生态城按照“生态环保湿地、娱乐休闲旅游、国际专业垂钓”的总体目标打造集生态环保湿地、娱乐休闲旅游、国际专业垂钓等功能于一体的生态型主题公园。该公园包括专业垂钓区、会员垂钓区、公众垂钓区、湿地观光区等区域，并穿插氧运动道、空中栈道、婚礼草坪、田园风光等娱乐项目。苏州高新区智慧旅游正式启动，作为该工程的一部分，西部生态城当天在全区率先启动无线网络。

【江苏省首届版权推动艺术创新论坛暨苏绣原创工程研讨会】 2015年6月16日，江苏省首届版权推动艺术创新论坛暨苏绣原创工程研讨会在镇湖开幕。在原创作品授权仪式上，江苏省版权协会副会长华颂瑞代表省版权协会分别与画家签订美术（图画）作品改编权专有使用的授权协议，与苏州镇湖刺绣协会签订美术作品交流和维权合作协议，与刺绣艺术家签订美术（图画）作品改编权许可使用协议。全体与会人员还共建"江苏省刺绣作品展示交易群"。在论坛主题发言环节，与会专家分别做了"油画作品鉴赏与市场价格趋势""中国画作品鉴赏与市场价格趋势""工业革命4.0与刺绣业嬗变之思考""美术作品许可使用的若干法律问题""获得美术作品改编权的程序"等主旨演讲。

【第五届中国（苏州）房车露营大会】 2015年9月30日，第五届中国（苏州）房车露营大会暨2015中国（苏州）房车展在苏州西部生态城太湖一号房车露营公园开幕。同时举行了镇湖生态旅游区——国家生态旅游示范区、汽车（房车）露营地管理培训学院（筹）、江苏省自驾游协会房车露营分会揭牌仪式。本次房车露营大会以"光耀未来"为创意，以"房车照进生活"为主题，为期5天，在太湖一号房车露营公园与杵山生态公园两个场地开展，展区面积8万平方米，吸纳近100家国内外品牌房车厂商、经销商、配件、木屋、露营地、景区、设计规划、户外装备及房车家族、终端用户汇聚一堂，集中呈现最新的房车露营产品、创新技术的房车配件以及高性能的露营及户外装备。其中，最新款欧洲顶级重型越野房车MAN、骏奇房车是首次向中国大陆居民

第五届中国（苏州）房车露营大会现场（沈一鸣摄）

展示。另有新款摩托、游艇、直升机和其他互动活动。

【“漫行西部”休闲旅游观光小火车开通】 2015年9月30日，高新区“漫行西部”休闲旅游观光小火车、观光巴士开始运行。首批投入使用8辆16座的小观光巴士、4辆无轨小火车。每辆小火车可承载40位游客，平均时速20公里。2条观光巴士线路分别为：马山线，在太湖大道的最西端经贡山路发往马山游客中心，线路全长8.5公里；苏绣线，在太湖大道的最西端经绣品街发往太湖湿地公园首末站，线路全长8公里。观光小火车则途经绣品街、绣馆街、东城路、绣湖路、太湖大堤，串联起太湖湿地公园至马山游客中心，全长7.5公里，沿途停靠房车露营基地、杵山公园、净园雅居、刺绣博物馆、绣品街等站点。

游客乘坐小火车畅游高新区太湖大堤（沈一鸣摄）

2015年12月，苏绣作品《丝绸之路——满载而归》入藏中国美术馆，馆长吴为山（左）向姚建萍（右）颁发收藏证书（西部生态城供图）

【第八届中国刺绣文化艺术节】 2015年11月28日，以“创新创意、互联新生”为主题的第八届中国刺绣文化艺术节开幕，本届刺绣艺术节结合互联网时代的特点，推出官方电商平台“苏绣名品网”，苏州市刺绣产业创新研究院也在开幕式揭牌。同时，升级版的苏绣作品版权服务云平台正式面世，还举行了南京航空航天大学国家文化产业研究中心分部揭牌仪式、《传承与发展中的苏绣》首发仪式、“巾帼礼予”刺绣文化创新设计邀请展启动仪式，以及第九届江苏省“艺博奖—银针杯”刺绣作品大赛颁奖仪式。

【《丝绸之路——满载而归》被中国美术馆收藏】 2015年12月22日，著名刺绣艺术家姚建萍召开新闻发布会，宣布其作品《丝绸之路——满载而归》被中国美术馆收藏，这是中国刺绣界的第一次，也是中国工艺美术界的第一次。入藏的《丝绸之路——满载而归》是时代主题作品《丝绸之路》系列作品中的一幅。《丝绸之路》为一组两幅，分别为《丝绸之路——西出长安》《丝绸之路——满载而归》，均为高2米、长3米的苏绣巨作。《丝绸之路——满载而归》以大唐盛世为基准点，着力表现胡商驼队在长安采购完毕，满载货物翻越帕米尔高原的情景，体现了当时丝绸之路贸易的繁荣盛景，作品集中体现姚派艺术独特的“融针绣”风格。 （张晓东）

横塘街道

【概况】 横塘街道位于苏州市古城区西南部，是高新区的南大门。东邻姑苏区友新街道，南与吴中区越溪街道接壤，西接吴中区木渎镇，北与高新区狮山街道成片。区域总面积12.66平方公里，下辖新丰、石湖2个村委会，学府社区、青春社区和石湖社区3个社区居委会，现有人口近10万人。其中年末户籍人口17249人，派出所登记的暂住人口20253人，国际教育园北区各大专院校师生约4万人，村总人口2047人，社区总人口15202人。2015年，横塘街道全年完成地方一般预算收入3.01亿元，增长12.3%。横塘历史悠久、人文荟萃，古为渡口通衢，春秋时为吴越争霸的古战场，素以江南水乡、田园风光、吴越遗迹著称。南宋诗人范成大“年年送客横塘路”的诗句，更使横塘之名渐显。境内水以石湖为目，山以上方山为骨，历来是著名风景游览区，拥有经国家批准的文物保护单位10余处。20世纪90年代始，横塘街道以装饰建材为龙头产业，带动辖区内三产服务业快速发展，建成红星美凯龙、金屋装饰城等一批享誉华东地区的专业建材市场。2015年，横塘街道与狮山街道开启统筹规划、统筹建设、统筹发展的新纪元。老镇改造工程、上方山生态园建设、南环快速路西延和运河“四改三”改造等一批省、市重点工程为横塘未来发展带来新的机遇和动能。石湖社区获得“江苏省优秀青年志愿服务项目”和“江苏省充分就业示范社区”称号，青春社区获得“江苏省和谐社区建设示范社区”称号。

表17–10 2015年横塘街道各村、社区基本情况表

村、社区	年末户籍人口（人）	经济总收入（万元）
新丰村	1126	609
石湖村	921	687
学府社区	8826	363
青春社区	3695	640
石湖社区	2681	—

石湖一隅（横塘街道供图）

【经济发展】 2015年全年完成固定资产投入15.01亿元；内资注册7.90亿元，增长11.1%，其中工业注册资金1.6亿元，增长23.08%；受产业结构调整影响，规上工业总产值完成1.23亿元。引进孵化企业22家，引进或培育科技产业化项目、孵化器毕业企业6项；获批高新技术企业1家；批准高新技术产品2项；申报专利518项，其中发明专利327项；服务外包接包合同额1858万美元；申报研发机构1家，获批研发机构1家；PCT专利申请1项；获批科技项目37项；申报人才计划项目7项，获批1项。内资企业1833家，外资企业24家，个体工商户4832户。

【城乡统筹】 攻坚老镇改造、上方山石湖生态园建设、运河“四改三”、南环快速路西延等已启动项目征收拆迁的拔钉扫尾工作，累计签约民房62户，签约企业、店面69家。历经艰苦反复谈判，影响南环快速路西延施工建设的华鹏装饰市场完成签约，南环西延快速路继续推进。新丰、石湖2个村和青春、

石湖2个社区的村级经济收益总额超2200万元。农村股份合作社进一步壮大，现有股份总额8.83万股，2015年度股金分红为492.82万元，比上年增长近10%，平均每股分红再增5元。2015年度村级集体组织总资产达到4.57亿元，城乡居民收入比上年再增10%。

【社会事业】 2015年年末，有中小学校3所，医院（卫生院）1所。加大教育经费投入，改善办学条件和环境，学府幼儿园、成大实验小学等新建、改扩建工程集中开工，优质教育资源进一步均衡覆盖。运河路南延等区间道路有序建设，与狮山街道加快融合，区域交通条件进一步改善。继续推进城市环境“大整治、大提升”行动，区域基础设施和环境面貌明显改善，非法营运、违章搭建和车辆乱停乱放等现象得到遏制。开展新一轮“平安横塘”建设，加强社会治安综合治理，深化大调解机制、大防控体系和基层基础“三大建设”。继续深化“政社互动”“三社联动”等经验成果，推动政府治理和社会自我调节良性互动。理清社区、业委会和物业的职责边界，实施“社区指导、业主自治、物业服务”的“三合一”模式，不断提升社区自治管理水平。全面落实安全生产责任制，继续加大安全生产、森林防火、防汛防台、食品卫生、药品安全监管力度，切实保障人民群众生命财产安全。

【民生保障】 围绕一体化发展和产业转型升级目标，推进辖区内城市功能区布局和公共基础设施建设，主动做好对接服务。总投资12亿元，占地面积110亩，建筑面积12万平方米的中润苏州艺展中心综合体南地块居艺空间全部结顶；远雄水岸秀墅、新创宝带熙岸等房地产项目全部竣工；经贸学院“二园”（现代服务示范园及软件科学与技术服务园）建设全部完成，已入驻企业20多家；新学府幼儿园主体建设完工；成大实验幼儿园改建工程正式启动，成大实验小学扩建工程相关手续完成审批；学府社区服务中心竣工，进入内外装修阶段；老镇定销房、横塘社区卫生服务中心、森林防火通道等项目也都在有序推进。全年提供就业援助服务7308余人次，举行专场招聘5场，推荐失地失业人员就业356余人次，扶持失地失业人员自主创业40多人，带动就业289人，辖区户籍高校毕业生就业率达到100%，区域内“零就业家庭”实现动态清零。妥善解决“富丽贝尔”与员工解除劳动关系合同事件，为员工挽回损失18.56万元。关注女性身体健康，组织已婚育龄妇女开展生殖健康各项普查活动。做好社会救助、残联、老龄、红十字会、社区建设等各项工作，提升辖区群众的获得感和幸福感。全年累计发放低保金及水电补贴29.07万元，发放困难家庭各类补贴5.10万元，发放重残、特残人员生活补助23.62万元。向特困户、低保户、五保户、优抚对象、军属、爱心助学对象等送去慰问金30.83万元。发放“4050”人员征地救济金50.54万元。　　（梅园）

国有企业

SND

苏州高新区经济发展集团总公司

苏州新区高新技术产业股份有限公司

苏州高新创业投资集团有限公司

苏州高新有轨电车有限公司

苏州高新区文体发展有限公司

苏州高新区经济发展集团总公司

【概况】 苏州高新区经济发展集团总公司（简称苏高新集团）成立于1990年，是高新区管委会的全资公司，主要从事城镇化建设、房地产、产业园、类金融、社会化服务和旅游等六项业务。旗下拥有建融集团、生态城公司、环保产业园、新高置地、自来水公司、新港物业和创新科技等24家控股子公司，参股苏州高新资产管理有限公司、苏州高新区保税物流中心有限公司、苏州科技城发展有限公司等区域配套企业，以及江苏银行、苏州银行和国嘉创投等金融业企业23家。2015年年内，集团新建基层工会7家，换届选举7家，工会组织在成员企业实现全覆盖，投资70余万元的职工（党员）服务中心揭牌投入使用。集团党委入选苏州市先锋基层党组织。完成"三重一大"审计15家，工资薪酬审计20家，招投标审计12家，往来款审计18家，经济责任审计4家，审计问题得到及时整改。2015年，苏高新集团营业收入完成51.8亿元，同比增长23.3%；利税总额完成5.26亿元，同比增长20.4%，"十二五"规划特别是改革重组三年目标圆满收官。截至2015年底，公司在职员工3506人。其中，专业技术人员461人，财务人员94人，行政人员92人；博士学历1人，硕士学历30人，大学本科学历391人，大学专科学历252人。

表18–1 2012~2015年主要经济指标完成情况

年份	营业收入（亿元）	利税总额（亿元）
2012	11.3	2.52
2013	24	3.01
2014	42	4.37
2015	51.8	5.26

城镇化建设业务 包括苏州建融资产经营管理有限公司、苏州西部生态城发展有限公司、苏州新灏农业旅游发展有限公司、苏州高新区新振建设发展有限公司、苏州新狮重建发展有限公司和苏州高新金屋工程建设发展有限公司等6家企业。2015年年内，加大土地指标争取力度，加快上市地块周边环境整治，加强拟上市地块前期推介，实现土地上市4块。项目招商方面，强化自主招商和销售能力，打造集团招商联盟和专业销售团队，加强对税源经济引入，把一批产业集聚度高、带动能力强的企业引入高新区。引进的宜家项目交地并开工建设，迪卡侬旗舰店正式签约落户，城铁新城板块再添新亮点，78号地块寻求印象城等专业市场合作。新振（新灏）公司与通安镇签订开发平衡方案，同时立足中国最美乡村树山村，启动温泉酒店改造提升工程，丰富酒店配套，盘活旅游资源。高新金屋公司获得房地产开发二级资质，承担的定销房业务正式启动。新狮重建交付动迁房607套，星韵邻舍中心正式开业，一科大厦转型试水医养结合产业。

产业园开发业务 包括苏州苏高新科技产业发展有限公司、苏州科技城生物医学技术发展有限公司、苏州国家环保高新技术产业园发展有限公司、苏州创新设计制造中心有限公司和苏高新科技产业发展（溧阳）有限公司等5家企业。板块整体入选中国产业地产30强。苏高新南大（溧阳）新兴产业园签约并动工建设，美尔斯通、明朗投资、通达轧钢和安控科技等4个项目缴款落户，预租售面积约2.1万平方米，定制土地20亩，占一期定制区26.7%。与重庆荣昌区签订软性管理输出框架协议，将为荣昌产业园提供方案设计、产业规划、招商顾问、项目融资和运营托管等多个层面的有偿服务输出。河道治理和化工园废气监测技术等环保实业项目不断拓展，转型升级迈出坚实步伐，中标高新区环境监测站项目，大丰化工园废气在线监测项目入选2015年中美绿色合作伙伴计划，其间在华盛顿由美国国务院和中国发改委共同见证签约。医疗器械园获批国家级"创业苗圃—孵化器—加速器"科技创业孵化链条，省、市、区三级投入1.5亿元共建的科技创新中心正式落户。创新设计制造中心打造的第一家创客中心正式运营。

房地产开发业务 包括苏

州新高置地有限公司、苏州新高绿建建设发展有限公司、苏州新景天商务地产发展有限公司、中节能绿建（苏州）发展有限公司、苏州汇融商旅发展有限公司和苏州浒新置业有限公司等6家企业。房地产事业部加强对开发项目的统一管理和指导，通过司机文化节、房产节、房交会和运动会等渠道，利用“苏高新集团·房产”这一品牌整体对市场营销，对具有竞争力的优势项目制订周密营销计划抢占市场，对库存项目重点抓快速去化和清盘，荷澜庭、虹锦湾、星桐湾、生态岛、蓝天广场、158生活广场和高新广场等7个项目累计实现销售1436套，销售面积17万平方米，销售金额29.6亿元。荷澜庭首次开盘便夺得江苏省和苏州市双销冠，位列当月全国前十榜单，开盘3个月实现销售20亿元。通过该项目运作，对原有开发项目的流程和成本进行梳理、对标，找出与标杆企业的差距，开发和销售周期大幅缩短，资金成本有效控制。锦悦湾售楼处已公开，登记客户超过1000组。斥资39.2亿元竞得WG20号（劳动路）地块。

社会化服务业务　包括苏州高新区自来水有限公司、苏州金狮大厦发展管理有限公司、苏州新港物业服务有限公司和苏州市小茅山铜铅锌矿等4家企业。在做好日常经营管理的同时，重视业务转型升级，板块整体呈现出稳中有升的发展基调，营收、利税等指标总体占比上升。新港物业和金狮大厦入选江苏省物业企业综合实力50强，在区物业服务规范化考核中取得优异成绩，在苏州市创建国家文明城市和生态园林城市验收工作中做出重要贡献，巩固了在苏州市物业行业中的领先位置。金狮大厦谋求资产经营和物业服务业务同步发展，在专业资产运营上谋求突破，对多处资产实现溢价出售。新港物业成立科尚物业服务有限公司，引入万科物业睿服务体系，委派多批次几十名员工前往万科物业见习，服务质量迅速提升。自来水公司完成14个二次供水改造任务，6783户居民享受自来水“同网、同质、同价、同服务”。小茅山矿一手抓生产保安全，一手抓转型促发展，虎山矿段探矿工作在确保安全前提下稳步推进；泰山路地块一期一标段主体封顶；成立苏铜科嘉公司，与巨立电梯等专业公司合作，开拓高低压值班、电梯维保和临时水电等专业服务外包业务，承接自来水公司尾泥处理等业务。

类金融和商贸业务　包括苏州新区创新科技投资管理有限公司、苏州市新合盛科技小额贷款有限公司、苏州高新区新合盛担保有限公司、新合盛融资租赁有限公司、苏州高新区鼎丰农村小额贷款有限公司、金宁（国际）集团有限公司、钟山苏新发展有限公司、苏州高新生产资料商贸发展有限公司和新和开发股份有限公司等9家企业。非银行金融板块以金融全牌照为目标，继续打造新业务平台，加快业务布局。新合盛融资租赁首批业务放款，新合盛担保牌照获批，获得多家银行授信，新合盛商业保理公司即将开业，未来金融板块将有6家企业同时对外经营，新合盛金融品牌集聚效应逐步显现。其间与产业园事业部、房地产事业部建立深度互动，推动产融结合，实现合作共赢。完成香港钟山苏新公司股权改造，与台湾新和公司开展合作，利用两个窗口公司，推进境外融资进程。高新生资在传统业务的基础上谋求转型，逐步开拓、发展境外代采购订货、金融商务实盘等新兴业务。在经营上向市场主导型转变，发展固定客户业务、集中采购、市场直销等多种模式并存，适时调整各自比例。

旅游业务　以苏州太湖湿地世界旅游发展有限公司为平台，根据管委会打造“西部太湖”“大阳山”和“白马涧”三大旅游核心区部署，挖掘沿太湖自然、人文景观，将生态旅游、现代娱乐与苏绣文化体验相结合，打造苏高新集团西部太湖旅游产业链。苏州太湖国家湿地公园、中国刺绣艺术馆、树山生态村和西京湾等景区逐步形成规模效应，西京湾花田区受到苏州市民青睐，新盛茶室、上山岛居和翠湖雅居对外开放，“苏州北海道”成为西太湖最美的地方。先后敲定裸心、西京马会、玫瑰园、匠人村酒店和商业街等项目招商。举办苏高新集团（旅游）首届夏季缤纷水果节暨太湖湿地水上“沙”欢节，首批旅游产品投放市场。太湖国家湿地公园推出苏州首座“智慧票房”，热带植物馆和景观改造完成，一、二期联动迎客，引进气垫船、水上飞人和湖滨浴场等项目，策划稻草人魔法王国、迪拜风情和自然学校等系列活动。2015年5月25日，苏州太湖国家湿地公园、苏州中国刺绣艺术馆两家景区入选首批“全国旅游价格信得过景区”，牵头实施的“Wi-Fi互联新模式”项目获得省级表彰。

【战略规划】 战略性新兴产业布局加快，资产管理公司取得营业执照。新振公司正式代理苏州大学通安产业基地招商和运营业务。苏高新集团张家港节能环保高新技术产业园正式签约。新港物业瞄准高附加值增值业务，两家租售中心开业后业务规模逐步做大。西部旅游板块台湾晶华酒店集团签约，高端酒店运营水平将稳步提升。太湖湿地公园投资国内一流动漫公司丰富旅游产品，打造“动漫+玩具+旅游”产业链，提高西部旅游竞争力。治理体系重塑加快，各事业部（二级集团）管控能力全面提升强化，产业园事业部引入项目运营决策体系和ERP管理工具，强化异地项目管理和项目投资评估能力；房地产事业部修订《房地产事业部运作方案》，从荷澜庭项目开始实施房地产项目考核，提升项目收益水平理念贯穿房地产项目开发始终；金融事业部长效激励和计提风险金制度正式实施，项目收益、风险管控水平和个人薪酬实现高度捆绑；城镇化和社会化服务板块通过例会机制分享信息、整合资源，加强合作交流。

【项目开发建设】 2015年全年新建、续建项目35个，其中承担市、区重点工程或实事项目12个，当年新开工项目12个，实际完成投资额47.76亿元。年内交付使用市妇女儿童活动中心、镇湖卫生服务中心、生态岛、蓝天广场和星桐湾等7个项目。高新区文体中心、新主城二期3-2地块、镇湖中心小学、文昌中学、高新区人民医院二期、虹锦湾二期和泰山路工业厂房一期一标段等7个项目主体结构封顶，进入内外装阶段。西京湾H型道路累计接收3.9千米和7座桥梁作业面并抓紧施工，裸心泊镶边景观完成，一期地下室主体结构正在浇筑。锦悦湾，荷澜庭一、二期，78号地块一期，狮山生活中心，研发大楼和苏高新南大（新兴）产业园等项目按期开工。

【资本运作】 结算中心升格为一级部门，对外筹集资金，对内统筹管理，围绕产业链匹配资金链，提升价值链，已批授信约120亿元，年资金结算量1600亿元，确保资金链平衡安全。抓住双降政策红利窗口期，利用大集团融资的谈判优势，提前偿还或置换成本较高的信托等贷款，融资成本逐步下降。与吴中经发、农发集团等企业加强业务交流，组织研究经营性物业贷款、资产证券化和PPN等融资产品，增加中期票据、险资（新华和人保）、专项建设债券、融资租赁和银行资金池等长期资金贷款，丰富融资手段。发行非上市公司公司债30亿元（苏高新集团20亿元，自来水公司10亿元），获批西京湾银团贷款20亿元和新华保险贷款5亿元，苏州城乡一体化基金（13亿元）和房地产基金（近40亿元）成功设立，降低短期贷款比例，优化融资结构，长期资金占比上升为68%，融资周期和经营周期匹配度提升。《担保管理办法》正式实施，逐步控制担保规模，控制资金链系统性风险。

【盘活存量资源】 重视提高参股企业整体效益，通过董事会、股东会联系参股企业，了解经营情况，督促应收回股利及时入账。对一些不符合集团发展方向的参股企业协商退出，2015年年内，明基医院、中锐置业和同和环保股权正式退出，模具城、一科设计院的清算进程加快，逐步退出御花园、锦华苑和日空山阳股权，收回投资。老管委会大楼、永新大厦2号楼部分和名城商铺实现出售，金狮大厦存量房逐步去化，科技大厦2号楼已经与中科院地理所达成出售意向，正在进行具体合同谈判。加快办理美林公寓、飞思卡尔和淮海街4号等产证，完成狮山新苑打工楼、出口加工区和华奕天和厂房维护维修。金粉厂10亩土地完成所有资料汇总，形成正式方案报告，部分意向项目已着手谈判。

（何泽）

苏州新区高新技术产业股份有限公司

【概况】 苏州新区高新技术产业股份有限公司（简称苏高新股份）成立于1994年6月，1996年7月在上海证券交易所挂牌上市，是苏州市在上海证交所上市的首批上市企业，证券代码600736，股票简称“苏州高新”。已形成以房地产开发与经营为主业，旅游服务业为重要支柱产业，基础设施开发与经营及金融、股权投资为辅的多元化产业协同发展格局，旗下拥有苏州高新地产集团、苏州乐园、高新污水、徐州投资等8家直接控股子公司，通过子公司间接控股子公司21家，参股江苏银行、中新苏州工业园区开发集团、华能热电、高新物流等企业10家。截至2015年底，公司总资产213.98亿元，净资产55.83亿元，总股本11.94亿股。作为高新区重要的上市企业，公司一直致力于打造在区域实体经济与资本市场上的双重影响力，紧扣“转型”工作主题进行产业结构调整，整合优化房地产业，大力发展旅游业，拓展社服业、金融创投业；通过强化市场化运作机制加速资本与产业的互动，积极发挥资本市场造血功能反哺产业升级，在基建、环保、旅游、民生等方面助推高新区向“科技、生态、宜居”发展的同时，为区域发展导入更多的社会资本，也在资本市场获得良好信誉及广大投资者的信赖。2015年，公司实现营业收入33.096亿元，净利润1.91亿元，同比增长12.6%。区内上缴税收3.43亿元，同比增长11.7%。公司在职员工1028人，其中专业技术人员270人、财务人员79人、行政人员275人，博士学历3人、硕士学历35人、大学本科学历327人、大学专科学历243人。严控企业“三公经费”，较去年同比下降37%，围绕企业营销、采购、基建、物管、资金五大领域进行重点风险防控。2015年公司党委以“三严三实专题教育活动”为契机，领导干部共查摆出28条“不严不实”问题，并厉行整改，同时深化党风廉政建设责任制，创建并获得“苏州市第七届廉洁文化建设示范点”称号。2015年公司获“2015中国最受投资者尊重的上市公司入围奖”“苏州市劳动关系和谐企业”“苏州市廉洁文化示范点”等荣誉，公司党委被评为“高新区党建工作示范点”。

【房地产业务】 立足本地，适度异地扩张，形成苏州、徐州、扬州三大区域布局，在做大规模的同时，重点优化管理体制和完善激励机制，探索产业集团化发展方向，通过平台整合将原先旗下新创、新港、永新三家地产公司整合成苏州高新地产集团，进一步加强市场营销、工程建设、设计研发等方面的团队建设，推行员工合伙激励机制，提升公司发展活力和凝聚力。同时，公司尝试合作开发模式，缩短开发周期，提高项目整体收益。2015年全年商品房项目施工面积142.27万平方米，完成商品房合同销售面积29.43万平方米，合同销售金额26.91亿元，持有待开发土地面积：苏州市350343平方米，徐州市256864平方米。重点项目主要有天之运、宝带熙岸、玉山广场、大成郡、吴江天城、徐州万悦城等，天之运、大成郡荣膺“年度最具人气楼盘奖”。新组建的高新地产集团获“江苏省房地产开发行业综合实力50强”“苏州新区文明单位”“苏州网信工商诚信单位”等荣誉。

【旅游与酒店业务】 旅游业务方面，深耕区域旅游开发，借助苏州乐园经营及品牌优势，发挥在区域旅游产业上的主导地位，同时通过投资、合作以及品牌管理输出等方式实现旅游产业集团化发展。2015年全年旅游项目实现入园人数300万人次，实现收入3.34亿元。在第二届中国游乐行业“摩天奖”评选活动中，苏州乐园斩获“2015中国十大主题乐园奖”“2015最受欢迎水上乐园奖”两项殊荣。徐州乐园被命名为“2015—2019年江苏省科普教育基地”，并获得“2015年度江苏省放心消费单位”称号。在做好旅游经营的同时，深度挖掘高新区山水文化资源，旅游的布局由狮子山向太湖纵深发展，打造与建设大阳山森林世界、森林水世界、泰迪农场、大阳山植物园等一批与生态相融合的主题性旅游新项目，苏州西部旅游项目布局初步完成。酒店业务方面，旗下运营的有苏州日航、清山会议中心、宜必思、尚品、徐州乐园度假五家酒店，苏州华美达酒店在建中，总客房1490余间，除通过优化管理、规范服务来提升常规酒店业务外，还通过加强与旅游产业的联动与政企互动，逐步在区域度假休闲、国际性高端会务接待上形成特色服务。

【基础设施开发与经营】 基础设施开发主要为区内动迁房及涉及教育、民生的代建项目，全年施工面积45.72万平方米，主要项目包括狮山科技馆、苏州实验中学重建、华通花园七区等。经营业务涉及水务、热电、物流等行业。控股的高新污水公司全年完成污水处理量6226万吨，同比增长4.81%，实现营业收入1.34亿元，同比增长11.92%。引进苏州水务集团有限公司合作成立苏州春泥环境技术有限公司，盘活存量资产，为管理输出业务拓展奠定合作基础。投资苏州港阳新能源股份有限公司，提供市政和工业污泥处理处置综合解决方案。参股的新区自来水公司通过区内水务资产的整合实现产业规模的扩大及效益的提升。

【金融与股权投资】 金融、股权投资主要涉及银行、基金以及拟上市公司股权投资。投资的中新开发集团、江苏银行IPO均获得证监会审核通过，金埔园林处于IPO进程中。发起设立的3.8亿元融联新兴产业基金已完成第二期出资，累计出资比例60%，作为国家发改委扶持的江苏省内第一支新兴产业创投计划参股基金，该基金目前累计完成13家企业1.44亿元的投资。联合境外投资者成立的福瑞融资租赁公司，全年完成资金投放9.43亿元，积极投入科技金融服务，目前为区域内高端制造型企业的“智能车间改造”项目提供专项融资租赁服务。福瑞融资租赁公司被省金融办认定为“2015年度江苏省特色科技金融机构”。

【资本运作】 拓宽融资思路，把控市场节奏进行资本运作，全年新增融资96亿元。盘活存量资产，控制融资规模，资产负债率由80%降低至75%，财务结构进一步优化。抓住国家降息降准的机会全力降低资金成本，全年综合成本由7.5%降低至6.5%。成功发行7亿元公司债，发行利率仅为4.67%；成功发行中期票据融资9亿元，成为苏州首个上市房企中期票据。同时抓住资本市场的机遇，成功实施定向增发，募集资金13亿元。启动注入苏州高新创业投资集团有限公司的资产重组项目，已获得江苏省国资委的审核批准。通过整合内部资源，形成大金融、大创投的发展格局。

【资产管理】 以资产重组、股权清理、土地收储和委托管理等方式进行轻资产化处置。分别将持有的高新商旅公司股权及新创公司51%股权通过产权交易所公开挂牌转让，同时配合高新区区域的整体规划发展，开展苏州乐园土地收储工作，全年三次被政府收储土地346.50亩。上述资产出售成交金额12.62亿元，减轻公司重资产运营压力，同时释放了利润空间。推进狮山公寓式酒店、金都城商业体、金河国际大厦36层等存量资产的销售盘活。财务管理方面，上线金蝶EAS系统与五大银行资金池项目，提升公司资金信息化管理水平，大幅减少资金闲置现象，有效提高资金使用效率。

（童丽慧）

苏州高新创业投资集团有限公司

【概况】 苏州高新创业投资集团有限公司（简称苏高新创投）于2008年7月组建，注册资本8

亿元，管理资本规模超百亿元，是高新区直属国有企业集团，也是高新区创业投资政府引导基金的运营管理机构。苏高新创投通过区域科技投融资平台构建、科技招商服务（人才与项目引进）以及“新三板”服务等金融服务平台、创新型科技园区建设，优化区域企业发展环境，促进科技金融创新，主推区域转型发展。苏高新创投不断做大做强创投主业，创新拓展新兴金融服务业，逐步建立起集各类股权投资（天使基金、VC、PE、产业及并购基金）、集合服务、融资担保、科技小贷、商业保理、融资租赁、科技保险、“新三板”服务为一体的企业成长服务体系，形成“苏高新创投”自身独特的发展特色和道路。对接上海自贸区、昆山两岸合作试验区、苏州工业园区开放创新综合试验区等开放创新前沿阵地，拓展多元化、多层次、多渠道的科技金融产业体系，助推高新区开放创新水平新提升。以金融小镇打造为契机，开拓新金融产业开发运营路径；以周边知识产权集聚区建设为契机，出资参与江苏（国际）知识产权交易中心，开拓知识产权投融资发展路径。公司债准备就绪，将择机发行，开拓融资新路径。向上申报省级博士后创新实践基地，加强科技金融理论研究。2015年，苏高新创投实现营业收入7.67亿元，同比增长93.19%；实现利税总额4.72亿元，同比增长83.17%。苏州高新区中小企业担保有限公司获得“江苏省2014年度融资性担保机构合规经营三十佳”称号，苏州市聚创科技小额贷款有限公司成为全省仅有的三家“AAA”级小贷公司，“e帮创”入围第二批省级众创空间备案，苏高新创投获得“2014—2015年度苏州市促进民营经济发展先进公共服务机构”和“2012—2014年度文明单位”称号。

【打造国内一流金融集聚区】 抓住“太湖金谷·金融小镇”发展主线，打造全国“新三板”服务品牌，申报全国首批国家级证券期货投教基地，建设全国影响的金融小镇新金融服务业高地，推动形成全国一流的“太湖金谷·金融小镇”金融集聚区。太湖金谷与全国股转系统无缝对接，业务全面铺开。举行挂牌近千场，推出东吴证券高新区企业专场等特色服务，实现庆典苏州同步直播；举办基础培训、专题培训、精品培训等近百场，覆盖企业2500家，15000人次，金谷总裁班、财总班、股权激励专题等精品培训受到市场欢迎；累计举办线上线下路演70余场。太湖金谷官网、微平台上线，访问量突破10万，日均访问量过千。开通金谷商学院，太湖金谷日益成为“新三板”市场综合服务的权威平台。挂牌、培训、路演、信息、投研五大团队打造成型，“新三板”中小企业培训基地建成投用，申报首批国家级证券期货投教基地。“太湖金谷·金融小镇”一期开建，二期规划启动。小镇以自然、科技、产业相融合的小镇经济理念打造，引入高端私募基金、企业总部、“新三板”服务机构、科技金融服务机构等新金融服务产业，与先期科技金融广场形成联动，打造私募股权投资基金发展集聚区、“新三板”产业综合服务示范区、科技金融服务创新区三位一体的金融集聚区，形成明显的资源集聚效应。

【培育“新三板”企业群】 顶住经济下行压力影响，坚持为中小微企业输出投融资服务，助力区内优质企业迈上发展新台阶。担保、科贷、保理公司稳定为中小微企业提供融资支持不下滑，稳定服务区内企业比例不下降，服务企业有所增加，注重金融资源投放向优质科技企业倾斜，合计为银河激光、德品医疗、固德威电源等10余家区内“新三板”挂牌及拟挂牌企业提供投融资支持。集合公司发起高新区中小企业服务联盟，举办科技金融服务活动30多场，受益企业两千余家。建设下沉服务网络，下沉走访企业300余家，帮助解决融资需求超亿元。引导发起区域“新三板”基金集群，助推优质区内企业登陆“新三板”。新投资食行生鲜、贝克微电子、固德威电源等项目31个，投资金额5.25亿元，参与圣禹材料、中国康富等“新三板”挂牌企业定增。实现莱克电气、柯利达、苏试试验、华源包装沪深上市，世嘉股份通过发审，推动天准精密、德品医疗、固德威电源、高创特等14家企业挂牌“新三板”，占高新区26家“新三板”挂牌企业的半壁江山。

【打造双创新引擎】 加强众创支撑平台建设，推进大众创业、万众创新。打造完成首个众创空间“e帮创”，入围第二批省级众创空间备案。发起设立首期规模3亿元的高创天使母基金，并引导社会资本设立子基金1.65亿元，吸引投资优质区内早期项目。举办第三届江苏省中小企业创新创业大赛，该重要赛事已永久落户高新区。走访浙大苏州工研院等区内主要创新载体，对接科技人才活动50多场，深挖项目案源。在大量尽调基础上签署投资协议20家。向区、市分级推荐获评人才项目12个。 （倪千）

苏州高新有轨电车有限公司

【概况】 苏州高新有轨电车有限公司（简称有轨电车公司）注册成立于2011年4月，是苏州高新区管委会一级国有企业。截至2015年底，公司注册资本29亿元。作为高新区有轨电车工程建设、项目投融资主体，主要负责高新区有轨电车工程投资、建设、运营服务和综合开发。公司下设综合部、财务部、内控部、计划部、总工室、基建部、市场部，并成立运营分公司、咨询公司、培训管理公司、物业服务公司、有轨电车设计院、狮山石路国际生活广场以及铁研高新轨道交通技术有限公司、轨道交通检验认证公司、有轨电车信息化公司等。公司发挥“全国第一”的示范效应，完善和推动高新区有轨电车千亿级产业链建设，并打造现代有轨电车综合服务商平台，筹划上市之路。2015年年内，牵头成立首个国家级现代有轨电车分会——中城协现代有轨电车分会以及国内首个现代有轨电车产业技术创新战略联盟，先后为南京、青岛、淮安、红河等10余个城市提供咨询、培训、设计等服务。6月，运营分公司通过“质量管理体系、环境管理体系、职业健康安全管理体系”的三标一体化认证，成为全国首个完成三标一体化认证的有轨电车运营公司。公司申报的“建立安全高效的现代有轨电车运营管理体系”荣获全国交通行业管理现代化创新成果奖。2015年，有轨电车1号线工程荣获2014苏州十大民心工程、2015年度“全国市政金杯示范工程”、江苏省“扬子杯”优质工程奖、苏州市“姑苏杯”优质工程奖和高新区“狮山杯”优质工程奖。

【1号线运营】 有轨电车1号线2015年全年实现列车安全运营总里程150万多列公里，运送旅客180万人次，平均运行图兑现率99.94%，平均日准率99.66%，均大幅超过国家标准。全年完成四次调图工作，高峰段上线车辆11辆，最短发车间隔7.5分钟，旅行速度超过29公里/小时，全线单程37.5分钟，始终保持国内有轨电车运营的最高水平。利用晚间停运时间，进行增加上线车辆、缩短发车间隔、提高列车运行速度等大量试验和演练，获取经验数据。已具备上线车辆14辆、最短发车间隔6分钟的运行条件，为后续提速调图做好准备。开展“安全月”、“安全竞赛”，评选“安全之星”等各类活动，强化安全生产责任制，严格落实安全生产工作制度；及时对运营经验进行总结，建立齐全的运营规章制度体系和行为准则。完善形成45个应急预案、43项安全防范措施；完成18次各项应急演练、23次各类培训，形成流程化、标准化、常态化机制。开展有轨电车“喜迎新春”、“我是有轨电车接班人”、“护航高考、爱心出行”、有轨电车“快乐端午”、“手机微信次卡套餐”等13项大型专项营销活动，客流量稳步上升。结合“青年文明号”创建工作，倡导“敬业、协作、创优、奉献”的良好氛围，提升服务，争先创优。举办丰富多彩的各类宣传主题活动，特别是有轨电车摄影大赛、儿童绘画大赛、有轨电车最美慢行道迷你马拉

有轨电车1号线延伸线开工仪式（有轨电车公司供图）

有轨电车2号线线路图（有轨电车公司供图）

自由行驶（有轨电车公司供图）

有轨电车最美慢行道迷你马拉松（有轨电车公司供图）

“千车万人游新区”活动（有轨电车公司供图）

松、主题车厢装饰等活动的密集举办，吸引超过3000多名市民参与，树立有轨电车绿色、舒适、最美交通线的形象，增强高新区有轨电车的知名度和品牌度。《新华日报》、江苏卫视、《苏州日报》等多家省级、市级媒体多次对高新区有轨电车专题报道，跟踪报道，持续宣传，取得较好的媒体宣传效果。按照省级工业旅游景点标准对电车基地进行建设开发，申报省首批旅游公共服务体系。全年接待各类参观游客3.5万余人次。其中，与太湖湿地公园联合推出“千车万人游新区活动”，超过1.8万名中小学生参观电车基地，体验有轨电车。2015年10月31日，第一辆主题列车“梦幻王国”上线，全国第一辆以电影为主题的列车上线。

【有轨电车工程建设】 2015年，有轨电车2号线、1号线延伸线相继开工建设。2号线分正、辅线运营，全线总长18.646公里。其中，正线起点为龙康路站，终点为城际站，正线起点站与有轨电车1号线换乘，终点站与沪宁城际铁路苏州新区站、轨道交通3号线换乘，正线长超17公里，路经龙康路、普陀山路、科正路、阳山西路、通浒路、文昌路、鸿福路和风桅路。辅线在鸿福路站与正线连接，线路沿文昌路向南走行，终点为文昌路站，与苏州市轨道交通3号线文昌路站换乘，辅线长约1公里。8月25日，有轨电车2号线车辆外观设计最终方案确定，综合市民投票和专家意见，寓意为“自由行驶”的1号方案胜出。截至2015年底，高架桥梁中浒光1号桥和绕城高速桥全部完成，浒光2号桥下部结构全部完成，文昌路特大桥桩基基础和下部结构完成80%。S230和G312下穿施工正在有序推进，完成主体结构70%。全线部分路段开始铺轨。1号线延伸线从龙康路站开始，沿太湖大道向西延伸，全长10.2公里，将串联起苏州西部生态城、太湖广场、太湖湿地公园等地，与有轨电车1号线共同构筑起高新区东西向主干线。延伸线分主线、支线运营。其中，主线长8.9公里，终点站是位于西部生态城的太湖广场站，设7个停车站；支线全长1.3公里，设1个停车站。作为高新区有轨电车网络中的骨干组成，将带动太湖旅游资源开发以及沿线城市空间的开发和建设。工程于6月19日通过省发改委组织的专家评审。截至12月底，市政道路改造完成33%，有轨电车路基完成20%。

【客运西站综合交通枢纽项目】 该项目集长途客运、公交首末站、旅游集散、虚拟空港、配套商业、轨道交通、P+R七位一体，将打造成全省首个运贸综合体。项目占地6.6万平方米，总建筑面积为19万平方米，总投资16.2亿元。该综合体分为北区和南区两大区域。其中，北区为多功能换乘的公共客运区，可实现公交、出租、地铁、有轨电车、长途客运、旅游集散、机场大巴等七种交通方式的无缝换乘。南区是一站式消费的休闲娱乐区，建筑面积约10万平方米。从地下一层至五层，集结美食广场、大型超市、时尚百货、休闲快餐、家居体验中心、儿童游玩体验馆、特色餐饮、定制家居、电影院和KTV等多种商业娱乐设施。该项目于2015年7月底完成主体结构封顶。

客运西站项目效果图（有轨电车公司供图）

【平台建设和科研攻关】 2015年9月8日，我国首个国家级现代有轨电车协会——中国城市轨道交通协会现代有轨电车分会在苏州电车基地成立，来自全国的53家有轨电车行业企业成为首届会员单位。同日，我国首个有轨电车产业技术创新战略联盟也在苏州电车基地挂牌，来自各地的20家联盟企业将抱团开展现代有轨电车产业战略研究、高端技术研究。现代有轨电车分会是中国城市轨道交通协会首次在北京以外的地方设立分会，由苏州高新有轨电车有限公司作为牵头单位，联合广州、南京、武汉等城市有轨电车建设运营单位，以及中国中车、铁科院等单位共同发起成立。第一届现代有轨电车分会涵盖有轨电车建设、运营、设计、咨询、科研、装备制造、培训教育等领域，具有较强的技术专业性和广泛的行业代表性。创建铁研高新轨道交通技术有限公司，进行轨道交通技术开发、服务与培训，轨道交通设备及材料的研发与制造，以及系统集成、轨道交通设备销售等。与苏州市产品质量监督检验所合资成立苏州城市轨道交通检验认证有限公司，开展现代有轨电车项目竣工验收、运营基本条件评审测试以及通信信号系统、轨道系统、供电系统、行车调度系统认证业务等。轨道交通产业创新中心被列为首批苏州市产业技术创新中心，进行现代有轨电车关键技术研究，对国外有轨电车经验进行研究、总结、消化和创新。通过创新，进行有轨电车关键技术的国产化、自主化、产业化，推动现代有轨电车产业和高端人才在高新区集聚。完成《有轨电车试运营基本条件评审》交通部行业标准编制，参加《城市轨道交通行车组织规范》《城市轨道交通技术规范》国家标准编写，联合江苏省交通科学研究院完成《有轨电车试运营基本条件评审》省级课题申报；研发的槽型钢轨接地线夹荣获国家专利知识产权局颁发的实用型专利证书，主编的全国第一本现代有轨电车培训教材正式出版。另外，全年完成5项可进行产业化的科研项目申报。

【对外业务】 2015年，有轨电车公司与佛山南海、成都新津、青岛四方、广东珠海、云南红河等39个城市完成多次接洽。全年共制定《佛山南海区运营车辆维护方案咨询》《云南红河州工可评审咨询》《云南红河州勘察设计监理》《湖南湘江新区有轨电车线网优化研究》《青岛四方机车车辆股份有限公司有轨电车驾驶员培训》《成都现代有轨电车有限公司驾驶员培训》等13项合作方案和协议。10月，咨询公司与中铁四院集团首次按照市场化原则中标云南红河州现代有轨电车勘察设计监理标，中标金额750万元，实现对外业务新突破。全年，培训公司完成青岛、南京、淮安等城市的110名电车驾驶员培训工作，完成营业收入300多万。 （李秋丽）

苏州高新区文体发展有限公司

【概况】 苏州高新区文体发展有限公司（简称区文体公司）是高新区国有独资公司，主要负责高新区文体中心的建设、运营和相关文化、体育产业的投资与管理。采取“3+2”的组织架构运营模式，主要包括“三中心”，即综合管理中心、运营管理中心、商业管理中心；“两部门”，即计划财务部和风险管理部，辅以工会等组织。现有员工38人，具有本科及以上学历人员35人，占比92%，其中硕士研究生9人，占比24%；35岁及以下员工26人，占比68%。

【苏州高新区文体中心】 苏州高新区文体中心位于苏州科技城小龙山畔、浒光运河之滨，占地面积339亩，建筑面积17万平方米，是苏州市“十大文化工程”重点项目、苏州市重点公共服务实事工程。主要包括“三馆三中心”（文化馆、图书馆、体育馆、全民健身中心、商业中心和影视中心）以及大型户外体验公园——“小龙山体育公园”，建成后将成为集文化艺术交流、庆典演出、体育竞赛、健身娱乐、学术研究、图书阅览、信息服务等服务功能于一体，具有鲜明特色的地标性文体设施。基础建设方面，截至

苏州高新区文体中心效果图(区文体公司供图)

2015年底，土建工程、钢结构工程、室外供电的开闭所、燃气的调压站全部完成。幕墙工程正进行扫尾工作，等待验收交付。电梯工程、亮化工程、内装施工和市政景观工程各完成30%，机电安装工程完成60%。

【特色项目】 区文体公司紧扣地域特色优质资源，以特色项目为抓手，推动场馆差异化、品牌化建设，创新设计谋划“十大重点工程”，如与苏州工艺美院合作的“手艺苏州”数字化平台、与上海同济大学合作的“众创空间”、与央企中粮集团合作的茶文化项目——“茶苏州”、在西京湾规划“草木染”苏绣工坊基地、与凤凰书城合作的“风泽书坊”、与南京中科合作的中国制造2025“大卫茂魔法学院”以及与Desports集团合作的电子竞技中心等。已完成苏创空间、中茶项目的初步签约工作，其他项目均在有序推进中。 （吴梅岭）

大事记

SND

1 月

5日

△高新区召开党工委扩大会议。

△省委副书记、市委书记石泰峰赴高新区就城乡发展一体化进行专题调研。

10日

△国家应对气候变化战略研究和国际合作中心主任李俊峰一行来高新区考察。

14日至17日

△中国人民政治协商会议苏州市虎丘区第七届委员会第四次会议举行。

15日至17日

△虎丘区第十届人民代表大会第四次会议举行。会议选举沈宁为区人大常委会副主任。

16日

△盐城市委书记朱克江率党政代表团一行来高新区考察。

20日

△由市人大常委会、市政府主办的2014苏州十大民心工程揭晓，苏州市有轨电车1号线工程入选十大民心工程。

24日

△江苏省首届软件和信息服务业人才交流会在苏州科技城举行。

2 月

4日

△省编办主任俞军一行来到高新区调研行政机构改革和政府职能转变工作，并就行政审批制度改革和加强执法队伍建设等主题召开座谈会。

△市委常委、高新区党工委书记浦荣皋会见罗技集团董事长格瑞诺一行。

△科技部火炬中心在福建泉州召开第二批创新型产业集群试点单位工作座谈会，会上为第二批创新型产业集群试点单位授牌。苏州高新区医疗器械创新型产业集群自2011年被列入首批试点（培育）后，经过近三年的建设，此次被列入第二批创新型产业集群试点。

5日

△苏州高新有轨电车公司与国家开发银行苏州市分行、农业银行苏州分行、中信银行苏州分行组成的银团签约，贷款22亿元，用于有轨电车2号线项目建设。

6日

△副省长许津荣来高新区调研。

△高新区召开迎春拥军联谊会。

10日

△全国政协常委、海峡两岸关系协会会长陈德铭来高新区考察。

11日

△苏州西部生态城发展有限公司与日发牧马堂马术有限公司举行仪式，联合共建苏州西京国际马会，在太湖之滨建起拥有专业水准的马会与跑马场。

13日

△横塘街道石湖社区获得中国计划生育协会第五批全国人口和计划生育基层群众自治示范村（居）荣誉称号。

15日

△高新区召开党外人士迎春座谈会。

17日

△苏州天孚光通信股份有限公司股票“天孚通信”在深交所创业板上市。

26日

△苏州柯利达装饰股份有限公司在上交所上市，成为羊年苏州首只“开门”上市股票，也成为苏州第74只A股上市股票。

28日

△高新区召开总结表彰大会。

△高新区召开全区机关作风效能建设大会。

3 月

11日

△省委副书记、市委书记石泰峰来高新区专题调研加强和改进新形势下基层党建工作。

△苏州高新区（虎丘区）市场监督管理局成立。

12日

△省委副书记、市委书记石泰峰一行就推进智能制造和传统产业提档升级情况来高新区调研。

△英普罗工业集团新工厂在高新区泰山路奠基。

13日

△全省开发区安全生产监管能力建设工作推进会在高新区召开。

17日

△苏州市副市长、昆山市委书记徐惠民率昆山市党政代表团一行来高新区考察。

18日

△市委常委、高新区党工委书记浦荣皋会见宜家(中国)投资有限公司大中华地区置业发展总监乔恩一行。

19日

△高新区“梨花文化旅游节”开幕。

21日

△第二届白马涧龙池郁金香节开幕。

23日

△省委书记罗志军就着力打造经济发展新动能专题来高新区调研。

26日

△国家档案局局长杨冬权来高新区调研。

4 月

1日

△市委副书记、市长周乃翔调研高新区金邻公寓疏导点。

2日

△来苏出席“创业中国”苏南创新创业示范工程建设推进会的科技部副部长曹健林来高新区考察。

3日

△工信部副部长毛伟明一行来高新区考察。

10日

△镇江市委副书记、市长朱晓明率团来高新区考察。

11日至13日

△2014—2015年全国垂钓俱乐部挑战赛总决赛在杵山生态公园开赛。

13日

△全国政协副主席、民建中央常务副主席马培华率调研组一行来高新区调研。

14日

△国家物联网重大应用示范工程区域试点创新模式研讨会在高新区召开。

15日

△省人大常委会党组书记、常务副主任蒋定之来高新区调研。

16日

△省委副书记、市委书记石泰峰来高新区调研2015年以来高新区在稳增长、促转型等方面的发展建设情况。

18日

△苏州乐园国际杂技马戏节开幕。

20日

△市政协主席高雪坤率市政协视察组对高新区绿化工作展开视察。

22日

△省人大常委会副主任赵鹏带队来高新区就《中华人民共和国安全生产法》和《江苏省安全生产条例》贯彻实施情况执法检查并召开座谈会。

△国家知识产权局专利复审委员会第十巡回审理庭揭牌仪式在审协江苏中心举行。

25日

△“大阳山·白龙茶生活节”在江苏大阳山国家森林公园植物园景区开幕。

28日

△高新区召开庆“五一”表彰暨基层工会组织建设推进大会。

△省人大常委会副主任史和平来高新区考察。

△苏州高新区首届文化艺术节在科技城开幕。

29日

△副市长徐明在高新区会见新西兰陶波市市长戴维·特里瓦伐斯一行。

5 月

7日

△省委书记罗志军来苏州调研。在高新区，罗志军重点考察综保区，了解“苏满欧”班列运行情况。

8日

△苏州日航酒店举行开业典礼。

9日

△“苏州西部生态城”“LOOK-SHIMANO合利兄弟杯”业余公路自行车公开挑战赛在高新区举行。

12日

△省关检联合调研组来到

高新区综保区实地调研“苏满欧”国际货运班列，走访相关企业，并召开现场调研会。

13日

△莱克电气登陆上海证券交易所，成为高新区年内第三家上市企业。

15日

△“‘舌尖上的互联网+’食行生鲜上下游产业链企业战略合作暨食行生鲜B轮融资成功”活动在高新区举行。

18日至19日

△“2015江苏中小企业创新创业大赛”在太湖金谷举行。

20日至22日

△中国国家知识产权局、美国专利商标局、欧洲专利局、日本特许厅、韩国知识产权局五局局长系列会议在高新区举办，会议签署《五局合作共识》。

21日

△副省长徐南平在高新区会见中国国家知识产权局局长申长雨、欧洲专利局局长伯努瓦·巴迪斯戴利、日本特许厅技监木原美武、韩国特许厅厅长崔东圭、美国专利商标局副局长罗素·斯里福等五局局长系列会议与会人员。

25日

△国家旅游局公布首批“全国旅游价格信得过景区”名单，苏州太湖国家湿地公园、苏州中国刺绣艺术馆两家景区在列。

26日

△江苏省副省级以上老领导顾浩、冯敏刚、俞敬忠等一行来高新区参观考察。

27日

△江苏省科技厅厅长王秦一行来高新区调研。

△苏州高新区管委会与中国铁道科学研究院在有轨电车基地签订战略合作协议。

28日

△高新区人力资源服务行业协会与苏州科技学院、联合国妇女署联合发布中国首个《劳务派遣行业企业社会责任标准》。

29日

△全球最大的家居用品零售商——宜家家居在高新区浒墅关镇举行新项目启动奠基仪式。

6 月

1日

△开封市委书记吉炳伟率党政代表团来高新区考察有轨电车建设运营情况。

△在全省开发园区党建工作会议上，区领导戴军代表高新区党工委作题为《强化“三大保障”筑牢开发园区非公企业党建工作之基》的交流发言，介绍高新区非公党建工作经验。

2日

△广东省东莞市委书记、市人大常委会主任徐建华，市委副书记、市长袁宝成率党政代表团一行来高新区考察。

3日

△在高新区行政服务中心，诸葛天下（江苏）信息技术有限公司、苏州西堤电子照明有限公司的负责人分别从区领导周旭东、周伟苠手中接过“三证合一”营业执照。

4日

△省委副书记、市委书记石泰峰，市委副书记、市长周乃翔调研全市防汛及航道航运和水上旅游安全工作，在高新区察看金墅港取水口。

△省委组织部副部长盛克勤来高新区考察。

11日

△山东省烟台市委书记孟凡利，市委副书记、代市长张永霞率烟台市党政代表团一行来高新区考察。

12日

△中国证券业协会会长陈共炎率证监会相关部门负责人来高新区考察调研。

△苏州科技城源宿酒店开业。

15日

△“2015全国低碳日苏州主题活动”在高新区拉开帷幕。

16日

△江苏省首届版权推动艺术创新论坛暨苏绣原创工程研讨会在镇湖开幕。

18日

△南京军区副参谋长兰政一行来高新区调研军民融合发展。

25日

△省委副书记、市委书记石泰峰来到高新区看望慰问困难党员和群众，并发放党员关爱基金，以送关爱、为民排忧解难的实际行动纪念建党94周年。

△镇江市委书记夏锦文率

镇江市党政代表团一行来高新区考察。

△经江苏省科技厅批准，由江苏省科技厅、苏州市人民政府和苏州高新区管委会共建的江苏省医疗器械产业技术创新中心在高新区揭牌。

26日

△高新区管委会与中信银行苏州分行战略合作协议签约仪式在苏州科技城举行。

27日

△高新区召开纪念中国共产党成立94周年座谈会。

△江苏省巾帼手工产业（苏南）展洽中心在高新区镇湖揭牌成立。

30日

△国家民族事务委员会监督检查司司长陈乐齐一行来高新区视察新区一中新疆班工作。

7 月

3日

△全国政协副秘书长、民进中央副主席朱永新来高新区考察。

△高新区管委会与双刃剑体育文化传播有限公司在上海签订战略合作协议，宣告双刃剑体育全球总部落户苏州，并将在高新区建设国际顶级标准的体育用品技术研发中心。

6日

△苏钢集团与印尼苏门答腊钢铁集团合作建设“世界耐磨钢球制造基地”项目在高新区签约启动。

8日

△江苏省军区司令员李大清率工作组来高新区调研军民融合。

11日

△高新区举办2015年苏州国际精英周高新区创新创业环境推介会。

16日

△省委副书记、市委书记石泰峰，市委副书记、市长周乃翔率队对中环快速路、城北路改造暨地下综合管廊工程等进行现场调研。

△市委常委、高新区党工委书记浦荣皋会见日本明治株式会社代表取缔役社长川村和夫一行。

17日

△高新区首届文化艺术节之“企业文化季”暨“高新青年汇”夏日欢乐趴（Party）系列活动正式启幕。

△人社部社保中心党委书记皮德海率领18个省、直辖市和市级社保部门一行50多人来到高新区人社局社保大厅调研社保经办服务工作。

18日

△江苏省自驾游协会房车露营分会成立大会在高新区太湖一号房车露营公园举行。

20日

△周新民党建工作室由高新区人才广场搬迁至马涧市民服务中心，周新民党建工作室党支部正式成立，在苏州科技城、高新区人力资源服务产业园分别设立周新民党建工作室的分站。

22日

△中组部非公有制经济组织党组织书记示范培训班学员来高新区考察周新民党建工作室，学习高新区非公党建有关经验做法。

23日

△省食品药品监督管理局局长胡晓抒率队来高新区开展“三解三促”调研活动。

△苏州高新区（虎丘区）青年商会成立大会暨一届一次会员大会举行。

24日

△川崎精密机械（苏州）有限公司机器人工厂在高新区开业。

25日

△中国工程院院长周济率调研组来苏，就科技创新、推进“中国制造2025”等专题深入科研院所、产业基地和企业进行调研。

△高新区召开党工委扩大会议。

△徐州市委书记曹新平，市委副书记、市长朱民率党政代表团来高新区考察。

30日

△江苏省生产力促进中心“科技服务进园区”行动走进高新区，与高新区签订《战略合作框架协议》，共建科技服务中心。

31日

△市委常委、高新区党工委

书记浦荣皋，区领导陈启元、王蔼先、蒋国良、朱俊松、周伟莨走访慰问苏州市消防支队、苏州军分区、73049部队和武警苏州市支队，与部队官兵喜迎“八一”，共叙军政军民鱼水情。

8 月

4日

△高新区2015年度征兵体检结束。

△中美自闭症专业指导委员会第一次会议在高新区举办。

6日

△浒墅关经济技术开发区与建设银行苏州分行签署《全面支持苏州浒墅关开发区建设战略合作协议》。

△苏高新集团旗下企业苏州高新区自来水有限公司2015年公司债券成功发行，成为自2015年1月中国证监会发布《公司债券发行与交易管理办法》以来，苏州大市范围内首只获批的非上市企业公司债。

7日

△苏州高新区管委会、建设银行苏州分行、建银国际（中国）有限公司、苏州星恒电源有限公司共同举行“创新金融服务模式、支持实体经济发展”战略合作签约仪式。

△“感恩太湖——2015苏州高新区第四届地产优质果品节”在市体育中心开幕。

11日

△由嘉兴市委副书记、代市长林健东率领的浙江省嘉兴市党政代表团来苏考察，苏州市委副书记、市长周乃翔在高新区会见林健东一行。

14日

△苏州市召开全市开放型经济工作座谈会。会前，省委副书记、市委书记石泰峰，市委副书记、市长周乃翔率市开放型经济发展协调领导小组成员单位主要负责人来高新区，现场调研苏州松下半导体有限公司。

△在高新区“苏州创业园·苏州创客峰汇”上，北京理工大学苏州研究院软件园正式成立。

18日

△“苏州创客峰汇”正式启动，麻省理工“开放创造实验室——苏州”、盘古孵化器、北京大学苏州技术转移中心跨境加速孵化器等首批14家众创空间集中签约入驻。

20日

△广东省人社厅厅长林应武一行来高新区调研基层社保服务平台建设工作。

21日

△高新区（虎丘区）法学会召开成立大会暨第一次会员代表大会。

23日

△省委副书记、市委书记石泰峰在高新区会见阿里巴巴集团董事局主席马云一行，并举行推进战略合作座谈会。

24日

△高新区与清华大学社会科学学院签署战略合作框架协议。

△哈佛医学院全球教育副院长、继续教育副院长阿贾伊·辛格和哈佛医学院国际教育部执行总监罗宾·惠特利访问高新区。

25日

△苏州高新有轨电车公司公布有轨电车2号线车辆外观设计最终方案，寓意为“自由行驶”的1号方案胜出。

29日

△高新区举行纪念中国人民抗日战争暨世界反法西斯战争胜利70周年大型歌咏比赛。

31日

△苏州乐园大阳山水上世界以及汉诺威马场在大阳山风景区内举行开工典礼。

△苏州阿特斯阳光电力科技有限公司与苏州晶银新材料股份有限公司签署战略投资协议。

9 月

2日

△内资企业苏州荣荣体育服务有限公司和外资企业苏州珏美光电材料科技有限公司在高新区注册成立，两家公司分别领取记载有统一社会信用代码的营业执照，这是高新区开展内外资登记以来核发的首张记载有统一社会信用代码的营业执照，标志着高新区“一照一码”改革工作取得阶段性成效。

△高新区举行纪念抗战胜利70周年祭扫活动。

△波兰宪法法院副院长斯坦尼斯拉夫·比尔纳特（Stanislaw Biernat）一行来高新区考察。

△省档案局局长谢波一行调研高新区档案工作。

7日

△省委书记罗志军来高新区调研。

8日

△中国首个国家级现代有轨电车协会——中国城市轨道交通协会现代有轨电车分会在苏州电车基地成立。

△中国首个有轨电车产业技术创新战略联盟在苏州电车基地挂牌。

9日

△镇湖街道庆祝第31个教师节表彰大会暨国家世遗课程基地授牌仪式在镇湖实验小学综合楼多功能厅举行。

10日

△高新区召开庆祝第31个教师节暨表彰大会。

15日

△在第四届全国中青年德艺双馨文艺工作者表彰大会上，苏州市著名苏绣艺术家姚建萍受到表彰，成为江苏省唯一受到表彰的代表。

16日

△由苏州欧洲商会（DUSA）举办的德国啤酒节首次在大阳山国家森林公园植物园景区拉开帷幕。

18日

△高新区台协会第四届十一次理监事会议暨中秋联谊活动举行。

22日

△国家发改委综合司司长程建林一行来高新区调研。

△高新区枫桥街道4个重点民生项目集中开工。

△中科院先进医疗器械产业孵化联盟在高新区成立。

23日

△苏州鹏图影视传媒股份有限公司在苏州科技城软件大厦开业。

24日

△苏州市委、市政府在高新区召开全市旅游业发展大会。

△第二届中国触控与现实产业发展论坛在高新区举办。

△由苏州市委宣传部和光明网主办的“融入‘一带一路’苏州发展新机遇——网媒看苏州集中采访活动”来到高新区，来自中青网、新华网、中国经济网、央广网、中国网、腾讯网、今日头条、新华报业网和光明日报等媒体的记者团参加考察。

25日

△高新区有轨电车1号线延伸线工程举行开工仪式。

26日

△海峡两岸关系协会会长陈德铭来高新区考察。

30日

△第五届中国（苏州）房车露营大会暨2015中国（苏州）房车展在西部生态城太湖一号房车露营公园开幕。

△苏州乐园泰迪农场在太湖之滨举行开园启动仪式。

10 月

8日

△高新区召开大会，分析总结前三季度经济社会发展情况，对四季度工作进行再部署再发动。

13日

△省人大常委会常务副主任、党组副书记蒋宏坤率队来高新区，专题调研县乡人大工作和建设情况。

△省委政法委侍鹏副书记一行来高新区检查指导法治建设工作。

16日

△在北京举办的“城市价值再建与产业重构”——2015（第四届）中国城市发展市长论坛之“纪念开发区30周年暨榜样开发区创新大会”上，主办方发布“2015年度中国价值城市（区县）发展示范案例”和“荣耀30年·中国开发区（园区）发展示范案例”，苏州高新区以第一名的身份荣获“中国创新力开发区（园区）”称号。

17日

△高新区举行“十三五”规划建设工作方案专家咨询会。

20日

△英国女王伊丽莎白在白金汉宫与来访的中国国家主席习近平互换礼物。习近平赠送给女王的礼物中，有一幅精美的苏绣——女王夫妇肖像《岁月如

歌》，出自著名苏绣艺术家、苏州高新区镇湖绣娘姚建萍之手。

△苏州科技城医院与美国哈佛医学院附属贝斯以色列医院代表团在高新区举行合作签约仪式，分别签订妇幼生殖和自闭症合作框架协议。

21日

△高新区举行重点项目集中开工开业仪式。此次有30个项目开工开业，投资总额达120亿元，涉及新一代信息技术，高端装备制造，金融集聚与创新，节能环保，以及总部经济项目等多个领域。

△中央办公厅调研室局长龙旭一行来高新区考察“周新民党建工作室”。

22日

△张家港市委书记姚林荣、市长朱立凡率党政考察团来高新区考察。

△国家工商总局商标局副局长陈文彤一行来高新区调研。

27日

△高新区国家安全教育实训基地揭牌启用暨首期培训班开班仪式在区特巡警大队训练基地举行。

28日

△省级清洁能源项目——华能苏州燃机热电联产项目在高新区开工建设。

△高新区狮山横塘片区举行民生项目集中开工仪式，15个民生项目投资超过18亿元。

△高新区举行商贸地产及文化旅游推介签约活动。

△2015军民融合技术成果交流暨“民参军”政策法规培训会在高新区举行。

29日

△全球最大的无线射频系统产品供应商之一的安弗施公司全球总裁雅克·夏夫尼一行考察高新区。

30日

△市委副书记、市长周乃翔率市经信委等相关部门负责人来高新区，就加快对接落实“中国制造2025”苏州实施纲要方案开展专题调研，听取企业对苏州落实“中国制造2025”的意见和建议。

△“创客和社会革新——苏州论坛”在高新区举行。

△亿和精密工业（苏州）有限公司研发中心及中国区总部大楼奠基仪式在高新区举行。

△科技部中国科技信息研究所所长戴国强、联合国教科文组织国际传播与信息咨询专家Kwame Boafo一行来高新区调研。

30日至31日

△全国卫生出版工作最高级别会议——2015年中华医学会电子版系列杂志总编辑联席会议在高新区召开。

31日

△有轨电车1号线正式提速，18公里单程运行时间从41分钟缩短至38分钟，同时，全新装饰的“梦幻王国”主题列车也上线载客。

11 月

3日

△“英国江苏中心”筹办启动仪式暨“苏州市青年创新创业孵化中心”揭牌仪式在高新区举行。

△苏州高新区、科技部火炬中心、深交所战略合作签约仪式暨“苏南科技金融路演中心”揭牌仪式，中国高新科技企业投融资巡回路演苏州站活动在苏州科技城举行。

△中国汽车工程学会第八届汽车材料分会三次会议暨特钢技术研讨会在高新区苏钢集团举行。

5日

△国务委员王勇来高新区调研创新创业和知识产权有关工作，考察国家知识产权局专利局专利审查协作江苏中心。

6日

△国家发改委副主任、国家能源局局长努尔·白克力一行来到高新区考察调研光伏产业。

△科德宝·宝翎无纺布（苏州）有限公司举行成立20周年庆典暨新生产线AAC1线建成仪式。

△中欧快线“苏满欧”系列班列新路线、新业务推介会在高新区报关报检服务中心举行。

9日

△市人大常委会主任杜国玲率调研组就医疗卫生、绿色交通、科技创新等课题来高新

区开展调研。

11日

△高新区有轨电车2号线铺轨工程正式启动。

12日

△苏高新（张家港）节能环保产业园项目签约仪式在张家港市举行。

△市委常委、高新区党工委书记浦荣皋，高新区党工委副书记、管委会主任周旭东率党政代表团赴张家港，考察产业转型升级、城市规划建设等方面情况。

△大连机床集团总裁马俊庆一行来高新区考察投资环境。

14日

△第二届太湖知识产权论坛在高新区召开。

16日

△省委第一巡视组巡视虎丘区工作动员会召开。

18日

△江苏省委副书记、省长李学勇在高新区会见来苏出席全国检验检疫通关一体化启动仪式的国家质检总局局长支树平一行，双方就促进江苏开放发展、加强质量工作交换意见。

△江苏省法院院长许前飞到虎丘区法院调研指导工作。

19日

△人民日报社、新华社、光明日报社、中新社、新华日报社、苏州日报社等多家中央及省、市主流媒体组团来高新区，聚焦“政经分开”“周新民党建工作室”“涉刑党员停权”“苏满欧等国际铁路货运班列”等创新实践，采访报道高新区创新发展取得的新成绩。

△市委常委、苏州军分区司令员杨晋带领苏州各县级市人武部主要负责人一行40多人到高新区枫桥街道民兵应急分队调研指导工作。

△苏州科技城与东方网力科技股份有限公司举行战略合作协议签约仪式。

24日

△第四次中国—中东欧国家领导人会晤期间，爱沙尼亚共和国总理塔维·罗伊瓦斯率该国商务考察团来高新区考察。

25日

△中央编办西部边远地区县级编办主任培训班学员一行86人来高新区参观考察。

26日

△2015年度知识产权服务业集聚发展工作交流会在高新区举办。

28日

△第八届中国刺绣文化艺术节开幕，本届艺术节以“创新创意、互联新生”为主题，结合互联网时代特点，推出官方电商平台“苏绣名品网”，苏州市刺绣产业创新研究院也在开幕式上揭牌。

△“金诚·苏州城市化发展中心”在高新区开业。

是月

△苏州市首单融资总额49亿元的棚户区改造PPP项目落地高新区。

12 月

1日

△“针融百家，艺开新境——姚建萍刺绣艺术展”在北京中国美术馆开幕。

3日

△由江苏省跨国技术转移中心、俄罗斯托木斯克发展集团主办，苏州高新区、环太湖医疗产业联盟承办的“2015江苏—托木斯克交流会”在高新区举行，会上进行“中俄创新服务中心”成立签约仪式。

△全省综治办主任会议在高新区召开。

△香港蓝海创意云渲染启动暨签约仪式在香港举行。

△省妇联主席缪志红一行来高新区参观考察。

4日

△省委省级机关工委书记王立平一行来高新区考察。

△全省党员组织关系排查工作现场推进会在高新区召开。

△“2015江苏好青年百人榜”揭榜典礼在南京举行，中科院医工所青年黄瑞入选好青年百人榜“最图自强”青年典范。

7日

△华东理工大学副校长、苏州工业技术研究院院长钱锋教授当选中国工程院院士（化工、冶金与材料工程学部）。

9日

△新希望双喜乳业（苏州）有限公司在高新区举行新闻发

布会，宣布新希望乳业控股有限公司于2015年下半年收购苏州双喜。

13日

△国家知识产权局公布国家知识产权投融资试点单位名单，高新区榜上有名。

16日

△广东松下环境系统有限公司苏州分公司在高新区综保区举行开业仪式。

17日

△相城区区委书记曹后灵、区长查颖冬率党政代表团来高新区考察。

18日

△省委常委、副省长徐鸣率队来高新区专题调研土地利用情况，并召开低效用地再利用调研座谈会。

19日

△高新区与阿里云计算有限公司签署战略合作框架协议，阿里云计算（苏州）有限公司正式落户高新区，双方将在推动传统制造业转型、双创孵化基地、"互联网+"教育、云计算大数据技术等四大领域开展一系列合作。

20日

△副市长张跃进带队前往长江路农副产品批发市场进行重大火灾隐患整改现场验收，在验收过程中确认该单位已符合重大火灾隐患单位销案条件。

21日

△在苏州市第二届"十大农产品商标"发布会上，高新区新希望双喜乳业"双喜"商标、玉屏山生态园"玉屏山"商标获得"苏州市十大农产品商标"称号。

22日

△苏州明基医院产后护理之家正式揭幕。

△著名刺绣艺术家姚建萍召开新闻发布会，向媒体宣布由其创作的时代主题苏绣作品《丝绸之路——满载而归》被中国美术馆正式收藏。这是中国刺绣界的第一次，也是中国工艺美术界的第一次。

24日

△市委常委、统战部长周向群，市人大副主任顾仙根，副市长盛蕾，市政协副主席谢鸣等人到高新区狮山基督教堂看望慰问宗教界人士和信教群众，为他们送上圣诞节的祝福。

△市委常委、高新区党工委书记浦荣皋会见新加坡仁恒集团董事局主席钟声坚一行。

25日

△苏州市不动产登记中心虎丘分中心正式揭牌成立。

27日

△"东吴人寿2015苏州（苏高新）太湖国际马拉松"正式开赛。该项赛事是苏州地区首个全程马拉松赛事，参赛人数为15000人，男子和女子全程的冠军分别被来自肯尼亚的选手获得。

28日

△高新区第一条社区巴士——3001路公交线正式开通。

29日

△高新区中小企业担保有限公司与深圳市鹏鼎创盈金融信息服务股份有限公司（简称"鹏金所"）首笔合作的P2P贷款项目"鹏金宝鹏金保A1512140012"在"鹏金所"网站上线。

30日

△江苏省重点项目——安邦金条工程举行开工奠基仪式。

31日

△市委副书记、市长周乃翔赶赴高新区报关报检服务中心，看望慰问海关、国检等通关一线工作人员，并召开座谈会了解全市外贸发展中遇到的新情况。

附录

SND

文件选编

调研报告

苏州高新区（虎丘区）机构设置和领导人名单

年度先进和表彰

地名管理

苏州高新区关于加快电子商务发展的意见

一、总体要求

（一）总体思路。深入贯彻党的十八大和十八届三中、四中全会精神，充分发挥市场配置资源的决定性作用，以提升区域产业竞争力、营造高新区经济发展新动力为宗旨，以打造电子商务集聚区、完善电子商务产业链、大力发展平台经济为目标，以政策扶持和环境营造为支撑，以商业模式与业态创新、电子商务推广和应用、电子商务服务业发展为路径，重点培育电子商务平台，促进电子商务产业集聚，支持新型电子商务企业跨越式发展，鼓励传统企业转型升级，加快形成与实体经济融合互促的电子商务产业格局，推动我区经济健康快速发展。

（二）发展目标。利用3~4年，重点打造科技城片区、浒通片区、中心城区三大电子商务（跨境电子商务）集聚区，形成产业集聚效应，培育形成一批具有较高知名度和影响力的电子商务平台和龙头企业。到2017年，电子商务对全区经济增长的贡献度明显提高，全区电子商务发展水平在全省处于前列。具体目标是：全区电子商务交易额达200亿元，比2013年翻一番。规模以上企业应用电子商务比例达60%以上。省级以上电子商务示范产业园3个，每年新增省级以上电子商务示范企业2~3家。

二、加快集聚区建设，发展电子商务平台经济

（一）重点支持电子商务产业集聚发展。积极打造电子商务集聚区，带动功能性企业的引入和上下游产业链的延伸。鼓励国内外知名的电子商务企业总部、运营中心、网站托管、供应链基地等入驻集聚区发展，加快提升电子商务的规模和水平。鼓励有条件的龙头电子商务企业、其他社会力量打造特色产业集聚区，促进产业集约发展。

1. 鼓励科技城片区（辐射西部地区）发展建设电子商务平台集聚区。重点依托科技城科技商务载体，大力引进、培育电子商务区域总部或营销中心、数据中心、研发中心等电子商务企业，通过大企业引领，促进电子商务和新型业态融合发展，形成集聚效应。依托科技型企业等搭建技术平台，为电子商务企业提供技术支撑。其中，在科技城打造电子商务平台集聚区核心区。

2. 鼓励浒通片区发展建设跨境电子商务集聚区和电子商务物流区。充分发挥综合保税区口岸贸易功能，积极争取开展跨境电子商务进出口试点，推动形成服务多样化的跨境电子商务集聚区。整合浒通片区物流资源，形成电子商务物流园区，承担电子商务物流配送功能。其中，在综保区打造跨境电子商务集聚区和电子商务物流区核心区。

3. 鼓励中心城区发展建设电子商务服务集聚区。重点依托创业园载体，引进、培育一批电子商务服务型企业，提供软件开发、业务培训、专业咨询、数据分析、会展推介、代运营等各类服务，形成服务型电子商务集聚区。依托横塘国际教育园资源，利用校企合作模式，大力引进、培育电子商务平台、新媒体营销推广、人才培训、第三方服务等网络购物相关企业，打造网络购物产业链为一体的电子商务服务产业园。其中，在创业园打造电子商务服务业集聚区核心区。

（二）积极发展电子商务平台经济。依托电子信息产业基础，大力发展以内外交易和服务经济为目的的平台集聚经济。

1. 重点发展综合平台。突破跨境电子商务政策瓶颈，整合

跨境电子商务监管资源，搭建跨境电子商务公共服务平台。引进跨境电子商务龙头企业、平台型企业，培育建设融资、通关、结汇、退税、物流、保险等一站式服务的跨境电子商务综合平台。支持电子商务企业"走出去"或与境外电子商务服务企业开展战略合作，加大境外电子商务市场拓展力度，不断丰富实体产品、内容产品和服务产品，扩大交易规模，提高平台实力，增强对线下企业的吸引力和辐射力。

2. 鼓励发展专业性平台。鼓励发展各类专业性、特色化电子商务平台，不断增强产业发展活力和市场竞争力。

建设垂直类电子商务平台。针对区域产业特色和现有产业基础，建设医疗器械、白色家电、电子信息、再生资源回收、知识产权（认证交易）、手工艺品（镇湖刺绣）、特色农产品等垂直类电子商务平台，加快线上与线下、商品与服务融合，创新产业发展方式，带动相关产业跨越发展。

建设商贸服务类电子商务平台。结合狮山商贸集聚区、横塘建材市场、枫桥汽车交易市场等建设，鼓励区内成熟的、有条件的商业中心、专业市场建立网上商圈，发展商品销售、房产交易、居民服务等区域性商贸服务平台，实现实体经营与网上经营的有机结合，提升服务业发展能级，不断提高便利化程度。

建设文化创意、旅游等电子商务服务平台。结合智慧旅游、创意云、有轨电车站点经济平台等，整合旅游、文化资源，建设文化创意、旅游服务平台，促进旅游推介、电子商务购物、文化创意等融合发展，提升旅游和文化产业竞争力。

发展第四方物流平台。借助物流资源优势，发展壮大以撮合货源和运力配对为主的第四方物流平台，提供综合性供应链解决方案，提高物流效率，降低物流成本，满足物流多样化和复杂化的要求。

三、推动电子商务广泛应用，加强电子商务主体培育

（一）努力推动企业转型升级。鼓励传统制造型企业转型升级。推动区内生产型企业应用电子商务，强化供应链管理，整合上下游资源，优化业务流程，实现资源有效配置和应用，实现与国内外供应商、采购商之间的电子商务无缝集成，提高生产效率，扩大销售渠道。

鼓励终端产品制造企业通过电子商务平台打造自有品牌，形成示范效应，提高线上销售比例，延伸创新价值链。

结合智慧城市建设，探索电子商务新模式，鼓励有条件的电子商务企业结合自身优势开展O2O、C2B等新兴模式的业务，精准把握电子商务发展方向，形成新的产业突破点。

（二）引进、培育、做大电子商务经营主体。积极引进大型、龙头型电子商务企业、国家或省级重点电子商务企业、区域总部型电子商务企业，通过标杆作用，带动我区电子商务产业快速发展。大力推动成长型电子商务企业发展，支持小而优、小而强、有特色的中小电子商务企业快速发展，培育一批我区电子商务品牌企业。鼓励民营企业依托现有的载体和资源，进行电子商务的服务和孵化。

四、推进电子商务创新发展，完善电子商务服务体系

（一）鼓励电子商务实现技术、模式创新。依托区内高新技术企业创新资源，推动关键技术与电子商务融合发展，鼓励电子商务企业与研究机构开展技术合作，积极应用云计算、大数据、物联网、移动互联网等新一代信息技术，加强数据分析和价值挖掘，推进电子商务技术创新。

加快普及无线网络，鼓励有条件的电子商务企业探索拓展移动端业务，运用互联网的及时通信工具、社交工具、应用程序，提供个性化、实时化、社交化、精准化的商品销售和服务推送，实现移动电子商务在生活服务和公共服务领域的应用。

充分发挥全国股转系统路演分中心、金融保险聚集区优势，支持区内有条件的电子商务企业和金融机构发展互联网金融业务，加强个人理财、小微企业融资、保险等领域的产品创新。依托区内现有金融资源，探索搭建区域互联网金融平台，创

新融资方式，服务中小企业。鼓励商业银行与电子商务企业合作，构建移动支付、在线支付、跨境支付等多元化电子支付体系。

（二）构建适应电子商务发展的物流体系。结合电子商务发展需要，科学布局、合理建设区域性总部或转运分拨中心，并以此吸引知名电子商务企业落户我区。整合区域物流资源，鼓励有条件的电子商务企业与物流企业、快递企业合作，通过应用物联网等信息化技术手段，实现共同配送。

（三）推动电子商务服务业发展。培育和引进一批知名电子商务服务企业，为电子商务企业提供软件开发、业务培训、专业咨询、数据分析、会展推介、平台代运营等专业服务。鼓励电子商务代理（外包）企业做大做强，为我区电子商务企业发展提供强有力支撑。

五、切实加强政策支持，优化电子商务发展环境

（一）加强对电子商务发展的组织领导。成立电子商务产业发展领导小组，统筹全区电子商务发展，制定全区电子商务发展规划，研究部署重点工作，协调解决重要问题。成立区电子商务发展推进办公室，作为非常设机构，主要负责全区电子商务推进工作。管委会各相关单位要结合自身职能，各司其职，分工合作，形成合力，推动产业发展。科技城、综保区、创业园等电子商务集聚区核心区要加大工作推进力度，管委会将对核心区的建设进行考核。成立电子商务协会，促进电子商务健康规范发展。

（二）加大政策支持力度。制定出台区内电子商务发展相关政策，重点扶持建设电子商务集聚区和电子商务平台，培育大型电子商务企业，开展电子商务人才培训，鼓励电子商务应用等。同时加大电子商务宣传推广力度，对相关展会、活动给予支持。

（三）加大要素支持力度。按照节约集约用地的要求，鼓励利用旧厂房、闲置仓库等建设符合规划的电子商务产业园，电子商务物流土地由全区统筹。推动大型、重点企业直接融资，鼓励各种电子商务企业以各种方式引入风险投资、战略投资，发行中小微企业债券，加快企业发展。鼓励电子商务企业通过境外证券市场上市或到“新三板”及区域性股权市场交易挂牌。鼓励金融机构积极探索无形资产和动产质押融资方式，扩大电子商务企业贷款抵质押品范围。

（四）加大人才政策的支持力度。支持电子商务企业引进国内外高端人才。对符合条件的电子商务人才和团队，优先纳入各类人才计划项目，享受国家和省、市规定的优惠政策。鼓励区内高校与电子商务企业建立产学研用合作机制。依托区内电子商务知名研究机构、专业培训机构、大型电子商务企业和其他社会力量，开展形式多样的高级人才、运营人才、技能人才培训活动。

（五）强化电子商务宣传引导。充分利用各类媒体和现代传播渠道，普及电子商务应用知识，提高社会各界对发展电子商务重要性的认识，引导企业和消费者增强电子商务的应用意识、应用能力和安全意识，主动应用电子商务开展生产、经营和消费活动，形成良好的社会氛围。

关于进一步推进城乡发展一体化改革试点工作的实施意见

一、指导思想

深入贯彻落实党的十八大和十八届三中、四中全会精神，把解决“三农”问题作为重中之重，坚持城乡一体化改革发展的基本方略，先行先试，创新实践，围绕高新区“科技、生态”两大品牌，突出“科字当头、生态优先、民生为本、法治保障”

十六字方针，加快实现城乡布局优化、富民强村成效、现代农业推进、生态环境提升、公共服务均等的新突破，开创全区城乡一体化改革发展工作的新局面。

二、目标任务（2015年末）

1. 城乡布局形态不断优化。新型城镇化质量明显提高，农村产业转型升级步伐加快，产业结构更加优化，资源节约集约利用水平明显提升。“三个集中”稳步推进，土地规模经营比重超过92%，工业企业集中度超过95%，农民集中居住率达到85%。

2. 集体经济实力显著增强。农村集体资产总额突破70亿元，力争达到80亿元。村均集体经济收入在“十一五”末的基础上实现翻番，力争达到全市平均水平。

3. 居民收入持续较快增长。城乡居民收入年均增长10%，城乡居民收入差距继续缩小。

4. 现代农业建设成效显著。新型农业经营体系基本建立，高标准农田占比达75%，农业科技进步贡献率达70%，亩均效益5000元以上高效农业面积占比达到50%。

5. 城乡生态环境全面改善。陆地森林覆盖率达到30%以上，村庄环境管理实现常态化。城市、建制镇生活污水集中处理率分别达到98%、90%以上，完成10个规划保留村庄农村生活污水治理，河道长效管理覆盖率达到100%。农村地表水环境质量综合达标率达85%。镇村生活垃圾无害化处理率达到100%。

6. 公共服务均等化总体实现。城乡一体的就业社保机制进一步巩固，教育、医疗、卫生、计生、文化、体育等基本公共服务体系进一步完善，城乡重大基础设施和配套设施建设加快推进，城乡社会管理机制不断优化，学有优教、病有良医、老有颐养、住有宜居持续取得新进展。

三、重点工作

（一）构建完善规划建设机制

1. 坚持以科学规划为引领，深入推进“四规”融合，2015年完成城镇总体规划修编和控制性详细规划编制。加大城乡建设、土地利用、产业发展、生态保护规划的衔接，加快修编城乡一体化规划，科学确定区域功能定位和产业分布，城乡之间分布合理，功能互补，协调发展。（牵头部门：规划分局；协办部门：发改局、建设局、文教局、城乡局、环保局、国土分局等。）

2. 统筹考虑区域长远发展和当前实际，全力推进通安五年规划，浒墅关、横塘老镇改造和“城中村”改造，扎实推进“三个集中”。加快推进农民集中居住区和规划保留村建设，妥善解决保留村庄农民建房问题，实现保护利用、产业发展、村庄美化的有机统一。（牵头部门：建设局；协办部门：城乡局、国土分局、规划分局等。）

3. 完善城市功能配套，加快太湖大道三期，现代有轨电车2号线、3号线建设，确保中环快速路高新区段工程竣工，力争南环路西延高新区段建成通车。（牵头部门：建设局；协办部门：发改局、环保局、交通运输局等。）

4. 实施“三优三保”行动计划，利用建设用地增减挂钩政策，复垦新增农用地按80%的比例折抵配置土地规划空间指标，按100%的比例确认存量建设用地计划指标，优先用于富民强村载体建设，多余指标用于中心城区建设，实现土地空间置换。（牵头部门：国土分局；协办部门：建设局、城乡局、规划分局等。）

（二）构建完善富民增收机制

1. 全面推进“一村二楼宇”项目建设。严格执行土地利用总体规划和用途管制，优先保障“一村二楼宇”建设用地需求，积极鼓励农村集体经济组织充分利用存量建设用地开展“一村二楼宇”建设，增加农村集体经济组织“造血”功能。（牵头部门：城乡局；协办部门：财政局、建设局、国土分局、规划分局等。）

2. 扶持发展农村新型股份合作经济组织。贯彻落实好区《关于进一步加快富民强村发展的实施意见》（苏高新管〔2014〕77号）中各项扶持政策，进一步激活集体经济发展动力源泉。（牵头部门：城乡局；协办部门：财政局、国税局、地税分局等。）

3. 深化农村“三大合作”改

革，规范农村（社区）股份合作经济组织建设，鼓励和支持股份合作经济组织转型发展、抱团发展、异地发展，积极参与城镇化、工业化和城乡一体化建设。（牵头部门：城乡局；协办部门：建设局、国土分局、市场监管局、国税局、地税分局等。）

4. 大力促进劳务合作社发展壮大。按照《关于加快推进农村劳务合作社发展的实施意见》（苏高新办〔2013〕25号）相关要求，积极发展镇、村劳务合作社，带动农民就业，促进农民增收、集体经济增效。（牵头部门：城乡局；协办部门：财政局、人社局等。）

5. 全面推广枫桥“政经分开”模式，形成社会管理与经济职能分设的管理体制。促进城乡社会管理一体化，构建新型农村治理结构，理顺公共服务承担主体，组建“纯经济”的股份合作社，形成“稳收益”的富民机制。（牵头部门：城乡局；协办部门：组织部、财政局、社会事业局、人社局等。）

6. 强化农村“三资”管理，完善农村集体资产管理体系，建立交易监管平台，以规范经营决策、资产保值增值、提高发展活力、促进民主管理等为重点，推动农村产权流转交易公开、公正、规范运行。（牵头部门：城乡局；协办部门：财政局、国土分局、金融办等。）

7. 大力实施城乡居民收入六年倍增计划，全面落实促进就业创业政策措施，突出做好农村转移劳动力、城镇困难人员就业工作，扶持500名失地失业人员自主创业，开展2000名失地失业人员职业技能培训，开发公益性岗位1000个，援助1000名就业困难人员就业，实现本地人员就业10000人，区内“零就业家庭”动态清零。（牵头部门：人社局；协办部门：财政局、城乡局等。）

8. 深化社会保障制度改革，稳步提高社会保障水平，力争将被征地农民基本生活保障纳入全市一体化系统，提高老年农民养老保障待遇水平。建立健全低收入群体评估体系，完善城乡低保标准自然调整机制。（牵头部门：人社局；协办部门：社会事业局等。）

9. 加强农村基层党组织建设，深入推进村级“四有一责”建设行动计划，为增强集体经济发展提供有力保障。（牵头部门：组织部；协办部门：城乡局等。）

（三）构建完善现代农业建设机制

1. 优化完善“四个百万亩”。将“四个百万亩”落地上图成果与土地利用总体规划、镇村布局规划、基本农田保护规划、土地整治规划等有机融合，保持“四个百万亩”落地上图数据的准确性，守住耕地保护、开发强度、生态保护“三根红线”。建立健全先补后占、占补平衡的动态管理机制。（牵头部门：城乡局；协办部门：财政局、国土分局等。）

2. 发挥高新区真山真水资源优势和农业资源优势，落实《关于加快发展生态休闲农业的实施意见》（苏高新管〔2014〕78号），加快生态休闲农业发展，打造太湖岸线生态农业区、环阳山休闲观光区和浒关路东特色农业区三大各具特色的现代农业示范区。（牵头部门：城乡局；协办部门：规划分局、国税局、地税分局等。）

3. 全面推进以西京湾生态农场为重点的生态农业项目建设，打造一批设施完备、布局合理、功能完善、要素齐全、合作开放的现代农业园区。（牵头部门：城乡局；协办部门：财政局、建设局、环保局、国土分局、规划分局等。）

4. 加大农业标准化生产、农产品质量检测和监管力度，全面提升农产品质量安全水平。（牵头部门：城乡局；协办部门：社会事业局、市场监管局等。）

5. 贯彻落实中共中央办公厅、国务院办公厅《关于引导农村土地经营权有序流转发展农业适度规模经营的意见》精神，规范土地流转，鼓励适度规模经营，积极引导“两个为主”（承包地流转给集体经济组织为主、经营主体以本地农民为主），创新现代农业经营机制，通过建立合作农场（渔场、果园、茶园）等方式，加快合作化发展，培育现代农业经营主体，构建集约化、专业化、组织化、社会化相结合的现代农业经营体系。（牵头部门：城乡局；协办部门：财政局、国土分局等。）

6. 加快完善农业经营服务体系。建设区域性农业技术推广、动植物疫病防控、农产品质量监管等农业公共服务机构，建立稳定的农技专业队伍。逐步形成以职业农民为基础，以专业合作社为主要形式，农业大户、家庭农场、合作农场、现代农业园区和龙头企业协调发展的多元新型经营主体结构，不断加大农业科技创新力度。（牵头部门：城乡局；协办部门：科技局、市场监管局等。）

7. 加快农村信息化建设，推动精准农业、智能农业、感知农业等新技术应用，提高农业和农村信息化水平。培育一批投资规模大、创新能力强、综合效益好、品牌知名度高的农业龙头企业，加快农产品物流体系建设，提升产业化发展水平。（牵头部门：城乡局；协办部门：组织部、财政局等。）

（四）构建完善城乡生态环境建设机制

1. 加强高标准农田建设。按照省高标准农田建设标准，结合全区现代农业发展和西部生态城规划，坚持“领导到位、工作到位、措施到位、投入到位”要求，四个涉农乡镇（街道）全面开展高标准农田建设，切实提升城乡生态环境。（牵头部门：城乡局；协办部门：环保局、国土分局、规划分局等。）

2. 深入开展美丽田园创建活动。以“环境提升农业，田园改变生活”为主题，围绕“标准农田、土地经营、田容田貌、绿化美化、河道疏浚”等五个方面，大力开展美丽田园创建活动，总面积不少于1万亩，培育4个区级示范点。（牵头部门：城乡局；协办部门：城管局、国土分局、规划分局等。）

3. 努力推进全区绿化工作，高标准抓好高新区49个山头的山体林相改造规划，积极组织实施《森林防火专项规划》，持之以恒开展绿化造林，提高宕口整治复绿水平，每年新增（改建）绿化面积300万平方米。（牵头部门：建设局；协办部门：城乡局、国土分局等。）

4. 严格执行河道蓝线控制详规，加强河道清淤、生态挡墙、防洪闸站和建成区引水畅通工程建设，实施太湖沿线河道整治和景观提升。加强市政污水管道综合管理，开展节水减排、控源截污和水污染防治工作，全力打造“水安全、水资源、水环境、水文化”四位一体新格局，进一步提升水环境。（牵头部门：水务局；协办部门：环保局等。）

5. 加强生态湿地建设，保护湿地资源及其他具有显著生态功能的湖泊河流湿地，着力构建以“生态、景观、休闲”为主要特征，布局合理、物种多样、水绿相融、景观优美的森林、湿地生态系统。严格执行苏州市生态补偿机制政策。全力配合做好上方山石湖生态园建设，通安镇、浒墅关镇争创国家生态镇，浒墅关开发区创建省级生态工业示范园区。（牵头部门：城乡局；协办部门：发改局、财政局、建设局、环保局、服务业发展局、国土分局、规划分局等。）

6. 进一步加强村庄环境整治长效管理，不断改善城乡生态环境质量。巩固美丽镇村建设成果，充分发挥示范带动效应，全面深入开展美丽镇村建设。（牵头部门：城管局；协办部门：建设局、城乡局、环保局等。）

7. 严格落实大气污染治理防控措施，系统实施“蓝天工程”，加强企业实时在线监控，狠抓工业废气、建筑扬尘、汽车尾气等源头治理。（牵头部门：环保局。）

8. 认真开展群租房，交通秩序，工地扬尘，环境卫生，占道经营和马路摊点，非法营运，户外广告和店招店牌，违法建设，河道环境以及园林绿化等“十大专项整治”，建立长效管理制度，提升高新区文明品质。（牵头部门：城管局；协办部门：建设局、交通运输局、公安分局、综治办、绿化办、水务局等。）

（五）构建完善公共服务均等机制

1. 全面推行“区镇合一”管理体制。坚持精简统一效能原则，科技城（东渚镇）、生态城（镇湖街道）推行“区镇合一”管理体制。着力在精简机构、理顺体制、整合资源、提升公共管理服务水平上下功夫，进一步做大做强区域发展互补优势、特色优势和综合竞争优势。（牵头部门：编办；协办部门：发改局等。）

2. 大力扶持镇湖刺绣产业发展，加快文化创意产业集聚区建设。加快推进区文体中心等重点文化项目建设，精心组织开展文化惠民活动，促进公共文化服务便利化、均等化。（牵头部门：服务业发展局；协办部门：财政局、建设局、文教局等。）

3. 进一步完善覆盖城乡的卫生服务体系，加快推进苏州科技城医院、高新区人民医院二期、第七人民医院扩建、通安卫生服务中心（护理院）、阳山街道卫生服务中心扩建等项目建设。（牵头部门：社会事业局；协办部门：财政局、建设局等。）

4. 大力促进教育公平，全面实施素质教育，着力提高教育质量，优化教育资源配置，促进优质教育资源向农村倾斜。完成苏州实验中学原地重建，文昌实验中学、区第四中学主体建设，区第五中学新建。（牵头部门：文教局；协办部门：财政局、建设局等。）

5. 加强和创新社会治理，率先成立社会管理服务中心，全面推进“政社互动”，夯实基层基础，城市与农村和谐社区建设达标率分别达到98%和95%。（牵头部门：社会事业局；协办部门：财政局、文明办等。）

6. 强化社会稳定源头管理，健全完善“大调解”“大信访”“大防控”体系。对重大项目、重要事项等全面实施社会稳定风险评估，努力把问题解决在基层、解决在萌芽状态。（牵头部门：政法委。）

关于继续做好培养和引进高技能人才工作的若干实施意见

一、总体思路

（一）指导思想

以党的十八大精神为指针，围绕全区经济社会发展的总体目标，以市场需求为导向，以提升职业能力为核心，以促进就业、促进产业转型升级为目的，进一步更新观念，完善政策，创新机制，健全和完善高技能人才的培养、选拔、使用、激励工作机制，形成有利于高技能人才成长和发挥作用的制度环境和社会氛围，带动我区技能劳动者队伍整体素质的提高和发展壮大。

（二）工作目标

到“十三五”末“每万名劳动力中高技能人才达650人”，努力建成一支与我区产业发展需求相适应的高技能人才队伍，为我区实现“争先进位、向全国高新区第一方阵奋力迈进”的目标提供人才保障。

二、政策措施

（一）设立高技能人才基地

1. 设立高技能人才公共实训基地。凡符合条件的区内科技孵化载体，经申请批准可设立为“苏州高新区高技能人才公共实训基地”。

2. 设立高技能人才学校培训基地。凡符合条件的“苏州高新区技能人才培养输出基地”学校，经申请批准可设立为“苏州高新区高技能人才学校培训基地”。

3. 设立高技能人才企业培训基地。凡符合条件且职业能力建设开展较好的区内大型企业，经申请批准可设立为“苏州高新区高技能人才企业培训基地”。

（二）奖励对象

1. 高新区高技能人才公共实训基地。

2. 高新区高技能人才学校培训基地和高新区技能人才培养输出基地。

3. 高新区高技能人才企业培训基地和当年培养和引进5人（含）以上高技能人才的区内企业（工商注册及纳税须在本区）。

4. 获得高技能人才职业资格证书后，在区内企事业单位就业、签订1年以上劳动（聘用）合同并按规定缴纳社会保险费的个人。

（三）奖励办法

1. 给予“高新区高技能人

才公共实训基地”50万元的一次性设备购置补贴；对经“高新区高技能人才公共实训基地”培养的高技能人才，在区内企事业单位就业、签订1年以上劳动（聘用）合同并按规定缴纳社会保险费的，按每人1000元的标准给予“高新区高技能人才公共实训基地”培训补贴。

2. 对经高新区高技能人才学校培训基地及高新区技能人才培养输出基地培养的高技能人才，在区内企事业就业、签订1年以上劳动（聘用）合同并按规定缴纳社会保险费的，按当年产生的高技能人才总量进行排名。对排名前五的基地，按每人1000元的标准给予基地培训补贴；对排名第六名及之后的基地，按每人500元的标准给予基地培训补贴。

3. 对高新区高技能人才企业培训基地及自行申报的企业（指奖励对象中第3点）引进或培养的高技能人才，在本单位就业、签订1年以上劳动合同并按规定缴纳社会保险费的，按当年产生的高技能人才总量进行排名。对排名前五的基地或企业，按每人1000元的标准给予基地和企业培训补贴；对排名第六名及之后的基地和企业，按每人500元的标准给予基地和企业培训补贴。

4. 对获得高技能人才职业资格证书后，在区内企事业单位就业、签订1年以上劳动（聘用）合同并按规定缴纳社会保险费的个人，经自主申报和确认后，按1000元的标准给予其培训补贴。

5. 对高技能人才继续给予补充商业医疗保险奖励。凡区内企事业单位的高技能人才，经申报确认后可以免费享受每人每年45元的补充商业医疗保险。将原疾病住院医疗保障调整为保额5万元的重大疾病保障（30种病种）。

6. 发放“高新区户籍学生奖学金”。鼓励区内初、高中毕业生就读辖区内的技职院校，对在校期间获得高技能职业资格证书的，给予其2000元奖学金。

7. 根据苏州市相关政策，对区内企事业单位中获得“苏州市高技能突出人才”“苏州市高技能重点人才”称号的高技能人才，给予区配套奖励。

三、保障体制

1. 加强组织领导。将培养和引进高技能人才工作列入区人才工作范畴，由区人才科技工作领导小组负责对该项工作的组织领导、统筹协调和检查考核。

2. 强化舆论宣传。要充分利用各种新闻媒介，深入做好培养和引进高技能人才的宣传工作。大力宣传高技能人才各项扶持政策和做法，树立一批高技能人才的先进典型，营造尊重劳动、崇尚技能、鼓励创造的良好氛围。

3. 强化督查考核。将培养和引进高技能人才工作目标进行分解，由区人才科技工作领导小组对相关任务完成情况及实施成效适时开展检查，加强指导监督。

四、其他事项

1. 本实施意见中所需资金从区人才开发资金中列支。

2. 本实施意见中的个人奖励只能享受一次，不得重复。

3. 本实施意见由高新区人力资源和社会保障局负责解释。

4. 本实施意见从公布之日起实施。原苏高新办〔2013〕48号文件到期废止。

镇湖刺绣地理标志产品保护管理办法

第一章 总则

第一条 为有效保护镇湖刺绣地理标志保护产品，规范镇湖刺绣生产经营秩序，保证镇湖刺绣质量和特色，根据《中华人民共和国产品质量法》《中华人民共和国标准化法》《中华人民共和国进出口商品检验法》和《地理标志产品保护规定》，制定本办法。

第二条 在本行政区域内，任何单位与个人必须遵守本办法。

第三条 本办法所称“镇湖刺绣”，是指以“镇湖”地名命名，用在地理标志产品保护范围内，经认定基地生产，符合《地理标志产品镇湖刺绣》标准的中华苏绣绣品。

第四条 镇湖刺绣地理标志产品保护范围是中华人民共和国国家质量监督检验检疫总局2010年第15号公告批准的范围。

第五条 使用“镇湖刺绣”特定名称的，应具备一定的品牌基础，符合《地理标志产品镇湖刺绣》的规定，并获得镇湖刺绣地理标志保护产品专用标志使用权。

第六条 非镇湖刺绣地理标志产品保护范围内的中华刺绣绣品，不得称为镇湖刺绣。地理标志产品保护范围内未经核准不得使用地理标志保护产品专用标志。禁止伪造冒用镇湖刺绣地理标志保护产品专用标志。禁止以假充真、以次充好。

第七条 镇湖刺绣地理标志保护范围内的生产、经营单位可申请使用镇湖刺绣地理标志保护产品专用标志。

第八条 管委会相关部门应当加强对镇湖刺绣地理标志产品保护工作的组织领导，做好地理标志产品保护工作，充分调动广大刺绣工作者的积极性，发挥龙头企业、名人绣庄和行业协会的作用。

第二章 组织机构和机构职能

第九条 高新区管委会设立镇湖刺绣地理标志产品保护管理委员会（以下简称保护委），保护委负责镇湖刺绣地理标志产品保护管理工作。

保护委在高新区管委会的领导下，由负责出入境检验检疫、质量技术监督、文化行政主管、知识产权行政主管、工商行政主管、财政、镇湖街道等单位组成。保护委办公室（以下简称保护办）设在协会，负责日常工作。

第十条 保护委履行以下职责：

（一）贯彻执行国家地理标志产品保护的方针、政策和法律、法规，制订和实施与镇湖刺绣地理标志产品保护相关的政策措施。

（二）负责镇湖刺绣地理标志产品保护、管理工作，拟定和实施全区镇湖刺绣地理标志产品保护、管理的规划和计划。

（三）对镇湖刺绣地理标志产品保护范围、生产环境、技术工艺、产品质量、产品数量、标志标签、包装和市场等进行管理。

（四）受理生产、经营单位提出的镇湖刺绣地理标志保护产品专用标志使用申请；管理镇湖刺绣地理标志保护产品专用标志的使用。

（五）建立、管理镇湖刺绣地理标志产品保护信息管理系统；制定实施镇湖刺绣地理标志产品保护和管理需要的整体事项。

（六）管委会交办的其他事项。

第十一条 有关行政监督管理部门在保护委的统一协调下，按照下列职责分工开展监督管理工作：

（一）出入境检验检疫部门负责镇湖刺绣地理标志产品保护的牵头、协调工作，根据相关法律、法规，负责对出口镇湖刺绣产品的检验检疫及标志使用的监督管理。

（二）市场监督管理部门负责镇湖刺绣集体商标的管理和保护，依法对镇湖刺绣市场经营中出现的假冒镇湖刺绣集体商标和违法使用地理标志产品专用标志等违法行为进行查处。

（三）文化行政主管部门负责对镇湖刺绣文化经营活动进行监督、检查。

（四）财政部门负责地理标志产品保护管理机构必要的管理经费。

第十二条 镇湖刺绣行业协会应加强对协会会员单位的管理，引导和鼓励会员单位依法经营，加强行业自律。

第三章 刺绣制作、展览及销售管理

第十三条 生产者应按《地理标志产品镇湖刺绣》标准制作镇湖刺绣，并建立制作和销售台账。制作和销售台账应记载下列内容：原料的来源，规格，制作及装裱日期，专用标志使用和产品销售情况。制作和销售台账保存期限不得少于2年。

禁止伪造制作和销售台账，达不到《地理标志产品镇湖刺绣》标准的不能给予专用标志，不得以“镇湖刺绣”名称进行销售。

第十四条 镇湖刺绣协会按照《地理标志产品镇湖刺绣》标准组织专家对制作完成的镇湖刺绣作品进行登记、鉴定，出具鉴定证书。同时，推荐刺绣精品参加各级各类展览及有关奖项评定，并根据各绣庄、刺绣工作室刺绣制作、展览、销售及“镇湖刺绣”专用标志的使用情况对其进行星级评定，获得先进者在职称申报上给予优先推荐。

第十五条 经营者经销镇湖刺绣，必须确立质量第一和对消费者负责的宗旨。产品应具有镇湖刺绣地理标志保护范围内的制作凭证和经相关机构出具的鉴定证书，产品质量应当符合在产品或其包装上注明采用的产品标准及相应等级，产品或其包装上的标识必须真实，符合标识标注有关规定。

经营者应当建立进货和销售台账，进货和销售台账应记载下列内容：产品名称、规格和数量，生产者名称及联系方式，进货日期，专用标志使用和产品销售情况。

禁止伪造进货和销售台账，禁止销售质量达不到标准的镇湖刺绣。

第十六条 镇湖刺绣地理标志保护产品生产者、经营者应符合下列要求：

（一）取得工商营业执照。

（二）具备符合要求的营业场所和储藏条件。

（三）经企业申请，保护委考核后，按国家有关规定取得镇湖刺绣地理标志保护产品专用标志使用权。

第四章　标识标志管理

第十七条 生产者、经营者使用“镇湖刺绣”的名称进行销售时，必须使用地理标志保护产品专用标志。镇湖刺绣的地理标志保护产品专用标志采用国家统一规定的专用标志，并在此基础上设置防伪功能。

第十八条 镇湖刺绣地理标志的制作应坚持安全性、防伪性、公众可识别性和可操作性的原则。

禁止伪造、买卖镇湖刺绣地理标志保护产品专用标志。

禁止使用与专用标志相近、易产生误解的名称或标识内容可能误导消费者的文字或图案标志。

第十九条 镇湖刺绣地理标志保护产品专用标志的产生按国家质检总局《关于地理标志保护产品专用标志印刷及发放使用管理的通知》规定进行。

第二十条 镇湖刺绣地理标志保护产品专用标志及其附属用品的生产企业应在保护委的监督下按确定的数量生产。

第二十一条 镇湖刺绣地理标志保护产品的检验鉴定应由保护委委托的机构实施。

第二十二条 对违反本办法规定的行为，由相关部门按照有关法律、法规和规章的规定进行行政处罚。

第二十三条 从事地理标志产品保护管理的工作人员违法行使监督管理职权或者不履行法定职责的，由其所在单位或其上级主管部门对直接责任人依法给予行政处分；构成犯罪的，依法追究刑事责任；对造成损失的，依法承担相应的赔偿责任。

第五章　附则

第二十四条 本办法自2015年7月1日起施行。

苏州高新区关于实施商标战略的意见

一、实施商标战略的指导思想

深入贯彻党的十八大和十八届三中、四中全会精神，以促进区内经济转型升级，加快迈进全国高新区第一方阵为总目标，以“鼓励创造、高效运用、依法保护、科学管理”为工作方针，充分发挥商标在加快经济结构调整和产业转型升级中的重要作用，大力培育驰名、著名、知名商标群体，营造一个有利于商标发展的市场环境、政策环境和法制环境。

二、实施商标战略的工作目标

动员和组织全区企业实施商标战略活动，包括“争创名牌”活动。到2020年底，全区商标注册年均申请量1500件以上，注册商标总数超过11000件，其中，新增农产品注册商标数不少于100件，服务业注册商标不少于250件，新增国际注册商标不少于100件。到2020年底，高新区行政认定驰名商标量达到7件，江苏省著名商标达到70件，苏州市知名商标达到120件。到2020年，建成1个省级品牌培育基地，2个市级品牌培育基地。

三、实施商标战略的主要工作

（一）加强组织领导，建立实施商标战略推进领导小组制度。建立苏州高新区实施商标战略推进领导小组，由管委会（区政府）领导主持，成员由各有关部门和单位组成，区经济发展和改革局负责日常协调、督促指导工作，区市场监督管理局负责具体组织实施工作。商标战略推进领导小组的主要任务是督促指导各部门、各单位认真实施商标战略，审定全区实施商标战略至2020年总体商标发展目标，制定年度工作实施方案，设置专项资金实施商标奖励，逐层分解和落实每年的工作目标和工作任务，确保各项任务落到实处。

（二）积极开展商标知识的宣传普及，着力做大我区注册商标总量。紧紧围绕高新区产业发展布局，大力宣传商标和商标战略知识，多渠道、多形式地开展商标培训工作，增强社会对商标的认知程度，进一步做大商标注册总量。要将实施商标战略内容列入年度工作任务，把目标任务落实到开发区、各镇（街道）。要积极引导、鼓励具有潜力的中小企业注册商标，重点引导高新技术企业、定牌加工企业、骨干民营企业、新型服务业企业实施品牌战略步伐。积极开展境外商标注册，扩大自主品牌在境外的影响力，逐步推动其自主品牌的创立工作。

（三）加大商标培育力度，提升商标无形资产价值。实施商标战略扶持政策，充实完善驰名、著名、知名商标培育后备库，强化分类指导，培育创牌梯队。要对重点企业进行专题辅导，帮助企业制订切实可行的品牌发展规划，引导企业提升商标无形资产价值，增强产品竞争力。要以商标为纽带，大力整合企业的技术、管理、文化、营销和创新等优势，提升企业商标的知名度和美誉度。积极支持企业开展自主研发和实施产、学、研相结合，持续推进自身技术创新。大力加强质量管理，在全面实施ISO质量管理体系的基础上，鼓励企业参与制定国内外行业标准。支持企业开展“重合同、守信用”等诚信企业创建活动，提升企业市场信用水平，提高品牌美誉度。支持企业开展商标专用权质押贷款，拓宽投融资渠道。充分发挥商标在凝聚产品质量、经营管理、市场营销、企业信用和技术创新等综合竞争能力中的载体作用。

（四）全面加强商标专用权保护，依法惩治商标侵权行为。完善举报制度，简化举报程序，方便商标权利人投诉。重点加强对侵犯驰名商标、著名商标、知名商标和知名字号企业专用权违法行为的查处力度，依法保护其合法权益。积极探索涉外商标重点保护联系协调工作机制，提升涉外商标侵权案件办案水平。构建区域内、外打假维权机制，为自主品牌开拓内外市场提供有力支持。有计划、有重点地开展商标专项执法行动，进一步加大对商标侵权、不正当竞争等违法行为的打击力度。

四、实施商标战略奖励办法

区财政每年预算内安排专项资金，专项用于对驰名商标、著名商标、知名商标、中国地理标志（集体商标、证明商标）和商标注册（国际注册）的奖励。

（一）对新获得“中国驰名商标”（行政认定）的企业，由管委会（区政府）一次性奖励100

万元。

（二）对新获得“江苏省著名商标”的企业，由管委会（区政府）一次性奖励20万元。

（三）对新获得“苏州市知名商标”的企业，由管委会（区政府）一次性奖励3万元。

（四）对新获得中国地理标志（集体商标、证明商标）的组织，由管委会（区政府）一次性奖励5万元。

（五）从2015年起，管委会（区政府）对善意新注册的国内商标每件予以注册费用补贴1500元，对国际注册商标每件予以注册费用补贴5000元。

（六）对实施商标战略有突出贡献的个人给予表彰奖励。

以上奖励金额均含苏州市级以上奖励经费。各项奖励在当年度内不重复奖励，以最高一级计奖。如企业已获得省级著名商标后再获得中国驰名商标的，则按最高奖励标准补足奖金。对同一企业不同商标争创的第二个及以上中国驰名商标（行政认定）可享受同等奖励政策。对复检后重新获得同级奖项的不再奖励。

五、申报程序

每年7月1日起，获奖企业向区市场监管局申报，截止时间为7月底。区市场监管局会同区财政局进行审核，确定奖励等级，报管委会（区政府）批准奖励。

国内、国际商标注册补贴按《苏州高新区（虎丘区）商标注册补贴资金使用操作办法》的有关规定执行。

本意见自2015年1月1日起实施，原苏高新办〔2010〕73号文件同时终止。本意见由区实施商标战略推进领导小组负责解释。

苏州高新区关于发展新型孵化器支持大众创新创业的办法（试行）

第一条 苏州高新区鼓励各类投融资机构、高成长企业、社会组织、企业家、专业团队以及高校、研究院所等各方力量在区内开展创新型团队和企业的集聚、孵化和培育工作，支持各类社会力量和社会资本建设低成本、便利化、全要素的开放式大众创新创业公共服务平台（新型孵化器），为广大创新创业者提供良好的服务空间。

第二条 满足以下条件者可以认定为苏州高新区新型孵化器：

1. 新型孵化器须有独立的企业化运作管理主体，并在苏州高新区内设立独立法人机构。管理主体主要负责人及其工作团队应具有相应的建设新型孵化器的实践和能力，有比较明确的中长期盈利模式。

2. 管理主体应自身设立或和其关联企业、创投机构等共同设立创业投资基金或创业引导基金，形成较为明确的利益共享的合作关系，并对所入驻的企业进行实质性投资。

3. 入驻新型孵化器的对象是从事产品研发、设计，科技服务，文化创意的个人（团队）和企业。其中入驻企业应是新注册企业，企业在新型孵化器内入驻时间不超过18个月，超过20人的企业应及时迁出。

4. 管理主体应遵循低成本原则，配备基本的办公研发条件。在政府支持期间内，不向入驻新型孵化器的对象收取网络费、房租和物业管理费。

5. 管理主体应对入驻对象提供团队组建，人员配置，企业运行，财务管理，资金筹措和投融资，产品和市场咨询，技术转移和成果转化，检验检测，市场准入，法律和知识产权保护等专业化服务。一年运行期内孵化培育和服务的入驻企业数不低于20家。

第三条 经认定的新型孵化器，给予管理主体以下支持：

1. 每年给予不超过50万元的运行经费支持，连续支持3年。

2. 每年按实际需求给予不超过50元/平方米/月的办公用房

支持，最大面积不超过2000平方米，连续支持3年。

3. 经新型孵化器孵化培育出的企业（含仍入驻企业），落户在苏州高新区的，自注册日起2年内获评省、市、区三级人才计划的，分别给予管理主体3万元、2万元、1万元的奖励；3年内获评国家千人计划、高新技术企业的，分别给予管理主体5万元的奖励。

4. 经新型孵化器孵化培育出的企业（含仍入驻企业），落户在苏州高新区的，自注册日起2年内，一次性获得股权投资50万—100万（不含）、100万—200万（不含）、200万及以上的，经审核，分别给予管理主体2万元、5万元和10万元的奖励。上述股权投资奖励从高不重复支持。

第四条 鼓励和支持青年大学生、企业高管、科技人员、留学归国人员等在我区创新创业，支持和鼓励高等院校、科研院所在职的教师和研究人员在我区创新创业。对于我区新型孵化器内的个人（团队）和企业，给予以下支持：

1. 由新型孵化器推荐的个人（团队）和企业，参加国内外知名创业大赛，获得奖励的，给予同等奖励，最高不超过30万元。2年内已获得同类奖励的个人（团队），仅来我区新型孵化器内进行成果转化的，享受同等待遇。

2. 一次性获得股权投资50万—100万（不含）、100万—200万（不含）、200万—500万（不含）、500万及以上的，经审核，分别给予5万元、10万元、30万元和50万元的奖励。上述股权投资奖励从高不重复支持。

3. 新型孵化器内的企业获得国家和省科技型中小企业创新基金的，按1∶1给予奖励，每家企业最高50万元。企业转让技术所有权或5年以上使用权所得的收入，500万以下的免缴企业所得税，500万以上部分减半缴交。

4. 支持高等院校和科研院所的学生（含在校生和毕业2年以内的毕业生）在新型孵化器内自主创业。获得省级以上创业大赛奖励或获得股权投资的，经新型孵化器推荐，可另外给予一次性5万元的支持。

第五条 由新型孵化器孵化培育出的企业，落户在苏州高新区内的，视同新成立的进区企业，享受区科技政策的支持。

落户到省级及以上孵化器或科技城的企业，参与高新区科技信贷的，自入驻日起3年内视同入驻国家级孵化器，按《苏州高新区科技型中小企业短期贷款信贷风险补偿专项资金管理办法》相关条款给予支持。新型孵化器内的入驻企业享受同等待遇。

第六条 支持注册在苏州高新区的各类创业投资机构对入驻苏州高新区新型孵化器内的企业进行投资，对于投资于企业首轮股权融资的投资机构，按照实际投资金额的15%给予投资机构风险补助，单个项目补助最高100万元。

第七条 支持推进大众创新创业的路演、创业大赛、辅导培训、主题演讲、经验交流、产品展示等活动，经审核给予主办单位总活动经费50%的支持，每年最高支持不超过10万元。

第八条 落实中关村向全国和国家自主创新示范区推广的政策以及国家、省针对小微企业的各项税收优惠政策。鼓励各街道、各板块的企业利用空置房屋建设新型孵化器，对年应纳税所得额低于20万元（含）的小型微利企业，其所得减按50%计入应纳税所得额，按20%的税率缴纳企业所得税。

第九条 鼓励各类创新孵化培育机构申报国家级、省级新型孵化器，获批国家级或省级新型孵化器的，给予20万元的奖励，并享受相应国家级、省级新型孵化器的税收减免政策。

第十条 区人才科技工作领导小组科技办公室负责对新型孵化器的认定、监督和管理。取得显著成效的新型孵化器，三年后可继续给予支持。对于特殊类型的新型孵化器等未尽事宜，由区人才科技工作领导小组科技办公室商议决定。

第十一条 新型孵化器的认定实行全年受理，全年3次集中认定的方式。所有资金申请由各新型孵化器管理主体于当年4月、8月、11月底前统一提交至区科技局审核，经区人才科技工作领导小组科技办公室审定后下拨。

第十二条　本办法自发布之日起试行，和区现有政策支持内容有重复的，按从高不重复原则支持。本办法由区人才科技工作领导小组科技办公室负责解释。

苏州高新区关于支持科技领军人才创新创业的办法

第一章　总则

第一条　为深入实施创新驱动和人才强区战略，营造有利于科技领军人才创新创业的环境，集聚海内外科技领军人才来我区创新创业，特制定本办法。

第二条　支持科技领军人才创新创业的重点领域：生物医学、新一代信息技术、高端装备制造、软件与服务外包、地理信息、新能源、新材料和节能环保等。

第三条　支持创新创业科技领军人才的类别：创业领军人才、重点创业团队、创新领军人才、领军孵化人才。

第二章　申报条件

第四条　创业领军人才

1. 一般应具有硕士及以上学历学位，年龄一般不超过55周岁，具有3年以上研发、管理工作经历或自主创业经历，并取得较突出业绩。

2. 掌握项目相关核心技术，在产品开发和企业经营管理方面具有比较丰富的实践经验。创业项目具有自主知识产权，且技术成果达到国际先进或国内领先水平，主导产品具有较好的市场前景和产业化潜力。

3. 为申报企业的主要创办人，且主要精力在苏州高新区企业，本人投入企业的现金一般不少于100万元人民币。

4. 拟在我区注册成立企业或已在我区成立企业且企业成立时间不超过1年。

第五条　重点创业团队

除需要符合创业领军人才的申报条件外，还需要符合：

1. 企业在我区注册时间不超过3年且注册资金不低于1000万元。

2. 企业上年度主营业务收入达到5000万元以上且3年内每年主营业务增长率不低于30%。

第六条　创新领军人才

1. 拥有博士学历学位，年龄一般不超过55周岁，5年以上相关研发或管理工作经历，并取得较为突出业绩。

2. 近两年全职引进到苏州高新区工作，引进后能全职连续为企业服务3年以上。

3. 引才企业为建有省级以上重点实验室、工程技术研究中心、公共技术服务平台等研发平台的规模型企业，创新先锋企业、瞪羚计划企业、各级领军人才企业。

第七条　领军孵化人才

1. 拟在我区注册成立科技型中小企业，注册资本不低于100万元。

2. 申报人一般应具有本科及以上学历学位，年龄55周岁以下，具有突出的工作或创业业绩。

第三章　申报评审

第八条　重点创业团队、创业领军人才、创新领军人才

1. 专家集中评审

常年接受申报，区科技局每年9月组织集中评审。

2. 风险投资机构推荐

申报项目已经获得风险投资机构不低于100万元且占股不低于10%的股权投资，经审核认定可直接列入当年度高新区创新创业领军人才计划。

常年接受申报，区科技局定期组织审核。

区科技局定期组织人才项目路演活动，为科技领军人才和风险投资机构提供交流对接平台。

3. 创业大赛优秀项目推荐

申报人作为项目负责人在国内外较为知名创业大赛中获

得最高奖项，且符合我区创业领军人才申报条件，经审核认定可直接列入当年度高新区创新创业领军人才计划。

常年接受申报，区科技局定期组织审核。

第九条　领军孵化人才

常年接受申报，区科技局不定期组织评审。

第十条　各类领军人才项目具体申报要求以当年度苏州高新区科技创新创业领军人才申报公告为准。各类领军人才由区科技局组织评审并提出建议名单后，报区人才科技工作领导小组最终认定。

第四章　扶持政策

第十一条　重点创业团队

1. 项目启动资金：给予400万元的项目启动资金。

2. 办公用房补贴：提供不超过500平方米的工作场所，三年内免收租金。

3. 安家补贴：给予团队核心成员每人50万元的购房补贴或不高于4000元/月、为期5年的租房补贴，补贴人数不超过5人。

4. 风险投资：根据团队项目投资需求，经论证审批后，可由苏州高新区风险投资基金对项目给予不超过1000万元人民币的投资，也可给予不少于其他风险机构投资额10%的跟进投资（最高不超过2000万元人民币）。

5. 贷款担保：通过对贷款项目进行风险补偿、给担保公司提供担保补贴等方式为项目提供贷款担保支持。

6. 贷款贴息：在实施领军人才项目过程中，自项目立项起三年内可提供30%~50%的贷款贴息。

7. 家属子女安置：项目核心团队人员，其配偶、子女户口可随迁至苏州高新区，子女入学可享受苏州高新区居民待遇。

8. 项目资助配套：为项目争取国家、省、市各条线项目资助，并对获得市级以上资助的项目给予相应配套资金奖励。

9. 项目土地安置：对有土地需求的项目，优先在高新区提供土地。

第十二条　创业领军人才

1. 项目启动资金：给予100万元人民币的项目启动资金。

2. 办公用房补贴：提供不超过100平方米的办公场所，三年内免收租金。

3. 安家补贴：给予领军人才50万元的安家补贴或给予不高于4000元/月、为期5年的租房补贴。

4. 风险投资：根据人才项目投资需求，经论证审批后，可由苏州高新区风险投资基金对项目给予不超过500万元人民币的投资，也可给予不少于其他风险机构投资额10%的跟进投资（最高不超过1000万元人民币）。

5. 贷款担保：通过对贷款项目进行风险补偿、给担保公司提供担保补贴等方式为项目提供贷款担保支持。

6. 贷款贴息：在实施领军人才项目过程中，自项目立项起三年内可提供30%~50%的贷款贴息。

7. 家属子女安置：项目核心成员的配偶、子女户口可随迁至苏州高新区，子女入学可享受苏州高新区居民待遇。

8. 项目资助配套：为项目争取国家、省、市各条线项目资助，并对获得市级以上资助的项目给予相应配套资金奖励。

9. 项目土地安置：对有土地需求的项目，优先在高新区提供土地。

第十三条　创新领军人才

1. 项目启动资金：给予50万元项目启动资金。

2. 家属子女安置：其配偶、子女户口可随迁至苏州高新区，子女入学可享受苏州高新区居民待遇。

第十四条　领军孵化人才

1. 项目启动资金：给予不超过30万元项目启动资金。

2. 办公场所优惠：优先入驻高新区内科技企业孵化器，并享受园内的优惠政策和服务。

第五章　引才激励

第十五条　孵化器引才奖励

1. 奖励对象：在孵企业获批市级以上领军人才计划的省级以上科技企业孵化器。

2. 奖励标准：获批国家级人才计划和省科技创新团队的，获批省双创人才的，获批省双创博士和姑苏领军人才的，按照每个获批项目分别给予10万、5万、2万的奖励。

3. 申请方式：申请单位每年10月底前向区科技局提出申请。

第十六条 企业引才奖励

1. 奖励对象：引进博士人才的科技企业。其中，企业需要满足以下条件：建有省级以上重点实验室、工程技术研究中心、公共技术服务平台等研发平台的规模型企业、创新先锋企业、瞪羚计划企业、各级领军人才企业。引进的博士人才需要满足以下条件：年龄55周岁以下，全职引进到企业工作，并能保证在企业全职连续工作3年以上。

2. 奖励标准：每引进一名博士奖励企业2万元。

3. 申请方式：申请单位每年10月底前向区科技局提出申请。

第十七条 人才配套奖励

1. 奖励对象：获批国家、省、市级以上领军人才计划的人才。

2. 奖励标准：对列入国家千人计划的人才，给予150万元配套奖励；对列入省双创人才计划或姑苏领军人才计划的人才，原则上按照1∶1进行配套奖励，上级政策有规定的除外。对同时列入省双创人才计划、姑苏领军人才计划或区领军人才计划的项目，从高但不重复支持。

3. 申请方式：区科技局根据上年度人才获批情况直接认定。

第六章 其他相关事宜

第十八条 列支渠道

项目启动资金（领军孵化人才项目启动资金除外）由区财政和企业注册地所属的镇（街道）、浒墅关开发区、科技城、综保区、西部生态城等地财政按照7∶3的比例分担。其中由区财政承担的项目启动资金连同办公用房补贴、领军孵化人才项目启动资金一起从区科技发展资金中列支。安家补贴、孵化器引才奖励、企业引才奖励、人才配套奖励由区财政从区人才开发资金中列支。

区财政列支资金实行预算管理、总额控制。

第十九条 项目管理

区科技局组织对各类领军人才项目进行中期检查和验收。各镇（街道）、浒墅关开发区、科技城、综保区、西部生态城等地对各自辖区范围内的领军人才企业进行日常监督和管理。申请资助的企业和人才对提交材料的真实性负责，区科技局将对未按规定时间注册，弄虚作假、无正当理由逾期未完成项目验收或擅自中止项目的、有违纪违法行为的企业采取纳入信用档案、给予通报批评、取消其相应领军项目称号、按规定追缴已资助的经费等处理，并不再受理该企业和人才的项目申报。

第七章 附则

第二十条 本意见自发布之日起试行，试行期限暂定三年，原《苏州高新区关于实施科技创新创业领军人才计划的若干意见》（苏高新管〔2011〕82号）、《苏州高新区关于实施科技创新创业领军人才计划若干意见实施细则（试行）》（苏高新办〔2009〕118号）、《关于推荐进入高新区创新创业领军人才计划的试行办法》（苏高新委〔2014〕82号）自行废止，已享受原政策资助的人才不再重复享受。

第二十一条 获评人才项目同时获批其他科技项目的，按从高不重复的原则给予支持。

第二十二条 本意见由区人才科技工作领导小组负责解释。其他未尽事宜，由区人才科技工作领导小组商议决定。

苏州高新区居家养老服务工作实施办法

根据《苏州市深化社会事业重点领域改革三年行动计划（2014～2016年）》（苏委发〔2014〕39号）、苏州市《市政府关于加快发展养老服务业的实施意见的通知》（苏府〔2014〕

108号）和《市政府办公室关于印发苏州市居家养老服务体系建设实施意见的通知》（苏府办〔2013〕196号）的文件精神，结合我区居家养老工作实际，特制定本办法。

一、指导思想

以“政府指导、社会参与、市场运作、家庭负责”为指导思想，建立健全与经济发展和社会需求相适应的居家养老服务体系，全面提高老年人生活质量，努力促进老年产业和经济社会的协调发展。

二、服务对象

苏州高新区户籍年满60周岁及以上的老年人。根据实际情况分政府援助对象、政府补助对象和自助对象三类。

（一）政府援助对象

1. 日常生活需要介助或介护的城乡五保供养对象及低保和低保边缘孤寡老人；

2. 日常生活需要介助或介护的市级以上劳动模范、重点优抚对象、归国华侨的老年人；

3. 日常生活需要介助或介护的“二无”（无子女、无劳动能力）、无子女照顾、子女残疾以及独生子女家庭对象中的困难老人。

（二）政府补助对象

84周岁及以上的老年人和70周岁及以上的计划生育特别扶助对象。

（三）自助对象

有经济条件的需要居家养老服务的老年人。

（注：介助——即半护理，老年人日常生活行为需依赖扶手、轮椅或升降等设施帮助；介护——即全护理，老年人日常生活行为需依赖他人护理；困难老人——年老体弱、生活自理有困难、经济收入在二倍低保标准内的老年人；计划生育特别扶助对象——独生子女死亡或三级及以上伤病残后未再生育或收养子女的父母。）

三、服务内容

根据老年人的实际需求，主要分为两大类。

（一）居家养老上门服务

依托居家养老服务组织或个人，为居家老人提供照料服务、商务服务、健康服务、精神慰藉、司法援助等服务。

（二）日间照料服务

利用社区居家养老服务组织的场地设施，提供照料服务，护理与康复服务，文体服务，老年教育等服务。

四、服务组织

居家养老服务组织主要分为管理类服务组织、运行类服务组织两大类。

（一）管理类服务组织

区居家养老指导中心：建立全区老年人信息库，对申请政府援助、补助服务的对象进行资格审核及服务监督，对全区居家养老工作和运行类居家养老服务组织进行业务指导和监督管理，做好政府委托的养老服务事项。

镇（街道）居家养老管理中心：建立辖区老年人档案，负责辖区内居家养老服务工作的日常管理，服务网点规划建设，服务对象评估和审核，专项资金调配发放和审核结算，服务质量监督等。

村（社区）居家养老服务站：采集辖区老年人信息，建立辖区老年人档案，负责受理辖区居家养老服务申请，向镇（街道）居家养老管理中心上报服务申请材料，承担政府委托的居家养老服务事项。

（二）运行类服务组织

虚拟养老院：是指在区级建立的，以现代信息技术为支撑，以会员制老年人为基本组织形式，采取民办非营利性企业登记方式，依靠专业服务人员，为居家老年人提供日常照料、商务服务、健康管理、精神慰藉等养老服务的组织。

日间照料中心：是指一般由镇（街道）建设，社会力量运行的，为需要社区照顾的老年人提供膳食供应、日常照料、保健康复、文体娱乐等日间托养服务的组织。

城市“小型托老所”：是指床位数在50张以下，为生活上需要介助、介护的老年人提供膳食供应、短期寄养、娱乐活动等养老服务的组织。

农村“老年关爱之家”：是指床位数在50张以下，能为农村高龄、独居老年人提供集中居住、膳食供应、娱乐活动等养老服务的组织。

助餐点：是指能为老年人提供助餐服务的场所。按其服务能力大小分为三类：综合型助餐服务示范点、综合型助餐服务点和助餐服务点。

志愿养老服务组织：是指社会组织利用社会富余人力资源，在政府指导支持下，按照运行管理市场化、服务价值公益化，为有公益需求老年人提供志愿服务的居家养老服务组织。以镇（街道）为属地单位，由民办非营利性单位主办。

老年学校：主要是指区和镇（街道）主办的老年大学，村（社区）主办的老年学校（办学点），以及社会力量办的老年大学（学校），以满足老年人“老有所学”需求的场所。

老年活动中心：主要是指由区、镇（街道）、村（社区）主办的老年活动中心、老干部活动中心、老年文化活动室等，以不断满足人民群众基本的精神文化需要为目标，为居民特别是老年人集中活动提供的场所。

基层医疗卫生机构：主要是指城市社区卫生服务中心（站）、乡镇卫生院和村卫生室。能为辖区内居民提供基本医疗和基本公共卫生服务，主要为老年人提供上门服务、团队服务、家庭病床服务等，并免费为老年人提供老年保健、慢性病健康管理、健康教育等多种医疗卫生服务。

其他居家养老服务组织：主要是指各地政府或利用社会组织为社区老年人提供生活或精神方面服务的居家养老服务组织。

五、建设标准、扶持优惠政策

（一）社区居家养老服务设施建设应纳入城乡社区配套用房建设范围，新建住宅小区按每百户20~30平方米配套建设社区居家养老服务用房，已经建成的住宅区域在2015年之前要按照每百户15~20平方米的标准调剂解决［苏州市《市政府关于加快发展养老服务业的实施意见的通知》（苏府〔2014〕108号）］。

（二）居家养老服务组织（管理类服务组织、运行类服务组织）建设目标、活动场所、服务队伍建设及建设扶持、减免优惠政策见苏州市《市政府办公室关于印发苏州市居家养老服务体系建设实施意见的通知》文件规定（苏府办〔2013〕196号）。

六、居家养老服务收费及补贴标准、申请流程

（一）收费标准

居家养老服务收费标准不得高于一般市场价格。

（二）养老援助补助标准

养老服务援助补助目的是为老年人解决居家生活照料困难，提高生活质量。对政府援助对象每户每月提供720元（36小时）的服务，其中介护对象每户每月提供960元（48小时）的服务，政府补助对象每户每月提供60元（3小时）的服务。养老援助、补助的服务价格随着苏州市最低工资标准的增长幅度实行自然增长机制。

（三）养老援助补助申请流程

1. 符合政府援助补助条件的、有养老服务需求的对象可向所在村（社区）居家养老服务站提出申请，填写“养老服务援助、补助申请表”，村、社区居家养老服务站进行初审并公示一周，对群众无异议的报镇（街道）居家养老管理中心、镇（街道）复审，最后报区居家养老指导中心、民政部门审核审批。

2. 经申请审核符合入住养老机构条件的政府援助对象，村（社区）居家养老服务站负责帮助与入住的养老机构签订协议，镇、街道定期向养老机构按照政府援助标准（介助500元/月，介护700元/月）结算相关费用。

七、经费保障

（一）管理类养老服务组织

1. 区级管理类养老服务组织建设经费、运营经费（含工作经费、信息化平台管理经费、精神关爱等购买社会组织服务经费、养老护理员培训经费等）由区级财政承担。

2. 镇（街道）、村（社区）管理类养老服务组织建设经费、运营经费由同级财政承担。

3. 通过省级示范性居家养老管理中心、农村（社区）居家养老服务站验收，在省“以奖代补”基础上，区级给予同等建设补贴。

（二）运营类养老服务组织

1. 区级虚拟养老院。区对运作机制完善、实现有效持续运行的“虚拟养老院”给予40万元的建设补贴。鼓励政府养老援助补助对象加入“虚拟养老院”享受服务。“虚拟养老院”每年（连续服务6个月以上）固定服务1户老年人家庭，给予200元/年的运营补贴。建设补贴和运营补贴经费由区财政承担。

2. 社区日间照料中心。新建、改（扩）建的社区日间照料中心休息床位达到20张以上，具有配（就）餐室、阅览室、文体活动室、健身康复室、医疗保健室及其他附属设施的，按建筑面积在200、400、600平方米及以上，一次性给予20万、40万、60万元的建设补贴。对服务功能、服务项目达到要求，建设面积尚未达标的，酌情给予建设补贴。对取得ISO质量体系认证的给予5万元的一次性奖励补贴，并根据日间照料中心的规模大小、服务质量、服务人数，经考核验收后每年给予2万~10万元不等的运营补贴。服务老年人数达到20人以上的，补贴2万元/年；服务人数每增加10人，增加1万元。服务老年人数不足20人的酌情给予运营补贴。单独新（改）建的日间照料中心建设补贴经费区镇各半，依托社区服务中心建设的日间照料中心，区级财政给予不超过5万元的建设补贴。社区日间照料中心运营补贴经费由各镇（街道）承担。

3. 城市小型托老所（农村“老年关爱之家”）。凡新建具有介助、介护性质的符合规定要求的城市小型托老所（农村“老年关爱之家”），每张床位给予1万元的一次性建设补贴；对利用闲置房屋改（扩）建新增生活能自理、介助和介护床位按每张2500元、4000元、5000元给予一次性建设补贴。以上建设补贴分两年各按50%的比例拨付，从其开办运营当年给付。同时，分别给予介助、介护床位每张120元/月、200元/月的运营补助。建设补贴经费区镇各半，运营补贴经费由入住老人户籍所在地政府承担。

4. 助餐点。新建具有固定场所，并配备冰箱、微波炉、灶具、就餐桌椅器皿、清洗消毒等必要设备设施的老年助餐点，一次性给予综合型助餐示范点、综合型助餐服务点和助餐点每家4万、3万、2万元的建设补贴。根据助餐点的规模大小、服务质量、服务人数，经考核验收后，对每年（连续时间6个月以上）为固定服务1名老年人给予100元/年的运营补贴，最高补贴不超过5万元/年。建设补贴经费区镇各半，运营补贴经费各镇（街道）承担。

5. 基层医疗卫生机构。对经卫生部门批准的基层医疗卫生机构按固定开设（连续时间6个月以上）每20张老年家庭病床不低于1万元/年的标准给予运营补贴。运营补贴经费各镇（街道）承担。

（三）养老服务队伍扶持政策

1. 免费培训：养老服务人员实行免费培训，由市、区职能部门组织实施。

2. 持证奖励：参加培训取得五级、四级、三级职业资格证书的并经职业鉴定中心认可的在职为老服务人员，给予每人200、500、1000元的一次性奖励，奖励经费由市福彩公益金列支，镇（街道）初审、区社会事业局（民政局）审核并组织申报。

3. 特岗补贴：凡持有《养老护理员职业资格证书》的服务人员，在同一居家养老服务组织工作一年以上，每月给予100元特岗补贴；工作年限每增加一年，月特岗补贴增加100元，工作年限在10年以内，最高补贴不超过500元；11年以上，月补贴800元。凭用人单位与从事养老服务人员签订的劳动合同、社保缴费证明补贴。特岗补贴由同级财政承担。

（四）建设与运营补贴、特岗补贴的兑现

各类居家养老服务组织在每年1~2月份申请上年度的建设、运营、特岗补贴，经各级初审、复核、复审，并由区、镇（街道）民政、财政部门审核后，于3

月底前拨付到位。

所在地民政部门每年3月底前协同财政、卫生、物价、人社、消防等部门完成对所在地养老服务组织的综合考评，并及时公布考评结果，考评办法另行制定。考评结果分优秀、良好、合格、不合格四档，考评优秀的全额发放运营补贴，考评良好的发放80%，考评合格的发放70%，考评不合格的不予发放。

八、附则

（一）本办法自2016年1月1日起执行，以前相关规定与本办法不一致的，以本办法为准。

（二）本办法出台后，以上援助、补助对象，各类建设、补贴、补助标准根据国家、省市政策变化同步调整，不再另行发文，经费承担渠道不变。

（三）各镇、街道，浒墅关经济技术开发区全面完成当年下达的居家养老服务目标任务。

（四）本办法由区社会事业局（民政局）负责解释。

关于落实中关村“6+4”推广政策进一步激发企业创新发展活力的若干意见

一、进一步支持企业开展创新活动

（一）支持区内高新技术企业发展。对新认定的高新技术企业给予一次性奖励10万元。对中小高新技术企业以未分配利润、盈余公积、资本公积向个人股东转增股本时，个人股东应按照“利息、股息、红利所得”项目，适用20%税率征收个人所得税；个人股东一次缴纳个人所得税确有困难的，经主管税务机关审核，可分期缴纳，但最长不得超过5年。对高新技术企业发生的职工教育经费支出不超过工资薪金总额8%的部分，准予在计算企业应纳税所得额时扣除；超过部分，准予在以后纳税年度结转扣除。

（二）深入实施科技小巨人培育工程。鼓励区内企业建设研发机构，对经国家、省、市批准的新建企业研发机构给予最高200万元的资助。企业在一个纳税年度内，转让技术的所有权或5年以上（含5年）许可使用权取得的所得不超过500万元的部分，免征企业所得税；超过500万元的部分，减半征收企业所得税。对重大自主创新成果转化项目，按技术合同交易额的10%~25%给予资助，最高300万元；经科技成果转化平台认定备案的成果项目，按技术合同交易额不超过5%对承接成果转化的企业进行资助，企业每一年度资助额度最高30万元。设立苏州高新区“瞪羚企业库”，对首次入库企业给予一次性20万元的奖励。支持科技服务业发展，鼓励区内企业购买各类科技服务并给予一定的经费支持。

（三）鼓励企业提升知识产权创造水平，开展专利成果运用。对区内专利大户企业给予最高10万元资助。对企业因专利质押、专利保险、专利入股、专利交易等发生的专利评估费用给予最高2万元的补助。支持知识产权服务业集聚发展，经认定的进驻知识产权服务业集聚区的知识产权服务机构给予不超过20万元的支持，对其自购办公用房的，给予最高100万元的补贴。

二、进一步加快释放科教创新资源

（一）科技人员以股权、不动产、技术发明成果及其他形式的非货币性资产投资科技型企业，对其转让非货币性资产所得应缴个人所得税，可在5年内分期缴纳。区内高新技术企业转化科技成果，给予本企业相关技术人员的股权奖励，技术人员一次缴纳税款有困难的，经主管税务机关审核，可分期缴纳个人所得税，但最长不得超过5年。

（二）支持高校、科研院所在高新区建设新型产业技术研究院。经认定的新型产业技术研究院，自认定之日起，前2年每年最高可给予2500万元的科研经费支持，第3~5年每年最高可给予1500万元的科研经费支持；鼓励其通过市场运作实现收支平衡。

三、进一步加速高端人才集聚

（一）对入选区级科技创业类领军人才计划、重点创业团队计划的，给予最高500万元的科技经费和安家补贴支持，同时三年内免费提供不超过500平方米的工作场所。人才企业注册3年内年主营收入超过5000万元的，再择优给予最高100万元的科研经费资助。

（二）对入选区级科技创新类领军人才计划的，给予最高50万元的科技经费支持。鼓励企业引进海外高端智力，对国家高端外国专家项目和省外专百人计划项目给予最高50万元的匹配资助；鼓励企业引进重点产业紧缺人才，对市人社局认定的紧缺产业博士、硕士分别给予总计10万元和5万元的补贴；注重人才培育提升，对新获评国务院特殊津贴专家和省级以上突出贡献专家给予10万元奖励资助。加大企业院士、博士后工作站建设力度，对获批省级以上的人才工作载体给予最高100万元的资助。

四、进一步加大金融集成支持

（一）鼓励在高新区新注册设立天使、种子类投资基金，投资项目领域符合我区产业发展导向的，区创业投资引导基金均可通过有限合伙制形式进行阶段参股，比例最高可达30%。对区域内重点产业（医疗器械、轨道交通、新能源、软件和集成电路）的科技型企业、区国家级科技企业孵化器内的企业及区领军人才企业的科技信贷，在风险补偿基本标准基础上给予10%~20%的补贴上浮。

（二）对在IPO上市的科技型企业给予最高不超过500万元的奖励；对在新三板挂牌的科技型企业，给予最高200万元的奖励。

（三）区内有限合伙制创业投资企业采取股权投资方式投资于未上市的中小高新技术企业24个月以上的，该有限合伙制创业投资企业的法人合伙人可按照其投资额的70%，在股权持有满2年的当年抵扣该法人合伙人从该有限合伙创业投资企业分得的应纳税所得额；当年不足抵扣的，可以在以后纳税年度结转抵扣。自然人合伙人，符合国家相关税法规定的，在区内按20%的税率征收个人所得税。

五、进一步强化创新创业体系建设

（一）支持各类社会力量和社会资本在高新区建设新型孵化器，经认定的新型孵化器运营机构三年内给予不超过150万元的运行经费及2000平方米以内的免费用房。对获批国家、省级新型孵化器的运营机构，给予20万元的奖励。支持推进大众创新创业的路演、创业大赛、主题演讲等活动，给予每个主办单位每年最高10万元的支持。

（二）鼓励和支持青年大学生、企业高管、科技人员、留学归国人员以及高等院校、科研院所在职的教师和研究人员等在我区创新创业。对入驻新型孵化器的企业和个人（团队），参加国内外知名创业大赛，获得奖励的，给予最高不超过30万元的支持；获得股权投资的，给予最高50万元的奖励。支持注册在高新区的各类创业投资机构对入驻高新区新型孵化器内的企业进行投资，对于投资于企业首轮股权融资的投资机构，按照实际投资金额的15%给予投资机构风险补助，单个项目补助最高100万元。

六、附则

本意见自发布之日起施行，有效期至2020年12月31日，由财政局，国、地税分局，科技局，发改局，人社局负责解释，并根据本意见制定实施细则。

关于支持工业经济升级发展的若干意见

一、支持引进先进制造业

第一条 支持新引进先进制造业项目建设。对符合入区产业标准，在高新区购地自建厂房的先进制造业企业，自批准设立起3年内设备投入超过2000万（含2000万元）的，按设备投入金额的5%给予补助；对符合入区产业标准，在高新区租用厂房的新设先进制造业企业，自批准设立起2年内设备投入超过2000万（含2000万元）的，按设备投入金额的5%给予补助；上述单个项目补助金额原则上不超过1000万元。对列入省级以上重点项目的，根据其设备投入最高补助5000万元。

二、支持企业做大做强

第二条 鼓励企业做大规模。根据企业年销售收入分档奖励：①年销售收入首次超过10亿元、30亿元、50亿元、100亿元，其增幅超过当年全区规模以上工业企业平均增长水平且当年盈利的工业企业，一次性奖励30万元、50万元、100万元、300万元。②新建企业，注册当年或下一年度的年销售收入首超1亿元、5亿元、10亿元的，分别奖励30万元、50万元、100万元。

第三条 鼓励企业“进规上”。①企业自注册登记之日起两年内，年销售收入突破2000万元；②年销售收入首超2000万元、年增幅超过30%。符合上述任一条，且净利润同比增长的，一次性奖励10万元。

三、支持企业改造升级

第四条 鼓励技术改造投入。经区工业经济转型升级领导小组认定，项目实施完成后，其符合申报认定期限内的生产设备投入发票金额达到1000万元及以上的，按生产设备投入的3%给予补助。项目被认定为省级技术改造示范项目的，另给予奖励30万元。

第五条 鼓励智能装备投入。经区工业经济转型升级领导小组认定，企业实施运用机器人（手）、自动化控制设备或流水线自动化进行智能技术改造，项目实施完成后，企业从业人数减少、销售收入增加，全员劳动生产率同比提高10%以上，其符合申报认定期限内的生产设备投入发票金额达到500万元及以上的，按生产设备投入的6%给予补助。项目被认定为省级示范智能车间的，另给予奖励50万元。

第六条 鼓励发展“互联网+”制造。鼓励发展以“机联网”和“厂联网”为重点的“互联网+”制造技术改造。经区工业经济转型升级领导小组认定，“机联网”“厂联网”项目实施完成后，其符合申报认定期限内的生产设备和技术投入发票金额达到200万元及以上的，分别按生产设备和技术投入的10%、15%给予补助。

四、支持企业开放创新

第七条 鼓励企业科技创新。鼓励企业建设高水平研发机构，对新认定的国家、省、市级企业技术中心（工程中心、工程实验室）的企业，分别给予200万元、20万元、5万元奖励。对区内企业收购国外研发机构或在国外设立研发机构的企业，每个机构给予10万元奖励。取得国家、国际权威组织认证的实验室，给予每个实验室10万元奖励。

第八条 鼓励企业开发新产品。对获得省级及以上新产品鉴定的企业，奖励3万元。对获得国家、省级新产品金奖的企业，分别奖励50万元、20万元。对获得国家、省级优秀新产品奖的企业，分别奖励30万元、10万元。对获得省级专精特新产品认定的企业，每项产品奖励10万元。

第九条 支持企业承接高水平项目。对承担国家高技术产业发展，高档数控机床与基础制造装备，智能制造装备发展，重点产业振兴和技术改造，物联网发展等重大产业专项的企业，对国家有地方配套要求的项目，经区工业经济转型升级领导小组审核认定，原则上根据企业所获得的项目经费按照不高于1∶0.3的比例给予资金配套，单个项目最高配套1000万元。

第十条 支持企业军民融合发展。鼓励企业获得各类军民融合发展的资格或认证，取得相关资格或认证的企业，每项给予3万~10万元补助。

五、支持企业集约发展

第十一条 鼓励腾出发展空间，提升低效利用土地和厂房的产出效益。鼓励区内厂房业主清退原低效承租企业，将闲置厂房资产交由政府招商部门引进优质项目；鼓励有意向进行土地使用权转让的企业通过政府招商部门推荐优质企业进行收购。各板块可因地制宜，制定相应鼓励政策，加快腾出发展空间，提升低效利用土地和厂房的产出效益，实现“退二优二”，“腾笼换凤”。

第十二条 鼓励企业兼并重组。对符合国家产业政策和区域产业发展方向，通过对区外企业实施资产重组且总部设在本区的企业，经区工业经济转型升级领导小组审核认定，对区域有贡献的，按被重组净资产给予不超过5%的补助，最高补助500万元。

第十三条 鼓励参与电力需求侧管理城市综合试点。对符合条件的电力需求侧管理城市综合试点项目，依照市政府《关于印发苏州市电力需求侧管理（DSM）城市综合试点实施方案的通知》（苏府〔2013〕67号），市经信委、财政局《关于下发“苏州市电力需求侧管理城市综合试点项目管理及资金奖励实施意见”的通知》（苏经信电能〔2013〕2号），给予相应补贴和奖励。

六、支持企业争先创牌

第十四条 鼓励参评各级各类试点和示范企业。对获得省高成长型中小企业示范企业、培育企业称号的，分别奖励10万元、5万元。对获得省中小企业创新能力建设示范企业、培育企业称号的，分别奖励10万元、5万元。对获得省科技小巨人称号的，奖励10万元。对获得省管理创新示范企业、优秀企业称号的，分别奖励10万元、5万元。对获得国家、省创新示范企业称号的，分别奖励30万元、10万元。对获得国家、省、市两化融合示范企业称号的，分别奖励50万元、20万元、10万元。对获得省、市两化融合试点企业称号的，分别奖励10万元、5万元。

第十五条 鼓励企业承担社会责任。引导企业提高信用管理能力，通过信用管理贯标的企业奖励1万元，获得省、市级信用管理示范企业称号的，分别奖励10万元、3万元。

第十六条 支持开展各类服务活动。对区工业经济主管部门组织参加的各类会展、展销、展览以及科技服务、产学研对接、人才引进、产业培训、咨询诊断等产业活动；聘请专业机构组织实施的产业发展规划编制等，由专项资金给予经费支持和保障。

七、支持中小微企业发展

第十七条 鼓励担保企业为小微企业提供融资服务。融资性担保企业合规经营时间满1年，无不良信用记录的，给予一定数额的担保补助。补助范围仅限于对区内小微企业的担保业务，按年平均担保余额5‰的比例确定补助额度，最高补助30万元。

第十八条 鼓励公共服务平台建设。对获评国家级中小企业公共服务平台的企业，奖励50万元。对获评江苏省中小企业公共服务平台五星级、四星级、三星级的企业，分别奖励30万元、25万元、20万元。对获批国家级、省级公共技术服务平台的企业，分别奖励30万元、10万元。为本区中小微企业提供无偿服务的机构，视服务内容和规模给予最高不超过30万元的补助。

第十九条 落实政府采购支持小微企业发展的各项规定。政府采购中小微企业产品、工程和服务的预算比例不低于30%，其中面向小微企业的比例不低于60%。在采购评审中，对小微企业产品可视不同行业情况给予6%~10%的价格扣除。鼓励大中型企业与小微企业组成联合体共同参加政府采购，小微企业占联合体份额达到30%以上的，可给予联合体

2%~3%的价格扣除。

八、资金来源及管理

第二十条 设立“高新区加快工业经济升级发展专项资金”，实行预算管理和总量控制。

九、支持范围

第二十一条 在本区区域内注册、纳税，具有独立法人资格的工业企业以及为工业企业提供服务的企业，均属于本专项资金支持范围。

十、附则

第二十二条 区本级其他支持工业和信息化发展相关政策中与本意见不一致的，以本意见为准。国家、省、市政策另有规定的从其规定。

第二十三条 成立区工业经济转型升级领导小组，负责本意见和未尽事宜的解释。领导小组办公室设在区发改局。

第二十四条 本意见试行三年，自2015年9月26日起执行，《关于印发〈关于加快工业经济发展的若干扶持政策〉的通知》（苏虎府规字〔2013〕2号）同时废止。

关于扶持苏州高新区人力资源服务产业园发展的若干意见

一、扶持对象和条件

第一条 入驻苏州高新区人力资源服务产业园并在苏州高新区注册登记、依法纳税的人力资源服务机构。

第二条 人力资源服务产业园平台载体，应符合《苏州高新区人力资源服务产业发展规划》要求，经产业园工作领导小组认定。

第三条 享受政策的人力资源服务机构应具备下列条件之一：

1. 经权威机构认定，综合排名列全球或全国前100强的人力资源服务机构；

2. 全国性、区域性人力资源服务机构总部；

3. 年税收额超过500万元人民币的人力资源服务机构；

4. 年个人所得税缴纳额超过200万元人民币的人力资源服务机构；

5. 经区产业园工作领导小组办公室认定的其他成长型人力资源服务机构。

二、扶持标准和要求

（一）平台载体

第四条 对被认定为省级或可入驻人力资源服务机构面积不少于2万平方米、机构数不低于总入驻企业数60%的人力资源服务产业园，一次性给予最高100万元资金支持。

第五条 对被认定为市级或可入驻人力资源服务机构面积不少于1万平方米、机构数不低于总入驻企业数50%的人力资源服务产业园，一次性给予最高50万元资金支持。

第六条 给予省级以上人力资源服务产业园每年50万元的园区营运补贴，补贴期为三年。

第七条 对平台载体引进以下人力资源服务机构的予以扶持，扶持不重复享受，标准具体如下：

1. 每引进一家全球或全国人力资源服务综合排名前20强、年纳税超过200万元的机构，机构入驻一年后给予一次性奖励20万元；

2. 每引进一家全球或全国人力资源服务综合排名21~50强、年纳税超过150万元的机构，机构入驻一年后给予一次性奖励15万元；

3. 每引进一家全球或全国人力资源服务综合排名51~100强、年纳税超过100万元的机构，机构入驻一年后给予一次性奖励10万元；

4. 每引进一家年纳税超过500万元的机构，机构入驻一年后给予一次性奖励20万元；

5. 每引进一家年纳个人所得税超过200万元的机构，机构入驻一年后给予一次性奖励

10万元；

6. 每引进一家其他成长型机构，机构入驻一年后给予一次性奖励5万元。

（二）入驻机构

第八条　房租减免

入驻产业园的人力资源服务机构，根据其综合排名、经营规模、租用面积、属地税收等条件，经产业园领导小组办公室综合评定，前三年可享受40%~100%房租减免，后三年扶持面积的房租按标准租金20%进行减免。优惠面积为100~500平方米，标准租金参照市场价格认定。

1. 全球或全国综合排名前20强机构入驻，可享受房租金额100%减免；

2. 全球或全国综合排名前21~50强机构入驻，可享受房租金额80%减免；

3. 全球或全国综合排名前51~100强机构入驻，可享受房租金额60%减免；

4. 其他成长型人力资源机构，可享受房租金额40%减免。

三、其他扶持

第九条　对入园企业，每年按照其对地方财政及苏州高新区人力资源服务贡献度评选出10家优质人力资源服务机构，一次性给予10万~50万元奖励。

第十条　大力引进国内外知名人力资源服务机构，鼓励其与区内企业合资合作，外资控股比例可放宽至70%，允许已在国内落户的合资企业在我区独资经营。

第十一条　开设专门服务绿色通道，对符合本政策支持引进的人力资源服务机构办理工商登记、税务登记等提供便捷服务。

四

设立苏州高新区人力资源服务产业园专项扶持资金，统筹落实扶持政策。

五

原苏高新委〔2012〕71号扶持意见按照规定期限及范围继续执行，地方贡献奖励由地方财政区、镇（街道）两级专项列支，已兑现部分，不溯及既往。

六

本若干意见所指的年税收额包含：营业税、增值税、企业所得税、个人所得税（含员工部分和代收代付部分）。

七

对于重点引进的项目及机构，可在享受优惠政策的基础上实行“一事一议”。

八

与苏州高新区管委会其他扶持政策重复的，按就高原则不重复享受。

九

实施细则由区人力资源服务产业园工作领导小组办公室另行制定。

十

本意见由区人力资源服务产业园工作领导小组办公室负责实施并解释。

十一

本办法自公布之日起实施。

苏州高新区关于鼓励企业上市（挂牌）的若干意见

一、政策扶持和激励的对象

1. 与保荐机构、会计师事务所、律师事务所等中介机构签订协议并进入实质操作阶段的拟上市（挂牌）企业、境内外成功上市的公司。

2. 拟上市（挂牌）企业必须是注册在高新区或以红筹形式上市但主要经营地在高新区的企业，包括已设立或拟设立为股份有限公司计划直接上市或拟以红筹等间接方式在境内外上市的企业。

二、企业设立股份有限公司、争取上市（挂牌）期间的激励措施

企业争取上市（挂牌）期间是指公司与券商、律师事务所和会计师事务所等中介机构签订上市（挂牌）服务合同，进入实质操作阶段。

1. 改制设立股份有限公司时，个人股东用未分配利润、资本公积、盈余公积转增股本必须缴纳个人所得税，具体操作按照苏州市人民政府相关专题会议纪要及苏南国家自主创新示范区相关政策要求执行。

2. 优先满足用地需求。对符合国家产业发展政策并将使用上市募集资金投资的项目，有关部门优先办理各项报批手续，高新区管委会优先安排用地指标。

3. 优先申报“高企高品”。拟上市企业投资高新技术项目或进行技术改造，符合有关政策规定的，优先推荐享受国家及省贷款贴息等各类扶持资金。支持申报高新技术企业和高新技术产品，帮助申报国家级、省级工程中心或技术中心。

三、促进企业上市的奖励政策

为促进企业上市，通过分阶段给予拟上市企业总额不超过500万元的奖励。

1. 新设立及整体改制设立的股份有限公司至成功上市年度之间，给予不高于350万元的奖励。

2. 通过上市辅导验收后的股份有限公司，在其向证监会申报首发申请材料后，取得证监会正式受理函，给予一次性50万元的奖励。

3. 对于股份有限公司在境内外直接上市的（A股、H股等），给予一次性100万元的奖励。

4. 在海外以红筹股方式间接上市的公司，必须待公司募集资金（扣除发行费用）进入指定账户，经有资格的中介机构出具验资证明后，对该上市实体给予一次性100万元的奖励。

5. 对于在本意见出台前已执行了部分奖励政策尚未成功挂牌上市的拟上市企业参照本意见执行，奖励总额按政策分阶段予以补足。

6. 对于上市公司在资本市场中采取增发等方式成功进行再融资并且所融资金投入区内项目的，给予一次性每亿元20万元的奖励。

四、促进企业“新三板”挂牌的奖励政策

2015年度及以前成功在“新三板”挂牌的企业，给予200万元奖励；2016年度成功挂牌的企业，给予100万元奖励；在2017年度成功挂牌的企业，给予50万元奖励；挂牌企业在资本市场中采取增发等方式成功进行再融资并且所融资金投入区内项目的，给予一次性每千万元2万元的奖励。

五

区发改局（金融办）负责企业上市、挂牌工作的管理、组织、指导、协调工作；区相关职能部门结合自身情况，制定相关措施，构建上市（挂牌）服务绿色通道，做好拟上市（挂牌）企业的服务工作，确保企业上市（挂牌）工作的顺利推进。

六

各镇（街道）人民政府（办事处）、浒墅关经济开发区、科技城管委会、西部生态城，负责积极引导、培育、激励和服务辖区内的拟上市（挂牌）企业，指定专人，结合自身情况，制定相关措施，构建上市（挂牌）服务绿色通道，做好拟上市（挂牌）企业的服务工作，确保企业上市（挂牌）工作的顺利推进。

七

建立工作目标责任制。参照市金融办制定的全市企业上市（挂牌）目标任务，对区内的乡镇、街道等制定相应的考核指标，把推进企业上市（挂牌）作为一项重要工作任务，狠抓落实。

八

股份有限公司设立后或公司争取境内外上市（挂牌）期间，除国家明确规定的扶持政策外，享受的各项地方性扶持政策，应以项目补助的形式享受，并按有关会计制度、准则的要求，规范入账。

九

项目的补助及奖励，由拟上市（挂牌）企业提出申请，经区发改局（金融办）会同财政局初审，报高新区管委会审核同意后实施。

十

本实施意见自2015年11月20日起执行，有效期至2017年12月31日，由区发改局（金融办）、财政局负责解释。原政策文件《苏州高新区〈关于鼓励企业上市的若干意见〉的实施意见》（苏高新管〔2011〕420号）及《苏州高新区“新三板”挂牌企业三年培育计划》（苏高新管〔2013〕200号）自本意见发布之日起废止。

苏州高新区失地（动迁）补偿和失地（动迁）人员社会保障实施意见

一、安置职责

苏州国家高新技术产业开发区管理委员会统一负责本行政区域内除征地以外的各类失地（动迁）人员社会保障的组织实施，以及历史遗留失地（动迁）人员生活问题的解决，做好失地（动迁）补偿工作。

区内除征地以外的各类失地（动迁）人员失地补偿和社会保障业务工作由区房屋拆迁管理办公室（区房屋征收服务中心）会同区人社、城乡、财政、公安等部门和属地政府负责办理。

二、安置对象

各镇（街道）、开发区根据确定的失地（动迁）项目明确安置对象。

安置对象类型：

1. 因城乡建设占（使）用土地及政策性原因而失地的集体经济组织成员。

（1）全部失地。

①以组为单位，参照无地队标准，造成人均耕地不足0.1亩的村民小组成员；

②以户为单位，家庭承包土地被全部占（使）用的集体经济组织家庭人员。

（2）部分失地。

造成部分失地的，按实际占（使）用土地占二轮承包时土地比例，以户为单位，按集体经济组织家庭人口同比例安置失地人员，不足一人按一人计。当家庭全部人员享受基本生活保障待遇时，其退出的承包地归村集体经济组织成员集体所有。

2. 因动迁且自愿放弃农村土地承包经营权、退出农村承包地的家庭集体经济组织人员经批准全部纳入安置对象。

三、安置标准

失地（动迁）人员安置费用、标准按照《实施细则》中征地补偿安置标准执行，管委会（区政府）定期公布失地（动迁）人员人均被征收农用地面积。

四、基本养老保障

失地（动迁）人员各年龄段实行社会保障待遇及相关社会保障政策按照《实施细则》规定执行。

1. 失地人员以失地项目实施日期为安置时点，动迁人员以动迁双方签订补偿协议并承诺自愿放弃农村土地承包经营权、退出承包地的日期为安置时点。以安置时间点为界限划分年龄段。

2. 各镇（街道）、开发区以管委会征收（动迁）年度任务书或者项目备案意见书确定需进入城保的失地（动迁）项目，并按照“谁用地（动迁），谁负担”的原则，明确项目出资主体。

16周岁以上失地（动迁）人员社会保障资金一次性划拨至区社会保障资金专户。

3. 劳动年龄段中大龄人员申请纳入企业职工基本养老保

险的，其换算的企业职工基本养老保险缴费年限加上本人安置之日前已参保的缴费年限（含视同缴费年限）合计不满15年的，在申请置换企业职工养老保险时允许一次性补足，补足缴费办法按照《实施细则》第十九条执行。其中，财政补贴资金由区、项目属地两级财政各自承担50%。

4. 被失地（动迁）前已经参加居民养老保险的养老年龄段失地（动迁）人员，可在按月领取养老补助金同时，按月领取省人民政府规定的最低标准基础养老金，养老补助金的资金列支渠道为区失地（动迁）人员保障基金，省人民政府规定的最低标准基础养老金由区财政另外安排资金进行支付。

五、基本医疗保障

养老年龄段失地（动迁）人员和劳动年龄段失地（动迁）人员中的大龄人员，由区房屋拆迁管理办公室（区房屋征收服务中心）按每人15000元标准一次性划拨至区医保账户，享受区医保待遇。区社保经办机构根据失地（动迁）人员参加市居民医疗保险情况，逐年将居民医疗保险费划拨至市居民医保基金账户。

六、基金管理

区社保经办机构设立失地（动迁）人员社会保障基金收入户、支出户，医保基金收入户、支出户。失地（动迁）人员社会保障基金收入户、支出户、财政专户应在区人力资源社会保障部门、区财政部门共同认定的金融机构开设。收入户用于归集从安置补助费预存账户中拨入的失地（动迁）人员社会保障费款项，暂存该账户的利息收入及其他收入，除向财政专户划转基金外，不得发生其他支付业务，实行月末零余额管理。支出户用于支付和转出失地（动迁）人员养老补助金和社会保障资金，除接收财政专户拨入的基金及该账户的利息收入外，不得发生其他收入业务。支出户应预留1到2个月的周转资金，确保失地（动迁）人员养老补助金和社会保障资金按时足额发放和划转。

七、补偿安置程序

（一）安置方案

失地（动迁）项目参照被征地农民安置政策和标准拟定失地补偿安置方案。失地补偿安置方案由区房屋拆迁管理办公室（区房屋征收服务中心）会同区人社、城乡、财政等部门审核并公告后，报管委会（区政府）批准实施。

（二）安置流程

1. 农户本人提出申请。根据实施计划，由农户携带土地承包经营权证书、居民身份证、户口簿等个人资料，申请自愿放弃农村土地承包经营权享受社会保障，并提供家庭人员信息资料。

2. 人员审核及公示公告。填写《苏州高新区失地（动迁）人员享受社会保障申请表》，经户籍所在村（居）委会、派出所、镇（街道）政府（办事处）审核同意并在村（居）委会公示无异议后上报区房屋拆迁管理办公室（区房屋征收服务中心）。由区房屋拆迁管理办公室（区房屋征收服务中心）会同区城乡局审核，通过后在村（居）委会公告，公示和公告结果存档。村（居）委会对符合享受社会保障条件的农户收回土地承包经营权证后，办理相关手续。

3. 办理相关保障手续。区房屋拆迁管理办公室（区房屋征收服务中心）凭《苏州高新区失地（动迁）人员社会保障落实情况审核表》、《苏州高新区失地（动迁）人员社会保障工作实施方案落实情况登记表》、《苏州高新区失地（动迁）人员社会保障工作实施方案落实情况汇总表》，经管委会（区政府）审批后，区社保经办机构为失地（动迁）人员办理相关社会保障待遇手续。

4. 安置补偿费用的收取、解缴和支付流程按照《实施细则》执行。其中，解缴资金与被征地农民社会保障资金筹资标准之间的差额部分，由项目属地财政部门足额解缴到预存款账户，并及时将预存账户的资金解缴到失地人员社会保障资金专户。

关于进一步加快淘汰黄标车的实施意见

一、分解任务，落实责任。将2015年车辆淘汰任务数按照车辆的注册登记所属地分解落实到各地，进一步强化各地在黄标车淘汰工作中的责任。各地要将黄标车淘汰工作纳入今年大气污染防治重点工作内容，制定具体工作方案，采取综合措施，确保按时完成淘汰任务。区大气办要将黄标车淘汰完成情况列入对各地年度大气污染防治工作的考核目标，加大督促考核力度。区公安、交警部门要每天统计通报各地工作进度情况，对工作进度滞后、脱幅较大的及时上报区政府，按照有关规定实施约谈、追责等措施，形成条块结合、上下联动、并抓共管的工作机制。

二、积极宣传，营造氛围。各地、各相关部门要依托多种途径开展针对性宣传引导工作，通过向车主发送提示短信、印制告知单和宣传海报等方式，宣传黄标车管理、淘汰规定和违法处理措施，全面解读政府补助及奖励政策，鼓励群众主动提前办理车辆报废手续。由区公安、交警部门会同环保部门联合拟定黄标车淘汰《告知书》，将《告知书》逐一发给黄标车车主。注重加强媒体宣传，及时曝光违反规定闯限行区域等典型案例，在全社会积极营造黄标车淘汰工作的浓厚氛围。

三、扩大限行，加强执法。区公安、交警部门会同环保等部门，深入开展黄标车整治联合执法行动，严查违法违规行驶的黄标车辆。要加强限行区域电子抓拍系统的建设和使用工作，同时做好限行区域和电子抓拍点的公示公告工作，切实加强黄标车行驶管控工作，督促黄标车车主办理提前报废手续。

四、完善政策，强化引导。充分发挥财政资金引导作用，按照苏州市统一部署，在执行市级补助政策的同时，按1∶1配套奖励资金，增加对我区提前报废淘汰黄标车车主的补助。具体奖励办法由区公安、交警部门会同环保、财政等部门制定实施。

五、多措并举，源头管理。区公安、交警部门要对全区未按规定报废或未按期验车的黄标车进行梳理，将车辆及所有人驾驶信息录入系统进行提示告知，督促车主尽早办理报废手续。同时，将黄标车淘汰工作与车主驾驶证换证、申领，新车上牌等业务进行关联，严格把关，彻底消除车主侥幸心理。区公安、交警和环保部门要加强协作配合，充分考虑黄标车淘汰整治过程中的各类不稳定因素，制定好应急处置预案，确保黄标车淘汰工作顺利开展。

附件：淘汰黄标车任务分解表

单位：辆

枫桥	狮山	横塘	浒墅关开发区	浒关	通安	东渚	镇湖	科技城
1466	489	257	421	274	179	194	24	66

调研报告

建设苏南国家自主创新示范区核心区的实践与思考

立足国家战略，准确把握新机遇新挑战，科学谋划新目标新部署，综合利用区域科技、生态、产业、文化等优势，建设具有全国影响力的自主创新战略高地，是苏州高新区在迈向全国高新区"第一方阵"新征程中面临的一项重大战略课题。建设苏南国家自主创新示范区核心区，既是高新区实施创新驱动战略的努力方向，也是破解发展瓶颈、提高经济发展质量和效益的重要抓手。

一、建设苏南国家自主创新示范区核心区的战略意义

创新是引领发展的第一动力。崇尚创新，国家才有光明前景，社会才有蓬勃活力。设立国内首个以城市群为基本单元的自主创新示范区，是我国从国家战略上落棋下子，是经济发展进入新常态面向未来、关系全局的大棋局。建设示范区中的核心区，是高新区在新一轮科技革命和产业变革中被赋予的重大使命。

首先，在建设创新型城市中发挥支撑、带动和示范作用。建设苏南国家自主创新示范区核心区，是提升苏州城市核心竞争力的有效途径，就是要充分发挥苏州的经济和科技实力、综合服务功能和地区影响力，最大限度地整合创新资源，完善创新体系，提高创新效率，使高新区成为创新驱动发展的强大引擎，辐射带动苏州发展从要素、投资驱动加快向创新驱动发展转变，为建设创新型城市做出引领、提供示范。

其次，在建设"强富美高"新江苏中充当先行军和排头兵。建设苏南国家自主创新示范区核心区，就是要依托苏南地区科教人才优势和开发开放优势，加快构建适应创新驱动发展的体制机制，为我省建设具有国际影响力的产业科技创新中心提供支撑，为"迈上新台阶、建设新江苏"探索道路、积累经验，努力在建设"经济强、百姓富、环境美、社会文明程度高"的新江苏中发挥先行军和排头兵作用。

再次，在服务国家发展的战略目标中做出积极而独特的贡献。建设苏南国家自主创新示范区核心区，首先要服务于国家战略，着眼于全球视野，定位于前沿窗口和国际化平台，代表国家参与全球创新体系合作，抢占科技创新制高点，努力在世界新一轮科技革命和产业变革中培育和树立具有全球影响力的标杆，在西方知识产权话语权中赢得主动，从根本上改变国家关键领域核心技术"受制于人"的局面，为加快建设创新型国家做出积极贡献。

二、建设苏南国家自主创新示范区核心区的现实基础

作为苏南国家自主创新示范区"9+1"格局中的重要板块之一，苏州高新区始终秉承"高""新"发展理念，特别是以2012年确定"创新驱动、再创辉煌"发展主题为标志，按照"科字当头、生态优先、民生为本、法治保障"方针，打造科技和生态两个品牌，全区进入创新驱动发展的历史新阶段，成为全市创新发展的增长极，具有率先建成苏南国家自主创新示范区核心区的现实基础和条件。

1. 从传统产业格局到现代产业体系，积极构建创新驱动发展的产业科技创新体系。打造驱动创新发展的产业引擎是一个地区实现可持续发展的基础。面对国际金融危机催生的新一轮科技革命、产业变革，高新区紧扣产业发展规律，在提升发展电子信息、装备制造两个传统主

导产业的基础上，做大做强新一代信息技术、轨道交通、医疗器械、新能源和地理信息五个千亿级战略性新兴产业，积极抢占新一轮产业发展制高点，形成了“5+2”现代产业体系。这是高新区向产业链更高端、更高层次攀升的自觉行动，是主动融入全球产业链和价值链的前瞻举措，是从工业经济、产业园区向知识经济、产业科技创新积极探索的独特发展路径。

2. 从简单模仿到自主创新，充分发挥企业的创新主体作用。高新区始终密切关注新技术研发的走向，跟踪世界新技术发展前沿，着力构建以企业为主体、政产学研用相结合的技术创新体系。截至2015年底，全区累计集聚高新技术企业358家、高新技术产品2040个，高新技术产业产值占规模以上工业总产值比重超过52%，大中型工业企业研发机构建有率达95%，全社会研发投入占地区生产总值比重达到3.5%，企业自主创新能力得到大幅提升，创新主体地位得以充分确立。

3. 从精英创业到民间创客，着力推动大众创业、万众创新。创新驱动发展，人才决定未来。高新区大力实施人才强区战略，启动实施“领军人才计划”，一大批具有专业特长的高技能人才、创新团队以及海外留学人员等“创业精英”汇聚高新区。截至2015年底，全区累计集聚各级领军人才612人次，其中国家“千人计划”38人。创业精英加速集聚带来了全球化视野、国际化理念，聚汇着全球的信息流、技术流、资本流，支撑与引领了经济社会的大发展。以高新区人力资源服务产业园为核心区的“中国（苏州）人力资源服务产业园”获国家批准，“苏州创客峰汇”获得省级众创空间集聚区试点，形成了以国家级孵化器、新型技术研究院、院校科教园和创业投资为主体的多层次“众创空间”。

4. 从单一政府助力到保险与金融结合创新，全力打造多层次科技金融资本体系。高新区在促进科技金融融合方面起步早，利用政府资金建立基金或者母基金引导民间资本进入科技企业成效显著，成为全国首家“保险与科技结合”综合创新试点、省级创业投资集聚发展示范区。同时，注重发挥政府与资本市场的作用，积极搭建政府资金与社会资金、产业资本与金融资本、直接融资与间接融资有机结合的科技金融服务体系，建立了以苏州高新科技金融广场为依托、以“太湖金谷”为引领、以“金融谷”为纵深的区域性科技金融集聚区，为科技企业发展提供一揽子综合化、专业化金融服务。区内注册创业投资企业近100家，资本规模达到140亿元。

5. 从专利申请到知识产权服务，努力拓展知识产权发展内涵和外延。保护知识产权就是保护创新火种。高新区始终坚持用知识产权战略引领经济发展未来，不仅创造了大量的知识产权，而且形成了一条完整的知识产权服务业产业链。截至2015年底，全区累计申请专利57726件，发明专利申请占比达55%，万人有效发明专利拥有量超过50件，国知局专利审查协作江苏中心审结发明专利案件超过全国总量的20%，成为全国首批“国家知识产权示范园区”、全国首家“知识产权服务业集聚发展试验区”。

6. 从有形的自然生态到无形的创新生态建设，大力营造良好创新创业环境。一方面，全力打造优美宜居的生态环境，努力构建走向生态文明新时代的空间格局、产业结构、生产方式和生活方式，把有形的自然资源转化为无形的创新要素；另一方面，不断完善创新政策体系，先后推出落实中关村自主创新示范区建设试点政策，集聚科技领军人才、发展新型孵化器、鼓励创新创业等系列产业政策，全力打造高效优质的政务环境，营造良好的创新创业生态。

近年来，高新区这种环境的变化、观念的变化、风气的变化，既激发了当前的发展活力，推动全区步入加快发展的上升通道，又带来了长期发展和更有效的变化，为区域发展提供了更为广阔的发展空间和想象空间。同时，我们也清楚地认识到，建设苏南国家自主创新示范区核心区任重道远，差距和问题依然突出，必须以解决动力转换的关键问题为导向，突破技术创新主体能力不强、创新活动绩效偏低、创新国际化水平不高、创新成果转化不畅等瓶颈制约，扬长避短、顺势而为，用新时期创新驱动发展的新实践，再创高新区科学发展新辉煌。

三、建设苏南国家自主创新示范区核心区的目标思路

国务院围绕综合自主创新的逻辑主线，从深化改革、创新驱动、产业发展和国家竞争等层面，确立了建设苏南国家自主创新示范区的战略定位，要求将苏南建设成为我国自主创新的战略高地，成为“创新驱动发展引领区、深化科技体制改革试验区、区域创新一体化先行区”。其中，创新驱动发展引领区是核心，深化科技体制改革试验区和区域创新一体化先行区是路径和手段，创新型经济发展高地是标志性成就。

创新、协调、绿色、开放、共享五大发展新理念，是我们破解发展难题、厚植发展优势的理论前提和基础。建设苏南国家自主创新示范区核心区，高新区要根据资源禀赋和发展特色，以“五大发展理念”为引领，按照突破发展的总体思路，突出面向产业的科技创新，使高新区成为企业主体创新活力充分释放、科技基础设施完善、城市创新功能健全、区域创新协同有序、创新创业活力充分迸发的产业科技创新中心。从实施步骤来说，总体可分“三步走”：第一步，经过5年左右努力，到2020年基本形成产业科技创新中心框架体系，初步构建起创新水平与国际同步、研发活动与国际融合、体制机制与国际接轨的现代产业科技创新体系，全面挺进全国高新区“第一方阵”；第二步，经过10年左右奋斗，到2025年形成产业科技创新中心区域的核心功能，成为重大产业原创性技术成果和战略性新兴产业的重要策源地，高端人才、高成长性企业和高附加值产业的重要集聚地，成为全国产业技术创新网络的重要节点；第三步，到2035年左右，建成具有全国影响力的产业科技创新中心，成为与苏州经济科技实力相匹配的创新创业高地，从根本上解决长期影响和制约创新发展的一系列重大问题，最大限度释放科技作为第一生产力的巨大潜能，努力走出一条具有时代特征、苏南特色、苏州特点的创新驱动发展道路。

推动以科技创新为核心的全面创新，需要把握五方面基本要求：一是重点突破，引领创新。瞄准世界科技前沿和顶尖水平，立足自身有基础、有优势、能突破的领域，布局一批科技创新基础工程和重大战略项目，支持企业通过各种途径获得若干重要产业领域的关键核心技术，实现科技创新的跨越式发展。二是人才为本，激发创新。集聚一批站在行业科技前沿、具有国际视野和产业化能力的领军人才，大力引进培育企业急需的应用型高科技创新人才，充分发挥企业家在推进技术创新和科技成果产业化中的重要作用，建立更为灵活的人才管理机制，强化分配激励，鼓励人才创新创造。三是争优攀高，质量创新。坚持需求导向，着力推动科技应用和创新成果产业化，解决经济社会发展的现实问题和突出难题。坚持深化改革和制度创新，发挥市场配置资源的决定性作用和更好发挥政府作用，破除一切制约创新的思想障碍和制度藩篱，全面激发各类创新主体的创新动力和创造活力。四是开放合作，协同创新。放眼全球和全国配置创新要素和资源，以更广的视野谋划和推动自主创新，构筑区域协同创新体系，提高开放型区域创新体系整体效能，提升国际化创新能力。五是服务发展，全面创新。坚持科技创新服务经济社会可持续协调发展，全方位推进产品创新、品牌创新、产业组织创新、商业模式创新，支撑引领产业结构调整和转型升级，不断提高科技进步对经济增长的贡献度。

四、建设苏南国家自主创新示范区核心区的重点任务

建设苏南国家自主创新示范区核心区是一项系统工程，要处理好当前和长远的关系，开展系统部署、持续建设。

"十三五"期间，需重点抓好以下八方面工作：

1. 抢占五大千亿级产业创新制高点。科技创新关键要落到产业发展上。要面向全球产业技术发展前沿，围绕新一代信息技术、医疗器械、轨道交通、新能源、地理信息等五大千亿级战略性新兴产业，部署实施一批重大科技攻关任务，建立健全产业自主技术体系。就新一代信息技术产业而言，重点发展下一代互联网产业、电子信息核心基础产业、自主安全高端服务器产业、高端软件和新兴信息服务产业等产业集群。就医疗器械产业而言，重点加大核心部件、医疗器械成品、医药代理商等企业的培育和引进力度，力争一批国内外先进医疗器械成品和核心部件企业在区域内布局。就轨道交通产业而言，重点统筹整合现有产业优势资源，加大关键零部件、供电系统、牵引传动系统、车辆段设备和工程信号系统等产业链招商，打造具有区域特色和比较优势的轨道交通产业集群。就新能源产业而言，聚焦光伏、智能电网、新能源动力电池等产业，加快建成华东地区光伏产业链条完整的新能源综合利用示范区、智能电网特色产业集聚区、新能源动力电池产业集聚区。就地理信息产业而言，重点推动中科院地理信息与文化科技产业基地建设，培育大众地理信息消费市场，促进地理信息的社会化应用，打造涵盖"数据+技术+应用"的全方位服务链。

2. 发展更具活力的新兴业态。着眼产业发展新趋势，大力培育各类能够引领未来发展的新型业态。推进"互联网+"融合创新，促进以物联网、大数据、云计算为代表的新一代信息技术与现代制造业、生产性服务业等融合创新，发展壮大新兴业态。积极落实"中国制造2025"计划，以增强产业技术创新能力为主线，以工业化和信息化为支撑，改造提升传统产业，发展信息技术与制造技术深度融合的数字化、网络化、智能化高端制造业，掌握若干关键核心技术，力求把握发展主导权。到2020年，建成1个互联网数据中心、5个互联网云计算公共服务平台，电子商务交易额超400亿元、互联网健康医疗产值超100亿元、智能交通产值超100亿元、智能电力产值超100亿元。

3. 培育本土创新"引擎"企业。强化企业技术创新主体地位，发挥企业在技术创新决策、投入、研发和成果应用推广中的主导作用，支持"引擎"企业构建企业创新生态。加快培育"科技小巨人"企业，依托"瞪羚"计划，打造1~2个拥有"产业级核心技术、标志性重大产品、优秀企业家和高层次人才核心团队"，在国内外有影响力的创新型地标企业；全面实施"雏鹰"计划，引导中小微企业向"专精特新"发展，推动企业建设技术中心、工程中心、重点实验室等研发平台。推进科技成果落地转化工程，每年引进10个较为成熟的科技成果转化项目，每个项目用3~5年时间转为年产值超亿元的企业。到2020年，新增规模以上科技型企业200家，累计培育产值超10亿元的科技型企业5家、超亿元的50家、超5000万元的100家，上市挂牌企业100家。

4. 建设一批创新功能型平台。以功能型平台建设主导推进科技创新、服务创新创业。制定实施"高新区新型产业技术创新示范工程"方案，推广浙江大学苏州工研院科技成果转化模式，推进中科院苏州医工所、中国传媒大学苏州研究院、华东理工大学苏州研究院、中科院地理资源所苏州基地、中国移动苏州研究院等创新载体利用其已有技术研发、企业合作资源，全面形成新型载体研发、产业化同步开展的良性循环，借助科研院所创新力量的溢出，不断提升创新创业服务的能级和水平，全面提高区域整体创新能力。

5. 打造创新创业人才高地。加速高端人才集聚，重点发挥"国字号"大院大所引才作用，更加注重人才项目的科技含量、技术先进程度和产业发展潜力，多形式、多渠道选拔、引进创新创业领军人才。到2020年，新增市级以上领军人才160人，其中国家级20人、省级50人、市级90人，人才企业年销售突破100亿元。全面推进区人力资源服务产业园建设，推动大众创新创业工程，在苏州创业园、科技城、国际教育园北区、阳山秀谷等创新基地探索构建一批众创空间。到2020年，累计建设新型孵化器50家，聚集各类创业人才20000人，孵化科技创业企业2000家，引进创新项目5000个。

6. 强化知识产权服务运用。强化知识产权创造、运用、保护、管理，推进PCT申请倍增工程，加大知识产权示范企业培育。到2020年，新增专利申请70000件，PCT专利申请1000件，万人有效发明专利拥有量达到100件，培育10家左右知识产权示范企业，争取1~2家成为国家级知识产权试点示范企业。鼓励企业加强品牌建设、参与标准化制定，引导企业更多地从市场开拓需求出发创造和运用知识产权。提升知识产权服务业集聚发展试验区内涵，重点引进国家级品牌服务机构和行业二十强，进一步完善知识产权产业链。建设知识产权运营交易服务平台，支持和引导服务机构开展知识产权高端服务，进一步探索知识产权服务新模式，打造知识产权一站式服务体系。

7. 促进科技金融加速融合。强化金融对创新创业的支撑作用，深入实施科技贷款风险补偿联动机制，引导社会金融机构资金参与科技创新，做大科技经费总量。实施科技企业上市培育计划，建立主板、创业板、"新三板"挂牌后备企业梯队库，引导科技型企业与多层次资本市场有效对接。完善区域科技金融服务网络，加快推进金条工程、金融小镇建设，深入推进"保险与科技结合"试点工作，打造涵盖创业投资、融资担保、科技小贷、融资租赁、集合服务、商业保理等服务功能的一站式科技金融服务中心。到2020年，创投基金规模达到200亿元，创投机构每年新增投资科技项目30个，当年实现科技贷款超过6亿元，累计集聚科技服务机构超300家，年服务业收入超过60亿元。

8. 营造良好创新生态环境。大力推进适应创新驱动发展需求的法制环境、政策环境、文化环境和生态宜居环境建设，为创新型经济健康发展提供有力保障。进一步完善鼓励创新的法制环境，构建符合科技创新规律的制度体系，依法维护创新创业合法权益。进一步优化创新政策体系，加强需求侧政策研究运用，借鉴推广自贸区政策，提高政策的针对性、协同性和时效性。营造宽容开放的创新文化氛围，积极营造鼓励创新、宽容失败、崇尚竞争、富有激情的创新文化，培育敢闯敢试、务实创新的企业家精神；加强科技创新与民生融合，全面提升全民创新意识与科学素养，形成全社会协同创新的氛围；持续加强生态文明建设，推进生态建设与科技创新、产业创新相结合，营造适宜创新创业的优美宜居环境。

（浦荣皋）

苏州高新区（虎丘区）机构设置和领导人名单

（2015年底）

【中国共产党苏州国家高新技术产业开发区工作委员会、中国共产党苏州市虎丘区委员会】

书　记　浦荣皋

副书记　周旭东

委员、常委　袁永生　张文彪　缪文学　钮跃鸣　蒋国良　宋长宝　戴　军　陈　明　朱俊松

委　员　周伟莨

【中国共产党苏州国家高新技术产业开发区纪律检查工作委员会、中国共产党苏州市虎丘区纪律检查委员会】

书　记　袁永生

副书记　尚文涛　范品才

委员、常委　蒋　雄　唐一伟　龚　浩　陈海鸥

【苏州市虎丘区人民代表大会常务委员会】

主　任　陈启元

副主任　桑　前　陆小军　徐江枫　沈　宁

【苏州国家高新技术产业开发区管理委员会、苏州市虎丘区人民政府】

主任、区长　周旭东

副主任、副区长　张文彪　蒋国良　邢文龙　徐　萍　俞　愉　薛伟良　王　牟　华建男

副主任　周伟莨　黄　戟（兼）

总规划师　刘　锋

【中国人民政治协商会议江苏省苏州市虎丘区委员会】

主　席　王蔼先

副主席　孙晓红　李笑天　范钦伟

秘书长　李金兴

【苏州市虎丘区人民法院】

院　长　王燕仓

副院长　娄　强　邱黎黎　汪小峰

【苏州市虎丘区人民检察院】

检察长　顾雪荣

副检察长　何若鸥　裘鲁峰　许　峰

【区党工委、区委工作部门】

党政办（研究室、信访局、机要保密局［国家密码管理局］、法制办、接待办、机关事务管理局）

主　任　黄　锋

副主任　谢　峻　冯世蔚　李　康　周建平　周剑雄　周以卫　洪绍平　徐　伟

研究室

主　任　刘卫刚

副主任　吴小军　张　斌

信访局

局　长　周建平

副局长　娄　锴　曹敏华

法制办

主　任　蒋月霞

副主任　黄　海

接待办

主　任　周剑雄

副主任　姚建华　杨　奕

机关事务管理局

副局长　朱晓洪

组织部（非公有制企业和社会组织工作委员会、区级机关工作委员会、老干部局）

部　长　戴　军

副部长　杨　亮　周　剑　李　伟

非公有制企业和社会组织工作委员会
书 记 沈宇亮

区级机关工作委员会
书 记 杨剑华

老干部局
局 长 周 剑
副局长 陈 丽

宣传部（统战部、文明办、民族宗教事务局、侨办）
部 长 宋长宝
副部长 周皖斌 徐 群

统战部
部 长 宋长宝
副部长 庞晓虹

文明办
主 任 徐玉芳

民族宗教事务局
局 长 庞晓虹
副局长 周宇文

侨办
主 任 张 筠
副主任 郁春笋

政法委（司法局、综治办、国安办）
书 记 缪文学
副书记 邢文龙 孔杰峰
王伟民
委 员 王燕仓 顾雪荣
吴文权

司法局
局 长 吴文权
副局长 蒋德蔚 方晓雯

综治办
主 任 孔杰峰
副主任 顾 明

国安办
主 任 张晓明
副主任 章秀英

机构编制委员会办公室
主 任 施国华
副主任 潘 凌

【区机关党组、党委】
人大党组
党组书记 陈启元
党组成员 陆小军 徐江枫
沈 宁 顾云华

政府党组
党组书记 周旭东
党组成员 张文彪 蒋国良
邢文龙 俞 愉
薛伟良 王 牟
王伟民

政协党组
党组书记 王蔼先
党组成员 范钦伟 李金兴

法院党组
党组书记 王燕仓
党组成员 娄 强 邱黎黎
汪小峰 高雅琴
揭志刚

纪检组长 揭志刚

检察院党组
党组书记 顾雪荣
党组成员 裘鲁峰 胡 微
许 峰
纪检组长 胡 微

教育局党委
副书记 陆文耀 王 军
委 员 季红斌 张 文
陆 军

住房和建设局党委
书 记 洪卫波
副书记 毛 伟
委 员 丁永华 沈锦龙
李 政 黄 晨
黄 烽 朱兰胜
纪委书记 黄 晨

城市管理局党委
书 记 徐雪荣
副书记 徐建良 杨红军
委 员 郁福明 于自强
纪委书记 杨红军

交通运输局党委
书 记 金海兴
副书记 顾 强 曹为根
委 员 余黎康 夏雪明
纪委书记 曹为根

城乡发展局党委
书 记 王建良
副书记 虞美华
委 员 周雪平 包剑平
黄更生 陈 宏

郭菊林　叶　枫
纪委书记　包剑平

卫生和计划生育局党委
书　记　陈建华
副书记　刘寿林
委　员　朱剑贞　张　耘

市场监督管理局党委
书　记　徐礼华
副书记　周建华
委　员　吴　喆　张　毅
陈振民　庄人同

【区人大常委会工作部门】
办公室（研究室）
主　任　顾云华
副主任　章　晨

人事代表联络工委
主　任　杨爱农

内务司法工委
主　任　瞿　耘

财经工委
主　任　周瑞华

城建环保工委
主　任　潘雪荣
副主任　张明伟

教科文卫工委
主　任　张文华

外事民宗侨台工委
副主任　顾　磊

代表议案建议工委
主　任　孟晓瑜

【区管委会、区政府工作部门】
监察局（与区纪工委、纪委合署）
局　长　尚文涛
副局长　夏　椿

经济发展和改革局（商务局、统计局、物价局、中小企业局、金融办、信息办）
局　长　郑一敏
副局长　王　军　柳建洪
周晓明　傅　曦
周苏萍　徐　晖

商务局
局　长　许　梅

统计局
局　长　周苏萍
副局长　许林方

物价局
局　长　李洪峰
副局长　费振刚

中小企业局
局　长　黄忠华

金融办
主　任　顾智弢

教育局（区政府教育督导室、体育局）
局　长　陆文耀
副局长　王　军　季红斌
张　文　陆　军

副主任　沈卫东

民政局
局　长　杨志平

财政局（国资办）
局　长　潘宜顺
副局长　方士平　蒋存琪
周　萍
总会计师　袁国荣

国资办
主　任　蒋存琪
副主任　查晓虹

狮山分局
局　长　朱　莉

枫桥分局
局　长　徐　琴

人力资源和社会保障局
局　长　袁培林
副局长　邵　亮　任　亮
吴　琦　陈毅坚

住房和建设局（园林和绿化办、人防办、拆迁（征收）办公室、地震局）
局　长　毛　伟
副局长　丁永华　沈锦龙
李　政　朱兰胜
总工程师　黄　烽

园林和绿化办
主　任　谈育闻
副主任　黄　新

人防办

副主任　曹建根

折迁（征收）办公室

主　任　沈锦龙

副主任　查　鸣

地震局

局　长　顾永清

城市管理局（城管行政执法局）

局　长　徐建良

副局长　郁福明　于自强

城管行政执法局

副局长　郁福明

交通运输局

局　长　顾　强

副局长　余黎康　夏雪明

城乡发展局（水利局［水务局］、林业局）

局　长　虞美华

副局长　周雪平　包剑平
　　　　黄更生　陈　宏
　　　　郭菊林　叶　枫

水利局（水务局）

局　长　陈　宏

副局长　吴永根

卫生和计划生育局

局　长　刘寿林

副局长　朱剑贞　张　耘

环境保护局

局　长　徐　军

副局长　袁献虎　赵　鹏
　　　　顾咏红

审计局

局　长　陶荣庆

副局长　王留华　刘绪平
　　　　王仲华

安全生产监督管理局

局　长　周经纬

副局长　马成华　袁明华
　　　　徐　立

市场监督管理局（食品药品监督管理局）

局　长　周建华

副局长　吴　喆　陈振民
　　　　庄人同

行政审批局

局　长　王　卫

副局长　承建新

科学技术局（知识产权局）

局　长　蒋建清

副局长　孙培芳　李　艰
　　　　顾　君　贺宇晨
　　　　徐立飞　叶剑伟

知识产权局

局　长　孙培芳

招商局（外办、台办）

局　长　吴卫锋

副局长　沈　亮　孙咸锐
　　　　谢明华　何菊雯

外办

主　任　孙咸锐

副主任　李　菁

台办

主　任　李春梅

副主任　丁勇军

服务业发展局（文化局［文物局］、旅游局）

局　长　张建群

副局长　王　兵　陶文胜
　　　　洪　璐

文化局（文物局）

局　长　梁　娟

副局长　祝　倩

旅游局

局　长　王　兵

副局长　奚昊婷

【区政协委员会工作部门】

办公室（研究室）

主　任　郭伟平

副主任　张　雷　吴小龙

研究室

副主任　顾小君

提案委

主　任　程奠东

副主任　胡贞雪

经济科技委

主　任　谷超俊

副主任　王苏良

社会事业委
主 任 何玉明

港澳台侨委（民族宗教委）
主 任 项云金

城乡建设委
主 任 徐忠国
副主任 张锦峰

文史工作委
主 任 朱浴宇
副主任 樊 宁

【区社会团体】
工会、总工会
主任、主席 袁志琴
副主任、副主席 薛宙民 陆雪峰

妇工委、妇联
主任、主席 袁晓月
副主任、副主席 单 利

团委
书记 方 芳

残疾人联合会
理事长 王继忠
副理事长 王晴蕾

科协
主席 韦纯清
副主席 张 文 刘寿林 王 平

文联
副主席 沈一鸣

工商联
主席 徐萍
副主席 周月明

红十字会
会长 徐 萍
副会长 刘寿林 陶文胜 吴松梅

【区直属事业单位（副科级以上）】
电子政务中心
主 任 赵红明

档案局
局 长 陈永生

机关车队
队 长 顾伟忠
副队长 钱金武

机关事务管理处
主 任 夏剑华
副主任 郑 烨 王 枫 龚忆文

党校（培训中心）
常务副校长（主任） 罗 军
副校长（副主任） 沙菊香

新闻中心
主 任 周皖斌
副主任 钱 强 徐爱华

统计调查中心
主 任 叶雪兴

苏州实验中学
校 长 仲尧明
副校长 李建军 戚春志 杜 颜

实验初级中学
校 长 严建春
副校长 袁文英 孟昭顺 张 波 沈 洁

第一中学
校 长 朱一峰
副校长 张梦祺 姚成洋 袁志虎 陈 勇 朱雪雯 张惠珍 陶成生

第二中学
校 长 宋 化
副校长 丁继平 王华新 张木宏

吴县中学
校 长 符云峰
副校长 张必华 张会清 沈明生 韩 君

通安中学
校 长 张惠方

学府中学
校 长 王新民

文昌实验中学
校 长 惠人民

第三中学
校 长 黄晓岚

阳山实验初级中学
校　长　张俊辉

第五中学
校　长　徐文良

教学研究室
主　任　陈　平
副主任　刘宗海　陈学军

财政管理服务中心（国库支付中心）
副主任　胡小静　曹　彦

人力资源开发管理中心
主　任　王　澜
副主任　刘　军

社会保险基金管理中心
主　任　叶晓中
副主任　蒋方珍　谢　凯
　　　　查　利

劳动监察大队
副大队长　张　斌　唐毓宏

劳动就业管理服务中心
主　任　王文炳

劳动争议仲裁院
院　长　李　兵

建设工程质量监督站（建设工程安全监督站）
站　长　陆　锴
副站长　朱顺荣　陈云良
　　　　黄伟东

建设工程招标投标办公室
主　任　陈　娟
副主任　黄必清

城市建设管理服务中心
主　任　胡家鹏

房产交易管理中心
主　任　许喆明
副主任　冯雪君

住房保障管理中心
主　任　王东勇

直属房屋所
主　任　杨　柯

房屋拆迁（征收）服务中心
主　任　钱玮琦

城市管理行政执法大队
大队长　张旭光
教导员　李军荣
副大队长　沈景峰　徐　寒

城市维护管理处
主　任　张继光
副主任　史剑锋　于朝辉

城市管理监督指挥中心（区12345便民服务中心）
主　任　罗　迪

苏州浒墅关经济技术开发区城市管理行政执法大队
大队长　殳　辉

苏州科技城城市管理行政执法大队
大队长　丁宇清
教导员　袁　渊

航道管理处（地方海事所）
主　任（所长）　胡叶华
公路管理处（桥梁管理处）
主　任　许利康

交通工程管理处
主　任　曹志强

运输管理处
主　任　吴凤英

畜牧兽医管理中心
主　任　薛家葵

农业技术推广站
站　长　邱雪文

林业站
站　长　施雪珍

渔政管理站
站　长　钱学林

农机安全监理所
所　长　王英英

水政监察大队
大队长　胥家宝

疾病预防控制中心
主　任　范晓晔
副主任　陈旭东　张韵红

卫生监督所
所　长　季建刚
副所长　宋　良　归国平
　　　　王　键

苏州市循环经济推广中心
主　任　顾　军
副主任　鱼　军　吴海军

环境监察大队
大队长　段立峰

环境监测站
站　长　陆文娟

经济责任审计中心
主　任　朱雪中

安全生产监察大队
大队长　徐　立

苏州高新技术创业服务中心
主　任　贺宇晨
副主任　葛春生　缪佳一

科技招商服务中心
主　任　李斌斌

外商投资咨询服务中心
主　任　吴卫锋

苏州浒墅关经济技术开发区

党工委
书　记　周旭东
副书记　蒋国良　王　牟
　　　　项　兵　张　军
委　员　王奇学　陈　豪
　　　　蔡　斌　罗建华

纪工委
书　记　蔡　斌
副书记　成菊珍

管委会
主　任　周旭东
副主任　王　牟　项　兵
　　　　张　军　王奇学
　　　　陈　豪　蔡　斌
　　　　罗建华

内设机构
党政办（研究室）
主　任　江立新
副主任　陆建新　钱水兴

研究室
主　任　金哲群

监察室（审计室）
主　任　陶一峰

经济发展局
局　长　单鸿伟
副局长　韩　荣　方　立

招商局
副局长　巢文宇

财政局（国有资产管理办公室）
局　长　唐孝东
副局长　顾丽萍

国有资产管理办公室
主　任　唐孝东
副主任　谢建明

规划建设局
副局长　朱彬峰　丁　磊

阳山街道

党工委
书　记　陈　豪
副书记　顾永法　成菊珍
委　员　高幸福　俞永方
　　　　樊　外
纪工委书记　成菊珍

人大工委
副主任　孙　利

办事处
主　任　顾永法
副主任　高幸福　俞永方
　　　　秦洁静　赵维华

政协工委
主　任　成菊珍

苏州科技城

党工委
副书记　陈　明　顾彩亚
　　　　孙　泉　金敬民
委　员　王国荣　徐　军
　　　　周咏梅
纪工委书记　徐　军

管委会
主　任　陈　明
副主任　顾彩亚　孙　泉
　　　　金敬民　王国荣
　　　　徐　军　周咏梅

内设机构

党政办

主　任　李靖宇

副主任　王　瑾

监察室（审计室）

副主任　杨　扬　高　丰

财政局（国有资产管理办公室）

局　长（主任）　沈　蔚

副局长　苏静芳

经济发展局

局　长　谢劲松

副局长　吴金华

科技和人才局

局　长　居明元

副局长　曹玉河

规划建设局

局　长　王永忠

副局长　韩俊华

招商局

局　长　姚永宁

副局长　朴文斌　董　健

社会事务局

局　长　郭翔南

副局长　郭琪昌　王建兴

下属事业单位

苏南工业技术研究院

院　长　庄　毅

【苏州高新区综合保税区管理办公室】

主　任　吴立华

副主任　谷　光　钦纳新

行政管理部

主　任　赵　琛

计划财务部

副主任　时　瑾　韩德绪

经济发展部

主　任　贾　斌

副主任　徐　玉

开发建设部

主　任　张继生

副主任　姚　明

综合管理部

主　任　王　敏

副主任　魏　力

西部生态城旅游度假区

党工委

书　记　宋长宝

副书记　徐建龙

委　员　秦　晓　赵树生　浦伟明

管委会

主　任　徐建龙

副主任　秦　晓　赵树生　浦伟明

内设机构

党政办

主　任　赵树生

副主任　俞春方

规划建设部

主　任　秦　晓

副主任　周　彦　赵晓兵

经济和旅游发展部

副主任　吴东明

浒墅关镇

党　委

书　记　王永刚

副书记　王晓东　江　强

委　员　钟建良　冯寿前　陈晓梅　谢利平　叶其中　王　珏

纪委书记　冯寿前

人　大

主　席　曹永康

镇政府

镇　长　王晓东

副镇长　沈永明　徐国荣　徐德友　张　燕

政协工委

主　任　江　强

通安镇

党　委

书　记　卢　潮

副书记　曹　萍　蒋东明

委　员　周雪良　胡　勇
　　　　王建洪　季晓丰
　　　　余建康　周永明
　　　　仲　汉　张道中
纪委书记　周雪良

人　大
副主席　毛雪根

镇政府
镇　长　曹　萍
副镇长　王建洪　袁　理
　　　　马月明

东渚镇

党　委
书　记　陈　明
副书记　马雪刚　苏火原
委　员　姚钰清　薛永芳
　　　　马海英　盛新良
　　　　杨文明　张剑清
纪委书记　马海英

人　大
主　席　邵永康

镇政府
镇　长　马雪刚
副镇长　曹　琴　徐振华

狮山街道、横塘街道

狮山街道党工委、横塘街道党工委
书　记　顾　寅
副书记　王华清　王　骏
　　　　周永前　荣继发
　　　　曹建良
委　员　顾升福　陆建根
　　　　毛　欣　张云龙
　　　　徐建红　朱　军
　　　　龚菊卫　沈永明
纪工委书记　陆建根

狮山街道人大工委
主　任　顾　寅
副主任　孙蓉蓉

横塘街道人大工委
主　任　管建华
副主任　薛剑萍

狮山街道办事处、横塘街道办事处
主　任　王华清
副主任　宋永红　陶雪芳

政协工委
主　任　周永前

办事处
主　任　王　兵
副主任　宋永红　陶雪芳

狮山街道政协工委
主　任　周永前

横塘街道政协工委
主　任　王　骏

枫桥街道

党工委
书　记　周晓春
副书记　李志军　徐　明
　　　　王义良
委　员　沈　琪　邹　斌
　　　　徐辉惠　杨春华
　　　　李文斌
纪工委书记　沈　琪

人大工委
主　任　周晓春
副主任　陆学明

办事处
主　任　李志军
副主任　许　奇　范建设
　　　　姚人民　王爱明

政协工委
主　任　王义良

镇湖街道

党工委
书　记　宋长宝
副书记　徐建龙　刘　辉
　　　　浦伟明
委　员　张　伟　袁　清
　　　　戴　晖
纪工委书记　张　伟

人大工委
主　任　徐建秋

办事处
主　任　徐建龙
副主任　濮　钧　濮晴春
　　　　孙建东　陈月娟

政协工委
主　任　刘　辉

区直属公司

苏州高新区国有资产经营公司
总经理　王　平

苏州高新区经济发展集团总公司
董事长　孔　丽
副董事长　鲍东晖　唐　燚
董　事　朱　勇　屈晓云
书　记　鲍东晖
副书记　孔　丽　朱　勇
委　员　屈晓云
纪委书记　朱　勇
总经理　唐　燚
副总经理　屈晓云

苏州新区高新技术产业股份有限公司
董事长　孔　丽
副董事长　徐　明　王　星
董　事　刘　敏
　　王　平（国资公司）
书　记　徐　明
副书记　孔　丽　王　星
　　王永伟
委　员　楼铭育　刘　敏
　　朱复民
纪委书记　王永伟
副总经理　王　星　潘翠英
　　楼铭育　刘　敏
　　朱复民

苏州高新创业投资集团有限公司
董事长　闵建国
副董事长　王　平
董　事　王　平（国资公司）
党总支副书记　王　平
总经理　王　平
副总经理　高　进　吴光亚
　　徐　征

苏州高新有轨电车有限公司
董事长　沈明生
书　记　沈明生
委　员　仲晓晨　徐　洲
纪委书记　徐　洲
总经理　沈明生
副总经理　韩建良　许广鹏
　　仲晓晨

苏州高新区文体发展有限公司
董事长　苏久华
总经理　苏久华
副总经理　周　平　徐　瑗

年度先进和表彰

2015年度苏州高新区（虎丘区）优秀工作者、先进工作者名单

一、优秀工作者（51名）

（按姓氏笔画为序）

刁仁荣　于自强　马海文
王红军　王建洪　石晓丹
叶剑伟　包　飞　曲　林
朱　冰　朱雪平　仲尧明
刘卫刚　孙蓉蓉　严红飞
杜　衡　李　政　杨雄华
吴小龙　吴建兵　沈　蔚
张晓明　张新阶　陆雪峰
陈　静　陈志航　陈荣华
陈毅坚　周　平　单鸿伟
房师华　俞　铭　秦　滢
夏奕翔　顾升福　顾俊发
徐　立　徐　春　徐　峻
徐国荣　徐鸣明　徐建秋
高　正　高　进　唐　虹
唐国华　黄敬川　麻承相
傅　曦　解　月　翟　伟

二、先进工作者（131名）

（按姓氏笔画为序）

（一）区机关事业单位（61名）

丁　燕　王　慧　王信玲
王姚宗　王琴华　卢　义
冯钰芳　朱　英　朱雪中
华　江　刘　君　许永良
孙晶晶　苏　鹏　李小宽
杨　吉　杨红军　吴文明
吴晓洁　何　莺　沈荣华
张晓敏　张继光　陆建平
陆振伟　陆啸峰　陈　坚
陈　奇　陈　睿　陈军伟
范奕星　周　强　周丽华
周建平　荣国棠　查　鸣
钟以民　姚叶红　姚建华
袁晓月　夏剑华　顾小君
徐从建　奚昊婷　郭　霞
唐毓宏　陶琴琴　黄　玉
黄　胜　黄伟东　黄兵荣
黄春明　章　晨　葛　斌
董　杰　董　薇　傅　诗
游进国　潘　涛　潘　翔
潘建芳

（二）浒墅关经济技术开发区、科技城、综保区、西部生态城、镇、街道（26名）

王培良　王新洋　朱明亮
汤　怀　汤　瑾　许凤娟
杨春方　杨晓方　吴建平
吴晓峰　何　明　何建春
沈凤佩　宋昀蕾　张龙明
张继生　陆迎春　陆雪良
陈应甲　林雄飞　胡燕红
姚方亮　顾小红　徐　英
徐建华　魏幸福

（三）区企业单位（9名）

范建根　何　辉　朱永福
周　飞　严惟玮　陈传美
卢军辉　孙春华　张　攀

（四）进驻单位（35名）

王　涛　王建斌　毛　健
方经伟　卢羽雯　申　斌
冯　怡　吉　翔　成秋根
朱向宇　朱雪冬　华爱娟
刘卫红　孙　蕾　吴国兵
吴建春　张　伟　张建明
陆建强　陆婧婧　陈　良
林　林　罗其军　周一军
周小金　郑利平　俞　涛
夏　伟　席勤琴　龚　倩
龚倬操　盛志文　蒋鑫鑫
谢国平　黎　赟

苏州高新区（虎丘区）党建工作示范点名单
（共30个）

一、农村党建工作示范点（5个）
浒墅关镇吴公村党总支
通安镇北窑村党支部
东渚镇黄区村党支部
横塘街道新丰村党支部
镇湖街道上山村党总支

二、社区党建工作示范点（5个）
浒墅关经济技术开发区阳山街道长江花园社区党支部
浒墅关镇苏钢社区党支部
通安镇华通花园第六社区党支部
狮山街道何山社区党委
枫桥街道康佳社区党委

三、机关（事业）党建工作示范点（5个）
苏州高新区环保局机关党支部
苏州市国土资源局高新区（虎丘）分局党总支
苏州市公安局虎丘分局交警大队党支部
苏州高新区城乡发展局机关党支部
苏州西部生态城机关党支部

四、国有企业党建工作示范点（5个）
苏州高新有轨电车有限公司党总支
苏州高新区公共交通有限公司党支部
苏州新区高新技术产业股份有限公司党委
苏州高新创业投资集团有限公司党总支第二支部
华能苏州热电有限责任公司运行党支部

五、非公企业党建工作示范点（10个）
硕腾（苏州）动物保健品有限公司党支部
苏州东菱振动试验仪器有限公司党支部
苏州苏尔寿泵业有限公司党支部
浙江大学苏州工业技术研究院党总支
苏州市晶协高新电子材料有限公司党支部
苏州绿宝块毯有限公司党支部

王子制纸妮飘（苏州）有限公司党支部
苏州紫兴纸业有限公司党总支
苏州高新区枫桥街道松下半导体元器件有限公司党总支
苏州高新区枫桥街道康佳幼教集团党支部

苏州高新区（虎丘区）优秀基层党组织带头人名单

（共30名）

一、优秀农村党组织带头人（5名）

邵建华　浒墅关镇青灯村党总支书记
陆进兴　通安镇同心村党支部书记
吴建兵　东渚镇新苏村党支部书记
朱雪良　镇湖街道太湖村党支部书记
陆春根　镇湖街道石帆村党支部书记

二、优秀社区党组织带头人（5名）

梅惠忠　浒墅关经济技术开发区阳山街道北津社区党委书记、居委会主任
董兴康　东渚镇龙景花苑第三社区党委书记
周　敏　狮山街道新狮社区党委书记、居委会主任
张永平　枫桥街道白马涧二社区党委书记、万盛物业公司总经理
陆大男　横塘街道石湖社区党总支书记

三、优秀机关（事业）党组织带头人（6名）

娄　强　苏州市虎丘区法院党组成员、副院长、纪检组长、党总支书记
季建刚　苏州高新区卫生监督所所长、党支部书记
李志清　苏州高新区实验小学校校长、党总支书记
李军荣　苏州高新区城管执法大队教导员、党支部书记
徐美华　苏州高新区阳山实验幼儿园园长、党支部书记
李世喜　苏州科技城监察（审计）室纪检干事，第一党总支、第二党支部书记

四、优秀国有企业党组织带头人（4名）

李兴华　苏州中航瑞赛置业有限公司行政部经理、党支部书记
石　馨　苏州新港物业服务有限公司总经理、党支部书记
孙德宝　苏州新浒投资发展有限公司副总经理、党支部书记
林志欣　苏州金狮大厦发展管理有限公司副总经理、党总支书记

五、优秀非公企业党组织带头人（10名）

崔　铎　苏州金河置业有限公司总经理、苏州金河国际大厦党委书记
张小伟　名硕电脑（苏州）有限公司副总经理、和联集团（苏州）第一党总支书记
姚盛棠　苏州立新制药有限公司总经理室顾问、党支部书记
郑雄久　苏州协鑫光伏科技有限公司总裁、党支部书记
严良海　苏州麦奇新型材料有限公司执行副总经理、党支部书记
吴荣兴　苏州通安建筑有限公司总经理、党支部书记
朱建明　东渚镇龙惠花苑社区居委会主任、东新民企联合党支部书记
杨　昆　莱克电气股份有限公司党委副书记、工会主席
郝如冰　苏州纽威阀门股份有限公司机加工厂厂长、党总支书记
魏志明　苏州高新区装饰材料商会党总支书记

苏州高新区2015年度科技工作先进单位、专利工作先进单位名单

一、科技工作先进单位（共33家）

1. 华东理工大学苏州工业技术研究院
2. 江苏省平板显示器检测设备计量中心
3. 江苏固德威电源科技股份有限公司
4. 苏州法兰克曼医疗器械有限公司
5. 中移（苏州）软件技术有限公司
6. 国家知识产权局专利局专利审查协作江苏中心
7. 苏州中科天启遥感科技有限公司
8. 克诺尔车辆设备（苏州）有限公司
9. 苏州宝馨科技实业股份有限公司
10. 莱克电气股份有限公司
11. 苏州科达科技股份有限公司
12. 苏州通锦精密工业有限公司
13. 苏州莱特复合材料有限公司
14. 苏州茂鼎电子科技有限公司
15. 苏州纽威阀门股份有限公司
16. 苏州普滤得净化股份有限公司
17. 江苏仕德伟网络科技股份有限公司
18. 苏州泰思特电子科技有限公司
19. 苏州胜利精密制造科技股份有限公司
20. 方盛车桥（苏州）有限公司
21. 江苏苏钢集团有限公司

22. 苏州市灵通玻璃制品有限公司
23. 苏州市刺绣产业创新研究院
24. 苏州众创空间投资管理有限公司
25. 苏州科大微龙信息技术有限公司
26. 苏州普源精电科技有限公司
27. 苏州华启智能科技有限公司
28. 苏州福丰科技有限公司
29. 苏州滨特尔水处理有限公司
30. 明基逐鹿软件（苏州）有限公司
31. 苏州盛百威包装设备有限公司
32. 苏州方林科技股份有限公司
33. 苏州百胜动力机器股份有限公司

二、专利工作先进单位（共5家）

1. 苏州佳世达电通有限公司
2. 苏州经贸职业技术学院
3. 苏州路之遥科技股份有限公司
4. 中国科学院苏州生物医学工程技术研究所
5. 北京万慧达知识产权代理有限公司苏州分公司

苏州高新区2015年度道德模范

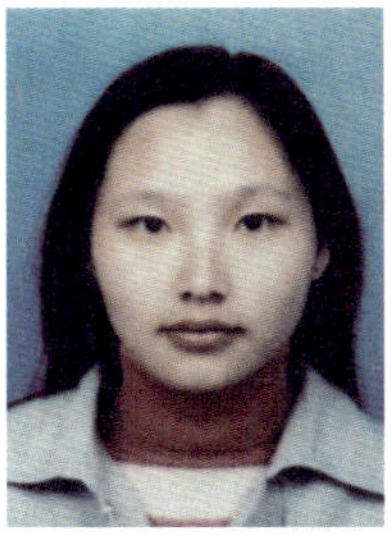

郭月华：高新区横塘街道居民，生产线操作工。30岁的她，十年如一日悉心照顾智力残疾的大伯及其没有母亲的幼子，使整个家庭充满浓浓的亲情。

Nathan Pelton：苏州外国语学校教师，一位在中国执教10年的美国人。多年来积极投身社会公益事业，为民工子弟教授英语，为贫困孩子捐款捐物。

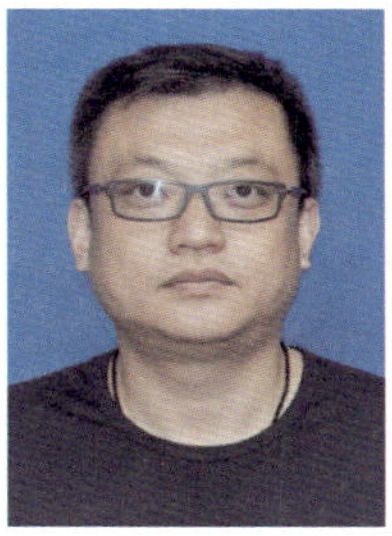

张洪图：通安镇居民，企业员工。曾是“南京路上好八连”，今是公益路上领头人。他捐助贫困学生，创立公益基金，带动一批人共同致力于公益事业，使越来越多人得到帮助。

陆晓春：枫桥街道居民，企业普通工人。身为聋哑人，在顽强克服自身困难和工作压力之下，整整8年时间，他以惊人的毅力照顾瘫痪在床的父亲，从不叫苦，永不放弃。

许文荣：东渚镇居民，动迁农民。80岁的老人，5年里不仅无怨无悔地精心照顾70多岁的瘫痪妻子，还亲自动手发明了一系列辅助工具，让妻子生活得舒服。

陆洲：定居横塘街道的“新苏州人”，退休员工。6年来，她不仅自己乐于帮助左邻右舍，也带动丈夫一起投身各种公益活动。

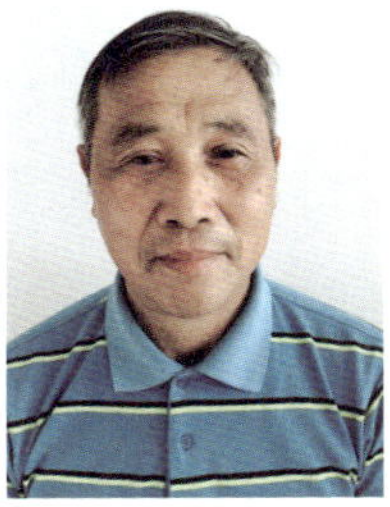

张文生：枫桥街道居民，社区志愿者。一位伤残的退休老兵，花10年时间守护着社区安全。

地名管理

表20-1　地名命名和调整统计表

序号	文件编号	发文单位	命名、调整的内容	日期
1	苏地名字〔2015〕5号	苏州市地名委员会	关于对虎丘区枫桥街道部分道路地名的批复	2015年1月12日
2	苏地名字〔2015〕6号	苏州市地名委员会	关于同意命名“浅湾街”的批复	2015年1月12日
3	苏地名字〔2015〕7号	苏州市地名委员会	关于同意命名“美树花园”的批复	2015年1月14日
4	苏地名字〔2015〕12号	苏州市地名委员会	关于对吴中区、虎丘区部分道路、桥梁地名的批复	2015年2月5日
5	苏地名字〔2015〕27号	苏州市地名委员会	关于同意命名“瞰湖生活广场”地名的批复	2015年4月21日
6	苏地名字〔2015〕28号	苏州市地名委员会	关于同意命名“荷澜庭”地名的批复	2015年5月4日
7	苏地名字〔2015〕42号	苏州市地名委员会	关于同意调整“华通花园”地名范围的批复	2015年6月18日
8	苏地名字〔2015〕61号	苏州市地名委员会	关于同意命名“山景玉园”地名的批复	2015年8月21日
9	苏地名字〔2015〕69号	苏州市地名委员会	关于虎丘区枫桥街道部分道路、桥梁地名的批复	2015年8月31日
10	苏地名字〔2015〕70号	苏州市地名委员会	关于同意命名“柠檬花园”地名的批复	2015年9月2日
11	苏地名字〔2015〕71号	苏州市地名委员会	关于同意命名“文翰华苑”地名的批复	22015年9月2日
12	苏地名字〔2015〕72号	苏州市地名委员会	关于同意命名“雍和苑”地名的批复	2015年9月2日
13	苏地名字〔2015〕81号	苏州市地名委员会	关于同意命名“仰山墅”地名的批复	2015年9月21日
14	苏府地名函〔2015〕7号	苏州市人民政府	市政府关于同意命名石湖山水居的复函	2015年12月22日
15	苏府地名函〔2015〕8号	苏州市人民政府	市政府关于同意命名锦悦湾雅园的复函	2015年12月22日
16	苏府地名函〔2015〕9号	苏州市人民政府	市政府关于同意命名名悦雅苑的复函	2015年12月22日
17	苏府地名函〔2015〕10号	苏州市人民政府	市政府关于同意命名狮山路购物中心的复函	2015年12月22日

（曹幼安）

索 引

SND

索引

说　明

一、本索引将目录中的类目、分目采用标题索引法编制，按索引款目首字的汉语拼音字母（同音字按声调）顺序排列，音调相同的按下一字母的音序排列，依次类推。

二、条目紧随类目、分目下排列。

三、类目、分目用黑体小五，条目用书宋小五标示。

四、本索引内的数字表示页码，字母a、b、c分别表示左栏、中栏、右栏，类目不分a、b、c。

五、为便于读者检索，索引标引词一般采用中心词简称。

F

G

S

T

W